大西洋海战

THE BATTLE OF THE ATLANTIC

决定欧洲命运的海上对决

1939—1945

How the Allies Won the War

Jonathan Dimbleby

[英]乔纳森·丁布尔比——著

宋世锋 周万涛——译

中信出版集团 | 北京

图书在版编目（C I P）数据

大西洋海战：决定欧洲命运的海上对决：1939—1945 /（英）乔纳森·丁布尔比著；宋世锋，周万涛译．— 北京：中信出版社，2021.2（2025.1 重印）
书名原文：The Battle of the Atlantic: How the Allies Won the War
ISBN 978-7-5217-2325-0

Ⅰ.①大… Ⅱ.①乔… ②宋… ③周… Ⅲ.①第二次世界大战战役－海战－史料－ 1939-1945 Ⅳ.①E195.2

中国版本图书馆CIP数据核字(2020)第195544号

THE BATTLE OF THE ATLANTIC: HOW THE ALLIES WON THE WAR

First Published 2015.

书中地图系原文插附地图。

大西洋海战：决定欧洲命运的海上对决，1939—1945
著者：[英] 乔纳森·丁布尔比
译者：宋世锋　周万涛
出版发行：中信出版集团股份有限公司
（北京市朝阳区东三环北路 27 号嘉铭中心　邮编　100020）
承印者：　河北鹏润印刷有限公司

开本：880mm×1230mm　1/32　　印张：21.25　　插页：8　　字数：348 千字
版次：2021 年 2 月第 1 版　　印次：2025 年 1 月第 2 次印刷
京权图字：01-2020-7156　　审图号：GS（2020）5831 号
书号：ISBN 978-7-5217-2325-0　　定价：108.00 元

服务热线：400-600-8099
投稿邮箱：author@citicpub.com

献给黛西和格温德琳

希望有一天她们会想了解

英国如何逃脱纳粹的魔爪

目录

前　言

一场决定性胜利

1945年5月4日，随着第三帝国崩溃，希特勒的继任者卡尔·邓尼茨海军元帅向全球所有的德国潜艇指挥官发出一条信息：

潜艇官兵们！经历了前所未有的英勇战斗之后，不可战胜和无可挑剔的你们放下了武器。我们深切怀念牺牲的同志，他们以死效忠元首和祖国。同志们！不要放弃你们的潜艇精神，正是在这种精神激励下，你们为了祖国的利益，勇敢、顽强、无畏地奋斗了多年。德国万岁！你们的海军元帅。[1]

第二次世界大战中最长的战役和历史上最具破坏性的海军战役终于结束了，德国被击败，并且遭到分割。这个结果得来不易。

第二次世界大战期间，与全球超过6000万的死亡人数相比，大西洋区域的死亡和破坏数字可能不算太大——如果战争中的任何死亡都可以用这种方式来描述的话。虽然没有确切的数字，但人们普遍认为，有3000多艘商船在大西洋沉没，共导致3万多名船员丧生。在轴心国方面，损失情况也差不多，大约2.7万名军官和水手——或75%的德国海军潜艇参战人员——失去了他们的生命；这个死亡率比1939年至1945年间发生的冲突中任何一方的任何一个兵种都高。[2]

当我们想到那些年月里的大规模战争时，我们的思维一般会转向闪电战、阿拉曼、安齐奥、阿纳姆、莫斯科、列宁格勒、斯大林格勒、柏林，或者想到我们的父辈、祖父辈等可能受到影响的其他很多人。尽管欧洲地区的领土争夺战对第三帝国构成了致命一击，但是如果同盟国没有在大西洋战场上取得胜利，那些战役就没有机会开打，更不用说打赢了。如果德国潜艇占了上风，美英之间的海上动脉就会被切断。得不到用于运输或取暖的油料，缺少制造战争武器所需的原材料，就不可能用战争来抵抗德国，“热血、辛劳、汗水和眼泪”都可能成为徒劳。更具根本性的问题在于，英国的大部分基本食品是从非洲、亚洲、南美洲和美国进口而来的，在缺乏基本食品的情况下，用军事史学家约翰·基根（John Keegan）的话说就是，英国人民面临的前景将是“真正的马尔萨斯式的衰落”。[3]大饥饿会把这个国家吞没。丘吉尔——或者更可能是他的继任者——不仅身体上和精神上都没有可能在海滩、着陆场、田野和街道上战斗，而且除了向希特勒乞求和平，几乎别无选择。正是由于这些原因，丘吉尔写道：“大西洋海战是整个战争的决定性因素。我们一刻也不会忘记，其他地方所发生的一切战斗，无论是在陆地上、海洋上还是天空中，最终都取决于这场海战的结果。我们虽然牵挂的东西有很多，但一直怀着希望或忧虑，日复一日地关注着它不断变化的局势。”[4]

即使这些潜艇没能将英国“饿毙”，但仅仅是勉强活下来也无法避免灾难。如果德国的“狼群”仍然可以随意地横行海上，盟军将无法派出足够的兵力穿越大西洋与英国会合并登上欧洲大陆：这样就不会有D日（D-Day）了。因此，斯大林很可能会像1939年8月签订《里宾特洛甫－莫洛托夫条约》一样，选择与希特勒妥协的方案。在那些相信自由和民主的人看来，在这种情况下，第二次世界大战在欧洲将会出现另一种灾难性结果。

想象力再差的人都知道，这种恐怖根植于我们每个人的心底。好水手时刻保持警觉。在茫茫大海中，距离被扭曲，危险被放大。在晦暗的黄昏中，罐头、轮胎、啤酒瓶等漂浮在大海中的杂物让警觉的眼睛陷入疲惫，被想象成危险的物体。相反，看似遥远的灯光，竟然是一艘就要有碰撞危险的油轮。把一只鸬鹚的脖子或一只好奇的海豹的脑袋误认为隐藏在水面之下的礁石，或者把礁石当成这类东西，这也是致命的。除了最愚蠢的家伙，所有人都知道，即使水面平静，空气温暖，海洋的乐趣也总是夹杂着焦虑。当大自然带来的飓风把一股温柔的海水变成人力不可阻挡的山峰般的巨浪时，不管航海知识多丰富的水手都会感受到源自身体和心理的恐怖痉挛。

这还只是和平时期的情况。在大西洋海战中，冲突双方的每一位海员都会连续数小时甚至数星期处于紧张不安的状态。敌人总是近在咫尺，或潜伏在地平线附近，或徘徊在海浪之下。

在空中，挂载着炸弹的轰炸机突然从云层里钻出来，朝下面狂轰滥炸。船舶和潜艇可能看上去令人生畏，但它们的船体实际上只是一层单薄的金属，温斯顿·丘吉尔曾经这样评论行动中的战列舰：它们就像“用锤子敲打在一起的蛋壳”。[5]船只沉没的过程往往都很短暂，在冰冷的海水里没有幸存的希望——每一位水手都非常清楚。

大多数在海上遇难的人都是死于最恶劣的环境。幸运者很快丧生，他们当场被鱼雷炸死。如果是潜艇艇员，还可能死于深水炸弹或机枪射击。不幸者则被困在沉没的船体中，或者因吸入有毒烟雾而窒息。有些人受伤后，因为船上缺乏麻醉药或外科医生——通常是两者都没有——而失去生命；有些人因为救生艇被撞坏而溺水死亡，或者因为在没有食物和饮水的情况下在海上漂流数天甚至数星期而精神失常，干脆跳海自杀。

在盟军方面，大西洋海战的幸存者们留下了第一手资料，其中讲述了他们的痛苦经历，与其他一切军事前线的资料一样生动。然而在英国海军军官中，除了彼得·格雷顿（Peter Gretton）、唐纳德·麦金太尔（Donald Macintyre）和“约翰尼”·沃克（‘Johnny’ Walker），其他人都没有在有生之年赢得较高的名望。他们的战争经历与记者的采访本或摄影师的镜头相距甚远。因此，除了官方公告中的记载，他们的经历基本上都被忽视了。直到 1951 年，战争期间曾经在一艘护卫舰上服役的尼古拉斯·蒙萨拉特（Nicholas Monsarrat）出版他的小说《沧海无情》（*The Cruel Sea*）后，更多的民众才认识到这个海上战争的炼狱。很多人为了拯救英国而在舰船上战斗，并且在幸存下来后讲述了自己的故事，在这本书中，我广泛采用了他们的口述和书面证言。

相比之下，潜艇艇员当时被誉为第三帝国的英雄。他们最成功的指挥官——奥托·克雷奇默（Otto Kretschmer）、埃里希·托普（Erich Topp）、约阿希姆·施普克（Joachim Schepke）、贡特尔·普里恩（Günther Prien）和赖因哈德·哈德根（Reinhard Hardegen）等所谓的“王牌”——在德国各地是家喻户晓的人物，他们大胆英勇的事迹在大众媒体和电影院中随处可见。他们像电影明星一样受到盛情款待，获得最高的荣誉，而且很多时候都是由元首亲自颁奖。通常来说，所有的艇员会随着那些被摧毁的潜艇一起沉没，而关于受到致命打击的潜艇坠入海底的情况，极少有人叙述，但有几位潜艇指挥官及其手下生动地谈论过那种无聊、兴奋和恐怖交织在一起，令人精疲力竭的感受。《大西洋海战》也大量使用了这类第一手资料。

“大西洋海战”（Battle of the Atlantic）尽管是一个令人印象深刻的名称，但在很多方面都存在误导性。它暗示这是一场决定性的大战，就像1588年西班牙无敌舰队被击败或者1805年纳尔逊摧毁法国舰队一样；但前者打了不到10天，后者只持续了数个小时，而自从二战爆发，大西洋海战就开始了，并直至战争的最后一天才结束。此外，大西洋海战根本不是一场决定胜负的战斗，它有多条战线，发生过数百起战斗，其中有些战斗几个小时就结束了，有些战斗则持续了很多天。它不是一场战斗（battle），而是一场战役（campaign）。

这场战役不仅发生在某个大洋的战略性水域里，也会在连接和分割参战国的航道动脉网络上展开。尽管航海者可以用经纬线把大西洋与印度洋、太平洋和北冰洋区分开来，但它们在战略上和军事上都是缠绕在一起的，海水相互贯通。孤立地看待大西洋海战，将其与这些水域（以及在加勒比海、地中海和北海）的作战分开，就像把颈动脉当作全身唯一的动脉血管一样。是的，它是至关重要的，但“毛细血管”同样不可或缺，大量关键物资需经过它们才能最终到达目的地。出于这个原因，尽管《大西洋海战》主要关注的是发生在这个大洋上的行动，但在叙述时并不排除其他海上战线。

另外，不能只从军事角度看待这场海战。当然，在如此漫长的行动中，双方采取的战略和战术不仅非常重要，而且随着胜败经验的积累持续发生着变化，它们本身就是新武器、新技术和关键情报搜集手段获得突破的产物。每一项创新问世时，胜利的天平会突然而且致命地从一方倾斜到另一方。在这场漫长的海战中，无论从哪方面来看它们都是重要因素，但是，完整的大西洋海战既是一场海上武装冲突，也与主要参战国最高统帅部内部及它们之间相互矛盾的目标、判断和需求有关。出于这个原因，本书既关注在欧美首都——伦敦、柏林、莫斯科和华盛顿——拥有权力和影响力的个人，也重视遵照这些人的命令到海上作战并牺牲的人。

盟军方面的战争决策者很快就认识到大西洋海战的重要性，但在为其海军提供完成任务的工具方面却反应迟缓。战争初期，温斯顿·丘吉尔疲于应付各种相互冲突的紧急情况，努力想保护英国免受入侵，同时维持一个全球帝国。结果，这个国家的资源紧绷到了极限，有时甚至超出其能力；英国首相深感沮丧，他的野心是无限的，却因为缺乏足够的人员、装甲武器和（尤其是）舰艇而无法立即实现全部的目标，他发现这种矛盾难以调和。这是他在领导战争时遇到的最大的难题之一，尽管他曾经表示“在战争中唯一真正让我感到恐惧的就是潜艇”，[6] 但他没有按照这个不祥的预感行事，以至于事态无可挽回，消除这种“危险”的成本已经高到难以承受的地步。从战争爆发到 1943 年初夏，英国商船每个月的损失速度都超过其补充速度，主要原因在于它们没有得到充分的保护，无力对抗第三帝国快速扩张的潜艇部队。

从英国的角度来看，大西洋海战的故事在很大程度上是海军部和空军部之间的一场漫长斗争，它变得如此激烈，以至于一位资深海军将领评论道，这场冲突比“我们与德国佬的战争还要激烈”。[7] 直至战争进行了 3 年半，盟军在大西洋遭遇的损失达到了惊人的地步，有一段时间潜艇看起来已经接近切断英国的生命线，于是战争决策被迫倾向于海军部，这两个部门的斗争才宣告结束。

战时政府的这两个部门之所以发生这种破坏性冲突，很大程度上与丘吉尔有关。1940 年夏季，随着不列颠之战在空中激烈进行，这位新上台的首相不仅自然而然地关注着提高国民士气的需要，还要协调抵抗德国的行动，以便扭转英国的命运，期待时机成熟时赢得胜利。在寻找实现这一目标的手段时，他迅速断定击败希特勒的“唯一可靠途径”就是“从这个国家派出无数轰炸机，对纳粹的老巢实施具有绝对的破坏性的致命打击”。[8]这一误判引发的道德争议一直持续到今天，相比之下，第二次世界大战的结果并没有受到太多的审视。然而，丘吉尔没有坚持把足够多的飞机从轰炸德国的任务中及时调出来，以便对抗大西洋上的潜艇，等到足够的飞机调来时几乎为时已晚。这是一个战略性的决策失误，直至很长时间以后，英国才得以解除潜艇带来的威胁。这种延误的代价是成千上万的生命和数千艘船舶，而这些损失本来是可以避免的。同时，战略方面也受到影响。

对那些拘泥于“假设”或“要是”的历史学派的学生来说，存在一种有吸引力的，甚至令人难以置信的情景：如果能提前数月解决潜艇威胁，能否及时从美国向英国大规模运送美国军队和装备，从而支持在1943年秋季发动跨越海峡进攻法国的行动？苏联红军主动在1944年夏季向德国首都推进之前，盟军是否可以向德国纵深进军？如果是这样的话，西方盟国在雅尔塔会议上是否能占据优势，以确保欧洲的冷战地图更接近于反映其真正实力，从而让战后的西方在“铁幕”面前拥有战略优势？

这是一个诱人的设想，稍后本书将进行探讨。然而毫无疑问的是，更早——比如说是1942年初秋而不是1943年初夏——在大西洋获取胜利，将会对伦敦和华盛顿之间的激烈争论产生强有力的影响。关于一再拖延的D日（本书会详细描述）集结过程中的盟军战略，双方矛盾甚多。丘吉尔在1941年7月发给罗斯福的电报中清楚地表明，他主张当“时机成熟时”，通过海上进攻解放欧洲。[9]这种方式存在一个最大的障碍，即德国潜艇对大西洋船队构成威胁。如果能够提前解决这种威胁，西方盟友之间的战略争议甚至会比 1943 年时更为激烈；尤其是，英国人会发现，要想说服美国人先在地中海获得胜利（通过北非和西西里岛），然后再跨越海峡进攻法国，会变得更加困难。当然，不管这种猜测多么有趣，都没有什么意义，因为英国首相不愿意把消灭德国潜艇放在比轰炸德国城市更优先的位置。

丘吉尔是一位伟大的领袖，他的战略眼光经常受到不公正的贬斥，但就海上战争而言，的确是天性冲动导致他接受了错误的二分法。战略轰炸毫无疑问地具有“进攻性”，而在潜艇肆虐的大西洋中费力开辟生命线明显是“防御性”的；两相比较，他总是支持空军部策划的“进攻性”举措，而海军部的“防御性”作用受到冷落。然而，犯下这种错误的不仅是这位首相。除了他的战时内阁同事持这种观点，英国军方领导人也是如此，其中包括第一海务大臣*达德利·庞德（Dudley Pound）海军元帅，而且他的损失最大。丘吉尔拒绝将飞机从轰炸机司令部调去对付潜艇，虽然庞德对此日益感到不满，但他没有质疑首相的基本前提，从而削弱了自己的论点。这种集体心理显然无法让他们认识到，大西洋船队的“进攻性”在本质上不亚于 19 世纪开辟美国中西部边疆的马车队，或者可以与 21 世纪为了救援前线城镇和定居点而在塔利班游击队出没的阿富汗沙漠杀

---

* 海务大臣（Sea Lord）是英国海军部中的军职官员，第一海务大臣在海军部地位仅次于文职的海军大臣。——译者注

出血路的军队相提并论。事实上，大西洋海战很快就演变成了一场船队与潜艇之间的非对称冲突，月复一月，胜利和灾难的钟摆不停地从一边摆到另一边。

白宫同样意识到了大西洋生命线的战略重要性。1941 年 5 月，罗斯福总统用电报向丘吉尔明确表达了这一点："我相信这场斗争的结果将由大西洋决定，除非希特勒能在那里赢得胜利，否则他在什么地方都无法获胜。"[10] 但是，罗斯福完全是从美国的角度看待大西洋海战的，并且他承受着极为不同的、相互矛盾的多重压力。在 1941 年 12 月发生日本袭击珍珠港事件之前，绝大多数美国人觉得在遥远的欧洲发生的战争不会对美国本土产生任何重大威胁，所以顽固地反对美国卷入那里的军事纠葛，他们的观点非常强烈地表现在媒体和国会中。

珍珠港事件发生后，他们的本能反应是应该对日本人发动报复，其他目标都处于次要地位。美国总统的一些最有影响力的军事顾问也赞同这种观点，其中最著名的是美国舰队总司令欧内斯特·金（Ernest King）海军上将，他毫不掩饰倾向于优先打击日本的想法，从而激化了与其英国同行的谈判气氛。然而罗斯福早就被说服了，相信应该先摧毁纳粹德国，然后再消灭日本帝国主义，这被证明是第二次世界大战中最重要的战略构想：他的口头禅是"德国第一"，并且所有下属都必须对此表示赞同。

然而，白宫不仅要为"两洋战争"做准备，还要听取舆论的意见，所以不得不像螃蟹一般，朝着最重要的战略目标迂回前进——罗斯福使用的手段宛如魔术，估计霍迪尼*看到后都会惊叹不已。因此，在 1941 年秋季，美国海军不仅准备在太平洋地区采取行动，而且还在大西洋公开抗衡第三帝国。早在珍珠港袭击事件发生 3 个月以前，罗斯福就使用计策扩展了美国的安全区，几乎涵盖了一半大西洋，等于在事实上——尽管不是在法理上——对希特勒宣战。

但是，这种准颠覆性的承诺使英国的命运出现了转机。罗斯福虽然是亲英派，但他对丘吉尔的支持是战略性的，与具体形势有关。丘吉尔那富有魅力的外交手段发挥了部分作用，而罗斯福确信如果纳粹在欧洲获得胜利，即使最终威胁不到美国的全球利益，也会对其利益产生地区性的不利影响。但是，德国在 1941 年 6 月入侵苏联之后，罗斯福很快意识到苏联拥有毁灭第三帝国的钥匙。尽管英国至关重要，但苏联更为重要——这将使伦敦和华盛顿之间的关系陷入紧张，就像它们和莫斯科之间的关系一样。

从希特勒于 1941 年 6 月发动“巴巴罗萨行动”的那一刻起，以各种可能的方式向遭受猛烈打击的苏维埃政权提供军事装备就成为美国的当务之急。大西洋与北冰洋相连接，是一条必不可少的水路，通过它，美国可以把安慰斯大林的话语转变成对红军的有效援助。英国首相并不否认苏联是抵抗第三帝国进攻

---

* 哈里·霍迪尼（Harry Houdini，1874—1926），匈牙利裔美国魔术师，被誉为史上最伟大的魔术师、脱逃术师及特技表演者。——译者注

的必要伙伴，但是他一再寻找拖延或暂停北冰洋护航运输队行动的理由，本书会对其原因进行探讨。他这样的做法常常激怒白宫，也总是让苏联领导人感到极度愤怒。罗斯福、丘吉尔和斯大林的优先目标有重合之处，但也经常相互冲突；他们之间有着大量的通信，最为直接地揭示了他们在外交和个人方面受到了多大程度的挑战。

送往苏联的物资具有多少军事意义，是一个极具争议性的话题。乐观的估计认为，10% 甚至更多的苏联军用物资和原材料是由华盛顿通过《租借法案》送来的，德国入侵苏联后，罗斯福开始实施该法案。不管这个数字是 10%，还是 4%（一些苏联分析家这样认为），毫无疑问，盟国的援助发挥了至关重要的作用，因为此时苏联并没有获得重要原材料和军事装备的多余渠道。[11] 当然，红军在遏制和反击德军的进攻时，斯大林也表现得好像离不开西方的军事支援。在远东、伊朗和北冰洋这三条苏联的补给线中，虽然从总吨位方面衡量最后一条是最低的，但它在 1943 年的关键时期却是最重要的。当形势被判断过于危险，或者盟军的其他重要行动有需要，致使北冰洋护航运输队暂停行动时，斯大林公然责难丘吉尔，却对罗斯福较为客气。这位苏联最高领袖与美国总统通信时，语气总是更为温和，与英国首相通信时却不是这样。斯大林频频对其西方伙伴进行各种各样的指责，称他们心怀恶意，或者不遵守庄严的承诺，如果不是在第二次世界大战的危急时刻，这样的恶语相向可能会导致外交关系崩溃。斯大林不理会外交方面的繁文缛节；有一次，丘吉尔甚至拒绝接受一封特别粗暴的电报，亲自将其原封不动地送回给驻伦敦的苏联大使。

这位苏联领导人与西方国家领袖交涉时令人头疼，但他并不是无理取闹。丘吉尔和罗斯福给他的习惯性印象是，他们把军事援助苏联当作一种慈善捐赠，而非视为对共同事业做出的必要贡献。这显然让斯大林更加不满，觉得伦敦和华盛顿把他和他的人民所做的努力视为理所当然，而他们抵抗纳粹主义的独特贡献正在受到贬低乃至忽略。从他们通信的字里行间可以感受到他的愤慨，虽然两位西方领导人嘴上说得好听，但他们都认为，比起自己的战斗人员，红军战士的生命没有那么高的价值，而且他们打算让苏联军队受到沉重打击，然后做好准备，去收取胜利果实。无论真相是否如此，罗斯福和丘吉尔都确实在用一种轻慢的态度对待斯大林。在一个东西方争议更大的问题上尤其是这样：跨越英吉利海峡登陆纳粹占领的欧洲，开辟第二战场。这不仅是西方盟国内部争议的根源，也使西方盟国与莫斯科相互强烈谴责。一旦伦敦和华盛顿领袖就其优先任务达成一致，他们就希望斯大林把临时性建议当作铁板钉钉的承诺。因此，他们先是表达了在 1942 年开辟第二战场的决心，当这个保证落空后，他们重申决心在 1943 年实现这一目标，但之后又一次将其推迟到 1944 年。他们从自己的战略重点出发而做出这些决定是不可避免的；不过他们有时隐瞒，有时完全撒谎，在外交礼节上用尽各种手段，让这位苏联领导人相信他们的临时性承诺是毫不含糊的。因而毫不奇怪的是，斯大林的言行透露出他因受到西方盟友的蒙骗而产生的怨恨。西方国家本应对红军在战场上的英勇战斗表现出敬畏，但从他们的行动上看，好像苏联对挫败纳粹主义所做的主要贡献仅仅是消耗第三帝国的资源，以便让西方获得最终胜利。

盟军的幸运之处在于，德国在制订大西洋海战的战略时，阿道夫·希特勒是最终决断者，潜艇部队总司令邓尼茨海军上将没有这个权力。邓尼茨和德国海军总司令埃里希·雷德尔（Erich Raeder）海军元帅一样，都相信德国的"致命敌手"是英国。[12] 对盟军来说更为幸运的是，这两位海军将领存在矛盾，在什么是击败敌人的最佳手段这一问题上不能达成一致。邓尼茨坚定地认为，第三帝国在军事方面的重中之重是以潜艇战击沉商船，使其补充的速度赶不上损失的速度，从而截断英国的补给线——他称之为吨位战。雷德尔承认潜艇承担着重要任务，但他也想让水面舰队发挥更大的作用，尤其是"俾斯麦号"（Bismarck）、"沙恩霍斯特号"（Scharnhorst）和"提尔皮茨号"（Tirpitz）等强大的水面舰艇。由于海军没能统一观点，邓尼茨无法说服希特勒，使其相信首要任务应该是赶在盟军采取足够的反制措施之前，建立一支在规模和力量上足以在大西洋取胜的潜艇部队，这位潜艇司令失去了在大西洋获得彻底胜利所需的手段。

事实上，雷德尔很快就发现自己受到了希特勒的冷落。希特勒更在意最高统帅部的成员，那些人或哄骗或吹嘘的方式更能增长他的错误信心。至关重要的是，刁滑乖戾的德国空军总司令赫尔曼·戈林作为希特勒指定的接班人，不仅压倒了雷德尔，而且凭借着帝国元帅的身份，运用影响力阻挠德国海军获得建造潜艇部队所需的资源，致使其无法及时对英国护航运输队造成致命打击。德国最高统帅部的这场内斗与伦敦空军部和海军部的矛盾非常相似，对大西洋海战的结果产生了关键性影响。

1943 年 1 月，元首向雷德尔发表了一番长篇大论，雷德尔将其形容为“恶毒无礼”，之后这位海军总司令被彻底解职。[13]此后，卡尔·邓尼茨接替他指挥德国海军，影响力迅速增强，以至于在战争末期被希特勒选为继承人。但是，他发觉自己在为德国海军掌舵时，国家巨舰已经朝着礁石驶去了。如果邓尼茨能够按照自己的构想影响海战，第二次世界大战或许会有令人忧心的不同走向。因为邓尼茨和丘吉尔及罗斯福一样，知道德国的命运将由大西洋决定。而幸运的是，希特勒没有这样的战略认知。

在接下来的章节中，我尝试着将上述主题作为一出内容连贯的戏剧来叙述。要想全面了解这场史诗般的战役，其中每一位战斗人员的动机和行动都至关重要，包括伦敦、华盛顿、柏林和莫斯科的最高统帅部中矛盾重重的领导者，也包括那些在大西洋海战中作战和牺牲的人。将双方作战和牺牲的将士的故事置于派遣他们的领导层面临的困境和抉择背景之下，更能阐明其努力的史诗性意义，而非使其受到削弱。我希望这样做能够证明盟军在大西洋海战中获得胜利是击败纳粹主义的先决条件，以及这场海战与 1939 年至 1945 年间的其他战线上的一切斗争同样重要。

N
奥克尼群岛
斯卡帕湾
北 海
格拉斯哥
爱丁堡
纽卡斯尔
贝尔法斯特
都柏林
利物浦
英 国
威廉港
荷兰
阿姆斯特丹
布里斯托尔
伦敦
德
安特卫普
多佛尔
敦刻尔克
南安普敦
比利时
普利茅斯
加来
布鲁塞尔
英 吉 利 海 峡
迪耶普
卢森堡
国
瑟堡
勒阿弗尔
大 西 洋
巴黎
布雷斯特
洛里昂
图尔
圣纳泽尔
南特
瑞
法 国
士
拉罗谢勒
比 斯 开 湾
里昂
意大利
波尔多
0 100 200 300 英里
0 100 200 300 400 500 千米
英国本土水域

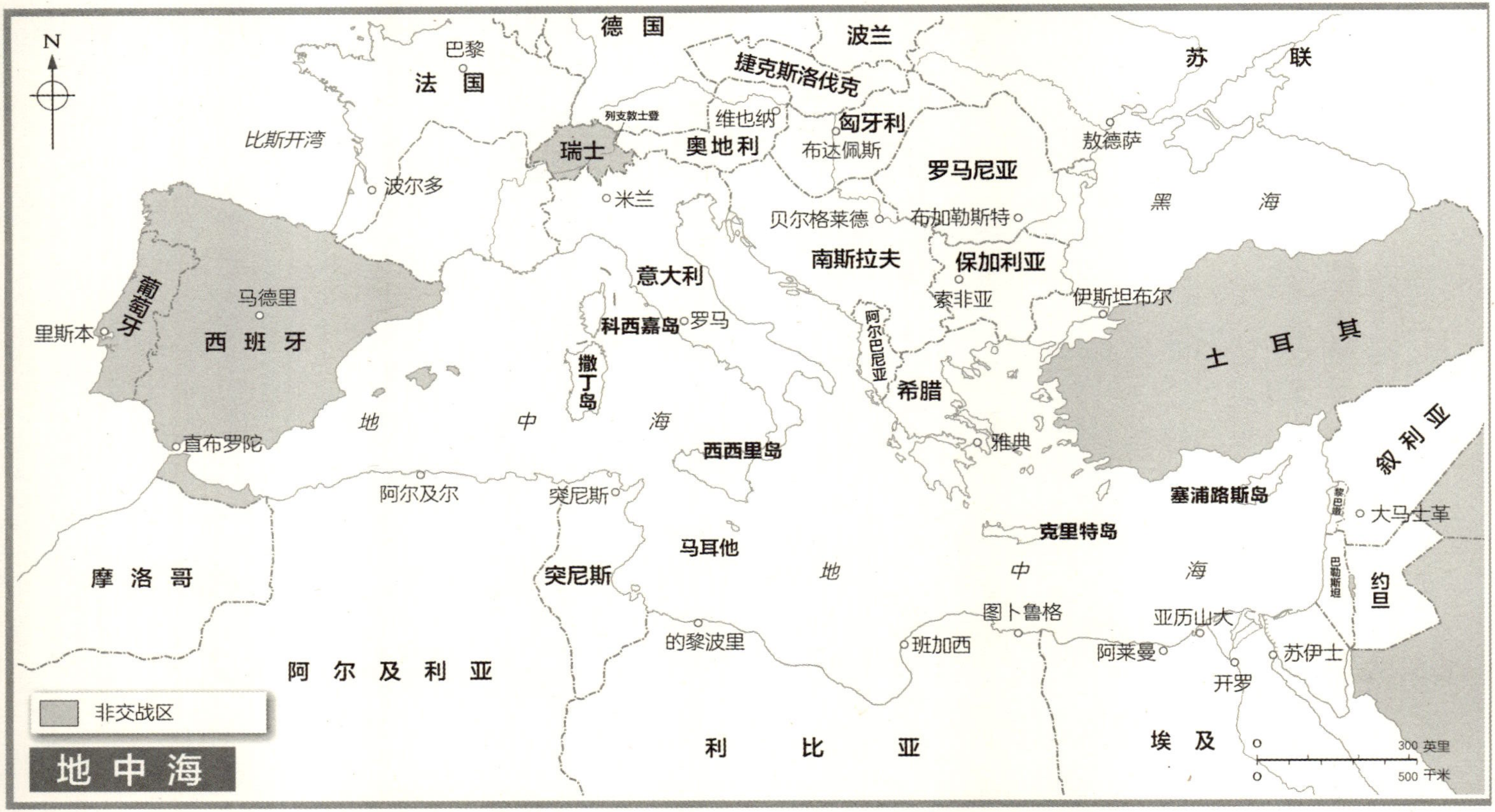

地中海
非交战区
N
德国
波兰
苏联
法国
巴黎
捷克斯洛伐克
维也纳
匈牙利
列支敦士登
瑞士
奥地利
布达佩斯
比斯开湾
罗马尼亚
敖德萨
波尔多
米兰
黑海
贝尔格莱德
布加勒斯特
南斯拉夫
保加利亚
意大利
葡萄牙
马德里
索非亚
伊斯坦布尔
里斯本
西班牙
科西嘉岛
罗马
阿尔巴尼亚
土耳其
撒丁岛
希腊
地中海
叙利亚
直布罗陀
西西里岛
雅典
阿尔及尔
突尼斯
塞浦路斯岛
黎巴嫩
大马士革
克里特岛
马耳他
摩洛哥
突尼斯
地中海
巴勒斯坦
约旦
图卜鲁格
亚历山大
的黎波里
班加西
阿莱曼
苏伊士
阿尔及利亚
开罗
利比亚
埃及
300 英里
500 千米
0

N
加拿大
圣劳伦斯河
纽芬兰
圣约翰斯
圣劳伦斯湾
阿真舍
魁北克
普拉森舍湾
莱斯角
蒙特利尔
圣约翰
布雷顿角岛
新斯科舍岛
渥太华
休伦湖
哈利法克斯
安大略湖
波士顿
科德角
伊利湖
纽约
楠塔基特岛
长岛
费城
巴尔的摩
华盛顿
切萨皮克湾
美国
恐怖角
大西洋
佛罗里达海峡
迈阿密
佛罗里达
佛罗里达海峡
巴哈马群岛
古巴
0 100 200 300 英里
0 100 200 300 400 500 千米
北美洲东海岸

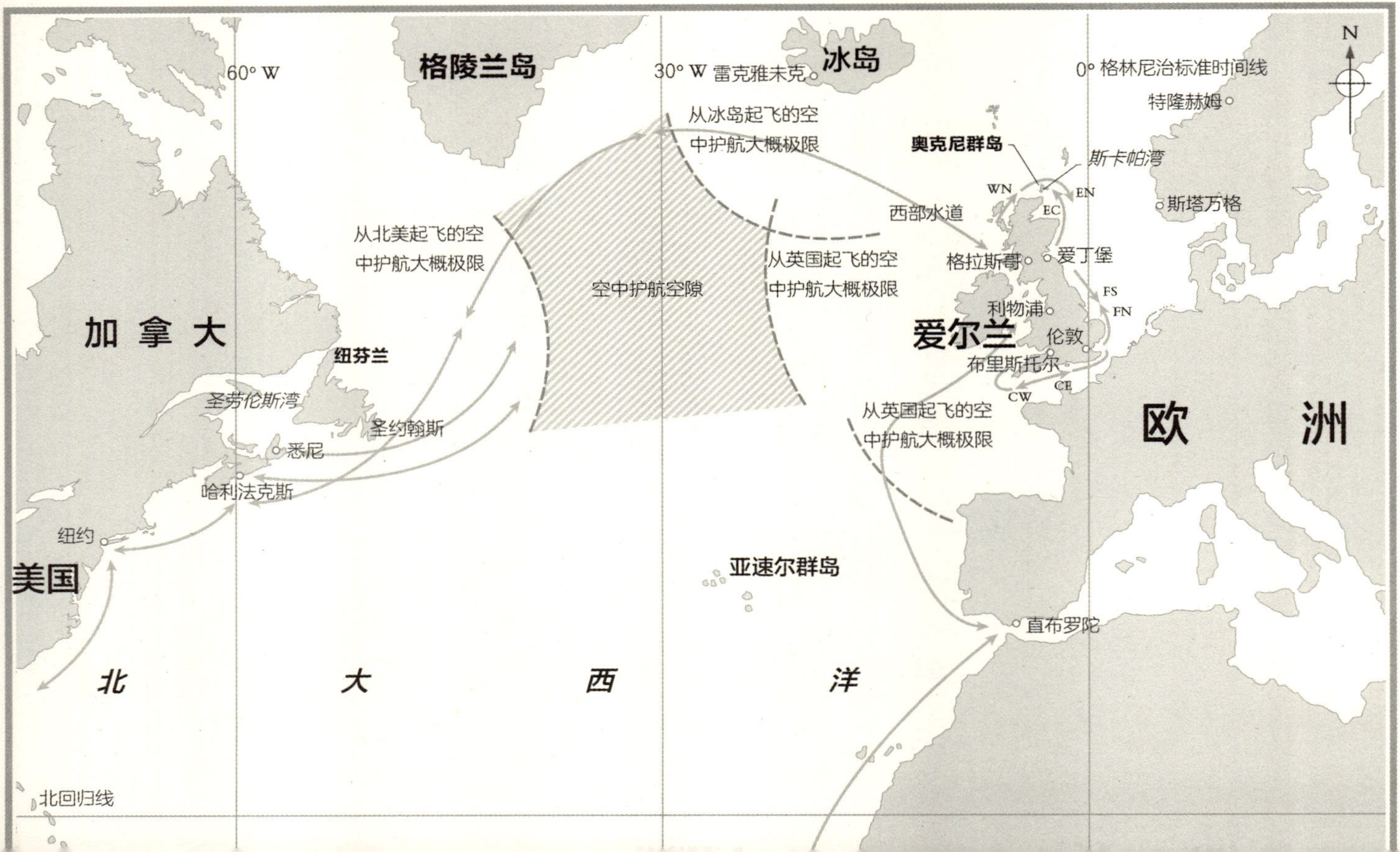

N
60° W
格陵兰岛
30° W
雷克雅未克
冰岛
0° 格林尼治标准时间线
特隆赫姆
从冰岛起飞的空
中护航大概极限
奥克尼群岛
斯卡帕湾
WN
EN
EC
斯塔万格
西部水道
从北美起飞的空
中护航大概极限
从英国起飞的空
中护航大概极限
格拉斯哥
爱丁堡
空中护航空隙
FS
FN
利物浦
加 拿 大
爱尔兰
伦敦
纽芬兰
布里斯托尔
CE
CW
圣劳伦斯湾
从英国起飞的空
中护航大概极限
欧 洲
圣约翰斯
悉尼
哈利法克斯
纽约
美国
亚速尔群岛
直布罗陀
北 大 西 洋
北回归线

非洲
弗里敦
赤道
南美洲
南大西洋
南回归线
布宜诺斯艾利斯
蒙得维的亚
拉普拉塔河
开普敦
护航运输队大概路线
1943年之前的空中护航空隙
0 500 英里
0 500 千米
大西洋护航线

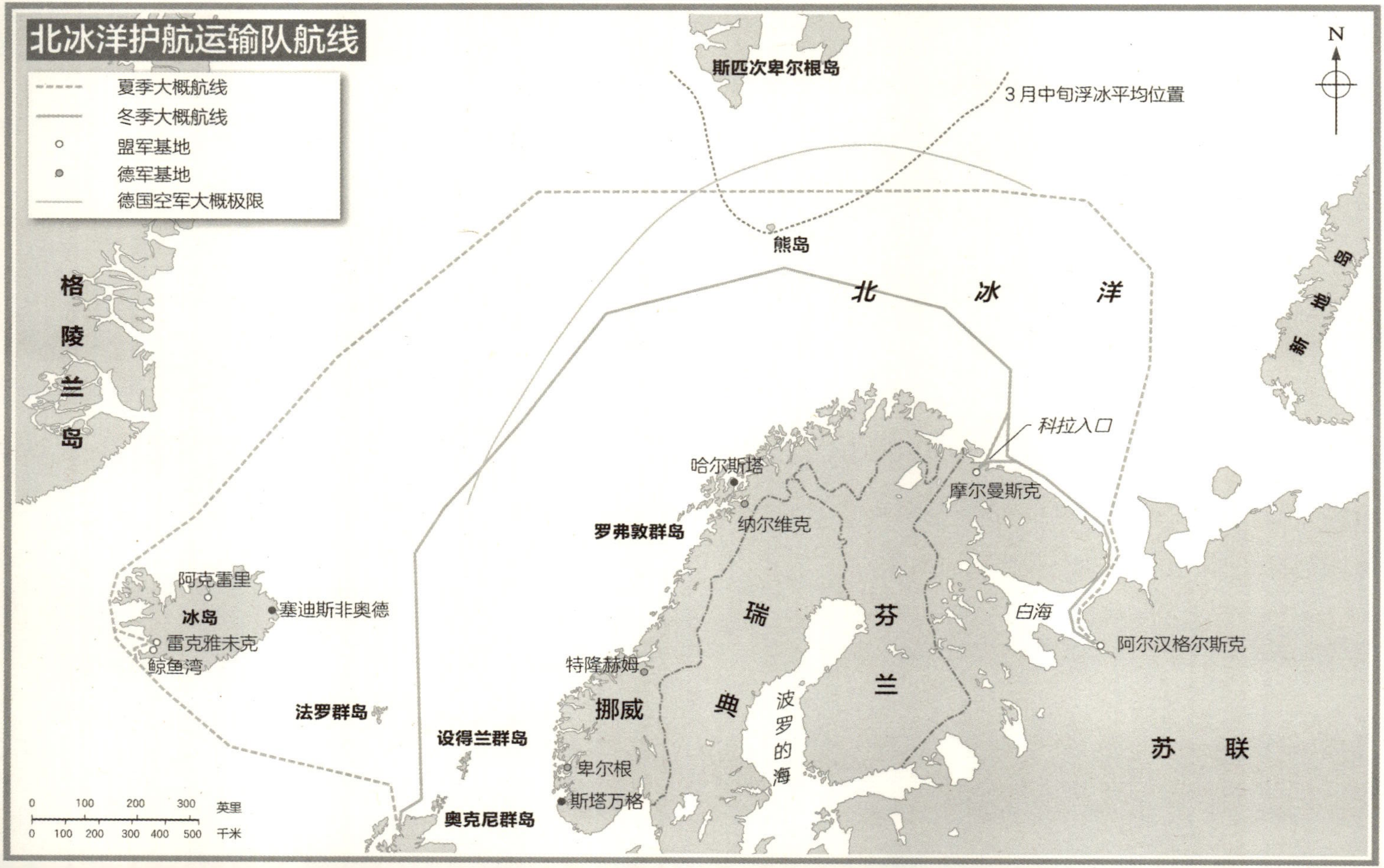

北冰洋护航运输队航线
夏季大概航线
冬季大概航线
盟军基地
德军基地
德国空军大概极限
N
斯匹次卑尔根岛
3 月中旬浮冰平均位置
熊岛
格陵兰岛
北冰洋
新地岛
科拉入口
哈尔斯塔
摩尔曼斯克
罗弗敦群岛
纳尔维克
阿克雷里
冰岛
塞迪斯菲奥德
瑞
芬
白海
阿尔汉格尔斯克
雷克雅未克
鲸鱼湾
特隆赫姆
典
兰
法罗群岛
挪威
波罗的海
苏联
设得兰群岛
卑尔根
斯塔万格
奥克尼群岛
0 100 200 300 英里
0 100 200 300 400 500 千米

01

并非虚假的战争

1939年9月3日，星期日，上午11点15分，家住巴罗因弗内斯（Barrow-in-Furness）的家庭主妇内拉·拉斯特（Nella Last）打开收音机，听到首相内维尔·张伯伦履行他对波兰的承诺，宣布英国已经向德国宣战。和她一起收听广播的有她的丈夫——一位木匠，还有两个儿子，其中一个儿子刚被征召入伍。后来，她在沃尔尼当地的海滩上看着她的“男孩们”填充沙袋，用来防御空袭威胁。“我可以从很多人茫然的神情中看出，相信‘某些东西’会出来阻止战争的不止我一个……”她在日记中这样写道。在整个战争期间和战后，她一直没有停止写日记。[1] 那天晚上，在家人的陪伴下，她想放松一下心情，但发现这是不可能的：“我试过深呼吸，闭上眼睛休息，吃比平时剂量更大的阿司匹林，但那些男孩一直浮现在我的眼前，尽管看上去又‘遥不可及’。”[2]

同一天，内维尔·张伯伦的广播讲话刚结束，温斯顿·丘吉尔就与妻子克莱米离开公寓，沿着街道走了100码*，来到被

* 1码＝0.9144米。——编者注

当作居民防空洞的开放式地下室，大约有 6 户公寓的居民已经聚集在那里了。他站在门口，回忆“废墟和屠杀的场面，大地被剧烈的爆炸撼动，建筑物在尘土和瓦砾中咯咯作响，消防队和救护车顾不上嗡嗡作响的敌机威胁在硝烟中疾驶”。[3] 警报解除之后，他步行来到下议院，坐到后座议员席的惯常位置。后来他写道，就在那个时候，“一股极其强烈的平静感侵袭而来……我感觉内心宁静，仿佛自己从凡俗和个人的琐事中解脱了出来”。[4] 他的出神状态被首相打断了。在他的办公室中，张伯伦邀请这位让他头痛多年的政治对手在战时内阁中担任海军大臣。当天晚上 6 点钟，他坐到了自己的办公桌前。丘吉尔的“疯狂岁月”结束了。这个消息很快就如他所愿流传开来，海军部向舰队全体人员发出信号说：“温斯顿回来了。”数小时之内，第二次世界大战的第一场危机就降临在了他的头上。

34 岁的芭芭拉·贝利是伦敦一位律师的女儿，她在那一天得知英国进入战争状态的消息时，正乘坐“雅典娜号”邮轮旅行。船长把张伯伦的声明张贴到船上的公告板上之后，一阵恐惧迅速席卷了整艘船。芭芭拉·贝利泪流满面，但并不是因为孤独或没有朋友而产生忧虑。两天前，这艘邮轮即将从利物浦开往蒙特利尔时，她在阿德菲酒店给母亲写了一封信。因为失恋而心烦意乱，芭芭拉·贝利决定到加拿大寻找新生活。她写道：

亲爱的，亲爱的妈妈，也许我的离开是一个错误，但我只是跟随命运的指引……这一切都很奇怪，但我会好起来的，请不要为我操心，我所担心的只有你们，请你们照顾好彼此。我感到非常抱歉，因为我缺乏耐心——特别是对爸爸。我决心回来时，要一切都好起来，能帮得上你们的忙……现在，只能向你们说再见了，你们要照顾好自己，我亲爱的家人。我爱你们。[5]

当薄雾开始笼罩夜空，“雅典娜号”以 15 节 * 的速度航行，在距爱尔兰海岸约 200 英里 ** 的海域遇到大浪。随着战争的阴云越发浓密，无数人想逃离欧洲，这意味着邮轮搭载的乘客要比平常多很多。“雅典娜号”共有 1102 名乘客，其中包括 311 名美国人、469 名加拿大人和大约 150 名来自欧洲大陆的难民，其中有 34 名德国犹太人。其余都是英国和爱尔兰的国民，里面有一些是儿童，他们要去加拿大的安全地带。眼尖的乘客注意到甲板上有些不同寻常的情况，船员把船上 26 艘救生艇（足以装载船上的全部人员）上的盖子取了下来，准备好消防软管，并给甲板灯装上防护罩。 到了晚上，许多乘客因为晕船躲进了自己的船舱里。芭芭拉 · 贝利选择去餐厅吃晚饭。

晚上 7 点 43 分，距张伯伦宣战仅 8 个小时，船上发生爆炸，声音回响在船体中和每一层甲板上。邮轮向左舷倾斜，椅子和桌子都朝着同一个方向滑去，乘客们胡乱挥舞着手臂，摔倒在地，拼命想抓到门把手或者栏杆。当餐盘往身上滑落，其他就餐乘客惊恐地逃向楼梯时，芭芭拉 · 贝利努力使自己留在座位上。当两位和她一起吃饭的伙伴跳起来追随人群逃命时，她想

---

*　1 节 = 1 海里 / 小时 ≈ 0.5144 米 / 秒。——编者注

**　1 英里 = 1609.344 米。——编者注

让他们镇定下来，于是提高声音，压住喧嚣的哀号呼喊道：“看在上帝的分上，坐着别动。我们可能在劫难逃了，但不要被人挤死！”

鱼雷击中这艘邮轮时，休息室里的灯光熄灭了。乘客们冲向通往上层甲板的楼梯。不过此时，在已经空空荡荡的餐厅里，芭芭拉·贝利还坐在那里，像被吓到瘫痪一样，但实际上她在脑海里一遍遍回想着失去的爱人以及与父亲发生的无数次争吵；她不停地告诉自己：“谁也不爱我，谁也不爱我。”[6]当总管事向黑暗的餐厅大喊：“大家都出来了吗？”她才从这种遐想中惊醒过来。然后她离开自己的座位，与甲板上的人群会合。

当“雅典娜号”邮轮渐渐在大西洋中下沉时，船员们高效而迅速地把乘客集中起来，让他们排成有序的队伍登上救生艇，努力抚平其中一些人的恐慌情绪。这不是一件容易的事。在混乱中，不少丈夫和妻子、父母和孩子失散了。一位女士喊道：“看在上帝的分上，帮我找到我的宝贝吧！”一个小男孩尖叫道：“我再也见不到我的爸爸了！”由于相互缺乏理解，拥挤的甲板上更加混乱了。即使有说英语的人懂得波兰语、捷克语、罗马尼亚语或德语，也是极少一部分人。反过来同样如此。来自纳粹控制区的欧洲难民往拥挤的救生艇上攀爬时，不肯丢下手提箱、篮子和用毯子打包的包裹，因为那里面装着他们仅存的财产；其他惊恐的乘客对着他们狂怒地大吼大叫，他们却丝毫听不明白是什么意思。然而在大多数情况下，秩序很快就能恢复。马克斯·考尔菲尔德采访了很多幸存者，他写道：“虽然有些人仍然有点歇斯底里和情绪化，但也有些人因为惊吓过度而无法动弹，像雕像一样站立着。一个小时之前，邮轮上的生活还一切正常，突然间5号舱口周围躺着一大片死尸，他们想弄清楚到底是怎么回事……”[7]在那时，一位年轻的新教牧师爬到甲板的高处，向天空举起手臂，一群乘客跪下来，牧师为他们祈祷获得所有的救赎。

船员非常敏捷地将每一艘救生艇放到水中，几乎没有发生任何事故。疏散乘客绝非易事。伊莎贝尔·库利设法从惊慌且不知所措的乘客中挤出来，找到救生艇站，当她抓着分配给她和丈夫约翰的绳子往下爬时，手一滑，和几个人一起掉进了大海。她丈夫立刻跳到海里救人。其他人费了好大劲才把他们拖到救生艇上，约翰在那里帮助另外4人把妇女和儿童从被击中的邮轮中救出来。他回忆说，在这个过程中，“我们的艇里灌进很多水，几乎是泡在水里……贝尔（伊莎贝尔）晕船了，一段时间以后，我也晕船了——我吞下了大量燃油，味道让人非常难受。然后气温骤降，我们感到非常痛苦”。[8]

相比之下，芭芭拉·贝利已经恢复过来了。她一点也不觉得救生艇的颠簸让人难受，海水溅到脸上，突然让她振奋起来。当救生艇开始进水时，有两位妇女感到不安，她告诉她们：“我爱大海。大海是善良的。害你们这样的不是大海。当死亡来临时，它的速度会很快。”[9]夜幕降临时，“雅典娜号”周围的海面上漂的都是满载幸存者的救生艇，人们或如释重负，或疲惫不堪，或忧愁苦恼，期待有人把他们从寒冷的大西洋中拯救出来。无线电报务员仍然坚守在“雅典娜号”上，努力向附近所有船只发出SOS紧急求救信号。一群驱逐舰和其他船只很快全速驶过来，其中大部分在第二天一大早抵达现场。库利夫妇在海上漂流了9个小时，被一艘瑞典船救起来，船员给他们裹上毯子，并送来热汤。海面上风浪很大，救援遇到了很多困难，不过从“雅典娜号”上逃出来的幸存者大都像他们一样安全得救了。

左舷船艄被鱼雷击中14个小时之后，“雅典娜号”邮轮开始起火，几乎没有发出一点声音，就在大洋中沉没了。共有118人丧生，其中93人为乘客，包括16名儿童。如果“雅典娜号”没有漂浮那么长时间，如果该地区没有救援船只，那么遇难人数将会更高。

“雅典娜号”的沉没不仅对那些直接受到影响的人来说是一场灾难，而且令海军部深感震惊，因为海军部总以为德国潜艇不会攻击客轮；根据世界主要海军强国在战前协商的详细交战规则，客轮不是敌对行动的目标。此外，这艘邮轮的沉没清楚地表明，英国人一点也没有想到德国会把潜艇当作打击盟军商船运输的主要武器。

丘吉尔重掌海军部之后，英国皇家海军的态度并不像这位新任海军大臣那样欣喜。有些人一直无法忘记第一次世界大战，因而他们对“温斯顿回来了”这个信息有着复杂的感受。尽管丘吉尔对敌人言辞犀利，得到人们的好评，但这些年来他也因为对海军大臣权限内外的事务都横加干涉而广为人知。因此，很多高级官员都与他闹翻了，不把他认作政治领袖。他习惯于不征求海军部同僚的同意就向舰队发出指令，其中有一位同僚就认为，向海务大臣发布“强制性命令”极其令人生厌。[10]他生性夸夸其谈、浮躁冲动、过激且没有分寸，另一位第一海务大臣巴腾贝格亲王路易斯（Prince Louis of Battenberg）的忠实传记作者把这位新官比作一个“被宠坏的固执学童”。[11]

丘吉尔是1915年加利波利战役的主要推手，在这一战役惨败之后，他遭到政治对手的羞辱，媒体强烈要求他下台，他的影响力大大减弱，直到希特勒登上欧洲政治舞台后才出现改观。丘吉尔直言不讳地批评张伯伦的绥靖政策，这让他难以在威斯敏斯特赢得政治盟友，但他桀骜不驯，蔑视主流政坛，所以又是一个极有影响力的人物。他几乎是唯一预见战争的政治家，并且鼓吹战争，现在战争爆发了，他的政治放逐也结束了。这位首相以前信用受损，如今他的政治天赋却突然不可或缺，在内阁中的地位也有了保证。

他后来写道：“就这样，我回到了25年前伤心欲绝地离开的房间。”[12]对于自己在惨遭失败的加利波利战役中扮演的角色，丘吉尔毫无悔意，并将其归咎于坏运气和别人在战术方面犯下的错误。他马上让周围人都知道自己的确重掌大权了，他不仅仅有权管理，而且还像以前那样可以插手干涉。上台没几个小时，丘吉尔就召见第一海务大臣达德利·庞德海军元帅。对于这一年早些时候英国舰队在地中海的部署方式，他一直在进行严厉的批评，而这些部署行动是庞德指挥的。根据丘吉尔的说法，现在“我们虽然互相怀疑，却态度友好”。[13]庞德在这个职位上已经干了3个月，因为他的前任罗杰·巴克豪斯（Roger Backhouse）海军上将（他只当了7个月的第一海务大臣）患了脑瘤，被迫提前退休。作为身处一线的海军将领，庞德不如巴克豪斯那样受到重视，而他对此感到释然，并告诉一位朋友说："我简直不敢相信我的运气……我正在想着不会出任第一海务大臣，而是要再担任一年的舰队指挥官……然后他们告诉我，他们会把我提升为海军元帅，我能直接从海上退役。"[14] 现在出乎意料，他发现自己在关键时刻执掌最高职务。

庞德的父亲是一位伊顿学者，喜欢德文郡的乡村生活。他的母亲是一个专横的美国人，有着一些古怪的习惯，其中包括明显无法克制的购物欲。庞德还是个孩子时，父亲和母亲分开了，父亲把他带到一个穷乡僻壤，他在那里长大，生活没有一丝不同寻常之处：他遵循传统，没有突出的才能。1891 年，13 岁的庞德成为"不列颠尼亚号"训练舰上的一员，这是一艘停泊在达特河上的浮动废船，被当作海军军官课程的训练中心。虽然这门课程要求熟练掌握数学，但值得注意的是它缺乏知识严谨性。正如庞德的传记作者所指出的："军校学员们在身体方面受到严格训练，但精神上的教育却不够，对很多学员而言，职业训练之外的教育在 13 岁就结束了。"[15] 庞德从"不列颠尼亚号"的训练中脱颖而出，在一个向社会高层流动的职业中获得了向上晋升的足够资格，他的一位长官给出了一个典型评价："非常热情，非常具有判断力。"到 1915 年，他作为一位年仅 37 岁的年轻舰长，到费舍尔（Fisher）海军上将那里担任一名参谋军官，才华横溢的第一海务大臣费舍尔一直工作到战争爆发才退休。

庞德不像丘吉尔那样欣赏费舍尔，他后来向一位同事吐露心声，这位七旬老人"太老了，在海军部里每天只能工作大约两个小时，其余时间都在享清福”。[16] 这话不仅不公平，而且也不真实；这位年轻的舰长似乎忘了或者干脆不知道，费舍尔通常早上 5 点钟就坐到办公桌前工作了，比庞德等人都要早。不过和许多雄心勃勃的年轻人一样，庞德并不会爱心泛滥。他训练很严格而且刻板，这体现在他的态度和举止上。然而，在主流的正统观念之中，他正是以沉着的智慧、清晰谨慎的思维和不知疲倦的工作态度见长的。他擅长细致辛劳的组织工作，也许不会招来嫉妒的评论，这有助于确保他一路平稳地爬到最高层。一位细致的观察者指出：“他自带一种阴郁气场，只要一走进房间，就会让屋子里的人感到沉重。”[17] 即使他的外表没有直接显示出威严，他的举止也是强有力的，尽管他一般都很平静，但他非常明白自己的身份，这与他的急脾气相辅相成。

有一次，他批评了两名年轻军官，因为他们使驱逐舰在狂风中受到损害，导致这两艘舰暂时无法服役。据称，庞德愤怒得嘴角起泡，让这两个人在后甲板示众，并下令对他们进行军法审判。不过等到冷静下来以后，他还是听从他人的建议成立了一个调查法庭。当这个法庭宣布这两个人无罪时，他立即把消息发给整个舰队，对自己的冲动行为进行补救。这种事件不是孤例。更令人吃惊的是，他决定让一位值得信赖的同事诺里斯（Norris）海军中校接受军法审判，因为据说他使自己的“通信船”在风暴中搁浅。诺里斯回忆起庞德在任命他时给的警告：“如果我在这项工作中犯了错误，那么我能指望的只有‘三倍的惩罚’……他会一碗水端平。”[18] 尽管诺里斯已经被调查法庭证明是清白的，但庞德仍坚持在他的船舱里设立军事法庭。这次审判同样宣布诺里斯无罪。为了庆祝这一判决，庞德立即给他的朋友送上一瓶香槟。

当被任命为第一海务大臣的时候，庞德已经以勤奋和正派而闻名了。但他还没有面临过如今这种多重挑战的考验。“雅典娜号”在战争的第一天沉没，这件事就像榴弹炮在海军部爆炸一样，让人们想起在第一次世界大战中的一段可怕岁月，当时德国人对盟军的海上运输船发动“无限制”潜艇战，如果不是美国在1917年拯救了英国，这场战争会造成灾难性后果。

第一次世界大战的头两年，英国意识到了当时的一种新型海军技术——潜艇所具有的威胁，但没有给予应有的重视。只有海军上将费舍尔发出过睿智的警告，而海军部相信德国海军的少数潜艇对英国贸易构不成威胁，应该关注的是德皇威廉二世的主力舰队，即所谓的“商船袭击舰”，并认为是它们使护航运输队在蒸汽时代成为累赘。海军将领们不再遵循自拿破仑战争时期出现的传统，他们相信燃煤船舶大规模集体航行，向空中排放大量烟雾，将成为敌方劫掠船的肥羊，因而分散航行应该更为安全。此外，他们还认为护航运输队系统已经过时，因为商船现在单独航行时，可以通过无线电通信网络得到充分保护，伦敦的海军部利用该网络可以识别敌方水面袭击舰，并派遣皇家海军的巡洋舰在国际航路的一些关键点进行猎杀。在这个双重假设的背后，是海军对于用军舰为运输船队提供护航的厌恶。军舰应该被用于更有进攻性的部署——在公开战斗中以“猎杀巡逻”的形式抗击敌人，这种行动更积极且更振奋人心。同样重要的是，战时政府也受到一群英国船东和冒险投资者的压力，这些人强烈反对一切让他们的船只在英国皇家海军的保护下通过战区的建议。他们坚持认为，如果其船只单独航行，速度会更快，驶往目的地的效率会更高，如果 30 艘商船同时在一个目的地靠港，会发生拥堵，而单独航行就不会出现这样的问题。这个强势的群体之所以这样考虑，部分原因可能在于当灾难降临时，他们的重要货物要是能安全靠港，就能够获取丰厚的利润；可以毫不夸张地指出，敌人击沉的船只越多，这些人就越能挣到钱。每次有船沉入海底时，不仅他们能得到巨额保险赔付，而且需求会进一步增长，从而也能抵消这些损失。尽管政府征收超额利润税，但他们仍然能够得到非常可观的回报。

受到所有这些因素的影响，英国人迟迟没有认识到，德国潜艇已日益构成严重威胁。到 1916 年深秋时，潜艇部队不仅比战争开始时扩大了很多，而且重新发动了战争初起时对付商船的“开－关”行动，对英国进行报复。英国政府惊愕地发现，关键粮食储备——尤其是用于烤制面包的进口谷物的消耗速度很快就大大超过了补充速度。 1917 年 2 月，德国皇帝正式取消潜艇战的所有限制，并警告说如今公海上所有船只都是其潜艇的目标——德国潜艇开始横行，海上危机进一步恶化。在此后的一个月中，25% 的出航船只在返航之前就被击沉。这种情况反过来也导致中立国削减与协约国的贸易，致使贸易量灾难性地下降了 75%。此时很明显的是，英国即将输掉海上战争，因此也意味着难以用战争抗衡德国皇帝。

在这种危急情况下，劳合·乔治（他在1916年12月取代阿斯奎斯出任首相）开始强迫海军部恢复护航运输队体系。海军将领们不仅缺少适当的护航船只，而且非常不愿意改变策略，尽管在启用护航运输队的航线上收到了立竿见影的效果。海军参谋人员的历史记录表明，从3月到5月，在3条跨海峡航线中共有4000艘船只得到护航，其中只损失了9艘，而且都是在晚上。在白天，则有空中护航。[19]尽管如此，海军部还是很难吸取这一教训。

7月份，德皇决定加大赌注。协约国对中欧列强实施的“饥饿封锁”越来越成功，据说为了进行报复，[20]德皇宣布帝国海军将不再遵守所谓的《捕获法》（Prize Rules），根据该规则，任何商船在没有受到搜查以及其成员没有得到妥善安置之前，潜艇都不得将其击沉。关于海上战争的正当方式，存在着国际共识，德皇的决定破坏了这种共识；他宣布，潜艇今后不仅可以对进入战区的所有商船发动无限制的战争，而且可以在不发出警告的情况下将其击沉。

单方面撕毁《捕获法》之后，遭击沉船只的整体数量急剧攀升，致使海军部迅速断定两者之间存在因果联系：船只损失量的上升是德国无限制攻击的直接结果。事实上，根据已有统计数字，这种情况缘于巡航的潜艇数量在同步激增：战争开始时，只有不到30艘，而到1917年春，几乎达到了70艘。结果在几个月的时间里，德国潜艇连续在缺乏盟军战舰或者空中巡逻（包括飞艇）严密保护的海域重创商船。

然而此时，美国已经参战。1915年5月7日，“卢西塔尼亚号”

被击沉，1000多人丧生，其中包括128名美国人，这一事件在美国和世界各地引发舆论大哗，但是白宫并没有把它视为唯一的开战理由。还有其他一些因素促使美国参战，但最终促使伍德罗·威尔逊总统在1917年4月6日宣布“终结一切战争的战争”的事件，是7艘非武装美国商船在几周前被击沉。美国出手干预，使德皇走向覆灭。这不仅促使陆地战场形势改变，而且美国派遣大约40艘军舰参与护航任务，也改变了海上战争的进程。海军史学家从海军部获得了当时的详细数据，表明当商船得到护航时，潜艇实际上无法发起有效攻击：“一艘接一艘的潜艇被发现，并在下潜之前遭到攻击，或者被迫潜入水中，以躲避搜索……到1917年12月底，只有一艘空中护航运输队的船被潜艇击沉。”[21]这样，美国不仅拯救了英国，使其不至于因饥饿而投降，而且毫无疑问地证明了，英国海军部一直抵制的护航运输队为击败德国做出了独特的贡献。

正是在这种背景下，《凡尔赛和约》签订之后，美国政府于1921年在华盛顿召开了一次海上强国会议。会议的目的是防止海军军备竞赛，特别是要制定一套新的海上战争规则，以控制潜艇在未来战争中所带来的威胁。意想不到的是，与会各方被引诱进一场复杂的外交版四对舞，一直跳了18年，英国、美国、法国和意大利想方设法增强海军军力，一心要压倒其他国家，同时还要防止德国——这场化装舞会中心的异议分子构成的潜在威胁。

英国因胜利而扬扬得意，并试图定下调子，把潜艇完全确定为一种非法战争武器。英国似乎在发起道德攻势，反对非人道的战争形式，但对于那些看出英国自私自利动机的人来说，这样的诉求没有说服力。海上大国依靠战列舰称雄大洋，与之相比，潜艇造价便宜，一枚鱼雷就能对一切水面舰艇造成致命一击；因此，潜艇极大地损害了大英帝国的利益，有打破海上力量平衡的危险。英国海军部的建议遭到拒绝。

相反，美国人提出了一项新的国际法，其中规定潜艇将和其他军舰遵守相同的规则，曾经被德皇威廉二世破坏的《捕获法》变得更为严格。潜艇指挥官在俘获并击沉商船之前，不仅要对其进行搜查，而且要等其船员全部撤离，但如果这些措施被证明不可行，美国方案的第一款就要求，“停止袭击和扣押商船，并允许商船继续不受妨碍地航行”。[22] 尽管法国人和意大利人强烈反对，但华盛顿的意见占了上风，新的《潜艇议定书》的条款几乎与美国最初提出的方案完全相同。1922 年 2 月 4 日，四个国家全部签字，《潜艇议定书》作为所谓《华盛顿海军条约》的一个关键组成部分而生效。

法国人很快食言，拒绝承认该协议。于是 1930 年召开的伦敦海军会议又做了进一步的讨论。英国（当时海上霸主地位主要依靠皇家海军的水面舰队）又一次提出，应该像对待化学武器一样彻底取缔潜艇。这一次，美国对日本加速生产潜艇感到警惕，也同意英国的观点。法国仍然犹豫不决，坚持认为潜艇不是攻击性的，而是“防御性”的战争工具。经过几个月的谈判，直到 1930 年秋天，英国才拼凑出一份让美国、法国、德国和日本都觉得可以接受的最终草案。

正如人们评论的那样，《伦敦海军条约》的条款极其含糊，几乎没有解决任何重要问题。6 年后的 1936 年 3 月，尽管该条约内容模棱两可——或许正因为如此——德国和苏联等 30 多个国家（但不包括日本和意大利，它们此时退出了）也签署了这个条约，此时它已演变成《第二次伦敦海军条约》。这份文件对第一次的条约进行了微调，但其基本要旨保持未变，特别是关于一系列禁止在公海发动“无限制战争”的协议。正如丘吉尔评论的，该条约假设所有的交战国都会支持它所包含的《潜艇议定书》，简直“轻率到极致”。[23]

英国海军部确信，德皇的无限制潜艇战已经被证明招致了灾难性后果，德国领导人再也不会犯同样的错误。海军参谋人员关注的是日本在远东对大英帝国构成的威胁，他们忽视了数据分析（自 1920 年以来都有可靠数据），而这些数据确切地表明，英国之所以没有在 1917 年陷入崩溃，依靠的是引入护航运输队，并且尽可能地提供空中支援。德国代表团团长约阿希姆·冯·里宾特洛甫（Joachim von Ribbentrop）已经签署了一项英德协议，对德国海军与英国皇家海军的规模比例做出永久限制（略高于 1 ∶ 3），海军参谋人员反而对此感到欣慰。只要希特勒遵守这一条约，英国皇家海军仍然可以心无旁骛地在太平洋与日本对抗。事后看来，英国海军部对里宾特洛甫的话深信不疑所带给人的惊讶，与明显沉迷于绥靖思想的英国谈判代表不相上下。虽然谈判还没有结束，但英国海军部在一份内部备忘录中指出：“按照德国目前的意愿，要想说服他们在实际行动中保持温和，最可靠的方法似乎是在理论上考虑到他们的方方面面。事实上，如果我们反对他们理论上的权利，不承认他们拥有道义上的理由，他们很可能会建立能够与我们相抗衡的潜艇部队。”[24]

为了能在远东维持一支作战舰队，英国海军部情愿忽视重新浮现的潜艇威胁，由于战列舰和巡洋舰在英国皇家海军传统中的地位，这种情况更为严重。毕竟纵观整个历史，正是有那些大型战舰与敌人打筹划严密的战役，纳尔逊海军中将才能取得辉煌的成就，尽管德国人在日德兰海战中尽了最大努力，但是英国人仍然牢牢控制着海洋。在大洋中劈波斩浪，向敌舰发动猛攻，让人感到兴奋而刺激，与之相比，护送商船的任务似乎非常单调乏味。海军元帅卡斯帕·约翰（Caspar John）爵士后来与海军历史学家亚瑟·马德（Arthur Marder）通信时，如此总结那段时间同僚的态度：“海军在军事上反感护航……这种任务看起来防守性太强了。”[25]

船东们也不容忽视。1935 年，英国海军部财政司司长斯坦利（Stanley）勋爵告诉下议院，即使发生战争，也不会实行护航制度，除非“情况变得不可容忍，以至于他们（船东）准备付出必要的牺牲”。斯坦利是对护航问题漠不关心的一个代表人物，他指出，不管在航线的哪一端组织护航运输队，都需要耗费时间，即便是船队中速度最快的船只也只能以最慢的速度行驶。他一再表示，只有“当被击沉的船只数量非常大，致使国家认为放任船只自由航行不再合理，感觉有必要为保护其船员提供护航系统时”，才需要进行护航。[26] 直到 1938 年，当不能再无视与德国发生战争的风险时，海军部才觉得必须修订斯坦利的规则。战争爆发时，护航舰队系统的准备工作已经就绪，但只有德国潜艇再次违反 1936 年条约发动“无限制”潜艇战时，才能采取这种极端措施。

英国宣战仅仅几个小时后，“雅典娜号”就被击沉了，海军部一厢情愿的想法成为泡影。他们认为《捕获法》所确定的那些骑士精神的规则在与第三帝国发生的海上冲突中都能得到遵守，而这种想法已被无情地打破了。虽然此时下结论为时尚早，但这一事件足以在英国海军部敲响警钟。随着这个消息迅速传遍整个世界，丘吉尔作为海军大臣在 9 月 4 日上午采取的第一个行动就是要求评估德国潜艇部队的现有和潜在规模。他得到报告说，德国人有 60 艘潜艇，而且到 1940 年年初还会再增加 100 艘。两天后，即 9 月 6 日，英国海军部决定立即引入护航队制度。虽然海军部的反应速度非常快，这却掩盖了一个事实，即英国皇家海军的护航船只极其缺乏，而那些可用船只在吨位和类型方面常常不适合执行护航任务，而且他们的船员通常没有接受过培训，因而准备不足。空中支援在 1917 年发挥过巨大作用，震慑了敌方潜艇，但现在也存在明显不足。更糟糕的是，英国皇家空军是在第一次世界大战的最后阶段从海军和陆军航空队中独立出来的兵种，他们不愿把有限的战斗机和轰炸机资源投入到保护英国海运补给线的平凡任务中。英国皇家海军虽然准备与德国和日本的水面舰队作战，但可悲的是现在对德国潜艇预计将制造的屠戮准备不足，英国海军部一直不屑于进行防御，而倾向于采取攻势，这个国家很快将再次濒临溃败。

希特勒听说“雅典娜号”遭到德国潜艇的鱼雷攻击时，感到非常震惊。希特勒仍然希望能够与张伯伦政府达成协议，同时渴望避免任何可能刺激美国放弃中立并转向参战的挑衅行为。第三帝国根本没有考虑过与美国发生冲突；在希特勒的脑海里，征服欧洲和征服苏联是第一位的。为了实现这项压倒一切的政治任务，德国海军总司令雷德尔元帅接到命令，要求确保潜艇部队遵守1936年条约确立的规则。雷德尔强烈反对希特勒的谨慎指示，他认为即使美国因此卷入战争，德国海军的潜艇部队也可以通过对所有商船发动“无限制”战争来获取胜利。尽管如此，他还是服从希特勒，命令潜艇部队的指挥官提醒手下遵守这个指示。因此，邓尼茨在9月3日下午2点向手下发出自认为毫不含糊的命令：“潜艇对商船运输发动战争须遵守行动命令……”他在当天的作战日志中写道，这个命令的措辞“应该排除一切误解，因为这些行动应当依据对商船运输作战的明确命令，符合《捕获法》的规定”。[27]

击沉“雅典娜号”公然违背了1936年条约确立的《捕获法》原则，柏林不得不迅速应付这场严重的外交窘境。在元首的宣传部部长约瑟夫·戈培尔的指导下，战争中第三帝国在“损害控制”方面首次做出的努力既愚蠢又不能让人信服。“‘雅典娜号’一定是被英国军舰错误地击沉了，或者撞上了英国布下的浮动水雷。”这位宣传部部长在灾难发生的那天这样宣布。[28]此后如邓尼茨的传记作者彼得·帕菲尔德（Peter Padfield）所指出的，这种“捏造的说法长了翅膀，该事件很快就笼罩上了一层荒谬扭曲的迷雾”。[29] 9 月 5 日，柏林电台郑重宣布，如果“雅典娜号”真的是被鱼雷击中的，“那么只能是英国潜艇干的。我们认为，现任英国海军领袖丘吉尔有可能犯下这种罪行”。[30] 雷德尔也荒唐地宣称，英国指控德国海军的某艘潜艇制造了这一袭击是“可憎的谎言”。[31] 很多美国人似乎被这种狡辩骗住了，以至于认为断定谁对谁做了什么是一个有争议的问题（直到 6 年后的纽伦堡审判，这个问题才最终获得解答），对此，柏林肯定舒了一口气（戈培尔的辩解方法也奏了效）。

惹出事端的袭击者是 U-30。海军上尉弗里茨 - 尤利乌斯·伦普（Fritz-Julius Lemp）让潜艇上浮，以确认击毁了“雅典娜号”，之后他继续在英国周边海域搜寻猎物，最后在 9 月 27 日返回威廉港的潜艇基地。他受到邓尼茨的询问，并立即证实发射过鱼雷，击沉了“雅典娜号”。他声称“雅典娜号”航线曲折，并且熄灭了灯光，争辩说他有理由断定该船是一艘商船改装巡洋舰，因此根据 1936 年《捕获法》的条约，该船属于可攻击目标。事实是真的如此，还是第一次猎杀带来的兴奋感影响了他的判断力，外界都不得而知。从 9 月 4 日的作战日志来看，起初邓尼茨认为这是难以置信的，潜艇应该为这场悲剧负责，不过在对伦普进行了仔细的调查之后，他命令这位倒霉的艇长到柏林去向雷德尔再次报告这件事，雷德尔把要点转达给了希特勒。[32] 伦普返回威廉港后，被邓尼茨置于“舱内拘禁”之下，但没有受到军事法庭审判的羞辱，如果接受军法审判，他所做的事情就会引起公众关注。对于向外界隐瞒事实真相，邓尼茨一点也没有感到不安。伦普和他的船员们都宣誓保守秘密，潜艇日志也被动了手脚，看起来 U–30 根本没有出现在“雅典娜号”沉没的现场。参与掩盖这起事件的主要人物进行内部通信时，对于伦普违犯国际法导致无辜人员丧生的事情没有表露过一丝遗憾。

毫无疑问，伦普无意中违背了希特勒的意志。元首最关切的仍然是避免战争过早扩大，在“雅典娜号”沉没的数小时内，他明确地表示了不满。除了 1936 年《捕获法》对潜艇的限制，希特勒进一步加强约束，他宣布：“根据元首的指示，除非得到进一步的命令，否则即使邮轮有军舰护航，也不得对其采取敌对行动。”[33] 其他指示接踵而来，都是意在降低可能导致美国或法国（即使在后者向德国宣战之后）发动报复的风险。邓尼茨在其回忆录中抱怨说：“这些命令使我们潜艇的行动受到极大限制，对指挥官的观察和识别能力要求极高，让他们担负了沉重的责任。此外，这些命令增加了潜艇暴露的风险。”[34] 英国海军部对德国善意的表示信以为真的人如果知道这个情况，可能会感到些许安慰。

雷德尔和邓尼茨一样失望，他们两人都感到与敌人对抗时束手束脚。然而，他们的共同之处仅此而已。邓尼茨观点清晰，但是视野狭窄。他一出现，立刻会让周围的人印象深刻：他又高又瘦，举止沉稳慎重。当他说话时，语言简明扼要，那种风格简直让人联想起伯纳德·蒙哥马利将军。他对下属的心理和物质福利非常关心，但他更让人敬畏而非喜爱。虽然他很少发脾气，但他训斥起人和夸奖起人来一样毫不犹豫。他从不流露出焦虑，极少笃信无疑，如果有的话，似乎也摆脱不掉自我怀疑。

他从施潘道监狱获释后写了回忆录（被纽伦堡法庭确定为战犯之后，他在那里一直被监禁到 1956 年），由于其内容存在遗漏、歪曲和自我辩解，可信度受到质疑，不过透露出的作者的情况可能比其本意还要多：他吹嘘自己的雄心壮志，冷酷无情，总是把自己的缺点怪罪到他人头上。他对证据的视而不见臭名昭著，对数百万无辜者的丧生没有表现出一丝忏悔。很明显，他要么是回避纳粹主义的罪行，要么就是间接与其同谋。但从他的记录中还可以看出，他是一位卓越的领导人，在第二次世界大战中对盟国构成的威胁超过第三帝国其他所有的军事领袖。

1891 年，邓尼茨出生于柏林，父亲是一位略有家产的工程师。孩提时代起，他就对德国的普鲁士传统英雄邮票印象深刻。德皇威廉二世用世界政策（旨在向世界展示德国是一个大国的政策）取代了俾斯麦的现实政策（运用实力的实用主义方法），要求建立一支强大的海军，以此确立帝国的全球霸权，用保罗·肯尼迪的话来说就是："德意志种族即将在世界上占据统治地位。"[35]当邓尼茨 17 岁的时候，他和家人一起移居魏玛，在那里受到了歌德和席勒的熏陶，甚至在读大学时成立了一个文学社团。然而，艺术的吸引力比不上加入德意志帝国海军的冲动，德国海军在总司令提尔皮茨海军上将的领导下，正成为能与英国海军相抗衡的力量。

军官队的训练仿照普鲁士军队。用邓尼茨传记作者的话说："这意味着采用严厉、高声、鼻音极重的咆哮，有意表现粗鲁，语言通常不讲究语法，极其重视个人和团体荣誉……登舰后，坚持把精英指挥官与专业军官、士官和水手区别开来。”[36]这种极端环境引发反感，导致1918年的海军哗变，反过来催生了革命起义，加速了德意志帝国的垮台和次年魏玛共和国的诞生。尽管他接受的教育存在局限性，但他并没有受到海军枯燥刻板的专制体系毒害，而是欣然适应了变化的秩序，这是邓尼茨的智慧和雄心的一个标志。

1917年1月，这位26岁的海军中尉首次被派遣到基地位于亚得里亚海的一艘潜艇上。他对这个新世界怀着由衷的热情。“潜艇艇员团队同甘苦共命运，产生了独特的同志精神，我为之着迷，在那里，每个人的福祉都掌握在全体成员手中，每个人都是这个集体中不可或缺的一部分，”他写道，“我敢肯定，每一个潜艇艇员都能从心底体验到远海和交付给他的任务的辉煌，感觉自己堪比国王，并且不会跟任何人交换这个岗位。”[37]

上级军官很快发现了他的特质。他沿着长长的指挥链平稳上升，从潜艇到鱼雷艇，一个接一个的报告用极富热情的词语描述他。“在职位上极具天赋，超出平均水平，是一位坚韧而敏锐的军官……思想和行动都很敏捷，坚决果断，绝对可靠……总而言之，他是一位人格可敬的杰出军官，无论是作为军官还是个人都值得尊敬，一直是机智的下属和出色的同僚。”[38]一位上级军官在1929年描述这位38岁的海军少校时这样说道。不久之后，他被提拔到威廉港担任高级参谋军官，参谋长指出：“他极具野心，并因此表现出自己想要获得威望，很难甘居下位，不能将自己局限于本职工作范围内。”[39]目的性如此明确，并没有使他受到损害。兴登堡总统逝世和希特勒于1933年获得无限制权力的时候，邓尼茨是“埃姆登号”巡洋舰的舰长，他和帝国军队的其他成员一起宣布“无条件效忠”阿道夫·希特勒。3个月后，在执行一项漫长的环球巡航任务的前夕，海军总司令雷德尔把他介绍给了元首。这次谈话是否由他促成，并没有任何记录，但作为一个资深军人，他清楚地表明，“勇敢而可敬”的元首给他留下了深刻印象。[40]

★

埃里希·雷德尔比邓尼茨年长15岁。他也是从儿童时代就被灌输了爱国思想。雷德尔出生在汉堡，父亲是一位专断的语言教师。尽管那个时代风云激变，但雷德尔的父亲完全禁止在家里讨论政治，导致雷德尔的知识眼界受到极大限制。因此，他所继承的价值观体现了当时流行的观念：蔑视问题丛生的议会制度，虔诚信仰天主教，真心实意地认为德国海军是“德国精神在全世界的表现和工具”。[41]很久之后，他谈到自己在18岁时决定加入海军好像是预先注定的，是命运的安排。他虽然其貌不扬，但天资聪颖，勤奋努力，并拥有清晰的战略分析能力，因此成为一名优秀学员。第一次世界大战爆发后，他被擢升到重要位置，甚至在德国制订对抗英国的海军行动计划的过程中扮演了关键角色。他与弗朗茨·冯·希佩尔（Franz von Hipper）海军上将密切合作，后者在1916年6月的日德兰海战中指挥德国战列巡洋舰队，一直非常欣赏雷德尔的战术判断。雷德尔后来写道：“无论这场战争给了我什么，无论我得到什么荣誉或声望，你清晰、有力和忠诚的支持都让我心存感激……你是我的幸运之星，当你离开我时，命运会变得暗淡无光。”[42]

他曾经作为希佩尔最得力的助手参加过一场战斗，当时交战双方海军都受到严重损失，最后德国舰队险胜，雷德尔的地位也得以确立。1928年，雷德尔升任德国海军总司令，之后他把重建对于祖国复兴不可或缺的公海舰队当作首要目标，这支舰队要和世界其他国家的舰队一样强大。然而，衰弱的魏玛共和国让他壮志难酬。这个共和国“扭曲了社会生活……某些习俗和规矩与我们德国人的生活方式格格不入”，对此他感到厌恶；例如，爵士乐和现代舞并不是一个国家决心摆脱民族耻辱的锁链的征兆，而是道德沦丧的象征，是社会失去方向的表现。1918年的海军哗变最初只是一场抗议，后来却转变成水兵反对军官权威的暴力和无政府的起义，这是一段令人反感的记忆。在政治上，雷德尔的思想是僵化的。雷德尔无力也不愿区分布尔什维克主义和社会民主主义，且怀着盲目的爱国主义。

他坚守着贵族观念，决心以军官和下属之间“特殊的集体荣誉感”重振德国海军，使之成为当时感染堕落病毒的德国社会的正面典范。[43]纳粹的出现似乎恰好为他所渴望的国家和海军复兴提供了依托。在纽伦堡法庭上面对指控者时，他把自己描绘成“只是一名水手和军人，不是政治家”，[44]在第三帝国时期，他的职责是保卫国家利益，而非国家社会主义；而且他是为国奉献，不是为纳粹党服务。然而在纳粹统治期间，国家与纳粹党的关系几乎是不可分割的，雷德尔曾经在1934年毫不犹豫地向元首宣誓效忠，他根本没有对两者进行区分。

随着希特勒的政权得到巩固，他对雷德尔提出的建立强大公海舰队的建议热心起来。1935 年，德国海军更名为战争海军*，而其总司令同样证明自己是多变的，即善于回避或推翻《凡尔赛和约》对德国重整军备的限制。1938 年吞并奥地利之后，捷克斯洛伐克明显成为德国的下一个占领目标，雷德尔立即开始让德国海军做好与英国开战的准备，他确信这是不可避免的。他唯一担忧的是，希特勒可能不会等到公海舰队具备挑战英国皇家海军的实力就挑起这样的冲突。

雷德尔制订了一个代号为“Z 计划”的方案，设想打造一支大西洋海军力量，重创大英帝国的补给线，并威胁一切潜在的对手。这支舰队将拥有 10 艘新型战列舰，它们比任何国家尚未建造的战列舰更重、更快、火力更强，还有 15 艘袖珍战列舰（德意志级重型巡洋舰）、65 艘不同吨位的巡洋舰、8 艘航空母舰和一支由 249 艘潜艇组成的水下部队；在这个设想中，潜艇居于从属地位，没有后来那样重要。这些舰船将组成足以使英国贸易陷入瘫痪的战斗群，在大西洋消灭商船，且不会遭到有力的报复。然而正如他向希特勒表明的，这是一项长期战略：要等到 1948 年，他的舰队才能做好挑战英国海洋霸权的准备，这需要 10 年的时间。

元首没有海战经验，却忍不住对操作层面的每一个细节都指手画脚，“从每一艘舰船的吨位和装备到舰队的组织”，皆是

* 战争海军是 1935 年至 1946 年的德国海军，即纳粹德国海军。它取代了第一次世界大战结束前的德意志帝国海军和魏玛共和国的国家海军，是德国国防军中的海军力量。本书译文依照习惯，仍将战争海军称为德国海军。——译者注

如此。雷德尔自视为“德国海军复兴的建筑师”，[45]这位海军战略家严谨自律，越来越厌恶希特勒的这种习惯。既然他们两个人都不害怕对方，这样的关系长期发展下去就不会有好结果。

雷德尔不仅要与希特勒对抗，还要与邓尼茨斗争，而且后者的观点没有被重建全球陆上帝国或海上帝国的欲望所左右。邓尼茨的级别相对不是很高，尽管他是新生的潜艇部队的指挥官，但在 1938 年仍然只是一名海军上校，没有公开叫板雷德尔的资格。然而，他从第一次世界大战的经历中不可避免地得出结论：潜艇部队是摧毁英国海上生命线的最有效武器。雷德尔把建造战列舰和巡洋舰置于优先地位，潜艇部队受到冷落，激怒了这个比他年轻的人。[46]他们的争议难以消除，雷德尔迟迟没有就潜艇建造数量或生产速度做出决定。结果，1937 年只有 1 艘潜艇下水，次年数量仅为 6 艘。无奈之下，邓尼茨“日益强烈地要求加速”潜艇建造计划，但无济于事。[47]

雷德尔一心想要打造水面舰队，最终目标是让第三帝国压倒大不列颠，称雄海上。1939 年 1 月，希特勒显然确信《慕尼黑协定》已经给他开了一张许可证，即把整个欧洲大陆当作德国的后院，于是重申支持“Z 计划”，但他清楚英国可能用不了多久就会出来反对，于是要求该计划要提前 3 年，即到 1945 年完成。雷德尔提出抗议，表示在 1948 年之前不可能完成这么多军舰的建造工作，希特勒回复说，最迟到 1944 年必须要有至少 6 艘战列舰（包括“俾斯麦号”和已经接近完成的“提尔皮茨号”）投入使用。他厉声说：“如果我能在 6 年内创建第三帝国，那么海军就一定能在 6 年时间里建造出这些舰船。”[48]

这个荒唐可笑的命令堪比次月希特勒毫无征兆地正式废除1935年的英德协议，按照该协议，德国海军的总体规模须限制在英国皇家海军总吨位的35%以内。雷德尔感到震惊。尽管元首的公然挑衅已经将雷德尔从第三帝国会履行其国际条约义务这一幌子所带来的限制中解放出来了，但德国仍然缺乏必要的资金，无力完成到1945年拥有称霸世界的公海舰队的总体规划。希特勒选择在此时将雷德尔晋升为海军元帅，但这并不能让他感到安慰。用这种方式表达感激，掩盖不住德国海军无力完成既定目标的基本事实，他们两人在两年前的期待都会成为泡影。

雷德尔一直希望元首能表现出足够的谋略，以避免与世界上最强大的海军过早发生战争，当陆军于1939年9月1日入侵波兰时，他感到大为惊骇。"英国问题的最终解决方案"[49]不再有实现的可能，这个情况让他哀痛不已，于是他起草了一份备忘录，心怀愤恨地写道："针对英法的战争今天爆发了，元首曾向我们保证，1944年之前不会与它们发生冲突，而且他相信直到最后一刻还可以避免战争。"德国海军的勇敢军人如今没有什么有望实现的目标，只能显示出"他们知道如何勇敢地牺牲，从而给未来的重生打下基础"。[50]

张伯伦宣战后，邓尼茨起初的反应同样消极。当消息传来时，这位刚被提升为海军准将的潜艇舰队指挥官正在威廉港的作战室里。他毫不顾忌周围的参谋人员，表达出自己的异议："我的上帝！所以这又是对英国开战。"然后他走出房间。但是，镇定下来以后，他很快回来了，并且用他惯常的炫耀风格宣布："我们了解我们的敌人。今天我们有了武器和领袖，能够与这个敌人相抗衡。战争将持续很长时间；但如果每个人都尽到自己的职责，我们就会获得胜利。现在是你们的任务了。”[51] 他与雷德尔形成鲜明对比，表现出一种真诚的乐观主义。雷德尔一直认为，潜艇不过是此时已成幻影的公海舰队的有用附属品，但邓尼茨完全相信潜艇是足以制胜的武器。

但是，还有一个附带条件。不到一个月之前，他向希特勒和雷德尔提交了一份计划，要求增购总计 300 艘潜艇。他警告说，如果不能获得这么多潜艇，“（我们）能给（英国的）商船队制造一些小麻烦就不错了”。[52]“雅典娜号”沉没 3 个星期后，他抓住机会再次提出这个要求，不过这次是在威廉港与元首面谈的时候。当着雷德尔和德军总司令威廉·凯特尔（Wilhelm Keitel）元帅的面，邓尼茨向希特勒提出了打赢海战的七点计划。该计划设想对潜艇部队进行协调和集中部署，“攻击集结在护航运输队中的商船”；他认为，潜艇是“一种能够在最脆弱的地点给英国造成致命打击的武器”。不过他坚持认为，“最低限度的总数是 300 艘潜艇……如果得到这么多，我相信潜艇部队可以获得决定性胜利”。[53] 但希特勒没有回应。

邓尼茨并不是天真。5 年来，他一直在提倡增强潜艇力量，但他在第三帝国中的地位相对较低，因此影响力不大。战争爆发时，他指挥的潜艇只有 46 艘（英国海军部曾经估计有 60 艘）。其中只有 22 艘是 VII 型潜艇，它们适合在大西洋进行长期作战，但由于存在修理和维护问题，能够随时处在作战状态的不超过 7 艘。要想拥有他所设想的致命打击所需的数量，需要最高统帅部批准把潜艇建造计划列为优先事项。这使邓尼茨与雷德尔产生争执。雷德尔尚未放弃建造世界级战斗舰队的雄心，他希望通过逼迫英国海军部集中力量应对这种威胁，削弱英国皇家海军的实力，让英国商船队失去保护，成为德国潜艇和个别水面舰船的打击目标。

无论这两个人的观点有什么冲突，他们都知道，如今海军、陆军和空军为了争夺供应不足的稀缺资源——机械、人力和原材料——不可避免地会出现拉锯战。帝国元帅赫尔曼·戈林作为德国空军总司令和元首的指定接班人，也受命负责德国的“四年计划”。作为最高统帅部中地位最高的人，他用狡诈和奉承的手段暗中赢得了希特勒的信任，这使他拥有独一无二的权力，可以处置实现元首的设想所需的资源。他充分意识到元首具有不可动摇的决心，要以武力夺取第三帝国的“生存空间”，他不仅毫不犹疑地支持这个计划，而且尽其所能阻止一切与之相悖的策略。用陆战征服欧洲，然后入侵苏联，需要陆军和空军进行密切合作，这意味着海军在获取资源的行列中必须排在第三位。

控制大西洋被证明是一场决定性斗争，而战争爆发的时候，英国和德国都没有准备好，而且缺乏足够的装备。两次世界大战之间，双方都在自欺欺人——希特勒认为他可以用欺骗和谎言征服欧洲，不会把英国激怒到参与战争；与之类似，张伯伦相信元首会对他的外交姿态做出积极反应——在这种情况下，面对正在展现的紧急事态，英国皇家海军和德国战争海军都远远没有做好准备。庞德海军元帅和雷德尔海军元帅仍然都相信，决定海战胜负的依旧是大型水面舰队，他们各自的政治领袖也都这样认为。英国作为一个有着帝国虚荣的海上强权，面临着意大利、日本和德国的威胁，尽管它拥有世界最强的海军。然而，这样做的代价是缺乏合适的护航船只，无力保护国家赖以生存的商船运输队。相反，德国海军空有全球抱负，但苦于缺乏资源建造与之相称的舰队，没有足够的潜艇用来切断敌人的大西洋生命线。因此，比起海军火力的粗略平衡，双方实力意外地旗鼓相当。结果，当大西洋海战处在转折关头时，双方的最高统帅部都无法从中获益，因为每一方都要对突如其来的变化做出反应，并为占据优势或消除敌对威胁而采取紧急措施。在海上，不会有“虚假”的战争。正如“雅典娜号”沉没事件无意中表明的，从一开始这就是一场生死攸关的战争。

02
出其不意

1939 年年底，英国人面临着可能到来的严重的粮食短缺问题。这个国家长期以来一直依赖自由贸易，不仅是为了发展，也是为了生存。几乎任何时候都有大约 3000 艘商船奔波在大洋上，把英国与其贸易伙伴及殖民地联系起来。铜、锌、锰、锡、铝土矿、钨、铅、橡胶、铁矿石、铝、镍、木材、棉花和黄麻的供应中断了，更不用说大量的其他贵重矿物和金属了；还有燃油短缺——英国 95% 的燃油依赖进口，这将使英国的工业陷入停滞。没有食物——英国 70% 的粮食源自进口——民众将会挨饿。一旦战争压力与大规模饥饿和大规模失业结合到一起，不管哪个英国政府执政，都只能选择无条件投降。

为了应对这种威胁，战争爆发 5 天之内，政府就成立了食品部，它的主要职能是控制全国食品的供应和分配。起初这个部门并不顺利。它想控制鲜鱼的分配，但组织工作笨拙，导致市场陷入混乱：供应量下降，价格飙升。内拉 · 拉斯特在 12 月 19 日的日记中写道："今天城里几乎没有培根，女人们焦急地相互打听，想知道有无运送培根的船抵达。我们吃的培根和奶酪非常少，但我会得到我的配给，并开始在做饭时用它们来代替其他东西——肉和鱼。鱼非常珍贵，因为我的资金有限，很少能吃到鱼，但我感觉它的价格和营养不匹配。”[1]

在政治上，该部门起初试图操纵市场，结果出现负面效应。即使在战争期间，有些人也本能地反对控制市场的观念，他们利用宣传工具斥责政府。食品部计划采用配给簿制度，以此控制糖、肉、培根和食用油的销售；这本来只是一种形式上的做法，却引发“一场激烈的争论”，致使战时内阁一直推迟到1940年1月8日才实施这项制度。[2]

黄油、培根和糖成为可以用配给券购买的第一批基本食品。茶叶、巧克力、饼干、麦片、鸡蛋、猪油、水果罐头和肉类在适当的时候也会被列入清单。从后来的标准看，配给量少得可怜（最初每人每周只有半磅黄油、培根和糖），但被认为足以实现营养均衡，而且符合流行的说法，即不列颠民族应该“被当作军队喂养”。[3]面包和土豆不受配给限制。同样，新鲜蔬菜和水果可以自由购买，虽然很难弄到这些东西。柠檬和香蕉几乎从货架上消失了。

其他“必需品”也没有摆脱这种命运：当年晚些时候，没有配给券就不能购买汽油（每月供应4到10加仑*）。不久之后，其他基本商品也受到类似的国家控制，从服装到煤炭，从肥皂到燃气和电力，都是这样。

“修修补补将就用”是内拉·拉斯特的爱国格言。和其他

* 1加仑＝4.546升。——编者注

数百万家庭主妇一样，她“咬紧牙关”，充分利用有限的物资渡过难关。除了为丈夫做一日三餐，她还到妇女志愿服务中心（WVS）参与战备工作，制作“用于抽奖和销售的蜡花和洋娃娃”，还为水手编织围巾、手套、袜子和巴拉克拉瓦帽*。但是，食物一直是人们关注的焦点。

内拉极少时候能定下心来。她总是在想 BBC（英国广播公司）新闻公告里报道的海上船舶损失情况。有一次她写道：“睡觉时我的睡眠很浅，之前看到或者在广播中听到的东西似乎‘浮现在我眼前’。如果风把雨滴拍打到窗户上，我就会颤抖着惊醒过来，脑子里都是男人在水中挣扎的画面——无数只手在徒劳地乱抓。”[4] 还有一次，因为喝水太快，她几乎被呛到了。

轻度窒息的感觉挥之不去，我的思维沉到冰冷的绿色海水中，男人们可能会在那里被淹死，而我温暖安逸地坐在这里——无力拯救他们……亚瑟（Arthur，她的大儿子）总是嘲笑我，说我“总是”想着遭遇海难的水手，说我厚着脸皮讨要旧羊毛背心和袜子，又耐心花时间修补好；但他要是知道我有时会因为更恐怖的梦境产生可怕的梦魇——梦到男人们坐在救生艇或救生筏上，听到冷酷的海浪飞溅声，感觉到死亡的冰冷麻木——他会理解的。[5]

---

* 巴拉克拉瓦帽是一种只露出双眼和嘴巴的针织套头帽，能够更好地为头部保暖，因英军在克里米亚战争中的巴拉克拉瓦（Balaclava）战役大规模装备而得名。——编者注

为了国家安全，为了不让民众直面可怕的现实，新闻报道都进行了编辑和删改，但是不管什么样的报道，都能让她陷入噩梦，都会真真切切地勾起她最阴郁的想象。到 1940 年元旦，已经发生了非常多的海难，她的感觉越发强烈。1939 年 9 月到 12 月，221 艘商船沉入海底，其中 110 艘是被德国潜艇击沉的，剩下的有 78 艘毁于水雷，10 艘遭到德国空军轰炸，其余的下落不明。第一艘损失的商船是“波斯尼亚号”，它的吨位为 2407 吨，属于库纳德白星航运公司。这艘船满载着硫黄，独自从葡萄牙前往格拉斯哥，战争开始后第 3 天驶到距海岸 120 英里处。天蒙蒙亮的时候，U-47 的艇长贡特尔·普里恩在地平线上看到“一缕烟雾”，就像“一只蜻蜓掠过溪流”，他发现那就是“波斯尼亚号”。U-47 潜入水中，普里恩用潜望镜观察他的猎物，直到这艘货轮毫无察觉地航行到潜艇的头顶上。“波斯尼亚号”通过之后，普里恩在船的后面上浮，用甲板上的舰炮进行警告射击。“波斯尼亚号”对此置之不理，普里恩进行了第二轮警告射击。这一次，该商船没有停止航行，而是改变航线开始逃跑。就在这时，U-47 的通信员截获猎物发出的消息——“受到德国潜艇的攻击。迫切需要援助。”普里恩命令炮手再次开火，“波斯尼亚号”就“顶着风停下来，像一只受伤的动物”。一缕黄烟开始从受伤的船上升起，船员们急忙放下救生艇。由于急于逃生，一艘救生艇里面灌满了海水，几近倾覆。“看到这些人无助地四向漂流，真让人感到悲哀，”普里恩指出，“有些人大声呼救，另一些人向我们挥手。我们朝着正在下沉的救生艇驶去。”[6] 一些船员不会游泳，在水中拼命挣扎。普里恩的两名船员把其中一个人接到潜艇上。那是一位少年，因为寒冷和恐惧而颤抖，但态度傲慢。根据普里恩的说法，这个伦敦口音的男孩说："当然，我们吓了一跳，先生。你无法想象它是什么样的；你看着水面，什么也没发现，只有天空和大海，然后一个大家伙突然从旁边冒出来，像一只海象。我以为我看到了尼斯湖水怪。"

与此同时，一艘悬挂挪威国旗的商船"埃当厄尔号"对"波斯尼亚号"的信息做出回应。挪威是一个中立国,因此根据《捕获法》，其船只不受袭击。在 U-47 艇员的帮助下，这艘挪威商船救起了"波斯尼亚号"的其余船员，并在船长与普里恩相互致礼后驶走。对于普里恩来说，这个过程并不简单，因为英国海军的驱逐舰也可能回应"波斯尼亚号"的求救，因此他感到焦虑不安。这位潜艇指挥官不仅遵守了国际法，还遵守了不成文的海洋法，展示出普遍的人性——他没有把"波斯尼亚号"的船员丢下，任其自生自灭然后一走了之。

"波斯尼亚号"不久就被火焰吞没，但仍然漂浮在海面上。普里恩决定用鱼雷将其击沉。这是他第一次正式开火。他邀请艇员到甲板上观看这个奇观。他们曾经看过第一次世界大战的照片，以为汽船在沉入海底之前会急剧耸立起来。普里恩写道，商船沉没实际上"没有那么壮观，因而更令人印象深刻。发生了一场沉闷的爆炸，涌起的巨大的水柱和桅杆一样高。然后这艘受伤的船完全分成两截，几秒钟的时间就消失在海中。留下的只有少数几块木头和空空的救生艇"。[7]"波斯尼亚号"的船员有 33 人幸存下来，1 人丧生。

普里恩并非虚情假意。两天后，他在菲尼斯特雷角（Cape Finisterre）西北方260英里处袭击了另一艘英国商船“加塔文号”。这一次，该商船听到第一次警告射击后就停了下来，船员迅速高效地登上救生艇。普里恩看着这些人排着队迅速离开，然后转头驶向“加塔文号”，看到这艘无人驾驶的船划了一个弧形，直接冲向U-47。他很清楚，商船船员已经将发动机设置为“全速前进”，并固定了方向舵，想把潜艇切成两半。这个计谋几乎成功了。他大声喊叫，让艇员采取回避动作的时候，看到商船擦着潜艇而过，其索具的影子甚至投到了潜艇外壳上，涡流把潜艇冲击得偏离了航线。按照他自己的说法，他“狂怒”不已，命令U-47追逐逃走的救生艇。他有摧毁那些小艇的冲动，于是不断告诉自己：“别忘了那些人遭遇了海难。”追上逃亡的船员后，他用扩音器要求船长表露身份。当一个“瘦瘦的金发男子从一艘救生艇尾部站起来”时，普里恩已经冷静下来了，虽然遵守着礼节，但仍显示出了不悦。那位英国船长乔治·亨特（George Hunter）只是回答说：“好的，先生。”然后问道：“我可以继续走了吗？”普里恩同意了，两人相互敬礼，然后救生艇离开了。他们被一艘瑞典油轮“卡斯特号”救了起来。

普里恩记述了他与“加塔文号”船长的这次相逢：“我们都以礼相待，就像小说中骑士般的对手一样。但在这种礼节背后，是冰冷的仇恨，是在决战中以死相搏的两个民族的仇恨。”被抛弃的“加塔文号”仍然在高速打转，普里恩赶上这艘船，用炮火将它击沉。普里恩写道：“从那时起，战争每天都在冷酷地继续下去……敌方船队中的每一艘船都有可能在没有任何警告的情况下遭到鱼雷袭击，我们则按照规则行事：击沉护航运输队中的所有船只。”[8]

作为海军大臣，丘吉尔正走向其非凡的权力高峰。他焦躁、苛刻、孜孜不倦，对职权的渴望没有止境。他是个政治幻想家，曾经在混乱的 20 世纪 30 年代孤身反对希特勒，因此在战时内阁中，他根本无法只关注德国海军威胁这个紧迫的问题；或者正如他所说的，“我觉得作为战时内阁的一员，我必须要有全局观，因而我没有让我对海军部的要求高于整体计划”。[9]政府面临的形势极其严峻。奥地利、捷克斯洛伐克和如今的波兰都被纳粹占领；墨索里尼与希特勒签署了《钢铁条约》；俄国在第一次世界大战期间曾经是反对德国的盟国，而现在苏联已经与里宾特洛甫签署了《苏德互不侵犯条约》；美国曾经迟至 1917 年才出手拯救英国，此时明显不愿意再重复这样的经历。虽然大英帝国完好无损，但英国本土实际上却正处于困境之中。

丘吉尔已经迅速了解到英国的全球利益受到什么样的战略威胁，并且义无反顾地让战时内阁的同僚们确信，他进入内阁不是当花瓶，而是要证明自己坚定不移的信念，即胆小怕事是错误的：英国最终会在这场民族生存战中获胜，而他注定要在其中发挥领导作用。为此，他给同事们写了无数信件，让他们从自己的经验和智慧中受益。甚至张伯伦也没有逃过这样的书信轰炸。丘吉尔在展示独特的智慧和自信心的同时，主动与内维尔·张伯伦通信（这些信件似乎既是为了当时的沟通，也是为了写给后人看），在战争的各方面向这位首相提出详细的建议。

在其中一封写于 9 月 15 日的信中，他敦促自己的领导人采取紧急措施，增援法国前线，虽然第一轮有超过 15 万的英军已经驻扎在那里了。他在信末告诫说："我希望你能仔细考虑我在信中写的东西。我这样做既是为了帮助你履行自己的职责，也是为了完成我的职责。"张伯伦疲惫地回信说："对于你的来信，我全都仔细阅读和思考了，如果我没有回信，只是因为我每天都会见到你……"[10] 就算丘吉尔在这样的回信中感受到了一丝讽刺，他也不会胆怯，因为丘吉尔极度渴望让战时内阁和英国人民记住，他不仅在海军部说一不二，而且早已做好就任最高职位的准备。

几天后，丘吉尔要求首相准许他以大臣身份向下议院发表讲话。张伯伦同意了，丘吉尔在 9 月 26 日抓住了这个机会。他指出，在战争的前三个星期中，英国商船的损失从第一个星期的 6.5 万吨下降到第三个星期的 9000 吨，他宣布说："我们庞大的全球贸易业务还在继续，没有完全中断或者急剧下降。大型运输船队正在军舰的护卫下驶向各个目的地。但英国对潜艇的打击只是刚刚开始。我们的猎潜部队正在日益壮大。"[11] 他的这番讲话完全是直接为其政治目的服务，是为了驱散失望或者恐惧，然而却有点自吹自擂，因为这完全是误导。

就在同一天，即 9 月 26 日，海军上将邓尼茨在威廉港的办公室中分析了一批由德国空军飞行员拍摄的照片，发现一些战舰停泊在奥克尼群岛（Orkney Islands）的斯卡帕湾（Scapa Flow）。虽然他曾经考虑过袭击这个英国海军的最重要锚地，但起初斯卡帕湾周围湍急的洋流和旋涡让他裹足不前，因为有时候水流速度比潜艇在水下高速行驶时的速度还要快，他推测这个英国本土舰队的避风港还受到了雷区、反潜阻栅和海军巡逻舰队的保护，所以不敢采取行动。但是，他得到一位最敬重的参谋军官的鼓励，还得到了一艘在该区域行动的潜艇发来的情报，这一切逐渐让他认为，尽管这个行动极具风险，但不是完全没有实施的可能。照片显示，斯卡帕湾的主要出入口确实被封锁了，不过正如他在潜艇指挥日志中所写的，从照片上可以清楚地看到，在这个锚地的东侧，“有一条约 50 英尺*宽的狭窄的通道……两边的海岸实际上无人居住。我认为，从这里确实有可能进入——在夜间，在水面上随着缓慢的海流驶入”。[12]

他把一位最优秀的指挥官召了过来，就是刚刚击沉“波斯尼亚号”的贡特尔·普里恩。邓尼茨拿着图表和照片与他谈过话之后，要求他在 48 小时内决定是否愿意接受这项任务。据普里恩回忆（代笔者撰写），邓尼茨继续说：“你可以自由决定。如果你断定这项任务不可能成功，你要如实向我报告。普里恩，无论如何你都不会受到批评，因为我们知道你会出于自己的诚实信念来做决定。”[13] 普里恩并未立即下定决心——这位 31 岁的艇长的妻子和两个孩子都和他一起住在基地里——不过他认真考虑各种选择之后，向指挥官表示愿意执行这一任务。

刚过两个星期，就在 10 月 13 日的晚上，U-47 来到这个英国避风港的东侧水道霍姆海峡（Holm Sound），尽可能保证

---

* 1 英尺＝0.3048 米。——编者注

安静地穿过平静的大海。没有人说话，没有人抽烟。普里恩选择这个新月的夜晚，即使天上没有一片云彩，他们依旧会受到黑夜的保护。但是，他们没有预见到北极光的影响，如果英国哨兵警觉，借助北极光的光芒，很容易就能够发现潜艇的轮廓。他们小心地穿过霍姆海峡，进入狭窄的柯克海峡（Kirk Sound），最后完全潜入斯卡帕湾。他们经过一组油轮，发现这些船静静地停泊着，显然无人守护。他们继续航行，直到接近北部海岸线时，似乎看到了一艘战列舰的轮廓；它“庞大而清晰，仿佛是用黑墨水在天空中画出来的……”普里恩写道，“慢慢地，我们越靠越近……现在我们可以清楚地看到突出的炮塔，炮口从那里耀武扬威地伸向天空。这艘军舰横卧在那里，就像一个沉睡的巨人”。[14]

一个月前，1939 年 9 月 14 日，丘吉尔把其他职责都推开，因为他想“尽早到斯卡帕看一下”。他在威克（Wick）见到了本土舰队司令查尔斯·福布斯（Charles Forbes）。当他们乘坐海军上将的旗舰“纳尔逊号”出港时，丘吉尔对这艘 3.4 万吨的战列舰没有受到大批驱逐舰的保护表示惊讶。福布斯告诉他，没有多余的驱逐舰可用。在接下来的 3 天时间里，他们研究了德国海军的水面“劫掠船”和潜艇给舰队带来的困境。斯卡帕湾是他们讨论的主要问题。1938 年，这一大片水域被选作本土舰队的主要基地，但其防御设施却已经破败。3 个主要入口都只铺设了单层环形金属网作为反潜网，而第一次世界大战期间装满压舱物沉到水底用于额外保护的阻塞船基本上已经解体了。

尽管如此，丘吉尔离开的时候，显然对福布斯抱有“强烈的信心”，并对斯卡帕湾的防御工作感到放心，因为据说所需的维修工作正在进行。[15]然而，他忘不了自己曾在1915年不光彩地离开海军部，无法摆脱模模糊糊的预感。“我的心情很压抑，”他写道，“从来没有人在这么短的时间里经历两次相同的可怕事件。没有人曾像我那样感受到极其沉重的危险和责任，或者具体而言，当大型战舰沉没或者事情出错时，没有人了解海军大臣会得到什么样的待遇。如果我们真的两次进入同一个循环，我应该再次忍受下台的痛苦吗？”[16]

回到伦敦，他在尤斯顿下火车，然后去见庞德海军元帅，庞德告诉他，一艘潜艇在布里斯托尔海峡击沉了“勇敢号”（HMS Courageous）航空母舰。虽然这艘航母受到4艘驱逐舰的保护，但是U-29还是在9月17日黄昏设法穿透了防线，以致命的精度近距离发射鱼雷。“勇敢号”沉入海底，舰上的1260名船员中，有500多人被淹死。3天前发生过类似的事件，另一艘航空母舰“皇家方舟号”（HMS Ark Royal）遭遇袭击。但是，当时U-39发射的三颗鱼雷提前爆炸，“皇家方舟号”不仅幸免于难，而且护航的3艘驱逐舰还设法确定了这艘施袭潜艇的位置，并将其击沉。

由于护航制度尚未实施，对于一艘航空母舰被击沉和另一艘航母几近被击沉，海军部的应对措施是在未来避免一切类似灾难。这使得数百艘商船只能在没有空中掩护的情况下慢吞吞地驶向英国海岸，该决定造成了破坏性的后果，并在未来数月时间里困扰着大西洋海战。正如邓尼茨海军上将注意到的，海军部的决定“让潜艇行动起来更加轻松”。[17]不过就这一点而言，海军将领们对这些宝贵舰艇的作用有着大相径庭的看法。

尽管在第一次世界大战中已有确切证据，不过海军部还是断定，英国全球贸易面临的更大危险不是来自潜艇，而是来自德国海军在海上运输通道肆意袭击一切商船的军舰——水面破袭舰。丘吉尔重视这种危险，但他也认识到，潜艇造成的威胁不容忽视。9 月 10 日，丘吉尔给张伯伦写了一封私人信件，他在信中说："我必须付出极大的努力，才能组建一支比较小的反潜舰队。在这个领域，数量是至关重要的。"然而，他心目中的优先事项和海军参谋人员的观点是一样的，而且以其特有的力量表现出来。[18] 上任不到两个星期，他就口授了一张便笺给庞德，敦促他对英国军舰进行大规模重新部署，组建强大的猎杀小组到大洋中搜索，如果德国军舰胆敢离开波罗的海的巢穴，就全部予以"捕捉和消灭"。[19] 这些小组后来被称为"特遣舰队"，每一支都由 1 艘重型巡洋舰、1 艘航空母舰、4 艘驱逐舰和 2 到 3 艘油轮（以便让战舰远离基地作战时，无须返回港口加油）组成。英国海军以这种方式控制海洋的思想既符合其进攻精神，也体现出其浪漫本性。

但是，这种做法忽略了早在第一次世界大战中就得到清楚证明的基本战术——要想反击英国补给线所受的威胁，最可靠的方法是用合适的军舰为航行中的商船队提供护航。

此时进入 10 月份，丘吉尔的预感即将变成现实。当 U-47 越来越接近它的猎物时，普里恩发现他原来看到的轮廓是另一艘战列舰，被前面一艘战列舰半遮掩着。普里恩选择将后面那艘军舰作为他的第一个目标——实际上这是比较老的水上飞机母舰“飞马号”（HMS Pegasus），而他知道离得比较近的那艘船“皇家橡树号”（HMS Royal Oak）的命运也注定了。一枚鱼雷被插入发射管，先是发出咝咝声，然后咔嗒一下，鱼雷在瞬间飞了出去。在接下来的20分钟时间里，普里恩命令潜艇悄悄转移到另一个距离“皇家橡树号”不到1500米的位置。第一枚鱼雷击中船艏，在空中激起一条高高的水柱，但没有造成明显的损伤。几分钟后，即10月14日凌晨接近1点30分的时候，又有3枚鱼雷被发射出去。其中最后一枚击中了战列舰的船体中部：“一道水幕喷向天空，就好像大海突然站了起来。巨大的爆炸声一个接着一个，宛如战斗中连续不断的猛烈炮火，最后是一场震耳欲聋的大爆炸……这场烟花表演遮蔽了整个天空。”看到地狱般的恐怖景象，普里恩惊呆了：“就好像地狱之门突然被撕裂开来，我看到了里面的熔炉。”[20] 他低头呼唤艇员，告诉他们那艘战舰正在沉没。他写道：“片刻的沉寂之后，一阵激动的狂叫传遍整个潜艇，几乎像野兽的咆哮，过去24小时以来压抑着的紧张情绪一下子释放了。”[21] 普里恩立刻让他们安静下来，以免噪声把他们的位置暴露出来。

在“皇家橡树号”的1200名官兵中，大多数人都在甲板下的吊床上睡着了。第一枚鱼雷击中这艘船之后，曾经引起些许担忧。人们把它撞到舰艏后发出的沉闷声音当成内部爆炸——也许是冰箱爆炸——这基本上不会造成什么损害。军医上尉迪克·考德威尔（Dick Caldwell）从他的铺位上跳下来，想知道是什么制造了那个噪声。几分钟后，“一场爆炸引起了剧烈的震动，军舰向右舷倾斜。我听到玻璃从窗框和相框上掉落下来，然后似乎是死一般的沉默，这种沉默突然又被第 3 次爆炸打破。所有的灯都熄灭了，船身进一步倾斜，每个人都明白，我们遇到大麻烦了”。[22] 第 4 枚鱼雷撕裂了这艘战舰的船壳，钻进船内装满高爆物的弹药舱。这艘船猛烈地摇晃着。人们争先恐后地往上层甲板上爬。“我们刚刚出去，爆炸产生的炽热的橙色烈焰就吞没了甲板……我所能做的就是躲在角落里，捂住自己的脸，尽量保护眼睛，努力抱着最好的希望。”

“皇家橡树号”此时严重向右舷倾斜，迪克·考德威尔站在倾斜的甲板上，异常冷静：

我能够清晰地回忆起当时脑海里的所有想法和印象：新买的高档网球拍，一本借来并许诺归还的书，放在抽屉底下的 3 英镑钞票……（并且感觉）这不可能发生在我身上；你在书本上读到过，在电影中看到过，但它不会发生，也不能发生在我身上。

瞬息之间，他靠到了一侧的船体上，然后被水淹没。“我似乎一直在下沉，开始喘不过气来了。”当他浮到水面上时，浑身都是油：

我喝了油，那种恶心的感觉一直留在我的喉咙里。浓浓的黑油刺痛了我的眼睛。我奋力游着，挣扎着……我听到周围有哭叫声，看到黑色的头颅在上下浮动，我又疯狂地游起来……我不断沉下去，直到突然间我放弃挣扎，想着“我要淹死了”，心中没有一丝感情……我想到了所有我想再见到的人，还有我想要做的事情……

过了一会儿，他看到一些人的身影，就朝着他们狂乱地游过去。那里有十来个人紧抓着龙骨：“时间在流逝，却没有我们能够获救的迹象。我们在黑暗中努力睁大双眼，希望能够看到一些光亮，但什么也没有发现。”终于，他们看到一个桅灯，有一艘搜索幸存人员的船正驶向他们。“我们一遍又一遍地高喊。当船离我们不到20码时，我们离开已经倾覆的军舰，朝着船的方向用力游过去。”考德威尔两次试图爬上船，但他的两只手都被寒冷的海水冻麻木了，所以每次都掉落到水里。“我心里想：‘现在一定不能放弃。加油，现在一定不能放弃。’不过对于最后是怎样得救的，脑子里没有一点印象。”[23]考德威尔被人拉到安全的地方以后，马上和其他幸存者被送到“飞马号”上，他们在那里喝了很多茶，并用热水泡澡。“（我们）开始说话，辨认身份，握手，尽量不提及失踪的朋友。”[24]

军医上尉考德威尔是为数不多的幸存者之一。*“皇家橡树号”共有833名官兵溺水身亡，这艘军舰沉到将近100英尺的锚地水底。数日后，潜水员们最终下潜到这艘船所在的地方，被眼前的景象震惊了。“上帝啊，那里到处都是尸体……”其中一个潜水员回忆说，“他们告诉我要敲击船底，看看有没有人轻敲回应。这样做有什么意义？”[25]U–47的袭击已经将丘

* 1941年12月10日，“威尔士亲王号”（HMS Prince of Wales）被日本轰炸机击沉时，当时已是军医中校的考德威尔也在这艘船上，但他又一次幸免于难。

吉尔最害怕的想象变成了灾难性的现实。

现在，普里恩必须顶着从斯卡帕湾涌过来的洋流逃走。即使开到最大功率，U-47 也几乎是寸步难行。当吞噬“皇家橡树号”的大火开始熄灭的时候，他们被无数束光柱照射着。小型海军舰艇用灯光全面搜寻海面，寻找神秘攻击者的下落。有一次，一艘似乎是驱逐舰的军舰已经靠到足够近的位置，向这艘潜艇发射灯光信号。但是普里恩没有回应，之后这艘船的指挥官似乎断定，前方水域中几乎一动不动的不明物体根本不可能是“皇家橡树号”的偷袭者，于是这艘军舰消失在夜色中。也许是因为英国皇家海军根本没有料想到敌方潜艇能够深入斯卡帕湾，所以搜索潜艇的工作断断续续，并且很快就停止了。无论如何，对于搜救人员来说，在那时，随着“皇家橡树号”一同沉没的官兵的命运更为重要，寻找袭击者并进行报复不是当务之急。

于是，普里恩悄然逃到安全的外海，没有再受到进一步骚扰。“潜艇艰难痛苦地来回扭动，吃力地驶出狭窄的通道，”这位潜艇指挥官回忆道，“在我们面前，是宽广自由的海洋，伸展在浩瀚无垠的天空之下。我深吸了一口气，下达这次行动的最后命令：‘各部门，注意。一艘战列舰被摧毁……我们已圆满完成任务！’这一次，我允许他们大声欢呼。”[26]

普里恩为德国赢得了一场出其不意的胜利。U-47 回到威廉港时，受到了“沙恩霍斯特号”战列舰的欢迎，战列舰的船员排列在甲板上向这艘潜艇致敬。潜艇抵达码头后，乐队奏响音乐，群众挥手欢呼。邓尼茨迎接普里恩上岸，以元首的名义向他表示祝贺。很快，全体艇员都登上了希特勒的飞机前往柏林，元首要亲自为他们的艇长颁发铁十字勋章。从滕珀尔霍夫机场到总理府，无数群众都在向他们欢呼。当希特勒走进来迎接他们时，普里恩不知所措地站在元首面前。“我以前经常见到他，但从未像现在这样强烈地感受到他的伟大。我确实站在这里，实现了我年轻时候的梦想……但是与这个人相比，我算什么呢？他曾经感受到这片土地的堕落，他梦想着一个更自由、更幸福的祖国！”[27]

“皇家橡树号”被击沉，使英国海军部遭到几乎难以承受的心理打击。根据丘吉尔的私人秘书助理约翰·海厄姆（John Higham）的叙述，丘吉尔听到这个消息时，眼睛里充满了泪水，喃喃自语道：“可怜的家伙，可怜的家伙，被困在那黑暗的海底深处。”这位海军大臣仍然很快向战时内阁保证说，尽管损失那艘战列舰是“一个非常令人遗憾的灾难”，但是并没有“对海军的总体地位造成实质性影响”。[28] 当然，作为一位精明的政治家，他没有忘记损失这么多人可能会被当作海军大臣自满和无能的证据。丘吉尔深知“公共舆论受到震动”，很容易让地位不太高的政治家被迫成为安抚民众情绪的替罪羊，他在深思熟虑后表示：“对于任何在战前负责预防工作的大臣来说，这在政治上都可能是致命的。”因此他完全撇清了自己与斯卡帕防御事务的关系，并暗中将责任推给其前任斯坦诺普（Stanhope）勋爵。[29] 要是丘吉尔觉得自己对这场灾难负有责任，那么他会小心翼翼地不予承认。尽管丘吉尔没有低估“潜艇威胁”，但他坚持认为，打击潜艇的最好办法是建立“一支独立的小型舰队，就像骑兵师那样作战……（并且）可以在宽广的战线上进行大范围搜索。这样，潜艇就无法在这些地区立足”。[30] 海军大臣和他手下的海军将领们没有迟疑，但那些受命领导这些机动部队的年轻指挥官并没有被说服。唐纳德·麦金太尔海军上校后来因为在担任护航指挥官时建立功勋而闻名，他在那时就抱怨说：“我们一次又一次劳而无功地赶到商船刚被击沉的地方，但和料想的一样，作案的潜艇已经逃离了现场……”[31]

海军中尉（后来成为将军）约翰·亚当斯（John Adams）同样不以为然。“这触及了我的底线，”他回忆说，“马恩岛南角的灯塔发来一个特别报告，说在 6 英里外的地方发现了一个潜望镜。好吧，你要是能看到 1000 码外的潜望镜，你就撞大运了，更不用说约 6 英里了。然而上级把我们从利物浦派到那里，去追踪那个特殊目标，我们还没开始行动，就已经知道明显没有什么希望。”[32] 外海太过广阔，猎物神出鬼没，把稀少宝贵的资源用在海上骑兵身上并非良策。让他们保护商船运输队安全抵达目的地才是更好的利用方式，事实将会证明这一点。

总而言之，第一次世界大战的重要教训已被忘却。事实上，德国潜艇在 1918 年被彻底击溃让英国海军部获得了虚假的安全感。“潜艇探测器”（ASDIC）被发明出来后，英国海军部的幻觉更为强烈了。潜艇探测器是一种声呐装置（名称来自盟军潜艇探测设备研究委员会的缩写，该机构主持设计了这种装置），可以装配在水面舰艇的外壳上，并能够通过侦测潜艇外壳反射到水面的回波，定位水下潜艇。海军参谋人员认为，有了潜艇探测器，潜艇会在深水炸弹面前毫无还手之力，基本上会成为一种过时的武器。然而他们没有考虑到，该设备根本称不上万无一失（其精度在高海况水域会大打折扣），也没有预见到潜艇通常会趁着黑夜在水面上发动攻击，在这种情况下，潜艇探测器没有什么用处。他们错误地相信潜艇探测器，再加上他们轻信德国人会严格遵守英国与第三帝国代表艰苦谈判得来的《捕获法》，致使情况进一步恶化。由于这些原因，他们认定第二次世界大战中盟军商船的主要威胁将来自水面舰艇，如战列舰和巡洋舰，而不是潜艇，直到 1937 年他们还断定，潜艇“永远不会再给我们带来像 1917 年面临的那种问题”。[33] 他们实在是大错特错。

11 月 13 日，丘吉尔邀请张伯伦夫妇到海军部吃饭。这是他们第一次这样交往，丘吉尔对他们之间“唯一一次亲密的社交谈话”津津乐道。据他自己所说——可能经过渲染——一位军官一度从地下的作战室过来打断他们的谈话，报告说一艘潜艇已经被击沉。过了一会儿，他又来报告说，第二艘潜艇被消灭。他们还没吃完饭，他再次过来报告说，第三艘潜艇沉入海底。海军大臣的客人对此印象深刻。丘吉尔后来写道：“当女士们离开时，张伯伦夫人带着一种天真而迷人的目光对我说：‘你们是否故意安排了这一切？’我向她保证，如果她再度光临，我们还会遇到类似的情况。”[34] 直到战争结束后，他才发现这三份报告都是错误的：那天晚上没有这样的击沉战果。这种过度乐观并不罕见。在这场海战中，双方都忍不住把一厢情愿的想法错当成确凿的证据；但是事实证明，声称取得成果容易，想要证实却很难。

此时，在柏林，德国海军向希特勒施压，要求修改潜艇战规则，批准他们在外海所有水域对一切商船进行“无限制”进攻。两次世界大战之间精心制定的《捕获法》如今要被抛弃，表面上的理由是所谓的英国商船船长背信弃义。据邓尼茨手下的指挥官们说，英国商船接到“停航”的命令后，总是立即用无线电发送求救信号，不止一次，在潜艇尚未依法完成“拦截和搜索”程序之时，敌机就飞了过来。他们理由充足地认为，这是违犯国际海洋法的行为，会让他们的潜艇面临严重的危险。1939 年 9 月 23 日，希特勒会见雷德尔的时候做出让步，允许潜艇指挥官今后“向使用无线电的船只开火”。[35] 邓尼茨明确重申元首的决定：“一律将其扣押或击沉。”[36]

尽管如此，希特勒仍然相信英国政府会在适当的时候设法与第三帝国谈判和解，所以竭力避免在海上进行任何不必要的挑衅。因此，他拒绝授权公然打破《捕获法》，不允许对可能与敌人进行贸易的商船发动无限制潜艇战，雷德尔和邓尼茨对此大感沮丧。但是，邓尼茨不甘心放弃。他利用《捕获法》含糊其词的特点，向手下的指挥官发出一项秘密指令，授权他们击沉一切在“预计只有英国船只出现的海域”不开灯航行的商船。为了避免给人口实——被说成即使没有破坏法律条文也违反其精神，他进一步指出：“但是，不得以书面形式给出采取这一行动的命令，只需依据海军作战人员的默许……在作战日志中记录击沉商船时，必须以该船类似军舰或辅助巡洋舰为理由。”[37]

11 月 24 日，柏林批准进一步打破《捕获法》。此后，德国公开宣布：“在不列颠群岛周围海域和法国沿岸海域，中立国船只不再被视为理所当然地享有安全。”[38] 换句话说就是，要对在这些区域航行的所有商船不分国籍地进行自由开火。现在，无限制潜艇战成为第三帝国的正式政策，尽管仍然没有做出声明。对于邓尼茨来说，其含义是冷酷无情的：“不要救援任何人，不要带走任何人。不要理会那些船只的救生艇。不要考虑气象条件和地域邻近程度。只关心你们自己的舰艇，尽快努力争取下一次成功！ 我们在这场战争中一定要坚韧。敌人开启这场战争是为了消灭我们，因此一切都无所谓。”[39]

但是，只靠违反海上作战规则，未必能够取得胜利。邓尼茨曾在 8 月份提交给希特勒的备忘录中提到过发动攻势，而不只是制造“一系列小麻烦”，但他仍然缺乏足够的潜艇来实施计划。虽然他现在摆脱了束缚，可以把单独航行的商船当作目标，但是在吨位战中真正重要的目标是护航运输队。他的战术很明确：“我们的目标必须是集中少量可用潜艇，找到护航运输队并将其消灭。”他对手下指挥官下达命令说：“兵力越集中，越能达到出其不意的效果，因此也就越能实现彻底的胜利。”[40] 不过就像他不断抱怨的，“少量”潜艇依然没有到位，他坚持认为，不管怎么样，如果最高统帅部没有实现打造一支有 300 艘潜艇的部队的承诺，绞杀英国大西洋生命线的绝佳机会将白白溜走。

雷德尔欣赏邓尼茨的观点，但受到两个因素的束缚：一方面，他自己的战略是把水面舰队置于优先地位；另一方面，他面临着希特勒的最亲密盟友、帝国元帅戈林的无情敌意，戈林的额外优势在于飞机的制造速度比船舶快很多，因此可以更迅速地满足元首对行动的渴望。雷德尔雄心勃勃地提出Z计划，要创建一支可与英国皇家海军相匹敌的世界级战列舰舰队。虽然这个计划已变得千疮百孔，但他与英国海军大臣和第一海务大臣一样（他作为德国海军总司令，同时扮演这两个角色），仍然相信海战的本质是与敌对“水面舰队”的火力对决。为了按传统的双管齐下的海军策略威胁敌人，雷德尔就必须以同等的精力争取扩充水面舰队和潜艇部队，这使得海军在与国防军的另外两个兵种争夺稀缺资源时处于不利地位。雷德尔不太明智，为了实现这些野心太大的目标，他还想获得紧急权力。即使按照战时体制运转，德国的工业机器要想按照雷德尔的要求每月下水29艘潜艇，戈林的德国空军战机肯定也会受到相应的影响。德国国防军饱受激烈内斗和战略自我矛盾的困扰，雷德尔在其中成了出头鸟。戈林作为希特勒心腹中最狡猾的谋士，利用这位对手的政治无能进行突然袭击。希特勒听从接班人的建议，于10月10日批准了雷德尔的建造计划，但却迟迟不付诸实施。元首直截了当地拒绝授予雷德尔紧急权力，以简报的形式断然回绝他的要求：“由于帝国元帅戈林已拥有极广泛的权力，因此，元首和武装部队总司令不会再为监督潜艇建造计划而授予任何附属的紧急权力。”[41]

这是危急时期的决定性时刻。雷德尔被剥夺强制性权力，不得不将潜艇建造计划缩减至每月25艘。即便如此，这个目标也无法实现：事实证明，在1940年的前6个月，生产线每个月制造的潜艇无法超过2艘，这基本上只能弥补同一时期潜艇部队的损失。在如此缺乏潜艇的情况下，德国还能取得那么多战果，很难想象如果希特勒满足雷德尔的要求，可能会导致什么后果。希特勒的随从压倒了德国海军总司令，这对英国来说是幸运的。

丘吉尔和雷德尔一样，抓住每一个机会超越海军大臣的职权范围。1940年1月20日，他在伦敦市长官邸发表演讲时，邀请听众（包括那些收听BBC的人以及到现场的人）与他一道对情况进行总体了解，让他们一睹即将为他们所拥有的美好前景。"那一天将会到来，"他断言说，"到那个时候，报喜的钟声将再次响彻整个欧洲，同时，战胜敌人也战胜自我的国家将以正义、传统和自由的方式规划和建造千万广厦，人们将世世代代安居于此。"他描绘的美好未来打动了听众，但其现实基础比他所认为的更为脆弱。他继续宣称，似乎"相当确定的是，开战以来德国已经损失了一半潜艇"，而且针对英国航运的潜艇攻击已经"完全破产"。不过他的推测很荒谬，且毫无根据：事实上，德国只有10艘潜艇被消灭，不到潜艇总数的1/5，远远不是损失一半潜艇。剩下的潜艇仍然构成重大威胁。

英国海军部以一种有些漫不经心的方式，开始修补本应保护英国海军锚地的防御设施，但对于富于进取精神的潜艇指挥官来说，它们依然是千疮百孔的。1940 年 1 月 12 日，27 岁的 U-23 号潜艇艇长奥托·克雷奇默海军上尉指挥其潜艇进入奥克尼群岛东侧的一个海湾，那里距离普里恩在 3 个月前击沉"皇家橡树号"的地方只有 4 英里远。与普里恩相比，克雷奇默不爱交际。他的一名艇员福尔克马尔·柯尼希（Volkmar König）后来回忆说："克雷奇默永远不会坐在酒吧里和手下人一起喝啤酒，他始终保持着那份威严。"[42] 他也不善言辞。克雷奇默后来指挥 U-99 时，霍斯特·埃尔夫（Horst Elfe）是第二值更官，他记得，"沉默的奥托不会发表鼓舞人心的演讲。他总是非常实事求是，不会感情用事，但他并非铁石心肠"。[43] 更重要的是，他受到手下人的信任和尊重。上级指挥官早就把他列为"未来值得关注的人"，战争开始以来，他已两次获得授勋。邓尼茨断定他是"一个异乎寻常地安静，但内心强大的……独狼"，他在 1939 年年底写给柏林的海军总部的评估中表示，"他在行动时的突出特点是冷静、镇定和果断"，这使他"特别适合执行艰巨的任务"。[44]

因加内斯湾（Inganess Bay）位于奥克尼群岛上的柯克沃尔附近，表面上得到岸炮和两艘反潜拖网战船的保护，这两艘船上还装备有潜艇探测器声呐设备和深水炸弹。尽管如此，克雷奇默却能够神不知鬼不觉地潜进锚地。一艘排水量 1.05 万吨的丹麦油轮"丹麦号"停泊在这个海湾的一个角落。U-23 的值更官汉斯 - 约亨·冯·克内贝尔（Hans-Jochen von Knebel）回忆说：

我们可以看到舰桥上的人手里拿着香烟。我们发射了鱼雷，确实有效——鱼雷在合适的时间爆炸了。我们非常自豪和开心。英国人不相信我们可以如此接近这个锚地，当鱼雷爆炸时，他们用探照灯朝天上搜索，因为他们认为我们是德国空军。他们甚至向空中射击……然后，我们掉转潜艇，贴着瞭望台开走，毫发无损地离开了那里。[45]

继普里恩之后，克雷奇默再次证明，个别执行秘密突击任务的潜艇可以渗透进英国的防线，并且几乎不会受到什么损失。

这次难堪的事件使英国海军部极为不安。负责柯克沃尔防务的海军军官是雷克斯（Raikes）海军中将，他受命就这一事件提交正式报告。这份令人遗憾的文件无力地记录着："没有敌人存在的迹象或疑点。"统领奥克尼群岛和设得兰群岛的宾尼（Binney）海军中将对此并不满意，两周之后他对此大发雷霆道："我认为（两艘反潜拖网战船）存在疏忽和低效的问题，才让这艘潜艇得以逃跑。"当雷克斯抗议上司不公平时，宾尼回击说："本来就应该从根本上杜绝潜艇进入因加内斯湾的开火位置的可能性。"另外，这位潜艇战负责人补充说："一艘船受到两艘反潜船的保护，竟然还遭到鱼雷袭击，并且还让潜艇跑掉了，这是彻底的失败。"[46]

丘吉尔在市长官邸发表演讲时，小心翼翼地警告未来几个月会有"很多损失和不幸"，却又禁不住宣称："毕竟事情没有那么糟糕。事实上，情况比任何海战都好。"[47]这场演讲令人愉快，然而没有人会知道，在那个时候，英国海军部还在琢磨邓尼茨的潜艇到底是怎样再次来到英国皇家海军的后院对其进行羞辱的。这位海军大臣勇气可嘉，不过说得委婉一些，他的结论下得太早了。

03

草率之举

《英国人赞扬“阿尔特马克（Altmark）人”》是 1940 年 2 月 18 日《纽约时报》一篇报道的标题，它并没有夸张。正如该报驻伦敦记者所写的：“当‘哥萨克人号’（HMS Cossack）驱逐舰在英国皇家空军的护送下，载着大约 300 名英国水手滑入利斯港时，无数群众欢呼雀跃。英国民众逐渐知道这些水手长期被囚禁在德国那艘地狱船‘阿尔特马克号’上，他们几乎是在最后时刻突然被英国海军救了出来！”[1] 这场胜利标志着一场持续性的海上大戏结束了，它始自南大西洋，成为世界各地报纸的头条新闻，然后，遵循非预期后果法则，在挪威的中立水域又发生了小规模冲突，这引起了一场外交危机，而且预示着一场军事灾难，而海军大臣温斯顿·丘吉尔对此负有主要责任——这对大西洋海战局势的发展产生了很大影响。

这一戏剧性事件发生在 1939 年 12 月。4 个月前，德国海军整个水面舰队中可以部署的军舰只有两艘袖珍战列舰——“德意志号”（Deutschland）和“施佩伯爵号”（Admiral Graf Spee）。因此，这两艘军舰分别被派往北大西洋和南大西洋，其具体任务是“利用一切可能的手段切断和破坏敌方所有航运”。[2] 这两艘军舰都配有补给船，因此可以远离母港行动数月。它们的任务很简单：在保障自身安全的情况下，尽可能多地击沉盟国商船。由于这个原因，它们也得到指示，不得与任何敌方军舰接触，即使对方的吨位和火力处于弱势也不行。

英国海军部计划在南大西洋消灭这种难以捉摸的威胁，但因为缺乏战舰而受到限制。由于英国没有足够的护航军舰，无力在这片广阔水域中为航行在纵横交错的洲际航线上的所有商船运输队提供保护，德国劫掠者像饥饿的鲨鱼追踪猎物一样游荡在大洋中，因此所谓的“规避航行”实际上是防止遇袭的唯一途径。只有当某艘受袭商船在被这一艘或那一艘袖珍战列舰击沉之前将其位置发送出去，规避航行才能发挥作用。通过这种方式得到警报后，该区域的其他所有船只会接到改变航向的命令，以避免类似的命运。

只采用规避航行不足以缓解威胁。每一艘往返在这些海域，将远东、印度、非洲和南美港口与英国连接起来的商船都运载着英国急需的珍贵物资。9 月 30 日，英国商船“克莱门特号”在巴西海岸被一艘战列舰击沉的消息传到伦敦，英国海军部立即在全球其他地方重新部署了至少 8 个猎杀小组，以追踪和消灭袭击者。这些特遣舰队分别被派往西印度群岛、巴西东北部、阿根廷、好望角和塞内加尔，共有 5 艘航空母舰、4 艘战列舰、14 艘巡洋舰（其中 3 艘属于法国）以及护航的驱逐舰；然而，这些小组都不具备独立压制袖珍战列舰的火力。直到它们在无边无际的汪洋大海中追踪敌人时，才发现这个问题。

尽管伦敦得到过一两次目击报告，但“施佩伯爵号”完全不受阻拦地航行了将近10个星期，在南大西洋纵横约3.5万英里，拦截了9艘商船，击沉了其中7艘，并将其船员转移至这艘袖珍战列舰的随行补给船“阿尔特马克号”上。最后，“埃克塞特号”（HMS Exeter）重巡洋舰在12月13日发现了“施佩伯爵号”。这片海域距离乌拉圭海岸约有150英里，英国在这里部署了3个猎杀小组，“埃克塞特号”是其中的“G舰队”中火力最强的巡洋舰。早上刚过6点，理查德·詹宁斯（Richard Jennings）海军少校还穿着睡衣，就被召唤到“埃克塞特号”控制塔的作战位置。当他经过罗盘室时，舰长F.S.贝尔（F. S. Bell）招呼他说：“那里是他妈的‘舍尔号’（Scheer）！”[3]作为高级枪炮官，詹宁斯迅速下令向敌舰进行首次侧舷射击，后来他才发现那是“施佩伯爵号”，虽然距离有2万码，但“千真万确地出现在地平线上”。

一等水手林·福格希尔（Len Foghill）已经结束夜间值勤在吊床上睡着了，却被行动召集令唤醒：“号手吹响的全船战备部署号声还没结束，我就跳下床进入战斗状态。我只穿着袜子，用胳膊夹着鞋子，猛冲过去……我们周围都是闪光和炮声。”当福格希尔拿着望远镜持续监视敌舰时，“埃克塞特号”受到精准的弹幕射击。“炮弹朝着上层建筑飞来，弹片四处横飞。在最初的10分钟里，我们损失了5名军官和56名水手……舰长控制船舶的舰桥失去作用，大部分人员或丧生或受伤。”[4]

在战斗中，“埃克塞特号”得到两艘轻巡洋舰“阿喀琉斯号”（HMS Achilles）和“阿贾克斯号”（HMS Ajax）的支援，舰队指挥官亨利·哈伍德（Henry Harwood）海军准将让人升起信号旗。哈伍德决定攻击这艘德国战列舰是鲁莽的："施佩伯爵号"的一门侧舷炮火力比英国这三艘巡洋舰火力总和的2倍还要强。虽然"埃克塞特号"当时给敌舰造成的打击超出其船员的预计，但这不是一场公平竞赛。"施佩伯爵号"用11英寸*火炮进行冷酷精确的回击，英国巡洋舰的8英寸火炮炮塔很快被打坏。不久之后，这艘巡洋舰的"神经中枢"也分崩离析，所有通信设备全部遭到破坏，一切命令都必须依靠很多传令兵传送。

其中一个传令兵是福格希尔：

我好像中了魔咒，因为当我在船上忙碌的时候，船上的战友正在牺牲。我失去了很多朋友，但我当时没有想到这些事情。我只是按照自己接受过的训练做事。

我经过船腰，就是鱼雷管所在的甲板，看到周围都是濒临死亡的伤员。甚至随军牧师也到那里，给伤员送上一杯杯威士忌……到处都是尸体。一块弹片将我们海军中尉的后脑勺削掉了。以前我从未见过什么人死亡。[5]

军医中校罗杰·兰开夏（Roger Lancashire）竭尽全力帮助伤员：

伤亡极其惨重。有两三个人就死在我的怀里。可以说，我和这些人共同生活了三年之久。对于有些伤员来说，如果我有设备，

---

* 1英寸＝0.0254米。——编者注

有充足的血液供应，情况可能会有所不同，但事实并非如此。我要快速评估谁最有可能得救，然后对其进行手术。[6]

舰桥被炸毁后，里面的3个人中只有舰长幸存，兰开夏只离开过医务室一次，就是为了照料舰长。贝尔被弹片击伤，金属碎片把他的两只眼睛打成了半瞎，但他显然无所畏惧，在甲板上和军医中校一起，观察詹宁斯站在Y炮塔的盖子上指挥射击，“埃克塞特号”仅剩的一门大口径火炮就安装在那个炮塔上。兰开夏后来回忆那位枪炮官：

他一直在向我介绍情况。这太棒了。

我听得入了迷。在远方，你可以看到“施佩伯爵号”不时开火射击。令人兴奋的是，“阿贾克斯号”和“阿喀琉斯号”施放了烟幕，而且它们在烟幕的掩护下轮流开进开出，利用6英寸侧舷炮进行快速而准确的射击，想来“施佩伯爵号”不会太喜欢。

贝尔很清楚，他的船正遭遇越来越严重的麻烦，他告诉兰开夏：“如果给我一丝机会，并且军舰能继续以这种方式向前航行，我打算猛撞那个坏蛋。”[7]

他没有得到这样的机会。“埃克塞特号”严重受损，几乎失去了行动能力，哈伍德命令3艘巡洋舰全部撤离。他们在这场战斗中已经损失了71人，几乎都是“埃克塞特号”的船员。而“施佩伯爵号”也并非毫发无损。“埃克塞特号”的一门主炮几乎摧毁了这艘战列舰的主舵机，使其无法采取一切进攻性行动。汉斯·兰斯多夫（Hans Langsdorff）舰长决定驶向位于拉普拉塔河北岸的乌拉圭首都蒙得维的亚，他知道可以让这艘战列舰安全停泊在中立水域。从全球范围来看，在遥远的欧洲发生的战争不算什么大事，乌拉圭几乎和其他所有南美国家一样，仍然不急于选边站队。当“施佩伯爵号”在蒙得维的亚的港口下锚时，“阿贾克斯号”和“阿喀琉斯号”以及替代“埃克塞特号”的G舰队的第4艘巡洋舰“坎伯兰号”（HMS Cumberland）在紧邻乌拉圭领海的水域占据阵地，“埃克塞特号”则前往马尔维纳斯群岛的斯坦利港，在那里的英国基地进行紧急维修。此时，刚刚晋升为海军少将的哈伍德用无线电向英国海军部发报，要求该地区的另外两个英国猎杀小组前来增援。

兰斯多夫舰长已经安全到达庇护所，但平静只是暂时的，他知道这一点。根据海上作战规则，“施佩伯爵号”有权在蒙得维的亚待24个小时，不过在德国大使馆出面交涉之后，乌拉圭政府又将其延长到了72小时。无巧不成书，哈伍德正好还需要3天时间，才能等到增援舰队抵达拉普拉塔河。然而，兰斯多夫可能因为受到英国情报部门的欺骗，错误地相信两艘强大的英国军舰已经参加了封锁行动，即“皇家方舟号”航空母舰和“声望号”（HMS Renown）战列舰。事情已经很清楚，一旦“施佩伯爵号”无法在72小时的期限内完成维修工作，他将面临两个极端性选择：要么为了停留在乌拉圭而交出军舰的控制权，要么带领军舰逃出英军的包围。他把这些情况用电报告知柏林，并表示：“逃到外海并突围回到本国水域是毫无希望的。”[8] 德国海军总司令对此并不认可，他认为兰斯多夫还有第三个选择。早在一个月前，雷德尔海军元帅已经明确表达了他对手下人的期望：“德国战舰及其船员将全力奋战到最后一发炮弹，要么胜利，要么随着飘扬的旗帜沉没。”[9] 这一命令与希特勒的一个极其愚蠢的训示相呼应——“宁死不降旗”。[10] 这一次，雷德尔得到元首的支持，给兰斯多夫发电报，敦促他出来战斗，要让全部火炮轰鸣着沉没。“施佩伯爵号”的舰长不想给手下人强加自杀的荣耀，拒绝接受雷德尔的命令。

于是，当 12 月 17 日的夜幕开始降临时，蒙得维的亚的居民看到这艘袖珍战列舰缓缓地从港口驶向外海。德国商船“塔科马号”紧随着“施佩伯爵号”。当它们到达拉普拉塔河口后，河岸上的数千名旁观者看到这两艘船慢慢停下来，军舰上的骨干船员都转移到“塔科马号”上。没过多久，“施佩伯爵号”发生了一连串爆炸，军舰燃烧起来，距水位线不远的船体下方被撕裂出一个洞。很快，这艘令人畏惧的战列舰不光彩地陷入河床的淤泥里，而在静静的水面上仍然可以看到它的上层建筑。

几乎没有人注意到，“塔科马号”同时从蒙得维的亚港滑出，横渡河口来到阿根廷首都布宜诺斯艾利斯，兰斯多夫及其船员很快被阿根廷当局拘押。兰斯多夫从那里致函德国驻蒙得维的亚大使。他在信中说：“我愿意献出生命，不让国旗的荣誉受到任何玷污，我将直面自己的命运，坚信国家和元首的事业与未来。”[11] 于是，他在 12 月 20 日用手枪向自己的脑袋射击——这是他第二次尝试自杀，他死了。

德国的一艘主力战舰在拉普拉塔河自沉，这个消息成为世界各地的头条新闻。为了防止第三帝国的威望受到伤害，戈培尔炮制出一个故事，荒谬程度几乎与他把“雅典娜号”的沉没归罪于英国海军大臣一样。根据德国广播电台的报道，“施佩伯爵号”已经沉重打击了一支强大的英国舰队，在屈服于不可扭转的命运之前，取得了史诗性胜利。这个故事只有傻瓜才会相信。尽管如此，却有人对这艘德国战列舰的沉没感到悲伤。《纽约时报》驻蒙得维的亚记者对大型战舰怀有浪漫的想法，他看到“黑色的庞大残骸破碎扭曲着，燃烧着”，表达出哀悼之情，称这种战舰“代表了太多传统和荣誉，如此崇高的事物竟然被执意判处如此可耻的结局，不管谁来到‘施佩伯爵号’悲剧性沉没的地方，都会和今天下午的记者一样，留下深刻的印象”。[12]

在伦敦，人们的心情可以说是天壤之别。丘吉尔说，他在英国海军部的作战室里发现，“追踪这一辉煌行动的戏剧性发展最令人兴奋”；[13] 消息显然太让人激动了，基于他断断续续从美国商业广播电台收集到的一系列未经证实的报道，丘吉尔禁不住想给哈伍德发送许多战术建议。庞德海军元帅极其坚定地出面干预，坚称“拉普拉塔河之战”——这场战役很快就以此为名——尚未结束时，即使是海军大臣也不应该干扰一名英军指挥官，丘吉尔才悻悻然作罢。但是，当政府发布消息时，丘吉尔再也按捺不住了。12 月 18 日，他通过电台向全国通报说：“我们的岛屿感激不尽地收到来自蒙得维的亚的新闻，而且世界上大部分地区都表示满意……在广阔的水域中，所有国家在和平航运时都可以享受自由的海洋，至少暂时如此。”[14]

在广播过程中，他提到“潜艇的持续威胁”，并且警告未来可能会遇到“艰难痛苦的时期”。然而，他有充分的理由不去提及一个令人不安的事实：英国把几乎一半海军兵力派出去追击“施佩伯爵号”的时候，邓尼茨的潜艇击沉了不下114艘商船，其中有100多艘是单独航行；相比之下，在得到英国海军护航横渡大西洋的14个“快速”运输队中，截至当年年底只损失了两艘商船。[15] 实际上，这位海军大臣及其手下的将领仍然拘泥于第一次世界大战的思维模式，所以他们为了在广阔的海域搜寻一艘神出鬼没的“水面劫掠者”，投入的舰船数量不成比例。本来他们可以把兵力用于常规的任务，为那些没有保护的商船运输队护航，以防范潜藏在水面之下的威胁。尽管邓尼茨在1939年9月至12月的4个月时间里损失了9艘潜艇，占其部队的1/6；但英国商船队损失超过40万吨，而这仅仅是未来数月英国商船队命运的前兆。

1月19日，即丘吉尔发表广播讲话1个月之后，《纽约时报》驻伦敦记者用《300名英国海员在“施佩伯爵号”的纳粹补给油轮上遭受煎熬》的标题，报道说“施佩伯爵号”自毁之前从击沉的英国商船上抓获的海员被拘禁在一艘德国补给油轮“阿尔特马克号”上，这艘油轮现在正返回欧洲水域。美国记者绘声绘色地描述：

> 英国俘虏被关在牢房里，连活动一下的空间也没有，床上都是寄生虫。每天运动和放风的时间只有1小时15分钟。食物很少，而且难以下咽……每天配给的饮水为1夸脱*……囚犯

* 1夸脱（英制）＝1.1365升。——编者注

们的卫生设备简陋……油轮甲板上摆放着机枪，有守卫警戒，如果发现一丁点骚动迹象，随时就会开枪……[16]

不出所料，身处困境的英国海员占据了全球新闻头条，但它预示着一场更大的戏剧，其编排已经成为伦敦和柏林最高统帅部的焦点。

“施佩伯爵号”沉没之后，“阿尔特马克号”在南大西洋已经没有其他任务了。其船长海因里希·道（Heinrich Dau）判断英国军舰已经离开该地区之后，立即向母港汉堡进发。海因里希·道曾经在第一次世界大战中被俘，这个经历显然让他对英国人深感厌恶；虽然事情已经过去20年了，不过除了让俘虏勉强活命，他显然觉得不必再多做些什么。海因里希·道不知道，他的油轮即将和那艘坐沉在拉普拉塔河床上的袖珍战列舰一样，成为一个国际焦点。他设置的航线是让“阿尔特马克号”向北驶向格陵兰岛，不走北大西洋的繁忙航道，走安全的挪威领海，小心避开苏格兰。

尽管伦敦和柏林都发动了强大的外交攻势，但是挪威政府和邻国瑞典、丹麦一样，顽固地坚持着危险的中立。近4个月来，丘吉尔一直在战时内阁中鼓动在斯堪的纳维亚的中立水域采取军事行动，以防止运输瑞典铁矿石的商船从挪威纳尔维克（Narvik）港自由驶到德国。战争爆发后不到一个月，他向内阁提交了一份详细的备忘录，辩称可能需要采取“严厉手段”拦截这些船队，从而“大大削弱（德国的）抵抗能力”。[17]他提议在挪威领海布设水雷，希望以此逼迫敌方商船进入公海，以便进行拦截，并在必要时让英国皇家海军和皇家空军将其击沉。由于这位海军大臣的提议明显违反了国际法，因而受到外交大臣哈利法克斯（Halifax）勋爵的抨击也就不足为奇了——丘吉尔沮丧地表示，他“无法征得对这种行动的支持”。但他并没有气馁，而是一再满怀热情地坚持主张，在这些中立水域采取“简单而不流血的布雷行动”。[18] 他并不顾忌海洋法的细枝末节，公然告诉他手下的官员们：“我们应该准备好破坏挪威的中立。”[19]

到了 12 月，丘吉尔更进一步。他坚持认为，“英国控制挪威海岸线是最重要的战略目标，这一点怎么强调都不为过”，极力主张入侵和占领具有重要战略意义的纳尔维克港。国家利益压倒一切，相对而言，英国的条约义务已经无关紧要了。他坚持说：“只要在技术上不违反国际法，没有任何不人道的行为，就不会影响中立国对我们的良好印象，当我们为自己的权利和自由而战时，不能让小国束缚我们的双手……指导我们的必须是人道，而不是法律义务。”[20] 虽然他长期以其特有的坚强为这件事申述，但是战时内阁中的同事们仍然不愿意如此无视国际法，因为这些规则最初就是在英国政府的要求下建立起来的。

同时，德国也有类似丘吉尔的野心，早已详细制订了占领挪威和丹麦的计划。10 月 10 日，雷德尔意识到元首在适当的时候打算占领低地国家 * 和法国北部，于是敦促他授权占领挪威沿海的主要港口，这样德国海军可以更方便地在大西洋发动进攻。更重要的是，要想维持瑞典铁矿石运输的安全，控制这些

---

* 低地国家（Low Countries），是欧洲西北地区的荷兰、比利时、卢森堡三国的统称。——译者注

基地是“至关重要的”，德国军备计划离不开这些矿产。正如其传记作者所指出的，雷德尔倡导的这个战略是“有意的冒险，对其舰队的短期和长期未来都有影响”。[21]虽然雷德尔后来承认，这样的举动“打破了所有的海战规则”，但他相信，这种冒险很有诱惑力，尤其是因为它会让德国海军首次有机会对战争进程造成“决定性”影响。[22]

雷德尔的首要目标是获得所需资源，以便将其舰队扩充到能够最终打赢全球海战的规模。无论是国防军总司令、陆军元帅威廉·凯特尔，还是德国空军司令、帝国元帅赫尔曼·戈林（已经被元首指定为继任者），都是雷德尔的强大对手。和希特勒一样，他们最关切的是陆战，在欧洲争夺生存空间，而非全球战争。雷德尔主张入侵挪威，他希望德国海军不仅能在重要的军事行动中发挥主要作用，而且还能保护自身在经费方面免受对手陆军和空军的侵蚀。

如今，伦敦和柏林都像在军事上玩捉迷藏，每一方都在忐忑地摸索着，但都决心不能让对方在挪威获取战略优势。1939年11月苏联与芬兰开战后，伦敦和柏林的计划变得更加复杂。3个月前，即8月23日，苏联和德国签署了《莫洛托夫－里宾特洛甫条约》，该条约附带一项秘密议定书，把夹在它们中间的国家划分为纳粹和苏联的“势力范围”，两国都可以在其中无所顾忌地行动。

德国和英国的最高统帅部都认为，在邻国苏联压倒性的力量面前，芬兰将迅速崩溃。然而事实恰恰相反，芬兰军队规模虽小但却极具机动性，面对装备简陋且动员不足的红军，为争夺每一寸领土而战斗。英国军方领导人开始制订临时性计划，提供人员和装备以支持芬兰的抵抗。增援力量要想到达遥远的北方，显而易见的途径是从纳尔维克港登陆，走挪威和瑞典的陆上通道。对于丘吉尔来说，这是一举两得的机会。他后来以极其坦诚的态度解释说：

我非常同情芬兰人，支持一切有关援助他们的建议；我欢迎这种新出现的有利的骚动，我认为它能实现重要的战略利益，切断德国的主要铁矿石供应。如果纳尔维克成为某种支持芬兰人的盟军基地，那么肯定能轻松阻止德国船只在这个港口装载矿石。[23]

柏林怀疑英国已经在这样干了。就在红军进入芬兰的那一天，雷德尔警告希特勒说，现在至关重要的是“占领挪威”；[24]他认为，失去挪威可能会使波罗的海变成战场，德国海军要想在大西洋开展行动会更加困难，希特勒同意了。当年 12 月，雷德尔与挪威国家领导人维德孔·吉斯林（Vidkun Quisling）举行了会谈，再加上德国军事情报局的报告，他更加确信英国即将对纳尔维克采取行动。

丘吉尔也不遑多让。他继续强调这个问题，并于 1940 年 2 月初在巴黎举行的最高战争委员会会议上有所进展，当时英国和法国政府原则上同意应该经由挪威和瑞典向芬兰前线派遣 4 万兵力。这项工作需要进行大量的外交努力，以说服奥斯陆和斯德哥尔摩政府为此目的开放其领土。这种外交措施能否奏效，从来没有人知道。两国在巴黎达成协议没几天，“芬兰援助”

计划就因挪威遇到暴风雨而搁浅。

2月14日，在离开南大西洋3个星期后，“阿尔特马克号”驶入挪威水域，被一架在北海巡逻的英国皇家空军侦察机发现。对于海军大臣而言，这是意外之喜，他需要这种机会来激发一场重大事件，需要一个对敌作战的借口在挪威水域打击德国，不管能不能站得住脚。他对国际法的解释即使不完全虚伪，也是可疑的，他告诉庞德，这艘“施佩伯爵号”的前补给船“向德国运送英国战俘时违反了中立性……必须把‘阿尔特马克号’视为一个无价的战利品”。[25]菲利普·维安（Philip Vian）海军上校乘坐“哥萨克人号”，指挥一支小型驱逐舰队出发“拦截”这艘德国船。但是，“阿尔特马克号”无视英国人的信号，在两艘挪威鱼雷艇的护送下，躲到戈斯兴湾，这是挪威海岸最狭窄、陡峭、多雪的峡湾之一。随着黑暗降临，“哥萨克人号”进入这个峡湾，维安邀请其中一艘鱼雷艇“谢尔号”（Kjell）的艇长登船。这位挪威艇长坚持说，自己已经对“阿尔特马克号”进行了三次检查，没有在船上发现任何英国水手或武器。为了结束对峙，这位艇长随后通知维安，他已经接到命令，如果有必要，将以武力阻止英国人登上那艘德国船。英国舰长维安立即与英国海军部联系，要求得到进一步指示。命令很快就到了。

丘吉尔觉得没有必要征求第一海务大臣的意见，于是亲自向维安发出命令，指示他“登上‘阿尔特马克号’，解放囚犯，占领那艘船，等待进一步指示”，[26]另外又补充说，除非自卫，应该避免与挪威鱼雷艇交火。这位海军大臣断然决定，

“向挪威驱逐舰［原文如此］提出建议，要想保留荣誉，就要向优势兵力屈服”。武力威胁产生了效果，挪威艇长明智地撤退了。“阿尔特马克号”的船长则表现出抵抗的态度。维安的叙述与海因里希·道的叙述几乎在一切重要方面都有矛盾，他说，当“哥萨克人号”驶过去时，这位德国船长全速倒退，好像要撞击英国军舰。这两艘船擦肩而过，之后德国油轮搁浅在冰雪覆盖的海岸上。此时，33 名英国船员在特纳（Turner）海军少校的率领下，努力跳到“阿尔特马克号”的甲板上，于是海因里希·道船长及其船员投降了。但是，有一名德国武装警卫显然瞄准了登船人员并开枪射击，致使其中一人受伤。维安后来报告说，经过短暂的交火，“武装警卫撤离，他们从冰面上逃走，并在岸上的一个高地狙击登船队。他们的身形在雪地上成为明显的目标，火力很快就被消灭了”。[27] 6 名德国人被打死，还有 6 人身受重伤。然而据海因里希·道称：“英国登船队盲目地疯狂开枪，用最强的火力向逃跑的水手射击；水手们只是想活命，没有开过一枪以进行报复。”[28] 无论如何，囚犯们被迅速从油轮的监狱中释放出来。关于这个事件很快有了传说，称维安的一名手下打开牢房的舱口，并且朝下面呼喊：“里面有英国人吗？”

随着这个消息传播开来，以《每日邮报》和《每日快报》为首的英国媒体的报道夸张到了前所未有的水平。在《每日邮报》的大胆报道中，客观事实只处于第二位：“‘哥萨克人号’驱逐舰的船员在英国海军史上书写了一个新篇章，他们大胆英勇、鼓舞人心的行动，功绩堪比雷利*或德雷克**。"[29]一名《每日快报》记者参加了在小规模冲突中丧生的德国水手的葬礼，津津有味地欣赏了"德国幸存船员'精心收藏'的黑眼圈，而那明显是由英国人用拳头授予的"。海因里希·道船长是"'一只蛮横的小虾米'……阴沉着脸，胡须颤抖，一直哀号着'嗨，希特勒！'，他曾把俘虏关在那艘德国'地狱之船'中经受无尽煎熬"。[30]

最初的报道发表后，有关这些英国俘虏受到残忍监禁的叙述在几个星期的时间里被不断添油加醋，直到他们回到苏格兰之后，人们才发现有点夸张了。虽然这299名商船船员经历了艰难而痛苦的监禁，但重见天日时却毫发无伤。为了欢迎他们抵达利斯港，政府已经安排好了救护车、医生、记者和摄影师。然而情况很快就清楚了，海因利希·道船长的受害者们不需要医疗，因此记者们也就没有故事可写。丘吉尔沮丧地指出："看来他们身体状况良好……充满活力地上了岸，（所以）在这方面没有进行宣传。"[31]尽管如此，这个神话仍然甚是流行。叙述的开头是一场大海战，一艘德国战列舰被击沉，然后是一名邪恶的德国船长指挥着一艘关押高贵的英国受害者的"地狱船"，接下来英国在挪威的峡湾又获得了一场胜利，高潮是囚犯们安

---

* 沃尔特·雷利（Walter Raleigh，约1552—1618），英国作家、军人、探险家，早年致力于北美殖民地开拓，在听到有关黄金国的传说后，他便于1595年前往新大陆寻找黄金，后来发现了今南美洲圭亚那地区。——译者注

** 弗朗西斯·德雷克（Francis Drake，1540—1596）是英国著名的私掠船船长、航海家，继麦哲伦后第二个完成环球航行的船长。1588年，德雷克成为海军中将，在军旅中曾击退西班牙无敌舰队。——译者注

全回家——这个传奇太过引人入胜，以至于平淡的现实颠覆不了它。

然而，“阿尔特马克号”事件并未至此结束。挪威峡湾的那场冲突是英国和德国在欧洲大陆发生的第一次直接对抗，明确显露出交战双方都对无关紧要的中立心存蔑视。正因如此，随后出现的宣传战要比引发它的那场战斗更为激烈。为了反击英国的奇袭，柏林装腔作势地表示愤怒，以令人印象深刻的样子进行回应。德国外交部说起一个可与英国“野蛮行径”相提并论的例子，即在一个多世纪前的拿破仑战争中发生的一件事：纳尔逊海军中将在参加 1801 年的哥本哈根战役时把望远镜放在瞎了的那只眼上，无视命令，击沉和捕获了大部分丹麦战舰。柏林自以为是地大放厥词，宣称英国“以闻所未闻的方式破坏国际法”，可能会引发“最严重的后果”。[32] 更糟糕的是，德国人以同样的言语威胁奥斯陆，并警告说不会忘记挪威未能保护自己的领海。

挪威人被夹在两大强国的冲突之间，徒劳地向英、德表示抗议。倒霉的挪威外交大臣哈尔夫丹·考特（Halvan Koht）几乎同时宣布，英国的行为是“对中立的最严重破坏”，但是“即使是这样，德国也无权派其武装部队进入挪威”。然而，柏林现在正在寻找开战理由，不管“阿尔特马克号”事件有多么牵强，显然都是一个机会。柏林掌握了后代外交官所称的“似是而非的事件”之后，连续多日大做文章。戈培尔指示宣传部，“一切宣传工作必须集中于这一事件”，[33] 于是宣传部把报纸的每一寸专栏和广播的每一分钟都用于宣扬英国在挪威的背信弃义，力度之大可与德国电台之前对“解放”波兰的报道相媲美。

“阿尔特马克号”事件并没有导致如今正在上演的事件，但它是个触发器，将它们释放了出来。自上一年 12 月以来，雷德尔一直在拟订入侵挪威的计划纲要。现在有明确证据表明，奥斯陆无力捍卫其中立地位，英国对德国的关键利益构成了威胁，他于 3 月 1 日发布一项指令，授权入侵挪威（日期有待确定），以预防英国占领纳尔维克的任何“重要行动”。到 4 月 1 日，他显然下定了决心，视野更为开阔。在与手下的高级指挥官举行会议时，他警告说，尽管“威塞尔演习”（Weserübung）——入侵挪威的行动代号——将成为“现代战争史上最艰巨的任务之一”，却能让德国最终得以自由进入大西洋和远海。他严厉地指出：“一代又一代的德国人都要面临英国带来的压力，这是无法忍受的。与英国的冲突不可避免，迟早都会到来，必须用战争手段解决。”[34]

3 天之后，英国战时内阁最终屈从于海军大臣的压力，授权海军部在挪威海域布雷，以阻止瑞典铁矿石输向德国，此前的 7 个月用丘吉尔的话来说，“善良和可敬的人们无休无止地争论，徒劳无益，犹豫不决，政策变来变去”。[35] 但是，此时授权已经太晚了，多年以后丘吉尔说到这件事仍然会激愤不已：“希特勒做好了准备，拿出了一个更有力、准备更为充分的计划。对于委员会作战的无能和愚蠢，再也找不到比这更完美的例子了……现在一切都变成了灾难。”[36] 丘吉尔的谴责虽然一针见血，但也是片面的，即对于此时发生的事情，丘吉尔撇清了自己的责任。

4 月 8 日凌晨，4 艘英国驱逐舰在通往纳尔维克港口的航道中正式布设雷场。但是，一支庞大的德国舰队已经出海，目标直指挪威，德国海军的水面舰艇几乎倾巢而出。它们组成 6 个战斗群，满载部队，其任务是夺取该国的主要港口，包括纳尔维克。而在两周前，丘吉尔构想了一个与之不相关的计划，作为其中的一部分，英军已经在罗赛斯（Rosyth）等待登上另外 4 艘英国巡洋舰，准备在挪威南部的斯塔万格（Stavanger）、卑尔根（Bergen）和特隆赫姆（Trondheim）等港口登陆，表面上是为了阻止德国对挪威采取任何行动。但是，现在他们不可能及时赶到挪威遏止德国的占领计划。

在福布斯海军元帅的率领下，本土舰队已经出海，却朝着相反的方向前进，目的是拦截"沙恩霍斯特号"和"格奈泽瑙号"（Gneisenau）战列舰。英国错误地认为，这两艘战列舰即将闯入大西洋，骚扰英国的贸易路线；事实上，这两艘战列舰被派往北方，只是为了牵制英军。4 月 9 日，首相的私人秘书乔克·科维尔（Jock Colville，他以善于苦中作乐而出名）指出，目前"挪威和丹麦已经遭到德国入侵……但我们舰队的主力都在忙着往北极追踪德国军舰"。[37] 参加了战时内阁和最高战争委员会的会议之后，他补充说："德国人取得了相当大的成功……而我们虽然开启了整个局面，却似乎已经失去了主动权……海军大臣（最终看到行动的机会）兴高采烈。"[38]

由于德国入侵行动的速度和规模都超过英国，战时内阁陷入了惊慌和混乱。错误的开端、误解、个人恩怨和相互矛盾的命令等一系列问题迅速交织在一起，化成一场丘吉尔轻描淡写地自辩的“即兴行动”，[39] 其过程用一位杰出而幽默的海军史学家的话来说，主要是“命令，收回命令，乱命令”。[40]

对于这种混乱局面，丘吉尔应负更大的责任，虽然他并不承认。张伯伦对这位海军大臣并没有什么敌意，也没有理由对他表达的忠诚心怀疑虑，但他对丘吉尔的行事风格和方式感到厌烦。在给妹妹艾达（Ida）的一封信中，他抱怨丘吉尔：

> 午饭后要睡几个小时，开会一直开到凌晨1点钟，会议中他要穷究每个细枝末节，而据我所知，下属就能很好地解决这类问题……他的海军部和其他部门的军官与文官都被召集过来，不能走开，直到被搞得疲惫不堪，部门首长们和他吵到精疲力竭。[41]

一位消息灵通的《泰晤士报》外交记者在日记中说（可能是从怨恨的官员和嫉妒的大臣那里听来的恶意八卦），丘吉尔“自寻烦恼，而且缓解压力的手段就是不加节制地喝香槟、利口酒等”。[42] 张伯伦可能也想这样说，但他忍住了。

从这位首相的角度来看，更严重的问题是丘吉尔在军事协调委员会开展工作的方式，设立这个委员会的目的是精简战时内阁的事务；而身为主席的海军大臣让人们不禁感觉到，他认为同事的存在是多余的。首相告诉他的另一位姐妹：

> 我必须声明，我不认为温斯顿想取代这个机构，但他确实很喜欢策划战役或者行动之类的东西，而且他真的相信自己的

所有想法（至少目前是这样），他对手下人施加的压力比他意识到的要大得多。结果很可能是把他们逼得敢怒不敢言——这是战争中最危险的状况。[43]

然而，尽管丘吉尔经常改变主意，从一个想法跳到另一个想法，而且与手下以及他自己发生矛盾，但这恰恰展示出那些让他成为战时伟大领袖的特征：不可动摇的意志、不屈不挠的精神、无穷无尽的精力和无与伦比的公开演说天赋。

就在战时内阁对事情的变化和转折依然感到迷惑不解的时候，10 艘德国驱逐舰没有遇到一点激烈抵抗，就轻取了纳尔维克。为了夺回主动权，海军部批准一支由伯纳德·沃伯顿－李（Bernard Warburton-Lee）海军上校指挥的小型皇家海军驱逐舰队出征，前往纳尔维克挑战德国占领者。第二天，即 4 月 10 日凌晨，这支舰队受到高海况和暴风雪的袭击，“哈代号”（HMS Hardy）上的沃伯顿－李率领另外两艘驱逐舰驶入纳尔维克内港。沃伯顿－李的一名船员回忆说：“我们都知道那里有一支庞大的德国舰队，但我们不知道有多大。很快我们就知道了。”[44] 港口里塞满了船只，包括 23 艘不同国籍的商船和德国战舰。德国驱逐舰猝不及防，起初反应缓慢，英国驱逐舰在前进过程中使用鱼雷齐射，两艘德国军舰立即失去了行动能力。不过德军随后使用岸炮还击，不久又有几艘德国驱逐舰赶到，包围了“哈代号”，几乎对其进行近距离平射。这艘英国驱逐舰严重受损并且搁浅。沃伯顿－李身负重伤，但他镇定自若地下达命令：“弃船。各自逃命。祝你们好运。”

“哈代号”的船员们跳下船，游到岸边。“跳进水中的那一刻，我们感觉到刺骨的冷，手脚都被冻僵了……”一位匿名的幸存者回忆说：“并且我们一直受到火力打击。德军的炮弹落在我们身边。他们看到我们陷入困境，但只是袖手旁观。”[45]尽管如此，还是有170人游到了岸边，并在持同情态度的挪威一家人的帮助下，跋涉15英里，来到巴朗恩村。他们失去了17名船员，还有2人据报失踪。“哈代号”最后发送的信号是“持续与敌人交战”，但当另一艘英国驱逐舰被击沉，还有两艘受到重创时，英国人别无选择，只能逃跑。沃伯顿－李被人送上岸，在海滩上死去；他在战斗中的指挥受到高度评价，被追授第二次世界大战中的第一枚维多利亚十字勋章。

德国海军智胜英国海军，这让丘吉尔怒不可遏，他在写给第一海务大臣的信中发泄自己的情绪。丘吉尔敦促庞德“全力进攻纳尔维克，那里需要进行长期而激烈的战斗”，并明确发布命令说：“必须为纳尔维克而战。虽然我们曾经受到彻底的愚弄，但是没有理由认为，在这一地区长期进行激烈战斗，敌人消耗的资源不会比我们多。”他漫不经心地忽略了这样一个事实，即德国表面上有充分的理由指控英国率先破坏挪威的中立，他还大言不惭地补充说：“挪威保持中立，而如果我们尊重挪威的中立，就无法防止这种残酷的突袭。”[46]英国为之奋斗的事业在道德上具有正当性，德国则完全没有；但它并没有改变这样一个事实，即英国政府在海军大臣的鼓动下采取的行动同样违反了国际法，尽管情有可原。

那天早上，战时内阁在唐宁街10号讨论了“应该采取措施，以回应外界对我们未能预料或阻止德国占领挪威的批评”。丘吉尔除了提出其他一些观点，还主张要强调“恶劣天气”对德国人有利，荒谬地强调“指责的矛头不要对着我们，而要指向中立国，我们应该抓住一切机会来达到这个目的”。[47]第二天面对愤怒的下议院时，丘吉尔的确这样做了。在这个过程中，他对事实的陈述惜字如金，在解释和辩白时倒是慷慨大方。他指责柏林滥用“挪威走廊”，直言不讳地抱怨道：“挪威严守中立的做法致使其遭受如今的苦难。”[48]本土舰队像无头苍蝇一样追踪着“沙恩霍斯特号”和“格奈泽瑙号”战列舰，而德国海军的主力舰队就要占领挪威，他在试图说明这一令人尴尬的事实时解释说：“当我们谈到掌控海洋时，并不是说要同时或一直控制海洋的每一个区域，而是说，我们的意志终将贯彻到每一片被选作行动区域的海洋，从而间接地把我们的意志贯彻到整个海洋。”[49]在这种情况下，这个传统主题不太具有说服力，但其核心包含着一个重要事实，即海军部尚未完全认识到，数周之内它将遇到可怕的力量，在大西洋被逼退守本土。

为了报复这次羞辱的失败，庞德命令立即消灭所有仍旧停留在纳尔维克的德国军舰。4月13日，“厌战号”（HMS Warspite）战列舰率领9艘驱逐舰，并且得到“暴怒号”（HMS Furious）航空母舰上起飞的俯冲轰炸机掩护，闯入这个港口为英国皇家海军复仇。彼得·格雷顿是“哥萨克人号”驱逐舰上的一名海军上尉。内港充斥着上一场战斗留下的英国和德国战舰的残骸。格雷顿后来写道：“靠着一些运气，这艘军舰躲开了残骸，几乎是擦肩而过。”[50]顷刻之间，这艘英国驱逐舰同时遭到岸炮和仍在港内的德国军舰的攻击。炮弹开始四处爆炸，有些在水面上，有些落到船的上层结构上。鱼雷肆意穿过海湾，冲向这艘军舰。空气中弥漫着浓烟和无烟炸药的气味。战列舰的主炮开始轰鸣。枪炮士官丹尼尔·里尔登（Daniel Reardon）很高兴地听到军官在他的岗位上面的炮塔中喊道："告诉船员，我们已经击中了一艘驱逐舰，打得漂亮。"一艘接着一艘，"厌战号"几乎毫不费力地消灭掉了所有德国军舰。里尔登报告说："过了一会儿，上面下达了'暂停射击'的命令，军舰似乎停了下来。'船员可以爬到炮塔顶上'，上面的视野很好——在我们周围，到处都是燃烧和沉没的敌船，我们的驱逐舰搜遍了每一个小角落，以防遗漏掉什么东西。"[51]

"哥萨克人号"以12节的速度在港口岸边飞驰，突然搁浅了。这意想不到的冲击使格雷顿吓了一跳：

一枚半穿甲弹在主锅炉房中爆炸，里面的船员即刻丧生，从舰桥到舵机和电报机的导线全部被切断，主蒸汽管也遭到破坏，所以发动机暂时无法工作，军舰失去了转向能力。我们总共受到8次打击……大约有12人死亡，受伤的人更多——考虑到我们对敌人的惩罚，这个损失出乎意料地小。[52]

秩序稍一恢复，"哥萨克人号"上的炮手就开始向那些停泊在码头旁用于运载瑞典铁矿石的商船发射炮弹，格雷顿描述说：

以极其冷血的方式……那时候我们感到有点兴奋，炮手们正在充分利用这个非凡的机会，毫不费力地抹平一个城镇。视野内几乎看不见一座明显的建筑，即使一些眼尖的积极分子也没有发现狙击手——通常狙击手都是想象出来的，看来有必要遏制一下他们的热情。[53]

“哥萨克人号”请求派遣一个排占领这个城镇，希望能与“哈代号”的幸存船员取得联系，英军认为这些人此时藏在巴朗恩村。旗舰“厌战号”上的行动总指挥威廉·惠特沃思（William Whitworth）海军上将对此予以拒绝，格雷顿深感沮丧。尽管如此，惠特沃思还是获得了一场小规模的胜利。英国海军损失了3艘驱逐舰和55名官兵，但消灭了8艘德国驱逐舰，并且击沉了1艘潜艇。然而，这一胜利预示着更大的悲剧。

在丘吉尔的要求下，庞德派遣海军元帅科克（Cork）勋爵指挥此时集结在挪威水域的海军舰队。“厌战号”在纳尔维克获得初步胜利之后，科克勋爵匆匆赶往德国控制的港口。他先前听取了丘吉尔和庞德的口头简报，然后将自己的任务解释为“尽早将敌人从纳尔维克赶走”。[54] 与此同时，陆军部没有与海军部进行任何协调，就以类似目的派遣皮尔斯·麦凯西（Pierse Mackesy）少将率领一个旅的英军前往那里。然而，他得到的命令在措辞方面更加谨慎。他被告知：“并不打算让你在直接面对敌人的地方登陆……至于是否登陆，将由海军高级军官与你协商决定。”[55] 麦凯西和科克从未见过面，他们发现自己都是单独被派遣的，都不知道对方接到了什么样的命令。4月15日，他们在纳尔维克以北约70英里的哈尔斯塔港会合，立刻发生了争执。

人们都认为丘吉尔和科克有一条“私人专线”，第一海务大臣就没有这样的待遇，在丘吉尔的催促下，这位海军元帅顾不上他认为可能存在的重大风险，决定对纳尔维克迅速发动进攻。麦凯西表示反对，坚持认为这次行动过于危险，而且依靠他的部队装备，只能在无人防守的地方登陆。正如当时一位海军部高级官员指出的：“我看得出这两位将帅吵翻了天。但是，如果你从白厅派两名思想观念完全不同的人过来，而且到战争迫在眉睫时才见面，你还能有什么期待呢？”[56] 丘吉尔对麦凯西的态度吹毛求疵，指出“不管我、我的同事或者科克怎么说怎么做，都不会对这位将军产生一丁点影响。他是不撞南墙不回头”。[57] 与此同时，天气趋于恶劣，下起大雪，德国人巩固了对纳尔维克的控制。挪威行动判断失误，计划不周，而且执行过程中漏洞百出，在两名自负的英国指挥官争吵不休的情况下跌跌撞撞地走向末路的时刻，丘吉尔只能在一旁无可奈何地发怒。

作为“威塞尔演习”行动的主要倡导者，雷德尔海军元帅对目前的成功感到心满意足。尽管德国损失了大部分水面舰队（使入侵英国成为更加严峻的挑战），但是入侵挪威似乎证明德国海军在德国的整体战争目标中有着至关重要的地位。然而，邓尼茨海军上将感到极度愤慨。虽然他得到命令，要在挪威漫长而曲折的海岸线的不同地点部署 35 艘潜艇，但它们无力对这场行动产生什么重要影响。起初，这些潜艇官兵发现自己根本找不到敌人。更令人担忧的是，即使找到了适合的目标，他们也没有能力将其摧毁。这本来应该是一场杀戮狂欢，却变成了惨败。他手下的高级指挥官一个接一个地用电报向威廉港发回坏消息。4 月 11 日，U-25 报告说，该艇向两艘驱逐舰发射鱼雷，但一艘也没有击中。次日，U-51 也报告了类似的失败。4 月 15 日，U-48 靠到离“厌战号”非常近的距离，向这艘英国战列舰发射了 2 枚鱼雷，但都未能击中；如果这次击中了，很难想象丘吉尔能否顶得住再损失一艘大型战列舰带来的政治风暴。事实上，次日，在斯卡帕湾的英雄贡特尔·普里恩的指挥下，U-47 发现卑格登峡湾停泊着 6 艘运输船，正在 2 艘英国战列舰的保护下让部队登陆。那天晚上，他向这一排船只发射了 8 枚鱼雷，但都没有击中目标。3 天后，他报告说：“发现 1 艘战列舰和 2 艘驱逐舰，并在 900 码的距离用 2 枚鱼雷袭击了战列舰，没有成功。由于其中一枚在其航程终点发生爆炸，我陷入了极艰难的处境，受到各个方向的驱逐舰追捕。”

起初邓尼茨不相信。在一个星期的时间里，没有一艘潜艇取得重要战果，这似乎让人难以理解。在对“战列舰进行 4 次攻击，对 1 艘巡洋舰进行 14 次攻击，对 1 艘驱逐舰和 1 艘运输船各进行了 10 次攻击之后……”他报告说，“最终结果仅仅是击沉了 1 艘运输船”。事实上，卑格登峡湾的 6 艘深吃水运输船毫发无损地躲过了 U-47 的袭击，这个证据充分说明有问题的是鱼雷，而不是潜艇。“这些船只一动不动，重重叠叠，一艘也没打中根本是不可能的……于是我们发现自己装备的鱼雷在北方水域无法工作，无论触发引信还是磁感引信，都不能发挥作用……实际上，潜艇是在赤手空拳地战斗。”邓尼茨迅速发现，就连意志最坚定的潜艇指挥官也会因这种情况而在士气方面大受影响。普里恩提前结束了任务，并在返回威廉港后明确地告诉他："不可能拿着一把哑火的步枪去打仗。"[58]

邓尼茨在潜艇战争日志中称这事"荒唐"，作为潜艇部队最高指挥官，他"应该承担起责任，对鱼雷出问题的原因及其补救措施进行详细的讨论和调查"。[59]他愤怒地联系雷德尔，要求马上进行紧急调查。会议立即召开了。但是，初步调查结果并不能让邓尼茨满意。他写道：

> 实际情况比预期的还要糟糕。我被告知……在和平时期，人们认为要想验证 AZ（手枪）功能正常，只需打 2 发子弹，而且连这甚至都没有必要。这种工作方法只能称作是犯罪……结果令人咋舌……我不相信战争史上会有人使用这种毫无效果的武器打击敌人。[60]

对于失去他那所谓"唾手可得的胜利"，邓尼茨感到越来越沮丧，[61]他不仅在正式的备忘录中表达这种情绪，而且重新挑起了德国海军的潜艇部队与其总司令之间的冲突，因为后者在战前决定优先建造主力舰艇,而不是潜艇。面对严重低落的士气，雷德尔严厉申斥他的高级下属未能"客观地反驳年轻军官所有过于情绪化的主张"。[62]他伪称以牺牲潜艇为代价建造战列舰的决定是元首做出的（暗示没有批评的余地），试图以此堵上批评者的嘴，他认为挪威行动的成功已经证明了这种选择是正确的。他要求"结束没有价值且具有破坏性的批评，因为它们会破坏迄今为止我们最宝贵的财富——海军的团结”，他敦促他们寻求“大胆的行动”，在对英战争中表现出水面舰队的重要作用。[63]

对于邓尼茨来说，这一切都无法让人感到安慰，他更加确信，雷德尔执着于水面舰队，使潜艇部队本该对他们共同承认的德国死敌做出致命打击的时候，手脚受到束缚。与此同时，他别无选择，只能召回大部分兵力，等待鱼雷问题得到解决。因此，让邓尼茨更加懊恼的是他们无法参与这场此时发展到高潮的海上大战的最后一幕，因为英国在北海遏制希特勒进攻的首次重要尝试在悲剧和指责声中结束了。

由于科克和麦凯西对于进攻纳尔维克仍然存在分歧，英国和法国领导人提出了一项将德国人赶出挪威的并行方案。他们在各自主要顾问的支持下，制订出“铁锤行动”计划，准备夺取纳尔维克以南500英里的主要港口特隆赫姆。特隆赫姆很大，可以容纳大约5万兵力，有着完备的铁路和空中交通线路，而且还有一点，占领这个港口会使希特勒认识到盟军仍然是动真格的。问题在于手段，而不是目的。丘吉尔考虑的依旧是拿下纳尔维克，并对这个计划持怀疑态度；而战时内阁却在没有任何计划和准备的情况下对此盲目乐观，尽管英国已在纳尔维克遭遇了挫折，这种心态甚至不仅限于政府内部。

白厅坐在扶手椅上的战略家们如今紧紧追随的主要代表是自命不凡的罗杰·凯斯（Roger Keyes）爵士，他是一位退役海军元帅，曾经参与过惨败的达达尼尔战役。后来，凯斯当选下议院议员，利用这一地位，他拿出攻占特隆赫姆的详细计划猛烈抨击庞德和丘吉尔。不仅如此，他还提出应该重新将自己征召入伍，以指挥一支海军特遣部队突袭那个挪威要塞。有一次会见丘吉尔，他热烈地表达出自己的想法，由于喋喋不休，丘吉尔不得不缩短会见时间，没有听他讲完。凯斯继续怀着极大的热情进行游说，但没有取得什么效果。不久之后，纸上谈兵的军事专家们达成共识，支持他以坚定的决心提倡的“重拳”打击特隆赫姆的计划。丘吉尔后来写道，尽管“我会执着于我的初恋纳尔维克”，不过也可能会屈服于他现在所认为的“这个令人兴奋的计划，因为很多沉着谨慎的内阁大臣都强烈支持它，似乎海军参谋部以及我们所有的专家确实都非常认可这个计划”。[64] 4 月 17 日，大局已定。

实际情况却不是这样。第二天，参谋长委员会踩下了被海军大臣描述为“决定性的刹车”，这些人本来主张对特隆赫姆发动两栖攻击，不久前就连最胆小的内阁大臣也对他们充满信心。让丘吉尔感到愤慨的是，他们突然来了个 180 度的大转弯，向那些迷惑的政治家建议说，就目前情况而言，他们经过再三考虑，认为数天前制订的计划过于冒险，没有信心获得成功。丘吉尔对这种大变脸感到极为生气，试图否决他们的反对意见，并给“老朋友”凯斯海军元帅一个率领特遣舰队突袭拿下特隆赫姆的机会；他认为凯斯“对行动和荣誉充满热情”，[65] 而凯斯对此也渴望已久。海军大臣之所以没有犯下如此愚蠢的错误，只是因为他认识到，如果让凯斯凌驾到将领们的头上，会促使庞德辞职。“铁锤行动”有几天差一点成为现实，最终还是成了泡影。

与之相反，参谋长委员会选择的替代方案与凯斯主张的正面攻击不一样：两面包抄，对特隆赫姆的北部和南部海岸同时发起攻击，这样的战役目标与前述计划一样，但风险要小得多。这仍然是一个灾难性的决定。在丘吉尔的要求下，前往纳尔维克的 5 艘运兵船中有 2 艘被转移到偏远的南部岛屿港口纳姆索斯和翁达尔斯内斯，两天时间里，1.3 万多名英国、法国和波兰军人畅通无阻地登了陆，开始向特隆赫姆进军。起初，他们没有遇到多少抵抗，但有掌握制空权的德国空军袭击，地面则逐渐遇到越来越多的训练有素且装备精良的德国国防军堵截。在挪威领土上停留了 10 天以后，这次行动不得不取消，否则只能是屈辱的大规模投降。到 5 月 2 日，远征军全部从该地撤离。虽然英国付出了数百条生命，但特隆赫姆依然牢牢地掌握在德国人手中。正如丘吉尔所说："一把没有力量的钳子的双爪都被打断了。"[66]

威斯敏斯特的政府首脑如今受到强烈的谴责，作为挪威冒险的主要策划者，海军大臣并没有想办法彻底为自己开脱，但他也小心翼翼地将责任分摊到了同僚们头上。他回忆说："考虑到我在这些事件中发挥的突出作用，而且无法解释我们曾经克服的困难，无法解释我们的参谋人员和政府组织的缺陷以及我们打仗的方法，我能安然度过风暴，并且保住职位，受到公众的尊重和议会的信任，真是一个奇迹。"[67]

他即将在一连串事件的推动下登上展示其独特才能的位置，具有讽刺意味的是，这些事件直接源于挪威的溃败。5 月 7 日，罗杰 · 凯斯爵士仍然对失败感到痛心，在议会中就危机辩论了一整天。这位退役海军元帅穿着全套礼服，是第一个发言的后座议员。他猛烈抨击政府的战争行动，为一场让政府窘迫万分的辩论定下了基调。张伯伦发表了一场演讲牵强地为自己辩护，他赢得了投票，但失去了多数议员的支持，因而失去了对下议院和政府的控制权。很明显，他必须下台。

5月10日晚，当第一批装甲部队越过比利时边界时，丘吉尔抓住了这个长久以来一直在等待的机会，而且他认为这个机会正是属于自己的。虽然张伯伦希望由哈利法克斯接任首相，但他的外交大臣拒绝接受这项挑战，这为海军大臣扫清了道路。三天后，新任首相及时说明了为什么他是这片土地上唯一一位能够把国民团结起来应对危机的政治家。他在下议院向同僚发表演讲时明确承诺："我所能奉献的没有其他，只有热血、辛劳、汗水与眼泪。"[68]这句话将回响多年，而且也标志着在第二次世界大战中的这个时刻，人们不再恐惧，而是蔑视敌人，不再害怕失败的危险，而是满怀胜利的希望。

挪威的惨败还没有结束。在纳尔维克，科克勋爵和麦凯西将军的矛盾使6000名德国防御部队赢得了在城镇周边挖掘工事的时机。英国人已经依靠"厌战号"控制了该港口，使1.3万多名盟军部队登陆，到当月月底又得到1.1万人的增援，盟军部队（在那些拒绝过早认输的挪威军队支持下）最终将敌人从他们的山坡据点赶走。麦凯西被调走（由丘吉尔策划），接替他的克劳德·奥金莱克（Claude Auchinleck，后来成为第二次世界大战中的伟大将军之一）将军为这场战斗注入新的动力：

纳尔维克被占领，德军被迫撤退到更深的山里。然而，令那些在精神上没有向纳粹投降的挪威人感到沮丧的是，这个胜利刚一实现就被夺走了。他们不知道战时内阁先前已经决定，到处都需要英国军队，他们的小胜被如今在南方发生的灾难性事件压倒了。直到此时，争夺纳尔维克周围高地的战斗还不是一场攻势的开始，其唯一目的是为等待在港口外面的运兵船提供安全通道，虽然在战役中他们设法破坏了港口的操作设备，事后又花了一些时间进行修理。

几天后，即6月8日下午，“光荣号”（HMS Glorious）航空母舰在两艘驱逐舰的护航下全速驶向罗赛斯，被战列舰“沙恩霍斯特号”和“格奈泽瑙号”发现，这两艘德国军舰正在北海游弋，搜寻容易袭击的猎物。“光荣号”晚了至少20分钟才发现袭击者。令人费解的是，“光荣号”所搭载的飞机中没有一架升空侦察或者在飞行甲板上待命。当船员被召到战斗岗位上时，这艘航母的命运已被锁定。第一枚炮弹落下不到20分钟后，这艘老旧的航母就已严重倾斜，不到2小时就沉入了大海。在1200多名船员中，只有39人幸存下来，这艘航母至少拥有40名训练最为严格的英国皇家空军飞行员和机组人员，他们在战斗中已经证明了自己的英勇无畏。

为了保护航空母舰，两艘护航的驱逐舰“热心号”（HMS Ardent）和“阿卡司塔号”（HMS Acasta）在“光荣号”和两艘战列舰之间施放了防护性烟幕。它们在这道烟幕的掩护下，用鱼雷攻击敌人。这是一个自杀式的英勇举动。很快，德国战列舰就使用巨炮对英国小型战舰进行直瞄射击。“热心号”毫无还手之力，几乎立即被击沉，损失了 164 名船员。“阿卡司塔号”做出逃跑的姿态，但这是一个诡计。这艘军舰的舰长告诉他的船员：“你可能认为我们正与敌人脱离，但我们不是，我们的亲密战友‘热心号’沉没了，‘光荣号’正在下沉，我们至少可以表现一下，祝你们好运。”[69] 这艘驱逐舰向右转，向两艘德国战列舰齐射鱼雷。其中有一枚击中了“沙恩霍斯特号”，迫使其舰长脱离战斗，驶向特隆赫姆进行维修。对于“阿卡司塔号”的船员们来说，这是一个极其兴奋的时刻。一等水兵卡特（Carter）是一名鱼雷操作手，他回忆说：“我永远不会忘记那些欢呼声……”

过了一会儿，一枚回敬过来的炮弹落入这艘驱逐舰的轮机舱。卡特被爆炸的冲击波抛到甲板上，但他又站了起来，却发现其团队中的其他成员全都被炸死了。突如其来的愤怒充斥着他的脑海。“我爬回控制座椅，看到那两艘军舰，把剩余的鱼雷都发射了出去，没有人让我这样做，我猜我疯了。”[70] 没过多久，驱逐舰被火焰吞没。舰长下令弃船，卡特跳进大海。进入水中之后，他抬起头来。“我看到舰长靠在舰桥上，从烟盒里拿出一支香烟，点着了它。我们朝他大喊，叫他上我们的救生艇，他挥手告别，并说‘再见，祝你们好运’——一个英勇无畏的人就这样走了。”他和他的 152 名船员都在这次战斗中丧生。在挪威行动中，盟军总共损失了 6602 人，其中有 4369 人来自英国。德国的损失大体相当，共有 5296 人阵亡。挪威被侵略和占领，德国国防军取得完全胜利。

事后看来，在挪威对抗第三帝国的决定可能被视为一个可怕的战略误判，而且在战术和行动上出现了一长串令人尴尬的混乱与矛盾。即便在当时也非常明显，希特勒会把英国的一丁点风吹草动都视为致命威胁，用已在其他地方展示过的速度和凶狠进行回应。虽然邓尼茨经常与德国海军总司令意见相左，但他一点也不怀疑雷德尔坚持推进“威塞尔演习”的正确性：“如果英国占领挪威，我们从斯堪的纳维亚国家获得的铁矿石供应将会停止。”无须多言，这将是灾难性的。如果放任英国人占领挪威，他们就会向波罗的海推进，如同一把匕首直指德国的心脏地带。邓尼茨担心更直接的后果是，英国通过控制挪威的港口和机场，将能够阻止德国海军“经由北海进入大西洋”，这将使切断大西洋生命线的行动变得“非常非常困难”。[71]

事实上，占领挪威很快就显得没有必要了。当最后一支盟军从特隆赫姆返回时，敦刻尔克落入德国人的手中，巴黎即将沦陷，贝当元帅正准备签署将法国主权交给第三帝国的停战协议。这个羞辱性协议不仅让希特勒控制了欧洲，而且使邓尼茨得以掌握比斯开湾的一大批法国港口，可以直接而迅速地利用潜艇打击英国赖以生存的商船运输队。大西洋海战即将真正开启。

04

开始的结束

法国沦陷的消息传到美国，华盛顿的反应是怀疑和沮丧。希特勒构成了严重威胁，而美国人厌恶卷入欧洲的纠葛，面对这些情况，罗斯福总统进退维谷。他一直对德国元首极为怀疑。希特勒被任命为德国总理不到两个月，即 1933 年 3 月，罗斯福第一次入主白宫，之后不久他就告诉法国大使："希特勒是一个疯子，他的顾问和其中一些人甚至比他更疯狂。"[1] 但是，第一次世界大战的恐怖记忆依然清晰地刻在美国选民的集体记忆中，罗斯福的竞选主题曲《幸福的日子来了》还回响在全国各地，令人充满期待，所以他对希特勒崛起的最初反应是，在国际上带头呼吁全球裁军。

直到 1937 年秋天，国会摇摆不定的观点依然束缚着他，这种观点只是从孤立主义略微转向绥靖政策，然后再次恢复回来，有时候则同时具有两种特点。在当年 10 月 5 日发表的"隔离演说"中，他感到有必要提出警告，他说，"这世界无法无天的现象正在迅速蔓延"，而且这场战争是"一种传染病"，很可能"把远离战争地区的国家和人民也吞噬掉"。[2] 但他小心翼翼，没有表露出任何可能被解释为想引导美国同胞卷入日益恶化的欧洲乱局的意图。在一次精心设计的讲话中，他没有提到德国或日本，试图从两难境地中寻找一条出路，承诺不会让美国插手外国冲突，却没有承诺永久执行绥靖政策。这是一场巧妙的表演，阐明了国家面临的挑战。但是，尽管他将微妙的论断灵活地编织在讲话中，他的话语产生的影响也只是显示出了他所面临的政治困境。公开持孤立主义立场的媒体在赫斯特（Hearst）* 帝国和《芝加哥论坛报》的领导下不出所料地深怀恶意，虽然忠实的评论员们没有抛弃他，但演讲未能消除公众疑虑的侵蚀。两年间，日本攻入中国首都南京的城门，英国与德国爆发战争，但罗斯福总统仍然徘徊不前。他在给一位赞同其观点的报纸编辑所写的一封信中总结了自己的困境："我的问题是让美国人民想到可能出现的后果，而不能吓到（他们），也不能让他们觉得会被拖入这场战争。"[3]

这不仅仅是公共关系的问题。从 1935 年夏天以来，一系列中立法案对所有参与战争的国家实行广泛的禁运，不论其性质或困境如何，都不供应战争物资。罗斯福虽然已经徒劳地游说过国会，但还是在 1939 年 1 月 4 日利用每年一度的机会警告美国的议员们："我们的中立法案在不公正和不公平地运作——实际上可能会帮助侵略者，让受害者失去机会。"[4] 他再

---

* 威廉·伦道夫·赫斯特（1863—1951），美国报业主，赫斯特集团创始人。1895 年赫斯特购进《纽约日报》后，以耸人听闻的手法，大量刊登犯罪、灾祸、丑闻等报道，因而被称为黄色新闻大王。1927 年赫斯特集团在 17 个城市拥有 25 家日报、17 家星期日报，还有 24 家杂志；并拥有国际新闻社、金氏特稿辛迪加、12 家广播电台以及 2 家电影公司。——译者注

次呼吁修改法律，但仍旧无果而终。9 月份，他前往国会山，发表了同样的言论。这一次，国会的立场稍微缓和了一些，做出让步修改法律，允许私营公司——而不是政府——向交战方出售武器，交战方实际上意味着英国和法国。但只有以“现金和自运”为基础的交易才能得到批准，没有任何赠予、贷款或远期支票。即使是这样的让步，罗斯福也不得不加班加点才能确保得到，并且一再坚称他不会带领美国参加对德战争。

这是一种进步，但罗斯福仍然需要极度谨慎，以避免任何风险，否则可能被国会或媒体中的孤立主义者认定为“战争贩子”。在日益加剧的国际危机中，他不得不以隐秘和狡猾的方式行动，在不直接欺骗的前提下把自己的意图模糊化，披上伪装。这条道路充满危险，他受到犹豫不决和反复无常等指责。但他并未惊慌失措，而是在等待时机。鉴于美国选民的普遍情绪，这是他确立和维持一种战略的唯一方式，这一战略最终确保盟军在第二次世界大战中取得胜利，虽然当时他并不能预知。

罗斯福的困境正在成为丘吉尔的噩梦。在担任海军大臣的 8 个月时间里，他一直小心翼翼地与美国总统保持着非正式通信；当他在 1939 年 9 月份重回内阁一个星期之后，罗斯福首先写信祝贺，两人建立起联系。总统写道：“因为你和我在第一次世界大战中的职位差不多（罗斯福从 1913 年到 1920 年担任海军部助理部长），看到你再次回到海军部，我想让你知道我是多么高兴。”他邀请丘吉尔“亲自与我保持联系，把想要我了解的东西都告诉我”，他建议海军大臣“用你或我的邮袋”发送信件。[5] 丘吉尔抓住了这个机会。现在，作为首相，他带着一丝不自然的奇怪念头在写信时签下“前海军人员”的落款，但这种联系将决定英国的命运。与罗斯福不同，丘吉尔身兼首相和国防大臣，权力之大可能是一切民主国家领导人所渴望的，只有战时内阁和议会达成普遍一致才能对他形成约束，英国政策的制定和执行都要依据他的意志。与之相比，罗斯福虽然被国内政治所束缚，但他与英国仍然是施恩者与乞求者的关系：没有英国，美国可以生存，但如果没有美国，英国就无法坚持下去。丘吉尔清楚地意识到了这一点，而且他非常精明，并没有对此感到不满。相反，他把巧妙的语言当作润滑剂，增进与白宫的互相理解，这在适当的时候使他对罗斯福和美国政策有着更大的影响力；而如果按照美英的实力对比，他的影响本来不会有这么大。

在此后的 4 年时间里，丘吉尔给美国总统发送了 950 条信息，不过第一条信息的效果让他失望。他的主要目的是获得武器和弹药，最重要的是得到数十艘美国驱逐舰，以消除潜艇威胁，并且在英吉利海峡布防，防范纳粹可能发动的入侵。为此，这位“前海军人员”在 1940 年 5 月 15 日决定对白宫发起正面进攻——此时德国占领了荷兰和比利时，法国军队在德国开启闪电战前已经崩溃，英国远征军开始向敦刻尔克撤退：

总统先生，我相信你知道，如果美国长期袖手旁观，美国的声音和力量可能会变得无足轻重。你可能将要面对一个以惊人的速度被完全征服、被纳粹化的欧洲，而且其力量可能是我们无法匹敌的。我现在要请求的是，你应该宣告非交战状态

（non-belligerency），这将意味着除了派军队实际参战，你可以向我们提供任何援助。首先，我们最迫切的需要是租借 40 艘或 50 艘旧驱逐舰，战争开始后，我们正在建造更多军舰，但现在我们的需要无法得到满足，只有美国的援助能够填补空缺。[6]

罗斯福没有讲究外交语言，第二天敷衍地回复了丘吉尔。对于丘吉尔要求的美国宣布“非交战状态”（这样就会公开与英国和法国站到一起，不可避免地要向战争迈进），他连拒绝都懒得说，而且明确表示“除非国会明确授权”，否则不可能提供驱逐舰，他还冷淡地补充说，“我不确定此刻向国会提出这样的建议是否明智”。好像是要确认这种拒绝，他补充道：“从我们自己的防御需求来看……我们是否可以暂时处理这些驱逐舰是值得怀疑的。”[7] 在这方面，美国总统并没有动摇。虽然他在两次大战之间授权美国海军进行适度扩张，不过大体而言，美国海军仍然明显弱于英国皇家海军：美国海军拥有 15 艘战列舰、5 艘航母、36 艘巡洋舰和 127 艘驱逐舰，英国海军则有 15 艘战列舰、7 艘航母、66 艘巡洋舰和 184 艘驱逐舰。[8]

但这不是问题的全部。1940 年春天，美国海军的主力已经捉襟见肘，因为美国不仅要在大西洋部署战舰，而且更重要的是要在西海岸部署，以应对日本海军在太平洋构成的日益增长的威胁。日本海军规模居世界第三，却是最现代化的。此外华盛顿担心，法国的沦陷近在眼前，柏林将很快控制法国在西非殖民地设立的海军基地，并从这些基地出发攻击脆弱的南美国家。为了抗击美国后院面临的这种新威胁，美国人也不得不在那里的沿海地带巡逻。令人惊讶的是，在国会的支持下，美国海军部在华盛顿明确表示，就算是封存第一次世界大战期间的驱逐舰，也不可能交出去一艘，更不用说英国首相狮子大开口的40多艘了。

如果罗斯福希望用这样的回复解决丘吉尔的问题，丘吉尔很快就会证明他错了。4天后，即5月20日，随着德国装甲部队在各个战线全面突破法国的防御，他再次劝说罗斯福："我理解你的困难，但是对于驱逐舰的事情我感到非常难过……"为了让罗斯福更为苦恼，他描绘了一幅末日景象，其中由于形势的变化，他和他的政府"完蛋了"；他警告说，在这种情况下，其他人可能会"在废墟中再次押宝"，如果是这样的话：

> 唯一能与德国讨价还价的筹码将是舰队，对此你不能视而不见，如果美国坐视这个国家自生自灭，那么他们要是为了民众的安危而尽最大的努力妥协，谁也没有权利谴责他们。总统先生，原谅我直截了当地说出这个噩梦。显然我无法替我的继任者说话，当陷入彻底的绝望和无助时，他们可能必须遵从德国人的意志。[9]

这些话很精明，说到华盛顿的心坎上了，美国越来越担心如果轴心国得到英国和法国海军的助力，不仅很快可以统治公海，而且会和日本建立更紧密的联盟，从而掌控全球海洋。但美国总统没有回复。

在5月中旬到6月中旬的关键时期，美国公众舆论发生了急剧变化。一方面，民意调查显示绝大多数人明确支持陷入困境的法国和英国人民；另一方面，当询问具体的军事援助时，绝大多数人表示反对。罗斯福抨击孤立主义者和纳粹的伙伴。首位单人驾飞机横越大西洋的飞行员查尔斯·林德伯格（Charles Lindbergh）利用他的名望于5月19日在全国性电台节目中宣布，美国没有受到任何不易发觉的威胁，不应该为英国或法国提供援助。总统私下里愤怒地说，那些话“简直就是戈培尔本人写出来的”。[10]

然而，这不仅仅是公众舆论的问题。即使美国总统想发动战争，美国也没有这个能力。第一次世界大战结束之后，美国的军队已经急剧缩减，直到1939年，罗斯福新任命的参谋长乔治·马歇尔（George Marshall）将军还亲自到国会山游说，指出这个世界上最大的经济体所依赖的军队比西班牙和葡萄牙等其他16个国家都弱，这是危险和不负责任的。但他没有取得什么成果。马歇尔愤怒地警告罗斯福，如果得不到必需的资源，“我不知道这个国家将会发生什么”。[11]

但是，国会花了一年的时间才明白这个道理。当德国在遥远的大西洋对岸加紧进攻时，美国的议员们才最终意识到，美国对纳粹主义病毒视而不见，并不能保证自己不受其侵害。1940年5月底，他们终于同意为国防投入资源，拨付的资金甚至比总统为此目的所提的要求还多出数十亿美元。美国的常备军将扩充3倍，从28万人增加到120万人，国民警卫队将完全受罗斯福指挥，并且很快将征召1600万平民加入；美国的工业集团将发动起来，准备生产5万架飞机；造船厂将启动一个应急计划，为海军建造 9 艘战列舰、31 艘巡洋舰和 181 艘驱逐舰。历史学家沃尔多·海因里希斯（Waldo Heinrichs）指出："问题不再是金钱，而是时间和能力。"[12] 如果从法国和英国的角度来看，他或许还可以补充说，在美国人民的集体意识中，这些计划只是为了保卫美国，而不是为了支持一个正在瓦解的欧洲。

法国总理保罗·雷诺（Paul Reynaud）越来越感到绝望，他受到丘吉尔热情的鼓舞，向美国总统寻求直接军事援助。罗斯福言辞温和，给这位法国领导人发电报回复道：

> 你在 6 月 10 日发来的消息让我非常感动。正如我已经向你和丘吉尔先生说过的，美国政府正竭尽全力向盟国政府提供你们迫切需要的资源……这是因为我们相信并且支持盟国正在捍卫的理想。[13]

受这一宣言的鼓励，法国总理敦促罗斯福公开重申这个承诺，相信如果他这样做，美国将不可避免地受到推动，"迈出最后一步，即正式成为交战国，而事实上美国已经参战了"。[14] 但令他失望的是，美国总统拒绝跳进这个大象陷阱*。罗斯福解释说，如果将他的电报公之于众，将被广泛误解为承诺"以军事参与手段支持盟国政府"——他提醒法国总理，"根据我们的宪法，除了国会，谁也无权做出任何这种性质的承诺"。[15]

---

* 大象陷阱是国际象棋中一种常见的取得先期优势的方法。——译者注

他补充道，有“必要”避免国内对此产生“任何可能的误解”。丘吉尔被罗斯福的断然拒绝激怒了，他的反应很强烈，尖刻地写道：“我理解你在美国公众舆论和国会方面面临的所有困难，但事情正在急剧恶化，当它尘埃落定时，就不仅仅是美国公众舆论的问题了。”[16]

此刻对于法国来说为时已晚。但丘吉尔在罗斯福生硬言辞的甲胄上发现了一丝缝隙，可以让英国拥有更大的优势。罗斯福不止一次地表露出极大的战略焦虑。法国还没有沦陷的时候，他就写道：“最重要的是要记住，法国和英国舰队继续掌控着大西洋和其他海洋……海军在世界事务中的作用依然有着历史教训。”[17] 他在写给丘吉尔本人的一份书信中重申：“作为海军军人，你和我应该完全理解，舰队是统治海洋的重要力量，从长远来看能够拯救民主和抚慰那些在暂时性倒退中受苦的人。”[18] 法国即将与德国占领者签署停战协议，这次灾难无意中带来一个机会，丘吉尔立即抓住了它。

他后来评论说，这是“生死攸关的问题”，他于 6 月 15 日再次写信警告美国总统，“如果在这里的抵抗被消灭”，可能会出现什么后果：新政府将在英国上台执政，“可能会给分裂或饥饿的国家提出一个屈从于纳粹意志的几乎无法抗拒的方案”。如果出现这种情况，这个国家将成为“希特勒帝国的附庸”，英国皇家海军将听凭第三帝国处置，“如果日本、法国和意大利舰队也加入进来，* 希特勒将掌握压倒性的海上力量……”为

* 墨索里尼感觉到轴心国即将获得胜利，已经在 5 天前向英国宣战。

了将信息传达到位，他补充说：

如果我们失败了，你可能会使美国面对一个在纳粹指挥下的欧洲，它比新世界人口更多，力量更强，武装更好。总统先生，我知道，你已经考虑过这些问题了，但我觉得我有权明确指出，我们的战争对于美国的利益至关重要。[19]

他从这个末日景象出发，再一次恳求罗斯福援助他在一个月前曾提出过的美国战舰。他解释说，“我们必须把大部分驱逐舰”用于防备德国入侵的威胁，他反复问道：“如果德国与意大利打击我们赖以生存的食物供给和国际贸易，我们怎样才能应对？”他总结说，提供这些驱逐舰将是一个“能够立刻采取的可行的步骤，可能也是决定性的步骤，我以最诚挚的态度敦促你考虑我的话”。[20]如果罗斯福权衡了各种相互冲突的当务之急，一定会发现丘吉尔的要求不具有竞争力。对他影响最大的还是三个环环相套的问题：美国公众舆论、日本威胁和美国海军缺乏可用战舰。虽然英国首相用最雄辩的语言描绘了世界末日的前景，但他还顾不上这些。他又一次没有回复，驱逐舰仍停留在大西洋的美国一侧。

华盛顿的舆论强烈反对向伦敦提供任何战争物资。18 个月后，丘吉尔才终于兴高采烈地回击了国会中的失败主义分子；回荡在国会大厦的那个比喻说，英国将步欧洲其他国家的后尘，很快将“像一只鸡一样被拧断脖子”，想阻止为时已晚。罗斯福的军事参谋们表达了同样的想法，但没有那么粗鲁，他们向总统提出建议说，“只有在大不列颠表现出能够抵挡德国进攻的情况下……”才能援助武器。[21] 几天之后，国会似乎公开对总统进行约束，甚至更进一步“禁止（向包括英国在内的任何国家）出售陆海军装备，除非兵种参谋长宣称这对国防无关紧要”。[22] 罗斯福不仅受到孤立主义本身的束缚，而且他自己的政治抱负也成为障碍。再有几个星期，他就要接受第三次竞选总统的政党提名。这次问鼎白宫的竞选空前激烈，挑战者温德尔·威尔基（Wendell Wilkie）的支持率与他不相上下，此人已经公开展示出孤立主义的旗帜，这时候几乎不能无视国民的意愿——尤其是在他评估英国的生存机会只有“大约 1/3”的情况下。[23]

到 1940 年 6 月底，英国面临的困局让奥托·克雷奇默更加如鱼得水，他在 6 个月前已经因为击沉“丹麦号”而闻名，不久之后又在其猎杀名单上增添了一艘英国驱逐舰。邓尼茨把他提拔起来，他原来指挥的是一艘小型近岸潜艇 U–23，现在接手了一艘更大、更有威力的新式 VIIB 型潜艇 U–99，它的排水量为 750 吨，水面最高速度超过 17 节。U–99 装备有 14 枚鱼雷，航程更远，这位年轻的王牌艇长有可能依靠它取得比 U–23 更多的战果。克雷奇默没有浪费到手的机会。在接下来的 9 个月时间里，他开创了一种毁灭性打击手段，击沉的商船数量超过其他所有潜艇指挥官。在此过程中，他成为德国海军中获得勋章最多的英雄。

6 月 17 日，U–99 的行动磕磕绊绊地开始了，当时克雷奇默顺着航线来到挪威沿岸，“沙恩霍斯特号”刚刚修复了由“阿卡司塔号”造成的破坏，正在那里巡航。这艘战列舰的一架飞机把 U-99 错认成英国潜艇，对这艘半潜状态的潜艇进行了俯冲轰炸，几乎令克雷奇默及其 44 名艇员葬身海底。U-99 被迫返回威廉港维修。到 7 月初，U-99 进入大西洋巡航，艇上满载鱼雷，燃料足够在海上续航 1 个月。5 日中午过后不久，克雷奇默看到一艘轮船迂回曲折地（避免鱼雷攻击的标准程序）驶了过来。这是一艘排水量 2000 吨的货船，它发现德国潜艇的时候已经来不及躲避了。克雷奇默利用 U-99 的潜望镜追踪着这艘商船，并且下令发射第一枚鱼雷。几秒钟之后出现了闪光，然后是一声沉闷的爆炸，U-99 首次取得战果。当商船船员爬进救生艇时，船尾发生倾斜，船身断成两截。克雷奇默采取了以后为人所熟知的风格，缓缓驶向救生艇，并与船长交谈。得知了沉船的名称——“玛各号”，以及船员全都没有受伤的情况之后，他指示商船船员向爱尔兰海岸航行，距离大约 58 海里*，并且命令他的无线电官尤普·卡塞尔（Jupp Kassel）送给船员们一瓶白兰地，以帮助他们航行。当 U-99 离开时，他听到“玛各号”的船长大声赞叹这一举动。

两天后，克雷奇默发现了另一艘商船“比森号”。这艘瑞典货船独自航行，他又一次下令发射鱼雷，将其击沉。“比森号”的 20 名船员幸存下来，被一艘英国驱逐舰接走。同一天晚些时候，他发现第三个受害者“海洋荣耀号”也在单独航行，这一次，全部 29 名船员都随商船沉入海底。那天深夜，U-99 的

---

* 1 海里＝1852 米。——编者注

瞭望员发现数艘编队航行的船只轮廓。这是代号为 HX53 的护航运输队，共有 44 艘从哈利法克斯、新斯科舍驶向利物浦的船只。这是克雷奇默第一次发现运输队，也是他第一次尝试其他潜艇指挥官尚未使用过的策略。他没有停下来等待船队行驶到与潜艇平行的位置，而是加速航行，超越最前面的那艘船。然后他下潜，并让 U-99 往回漂，直到船队直接从潜艇的头顶经过。当商船轰鸣着从左舷航行到右舷时，他用潜望镜保持着观察。他的目的是等到商船进入他的视线时，一艘接一艘地将其击沉。他选择了一个合适的目标，下令"开火！"，但鱼雷装置的校准出现错误，导致鱼雷无声无息地消失在夜幕中。然而，U-99 还没有暴露，克雷奇默再次开火。同样的事情又发生了。最后，可能在运气而非设计的作用下，他的一枚艇尾鱼雷击中了"汉伯湾号"，这是一艘排水量达 5000 吨的货轮。鱼雷爆炸的闪光照亮了天空。U-99 潜入水中，迂回离开护航运输队，克雷奇默也得到机会调查鱼雷发生故障的原因。

U-99 在水下一动不动保持静默，但没有被忘记。过了一会儿，卡塞尔通过水听器发现有战舰正在接近的声音。克雷奇默在他的作战日志中说："我认为我的艇员这次将受到深水炸弹的洗礼。护航舰艇快速接近，好像要进攻一样。" 4 分钟后他补充道："这是攻击。" [24] 他让潜艇以 7 节的水下最高速度航行，并且下潜到 350 英尺的深度，降低速度以节约电池的寿命，电动机要靠它们供电，才能驱动潜艇的螺旋桨。这艘英国护航舰艇通过潜艇探测器的信号确定了 U-99 的位置。一次又一次，它投下一连串深水炸弹，爆炸震撼着整个潜艇。深水炸弹持续爆炸了 2 个小时，此时潜艇的氧气供应开始出现问题。克雷奇默命令手下艇员戴上呼吸面罩，这些面罩与碱性物质相连，可以部分净化受到污染的空气。为了节约空气和能源，这些人躺在他们的岗位上。驱逐舰依然没有放弃，轰炸又持续了 4 个小时。

克雷奇默的传记作者深入采访了 U–99 的指挥官，他写道："此时大多数艇员都在面具下面喘着粗气，很明显他们活不了多长时间了。"[25] 随着深水炸弹爆炸，U–99 的艇壳猛烈地颤抖，似乎很快就会被压力撕碎。但是，据在控制室里操作水听器的卡塞尔说，克雷奇默不仅镇定自若，而且坐在旁边，似乎在全神贯注地看小说。过了一会儿，这位无线电操作员注意到克雷奇默连一页书也没有翻过，他仔细观察，发现书被拿倒了。最能体现 U–99 艇长的情绪的是作战日志，他写道："每一个噪声都很奇怪，潜艇里的每一次摇摆和破裂似乎都预示着终结。"[26]

这时候 U–99 的电池几乎耗尽了，螺旋桨不再有能力将潜艇保持在水平稳定状态。U–99 慢慢向海底沉去，一直下降到水下 700 英尺处，超出了 VII 型潜艇的安全下潜深度 150 英尺。克雷奇默估计，他们很快就不得不浮出水面，否则将被水压挤碎。不过，虽然攻击者搜索这艘潜艇至少花了 14 个小时，并且释放了 127 枚深水炸弹，但最终还是放弃了追踪。在第二天拂晓，U–99 终于浮上水面。克雷奇默还有足够的力气打开舱门，并爬上指挥塔。一股污浊的黄色空气从下面冒了出来。随着柴油发动机恢复生机，艇员们随着艇长爬上去，躺在大西洋天空的黑色苍穹之下，大口呼吸着夜间清新的空气。克雷奇默写道："我们都感觉像是圣诞节时的学童。深水炸弹袭击对我们来说是新鲜经历，我们不知道接下来会发生什么……现在我们收到了敌人给我们的礼物。我们都对这艘潜艇充满了信心。”[27]

并非只有他是这样想的。另一位王牌同僚普里恩与其手下在U-47里也同样兴高采烈。6月下旬，他们在西部水道寻找猎物。起初他们战果寥寥，只用鱼雷击沉了一艘满载成箱飞机部件并单独航行的货轮，在之后的1个星期里，他们都徒劳无功地在大海里巡弋。然而在第7天，他们遇到了一支大约由30艘船编成的运输队，护航力量薄弱。普里恩后来写道：“它们在夜幕中显露出可爱的轮廓，我选择了3艘最大的船，一艘1.2万吨的油轮，另一艘7000吨的油轮和一艘7000吨的货轮。”普里恩用潜望镜紧紧追踪，并且命令开火。前2枚鱼雷击中了目标，第3枚发射时间太早，没有击中预期的目标，但撞到另一艘船。3枚鱼雷干掉3艘船，而U-47的杀戮狂潮还没有结束。

两天后，普里恩遇到一艘载有谷物的货船。这一次，他命令货船上的船员登上救生艇，然后用一排炮弹将其击沉。次日，他再次取得战果，又击沉两艘货船，其中一艘满载木材，另一艘装的是柴油。6月29日，他把4000吨的“帝国巨嘴鸟号”送到海底，并钦佩地发现这艘货轮的无线电操作员头上戴着一盏红灯，在船上一直在发送着位置信号，直到最后一刻才跳进大海。普里恩回忆说：“当他开始游泳时，红灯熄灭了。我们在他失踪的地方停了下来，但是无法找到他。之后北方出现阴影，一个黑暗的轮廓出现在暮色之中，那可能是驱逐舰。由于我们只剩下一枚可用的鱼雷，我们决定撤退。”他的无线电官收到“帝国巨嘴鸟号”发送的最后一条消息：“遭潜艇鱼雷攻击，快速下沉，SOS。”

第二天，普里恩决定使用他认为最后一枚可用的鱼雷，它击沉了一艘希腊货轮。正当他准备打道回府时，得知鱼雷艇员已经设法修复了另一枚先前没能发射出去的 U-47 的鱼雷：

这是一个天气晴朗、风平浪静的夏日早晨。我们航行在（爱尔兰）海岸线附近。瞭望员报告说："右舷发现一艘轮船。"一艘带有两个烟囱的巨船大幅度迂回着从太阳的方向驶了过来……"弟兄们，"我说，并且感到很兴奋，"一起祈祷吧，我们试试干掉它。"然后发出命令："开火。"

然后我们计着数，等待着。痛苦地，缓慢地，时间一秒一秒地溜走。这艘船离我很远，我担心距离太远了。然后，船身中部右侧突然升起一列水柱，大大超过了桅杆，之后我们立刻听到了爆炸声。

普里恩的受害者是"阿兰多拉星号"邮轮。起初它通体白色，只有两个烟囱是红色、白色和蓝色相间，被人戏称为"婚礼蛋糕号"。战争爆发后，它被政府征用，重新涂上战舰的灰色，很快参加了从挪威撤离军队的行动，前不久还到敦刻尔克接应了撤军。这一次，它正从利物浦驶向纽芬兰的圣约翰斯（St.John's）。当鱼雷在 1940 年 7 月 1 日击中它时，船上载有约 1200 名德国和意大利公民以及 86 名战俘，盟军本来要把他们送到加拿大的拘留营进行关押。幸存者谈到过甲板下的混乱情况，那里灯光熄灭，玻璃破碎，“破裂的管道里冒出有毒气体。有些人冲到甲板扶梯升降口，却发现逃往外面的通道被铁丝网封住了，卫兵也进入阵地，防止囚犯们出来”。[28] 据说英国军人虽然被吓呆了，但还保持着警戒，枪支上了刺刀，不让囚犯们逃跑。尽管很多人仍然找到了通往上层甲板的道路，但还是有数百名乘客被困在下面，特别是一些年纪大的意大利人。那些逃生者没有接受过任何紧急演习。有些人太过于害怕，不敢跳进大海；还有人直接往下跳，结果摔断了脖子。

普里恩从 U-47 的指挥塔上看着“阿兰多拉星号”的船员急匆匆放下救生艇：“数百个人头……在水中漂动……由于海岸线距离太近，船还在漂浮，没有办法帮助他们。在前甲板上，可以清楚地看到有很多枪。我们下潜撤退了。当数分钟后我们浮出水面时，在平静的海面上只看到救生艇。”[29]“阿兰多拉星号”遭到袭击不到半个小时，船尾就翘了起来，然后从海面上消失了。800 多名战俘、被拘留者、警卫和船员丧生——其中有 243 人是他的同胞，不过普里恩不知道这个情况。他和手下人离开现场，欢庆这次任务圆满结束，他们过于乐观地认为，总共已经击沉创纪录的 66 587 吨敌船。此后的数星期时间里，那些遇难者的腐烂尸体陆续被冲到了不列颠群岛的海岸。

对于英国人来说，普里恩和克雷奇默能够轻松取得大量战果，预示着更糟糕的事情还在后面。仅在 6 月份，邓尼茨的潜艇已经击沉了 58 艘商船，总排水量为 284 113 吨。从 3 月至 5 月的整整 3 个月时间里，潜艇的战果只占英国以各种原因（爆炸、水雷和碰撞）损失的近 50%，还未达到邓尼茨所定的每月

60 万吨目标的一半。虽然可行动的潜艇的数量仍然非常少，但这些统计数据即将飙升。这是邓尼茨一直在等待和计划的时刻。在挪威行动中，他一直有挫折感，频频处在愤怒之中，因为鱼雷发生故障，他那支小型潜艇部队几乎毫无用武之地。尽管如此，在所谓的“虚假战争”* 的 8 个月中，少量潜艇在往返英国的途中击沉了不下 240 艘商船。虽然这些杀戮付出了代价——损失了 22 艘潜艇，但德国海军不仅能够更换这些潜艇，而且重新设计了有缺陷的鱼雷，正如克雷奇默、普里恩、约阿希姆·施普克、埃里希·托普等王牌艇长已经证明的，现在这些武器比 6 个星期前更加可靠。尽管每一次只有 8 艘到 9 艘潜艇执行任务，潜艇指挥官们嘲弄了战前英国海军部自命不凡的信念，即潜艇不会对英国的贸易路线构成重大威胁，且无论如何，英国皇家海军的水面舰艇都能不言而喻地击败德国海军的任何挑战。

1940 年 6 月，法国沦陷，海战的战略地图发生转变，大大有利于邓尼茨：“这意味着我们现在应该离开我们的‘后院’……去大西洋沿岸，去那片海洋，对英海战最终将在那里决出胜负。”[30] 潜艇部队现在可以从德军占领的比斯开湾的法国港口进入海上主要航道，而在从前，他们要从德国基地出发，穿过北海，绕过苏格兰海岸，才能到达大西洋的杀戮场。这一变化的潜在影响是游戏规则的改变。

法德停战协议的墨迹还没有干，邓尼茨已下令让火车在威

* 虚假战争，指 1939 年 9 月德国入侵波兰，英法对德宣战后的最初 8 个月，在此期间西线没有任何重大的地面军事行动。——编者注

廉港待命，满载鱼雷和其他设备，准备开往比斯开湾。在洛里昂（Lorient）港到柯尼沃村的小路上有个城堡，他就把基地司令部设在那里。6 月 23 日，他亲自去视察自己的新领地，在那里，“从大厅的窗口就能闻到从前滩和它前面的码头传来的浓烈气味”，[31] 一边能够看到广阔的大海，另一边是潜艇即将停泊的码头。6 月底，第一艘潜艇开始进驻洛里昂，没过几天，这个港口就作为新前线的基地开始运作。一些新招募进来的潜艇指挥官信心十足，认为英国很快就会崩溃，他们担心自己还没有机会参战，战争就结束了。邓尼茨告诉他们：“无须太过激动，在未来的很长一段时间里，你们将会参加非常多的战斗，多到让你们厌恶一切战争。不要忘记，我们正在与世界上最强大的海军作战。”[32]

这或许是真的，但是英国皇家海军在 1940 年夏天就已经紧绷到了极点。8 月 4 日，丘吉尔在写给继他之后担任海军大臣的 A.V. 亚历山大（A. V. Alexander）和第一海务大臣庞德海军元帅的一份备忘录中表达了深深的忧虑：“西北水道反复遭受损失的情况最为严重……毫无疑问，这主要是为了防备入侵，驱逐舰短缺造成的。立即告诉我驱逐舰、护卫舰和反潜拖船以及飞机的整个部署情况，包括在这个地区可用的和已部署的……我们不能再这样下去。”[33] 麻烦不仅来自德国潜艇。“舍尔海军上将号”（Admiral Scheer）和“希佩尔海军上将号”（Admiral Hipper）2 艘袖珍战列舰与 6 艘商船劫掠舰也在海上四处袭击，后者拥有强大的火炮和鱼雷，是快速货轮，但通常伪装成无辜商船，这些德国军舰打乱了整个海域的物资运输。虽然这些水面舰艇击沉的船只相对较少（“舍尔号”是德国海军最成功的劫掠舰，它在5个月的出航中行程4.6万英里，击沉的船只不超过17艘），但它们的存在就构成威胁，英国海军部不能坐视不管。

7个月前，丘吉尔作为海军大臣在官邸中发表演讲时强调，商船出行的最安全方式是编成运输队，越来越多的船东赞同这一观点。结果运输队的数量和规模都在增长。然而，除了那些将军队运往各个战线的船只之外，其他运输队受到的保护仍然不足（通常只有一两艘小型战舰），难以摆脱成为“舍尔号”或“希佩尔号”猎物的命运。由于这个原因，大西洋运输队经常出现延期或推迟。这种情况反过来又打乱了物资的供应，船东也失去了收入。为了避免这类延误以及在港口出现的拥堵，一些船主继续要求他们的船长玩俄罗斯轮盘赌，选择单独航行。

英国的生存要依赖海上航线，然而海军缺乏足够的护航舰艇，难以保护世界各大洋上的每一条主要航线，局势向非常有利于海军上将邓尼茨的方向发展。到6月份，在对潜艇现在掌握的机会进行了一次审慎的评估后，他能够确定德国很快要享受到“第一段快乐时光”的三个根本原因：“潜艇遇到大量单独航行的船只，运输队的护航力量非常薄弱，并非所有运输队都有飞机护送。”[34]

到1940年8月，英国海军部面临着一个棘手的难题。当大西洋运输队在海上穿梭时，保护它们的唯一可行方案是将英国皇家海军的军舰调过来，这些军舰当时正编成小型舰队沿着英格兰南部和东部海岸线巡逻，以防备德国入侵。这是一个令人不快的选择，海军将领们就此发生争执，驻在罗赛斯的本土舰队司令福布斯海军元帅和负责保护英国南翼的海军将领矛盾尤其尖锐。他们之间的分歧几乎是根本性的；用官方海军史学家的话来说，“唯一的疑问在于防备入侵是否是最好的手段，是否考虑到国家的另一个至关重要的需要——避免出现饥荒”。英国海军部的主导意见是与福布斯相左的，福布斯坚持认为英国皇家海军不应该被“我们国家的被动防御束缚住手脚”，因为可以更好地让海军“发挥其正常功能——主动打击敌人和保卫我们的贸易”。[35] 为此，他敦促将驱逐舰和武装拖船从英吉利海峡转调到大西洋，执行护航任务。从 1940 年 8 月到 9 月，尽管德国空军加紧袭击英国，力图削弱英国的防御能力，以准备发动“海狮行动”（入侵英国的行动代号），海军将领们还是无法取得一致意见。

英国首相仍然未能从罗斯福那里获得 50 艘美国驱逐舰，没有这些支援，他也和英国海军部一样茫然无措。丘吉尔别无选择，企图再次突破白宫的障碍。他在 7 月底告诉美国总统，过去 10 天时间里有 4 艘英国驱逐舰被击沉，还有 7 艘受到损坏，他警告说，这种消耗速度是无法承受的：“如果我们不能得到实质性的援助，整个战争的命运可能就要由这个微不足道且易于补救的因素决定了。”这是为了强调重要性，不过他又进一步指出：

我确信现在你完全了解我们的情况，你将尽一切努力，确保立即把五六十艘最老的驱逐舰送给我。我能很快给它们装上潜艇探测器，用它们在西部水道打击潜艇，这样就能把更现代化和装备更好的舰艇留在英吉利海峡和爱尔兰海防备入侵。总统先生，我必须怀着极大的敬意告诉你，在漫长的世界历史中，这就是现在要做的事情……我觉得有责任和义务把这个严肃而紧迫的形势摆在你面前。[36]

凑巧的是，此时罗斯福受到世纪集团（Century Group）的压力，这是一个集合了各种各样的政治家和商业领袖的组织，他们都是亲英派和干涉主义者，[37]他们认为可以援助驱逐舰，以换取“英国在西半球领地的海、空军方面做出直接让步”。[38]美国总统终于被丘吉尔的最新恳求说服了，相信英国的生存——也是美国的战略利益——确实危在旦夕，他接受了这个主意，并提交给英国首相。他们二人都知道，这将是一场残酷的不平等交易，英国将获得临时救助，交换条件是把 7 个岛屿据点（位于纽芬兰、百慕大、巴哈马、牙买加、圣卢西亚、特立尼达和英属圭亚那）租给美国 99 年，它们位于从纽芬兰延伸到加勒比地区的战略水域。而丘吉尔别无选择，只能接受。

不可避免的是，总统急于将这笔交易包装成好买卖，让美国民众相信是不费吹灰之力争取到的。美国海军事务委员会主席沃尔什（Walsh）参议员威胁要破坏所有的此类交易，罗斯福在写给他的一封信中指出，美国“用 50 艘军舰换得 7 个有着巨大战略价值的军事基地，而那些军舰都已老旧不堪了……顺便说一下，50 艘驱逐舰与我们时不时从海军舰艇名单中去除并卖作废铁的舰只型号相同，我想每艘驱逐舰也不过 4000 美元或 5000 美元就卖掉了”。[39]

随着双方迅速就交易草案达成一致，丘吉尔和罗斯福发现他们就如何向自己的选民介绍情况发生了矛盾。美国总统希望将其宣传为白宫财政和战略上的妙计，而丘吉尔同样决定隐瞒他所达成的协议的真相。丘吉尔对议会的气氛非常敏感，后来他回忆说："如果公布这个赤裸裸的交易方式，告诉英国民众用英国领土交换了50艘驱逐舰，肯定会遇到激烈的反对。"[40]伦敦和华盛顿经过长时间的交涉，两位领导人及其助手设计了一种折中方案，没有全盘公布协议内容，设法让美国国会和英国议会都感到满意。罗斯福被说服使用一种模棱两可的言辞，好让英国首相保留脸面，但不会使国会对条约的真实性质有任何疑问，而丘吉尔则不必屈辱地宣布交易条款；8月31日，丘吉尔将其描述为："只是两个友好国家互相帮助的措施，秉持着信心、同情和善意的精神……"[41]

在给沃尔什参议员的信中，罗斯福主动表示："我敢肯定，除非德国希望攻击我们，否则这项特殊协议不会让我们卷入战争。"[42]而丘吉尔却告诉下议院说："只有非常无知的人才会表示，美国驱逐舰改换成英国国旗……对美国的非交战地位只有一点点影响。"他之所以内心感到安慰，正是因为他确信实际上这个交易"绝对会让美国更接近我们和战争……（而且）标志着美国从中立走向非交战状态。"[43]这对他来说，意义并不比最终启程穿越大西洋的废旧驱逐舰小，这些军舰既是物资，也是象征，表明美国日益赞同英国的事业。

1940年6月初的一天，英国新闻大臣达夫·库珀（Duff

Cooper）10 岁的儿子约翰·朱利叶斯·库珀（John Julius Cooper，后来的诺里奇子爵）与母亲戴安娜·库珀（Diana Cooper）在“相当破旧”的北安普敦郡寄宿学校吃了一顿“很恶心的”午餐。戴安娜夫人是一位非常有名的美女、演员、作家和社交名媛，她的优雅、风趣和智慧非常受欢迎。不过在这个场合，他回忆说：“她失去了往常的热情洋溢。午餐结束时她说：‘有些事情我要告诉你，我们下周将把你送到美洲。’她以为我会泪流满面。”[44] 这个男孩一点也没有伤心，反而陶醉于摩天大楼、好莱坞和狂野西部的想象。数天之后，他在保姆的陪同下登上了开往纽约的“华盛顿号”邮轮。约两年前，他父亲达夫·库珀为抗议《慕尼黑协定》而从张伯伦政府中辞职，他宣称可以接受“荣誉的战争与耻辱的和平”，但是“耻辱的战争”太过分了，一时间声名卓著。他与丘吉尔相呼应，此后成为绥靖政策的公开反对者。

1939 年秋末，库珀到美国发表巡回演讲，激起了孤立主义者的愤怒。他带着戴安娜抵达布鲁克林的一个会场后，发现周围站满了警察，而且都拿着警棍做好了准备。在大厅外面，一群衣衫褴褛的年轻人拿着标语牌，上面写着“达夫滚回家”，“我们不会被拉进战争”和“不要听英国人撒谎”等口号。但在大厅里面，布置的警察数量更多，当他从后门离开时，观众发现了，甚至发出欢呼声。[45] 由于反对绥靖主义，库珀在纳粹入侵的“猎杀名单”上居于前列。戴安娜深信，德国人会抓走他们的孩子，扣作人质要挟丈夫，因此决定将她唯一的爱子送到安全的大西洋彼岸躲避。在此期间，很多相对富裕的英国父母决定斥资将他们的孩子转移到国外，总数大约有 1.4 万人，年轻的库珀是其中一个。但当丘吉尔听说，有一名政府大臣的孩子也“逃离国家”了，感到非常愤怒。达夫·库珀想遵照丘吉尔的意思，但据他的儿子说，“当我母亲下定决心时，谁也拦不住她”。[46]

大多数与约翰·朱利叶斯一起乘坐“华盛顿号”前往新世界的乘客都是美国人，其中还有一些年龄非常小的孩子，同样是为了逃离战争风云。孩子们玩沙壶球，参观“新奇”商店并且参加歌舞表演，最后 5 个孩子用跑了调的嗓子唱《天佑吾王》。10 岁的约翰·朱利叶斯给家中的母亲写信说：“我真诚地希望伦敦的空袭不是太糟糕……我真诚地希望你们都在这里。”[47]

事实上，德国空军正在加紧袭击。戴安娜·库珀夫人有着得天独厚的优势，她为心爱的儿子记录了轰炸对英国首都的影响（他在 9 月份被安顿到加拿大学院，那是一所多伦多寄宿学校，被视为该国的“伊顿公学”）：

9 月 8 日——一个充满坏消息的星期天。昨晚的空袭……比我们之前遇到的规模要大得多——破坏、死亡和火灾，很多痛苦之事令我恐惧……就我所知，教堂街（他们在此期间关闭了威斯敏斯特的住宅）可能变成了一堆废墟。

9 月 9 日。昨晚伦敦又遭遇了一次恐怖的空袭……今晚我和美国大使*共进晚餐……就在外面，有一门高射炮不断在射击，炸弹从头到尾没有停止过，但我们的谈话盖过了一些噪声，一

---

* 即约瑟夫·肯尼迪，他骨子里是反英的，只是被外交义务所束缚。肯尼迪于 1940 年 10 月被解职，接替者是约翰·怀南特（John Winant）。

杯酒给我壮了一点胆气。8楼（他们住在多切斯特酒店，顶楼附近的房间更便宜）那里真的不是睡觉的地方。我一直没有合眼，但爸爸像个睡在婴儿车里的宝宝。

9月10日。这里每天有五六次空袭……要是知道结局，还容易承受一些……这是入侵计划的开始，还是只是为了挫败我们的精神？当然，挫败精神是不可能的。

9月17日。一个恐怖的轰炸之夜。一枚炸弹落在不到50码远的公园巷里，另一枚炸弹在伯克利广场爆炸，轰掉了所有玻璃。爸爸刚刚参加了下议院的会议。轰炸和往常一样没有停歇，我非常害怕德国佬的轰炸，收拾好了一个大包。温斯顿应该刚刚开始发言，我真希望他能说得短一些。[48]

他没有长话短说。在当天的秘密会议中，丘吉尔简要介绍了德国轰炸机在白厅附近造成的破坏，然后向下议院提交了证据，公开警告“这个岛屿随时可能遭遇重大袭击”。有1700多艘自行驳船和200多艘轮船已经集结在如今被德国占领的英吉利海峡港口，其中一些船非常大。“如果这一切都是把我们牵制在这里的佯动和策略，那么它已经是执行极其彻底且规模空前巨大的了。”其中一些船只“装满了入侵部队所需的各种弹药，要将我们彻底击败。已有和现在集结的运力足以在一次航行中运送将近50万人”。[49]

当丘吉尔正在对英国的前景发表悲观评估的时候，一艘4天前离开利物浦的1.1万吨邮轮“贝拿勒斯城号”正在罗科尔（Rockall）西南约200英里的大西洋中冒着风暴航行，目的地是魁北克省。这艘船有 407 名乘客，其中有 90 名年龄在 5 岁到 15 岁之间的孩子，他们的父母认为，越过凶险的海洋把这些孩子送到安全的加拿大，应该比面对闪电战和纳粹入侵的危险要好。他们的情况与几个月前戴安娜·库珀的儿子所经历的明显不同。这些疏散人员的行程由“儿童海外接待委员会”（CORB）资助，法国沦陷后，经过丘吉尔不太情愿的批准，政府匆忙设立了这个机构。

CORB 是一项基于经济状况调查的计划，主要是为了应对媒体广泛报道的“富裕家庭的孩子在长岛和魁北克的乡村庄园中快乐地生活”的事情。 编辑们提出了一个明显具有煽动性的问题：“为什么富人的孩子能在纽约灯光明亮的高楼里安然入睡，而穷人的孩子在我们危险的城市下面拥挤的防空洞里打瞌睡，受到轰炸机的威胁？”无数家庭的申请让 CORB 不堪重负，他们希望让自己的孩子寄宿到大洋彼岸，成千上万的美国和加拿大公民看到英国的困境，愿意为英国孩子提供庇护。这种需求如此之大，以至于到 7 月 4 日，CORB 的收文篮中竟然有 21.1 万份申请，然后该计划突然停止，不过所有已经注册的人仍然可以免费得到他们的铺位。[50]

1940 年 8 月 31 日，荷兰邮轮“福伦丹号”在爱尔兰附近被鱼雷击沉，船上有 230 名儿童；在此之前有 10 艘 CORB 船只离开了利物浦的出发港，载有约 2000 名疏散的儿童。虽然“福伦丹号”沉没了，不过或许因为全部儿童获救，这场差一点成为悲剧的事件没有吓到另外 90 名孩子的父母，他们把孩子托付给一个志愿“护送”的团体，乘坐“贝拿勒斯城号”去加拿大，这艘船于 9 月 13 日离开利物浦，处在 OB213 护航运输队的前头，这是一支由 20 艘船组成的运输队，由 1 艘驱逐舰和 2 艘护航舰* 护送。

“贝拿勒斯城号”离开默西河后不久，就遇到了恶劣天气。不过，运输队以 8 节半的速度迎着风浪航行，虽然旅程不舒适，却很安稳。当丘吉尔于 9 月 17 日在下议院发表讲话的时候，该船已经驶过西经 20 度，英国海军部判定，过了这条线，潜艇的威胁就会大大减少，甚至消失。因此护航舰艇到这里就完成了任务，它们掉头返回，而不知道由海因里希·布莱希罗德（Heinrich Bleichrodt）指挥的 U–48 就潜伏在西方 60 英里处，并且已经侦察到缓慢航行的运输队。

那天晚上 10 点之后，“贝拿勒斯城号”剧烈震颤着，坠入黑暗的深渊。其中一位护送孩子的志愿者玛丽·科尼什（Mary Cornish）听到“一声低沉的重击声，随后是玻璃迸裂和木制品破碎的声音”。U–48 发射的前 2 枚鱼雷没有击中目标，第 3 枚鱼雷从船体中部钻进去，正好从几个小时前孩子们进去睡觉的舱室下部通过。科尼什立刻在黑暗中起身，寻找由她负责照管的 15 个孩子，发现自己“盯着的是一个黑色深渊……在船体中部有一个巨洞，一个迅速灌满海水的洞”。[51]

在船员们的帮助下，她和其他同伴设法把孩子们从废墟中

* 护航舰（Sloop）是战前设计的护航船只。这种舰艇长 366 英尺，速度达到 19 节，船身长速度快，但是造价比较昂贵，后来取代它们的护卫舰（Corvette）价格更低廉。护航舰的尺寸与驱逐舰相似，速度比其慢很多，以一半速度巡航只需要 1/10 马力，这意味着它消耗的燃料更少，航程更远。

解救出来，并将他们带到散步甲板上，在那里等待弃船命令。晚上 10 点 20 分命令传来。“别担心，”科尼什回忆起当时一再告诉孩子们说，“只是一枚鱼雷。”在确认由她负责照管的孩子安全登上一艘救生艇之后，她等待着，直至接到让她爬上 12 号救生艇的命令，那艘小船在附近的吊艇柱上摇摆着。这个时候，借助应急照明，已经可以发现船上的骚动不安。人们从上层甲板沿着绳索滑下来。当救生艇被降到海面上时，有人哭闹喊叫。有一艘救生艇落到水面上时倾覆了，孩子们掉进大海时发出尖叫。船员们降下橡皮筏，并向他们扔救生圈，但甲板上没有人能看清有多少孩子得救或被淹死了。

直到四副库珀（Cooper）亲自确证，甲板下面已经没有被困的幸存孩子，12 号救生艇才被降下去。海水迅速涌进来，现在他们船舱里的水已经到了腰部，所有能逃到上层甲板的人都必须撤离。库珀登上了 12 号救生艇，小船疯狂地摆动，但还是安全落入水中。当他们慢慢地从沉没中的邮轮旁驶过时，玛丽·科尼什震惊地看到泡沫状的巨浪铺天而来。夜晚 11 点，邮轮仍然闪耀着灯光，用库珀后来提交的官方报告中直白的话来说，“这艘船首先从艉部开始下沉，船艏从水中翘了起来，似乎向左舷严重倾斜，然后就消失了”。[52] 虽然救生艇已经拥挤不堪，但库珀从水中救出了更多幸存者，直到小船上有了 6 个小男孩、2 位陪护（一位罗马天主教神父和科尼什）、1 位波兰航运官、4 位英国船员（其中一个是船上的服务员）和 32 位“拉斯卡”（对亚裔水手的称呼，他们通常是印度人，船主招募他们在商船上当保洁员和勤杂工），他们在船底颤抖着蜷缩成一团。

当天午前，库珀命令服务员给全体人员分发第一份配给，其中有一条沙丁鱼、一块饼干和一只汲器（一个 1/4 品脱容量的小圆缸）。科尼什作为一位有造诣的音乐家，试图维持孩子们的士气，组织他们唱《滚桶》《英格兰将永存》《兔子快跑》等歌曲，给他们讲故事，提醒他们这是“他们一生中最伟大的冒险”。当她问孩子们，“在家中遭受轰炸和在大西洋遇到鱼雷袭击，你们宁愿选择哪一个？”男孩们一致认为鱼雷袭击更刺激。[53] 但是，孩子们的精神很快消沉下来。大海汹涌澎湃，救生艇颠簸摇晃，风声吼叫起来，桅杆吱嘎作响，刺骨的冰冷从衣服透进身体。他们没有毯子，甚至连动一下或者伸展四肢的空间也没有。

在海上漂流 4 天之后，这些因素开始带来伤害。孩子们变得昏昏欲睡，他们因缺乏食物和饮水而变得虚弱，他们的腿脚被冻得麻木。第 5 天是一个星期天，他们看到了一艘汽船，那艘船也发现了他们。汽船慢慢靠近，他们的精神振奋起来，然而进行了一番快速检查之后，汽船转身驶走，消失在地平线上。狂风一阵接着一阵，大雨把他们浑身上下都浇透了，白天和黑夜似乎无限循环。一些“拉斯卡”开始支撑不住，他们无精打采地躺在船底，科尼什感觉他们正在慢慢陷入昏睡；在海上漂了 5 天以后，他们中一些人已经进入半昏迷状态。第 6 天晚上，一个男孩变得精神错乱。科尼什脱下自己的夹克，包住那个孩子的脚。由于食物和饮水非常少，孩子们的精力正在快速消退。又有一个男孩变得神志不清。

次日早晨，风缓和下来，大海变得平静，12 号救生艇缓缓漂浮在海面上。然后，中午刚过，有一个男孩看到一架飞机向他们飞过来。这是一架桑德兰水上飞机，飞行员俯冲下来，绕着他们飞了一圈，从驾驶舱向他们挥手，然后沿着来时的方向飞走。不久后第二架“桑德兰”飞了过来，它投下一包食品，里面有豆类、鲑鱼和桃子，还有一张纸条，告诉他们驱逐舰正向他们赶来。那是“安东尼号”（HMS Anthony），它是护航舰艇之一，曾经遵照命令把“贝拿勒斯城号”护送到西经 20 度的分别地点，一个星期前接到“放弃”他们的命令。非同寻常的是，除了一名“拉斯卡”在快获救时死亡，遇难邮轮的其他所有的乘客在海上漂浮 8 天后，都安全抵达格里诺克（Greenock）港口。四副库珀在官方报告中指出，孩子们“表现得非常出色，并且得到了科尼什小姐的妥善照顾，她不断给孩子们按摩……每个人都表现得很好，在整个 7 天加 19 个小时的漂流中，我们在船上遵守着秩序，情绪相对乐观”。[54]

科尼什带着“她的”6 个男孩下船后，立即询问其他孩子有没有得救。她痛苦地听到，几乎所有孩子都被淹死了，原先由她负责照管的 15 个女孩中有 14 个没有回来。“贝拿勒斯城号”在 9 月 13 日离开利物浦时，船上有 407 名乘客和船员，其中有 147 人丧生。在 90 个孩子中，只有 13 个幸存下来，其中包括 12 号救生艇上的 6 个。

与“雅典娜号”袭击事件一样，柏林试图为 U-48 的艇长海因里希 · 布莱希罗德开脱，声称“贝拿勒斯城号”

被英国海军部征用，并改装成辅助巡洋舰，因此是符合海战规则的目标。但事实并非如此。尽管如此，布莱希罗德很可能确实相信用鱼雷击沉的是英国皇家海军的一艘武装商船，因为他在战后一直这样说。不过，这对戈培尔来说理由并不充足。悲剧发生一周后，他的通讯社宣布："如果这艘船真的被鱼雷击沉，导致83名［原文如此］儿童丧生，那么凶手就是丘吉尔。对于这个怪物而言，没有什么是神圣的。这个世界开始越来越清楚地认识到他的本性——一个披着人皮的恶魔。"[55]

这种冷酷无情的回应在英国媒体中引发恐慌，政府决定结束重新安置计划，并且假称"贝拿勒斯城号"的沉没已经说明恶劣天气会有多么危险，即使编队航行的客船也无法躲开。问题并没有结束。CORB疏散人员的父母显然确信，"贝拿勒斯城号"在大西洋中的全部航程都会受到保护。11月23日，《泰晤士报》在一篇社论中说："一些失去亲人的父母原本期望整个行程一直都有军舰护航，而沉船报告透露的事实和其后的声明却存在差异，他们对此仍然感到非常困惑。"这位主笔断定，无论保证是"隐性的还是明确的"，"每一位有想象力的人都对众多父母所遭受的无法形容的痛苦感同身受，并将陷入令人痛苦的疑虑，质疑他们会面临什么样的命运"。[56]

除了在宣传和公共关系方面之外，"贝拿勒斯城号"的沉没暴露了两个严酷的事实：首先，在大西洋中，没有什么地方能躲开潜艇；其次，护航舰艇极其短缺，几乎毫无疑问，商船未来还会遭到屠戮，无论是独立航行还是编成运输队。悲剧发生后没几天，这两个事实就被烙进了英国海军部和战时内阁的集体意识中。

05

潜艇横行

如果说1940年9月17日是海上悲剧的一天，那么在陆地上也是一个巧合的艰难日子。当丘吉尔警告下议院纳粹入侵似乎迫在眉睫的时候，希特勒决定中止“海狮行动”——正是由于面临德国入侵的威胁，才会有如此之多的孩子登上“贝拿勒斯城号”，踏上有U-48伏击的那次夺命之旅。雷德尔海军元帅作为德国海军总司令，对于元首决定推迟入侵英国发挥了至关重要的作用。虽然他的参谋人员接到命令，研究战争开始后跨海峡入侵面临的挑战，但雷德尔长期以来一直相信，“海狮行动”会让德国海军承担起他所描述的“不可能的任务”，不到万不得已，不应该予以考虑。[1]但是，他忽略了德国国防军总司令部（OKW）对这个计划持之以恒的热情，陆军尤其如此，由于装甲部队不费吹灰之力将法国变成了殖民地，他们的将领都变得飘飘然了。

到了夏天，由于对完成“海狮行动”所需的时间、规模和速度存在分歧，热情高涨的陆军将领们和小心谨慎的海军将领们在OKW发生激烈争论。雷德尔和陆军总参谋长弗朗茨·哈尔德（Franz Halder）将军通过书信和面谈进行了一系列激烈的交锋之后，希特勒命令他们找到摆脱僵局的方法，但他们无法做到这一点。元首本人对“海狮行动”态度矛盾。他承认，任何登陆英国本土的企图都将是危险的，或者像他所说的，是“极其大胆鲁莽”的任务。[2]然而，他仍然怀着可以在谈判桌上说服或者恐吓英国的错觉，似乎相信如果摆出德国即将入侵的确凿证据，足以促使英国政府明智起来，因此会用丘吉尔青睐的条件押宝第三帝国。

雷德尔知道希特勒善变，非常精明地没有公开反对入侵；最初，他提议将登陆时间推迟到 1941 年春天。希特勒不同意，坚称为了维持心理压力，国防军应该准备在 9 月中旬入侵。但是，这场行动的成败取决于德国空军轰炸行动的成功与否和英吉利海峡变幻莫测的天气。此外，雷德尔一直小心翼翼地获取希特勒的承诺，即发令枪要由他来掌握，而且只能由他掌握。这使德国海军拥有了决定性影响，而雷德尔对此充分加以利用。当希特勒的“S 日”9 月 20 日临近时，这位海军元帅以这种或那种行动障碍为由，一次又一次推迟行动。但他反对“海狮行动”的意见是不可否认的。

9 月 14 日，雷德尔向希特勒提交了一份备忘录，虽然他肯定在幸灾乐祸，但是一点也没有在备忘录中表现出来，他指出，“海狮行动”获得成功所需的先决条件尚未具备。他说：“目前的空中形势不具备发动这场行动的条件，因为风险仍然太大。”[3]第二天，戈林使劲吹嘘的德国空军轰炸英国的行动露了馅，“从未有如此之少的飞行员，在如此之短的时间内，为如此之多的人，做出如此之大的牺牲”，德国空军派出100架轰炸机，并用400架战斗机护航到目标区域，却被英国击败。由于英国皇家空军在一次袭击中就击落了54架德国飞机，戈林被迫承认，事实证明，不列颠之战不可能以这样的状态维持下去。英国皇家空军还没有崩溃，所以“海狮行动”肯定缺乏必要的安全保障，能否成功登陆英国成为疑问。希特勒的反应是推迟行动，“直到另行通知”；[4]实际上，入侵计划已经胎死腹中，而雷德尔认为入侵英国将是“灾难性的”。[5]

听到“海狮行动”被取消时，邓尼茨和雷德尔一样，长舒了一口气，他在后来说：“我们既没有掌握制空权，也没有掌握制海权；我们没有任何成功入侵的条件。”[6]但他没有放松太长时间。这一次，问题还是出在他的总司令身上。雷德尔有一个宏大的胜利愿景，甚至在“海狮行动”流产之前，他就已经告诉过希特勒。雷德尔的想法并不像最高统帅部中的对手描绘的那般异想天开。其核心思想是，坚信英国是德国最难对付的敌人，德国若想取得全球霸权，先决条件是击败英国。但他并不主张发动正面进攻，而是认为通过打击英国势力范围的边缘地带，可以更好地取得胜利。中东地区就是这样的地方，那里是英国的关键利益所在，特别是尼罗河谷和苏伊士运河，它们是将英国与非洲和亚洲最具生产力的帝国领地连接起来的动脉。

7月11日，雷德尔向元首概述了这一愿景。他站在征服全球的高度解释说，德国需要成为“一流海上强权”，[7]要有与之相配的作战舰队。虽然他没有详细说明这一点的含义，但他已经评估过，要创建这个伟大的新世界并管辖其无边无际的领土，德国海军最终将需要“多达 80 艘战列舰、20 艘航空母舰、225 艘巡洋舰和 500 艘潜艇”。[8] 雷德尔没有赶上好时机。希特勒已经在为另一个更加紧迫的使命而焦虑：入侵苏联，摧毁布尔什维克主义，从而为纳粹德国夺得生存空间——这是建成“千年帝国”的必要条件。尽管如此，他并没有公开否决雷德尔的战略建议。因此，这位海军元帅继续保持着错觉，认为有可能说服元首选择他的地中海战略，而非“巴巴罗萨行动”。结果希特勒发现自己面临两难选择，消灭苏联是其不可遏制的冲动，在中东打击英国则是战略必需，这个矛盾让人烦恼；而其轴心国同伙、意大利独裁者贝尼托·墨索里尼的军事无能使他感到不安，后者早在 1 个月前已向英国宣战。

邓尼茨认为雷德尔的这个图谋极有可能落空。他承认在地中海和中东地区进攻英国将对敌人造成“严重打击”，但指出德国“正在大西洋这个决定性战场与世界上最强大的海权进行斗争”，雷德尔的计划会把德国海军的有限资源转移走，这将会付出极其危险的代价。此外，他认为雷德尔固守战列舰，透露出其对于英德冲突的本质特征存在严重误解，并将危及战争行动的执行。邓尼茨坚持认为，最重要的是扼杀英国的交通线。德国海军的首要任务“应该是以最快的速度击沉尽可能多的敌方运输船”，实现这一目标的唯一方法是使用大量的潜艇。在他看来，这一点是显而易见的，正如他后来所写的：“我抓住每一个机会明确而有说服力地表达这个观点。”[9] 虽然邓尼茨一再坚持，但并没有引起雷德尔的兴趣，在他正确地判断这种战略可能对战争进程产生决定性影响时，也没给他带来想要的东西，对此他深感挫折。

1940 年 10 月，邓尼茨方案的威力得到证明，英国海军部发来的一个消息让战时内阁从心底里感到深深的寒意。丘吉尔极其关注相关统计数据，他已经开始发现“进口出现不祥的下降”。[10] 这一严重事态让他的心情格外沉重，因为它看起来非常棘手。邓尼茨的潜艇可能还没达到确保胜利的“必要数量”，但它们已经开始在大西洋的航道上横行无忌，并展示出给运输队带来的严重威胁。

正因如此，代号为 HX79 和 SC7 的这两个护航运输队会被写入大西洋海战的民间历史。10 月初，共有 83 艘商船从新斯科舍省出发前往利物浦，超过 1/3 的船只在抵达目的地之前沉没。这一损失速度将使航运难以维系，而且德国只用了不超过 8 艘潜艇就取得这样的战果，并且一艘也未折损，因此更加令人震惊。

在这些运气不佳的运输队中，SC7 是第一个，它在 10 月 5 日从新斯科舍省的悉尼出发，目的地也是利物浦。这是一系列“慢速运输队”中的第一个，其中包括当时被视为过于笨重的船只，它们不适合与开往英国的“快速”HX 运输队一起航行，独立航行时被击沉的比例又太高，所以不得不改变策略。SC7 包括 35 艘老旧商船，其中最古老的“索罗伊号”是一艘在海上航行了将近半个世纪的油轮。[11] 即使在天气良好的情况下，如果维持 7 节以上的平均速度，有些船也会掉队，从而成为“狼群”容易捕获的猎物。整个运输队编成 8 列，相互距离半英里，覆盖了大约 5 平方英里 * 的区域。在航行的前 11 天，这个运输队只得到一艘火力薄弱的战舰护航，那是一艘名为“斯卡伯勒号”（HMS Scarborough）的护航舰，其舰长 N. V. 狄金森（N. V. Dickinson）海军中校已经接到警告，知道个别潜艇巡行于西部水道所造成的破坏。在从英国前往新斯科舍省的途中，他接到一艘脱离了前面的运输队（HX72）后单独航行的商船发送的报告，称有 6 艘船在一夜之间遭到鱼雷袭击。作为战争中最杰出的指挥官之一，唐纳德·麦金太尔海军上校后来写道：“面对战术高明且难以捉摸的折磨者，狄金森及其手下有着深深的徒劳感。”[12]

有 4 艘小型蒸汽船的设计是用于条件相对良好的大湖区，它们难以应对大西洋的风浪，很快就无力赶上运输队。（只有一艘驶到港口，其他 3 艘被一艘潜艇抓住机会送到了海底。）剩下的 31 艘船降低速度又慢吞吞航行了 7 天，到达西部水道的边缘，另外两艘英国战舰在那里加入进来，它们是“福伊号”（HMS Fowey）护航舰和“花”级轻型护卫舰生产线上的第一批船只之一“蓝铃花号”（HMA Bluebell）。后者的船员并不喜欢这艘新船。22 岁的唐·科顿（Don Kirton）已经在英国皇家海军服了 3 年役，他回忆起第一次看到“蓝铃花号”的那一刻：“它似乎更像是一艘小艇，而非一艘战舰。舰上最大的东西是烟囱。它有一门很老的 4 英寸炮，我想那是 1914 年的武器，‘好吧，我们用它得不到什么战果’。”[13]

---

* 1 平方英里 ≈ 2.59 平方千米。——编者注

“花”级护卫舰长度刚刚超过200英尺，最高速度为16节，战争期间建造了267艘，在大西洋海战中发挥了不可或缺的作用。“花”级战舰的名字有些古怪，来自英国的普通植物，它们性能平庸，可以在全国各地的小船厂中快速建造。它们船身狭窄，遇到恶劣天气会让人非常不舒服，“护卫舰会在湿草地上打滚”这句话很快就传开了；即使是坚强的水手，也会出现严重的晕船。尽管它们像软木塞一样在波涛中跳跃、摇摆和翻滚，但是不会沉入水中，这证明它们即使在海况最恶劣的水域也几乎来去自如，显然不太容易像更大和乍看上去更强的船只那样崩溃。出于这个原因和其他因素，护卫舰的船员虽然可能不太情愿，但也逐渐对他们那斯巴达式的小军舰有了某种近似亲切的感情。

对于“蓝铃花号”或者SC7运输队其余船只上的人员来说，这都不能带来任何安慰，当运输队蹒跚着驶向西部水道时，狄金森知道数量不明的潜艇肯定在伺机袭击。由于3名护航指挥官缺乏经验，日益增长的威胁气氛显得更为严重。此时穿越大西洋的护航运输队被视为执行普通任务，英国海军部所给的优先级较低，这意味着这3名高级军官面对将要遇到的危险时，缺乏必要的战术规则或任何连贯的行动计划，况且他们以前从未接受过训练或进行过合作。

10月16日夜，运输队缓慢航行，船只的黑色轮廓被清晰地蚀刻在天际线上，U–48（在海因里希·布莱希罗德的指挥下，4个星期前它击沉了“贝拿勒斯城号”）很容易就侦察到了。这艘潜艇用无线电把SC7的位置、速度和方向发给位于洛里昂港的邓尼茨司令部，后者又与另外 6 艘在罗科尔东北部巡逻的潜艇联系；罗科尔是一块海鸥纷飞的大西洋中露出水面的巨岩，距英国西侧海岸线 286 英里。这些潜艇的指挥官接到命令，要求与 U-48 联系，后者需要跟踪运输队，直到这支潜艇部队做好攻击准备。看到这些容易得手的猎物，布莱希罗德有些迫不及待。U-48 急于大开杀戒，躲过护航舰艇紧紧跟随着运输队，用鱼雷击沉了两艘商船，并且在没有被发现的情况下悄悄撤退。这是 48 小时灾难的开端，促使英国政府注意到邓尼茨的潜艇——以狼群方式组队活动——有可能严重危害该国的大西洋生命线。

“斯卡伯勒号”和“福伊号”这两艘护航舰开始徒劳无功地寻找发动攻击的潜艇，“蓝铃花号”护卫舰留在遭受打击的商船旁边救援船员，结果使运输队失去一切军舰保护，面临更大的危险。随后“斯卡伯勒号”再次执行起 SC7 运输队的护航任务，但是一艘路过的桑德兰水上飞机报告说在地平线上发现了另一艘潜艇，促使护卫舰的舰长前去追赶，运输队又一次失去了保护。这是一个重大错误：当狄金森决定重新为运输队护航时，“斯卡伯勒号”已经远远落后于运输队，事实证明，即使以 14 节的最高速度追赶，它也不可能追上。另一艘没头苍蝇般四处搜寻潜艇的护航舰“福伊号”意识到发生了什么，在罗伯特·奥布里（Robert Aubrey）海军少校的指挥下，急忙重新加入运输队，“蓝铃花号”也很快返回。随着英国海军部发出警报，另外两艘护航舰艇已经赶赴这里，增援受到威胁的商船。它们于 10 月 17 日凌晨抵达，但是它们的到来并没有对局势产生多大影响。在洛里昂的无线电指挥下，U-28、U-46、U-93、U-99、U-100、U-101 和 U-123 都进入阵地，等待攻击。邓尼茨布好了陷阱。

“贝亚图斯号”是一艘载有钢铁、木材和飞机零件的货轮，助理服务员弗兰克·霍尔丁（Frank Holding）看见一条明亮的波纹从商船延伸到地平线，那是海面上舞动着的月亮倒影。虽然那一刻非常美丽，但他并没有感到宽慰：“你脑子里想的都是‘那边有什么人’。”此时他是正确的。没过几分钟，“贝亚图斯号”就驶入了设伏的“狼群”张开的血口。

当一名水手报告看到鱼雷交叉飞向船艄时，霍尔丁知道他们遇到了麻烦：

接下来我听到的就是它的爆炸声，声音就像从轮机室附近的下方打破玻璃一样。船停了下来……我们知道我们正在下沉。当我们站到烟囱旁边的甲板上时，湿漉漉的烟灰全都落到了我们身上——海水肯定漫进了燃烧的轮机室。

由于一艘救生艇浸满了海水而失去作用，船员们匆匆爬上另一艘救生艇，并且从沉船旁边划走。霍尔丁吹起了口琴。

我开始吹了，我很喜欢口琴。这不是一件有意思的事吗？……但是大管轮说：“你别吹了，好吗？水面上有一艘潜艇。”我的眼睛近视，但我能听到引擎的轰鸣，我可以听到他们用德语喊叫。他们很兴奋。他们在追杀，这些潜艇兵。[14]

“狼群”由德国海军最著名的王牌艇长奥托·克雷奇默率领，他已经因为当年早些时候对英国航船发动勇敢的开创性进攻而声名鹊起。离开洛里昂之前，他为手下艇员写了一份作战命令，包含 12 个要点，其中有一个禁令：“首次攻击时，向一艘船发射的鱼雷没有必要超过一枚。”这一命令带来了革命性的结果：必须浮上水面近距离发射。对此克雷奇默解释说：“只有突破护航舰艇的反潜保护，进入运输队航道的里面，才能做到这一点。我们的一切攻击都应以此为目标。”[15] 虽然伦敦的海军参谋部新成立了反潜部门，已经开始研究潜艇指挥官经过精心训练和演习的各种战术，但没有人想到过克雷奇默的独特战术。10 月 18 日晚 10 点钟，他实施了这一战术。

随着“狼群”中的其他潜艇占据侧翼阵地，从护航屏障外发射鱼雷，U-99 直接全速冲入运输队。克雷奇默指挥潜艇从两艘英国战舰中间穿过，急速驶向商船队。虽然月亮闪耀在空中，而且火炮乱轰、照明弹*四射、信号弹飞舞，照亮了恐怖的战场，但是 U-99 仍然没有暴露。克雷奇默的第一个牺牲品是一艘装载铁矿石的老式蒸汽船“克里刻克号”。尽管 U-99 的艇长喜欢简单明了的风格，但他细致记录的日志无法掩盖当时的攻击强度：“晚 10 点 06 分。一艘大约 6500 吨的船在 20 秒内沉没。我现在继续驶向运输队。”那时候，沉入海底的不仅有“克里刻克号”，还有一起丧生的 37 名船员。

此后，SC7 面临的灾难快速演变，引发了极大的混乱，以

---

* 照明弹很像烟花，有一根导火索，能够引燃一定量的镁粉，从而照亮一大片海域。

至于被困在这个毁灭性的火狱中的人几乎无法理解发生在他们身上的事情。在击沉了“克里刻克号”之后，克雷奇默看到两艘船在运输队后面落下很大的距离。他抓住这个机会，急速转向突入运输队的心脏地带，直到周围都是商船——它们都知道自己可能遭遇的命运，却不知道如何逃脱。有一艘受害船尝试了“死亡谷”战术。在一艘大型货轮上，有一个眼尖的瞭望员瞥见了U-99，这艘船向空中发射了一枚照明弹，而且用克雷奇默的话说，“全速向我们冲过来，即使在我们改变航线之后也不罢休”。追逐持续了数分钟，直到“这艘船停了下来，用一门火炮进行射击，然后再次回到运输队中”。克雷奇默没有被吓倒，他盯上另一艘大型货轮，但当他下令开火时，这艘船转向U-99。于是，“鱼雷从它前方经过，航行了1740米后击中一艘更大的船。这艘排水量7000多吨的船的前桅部分中了鱼雷……”中弹的是“帝国白鼬号”,这艘船上装满了铁和钢。

“帝国白鼬号”的船长罗伯特·史密斯（Robert Smith）看到了“克里刻克号”遭遇的命运，试图找到逃脱的方法。一切都无济于事:“我听到沉闷的声响，出现一个巨大的闪光和一团蓝色烟雾。然后一切都黑了下来，所有的灯都熄灭了，发动机停止运转，船身颤动着停了下来，失去了方向控制能力。”爆炸“把它的所有舱门都掀飞了，生铁就像弹片一样飞到空中”。史密斯和他的船员抓紧时间放下救生艇，将小船划离受创的商船。“袭击发生后大约25分钟，船身中部发生了剧烈爆炸，底部断裂，立即沉没了。”他回忆说。[16]

据他的一名艇员所说，克雷奇默此时站在U-99的指挥塔前面，并且宣称：“好，要开始了。我们将消灭这个运输队。”[17] U-99 的下一个目标是一艘载有 5426 吨硫黄的希腊货船。克雷奇默的日志——随着事件的发展而口授——提供了断断续续的记录：“鱼雷爆炸后，立刻又发生一次爆炸，从船头到桥楼升起高高的火焰。烟雾升至 300 米的高空。船艏明显破裂了。船身继续冒出绿色的火焰。”在那个午夜，他不受阻碍地四处机动，在一支运输队的核心区域消灭了 3 艘商船，这些船本来是由 4 艘英国战舰保护着的。然而，4 艘军舰中有 3 艘姗姗来迟。但是克雷奇默非常精明，而且速度极快，赶在军舰到来之前将那些运输船击沉：“我全速向西南方前进，再次与运输队接触。”

随着“狼群”的其他成员从护航舰艇未能提供保护的外围自由开火，运输队成为任由潜艇宰割的猎物。济切（Keachie）海军中尉在“蓝铃花号”上的位置得天独厚，亲眼看见了混乱的景象：“我记得当我们看到这些船沉没时，感到很无助。我们能做什么？船只在运输队的不同位置沉没，我们四处乱转，寻找着潜艇。而‘潜艇探测器’毫无用处。”克雷奇默心满意足地羞辱着英国皇家海军。“驱逐舰［原文如此］不知道如何进行救援，忙着不断发射照明弹，在明亮的月光下，这样做没有一点用处。”[18] 这艘王牌潜艇从运输队的后方发动攻击，现在处于有利位置，就像神枪手在射击场里瞄准鸭子一样选择牺牲品。直到又消灭了 5 艘商船，他才有所收敛。“国库号”带着船长及其全部 38 名船员沉没；“塔利亚号”上的 24 名船员中有 22 名丧生；“帝国旅号”显然在中弹后的 1 分钟内就沉没了，不过这艘船的 41 名船员中有 36 人及时登上救生艇，在它沉入水中之前逃生了;“斯尼夫杰尔德号”的船员也设法用这种方式逃生;克雷奇默的最后一枚鱼雷打击的是“克林顿尼亚号”，由于这艘船装载的是木材，所以中了鱼雷后还漂浮在水面上，这让它的船员有时间弃船逃生，当另一艘潜艇 U-123 驶过来用燃烧弹将其击沉时，才导致一名船员丧生。

圆满完成任务后，克雷奇默的“狼群”于 10 月 19 日凌晨溜走，只留下英国护卫舰艇在凄惨的战场上搜寻幸存者——其中包括法国、瑞典、牙买加、印度以及英国的水手。“蓝铃花号”把他们一个接一个地救出来。科顿回忆说:“你可以看到救生衣上的红色灯泡，我们把攀登网设在一侧。两个小伙子爬过舷缘，发现很多手急切地伸过来，把他们拉到安全的地方。他们中有很多人因为吞入燃油而极度不适，有些人完全是一丝不挂。”[19]“蓝铃花号”最后救上来的幸存者来自“贝亚图斯号”，其中包括弗兰克·霍尔丁。这艘护卫舰冒着恶劣的天气驶向克莱德（Clyde），舰上挤满了疲惫和晕船的水手。

“狼群”对 SC7 发动攻击，在 48 小时内击沉了 17 艘船只，战果最丰的是潜艇 U-99。两周前从新斯科舍省出发的 35 艘船只中，只有 15 艘抵达利物浦，另外 20 艘已全部葬身海底，140 多人失去生命。在洛里昂，他们扬扬得意地把袭击 SC7 与“长刀之夜”相提并论，那是 1934 年 6 月 30 日开始的纳粹党内部清洗。又一个这样的夜晚即将到来。

第二个恐怖之夜几乎同时发生，英国海军部得到的教训甚至更加惨痛。虽然 HX79 运输队损失的商船比例较低，只有 25%，而 SC7 达到 57%，但潜艇对 HX79 造成的损害更为惊人，这主要是因为其货物价值更高。HX79 运输队的 49 艘船只受到严密保护：其中 18 艘货轮装载着钢和铁，7 艘油轮运输的是石油和天然气，英国承担不起这么大的损失。因此，虽然运输队于 1940 年 10 月 8 日离开新斯科舍省的哈利法克斯后起初只得到 2 艘武装商船保护，不过这 2 艘武装商船 11 天后被 2 艘驱逐舰、1 艘扫雷艇、3 艘护卫舰和 3 艘反潜拖船所替代。然而，这些舰艇的存在并没有对其后的混乱产生明显的影响。1 年前击沉“皇家橡树号”的贡特尔·普里恩现在是德国的英雄艇长，他发现了这支运输队，就在克雷奇默屠杀 SC7 的那一刻，HX79 遭到 6 艘潜艇的攻击。一夜之间，普里恩的“狼群”给邓尼茨在这两天的战果中增添了 12 艘船只。毫无疑问，海军护航仅凭军舰数量无法占得上风：他们需要得到良好的指挥，需要训练有素，还需要进行密切协调，并且拥有连贯的行动计划。而当时这些要素全都严重缺失。

10 月 23 日，心力交瘁的 HX79 运输队幸存者抵达利物浦，发现了他们为英国政府和雇主的战备工作所做贡献的全部价值。照顾他们的责任主要由圣公会海员传道会和救世军等慈善组织承担，由于德国空军每个星期对伦敦发动 3 到 4 次轰炸，造成极大的破坏，这些组织的资源都已极度紧张。作为私营航运公司的员工，海员们被视为临时工。为了抚慰他们遭受的苦难，他们有权享受 14 天的休假和 30 英镑的一次性报酬；这些钱只够他们买替换衣服和其他个人用品，原来的东西都随着船只沉入了大海。一位无线电官怀着苦涩的心情说：“对于我们损失的钱财、照相机、收音机、眼镜……都没有补偿，不管怎么投诉，得到的回答都是，‘你们出海时带的东西不应该超过必需’。”[20] 这种回应不仅表明这些刚刚死里逃生的水手遇到了官僚主义的冷漠，而且忽视了这样一个事实，即这些贫穷的海员别无选择，不管去哪里都只能随身带着微薄的财产，因为他们没有其他住所。

很多商船船员不是英国公民，而是来自英帝国、亚洲（特别是中国）和南美洲的“志愿者”，对于讲究实际的战时内阁而言，他们的个人痛苦不是什么大事，他们操纵的船只的损失更为重要。HX79运输队总共失去12艘船只，其中载有大约3.748万吨石油和石油制品、1.17万吨钢、3000吨铁、1700吨铅和锌、8000吨粮食、1.94万吨木材及8333吨糖。这种损失是承受不起的；如果定期遇到这种打击，英国很快就会陷入绝望的边缘。战争爆发前，粮食和原材料的全部进口量为每年约6000万吨，其中不包括石油；到1940年12月底，进口量已经下降了10%，为5400万吨。这一趋势短期内没有任何扭转的迹象。“我们的进口存在着这样剧烈下滑的危险，我们将不得不把食品消耗量降低到不可能的低水平，”英国统计部门的一位成员唐纳德·麦克杜格尔（Donald MacDougall）回忆说，“如果进一步削减，会威胁到英国坚持战斗的能力……这一直是令人恐惧的。”[21]

“福克斯通号”（HMS Folkestone）护航舰遇到的一个事件反映出运输队面临的挑战有多么严重，这艘军舰护送一个由47艘船组成的运输队，于10月15日从利物浦出发穿越大西洋。17日凌晨，3艘货轮被鱼雷击沉。其中一艘是挪威不定期货轮

“多卡号”，其船长和船员急忙设法爬上几艘救生艇逃命。过了一会儿，U-93 号潜艇在他们旁边隐约出现。科斯（Korth）海军上尉首次以艇长的身份执行任务，他要求刚刚被击沉的商船报告身份。“多卡号”的船长佩德森（Pedersen）海军上校报给了他一个假名，此时“福克斯通号”正全速赶来。U-93 转头开始逃跑。佩德森向“福克斯通号”的舰长 C. F. H. 丘吉尔（C. F. H. Churchill）海军少校打着手势大喊道：“那里有潜艇——去找它，干掉它。”丘吉尔少校反应迅速，向潜艇发射了 5 发炮弹，其中最后一发击中了指挥塔。潜艇没入水中，丘吉尔少校显身手的时刻到了。潜艇在水下的最高速度为 8 节，只有“福克斯通号”的一半：它要听天由命了。

丘吉尔少校知道猎物就在附近，他下令向 U-93 消失的水域投掷深水炸弹。但潜艇设法躲开了。几分钟后，“福克斯通号”的潜艇探测器再次探测到了这艘潜艇，丘吉尔少校又命令用深水炸弹攻击。但他现在发现自己陷入了一个意想不到的困境，而且不知道解决办法。为了追踪 U-93 的声音，他必须缓慢地进攻，以免剧烈搅动海水或抑制住回声，他只有依靠潜艇的回声才能对其准确定位。他陷入了“第 22 条军规”式的矛盾之中。目标像鳗鱼一样扭转着逃跑，为了最大限度地提高命中概率，需要尽可能从潜艇的正上方投掷深水炸弹；但是，要让军舰在足够慢的速度下在这个位置投弹，他自己的船会面临被深水炸弹炸毁的风险。只有从目标上方快速通过，才能保证“福克斯通号”远离自己扔下的深水炸弹产生的冲击波，从而避免电子系统受到损坏，否则即使击沉了潜艇，驱逐舰也会瘫痪。丘吉尔少校沮丧到近乎绝望，放弃了追逐，后来他写道："我不知道怎么样才能更好地完成这个任务。"[22]事实上，他并不应该受到指责：有尴尬的证据表明，在技术竞争中，潜艇探测器并不像原来设想的那样是一种神奇武器。

从英国海军部的角度来看，这一趋势令人不安。1940年8月，潜艇击沉了56艘商船；9月份，这个数字上升到了59艘；10月份是63艘。绝大部分商船是在晚上遭遇袭击，鱼雷从水面上发射，而不是像海军部最初推测的那样从水下发射。在3个月的时间里，英国总共损失了178艘船，总排水量超过70万吨，这并没有达到邓尼茨设定的一个月60万吨的目标，不过情况已经非常严重，需要尽快采取更有效的反制措施。尽管如此，还没有什么对策会很快推出。一段时间以来，英国海军部高级官员已经提出了一系列可能的解决方案，其中包括：加速开发雷达（无线电探测和测距）系统，使之既强大又紧凑到足以装在飞机和战舰上；研制更复杂的无线电通信系统，现在它们仍然处于相对原始的演化阶段。然而到目前为止，由于在战争爆发前几年未能预见到潜艇威胁，这些潜在的游戏规则改变者都没有发展到对敌人构成严重威胁的程度。

对于大西洋生命线受到何种威胁，战时内阁一直反应迟钝。SC7和HX79惨遭宰割的前几天，国防委员会举行了一次例行会议，首相和继他之后担任海军大臣的A.V.亚历山大等同事甚至都没有讨论潜艇的威胁。他们在10月15日关注的是需不需要向中东和马耳他派遣增援部队（以抵抗意大利在上个月从利比亚对埃及发动的入侵），是否用“大规模轰炸”消灭“俾斯麦号”和“提尔皮茨号”。[23]然而，就在克雷奇默和他的同僚证明“狼群”能对英国的进口构成致命威胁数天之后，该委员会匆忙批准了英国海军部的建议。此外，他们一致同意，正如本土舰队司令福布斯海军元帅两个月前就敦促过的那样，要把更多的舰艇从东海岸调往南海岸保护大西洋运输队，哪怕削弱那些战线的海军反入侵预防措施也在所不惜。这是政府打算采取果断行动应对危机的第一个明确证据。

然而英国海军部发现，仍然很难让丘吉尔打消早先对猎杀小组的痴迷。尽管护航舰艇数量逐渐上升到平均每个运输队两艘，但它们仍然经常接到命令，要离开护送对象搜寻据报在远方水域发现的潜艇。唐纳德·麦金太尔海军上校在战争初期曾被派去从事太多这样毫无意义的狩猎行动，总是面对着“极其令人恼怒的空虚时光，运输队急需的护航舰艇在风暴肆虐的海域进行着毫无意义的搜寻，敌人已早早地潜入了广阔无垠的大海，没有任何希望能追上”。[24]

首相痴迷的另一个东西对大西洋海战造成了更加恶劣的影响。在10月15日的会议上，国防委员会还同意英国皇家空军应该“尽可能向德国投掷最多的炸弹”。[25]战时内阁的这一简单决定反映了一个不容置疑的假设，用斯坦利·鲍德温（Stanley Baldwin）8年前的话说就是，“轰炸机总是能突破”——虽然还没有公开支持那位前首相表达的信念，即“唯一的防御是进攻，这意味着如果你想拯救自己，必须要比敌人更快地杀死更多的妇女和儿童”。[26]但这一手段随后就会到来，采用的是对德国城市进行区域轰炸的形式。

然而，丘吉尔已经走上了那条道路。差不多3个月前，即7月份，他在考虑用某种方式遏制德国显然势不可当的扩张时，写信给比弗布鲁克（Beaverbrook，丘吉尔无条件信任他）勋爵*，断言“当我思考我们如何能够赢得这场战争时，我看到只有一条确定的道路……那就是从这个国家出发，用真正的重型轰炸机对纳粹本土进行绝对具有破坏性的灭绝式攻击。我们必须用这种方式才能压倒他们，除此之外别无他法”。[27]一个星期之后，空军参谋长兼轰炸机司令部司令查尔斯·波特尔（Charles Portal）空军中将利用了丘吉尔的执念，在空军内部争论时写道：

在我们的全部武器装备中，有一个直接进攻性武器，我们可以用这种武器削弱敌人的大部分士气，撼动他们对纳粹政权的信仰，同时用这样的炸弹，还能扰乱敌方重工业的主要部分，破坏他们很大一部分的石油生产。[28]

在这种语境下使用“士气”这个词，其含义可能会引起争议；但是，抛开上下文的歧义去看，我们很难反对历史学家约翰·特兰（John Terraine）的结论，即这个词暗示“要把男人、女人和孩子炸成碎片，既是威胁，也是现实”。[29]

---

* 比弗布鲁克作为飞机生产大臣，表现出旺盛的精力和创新精神，对丘吉尔很有吸引力。这位报业大亨是一个肆无忌惮的阿谀者，极其自私自利，野心勃勃，所以丘吉尔的妻子克莱米后来写信给她的丈夫，催促他“试着摆脱这种细菌”，却徒劳无功。相反，丘吉尔让他承担起更多的职责。

9月3日，丘吉尔在一份决定性的备忘录中详细阐述了这一话题，并将它分发到战时内阁的同僚面前。它的标题为“军火形势”，对三个兵种所面临的挑战进行了全面评估，开头就提出这样的明确主张：

海军能让我们输掉这场战争，但要打赢只能靠空军。因此，我们的终极努力必须是获得压倒性的制空权。战斗机是我们的救星，但只有轰炸机才是获胜的手段。因此，我们必须加强实力，向德国投掷越来越多的炸弹，以摧毁其全部工业和科研机构，敌人的战备和经济生活全赖于此。[30]

这种直觉没有客观依据，不过在英国最高统帅部内成为共识。但是，有人对此持怀疑态度，其中包括空军大臣阿奇博尔德·辛克莱（Archibald Sinclair）爵士，他认为“我们的小型轰炸机部队可以通过精确轰炸，给敌人的战备工作造成极大的打击，但无法通过轰炸平民来击败德国”。然而，辛克莱的自信心不太强，立场不够坚定。据历史学家马克斯·黑斯廷斯（Max Hastings）爵士说，他与首相的关系有时被描述为“学校里打杂的头儿”。 更重要的是，他的政治影响力很小。辛克莱没有把自己的疑虑表达出来，他欣然成为“英国皇家空军的政治代表，而不是其领导者”，也是波特尔和轰炸机司令部温顺的喉舌。[31]

丘吉尔的强力指导虽然尚未被正式奉为原则或战略，但还是对英国皇家海军在大西洋地区打击潜艇的艰难努力造成了破坏性影响。除了一些不适用于英国海军部的次要条件外，丘吉尔的要求很明确："因此，空军及其最大规模的行动必须……优先于海军或陆军。"[32] 当时这个指令没有受到挑战，但它的影响很快就使空军和海军发生了一场长期性的激烈冲突，以至于两年多以后，第二海务大臣威廉·惠特沃思海军上将还这样写道："随着战争的进行，与空军部的斗争变得越来越激烈。它比我们与德国佬的战争还要野蛮，这是非常令人失望的，而且是在白费力气。"[33] 这远不只是两个矛盾的部门争夺势力范围，它深入了反纳粹斗争的核心，它对反潜斗争和第二次世界大战进程造成的恶劣影响无论怎么强调都不过分。

丘吉尔的决定带来的直接影响，是德国海军的潜艇部队重获生机。1940 年 10 月，希特勒问邓尼茨，洛里昂和比斯开湾其他地方的潜艇基地是否需要保护，以免受到英国轰炸机的袭击。邓尼茨并没有浪费这个机会。几周之内，"真正庞大的任务"就开始推进了，这个任务就是他所描述的建造难以穿透的潜艇洞库。在接下来的几个月时间里，海防部队（英国皇家空军的海上部队）的侦察机监控着这个建造计划，拍摄了洛里昂的设施迅速扩张的照片。对于一个重要的建筑计划，其证据并不能完全依赖航空摄影。在邓尼茨启动该项目 6 个月后，U-100 于 3 月 17 日在大西洋中部被击沉，英国人对其幸存者进行了审讯，了解了他们的洛里昂大本营。他们除了描述自己的生活条件和德法亲善的管理规则——有一项法律规定"禁止与任何法国妇女发生性关系，那些获得认可的晚上 10 点关门的妓院例外"，还告诉审讯者，那个港口正被建造成"一个重要的防护所"。

为了实现这个计划，据他们说：

> 大量来自托特（Todt）建筑组织和NSKK（国家社会主义汽车军团）的工人……不分白天黑夜地工作……据一个比其他人更愿意提供情报和更可靠的俘虏称，德国人打算仿照黑尔戈兰岛（Heligoland）和其他德国港口建造混凝土掩体。在船坞中，有一个区域正在施工，建成后可供两艘潜艇同时使用。[34]

这个危险的动向本来足以令英国海军部和战时内阁感到警觉，让他们采取紧急措施。然而，除了 1941 年年初断断续续发动过一些空袭，轰炸机司令部没有接到调用对德国进行战略轰炸的远程飞机打击比斯开湾基地的命令。三心二意的袭击在 5 月份也中止了，理由是“他们已经取得了足够的成功，而且他们占用了过多的有效轰炸精力”。[35] 与拒绝为保护大西洋运输队分配足够的资源一样，这一决定同样缺乏远见，将对大西洋海战的进程产生重大影响。

到 1941 年秋天，快速发展的潜艇部队在洛里昂、圣纳泽尔（Saint-Nazaire）、布雷斯特（Brest）和拉帕利斯（La Pallice）都拥有基地，它们受到 16 英尺厚的混凝土工事保护，空袭无法穿透。这项工作没有遇到重大干扰就完成了——如此轻松甚至让邓尼茨海军上将感到困惑，否则他的吨位战即使不受到阻碍，也会出现危险。正如他所注意到的：“英国人没有趁这些洞库建造时发动空袭是一个巨大的错误……轰炸机司令部倾向于袭击德国的城镇。一旦潜艇进入混凝土洞库，一切就太晚了。”[36]

然而，早在这项工作完成之前，邓尼茨最为专注的吨位战已经结出了硕果。在克雷奇默和普里恩创新战术，对HX79和SC7造成致命打击而获胜之后，尽管他们的总司令感到高兴，但远没有满足；要想达到每月60万吨的目标，还有很长的路要走。在取得这些成功之后立即撰写的一份报告中，邓尼茨概述了自己的主要结论。他强调“由于船只集中于运输队”，需要“把潜艇集中起来”打击它们，他重申需要更多的潜艇，既能在攻击特定的运输队时取得更大的战果，又能猎杀更多的运输队；他强调说，当潜艇返回基地重新装载鱼雷时，逃脱的运输队太多了。毫无疑问，提到克雷奇默和普里恩时，他几乎像说题外话一般补充道：“但最重要的是指挥官的能力。”[37]

1940年10月，8艘潜艇“同时行动”，击沉了63艘商船，邓尼茨后来在提到英国遭受的这个“重大损失”时，一再沮丧地说：“我曾要求的不是8艘潜艇同时行动，而是100艘，要在英国航运战中取得决定性成果，必须有这么多潜艇……至关重要的是，我们应该尽可能快地将大批量潜艇真正投入（大西洋海战）。”[38]然而事实上，到当年年底，他最多能调用的只有30艘潜艇，因为精密的潜艇接受了大西洋海战的考验后，需要进行保养、维护和修理，每次能够出海的只有一小部分。

在这场战争中，十分讽刺的一点是，就像丘吉尔对空战念念不忘一样，希特勒同样对陆战非常着迷。虽然希特勒认识到海战很重要，却陷入“巴巴罗萨计划”无法自拔，这意味着除了偶尔的情况之外，他不能把精力集中到这方面的行动上来。如果他这样做了，那么大西洋海战肯定会朝不同的方向发展：要是德国能够成功绞杀横跨大西洋的生命动脉，不仅诺曼底登陆不可能实现，而且英国很早就会被迫俯首求和。但实际情况相反，希特勒容忍运输队逃脱陷阱，使盟军大量积聚优势兵力有了保证，因此能够登陆欧洲，最终迫使第三帝国屈膝投降。简而言之：哪一方能在大西洋上获取胜利，哪一方最终击败对手差不多就有了保证。

事实上，邓尼茨将不得不痛苦地看到，希特勒和德国最高统帅部“极其不幸地看不到”问题的实质，即“只有少数潜艇被派往大西洋，去打一场决定战争命运的战役”。[39] 丘吉尔也是如此。虽然他在战后公开表示，“战争期间唯一真正让我感到恐惧的是潜艇威胁”，[40] 但是对于英国在当时面临的“缓慢绞杀”威胁，这位首相既无意愿也没有采取措施来扭转这场预期要发生的灾难。尽管丘吉尔会突然感到后悔，但他当时依然把握不好相互矛盾的目标的优先顺序：大西洋海战只是目标之一，但肯定不是最重要的。

1940 年 11 月 10 日，内拉·拉斯特做了周日的午餐：“我今天做了白菜汤，还加了胡萝卜丝和一根韭葱。当我做第二道菜时，我丈夫说：‘喝了那道汤以后，我们不需要再吃太多菜了——不要忘记还在打仗。’我把这称为他的战斗口号。我揉着他的头发说：‘哎，吃你的午饭，不要担心。’”主菜是切成小块的半条兔腿，与炒鸡蛋拌在一起，夹在吐司里。第二天的午餐是剩下的另半条兔腿——“还不错，这些天只卖8便士”。[41] 到此时为止，糖和茶叶的配给量分别减少到每周8盎司*和2盎司，而杯子、餐具、水壶、钟表和婴儿车等“非必需品”的供应量急剧减少，以便为战时弹药的生产让路。4个星期之后，内拉·拉斯特记下了她在那个星期的杂货订单。卫生纸卷的价格从6便士涨到了11便士，她还指出，它们“比以前要小多了”。信封和棉花卷同样是价格上涨，尺寸和质量下降。她写道：“我预计，要过一个非常简朴的圣诞节。”[42]

潜艇让英国付出了代价，战争不断扩大也使其成本急速攀升，内拉·拉斯特经受的磨难就是一个缩影。财政部的金库中只剩下20亿美元，储备很快就会耗尽，丘吉尔后来指出：“即使我们把全部黄金和海外资产都甩卖出去，也不够支付订购货款的一半，而且战争结束遥遥无期，我们至少需要10倍于现在的资金。”[43] 但是，随着美国财政部表示极度怀疑英国面临破产的情况，他在1940年12月8日觉得有必要再次给罗斯福写信。后来他回忆说，这封信是“我曾经写过的最重要的信件之一”，这是一份雄辩的请愿书，要求在多个方面获得援助，不仅仅是应对“海运吨位持续下降”带来的“致命危险”。他在信中写道，海运萎缩可能会削弱“我们养活这个岛屿并进口各种所需弹药”的能力。他指出，英国航运在秋季遭受的损失“几乎比得上第一次世界大战中最惨痛的一年的总量”，他强调说：“整个战争的命运维系于1941年的航运和越洋运输能力，在大西洋尤其

---

* 1盎司（英制）= 0.028413升。——编者注

如此。”然后是首相自己的危机。他逼迫罗斯福把“每一吨超出自身需要的商船运输能力”都提供给英国，同时“要求得到重型轰炸机，这种武器最重要，我们依靠它来打击德国军事力量的基础”。更不用提“轻型武器、火炮和坦克”了，帝国正在扩充军队，需要这类装备。他也没有回避金融乱局：“你能越快越多地送给我们弹药和船只，我们的美元信贷消耗得就越迅速。”他坦白承认，并且详细说明已下的订单和谈判中的订单价值已经“超过大不列颠可以支配的外汇总量的很多倍”。

如果丘吉尔认为这样宣布英国即将破产是一种民族耻辱，那么他就会用他典型的虚张声势把它隐藏起来：

> 如果英国在这场斗争进入白热化的时候失去所有可以变卖的资产，那么，在我们挥洒自己的热血获得胜利，文明得以拯救，美国赢得了全面武装抵御一切不测的时间之后，我们就穷得只剩骨头了。我相信你会同意这在原则上是错误的，对双方都不利……总统先生，如果像我坚信的那样，你确信对美国人民和西半球来说，消灭纳粹或法西斯暴政是一个重大问题，你会认为这封信不是寻求援助，而是在陈述为了实现我们的共同目标需要做出的最低限度的行动。[44]

丘吉尔的表现极为出色，他指出了一个不断逼近的深渊，同时用语言掩盖了自己的觍颜冒昧，意在利用美国的国家利益和其总统对自由和民主的承诺。这个手段奏效了。

当丘吉尔的信件在第二天送来时，罗斯福总统正在加勒比海的游艇上度假。他没怎么和顾问讨论，而是独自进行了长时间的思考，显然认为丘吉尔的要求令人信服，不能再坐视不理。由于连任竞选成功，罗斯福史无前例地获得三连任，他的总统权威得到巩固，12 月 17 日，他邀请财政部部长亨利·摩根索（Henry Morgenthau）在白宫共进午餐。他指示说："你应该告诉英格兰［原文如此］：'我们会把你们需要的枪炮和船只给你们，条件是战争结束后，你们要把我们借给你们的枪炮和船只归还给我们。'"[45] 只用这一句话，罗斯福创造出一个简单却至关重要的计划，既让英国免于破产，又最终消灭了纳粹主义。在第二天的新闻发布会上，总统偶然想到一个民间比喻，用以试探美国公众对"租借计划"的态度：

假设我家邻居的房子着火了，我有一根花园里浇水用的四五百码长的软管，如果接到他家的消防栓上，我可以帮他把火扑灭。现在我该怎么办呢？在把软管借给他之前我不会说："邻居，这根花园软管是我花 15 美元买的；你要想用，必须给我 15 美元。"不！我们在办的是什么事情？我不想要 15 美元——我希望扑灭大火之后，拿回自己的软管。[46]

两周后，即 12 月 29 日，他在定期举办的炉边谈话中宣传这个计划。他机敏地警告国民说"前方有危险"，并表示"我们不能爬到床上用被子捂着自己的脑袋来躲避危险……如果英国失败了，我们所有美国人都要生活在枪口下……我们必须用自己能够掌握的一切能源和资源来生产武器和船只……"他这次讲话的结尾是令人难忘的宣言："我们必须成为民主的伟大武器库。"[47] 并非所有人都被说服了；民意调查显示，40% 的美国人依旧顽固，更关心的是远离战争，而非援助英国，这意味着国会绝不会视之为理所当然。出于这个原因，罗斯福竭力向孤立主义者保证："你可以……把任何派军队去欧洲的话判断为蓄意造谣。我们国家的政策不是走向战争，其唯一目的是让战争远离我们的国家和我们的人民。"[48] 罗斯福狡猾地承诺不直接卷入欧洲战争，或许也正因为这样，这次炉边谈话极具说服力。在那些读到或听到这次谈话的民众中，支持总统的比例达到 80%，这足以让他有信心指示财政部起草文件，把《租借法案》的原则和细节写进去。在接下来的几个星期里，他利用自己极高的天赋，将实际问题模糊化——这里骑个墙，那里兜个圈，这样改一下，那样补一下——在国会推动该法案，直到 1941 年 3 月 11 日，《租借法案》(正式名称为《促进美国国防的法案》)在众议院和参议院获得压倒性支持，签署生效。这次投票不仅是罗斯福的胜利，也是丘吉尔的胜利——难怪他开始津津乐道 12 月 8 日写的那封"最重要"的信件。两个人都知道大局已定：如今美国和英国的命运紧密交织在一起，战争的无情逻辑肯定会让这两个国家不可分割，即使法律上不是这样，事实上也是如此。

06

丘吉尔宣布“大西洋海战”

1940年冬天，大西洋上的风暴比每一个海员记忆中的都要残酷。成千上万人在军舰和货轮上日复一日地忍受着巨浪的冲击和狂风的抽打，宛如生活在炼狱之中。在这种情况下，更严重的威胁是天气，而非敌人。“哥萨克人号”驱逐舰在纳尔维克战役中英勇获胜之后，彼得·格雷顿海军上尉仍然在上面服役；在一个他所描述的“黑色早晨”，一股直冲上层甲板的海浪把他卷进大海，不过他出奇地幸运，下一波海浪又把他送回了军舰。他受了严重的擦伤，但没有骨折，于是立刻跑到舰桥向舰长报告这次不幸的遭遇，舰长像往常遇到紧急情况时一样，向他不自然地开玩笑，“严厉斥责他未经允许离舰”。格雷顿依靠别人的帮助爬到下面，因为受惊过度而瘫倒。

还有两名船员和他一起被海浪冲走，但他们不太幸运，遗体一直没有找到。正如格雷顿所说：“一旦离开船，几乎就没有机会生还。海水冰冷刺骨，船在危险海域掉转方向需要时间。这些大型驱逐舰此时不是乘风破浪，它们在巨浪中起伏时，背风侧的船舷似乎都要被海水淹没。大海的力量令人难以置信。”[1]

尽管在驱逐舰上服役要经受这样的磨难，但还是有独特的意义。它们神气、优美、快速、灵活、富有进攻性，它们是大型作战舰队的保镖；由于这个作用，它们经常承受更强大的敌舰发射的致命火力，因而容易受到损害，这让驱逐舰的船员们享受着英勇的声誉。护卫舰就不是这样，它们是大西洋里的丑小鸭，行动缓慢而笨拙。它们在波涛中迂回行进，没有劈风斩浪的能力，即使最坚强的水手也会晕船。护卫舰甲板下方的空间很小，很不舒适。湿漉漉的海水从舱口渗透进来，顺着放锚链的管道往下流，船员居住的地方潮湿且通风不良，导致船舱、衣服和被褥总是凝结着水珠。如果意志不坚定，遇到这种情况可能会产生反叛思想。然而，这些艰苦条件似乎产生了相反的效果，“花”级护卫舰有200多艘，它们在5年的战争时期里来来往往为商船运输队护航，每一名船员几乎都被激发出一种兄弟情。

对此的见证非常多：“好吧，我认为我们都经历过同样的事情。我们处于同样的危险之中……我们一同面对，没有人逃避，对吗？你干这一行，就必须坚持下去。”“在更大的船上，你会遇到更多乱七八糟的事情。但这是护卫舰的方式，非常特别。它是一个家庭，它有自己的方式。”“我认为‘花’级护卫舰的神奇之处在于它很小，我们的船员团队非常紧密，每个人都有着相同的经历、相同的感受……就像一个家庭。”[2]

水手丹尼斯·乔利（Dennis Jolley）入伍时在一艘巡防舰上服役，后来转调到“花”级护卫舰，他提到登上“番红花号”（HMS Crocus）护卫舰时发现的鲜明对比。

有一个家伙正在对我说话，我不知道他是谁。我对某个人说；“那是谁？”他说：“哦，他是吉米，海军上尉；除了舰长，他的军衔最高。”然后他过来找我说话，问我是谁，我来自哪里，我去过什么地方之类的话，态度很亲切。他没戴帽子，穿着短裤，衬衫没束到腰间。在“威河号”（Wye）上，要是不戴帽子，不允许上甲板，要是没有救生带，不允许上甲板……在“番红花号”上，他们从来不用担心这些，这是不一样的海军，完全不一样的海军。[3]

这种亲密显然没有导致轻侮；军官和士兵被迫接近，也没有对他们的级别和军衔等正式差别造成太大侵蚀。“在军官室和下层甲板之间有一道巨大的分界线，它没有受到破坏，”委任准尉约翰·亚瑟（John Arthur）回忆说，“上岸后，他们在社交方面没有接触，对此美国人不会理解，澳大利亚人肯定不会干，事实上你们在同一艘船上，但一个在军官室，一个住在舱甲板。”[4]

甲板下面空间狭小的问题在厨房区域特别严重。船上的冷藏设备只能为 75 名船员提供 3 天的新鲜肉类和蔬菜，面包 3 天就发霉了，船员们天天吃脱水和罐装的食品，以牛肉罐头和硬饼干作为主食。除了偶尔有朗姆酒喝，主要的饮料是“凯伊”（Kye），就是用含沙的可可块磨成粉，装进罐子或锅里，加上水烧开。“他们总是习惯说，你要是能把它烧到勺子插进去会立起来，那就可以喝了，”一等水手杰弗里·德拉蒙德（Geoffrey

Drummond）回忆说，“它的味道很苦，但它会粘在肚子里，真的很顶饿……我觉得在寒冷的夜晚，你真的需要这种东西。”[5]

天气恶劣的时候，甚至“凯伊”也不能抚慰船员们不得不忍受的痛苦。有时风极其猛烈，波涛如排山倒海一般，运输队在风暴中寸步难行；即使发动机处于全功率状态，船身的俯仰和摇摆也极其剧烈，商船的螺旋桨频频在充满泡沫的海水中工作，宛如打在空气中，无法推动船前进。巨浪冲击到前甲板上后，支撑防护栏的铁柱像被巨锤敲打过，虽然它有 1 英寸粗，但也被折弯了 90 度。救生艇被冲得散了架，就像火柴棍一般。焊接或用螺栓固定在甲板上的箱子和储物柜被撕扯下来飞入大海。新兵西里尔·斯蒂芬斯（Cyril Stephens）回忆起常见的一个现象：“这是非常非常可怕的，因为船体翻滚摇摆，你会觉得它永远也浮不起来了。那种感觉太可怕了，太可怕了。”[6]海面结冰的时候更糟糕。在零度以下的天气中，海水几乎会把所有暴露在外面的上层建筑都冻住，包括甲板、扶手和炮台等。当出现这种情况时，即使是坚固的护卫舰也会突然变得头重脚轻。为了避免倾覆，要派遣船员们不分白天黑夜地去铲冰，以减轻重量；如果在没戴手套的时候不小心触摸到裸露的金属，手掌上的皮肤都会被撕下来。

战争的大部分时间里，小说家尼古拉斯·蒙萨拉特都在一艘护卫舰上担任军官，后来他写出很多生动的描述，从而名声大噪，其中一个叙述是意识流式的，记录了一次在大西洋风暴中遇到的“长长的噩梦”：

500 英里，6 天时间，狂风怒号，无尽翻腾的海水、冰雹和暴风雪，寒冷彻骨的恶劣天气，让我们寸步难行。什么都没有用：头盔、手套、粗呢外套、水手靴和长袜——都像纸巾一样。“冷吗？”通信兵说着，把手从莫尔斯信号灯上收回来，手柄粘掉了一块皮肤。“冷吗？我觉得这天气能冻掉铜猴子的耳朵。”……冰冷的海水见缝就钻——脖子、手腕、裤腿和靴子：人们站在那里，像个湿透的机器人，每一波大浪飞溅过罗盘室的时候，都得赶快躲到围栏后面，然后再站起来迎接风雨和大海的背叛，眼睛流着泪，忍受着疼痛和盐水的浸渍。

恶劣天气是一种永恒的折磨，恣意残暴，似乎让蒙萨拉特产生了一种既愤怒又怨恨，并和惊愕交织在一起的情绪，这使他拥有了在其他海员身上不太多见的语言能力。经受了极其严苛的环境考验，他们展现出的斯多葛式坚忍或许不太引人注目，但其英勇程度与战斗在北非沙漠、婆罗洲丛林或俄罗斯荒野的军人相比毫不逊色。蒙萨拉特用精彩的文字回忆那时的情景：

除了产生噪声，海浪起伏还有一种令人抓狂的节奏，这是恶劣天气的次要折磨之一。它永远不会停止或错过一个节拍，在什么地方你都躲不开它。如果你经过一个门口，它会狠狠打击你；如果你坐下来，你会摔倒；你受了伤，不断遭到打击，这会带来极端而幼稚的愤怒。当你喝东西的时候，液体会朝着你涌过来，泼到你身上；在吃饭时，食物会从你的盘子里溢出来，餐具到处乱跑。各种东西在疯狂地翻来滚去，砰砰作响，然后又转回来再次打到你。狂风不是呼啸，而是对着你号叫，撕扯你的衣服，让你寸步难行，让你喘不过气来……有时候，遇到最强烈的狂风，你可能会在这种狂暴的天气中遭受好多天的折磨。在这个过程中你无法忘怀的是，航行 24 小时也走不了多远。[7]

狂风带来的唯一安慰就是知道潜艇在这种环境下发射鱼雷，几乎没有击中目标的可能。德国海军的潜艇兵在水面下经受的痛苦丝毫不亚于他们的敌人：同样狭窄的空间，连站的空间都不够，没有人能舒舒服服地坐着；空气陈腐，脏衣服和未洗过澡的肉体酸味与排不出去的柴油烟雾的恶臭混合在一起；而且吃不到新鲜食物，只有用蔬菜和水果罐头想办法搭配熏制香肠（而不是牛排）和饼干。遇到恶劣天气时，潜艇在水面上航行的糟糕体验就和护卫舰一样。彼得·克雷默（Peter Cremer）是为数不多幸存下来的潜艇指挥官之一，他描述了自己在 1 月的风暴中的经历，当时他指挥着 U-333。他遭受的磨难显然和蒙萨拉特非常相似：

目力所及，只有山川般翻滚的浪涛，浪尖上是一条条的泡沫，就像大理石的纹理一样。在水面上，潜艇完全是顺着大浪往上爬，一直到浪尖上，停留一会儿，艇艉悬在半空中，再冲向接踵而至的浪底。当艇艏被淹没时，艇艉的螺旋桨似乎还在空中旋转……大海从前方撞向指挥塔，激起高高的浪花，从后面冲进敞开的舰桥屏障，让我们透不过气，为了防止沉没，我们不得不把指挥塔的舱口关上一会儿。[8]

海水猛烈冲击着U-333的甲板，“就像雪崩一样”，他感觉自己和手下艇员好像在“骰子杯”里“旋转”；任何有用的工作都不可能做，也没有办法做饭，更不可能在吊床上睡觉，因为它“摇来晃去，就像洗衣机在甩干”。有一次，尽管风暴令人无法集中精力，但克雷默还是设法侦察到距离一艘油轮只有3000米远。在更为平静的气象条件下，这将是一个容易猎杀的目标。但在10级风力的推动下，油轮一会儿在“排山大浪”的顶部逡巡不前，一会儿又“消失在浪涛底部”。发动攻击是不可能的。虽然克雷默努力跟踪着猎物，希望天气会转好一点，但他很快就找不到那艘船的踪迹，让它在夜幕中逃走了。第二天和第三天又发生了同样的事情。当条件变得“无法忍受”时，克雷默命令全体人员进入下潜岗位。疯狂打转的U-333缓和下来，但是海洋深处也动荡不安，唯一能够彻底躲开“骰子杯”折磨的方法就是下潜到水下至少50米。在这个深度，U-333的状态非常平静。“厨师做了一桌子美味炖菜，大家都坐了下来。吃饭，睡觉，什么都听不到，什么都看不见。”[9]当暴风雨减弱之后，狩猎和杀戮再次开始。

天气并没有完全打乱吨位战。在1940年的最后3个月，267艘英国、盟国和中立国船只沉入海底，总吨位略微超过110万吨；1941年的前3个月时间里，损失了314艘船只，总吨位可能超过120万吨。绝大多数船只都是被潜艇击沉的。这种损失速度开始在英国各地的城镇中体现出来。随着食品进口量降低到战前水平的2/3，自由撰稿人玛吉·乔伊·布伦特（Maggie Joy Blunt）指出：

我们没有挨饿，我们甚至连营养不良也没有，但是，我们那些通常存货丰富的食品店空了，气氛令人焦虑。奶酪、鸡蛋、洋葱、橙子、高档水果和蔬菜实际上已经买不到了……家庭主妇不得不排队购买必需的食品……价格上涨……前景确实极其严峻。[10]

两个星期之后，内拉·拉斯特写道：

人们都在相互厮杀，相互攻击对方的船只，庄稼没有人播种，男人都去当兵而不是种植粮食，所以到处都缺少劳动力——世上过多久会出现饥荒？……现在，当我和丈夫在收音机里听到坏消息时，我们只是对视一下，不大谈论它了。[11]

次月，她去了当地的市场，在那里发现“摊位都关闭了……我满怀着悲伤在那里徘徊。我喜欢那个市场和那里曾经的欢乐气氛……现在面孔铁青的女人们推推搡搡地排着队——哪个队伍能买到东西，就急忙往哪边跑”。[12]

从4月底到5月初的两个星期时间里，德国空军瞄准了巴罗因弗内斯，炸死了83名公民，破坏或摧毁了1万间房屋。内拉·拉斯特没有躲过这一轮袭击。她在5月4日写道：

这是一个恐怖之夜，燃烧弹和炸弹被投掷下来，所幸家里有防空洞，我们畏畏缩缩地躲在里面……当我看着我那可爱的小房子再也不是原来的样子时，心里非常难受。窗户几乎全都破了，金属窗框七扭八拐，天花板掉了下来，墙壁也开裂了……房子摇摇欲坠，小厨房的门猛地飞进了大厅。[13]

第二天，为了振作精神，她出去购物，却发现城里买不到肉。对于一个饭菜中没有牛肉、羊肉、鸡肉或猪肉就根本不算吃饭的民族来说，1940 年 3 月被告知肉类实行配给令人感到特别沮丧。英国的食品多半依赖进口，储备库存持续下降；到 1941 年 1 月，储备物资几乎耗尽。食品部的对策是反复削减每周配给量，到了 1941 年春天，肉贩已经经常无肉可卖。内拉·拉斯特的房子被毁 3 天后，她能够买到“一块小牛软骨，上面的肉足够做一小碗炖肉，还有一根羊腿骨的头部，能烧一锅汤——全部加起来是 2 先令”。[14]

对于这些物资短缺以及由此可能对公众士气产生的影响，丘吉尔非常敏感，但他并没有陷入绝望。实际情况恰恰相反，在艰难困苦的时期，他时常怀着一厢情愿的想法，在这种精神的影响下，他创造了一个与当时相配的新词语，并且第一次用它发布了一项“绝密”的大西洋海战命令。1941 年 3 月 6 日，他指示他的白厅同事和高级官员说：“在接下来的 4 个月时间里，我们应该能够粉碎企图切断我们的食物供应以及与美国联系的行动。”他下令对德国潜艇部队进行大力反击，指示在海上“猎杀”潜艇，对造船厂和停靠在船坞中的潜艇进行空袭，英国海军部优先得到所有短程高射炮，它们能提供“持续性火力”。

但是，大后方也必须参与这场战斗。由于英国商船的损失速度超过了造船厂的补充速度，该命令强调了简化和加速维修受损船只的重要性。另外还加派4万名工人，以加快“船只在英国港口中掉头时可怕的缓慢速度”，而交通部则“确保”“码头不出现拥堵”。[15] 但这些事情说起来容易做起来难。

商船出现严重短缺，很大程度上是首相本人的责任。在海军大臣任上，他曾促成苏格兰航运巨头詹姆斯·利斯高（James Lithgow）爵士出任商船建造和维修总监，其任务是为该行业制定战时政策。利斯高在航运业颇有建树。此前10年时间里，作为“全国造船业主担保机构”（NSS）主席，他把英国的造船能力削减了1/3，取消了数万个工作岗位，从而长期受到造船工会的敌视。在这个过程中，他开始对工会感到厌恶，那些领取救济的人发现自己的悲惨遭遇主要源自他的决定，因而同样对他愤恨不已。这种状况在那段时期受到了无情的责难，英国最大的造船业工会“造船和工程联合会”（CSEU）在1942年发布了一份官方调查报告，抨击利斯高领导的NSS，用一位高级官员的话说，雇主毁掉了“终生服务的工人的生活……在执行政策时，他们无视国家的需要，有意降低了这个行业的生产能力，无论是在和平时期还是战争时期”。[16]

利斯高虽然有了新的战时角色，却一点也没有弥补这种损害。相反，他精心制定出一项反映其同侪的狭隘利益的政策。在英国海军部官僚的支持下，他反对全面扩大生产，反对设计零件的标准化，反对集中控制；而是支持一种轻度监管的制度，能够使各个造船业主轻易实现利润最大化，同时削减工会的权力，有效降低雇主受到的压力。劳工部的一位官员指出，通过这种方式，雇主那“看不见的手”使这个行业遭遇可悲的失败，难以扩大产能，满足不了持续恶化的商船短缺问题。[17]

因为熟练劳动力严重短缺，利斯高应对危机的愚蠢方法带来更加严重的后果。丘吉尔要求征召 4 万名工人，但只能停留在口头上。航运业在 30 年代因为大萧条而崩溃，致使青壮劳工进入其他产业。此外，学徒计划受到限制，而很多失业者要么不愿意返回造船厂，要么不再有能力重操旧业。尽管欧内斯特·贝文（Ernest Bevin）在 1940 年 5 月被丘吉尔任命为劳工大臣之后，努力推动雇主与工会实现和解（他后来成为运输和普通工人联合会领导人，拥有强大的影响力），但双方依然在激烈地争吵。

双方的态度变得更加强硬，所以在 1942 年年初，一位政府官员菲利普·诺埃尔－贝克（Philip Noel-Baker）收到消息说：

> 利斯高阻碍了苏格兰西部造船厂的生产。无论是对还是错，他在那里被称为“苏格兰国王”……克莱德河畔的航运业在过去 15 年中遭遇的全部失业和艰难岁月，原因都归结到他身上。人们对他的不信任极深，似乎只要在利斯高和希特勒之间还有其他选择，就不可能有热情从事战备工作。[18]

正如历史学家凯文·史密斯（Kevin Smith）所指出的，虽然造船厂中只有极少数人“吊儿郎当，人浮于事，浪费材料，并在晚餐和下班前提前30分钟就收工”，但这种不信任感已深植于心。与诺埃尔－贝克通信的一位海军部工作人员注意到：

工人们觉得经过多年的向往之后，这是他们的收获；战争持续的时间越长对他们越有利，战争结束后他们将回归贫困和伤痛。战争结束是一场大灾难，因为繁荣也将走到尽头……要求他们更加努力，就是让他们走向毁灭。[19]

作为在大西洋上执行护航任务的海军军官，尼古拉斯·蒙萨拉特目睹这种矛盾后感到骇然，但并没有像造船厂业主那样责怪工人：

在这些罢工者中，很多人在战前的很长时间里被人当成尘灰：几乎就是尘灰——他们被人从路上铲走倒掉，深陷在被炒鱿鱼和找不到工作的矿渣堆里。他们从这样的经历中学不到爱国之情……现在他们有了权力，几乎是最重要的权力，并以此来算总账。这不是爱国主义（使他们陷入贫困的那种制度同样不是爱国主义），甚至不符合常识，但它确实符合人性。[20]

为了与船厂和码头的疏远与冷漠进行斗争，贝文大力进行爱国主义宣传，希望能使工人们相信，他们正在为国民的生存而尽力，而不仅仅是为他们的老板们服务。有一张海报描绘的是一名戴着钢盔的持枪军人敦促一名利物浦码头工人推一个木箱，“老伙计，把它推走吧！这是战备工作——我们要用那个地方存放弹药！”海报底部还有一条标语，引用贝文的话强调说：“我们必须有输出。”[21] 尽管有这样的努力，而且绝大多数在坎梅尔·莱尔德、哈兰德、沃尔夫公司和格雷森·罗洛等公司工作的人愿意履行雇佣合同，但事实证明，不管是把掉头速度缩短到极致，还是以超过遭敌破坏或击沉的速度生产新商船，都不可能遏止航运能力的下降。德国空军对默西塞德郡的轰炸导致约 4000 人丧生，1 万所房屋遭到破坏，更加剧了这一问题。但由于航运业贸然实施的合理化改革，以及愚钝的业主和怨气冲天的工人之间深刻而持久的敌对，危机恶化的种子早在战前就播下了。

在大西洋上遭受的损失继续无情地累积着。1941 年 2 月，航运能力降低了 40 万吨；3 月份，这个数字超过 50 万吨；到 4 月份，则接近 70 万吨。这些数字令人不安，以至于丘吉尔命令新闻大臣达夫·库珀停止发布每周船只沉没情况：

> 当媒体问为什么本周的数据没有出来时，回答是这些数字会按月而非按周发布。若有评论说我们害怕按周发布，因为，正如你所说，我们“希望掩盖我们最近损失的航运量”，回答应该是：“嗯，这就是我们无论如何都要做的。”

他意识到这种程度的审查会激起负面的猜测，于是冷淡地补充说：“不久的将来，我们还会遇到更糟糕的事情。”[22]

德国潜艇在大西洋构成致命威胁，巨大的压力严重影响到首相和英国海军部的关系，丘吉尔与继任海军大臣的 A.V. 亚历山大关系尤其紧张。最能说明问题的例证是，丘吉尔持续不断地努力寻求白宫的支持。他在 3 月份写道："我们必须在 1942 年向美国寻求造船方面的援助。"[23] 罗斯福的《租借法案》在国会获得胜利数周之后，当美国总统承诺把 10 艘海岸警卫队舰艇从不情愿的美国海军那里征调过来，援助英国皇家海军时，他感到如释重负。然而，英国海军部对这一提议的反应并不是欣喜若狂。亚历山大比丘吉尔更为小心谨慎，对罗斯福的礼物价值有所怀疑，于是给驻华盛顿的英国海军武官发电报说："这些舰艇是由美国人操作还是由我们自己操作？……另外请确认舰艇是新式的 20 节速度还是旧式的 16 节速度。比较新的型号会有相当大的价值。"[24] 没有什么能比这个愚钝的电报更能惹恼丘吉尔了。这 10 艘海岸警卫队的快艇必须要由英国船员驾驶穿越大西洋，每一艘需要大约 100 名船员，对于这个消息，海军部同样出现吹毛求疵的反应。海军的官僚们没有对美国的慷慨表示欢迎，也没有设法答谢，他们只是抱怨说，没有人手来完成这项任务。

与之相比，丘吉尔正感到极为高兴，因为美国总统已经给他寄来了一封私人信件，确定了这一安排。4 月 5 日，英国首相立刻写信给海军大臣和第一海务大臣："向我保证所有人都在以最快的速度进行训练，以便操纵这些船只。"[25] 他们两人恰恰都无法做出这样的保证。庞德起草了一份给首相的答复，海军大臣只是以自己的名义送出去，其中除了解释其他方面的问题，还表示被指派操纵美国舰艇的海军士兵已经在战列舰上服役4年，没有得到休整，很快还需要到新的“约克公爵号”上服役。他写道：“必须考虑福利方面的问题，他们要求在英格兰休假，如果有可能，在他们回家探亲之前，不要立即让他们执行护航任务。”[26]

丘吉尔的回应近乎愤恨：

太不幸了，我很遗憾地听到这些延误。考虑到大西洋海战的重要性，我很惊讶海军部对其职责如此满不在乎……请记住，我们的商船海员就要被淹死，他们的船在此期间被击沉。我完全不赞同这类提议。[27]

庞德对首相的诋毁感到不满，他向亚历山大表达了自己的看法，语气同样很激烈：

首相提到休假问题。我认为应该向他指出，从战争爆发的第一天起，海军一直在一定程度的压力下工作，以前没有哪支海军遇到过这样的情况，其他兵种遇到的所有的问题都不能与海军相提并论。当人们在如此大的压力下工作时，应当体谅他们，而且只有海军部才能判断什么是必要的体谅。[28]

亚历山大决定不把庞德的反应提交给首相；事实上，他注意到丘吉尔当时“脾气相当暴躁，而且并没有明确要求什么答案”，因此没有进行答复。[29]在当时的情况下，这是一个明智的决定。

罗斯福总统非常明白，大西洋生命线不仅对英国至关重要，而且对美国的安全也不可或缺。在5月3日致丘吉尔的电报中，他写道："我相信这场斗争的结果将由大西洋决定，除非希特勒能在那里获胜，否则他最终无法在世界任何地方立足。"[30]这个毫不含糊的声明不仅反映了他自己的直觉，而且是他与最资深顾问进行深入讨论后的成果。到1941年1月，海军部部长弗兰克·诺克斯（Frank Knox）、陆军部参谋长乔治·马歇尔将军、陆军部部长亨利·史汀生（Henry Stimson）和海军作战部长哈罗德·斯塔克（Harold Stark）海军上将达成了一项最重要的战略共识。尽管日本大举扩张，对美国在太平洋地区的利益构成了日益严重的威胁，但他们认为，保卫英国应该成为美国压倒一切的优先任务。在1月17日的一次会议上，罗斯福认同他们的判断，但他顾忌公众舆论，拒绝考虑对德国采取直接军事行动，虽然这些军方领袖都在敦促他。尽管如此，他不仅承认维护英国补给线符合美国的重要利益，而且命令美国海军制订计划，为穿越大西洋驶往英国的商船运输队提供武装护航。为此，起初他授权斯塔克把3艘战列舰、1艘航空母舰、4艘巡洋舰和其他一些小型舰艇从美国太平洋舰队调过来。然而，后来他退缩了，因为就像他对记者所说的，担心这样的举动会让美国"非常接近战争……（这是）我们最不愿意干的事情"。[31]民意调查仍然是最让他受制约的因素：绝大多数选民反对为商船护航的原则，哪怕德国潜艇击沉为非武装商船护航的美国军舰，他们——比例达到40%至50%——还是反对与第三帝国开战。为了避免重新唤醒这个利维坦和招致国会议员的强烈反弹，罗斯福采用了灵活的处理方式，但同样决定性地实现了目标，只是手段在表面上更为谨慎。

4 月 10 日，罗斯福告诉他的军事顾问说，他打算单方面把大西洋海域的美国安全区扩展到西经 25 度，这是一条看不见的南北向经线，距离美国海岸约 2600 英里，从北部的格陵兰岛延伸到南方的亚速尔群岛。在这片广袤的海洋中，美国的空中和海上巡逻队将负责监视敌对飞机和舰船的行动，并将其行动报给英国皇家海军，运输队可以据此采取规避行动。罗斯福在第二天向英国首相概述他的计划时写道："我们打算对通知运输队的行动高度保密，这样的话，我们的巡逻队就能够发现在新安全线以西活动的侵略国的所有船只或飞机……当我们在巡逻区确定侵略国船只或飞机的位置后，我们将立即通知你。"[32] 从丘吉尔的角度来看，这是一个重大突破，有力地表明美国总统准备将美国轻轻推向与德国发生公开冲突。因此，他怀着"最大的宽慰"，感谢美国总统透露的"极为重要的信息"。[33] 虽然希特勒已经指示德国海军避免与美国军舰发生任何对抗，但是人人都知道无意中擦枪走火的可能性是不言而喻的。

就在大西洋棋盘上开展这些关键行动的同时，1941 年的最初几个月出现的紧张忙碌的跨大西洋外交活动，把丘吉尔的大西洋海战置于更为广阔的背景之中。从 1 月底到 3 月底之间的 8 个星期里，英国和美国官员在华盛顿举行会议，试图敲定一个在基本上属于欧洲的战争中美英结盟对抗德国的优先事项框架。这个代号为 ABC-1 的谈判曲折而复杂，但到 3 月底已经定出一项计划，它将塑造未来数年同盟国政策的轮廓。在这些谈判的初期，海军上将哈罗德·斯塔克曾经给诺克斯发了一个备忘录，将美国的主要国家目标定义为："防止大英帝国崩溃，一切都是为了这个最终目的。"为此，他颇具先见之明地预言，最终有必要"向欧洲或非洲或者同时向这两个地方派遣大批空中和陆上部队"。[34]

虽然 ABC-1 协议中没有表现出这种预感，但该文件的核心是欧洲和大西洋应该被确定为战争的决定性战场，即使美国和日本发生战争也是如此。言外之意，该文件也支持丘吉尔本人对大英帝国以及中东、北非、地中海和远东地区的承诺。1941 年 12 月之后，尽管这一战略思想在美国政府内部面临极大的压力，但罗斯福本人从未背弃他和丘吉尔共同持有的信念，即应该先击败希特勒的德国和墨索里尼的意大利，再集中兵力对付裕仁的日本。

除了在大洋彼岸采取这些外交行动之外，丘吉尔在 1941 年上半年忙于处理一连串的挫折：德国的非洲军团在埃尔温·隆美尔（Erwin Rommel）将军的指挥下，2 月份抵达北非，致使韦弗尔（Wavell）的军队遭到"灾难性"溃败；[35] 德国国防军迅速向南穿越欧洲，占领罗马尼亚，进入南斯拉夫，并于 4 月份在雅典升起了纳粹的卐字旗——这样的局面迫使英国远征军逃离该国；克里特岛失守（判断失误的希腊行动失败后，英国幸存者被迫撤离到那里）；为了让土耳其维持中立，进行了紧急外交努力，土耳其能否保持中立，直接影响到英国在伊朗、波斯湾和中东地区的利益，更不用说中东地区自身的安全了。在这些饱受煎熬的日子中，来自帝国前线唯一的好消息是2月份在东非、埃塞俄比亚和厄立特里亚（印度军队在中东司令部指挥下，进行了极其勇敢的战斗）击败了意大利。取得这一罕见胜利后，罗斯福得以将红海从作战区域列表中移除，那里不再是美国船只的禁区，于是美国人能够运送租借的军用物资穿过大西洋，绕过开普敦进入印度洋，然后来到苏伊士，给韦弗尔的中东司令部指挥的军队提供补给。然而，与多方面的失败相比，这场胜利只是一个小小的安慰。

毫不夸张地说，伦敦和华盛顿在此期间普遍存在不祥预感。罗斯福的特使和《租借法案》协调员埃夫里尔·哈里曼（Averell Harriman）从伦敦写信给总统最亲密的心腹哈里·霍普金斯（Harry Hopkins），几乎绝望地说："好像生活在一场噩梦中，灾难一直悬在每个人的头上。我不期待会有什么让我们感到高兴的战争新闻。"在与丘吉尔一起访问被炸毁的城市朴次茅斯之后，他补充道："破坏极其严重（我认为细节最好省略），但人民表现非凡……而如果不能一直对胜利保持信心，他们能坚持多久呢？"[36] 5月2日，在接到各个前线传来的不利消息之后，丘吉尔的私人秘书描述了丘吉尔和哈里曼在夜间的谈话，注意到"首相的糟糕状态是我从来没有见过的……他概述了一个欧洲、亚洲和非洲被希特勒主宰的世界，让美国和我们别无选择，只能接受迫不得已的和平"。[37] 当丘吉尔认真思考"战争的持续动荡"时，发现想不起来"有哪一段时间能像1941年上半年那样，压力和爆发出来的诸多问题同时或者接连不断地直接降临到我和我的同事身上"。[38]

随着英国大西洋生命线的日益吃紧，陷入困境的英国海军部也和丘吉尔一样焦虑，尽管其关注的焦点少一些。阴郁的气氛四处弥漫，偶尔才传来一个好消息。1941 年 3 月，海军部确定德国 3 艘最著名的王牌潜艇已经无法参加战斗，引起了一阵喜悦和一定程度的宽慰。4 个月前，贡特尔·普里恩、约阿希姆·施普克和奥托·克雷奇默在离洛里昂数英里的一家餐馆吃晚饭，庆祝克雷奇默除了铁十字勋章增加 5 片橡树叶外，刚刚还由希特勒亲自授予了德国武装部队的最高英勇奖项。在 9 月份袭击 HX72 运输队的行动中，他发挥了巨大作用（当时的 43 艘船中有 11 艘被他击沉），之后他在 11 月又击沉了 3 艘英国商船改装巡洋舰和更多的商船。回到洛里昂后，他被传召到柏林的总理府，希特勒在那里对他大加赞扬，颁发给他闪亮的奖章，然后以最高的礼遇邀请他和自己坐在一起，讨论潜艇行动的进展。克雷奇默抓住时机，表达了邓尼茨面临的困难，不仅要求获得更多的潜艇——目前有行动能力的只有 24 艘，而且还需要空中侦察的配合。希特勒点头同意，从座位上站起来说："谢谢你，指挥官。你的坦率令人钦佩，我会尽全力帮助你和你的同事。"[39]

当克雷奇默正在充分利用与元首见面的机会时，邓尼茨也向海军高层施加类似的压力，强烈要求把部署的侦察机直接配属给潜艇司令部指挥。几天之后，他会见雷德尔海军元帅，随后又见了国防军的作战行动负责人阿尔弗雷德·约德尔（Alfred Jodl）将军，在这两次会面中都提出这个问题。他的话显然令人信服，因为希特勒在 1 月 7 日下令把一组侦察机从德国空军转调给潜艇司令部——也许元首还没有忘记克雷奇默的话。邓尼茨非常高兴，他在作战日志中指出："这个命令是一大进步。"[40]作为德国空军司令，戈林对希特勒没有征询他的意见就做出这样的决定感到愤怒。这位帝国元帅邀请邓尼茨和他一起乘坐自己的个人专列。这位潜艇司令以前没有见过戈林，他说戈林"竭尽全力说服我同意取消元首的命令，但我拒绝这样做。然后他邀请我留下来吃晚饭，但我拒绝了这个邀请，我们分道扬镳，友情走到了尽头"。[41]事实证明，希特勒的命令不如邓尼茨所期望的那样进展顺利，但它标志着这位潜艇部队司令的个人胜利，对此戈林不会轻易原谅。

在洛里昂附近的庆祝晚宴上，施普克是三个人中最活跃的，他建议赌一把。这三位王牌艇长都相信他们每个人的战绩超过20万吨——尽管事实上只有克雷奇默超过了这个总数——而且这三个极为不同的人之间有着不言而喻的竞争。普里恩因为在斯卡帕湾击沉"皇家橡树号"而声名鹊起，据邓尼茨说，他是"一个伟大的人物，充满热情、活力和生活趣味"，邓尼茨对他怀有"浓厚的感情和尊重"，施普克是"一个真正的推进者"，但克雷奇默的"功绩是独一无二的"。[42]这位第二次世界大战中最成功的潜艇指挥官与另两个人一样，无所畏惧，他不像施普克那样魅力非凡和精力充沛，不像普里恩那样趾高气扬（更不用提普里恩那尖刻的话语和火爆的脾气了），却能激发出毫无疑义的忠诚。据他的传记作家说，他指挥潜艇时"要求纪律严格，然而作为艇长，每一名艇员都可以放心地向他吐露自己的烦心事"。[43]晚餐结束后，他们喝葡萄酒，然后又是咖啡和白兰地，据说此时施普克表示："我们打赌谁能首先突破25万吨。如果你们哪个人胜过我，我们的香槟酒由我包了。如果我赢了，那么你会看到我用适当的方式喝酒吃饭。赌一把？”[44] 另外两人表示赞同。

2 月 19 日，普里恩指挥 U-47 离开洛里昂，紧接着是克雷奇默和施普克。2 月 25 日，普里恩在北大西洋发现一个护航运输队，包括 39 艘商船和 7 艘军舰。他向洛里昂的潜艇司令部发报说："在西方航线发现敌方运输队，速度估计 7 节。敌方有空中巡逻队，我已撤离。"[45] 这是一支"外向"运输队，代号为 OB290，目的地是哈利法克斯。午夜过后不久，普里恩发动袭击，击沉 3 艘船，击伤 1 艘。在重新装填鱼雷的时候，他仍然跟踪着这个运输队，第 40 飞行大队（从德国空军转调给潜艇部门）的 3 架"秃鹰"轰炸机注意到他发出的信号，当天晚些时候他们又炸沉了另外 7 艘敌方货轮。

两天后，普里恩和 U-99 的克雷奇默偶然来到普里恩曾经发送信号的位置附近。他们用旗语进行交流，克雷奇默告诉普里恩，施普克的 U-100 紧随在后面。然后，两个王牌艇长出动，搜寻依然隐藏在雾中的运输队。突然，浓雾散去，海面上不仅出现了运输队，2 艘驱逐舰也显露出来，其中一艘立即转头朝他们驶了过来。U-47 和 U-99 立刻潜入水中，设法安全逃脱。此时风力上升到 8 级，海况极为恶劣，不值得发射鱼雷，因为击中目标的机会太低；3 艘潜艇勉强努力跟随着运输队，交替着保持接触，最终被彻底甩掉。

3 月 6 日，普里恩看到另一支运输队向西行驶。这是 OB293 运输队，它的 37 艘船得到 2 艘护卫舰和"狼獾号"（HMS

Wolverine)、“真理号”(HMS Verity)2艘驱逐舰护航。次日凌晨，4艘潜艇发动攻击，领头的是普里恩的U-47和克雷奇默的U-99。克雷奇默使用了已经取得极大战果的战术，突入运输队中间，迅速在他的计分簿上加了2个成果。另一艘商船被U-70击沉。但是这一次护航舰艇反应迅速，两艘护卫舰“山茶号”(HMS Camellia)和“野草莓号”(HMS Arbutus)向潜艇冲过来，迫使其艇长约阿希姆·马茨(Joachim Matz)下潜，否则就会受到撞击。

在接下来的4个小时里，这两艘护卫舰一刻不停地追击U-70。最终，在投掷了50多枚深水炸弹之后，终于直接命中，使这艘潜艇受到致命伤害。尽管马茨和他的艇员疯狂努力，潜艇还是失去控制，下沉到超过650英尺的深水区。此时马茨用高压气体排空所有的压载水舱，足以让受损的潜艇浮上水面。当艇长打开指挥塔舱口时，由于艇内的压力非常大，以至于他和其他一些艇员被吹到舰桥甲板上。马茨等26人跳入大海，被“野草莓号”丢下的救生筏救起。其余25个没有来得及逃跑的人被困在潜艇内，随着U-70葬身于波涛之下。

两艘英国驱逐舰密集投掷的深水炸弹近距离爆炸，U-99在冲击波的作用下俯仰摇摆、咯吱作响，但克雷奇默依然设法逃过一劫，不过靠的更多的是运气，而非技术。与此同时，普里恩显然继续跟随着运输队，并在夜间将其位置和速度发了出去。之后普里恩的无线电信号消失了。邓尼茨开始担心，并发报说:“U-47报告位置、情况和战果。”[46]没有回复。这位战功卓著的33岁艇长的职业生涯虽然短暂,却在斯卡帕湾击沉了“皇家橡树号”，还将另外29艘船送入海底，如今却永远失去了踪迹。不久之后，英国海军部宣布，“详细的证据”足以证实“狼獾号”舰长的话，他说德国最令人生畏的潜艇指挥官被其驱逐舰消灭了。很久之后，英国海军部修正了这一判断，认为证据不太能站得住脚。尽管对于困难重重的英国政府来说，宣布英国驱逐舰已经对曾在斯卡帕湾羞辱英国皇家海军的潜艇艇长进行了报复是很好的战时宣传，但普里恩失踪的确切原因仍然是个谜。

数天后，克雷奇默和施普克在西部水道巡逻时，接到洛里昂发来的电报，命令他们向位于冰岛以南大约150英里的HX112运输队靠近。这支运输队有41艘商船，在6艘英国皇家海军护航舰艇的保护下从新斯科舍省驶向利物浦，3月15日晚上被弗里茨－尤利乌斯·伦普发现。伦普是邓尼茨的另一位年轻的王牌艇长，曾经指挥U-30在开战的第一天击沉“雅典娜号”，不久前刚被提升为U-110的艇长，这是新式的IXB型潜艇，其航程和速度都超过了他和他的同僚使用过的VII型潜艇，而后者已经使英国受到了沉重打击。伦普向邓尼茨报告了他的发现之后，继续发动进攻，3月16日凌晨用鱼雷击中一艘排水量6200吨的油轮“厄罗多那号”。

护航指挥官唐纳德·麦金太尔海军上校曾经作为“金星号”（HMS Hesperus）的舰长在纳尔维克战役中扮演过重要角色，此时他指挥着“沃尔克号”（HMS Walker）驱逐舰，惊恐地看着“厄罗多那号”发生爆炸：“我从未见过这种最令人惊骇的夜间灾难……我们被恐怖景象吓得一句话也说不出来，立刻想到没有一个人能活下来。”[47] 眼前的一幕使麦金太尔受到刺激，他召集了一支舰队，一起搜寻攻击运输队的潜艇。然而，他们的潜艇探测器未能在海面之下检测到任何回声。伦普已经走了。*

这个时候，麦金太尔下令“大幅度改变航向”——他非常希望——以此吓退所有追逐的狼群。有一段时间，这种战术似乎奏了效：U-99、U-100 以及阿斯穆斯·克劳森（Asmus Clausen）指挥的 U-37 确实短暂离开了运输队。然而在晚上 10 点钟之后不久，他们又发现了 HX112 运输队，数分钟之内，克雷奇默以他惯用的风格，冲到运输队的中间。在 1 个小时之内，又有 5 艘船沉到海底。

麦金太尔不知所措：“我已经几近绝望了，绞尽脑汁想找到一些办法，制止这场大屠杀。”[48] 护航舰艇在他的指挥下来回游走，“徒劳地寻找几乎看不见的敌人”，麦金太尔指挥着“沃尔克号”小幅转弯，他在夜空中睁大双眼，搜索传说中潜艇撤退时的白色航迹。过了一会儿，他发现了心中期待的东西。他下令全速前进，此时那艘潜艇快速下潜，留下一股波光粼粼的旋涡，正好给这艘驱逐舰做了投掷深水炸弹的标记，10 枚深水炸弹投了下去。水下发生了一场剧烈的爆炸，水柱冲到和桅杆一样高，麦金太尔确信已经干掉了猎物：“我们几乎没有偏离目标，它的速度极快，我们肯定是把炸弹直接投到它上面了。”

事实并非如此。由于没有任何残骸浮出水面，麦金太尔

---

* 尽管麦金太尔起初认为船员没有什么生存概率，不过在那艘商船的 51 名船员中，有 15 人在恐怖的爆炸中幸存下来，有时间登上救生艇。那天夜里他们没有再遇到进一步的袭击，第二天也平安无事，受损的“厄罗多那号”被拖回冰岛。这艘船后来被修好，1943 年重新投入使用。

别无选择，只能扩大搜索范围。半小时后，“沃尔克号”的潜艇探测器再次发现目标。麦金太尔召集一艘姊妹驱逐舰“瓦诺克号”（HMS Vanoc）一起追踪，两艘军舰一起在目标可能潜伏的地方投放深水炸弹。但是这艘潜艇——施普克指挥的U-100——被证明是一个难以捉摸的猎物，不断迂回，迷惑住了两艘驱逐舰。由于深水炸弹一枚接一枚地爆炸，大海剧烈翻腾，英国的潜艇探测器操作员无法区分这艘潜艇和深水炸弹的回声。麦金太尔被迫暂停追杀。

然而，在这两艘英国战舰投掷的29枚深水炸弹中，至少有一枚击中了目标。U-100严重受损。“爆炸摧毁了仪器，推进器损坏，大量海水涌了进来”。[49] 由于控制系统失灵，潜艇失去控制，下沉到水下750英尺的深度，超过以往任何德国潜艇的下潜纪录。施普克担心艇壳可能会在极高的水压下内爆，而且显然还相信有机会用鱼雷干掉一艘追踪过来的军舰，他命令艇员向气密箱充进空气。当这艘潜艇于3月17日凌晨3点左右升到水面上时，他打开指挥塔，正看到一艘驱逐舰高速向他驶过来。英国军舰已经从大约1000码远的地方探测到这艘潜艇，但用肉眼和双筒望远镜都没有找到。“瓦诺克号”装备了最早的海基雷达装置之一，这是技术上的一次巨大飞跃，最终证明它在大西洋海战中发挥了决定性作用，而且这次是“第一次可证实的英国水面舰艇雷达探测到了潜艇”。[50]

当然，施普克并不了解这个情况，只知道他伤痕累累的潜艇即将面临沉没的危险。为了阻止“瓦诺克号”迎头驶来，他试图机动到一个位置，发射出最后一枚鱼雷。起初，柴油机和电动机都无法启动，当发动机启动后，这位指挥官忙乱之中下令“全速前进”，而他的本意却是“全速后退”，当他想修正时为时已晚。根据“瓦诺克号”的日志，3 点 18 分，驱逐舰将 U-100 的指挥塔切割开来。施普克命令艇员弃船。50 名艇员中只有 6 人幸存下来，施普克不在其中。当他发出最后一道命令时，在 U-100 的舰桥和“瓦诺克号”的船艏之间被挤死了。他的遗体沉入大海，尸骨全无。

此时，王牌中的王牌克雷奇默躲开了英国人的搜索，希望能够溜出去，返回洛里昂。但他匆忙之中没能粗略观察一下，没有看到 U-99 就在接近“沃尔克号”的水面上滑行。当值班军官发现那艘英国军舰就在不到 1 英里外的地方时，克雷奇默命令急速下潜。“沃尔克号”上没有人注意到这艘潜艇，但是当它潜入水中之后，驱逐舰的声呐操作员就检测到了明显的回声，大喊起来，“接触！接触！”麦金太尔起初不相信，似乎在击沉 U-100 之后，不可能这么快就发现另一艘潜艇。但随着声呐回声越来越大，事实已经毫无疑问。“沃尔克号”冲过来发动攻击，投下 6 枚深水炸弹。冲击波使潜艇剧烈震动，震碎了仪表盘、航海钟和其他仪器，包括主深度计，这意味着克雷奇默无法知道他们下潜了多深。随着所有的灯光全部熄灭，而且油污的水没过尾舱艇员的脚踝，克雷奇默断定别无选择，只好下令排空压舱水箱，浮上水面。但负责控制室的士官无法打开相应的空气阀。随着潜艇开始继续下沉，克雷奇默信赖的导航员、二级准尉彼得森（Peterson）从前舱中的第二深度计读取数字，平静地记录下他们向海底自由坠落的过程。当他们达到720英尺的深度时，艇艉发出一声开裂的声音，这个深度远远超过了U-99的艇壳可能出现内爆的深度。就在那一刻，2名艇员把眼看就要丧生的人们召集过来，集中力量努力扳动空气阀。克雷奇默喊道："快打开，把它开大！"[51] U-99头朝上冲出水面，像一只卧着的鸭子一样停在那里，无法向任何方向移动。

当"瓦诺克号"发出"潜艇艉部朝我浮出水面"的信号时，"沃尔克号"还准备再次追杀U-99，麦金太尔认为它仍然在水面之下的某个地方。这两艘战舰的炮手开始发射曳光弹和威力较大的4英寸炮弹。据麦金太尔说，炫目的闪光和弹踪"宛如烟火表演，尽管我担心它们并不是非常准确"。[52]

当克雷奇默打开指挥塔舱口时，U-99已经侧翻，无助地漂流在大海中。他仍然想用鱼雷打击一艘艇艉相距不远的驱逐舰，催促工程师让潜艇再动起来。但是，尽管他们努力启动了发动机，但螺旋桨要么已被炸掉，要么严重变形，这使得舵效速度无法维持。克雷奇默眼睁睁地看着"沃尔克号"的一些交叉火力击中目标，穿透潜艇的脆弱外壳。潜艇慢慢下沉，他命令U-99的艇员登上甲板，准备弃艇。

克雷奇默当时还坐在指挥塔的下面，而且"让手下人感到惊讶的是，他开始点燃一支雪茄"。[53] 他原本想炸沉潜艇，但存放炸药的船舱门锁无法打开，没有炸药就不能实施。随着潜艇继续向水中沉去，克雷奇默向他的手下人发表了一段简短演讲，然后命令他们从下面拿出保暖的衣服和救生衣。突然，潜艇大幅度上抬。一些艇员落入海中，海水涌入敞开的舱口，克雷奇默命令彼得森向最靠近的驱逐舰发出信号："致舰长……我的手下穿着止水带正在海中向你漂去，请救起他们，我正在沉没［原文如此］。"[54] 那天夜间，驱逐舰在狂风巨浪中不断摇摆起伏，"沃尔克号"的信号员只接收到最后三个词，而麦金太尔立刻认为德国潜艇投降了。[55]

不管克雷奇默的信息传达的是什么意图，他都不打算让敌人俘获 U–99。要想达到这个目的，唯一的办法是向水密舱中注水，让潜艇沉没。一名工程师志愿再次进入艇内，以完成这项任务。他很可能成功了。没过几分钟，这艘潜艇就消失在波涛之下，同时带走了那位不愿屈服的工程师。克雷奇默和其他艇员被冲到海里，他们结成一条线，手臂相连，确保彼此不会分开。麦金太尔指挥"沃尔克号"把这些幸存者救上来，他在记录中说："在北方寒冷水域的折磨下，一些幸存者已经处于死亡边缘。"[56]

克雷奇默仍然戴着艇长帽，最后一个被救上船。据其传记作者说，"历经几个小时的行动和紧张不安之后"，他被"拖上驱逐舰的甲板"，"一个兴高采烈的士官咧嘴笑着"，用柯尔特 45 手枪戳他的脸。[57] 麦金太尔没有提到这件事，只回忆起"一件有趣的小事，（当时）克雷奇默惊讶地发现，蔡司双筒望远镜还挂在自己的脖子上，这架望远镜非同一般，是由邓尼茨下令制造的，只发给了极少数王牌艇长"。据麦金太尔说，克雷奇默一直发誓不会让敌人得到这架奖励的双筒望远镜，因此，这位潜艇艇长当时想将它扔进大海。但他慢了一步。"沃尔克号"的一名船员把望远镜从他身上抢走，然后交给麦金太尔，后者写道:“我宣布这是我的战利品。在接下来的战争岁月中，这架望远镜是和我分不开的伙伴，在把克雷奇默的几位接班人送上相似道路的过程中，它发挥了作用。”[58]

到了这个时候，“沃尔克号”的船员才意识到，他们抓到的俘虏是战争中最著名和最成功的潜艇指挥官。按克雷奇默自己的说法，他和他的手下受到麦金太尔周全且礼貌的对待，麦金太尔把自己的船舱让给了这位德国王牌艇长。在战争之前，克莱奇默曾经在埃克塞特大学求学，这个经历显然大大缓和了他可能对英国人怀有的敌意。麦金太尔惊讶地发现，他的对手“根本不是我们原来以为的希特勒的狂热信徒。事实上，作为能力超群的职业海军军官，他对政治的态度与我们大致相同，而且只倾向于把本职工作做好，并为政客们制造的混乱感到悲哀”。[59] 这个评价后来在不经意间由克雷奇默本人证实，当他与一名 U-99 的艇员说话时，被秘密录制下来，他在录音中说:“我只希望战争很快就会结束；在这里受到关押不是什么好事，但在战争中也得不到幸福。很长一段时间以来，我对这场战争已经没有更多热情了。”[60] 就在那次谈话中，克雷奇默还吐露说，在英国驱逐舰的大部分时间里，他都是和俘获他的人打桥牌，喝威士忌，对于这些敌人，他的印象是和自己一样，也认为“战争是荒谬的，希望它很快就会结束”。尽管德国海军和英国皇家海军的军官都有消灭对方的欲望，但却彼此欣赏，原因无疑是他们都认识到海战的危险性，而且他们都尊重彼此的才能、进取心和个性，这些都是孤身在海洋中殊死战斗不可或缺的。

当“受到重创和海水腐蚀的”“沃尔克号”停靠在利物浦

的王子浮动码头——这通常只保留给其舰长所称的“更尊贵的船——新上任的西部水道司令部司令、海军上将珀西·诺布尔（Percy Noble）爵士亲自迎接，麦金太尔及其船员很高兴，诺布尔将军以态度亲切、头脑冷静和组织才能高超闻名。一群高级军官陪同诺布尔将军而来，他们“都急于向我们表示祝贺”。[61] 克雷奇默也意外地得到了英国皇家海军的尊重，他对此印象深刻：“当我从驱逐舰上走下来时，被人们当作一个年轻的神。一辆小汽车在旁边候命，有很多军官。这是一个非常壮观的仪式。人们默不作声，我慢慢走下船，步态庄重。我必须说这一切都做得非常好。”[62]

然而在第二天，当克雷奇默及其艇员从监狱牢房被带出来，穿过利物浦的街道来到石灰街火车站，准备前往伦敦接受审问时，气氛就截然不同了。克雷奇默后来告诉他的狱友说：“人们都很愤怒，我可以告诉你。你无法想象，女人是最麻烦的。如果我落入她们的手中，就会被她们撕成碎片。在火车站有一大群小孩子，手里拿着石头，想砸我们。”然后——他显然忘记了德国空军一直在对利物浦进行着无情轰炸——他愤怒地说：“有很多人在咆哮，他们都指着我，当你认为这些人应该是世界之主时，那就是改变的时候了。”[63]

当得知普里恩和施普克已经丧生，克雷奇默退出了战斗，伦敦稍微感到满意，洛里昂则很窘迫。对于邓尼茨而言，无论是从个人角度还是从专业角度来看，他的3位王牌艇长接连落马，这些消息是“特别沉重的打击”，尽管他安慰自己说，“3月份的损失突然增加并非有任何特定的原因，纯粹是偶然的”。[64] 让他感到满意的是，这个假设很快得到证实，3 月和 4 月的数据显示，他的潜艇击沉了 84 艘船，总吨位接近 50 万吨。这一数字还不包括另外 74 艘在南大西洋被击沉的船，大量盟国和中立国商船仍然单独在那片海域中航行。英国皇家海军只有极少数舰艇护航，在这种情况下，可以在经过塞拉利昂首府弗里敦的开普敦航线上轻轻松松地搜索目标，那里是盟军的一个重要护航站。

3 位德国王牌艇长的成果在德国总战绩中占了相当大的比例，他们陆续阵亡或被俘令伦敦新闻界欢欣鼓舞，英国海军部也得到一些喘息之机。虽然丘吉尔对这些意料之外的收获感到满意，但是对大西洋海战的进展远未觉得欣慰。事实上，他觉得这个消息极其令人沮丧，甚至不想让国民知道。1941 年 4 月 9 日，当丘吉尔准备向下议院发表雄辩的形势报告时，心烦意乱地发现英国海军部已经发布了一系列令人丧气的统计数据。他对海军大臣大加斥责，严厉地质问道："在整个战争期间，你在德国潜艇中抓获的俘虏不超过 50 名军官和 400 名海员，把这样的事实公布出来，是明智的吗？这些俘虏实际上相当于 5 到 6 艘潜艇的艇员。大多数人看到这个数字，都会认为它意味着明显的失败。"[65] 当天他发表"战争形势"演讲时，把英国皇家海军勇敢但却不太显著的战果置于令人不安的视角之下。他提醒下议院中拥挤的听众说，不仅"一切都取决于大西洋海战"，还补充道："我们的船只和吨位损失非常严重……这些损失不能无限期地持续下去，必定会严重影响到我们的战争行动和我们的抵抗手段……如果这些损失以目前的速度继续下去，将会发生什么？”[66] 这个问题触动人心，但没有人能给出答案。

07

再次移动球门柱

1941年5月21日，即丘吉尔发表警示性演讲42天之后，一艘5000吨的美国货轮“罗宾·摩尔号”在波涛汹涌的南大西洋上平稳航行时，被一艘潜艇截停，当时的位置距离弗里敦大约700英里。这艘船上有9名军官、29名船员和8名乘客（包括3名妇女和1名儿童），目的地是莫桑比克，为这个葡萄牙殖民地运送普通商品。德国潜艇的艇长约斯特·梅茨勒（Jost Metzler）声称——这是非法的——他在按照《捕获法》的规则行事，他给了“罗宾·摩尔号”上的乘客和船员一些时间，让他们匆忙登上4艘救生艇，然后向这艘商船发射了一枚鱼雷，并且朝船只的上层建筑发射了数枚炮弹。不到30分钟，这艘商船就沉入海底。梅茨勒向每艘救生艇发放了数量不多的食物，并承诺将其位置用无线电发给附近的所有船只，然后U–69转身离开，很快就消失在地平线上。这艘潜艇的艇长是否遵守了自己的诺言，尚不得而知，但幸运的是，3艘救生艇在汪洋大海里漂浮了13天之后被人发现，5天后，第4艘救生艇也获救了，其中包括“罗宾·摩尔号”的船长。在美国，幸存者的照片和他们为了活命而斗争的报道充斥在报纸和广播中，引起了公愤。从表面上看，这是“刺激性”事件，是美国总统及周围的很多人热切希望发生的：一个合法的开战理由。

“罗宾·摩尔号”沉没3天后，罗斯福发表了他在战时总统任期中的一个决定性讲话。他在白宫向全国发表广播讲话，宣布进入“无限期国家紧急状态”，使美国处于战争边缘。他宣称：“起初的欧洲战争如今已经发展为夺取世界霸权之战，而纳粹一直是怀着这样的图谋的。”对于美国如今直接受到的威胁，他详细阐述了自己的应对计划。他解释说，《租借法案》是基于“对我们自身安全的清醒冷静的关注”，他强调，向英国和其他受威胁的民主国家提供的每一笔援助，“都有助于把独裁者挡在我们所在的这个半球之外”。他宣称“大西洋海战现在从寒冷的北极水域延伸到了冰冻的南极大陆”，并且警告说，现在轴心国的“最高目的”是“控制海洋”，这是其统治世界的根本前提。他赞扬英国的“史诗般的抵抗”，并且承诺会大力帮助丘吉尔。他许诺说：

美国会向英国提供一切可能的援助。如今我们的巡逻队正在协助保障向英国供应所需物资。我们会实施运送货物所需的一切额外保障措施。我们的陆军和海军技术人员正在研究能够或者应该进一步利用的方法或方法组合，如果有必要，他们将和我一起制定并实施新的和额外的保障措施。

我认为，向英国提供所需物资势在必行。我认为这可以做到，必须做到，也将要做到。[1]

那天晚上，总统在门罗室休息，令他高兴的是，作曲家欧文·柏林（Irving Berlin）被请到这里给他和一小群亲朋好友演奏《亚历山大的拉格泰姆乐队》。罗斯福同时欣慰地发现，他宣布进入全国紧急状态后，1000多封电报涌来，绝大多数发报人都表示赞同。他一边快速翻阅电报一边说："我想，这次演讲取得了相应的反响，我很幸运。"[2]

大多数美国媒体将罗斯福的话解释为"庄严的承诺：美国参加对德战争现在被视为是不可避免的，甚至是迫在眉睫的"。[3]然而事实证明，美国总统并没有这样的打算。就在第二天，他利用新闻发布会的机会，反驳了自己正在考虑这一步骤的一切猜测：不会使用美国海军护送跨大西洋运输队；也不寻求修改中立法，美国就是因为受其限制而无法公开援助其他任何交战国。很多人渴望美国向第三帝国宣战，所以对罗斯福的话感到失望，这些话预示的不是发动反对纳粹主义的神圣战争，而是虚幻的黎明。

罗斯福在表面上来了个大转弯，看起来最可信的原因就是其敏锐的政治触角以及民意调查，他从这两方面发现，美国人民还没有做好战争准备。一系列盖洛普民意调查得出结论："坚定的干预主义者与孤立主义者数量差不多，中间派大概在国民中刚刚过半，他们同意总统的现行政策。"——民意调查专家解释说，这意味着罗斯福"希望避免战争，但会为战争做好准备，而非坐以待毙"。[4]

哈里·霍普金斯是最受罗斯福信任的心腹，是他最忠诚的支持者之一，不过他对罗斯福的明显动摇感到困惑和沮丧。然而2个星期之后，霍普金斯突然发现——他这样相信——整个国家可能被点燃了导火索，变得支持战争。罗斯福在5月27日发表“无限期紧急状态”演讲时，几乎没有意识到“罗宾·摩尔号”在南大西洋所遭遇的命运：当他讲话时，幸存者仍然漂流在大洋中，因此他们遭遇海难的真相还不得而知。然而到了6月13日，《纽约时报》在美国揭开了真相。其中一位记者报道说，美国驻巴西累西腓港的领事接收了一些“罗宾·摩尔号”的船员，他证实这些人的船只“无疑被一艘德国潜艇击沉了”。柏林并没有掩饰这件事，而是露骨且煽动性地回应《纽约时报》的报道说：“德国将继续打击每一艘违反禁令驶向英格兰的船只。”[5]霍普金斯想要的正是这个。

次日，他向总统发送了一份说明，指出“击沉‘罗宾·摩尔’号违反了国际法，违反了你的海上自由政策”。他暗示可以利用这一事件逐渐强化美国对德政策，敦促罗斯福责成海军部“为所有悬挂美国国旗并在危险海域之外航行的船只提供安全保障”，而不仅仅是充当“观察”的角色；他建议，应当让美国海军自由决定“实现这一目标需要采取何种安全措施”。[6]

霍普金斯已经在罗斯福的核心圈子里浸淫了将近10年。作为新政计划的主要设计师，他也表现出自己是一位经验丰富和不知疲倦的管理者。到1940年春天，他与总统和夫人埃莉诺·罗斯福都建立了极其坚固的友谊纽带，总统夫妇甚至在白宫二楼给他提供了一个房间，在此后3年时间里，他作为罗斯福夫妇的客人和总统心腹，一直住在那里。他在规划和管理《租借法案》项目方面发挥了重要作用，很快在美国政府核心圈子中成为援助英国计划有影响力的倡导者。虽然他患有胃癌，早已骨瘦如柴、须发灰白，却是一位精力充沛的使者和熟练的外交官，总统非常倚重他的判断。一些同僚憎恨霍普金斯的独特地位，进行恶语诽谤，用其传记作者的话来说，他们普遍认为他是“一个险恶的人物，一个喜欢在背后搞阴谋的人，一个混合了马基雅弗利（Machiavelli）、斯文加利（Svengali）* 和拉斯普京（Rasputin）的艾奥瓦州人”。[7] 尽管如此，他并不怎么摆架子，而且有一种掩饰钢铁般清晰透彻的观点和目标的魅力。

1941 年年初，罗斯福派霍普金斯到伦敦，亲自了解英国陷入了何种困境。他在英国首相的陪同下到各地旅行，会见了大臣、公务员、三军高级官员以及民众中的祝福者，这位身体瘦弱、头发蓬乱的美国人默默陪同丘吉尔去伦敦和其他城市的被轰炸区域时，显然受到了热烈欢迎。虽然丘吉尔在公开场合开朗健谈，他却沉默寡言，不过英国人似乎察觉到他的心是与他们在一起的：在格拉斯哥市长举办的一次晚宴上，他发表即兴讲话，引用了《路得记》中的一句话——“你往哪里去，我也往哪里去……哪怕直到一切终了”。[8] 他的话避开了这种场合所受的审查，并且悄悄传递了小道消息，在英国被广泛地解释为美国总统的意图。

这种情绪肯定反映了霍普金斯本人的态度。他从伦敦发出的一封信手写在克拉瑞芝酒店的便条纸上，其中毫不含糊

---

* 斯文加利，乔·都·莫里亚的小说《特瑞碧》中会催眠术的恶棍。——译者注

地表示：

从丘吉尔到这里的民众都是令人惊异的，如果仅靠勇气就能获胜，最终结果将毋庸置疑。但是他们急切地需要我们的帮助，而且我相信你会义无反顾……无论从何种意义上说，丘吉尔都掌控着全局——他决定着大战略……他是一个与你心有灵犀的人，再怎么强调也不为过……总统先生，这个岛国现在需要我们的援助，我们给什么他们都需要。[9]

对丘吉尔，他只是简单地说："总统断定我们将并肩打赢这场战争。毫无疑问。"[10] 很自然，英国首相对他所描述的"那个非同一般的人印象深刻……他是一座脆弱的灯塔，却闪耀着光芒，引导大舰队安全进港"。事后看来，这种夸张的形容是一种真情流露，但它也反映出霍普金斯在丘吉尔对白宫的外交努力中扮演的关键角色，大西洋海战之所以能够获胜，就取决于此。

到了 1941 年初夏，霍普金斯比以往任何时候都更加坚信，美国越早以武力反对纳粹，对美国和全世界来说就越好。他并不孤独，还有一些人在努力劝说罗斯福更加积极地应对德国的威胁并支持陷入困境的英国。亨利·史汀生、弗兰克·诺克斯和哈罗德·伊克斯（Harold Ickes）（他们分别为美国海军部、陆军部和内政部部长）都感到不同程度的沮丧，认为总统的立场过于谨慎。"罗宾·摩尔号"沉没后，他们敦促罗斯福更加强硬，当罗斯福决定向国会传递另一种信息，而非展示报复性的好战姿态时，他们更加泄气了。6 月 20 日，罗斯福发表演讲，内容与 5 月 27 日宣布无限期紧急状态的讲话相呼应，他语气严厉，告诉议员们说：“对悍然击沉毫无防御能力的‘罗宾·摩尔号’这一事件，美国政府认为德国应当负责。”然而，尽管他要求“对美国国民遭受的损失和痛苦做好全面准备”，不过如果德国拒绝赔偿（德国当然拒绝了），他没有警告会面临什么后果。他没有表现出好战性，而是采取蔑视态度，宣称：“我们不会屈服，我们也不打算这样做。”[11] 后世的怀疑论者可能会反驳：“是的，但是实质的东西在哪里？”

但是，断定罗斯福犹豫不决是不正确的。他的态度如此谨慎，不仅仅是因为民意调查，也不仅仅是担心国会尚未准备好支持对德军事行动。美国总统在 1941 年夏季最关切的是美国与日本的关系日益恶化，他焦急地想避免在两个大洋同时开战。虽然他已授权建造 200 多艘战舰——包括 7 艘战列舰和 12 艘航空母舰，但是美国海军还缺乏同时在两个战场上制胜的力量、体系和训练。此时在 5000 英里外的俄罗斯荒原边上，还有一个新战场正在拉开帷幕，足以造成更深更远的困境。

1941 年 6 月 15 日，罗斯福接到丘吉尔的警告，德国装甲部队即将入侵苏联。这一情况不仅使其他所有危机都相形见绌，而且使美国面临一系列新的战略挑战。有一点他可以肯定：不必做任何事情来阻止希特勒开始军事冒险，这场冒险日后会被证明是一个鲁莽的开端。伦敦和华盛顿都深信，不出几个星期或者几个月，这个共产主义国家就会落入纳粹的魔爪；但是，纳粹分子把力量用到征服苏联方面，远好于开辟反对美国的新战线。然而，一旦希特勒于6月22日发动“巴巴罗萨行动”，丘吉尔和罗斯福都毫不怀疑，他们在此期间应该支持第三帝国的新对手。美国和英国的问题不是“是否援助”，而是“应该以多大的力量和何种方式”援助一个共产主义政权，直到不久前，这个政权显然还是1939年8月的《里宾特洛甫-莫洛托夫条约》的热情签约国。这些问题的答案将给大西洋海战带来新的矛盾性的因素，除了罗斯福和丘吉尔，如今大西洋海战对于斯大林也有着直接且迫切的利益。

在柏林，海军元帅雷德尔竭尽全力想将希特勒从“巴巴罗萨行动”中拉出来。作为德国最高统帅部中最直言不讳的成员，他坚持要求，在世界上最强大的国家有时间建立一支在规模和力量上都足以摧毁扼杀英国海上生命线的潜艇的舰队之前，实施他针对英国的地中海策略，并在大西洋应对美国海军的直接挑战。在某种程度上，这种双重战略反映了他不可动摇的信念，即海战是在第三帝国开启的总体战中取得胜利的第一手段。但是，这一战略构想恰好也和把德国海军打造成天下第一这个更直接的愿望相吻合。硬是把这两个动机分开，或者评价谁是原因谁是结果，是没有意义的；不管在哪种情况下，他都不会轻易放弃改变希特勒的观念的艰巨任务。

雷德尔很是执拗，不怕希特勒的雷霆之怒，他的同僚基本上没有这样的胆量。元首对这位海军元帅的某些提议持有一定程度的同情。在发动“巴巴罗萨行动”的前一个月，他指示德国海军“准备占领亚速尔群岛，以便部署远程轰炸机打击美国”，他暗示将在秋季把这个计划列入他的议事日程。[12]他狂妄自大，自信此时美国“政治不稳定”，[13]对第三帝国构成不了太大的挑战。即使美国不得不与轴心国开战，他相信罗斯福也会把重点放在太平洋地区的日本威胁，而不是与德国对抗——实际上，这种认识符合罗斯福的“欧洲优先”战略，1941年春季，美国在华盛顿的ABC-I谈判中做出了一个有条件的临时性承诺。

入侵苏联后不久，希特勒的自我欺骗到了极高的程度，他不仅通知日本大使说，“对俄战争已经获胜”，而且表示很快就会着手进攻美国。他宣称，“我们必须携手消灭”美国。[14]但是，时机极为关键；在苏联崩溃之前，他决心避免与美国发生战争。在入侵苏联的前一天，他指示顽固的海军元帅雷德尔：“应该避免与美国海军发生任何冲突，直至‘巴巴罗萨行动’展开。数周之后，事情就会解决。”[15]

雷德尔一再试图扭转对苏联开战的大潮，不仅没有结果，还适得其反。他在劝诱希特勒改变一个注定要失败的战略时，显然也没有提出更简单的扩大大西洋潜艇行动的方案。海军上将邓尼茨只关注大西洋的吨位战，他认为雷德尔关注的不是地方，而且对元首没有影响力，因而感到恼怒。结果潜艇行动未能充分发挥其潜力。在很多情况下，他把2艘潜艇固定部署在海上，为其洛里昂司令部发送天气报告，他在大西洋随时可以动用的只有4艘潜艇。即便如此，商船被击沉（水面袭掠舰、轰炸机和潜艇的共同作用）的速度还是3倍于替换速度。如果这种趋势加速发展，食品和原材料短缺很快将使英国的局面难以维系：民众会挨饿，工业将陷入瘫痪状态。在这种情况下，英国精英阶层中不管是谁出来取代丘吉尔，都不得不与希特勒进行和谈。邓尼茨最感到受挫，因为他确信这既是吨位战存在的理由，又是一个可实现的目标。

邓尼茨知道，如果他得到的潜艇数量足以封锁英国的补给线，天平可能会更加向有利于第三帝国的方向倾斜，他对无法直接面见元首感到遗憾。他悲叹道："我让他了解实际情况的唯一方法是通过海军总司令向他提交报告和建议。"他指责雷德尔屈从压力，调走了"越来越多"的潜艇，而非说服希特勒，"应该使每一艘可用潜艇都集中用于大西洋海战"。[16]

在这些辅助行动中，第一个行动紧随"巴巴罗萨行动"发生，当时邓尼茨接到命令，要求派遣 8 艘潜艇在波罗的海搜寻苏联船只，他写道："它们在那里几乎没有发现什么目标，没有取得任何值得一提的战果。"同样，在接下来的 1 个月时间里，又有 6 艘潜艇被派到北冰洋，它们也只是在那里的空旷海域中漫游。在这种情况下，这位潜艇部队司令提出强烈抗议，告诉他的上级说："对英战争的决定性因素是打击其进口。实施此种打击是潜艇的主要任务，武装部队的其他任何部门都无法执行这些任务。对俄战争将在陆地上决出胜负，潜艇只能在其中起到非常小的作用。"[17]这种谴责既犀利又有根据，但他并没有成功，代表他的雷德尔也是如此。这还不是全部。令邓尼茨感到沮丧的是，他还经常接到命令，让潜艇脱离正常的攻击角色，为在大西洋和太平洋上长途航行的德国海军的辅助巡洋舰、补给船和俘获的船只护航，"如果护航对象受到攻击，潜艇基本上没有机会提供保护，如果它们被敌人击沉，潜艇也无力进行帮助，这样的事实被忽视了”。[18]因此，当英国即将难以承受大西洋的潜艇全面行动时，邓尼茨却遭到挫败。大西洋海战的局面本可以决定性地倾向他这一边，却悬而未决：从这位潜艇部队总司令的角度来看，由于他掌握的潜艇总共不超过 65 艘，错失了一个绝好的机会。[19]

虽然罗斯福和希特勒一样，都急切希望避免在大西洋真刀真枪地开战，但都无法置身事外。在历史大潮的推动下，美国走向战争的步伐不断加快。美国安全区域在大西洋扩展到西经 25 度，不仅没有阻止“狼群”，而且正好与德国潜艇行动向西发展的趋势相吻合。英美之间生命线最薄弱的部分受到威胁：所谓的大西洋鸿沟是一个黑洞，东西宽约 300 英里，南北长约 600 英里，海域面积达 18 万平方英里，在战争的这个阶段，英国皇家空军海防总队没有一架飞机能够飞到这里。英国海军的航空母舰都部署在其他地方，这片广阔的海域没有一艘航母，因此大西洋运输队无法得到空中保护，更容易受到“狼群”的攻击；而德国潜艇知道不会受到任何空中威胁，正涌向这里。

对于德国潜艇向西转移，英国海军部的应对措施是在大西洋为商船运输队提供全程护航，而不是像之前只局限在西部水道的矩形边界内（这个区域从苏格兰最北端延伸到英格兰最南端，向西扩展到距冰岛南部约 300 英里的西经 30 度的大西洋海域，与美国的安全区重叠）。然而，英国严重缺乏合适的舰船，尽管大多数运输队获得加拿大皇家海军的增援，但是护航战舰的数量仍然非常少。因此，在冰岛南部广阔的海域中，不仅运输队容易受攻击，而且那些因发动机故障或恶劣天气而掉队的船只也成为潜艇袭扰的“肥羊”。

从英国海军部的角度来看，德国海军舰队的商船改装巡洋舰也具有很大的威胁。截至 4 月，“舍尔号”和“希佩尔号”猎杀了超过 20 艘商船，而“沙恩霍斯特号”和“格奈泽瑙号”2 艘战列舰在 1 月到 3 月间同样在大西洋游荡，击沉或俘获了 22 艘船只。根据海军的官方历史学家所说：“当时这完全打乱了我们的大西洋护航运输队，对我们的关键资源进口造成了严重影响。他们四处袭击，迫使我们已经紧缺的海军军力变得更为分散。”[20] 实际情况可能更糟。虽然这 4 艘主力战舰在 4 月份全都返回挪威或法国基地进行保养、维修和改装，但英国海军部的压力并未缓解。

情报显示，一艘更为强大的德国军舰很快也会来到大西洋上横行。在各国海军的集体想象中，“俾斯麦号”不是普通的战列舰，而是海军工程的最高典范：它比任何竞争对手都更快、更强、更危险。“俾斯麦号”装备有 15 英寸口径火炮（而“格奈泽瑙号”和“沙恩霍斯特号”的火炮口径只有 11 英寸），是自第一次世界大战以来在德国建造的第一艘真正的战列舰。它不是无懈可击的，因为它的防空能力不足，不过它的舰名激起了钦佩、嫉妒和恐惧。对于德国海军来说，“俾斯麦号”预示着德国在未来将最终替代大不列颠称雄海洋。除了邓尼茨，对于英德双方的海军将领而言，“俾斯麦号”都是从对过去的近乎浪漫的想象中幻化出的一个 20 世纪的象征。以前人们认为国运是由敌对舰队的血腥厮杀决定的，在这样的决战中，名声显赫的战列舰一艘接一艘被击沉，所有的火炮都在怒吼，直到失败者升起投降的旗帜，或者沉入海底。自古至今，有过很多著名的海上胜利或失败，其中一些几乎被人遗忘，如勒班陀海战、加的斯海战、切萨皮克海战、特拉法加海战和日德兰海战，但它们通过无数表现胜败象征性时刻的绘画和照片铭刻在每一位海军将士的想象中。到第二次世界大战时，这些固定套路的激战——在某种程度上与骑兵冲锋或陆上坦克大战相似——在海军将士及其政治领导人的脑海中仍然生动，但它们已经不能代表各国在公海交战的形式。对于大西洋海战来说尤其如此，它不是一场速决战，而是一场慢性绞杀。然而，大型舰船在这场海战中仍然是一个强大的威胁。

正是这一点让丘吉尔极为焦虑。似乎天下无敌的“俾斯麦号”和其他 4 艘主力战舰在大西洋上徘徊，用丘吉尔的话说，它们“让我们的海军力量受到最严峻的考验”，[21] 一想到这一点，就令人不寒而栗。这正是雷德尔的意图。他宣称，他的水面袭扰舰的“唯一”目标是“打击敌人的商业”。主要目标一如既往，只瞄准商船运输队。[22]

为了应对这一威胁，英国海军部决定，只要有可能，不仅要为北大西洋运输队提供战列舰或巡洋舰护航，而且途经弗里敦的运输队也要如此，特别是那些通过开普敦到中东的运输队。因此，英国皇家海军的资源已经紧张到极点。如果“俾斯麦号”突入大西洋，不仅会造成进一步的破坏，而且会证实雷德尔的信念，即德国要想在北大西洋称霸并向其他大洋有序扩张，德国海军的主力战舰至关重要——雷德尔正是这样希望的。

5月22日，伦敦接到情报称，“俾斯麦号”和一艘重型巡洋舰“欧根亲王号”（Prinz Eugen）在一支小型驱逐舰队的陪伴下，已经悄悄离开挪威的锚地，驶向丹麦海峡，那里是冰岛和格陵兰岛之间宽阔但气候无常的航道，是进入大西洋最安全的路线。英国的“诺福克号”（HMS Norfolk）和“萨福克号”（HMS Suffolk）巡洋舰防守着这个海峡，“威尔士亲王号”和“胡德号”（HMS Hood）战列舰随时待命，它们都有驱逐舰伴随，一旦接到巡洋舰的警告，就会出动拦截这两艘德国突袭舰。这是一项艰巨的任务，目的是发动一次突然袭击，尽管新式——但还很原始——的雷达装置刚刚安装到一些用于追击的舰船上，但是英国舰队很难发现德国战舰的位置，更不用说保持跟踪了。由于恶劣天气和暴风雪，能见度频频降至极低，而且舰队需要保持无线电静默以防被德国舰船发现，这给行动增添了更多困难。尽管如此，英国人还是设法成功接近了德国人，直到5月24日早上6点钟，2支舰队相距不超过14英里。“胡德号”和“威尔士亲王号”开始机动，进入它们狩猎的阵地。

战斗结果部分取决于机会，更大程度上受制于炮手操作巨炮的速度、命中率和团队协同能力。在这方面，德国人证明了自己的优势；“在波罗的海花了数月时间进行试验和完善装备之后”，他们的船员开炮更快，他们的测距仪瞄准更精确。[23] 不仅如此，以“胡德号”为旗舰的舰队司令兰斯洛特·霍兰（Lancelot Holland）海军中将做出一连串战术误判，最终导致接敌角度小到极点，他的一些15英寸口径火炮（最大射程可达22英里）不能有效瞄准；其结果用第一海务大臣（他可以当事后诸葛亮）

严厉批评的话来说就是，该舰队发现自己“虽然有两只手，但只能用一只手进行战斗”。[24]这场海战成为一场大混战，战术优越的德国舰艇占了上风。

这是“威尔士亲王号”上的埃斯蒙德·奈特（Esmond Knight）海军上尉第一次参加作战行动，他的位置在舰桥上。当这艘战列舰第一次瞄准目标进行齐射的炮声轰鸣起来时，他享受了一段“难以忍受的狂喜，摧枯拉朽的轰鸣似乎一瞬间让人失去意识”。当“俾斯麦号”几乎同时开火时，肾上腺素在奈特体内飙升：

在我可能经历的最激动人心的时刻之后——在火炮重新装填和敌方用第一次齐射的轰鸣迎击我们之间，绝望而宝贵的时间飞驰而过……然后再一次，我听到那可怕的炮弹声，突然间，我们的右舷一侧升起巨大的水柱……“欧根亲王”的HE（高爆）炮弹发出震耳欲聋的爆炸声，实际上就在头顶炸响，弹片雨点般落到甲板上……我跑到军舰的另一侧，在那里惊恐地发现，“胡德号”的甲板上燃起冲天火焰……巨大的淡红色火舌升到空中……“胡德号”简直被炸成了碎片。

不久之后，奈特又一次听到了“可怕的呼啸声”，然后是一片“蒙眬”。起初他有一种感觉，好像他正在死去，但他苏醒过来，听到有人喊“担架员！”和“让开那边的路！”，片刻之后，“强壮的手臂将死亡从我身上赶走，有一种可怕的血腥味，还有垂死的人们发出的恐怖声音”。一到军舰病房，一名军医就要奈特“睁开眼睛，老男孩”，但当他试图睁眼时，却什么也看不到。[25] 他幸运地保住了性命，在他的同船战友中，有 9 人受伤，遇难者达到 13 个。*

与此同时，周围的驱逐舰急忙救援“胡德号”的幸存者。但是当“伊莱克特拉号”（HMS Electra）驱逐舰赶到时，其船员只看到满目疮痍。“俾斯麦号”的重炮打击非常有效。“胡德号”战列巡洋舰以 30 节的最高速度航行，这意味着其船员如果没有在将其炸成两截的猛烈爆炸中丧生，或者被困在下层甲板里无法逃脱，那么（从 100 多英尺的高度）跳进或落入海中时，也会不可避免地被强大的冲击力扭断脖子。只有 3 人幸免于难。其中一位是个不知名的海员，他向一位采访者叙述了当他为了逃离可能会将自己烧死的“熔炉”而跳入冰冷的大海时发生的事情：

> 这位水手跳入大海，却不知道落水后发生的事情。他所知道的就是，当他浮到水面上，并环顾四周寻找自己的船时，发现它已经不见了，这个恐惧一直困扰着他。然后，当“威尔士亲王号”用尾炮射击时，他不得不再次潜入水中。[26]

数分钟之内，1418 名“胡德号”的船员有 1415 人丧生。“俾斯麦号”名副其实。如果是在从前，两大强权之间的较量可能已见分晓。而在第二次世界大战中，它只意味着这艘可怕的战

* 奈特一只眼彻底失明，另一只眼也差一点失明。他在战后成为职业演员，在 20 世纪 60 年代的电影《击沉“俾斯麦号”》中以扮演“威尔士亲王号”的舰长而闻名。

列舰可以继续放手打击维持跨大西洋生命线的商船——或者看起来如此。

海军上将邓尼茨对战列舰的战略或战术效用缺乏信心，他认为它们是潜艇战新时代的“恐龙”，[27] 长期以来一直厌恶雷德尔只关注主力战舰，嘲笑大型战舰是“臃肿的水面舰艇”。[28] 尽管如此，当雷德尔命令“俾斯麦号”进入大西洋时，他毫不犹豫地将麾下的潜艇交给战列舰集群司令贡特尔·吕特延斯（Günther Lütjens）海军上将指挥。“俾斯麦号”在丹麦海峡取得胜利之后，邓尼茨更进一步，下令“完全停止打击商船运输的行动”，转而全力提供吕特延斯此时可能需要的一切援助。这是一项紧急命令。虽然英国人还不知道，但是在丹麦海峡短暂的遭遇战中，“俾斯麦号”的船艏被“威尔士亲王号”的一枚炮弹击中。损伤极为严重，“俾斯麦号”已经失去了威慑力，这艘伟大的战列舰成为一个残废的巨人，一路留下长长的浮油尾迹。一个前油箱漏油，意味着计划中的大西洋突袭必须中止。吕特延斯向海军最高司令部发报说，他决定转移到比斯开湾的圣纳泽尔安全港，位于东南方 1000 多英里外。“俾斯麦号”的猎杀之路还没开始就结束了。

霍兰海军中将随“胡德号”一同遇难后，他的英国舰队司令职位由威廉·韦克－沃克（William Wake-Walker）海军少将接替，后者在“诺福克号”上升起自己的旗帜。由于尚未意识到那艘德国巨舰陷入困境，他选择沿着其南下航线进行跟踪。然而在上午 10 点左右，1 架“桑德兰”水上飞机报告说，发现这艘受伤的战列舰无法控制漏油，正留下一条油迹，这表明，“俾斯麦号”和“欧根亲王号”根本不是在采取攻势，而是可能在逃遁。

此时，本土舰队司令约翰·托维（John Tovey）海军元帅在新战列舰“乔治五世国王号”（HMS King Georgev）上升起自己旗帜，并有经验丰富的“反击号”（HMS Repulse）战列巡洋舰、“胜利号”（HMS Victorious）航空母舰、4艘巡洋舰和9艘驱逐舰伴随，位于正在上演大戏的海域东南方大约330英里处。[29]他正在紧急拦截“俾斯麦号”，而英国海军部也命令附近的其他所有军舰都来围堵“俾斯麦号”。不久之后，一支由19艘军舰组成的强大舰队向这艘受伤的战列舰包抄过来，其中包括两艘航空母舰，而“俾斯麦号”为了节省不断减少的燃油，此时被迫将速度从30节降到24节。即便如此，在追杀者能够接战之前，它仍然有可能赶到圣纳泽尔的安全港。

英国首相在伦敦密切关注着这个事件。他依然不知道“俾斯麦号”受到何种损害，也不知道这艘残疾的战列舰正驶向比斯开湾，几乎无法分心做其他任何事情。丘吉尔回忆说，当他浏览从帝国各个角落汇集到他桌上的信息流和电报时，“下意识地只关注一件事情：这艘巨大的‘俾斯麦号’，排水量为4.5万吨，几乎能够抵御一切打击，正向南朝我们的运输队疾驶而来”。[30]

与此同时，吕特延斯急切想摆脱追杀者；而且在5月25日凌晨，看起来他好像已经达到了这个目的。“萨福克号”装备了最新式的雷达，跟在逃跑的战列舰后面迂回前行，但它在雷达搜索范围外走错方向，失去了猎物的踪迹。尽管托维海军元帅的舰队只在 100 英里多一点的地方，但吕特延斯改变了航线，直接驶向圣纳泽尔，从而避开了这一威胁。双方擦肩而过，但这已经足够了：英国海军指挥官不知道“俾斯麦号”现在在哪里或在朝着哪个方向前进。

在伦敦，英国海军部的焦虑和紧张几乎是显而易见的，因为这座大楼里最优秀的成员正在努力解决这个复杂的难题，希望能够预测吕特延斯的动向。随着时间的推移，他们终于断定，几乎可以肯定吕特延斯的目的地是布雷斯特港。因此，当夜晚降临，托维的舰队和现在参与猎杀的所有其他舰船都接到了改变航线的命令。5 月 26 日早上 10 点刚过，海军的预测似乎得到证实，当时海防总队的一架“卡塔利娜”式水上飞机在云层中瞥见了“俾斯麦号”，并报告说其位置在那个法国港口的西北方 690 英里处。按照这艘战列舰当时的航速，它将在 5 月 27 日深夜到达安全港。在它得到德国空军轰炸机的保护之前，猎杀者最多只有 24 个小时的追踪时间。这充其量只是一个微小的机会。

此时，即 5 月 26 日夜，邓尼茨下令：“所有装备有鱼雷的潜艇立即出动，全速驶向‘俾斯麦号’所在的 BE29 正方形阵位。”[31] 这些潜艇要是发现了正在接近的英国战舰——至少有两艘战舰没有护航，其中包括“声望号”和“皇家方舟号”，猎杀者很容易会变成猎物。但是出现了一场新的风暴，只有赫伯特·沃法赫特（Herbert Wohlfahrt）指挥的 U-556 能够到达指定地点。由于他刚执行过一项长期任务，用光了所有的鱼雷，无论如何要返回港口，所以除了能够报告附近所有英国舰船的方位，什么也不能做。他写道，那天后半夜，“警报。一艘‘乔治五世国王’级战列舰和一艘航空母舰，可能是‘皇家方舟号’，突然从后方的迷雾中驶来，速度很快……如果我有几枚鱼雷，我本来可以原地不动地干掉它们两个”。[32]

这个时候，“俾斯麦号”看起来可能已经逃脱了，首相正强压怒火，与第一海务大臣一起待在英国海军部。他感到极为焦虑，以至于此时直接插手干预，命令庞德向托维发报：“必须不惜一切代价击沉‘俾斯麦号’。”他们两人这样做，违反了一个宝贵的协定：丘吉尔干涉了具体的操作问题，庞德则言听计从地向本土舰队总司令发布命令。首相并不太看重意志坚强但脾气暴躁的托维，曾经形容他“消极，没有进取精神，心胸狭窄”；[33]也许是考虑到这一点，他的语气异乎寻常地明确，甚至是粗暴。首相知道这位海军元帅的旗舰油料不足，在这种情况下，谨慎的做法是建议从敌人频繁出没的海域战术撤退；但他下令，为了确保消灭“俾斯麦号”，“如果……‘乔治五世国王号’有必要继续留在现场，它就必须这样做，即使这意味着事后会被拖走”。[34]丘吉尔早就知道，不管什么船只，靠拖船拖行都会面临遭受空中轰炸或者潜艇袭击的严重危险。然而对于英国首相来说，这是一场豪赌，无法考虑其他任何选择。

在这场战斗中，由于战列舰无法堵截“俾斯麦号”，立功的是“剑鱼”双翼舰载机中队，它们在5月26日快到晚上9点时从“皇家方舟号”上起飞，把这场大戏决定性地推向结局。飞行条件很恶劣。正如英国海军的官方历史学家所说，在“低雨云、强风、恶劣海况、暗淡光线以及激烈而准确的敌方炮火中……每个机组人员都极为勇敢，他们发射了13枚鱼雷，其中有2枚击中目标”。[35]一枚鱼雷击毁了“俾斯麦号”的操舵装置，使方向舵失去活动能力。于是，“这艘被丘吉尔称作‘海军工程的杰作’开始缓慢地兜起圈子，失去了控制，因此注定要遭到消灭”。[36]午夜时分，U-556的指挥官记录道：“我现在可以做些什么来帮助‘俾斯麦号’？离它那么近，却只能袖手旁观，这种感觉太可怕了。”[37]几乎同时，吕特延斯海军上将发出信号：“船只失去控制。我们将战斗至最后一发炸弹。元首万岁。”[38]

到这个时候，5艘英国驱逐舰已经赶到现场。他们的指挥官菲利普·维安海军上校命令用鱼雷齐射为“俾斯麦号”送终。虽然这艘战列舰没有了行动能力，但它的巨炮仍然完好无损，驱逐舰无法靠近，不能给它造成严重伤害。然而到了5月27日黎明时分，“乔治五世国王号”和“罗德尼号”（HMS Rodney）两艘战列舰赶过来完成这项任务。将近早上9点的时候，它们开火射击，1个多小时后，“俾斯麦号”成了“一个燃烧的屠宰场，它所有的火炮全都成为了哑巴”。[39]为了击沉它，已经有数百枚重炮弹和至少8枚鱼雷在它身上爆炸了，但它的旗帜依旧飘扬着，直到上午10点40分才消失在大海之中。尽管两艘英国战舰救起了110名幸存者，一艘德国潜艇在另一艘船只的帮助下又救出5个人，不过2000名船员几乎全部随同“俾斯麦号”沉没，其中包括吕特延斯。离开斯堪的纳维亚海域不到1个星期，这艘德国海军的骄傲就沉入了海底。

丘吉尔在英国圣公会总部（下议院会议厅毁于空袭后，议会被迫转移到这里）向国会议员宣布损失了“胡德号”之后刚刚坐下来，就接到这个消息。他立刻再次站起来宣布：“我刚收到‘俾斯麦号’沉没的消息。”之后，他回忆说：“他们似乎心满意足。”[40] 丘吉尔几乎赋予了击沉“俾斯麦号”以超自然的意义：

如果它逃脱了，它会继续在士气上产生影响，而且可能会对我们的航运造成实质性损害，这将是灾难性的。对于我们控制海洋的能力，会出现很多疑虑，这些问题会蔓延到世界各地，给我们造成极大的损失和麻烦。[41]

他的这个猜测可能是正确的，但这主要是因为它反映了东京、华盛顿、柏林和伦敦共同持有的海战态度。当然，英国皇家海军确实需要大型舰船来控制公海，以防范意大利人和日本人；但是对于潜艇在大西洋定期打击商船运输，以此挑战英国的海上霸权，英国人低估了其潜力。似乎只有邓尼茨极其清楚地意识到了这一点。

丘吉尔的满足感并没有持续很长时间。虽然“俾斯麦号”已经被击沉，但“欧根亲王号”仍然在大西洋的某个地方横冲直撞；丘吉尔认为，这可能是一个机会，能够实现他的首要外交目标——把美国拉进英国的战争。为了让亚历山大和庞德明白这个问题的重要性，他把自己的一个“今日行动”备忘录发给这两人，强调搜寻这艘德国巡洋舰是“最最重要的问题”。他暗示，劝说美国海军加入搜索行动，本质上可能要比消灭这艘敌舰更重要：

例如，要是一艘美国舰船发现了它，可能会更好，因为这可能诱使美方向该舰开火，从而引发正中美国政府下怀的事情……只要我们能够创造出一个环境，让一艘美国军舰去跟踪“欧根亲王号”，我们就能非常有效地解决［原文如此］这个最大的问题。[42]

虽然丘吉尔并不知情，不过他正在美国总统前面抢跑。罗斯福的一些顾问和英国首相一样，急切地想制造一个开战借口，但总统本人还没有走到这一步——他对“罗宾·摩尔号”被击沉的回应已经表明了这一点。无论如何，丘吉尔的计划短时期内都不可能成功，因为“欧根亲王号”躲过所有战舰的搜索，逃进了无边无际的大西洋——尽管因为发动机出现严重故障，它不得不返回布雷斯特进行大修。

纯属偶然，就在罗斯福 5 月 27 日发表“无限期全国紧急状态”广播讲话的同一天，“俾斯麦号”被击沉，事后他才了解到这个情况。然而到了这个时候，无论如何，他都在考虑做出更具广泛战略意义的决定。1 个多星期后，他采取了一项行动，海军作战部长哈罗德·斯塔克海军上将称之为“实质上的战争行为”：[43] 占领冰岛。虽然他在 1 个月之后才宣布这个决定，但它成为真正使美国卷入大西洋海战的一个事件的催化剂。

美国总统还不知道“罗宾·摩尔号”沉没的情况，他在 6 月份的第 1 个星期采取的行动并不是报复性的，而是先发制人的：

一些战略和战术需要结合到一起，形成了一个不可抗拒的军事逻辑。其中最明显的因素是他担心如果不采取行动，希特勒可能会抢先利用挪威作为踏板，发动海空联合行动入侵冰岛。如果德国在冰岛建立基地，美国和英国之间的护航路线将更加危险。出于同样的原因，从英美的角度来看，在冰岛建立一个大西洋中间的站点，将为护航舰队提供宝贵的补给基地；它还将为丹麦海峡提供空中掩护，尽管其他德国袭击者可能无视“俾斯麦号”的命运，寻机再次突入大西洋，对这片海洋及其他地区的各个地方造成严重破坏。对于罗斯福而言，占领冰岛有望一举两得：表明他对英国的承诺，同时在美国人民面前将其塑造为反对纳粹侵略的自卫行动。

由于冰岛已经处于外国占领的状态，美国总统的决定有些艰难。早在 1940 年 5 月 10 日，也就是丘吉尔成为首相的那一天，一支英国皇家海军特遣部队（他还是海军大臣时就已经派遣出去了）在雷克雅未克登陆，并夺取了这个国家的控制权。后来，一位支持这场行动但不愿透露姓名的战略家评论道：“谁控制了冰岛，谁就有了一支牢牢指向英国、美国和加拿大的手枪。”丘吉尔声称登陆得到了“其人民的同意”。[44] 这不是真话。冰岛民众没有预先得知英国的行动，冰岛政府愤怒地抗议该国的中立遭到“悍然破坏”。但是，虽然使用不可抗力公然违反了国际法——而且在某种程度上与第三帝国的一些行动可以相提并论，不过丹麦已在 1 个月前崩溃，由于担心这把“手枪”可能很快会落入希特勒手中，所以这些细节在英国战时内阁没有引起什么争议。

冰岛人无力进行武力反抗，登陆后数小时内，居住在岛上的少数德国人迅速被一支海军陆战队员抓捕起来送到英国拘押，其中包括一位极为惊讶的德国领事，他曾对受到的侮辱表示愤怒。几天之内，两艘万吨货轮为英国先头部队运来了卡车、布伦运兵车、弹药和补给物资。指挥这场行动的军官是海军少将科内尔姆·克赖顿（Kenelm Creighton）爵士。他对雷克雅未克并不感兴趣。他回忆道："不管我走到哪里，见到的都是成堆的鳕鱼头，我经过一堆鱼头之后，刚刚舒了一口气，不再用手帕捂着鼻子，马上又遇到另一堆。"[45] 除了冰岛首都，其他地方一片荒凉，人们态度冷漠：

像其他小中立国一样，他们曾希望远离世界的灾难，对他们来说，似乎我们就像德国人进入丹麦一样，在他们的岛上侵略性地扎下根来……他们疏远、保守，当我们的人（英国和加拿大军队很快就达到 2.5 万人）从街上路过时，他们就转过身背对着我们。[46]

在这些英国军人中，有一名青年军官西奥多·加迪安（Theodore Gadian），他以前是一位全科医生，1939 年签约进入英国皇家陆军医疗队（RAMC）服役。他的野战救护小组（146）在 1940 年 5 月的挪威灾难中幸运地毫发无损，初夏被派往他所称的"帝国最偏远的前哨之一……满目凄凉而且令人生畏，却有着独特的美丽"。像其他前线的很多服役人员一样，他不知道会在新岗位待多久，不知道是否会再次看到他生命中的新爱人，她叫戈尔达·亚历山大（Golda Alexander），被留在英格兰。*这对他们两人来说都是一场考验，很长时间里他受到禁令限制，不能告诉她自己驻在哪里。他给她写的信就像是感情救生索：

这个周末，我花了很长时间一遍遍地读你的信；每次这样做，我都会感到更加幸福快乐。我觉得，就像你在这里一样，它们让我们两人保持着亲密的联系。在别人看来，它们可能有一些伤感，而对我们而言，我们了解并欣赏彼此之间深沉的爱，当我们天各一方时，它们就是一切，比世界上的任何事物都重要。

加迪安虽然驻守在远离首都的一个小地方，却受到军事审查制度的约束，而且明显不愿意让未来的妻子担忧。他很少抱怨自己的命运，尽管有一次，他确实忍不住抱怨说，起初新军营“没有报纸，没有能用的无线电……没有电影院或舞厅”。不过，他更愿意谈论那些打破沉闷的时刻。当一艘跨大西洋邮轮在英国军舰的严密护送下进入港口时，他很高兴地描述了“华丽的”军官聚会，“女士们穿着晚礼服”参加，他们在被征用船只的舞厅里彻夜跳舞，还有船上的管弦乐队伴奏。

在这次聚会结束几天后，加迪安乘坐飞机来到格里姆斯比（Grimsby），为一艘渔船的船员进行医疗护理。此时战争对他来说真正发生了，在距离冰岛海岸约 60 英里的地方，该渔船遭到一架德国俯冲轰炸机的袭击。幸存者的故事激怒了这位年

---

* 西奥多·加迪安和戈尔达·亚历山大于 1942 年 2 月结婚。

轻的医务人员：

> 15 名船员乘（救生）船，手无寸铁、孤立无助，却遭到机枪扫射……他们在最恶劣的海况下划船走了 45 英里，被一艘冰岛船救了上来。他们被带到一个小村庄……1 人丧生，1 人受重伤……我们必须反击这种残忍野蛮的行径。

英国皇家陆军医疗队不仅照顾英国军人。9 月份的一天，一个 15 岁的冰岛女孩在父亲的陪伴下被送到加迪安所在的医院。女孩的父亲向加迪安展示了女儿的手臂，这是无声的斥责。

> 一名士兵（在她手臂上）文了一颗巨大的心脏，一支箭从中穿过……他们想让我去掉这个文身！它是用印度墨水文的，只能用酸来烧掉，这会留下很大的疤痕，没有办法。所以（这个年轻女孩）要把这个纪念品和军事占领的记忆带到坟墓里。[47]

可以想见，这样的事情虽然不大，却对缓解冰岛人不信任英国占领军的情况起不到什么帮助。然而，双方的关系还是逐渐改善了，到 1941 年夏天，加迪安在信中说："冰岛人开始更喜欢我们了。"

美国之所以决定占领冰岛，是与美国自己的战略优先目标分不开的，不过确认权力移交的谈判是从 1941 年 5 月 28 日开始的，当时美国总统与英国大使哈利法克斯勋爵（他以前是绥靖政策支持者，5 个月前洛西恩勋爵去世后，他得到了这个新职位）举行了一次会谈。对于丘吉尔来说，罗斯福的建议正当其时，他很快就认识到其中的意义。几个星期之前，他在写给继哈利法克斯担任外交大臣的安东尼·艾登（Anthony Eden）和海军大臣亚历山大的备忘录中告诫说，他认为政府高官对美国的提议反应既勉强又迂腐，好像事不关己。他写道："如果不事先过目，我宁愿不发这种电报，我们的航运与把美国人拉进战争相比，算得了什么？像这样的否定答案是令人不寒而栗的，与我们当前的目标不相符。"[48] 丘吉尔在信中毫不掩饰愤怒的紧迫感。

英国在各个前线都遭遇挫折和危机。2 月份，"尼罗河集团军"——丘吉尔当时给奥康纳（O'connor）将军指挥的西部沙漠部队起的绰号——把一支规模更大的意大利军队逐出了埃及，几乎将他们赶回的黎波里。但是，在政治因素的驱动下，英国政府要显示与盟友共进退，虽然当时处境艰难，首相还是把 4 个师从利比亚调往希腊，总兵力大约有 6 万人，目的是阻止德国国防军全面入侵，但这个计划注定失败。几个星期之后，面对势不可当的德国装甲部队进攻，英国远征军被迫逃跑，这个判断失误的军事冒险最终一败涂地。尽管英国皇家海军努力从雅典周围的海滩救出了 4 万多人，但是还有 1.5 万名或更多的英国和英联邦国家军人要么被俘要么被杀。

更糟的是，决定把这么多兵力重新部署到希腊，导致奥康纳向的黎波里的进军突然中止，不仅打破了将意大利人赶出北非的所有希望，而且使西部沙漠部队在埃尔温·隆美尔将军面前遭遇耻辱性的惨败。3 月 24 日，这位“沙漠之狐”在班加西西南方向约 200 英里的贝达富姆向英军阵线发动突然袭击，然后无视上司的命令，在沙漠中展开闪电战，不仅把不知所措的奥康纳军队赶回距埃及边境不到 100 英里的地方，而且在此过程中围困了图卜鲁格（Tobruk）港。他只用 6 天就打败了英国军队。

伦敦的最高统帅部担心会出现最坏的情况：“我想你已经意识到我们将失去中东。”[49] 帝国总参谋长向他的军事行动指挥约翰·肯尼迪（John Kennedy）少将吐露道。情绪一片悲观。当年 6 月，“尼罗河集团军”在利比亚边境向隆美尔发动反攻，结果遭遇溃败，兵力损失严重，之后甚至连丘吉尔也要认输了：“我去了查特威尔（他在肯特郡的庄园），闭门谢客，想一个人静一下。我可以在这里接到情况报告。我还在山谷里徘徊了几个小时。”[50] 他早就意识到，英国要想避免继续发生灾难，唯一的希望就在白宫，而罗斯福拖延的时间越长，情况就会变得越严重。因此，当哈利法克斯告诉他，美国人愿意接替英军占领冰岛时，他喜不自禁。

5 月 30 日，他回复了罗斯福，建议美国的接管应该“尽早……如果有可能，在接下来的 3 个星期或更短时间内就完成，或者马上开始，这件事的精神意义甚至比其军事意义更重要。你只要说一句话，我们的参谋人员就可以立刻开始工作”。[51] 他之所以如此急切，部分原因在于他想到可以把英军转移到中东地区受到强大压力的战线，但主要还是因为他认定——斯塔克也已经注意到——罗斯福提出这个建议，将不可避免地使美国更加接近与英国结成彻底的反德军事联盟。

英国开了绿灯之后，罗斯福表现出其标志性的谨慎果断。6 月 5 日，他命令美国海军为登陆冰岛做好必要的准备。12 天之后，海军上将斯塔克敦促霍普金斯取得总统的正式确认，以便主动实施一个有着“如此多潜在破坏性”的行动。得知一支美国特遣部队准备于 6 月 22 日出发之后，他断言：“我将等待最后的‘执行’，直到总统发话，因为你知道，冰岛政府还没有发出邀请。”[52] 这个“邀请”只不过是让冰岛保留脸面的遮羞布。雷克雅未克当局无疑知道，虽然美国希望征求他们的同意，但这绝不是美国占领的先决条件。驻冰岛的总统心腹特使林肯·麦克维（Lincoln MacVeagh）几个月后告诉罗斯福说：“军事占领并不受欢迎。但是比较精明的领导人知道，这总比被入侵强。”[53] 冰岛总理在 6 月 24 日与丘吉尔举行会谈之后，正式向美国总统发出“邀请”，这个文件好像就是在华盛顿起草的，当然，美国很快就接受了。[54]

外交方面的细节工作已经完成，美国总统于 7 月 7 日向国会通报了他的决定，当时美国特遣部队已经抵达了雷克雅未克，次日，一支先头部队登陆，最终来到冰岛的美军人员达到 4 万名。做出这个决定，他不仅需要一些政治勇气，还要有外交手腕。几天后，华盛顿的一位英国官员在提交给外交部的一份公众舆论分析报告中，引用了一位不愿透露姓名的“观察家”的话，这个人把美国人民比作“观看精彩电影的观众。希特勒是一个狡猾的恶棍，英国是勇敢但不太聪明的英雄。全体观众都对这位英雄持同情态度，但是仅此而已。他们没有看到有人号召他们对此采取任何行动”。[55]但是，占领冰岛带来的军事影响迟早会迫使美国海军采取攻势。虽然罗斯福还没有准备好进行这种冒险，但无论观众希望或担心什么，事情的发展趋势都是不可阻挡的。

起初，驻扎在冰岛的美国军队并不受当地居民喜欢。据林肯·麦克维说，执勤的美军哨兵有个毛病，“太容易扣动扳机”。有一次，他告诉罗斯福：“一名驾驶汽车路过哨所的男子就因为这个被杀了。哨兵明显喝了酒，他没有真的瞄准，而是从屁股后面扣动了步枪的扳机……这在人们中间引起了极大的惊愕和恐惧。”2 个星期之后，一名哨兵开枪打死了一个正在他的岗哨旁边玩耍的 12 岁男孩；虽然这名士兵被指控谋杀，但“当地人的情绪和不信任感增加了”。麦克维从这些事件中得出结论：“我们中的一些人仍然极其缺乏训练”，而且他们在这个偏僻的军事前哨站忍受着“无趣的生活”，这个情况肯定会影响到他们的行动。

冰岛的环境很难有利于提高士气。士兵们几乎没有机会逃脱乏味的军营生活，没有可以替代集体餐厅的娱乐之处。在夏天，新来的人可能会到军事基地外面探索这个岛屿，但是月光照耀下山脉环绕的美景很快就让人感到厌倦了；盛夏季节，太阳整夜不落，深冬时节，冰岛一天 18 个小时都会笼罩在黑暗中。虽然低地的气候相对温和，夏天从零下 10 摄氏度到零上 21 摄氏度，不过当飓风来袭时，狂风会在被惊涛骇浪包围的极地荒漠中呼啸。冰岛不适合胆小的人。

为了提高部队的士气，美国大使们试图让他们明白，他们的任务至关重要。正如林肯·麦克维向罗斯福所解释的，为了达到这个目的，他向部队提出了一个具有说服力的问题："如果德国控制那里（冰岛），而不是我们或我们的盟友控制，那么我们会面临什么样的局势？"[56] 当他在 1941 年 11 月写下这些话的时候，美国仍然没有正式与德国开战，但罗斯福在大西洋展示了一个全面的"好战"姿态。正是由于美国总统做出在大西洋占据这一偏远岛屿的战略决策，才最终促使他正式宣战；这不是早有预谋的，却是不可避免的。他向美国人民解释的时候，使用了一个朴素却引人注意的比喻："当你看到一条响尾蛇做出攻击的姿态时，不要等待……要踩死它。"[57]

08

美国放手出击

“俾斯麦号”被击沉后，雷德尔在德国最高统帅部内的影响力开始终结。对于这位海军元帅而言，损失了那艘象征性的战列舰，意味着一项英雄事业的悲惨结束。对于希特勒来说，这是一种羞辱，他认为德国海军总司令本人应该对此负责。“希特勒的态度发生了彻底而且不可逆转的变化，”雷德尔回忆说，以前，“只要不涉及政府政策或其他兵种，我拥有相对的自由，但他现在变得非常挑剔，易于坚持己见。”[1]

希特勒的直接反应是禁止雷德尔进一步派遣任何水面舰艇进入大西洋——战列舰不行，巡洋舰不行，航空母舰不行，驱逐舰也不行。它们不得部署，只能留在港口内，等待苏联战役结束。这对于一个将自己的声誉投入到建立一支能与世界任何列强相抗衡的大型主力舰队的人来说，是一次毁灭性的打击。不仅如此，而且实际上他所珍视的曾在远海“大胆主动”发动战争的水面舰队也成了无关紧要之物。[2]雷德尔既骄傲又顽固，继续计划进一步突破大西洋，只是他的建议被元首专横地否决。至少到此时为止，这支舰队虽然没有被完全封存起来，但实际上已经无法出动了。只有那些装备重武器但伪装性极强的“辅助”商船改装巡洋舰仍然可以自由地在海上驰骋，不过它们对德国海战所做的那点微不足道的贡献也持续不了几个月了。从现在开始，大西洋运输队的威胁只有潜艇（德国空军也构成比较小的威胁）。有一段时间，英国人似乎断定英国皇家海军赢得了潜艇战，在当时看来好像他们是对的。

雷德尔被排除出希特勒的私密顾问圈子，导致邓尼茨也失去了直接联系元首的渠道。希特勒否决了水面舰队的部署，无意中证明了邓尼茨坚定不移的信念，即潜艇战是在大西洋击败英军的唯一现实途径。他想表明，“俾斯麦号”被击沉绝非显示出“敌人已经改善了大西洋的巡航制度，致使我们自己的水面舰艇明显无法在这些海域作战”。[3] 但是，令这位潜艇部队总司令感到沮丧的是，他得到的潜艇数量太少了，远远没有达到他所说的打赢吨位战所需的 300 艘这个数字。

他在 7 月和 8 月抱怨说，他最多只有十几艘可用的潜艇，巡逻在“从格陵兰岛到亚速尔群岛的整个广阔海域”，这可能是整个海洋中最容易取得战果的猎场。这片面积达 18 万平方英里的大西洋水域被英国称为大西洋鸿沟，超出了英国飞机的巡航范围。虽然美国制造的“解放者”I 型轰炸机航程可达 2700 英里，能够覆盖该区域，但是 1941 年夏季交付的第一批该型远程轰炸机配属给了空军部，用于英国皇家空军轰炸德国的行动，而这种飞机本来可以在大西洋海战中发挥关键作用（而且在未来18个月里还会继续如此，引起很大争议；见第18章）。如果邓尼茨此时能够充分利用“解放者”缺席的机会，“狼群”很可能切断英国的大西洋重要补给线。然而，区区12艘潜艇阻止不了船只的运输，更不用说封锁码头区了。事实上，他不可能使出这种撒手锏。邓尼茨写道：“一次又一次，……潜艇徒劳无功地在海上到处搜寻，徒劳无功地想找到敌人。”据他估算，7月份和8月份在各大洋击沉船只的总吨位只有“区区”174 519吨，与前3个月相比急剧下降了。[4]

要不是邓尼茨要求将他的一部分舰队从弗里敦的巡逻区转移到英国和直布罗陀之间繁忙的海上通道，那么6月的战绩将更加令人失望。这个英国堡垒居高临下地扼守着地中海的入口，只要它在英国手中，轴心国军队几乎不可能进出墨索里尼所认为的意大利海上后院。在这位意大利领袖的心目中，地中海与其说是一个海洋，不如说是意大利的一个湖泊，在他梦想有朝一日建立的意大利帝国中，另一端的利比亚是非洲最重要的殖民地。英国在中东占据着统治地位，使他的设想和现实之间存在着障碍。与此同时，直布罗陀巨岩不仅阻止意大利进入大西洋，而且也使希特勒企图利用西班牙作为跳板来占领北非和亚速尔群岛的尝试全部无法实现——如果希特勒达到了这个目的，德国空军的远程轰炸机就可能威胁到南美洲海岸，那里被华盛顿视为后院。

从英国的角度来看，坚守直布罗陀是一项战略需要。虽然大多数平民（大约1.5万人）在1940年被疏散，但这个要塞驻守了第1和第2直布罗陀旅；英国皇家海军港是H舰队的基地，这是一支开创性的航空母舰特遣舰队，由“皇家方舟号”航空母舰、“声望号”战列巡洋舰和“谢菲尔德号”（HMS Sheffield）轻型巡洋舰作为先锋，还有其他战舰作为补充，其中包括20艘驱逐舰；同时，这里也驻有英国皇家空军海防总队第202“箭鱼”双翼机中队和水上飞机（“卡特利娜”式和“桑德兰”式）。如果邓尼茨的潜艇能够成功切断直布罗陀巨岩的食物、燃料和武器供应，不仅会威胁到驻军的生存，而且还会使其更难保护为马耳他输送紧急物资的运输队。这个受到围困的要塞孤岛对于在西部沙漠打击轴心国部队的行动来说至关重要，该基地可以阻止意大利从利比亚运送补给物资以供隆美尔袭击埃及。由于德国最高统帅部同样意识到了这些复杂的战略问题，因此，通向直布罗陀巨岩的通道已经变得和各大洋中的其他水域一样危险。因此，经常往返于利物浦和直布罗陀的运输队总是受到严密保护。

其中一个编号为OG71的运输队于8月13日离开利物浦。它包含23艘商船，由3艘皇家海军护航军舰陪伴，其中一艘是“风铃草号”（HMS Campanula）护卫舰，一级上尉尼古拉斯·蒙萨拉特在上面服役。这位未来的小说家于1940年年初申请加入“皇家海军志愿后备队”（RNVR），此后一直在“风铃草号”上服役。在海上待了1年之后，他成为一位经验丰富的军官，曾经历过大西洋最恶劣的天气，也目睹了可怕的人间苦难。他的父亲是一名外科医生，所以他到“风铃草号”上担任这一职位被认为有着充分的理由，尽管他从未研究过医学，更不用说使用手术刀了。就这样，他开始经历后来他所谓的“我生命中最吓人的恐怖电影”。他的患者通常是其船只在大海中被鱼雷击沉后被救援上来的运输队商船船员：

幸存者喘着粗气爬上船，或者像油浸的鱼一样被人用攀爬网拖到一边，或者用绳索吊起来，伤痕累累的身体再受一次折磨……他们可能咽下了一口腐蚀性燃油，内脏都要咳出来了，一直咳到死去；他们可能在极度痛苦的寒冷和疲惫中颤抖；他们可能受了重伤，一直处在惊恐之中；他们可能会因为极度的痛苦、绝望的烧伤和四肢骨折而痛苦号叫。[5]

在没有手术室（护卫舰空间狭小，没有地方设置）或者麻醉剂帮助的情况下，他不得不缝合被割破的喉咙，小心地把"一个快要掉出来的眼球"放回眼窝，把内脏放入洞开的腹部。直到接触到这些伤情，他才知道"它们真正的气味是如此难闻"。[6]

这位年轻的一级上尉不得不自己领会临床医生必不可少的冷静。他刚过 31 岁生日没多久，就埋葬了 8 个人：

8 个人，8 名水手，8 位伙伴——我应该流泪，我应该手按胸口进行悼念……但是……我发现自己仍然有胃口，喜欢炸面包、鸡蛋粉煎蛋卷和 1 小时后奖励给我们的冲淡的咖啡精。[7]

但是，各个国籍的人从大海中获救上船时，都带着鱼雷袭击带来的恐惧和迷惑，他频频目睹这些人的痛苦，不可能不受到触动。"在混乱的甲板上，到处都是幸存者……说话、发抖、狼吞虎咽、目光呆滞。"[8]

蒙萨拉特厌恶他的舰长理查德·凯斯（Richard Case）海军少校，因此他的任务更加不容易。作为“皇家海军后备队（RNR）中的长期专业水手”，凯斯明显鄙视“两腮粉红的业余 RNVR 成员”——这位下级军官认为，海军后备役的这两个分支存在“长期愚蠢而幼稚的争斗”，因此相互瞧不起；他认为，这种内斗是全职海军军官与那些征召的后备役军官之间矛盾的反映。但是，按照蒙萨拉特的说法，凯斯极其令人讨厌，作风跋扈。舰长满口“刺耳的囚犯俚语”，似乎热衷于羞辱手下的军官，总是像发命令一样咆哮：“蒙萨拉特！该死的勤务员去哪儿了？”“蒙萨拉特！那根电线又松了！赶紧！”“蒙萨拉特！我的船舱太吵了！”有一次他说：“蒙萨拉特！我叫你 10 分钟了！”“对不起，长官，我在洗手间。”“不要去洗手间！烘干它！”[9] 这位一级上尉和他的同事别无选择，只能忍受下去，但是带着鄙夷的沉默。

此时，即 1941 年 8 月，出现了“最为恐怖的航程”。OG71 已进入大西洋深处，远离部署在法国海岸的德国空军轰炸机的打击范围。“风铃草号”已经进行了改装，装备了新式的雷达装置，海面平静，微风轻拂。对于蒙萨拉特来说，这种条件“似乎让整艘船远离战争，感受到活着和漂流着的简单而温暖的乐趣”。有时会遇到鲸鱼和姥鲨，他们还看到过一只海龟。船员们聊着天，说着多年海上生活中听到的古老的笑话；前往目的地的路已经走了一半，大家都很快乐。

8 月 17 日破晓时分，安详的气氛好像要再次降临。但是当太阳从地平线上升起时，瞭望员发现一架敌机正在接近，打破了平静。这是一架远程的“福克沃尔夫”（Fock–Wulf）式侦察机，它在运输队的头顶上空盘旋，远离炮火的射程。“风铃草号”的气氛立刻发生了变化。他们被发现了，他们的速度和方位被标示出来，用无线电发回到洛里昂，邓尼茨立刻从那里发出命令，派遣8艘潜艇在距目的地约500英里的海域堵截航行缓慢的运输队。陷阱很快就设好了，“狼群”在8月19日一大早等到了猎物。此时，正如蒙萨拉特所说：“战争的最前线将我们短暂的天堂撕成血腥的碎片。”[10]

不同寻常的是，邓尼茨命令他的狼群先攻击护航军舰，然后再击沉由它们保护的商船。最先损失的军舰是一艘老迈的“四烟囱”驱逐舰“巴思号”（HNoMS Bath），是美国根据“驱逐舰换基地”协议移交给英国皇家海军的一艘船，不过当年早些时候转给了挪威海军。它在遇袭后发生爆炸而沉没，人员损失严重。在接下来的5天航行里，尽管护航舰队疯狂努力，而且得到来自直布罗陀的英国皇家空军“卡特利娜”式和“桑德兰”式水上飞机支援，还是又有9艘船被击沉。其中6艘是为直布罗陀运送防御用补给和武器的商船，另外2艘分别是“阿吉拉号”客轮和“百日菊号”（HMS Zinnia）花级护卫舰。

“阿吉拉号”上的乘客包括大约90名军人，其中有22名皇家海军妇女勤务队成员，她们自愿去直布罗陀担任密码和无线电操作员。U–201的施内（Schnee）海军上尉很受邓尼茨赏识，被认为是“一个非常出色”的人，[11]他在运输队后面跟踪了一个白天和大半个夜晚，于8月19日凌晨抓住了机会。他在护航队中找到了一个缺口，快速连续发射了4枚鱼雷。其中一枚击中了“阿吉拉号”，导致该船几乎立即沉没，58名船员、运输队队长和89名乘客丧生。没有一名皇家海军妇女勤务队成员幸免于难。*

8月19日一共损失了4艘船。另外有2艘在22日沉没，次日晚上又有4艘进入德国人的战果名单。最后一艘是“百日菊号”，它被另一个王牌艇长赖因哈德·“泰迪”·祖伦（Reinhard Suhren）指挥的U-564发射鱼雷击中。“百日菊号”被摧毁使幸存的护卫舰船员深受刺激。当鱼雷击中“风铃草号”的姊妹舰时，蒙萨拉特亲眼看到爆炸，他对这样的经历感到“悲痛和恶心”。

黎明破晓时，“风铃草号”也加入了搜寻幸存者的行列。当船员们把6个人“猛拉”到安全地带时，蒙萨拉特负责管理攀爬网。蒙萨拉特非常尊敬“百日菊号”的舰长查尔斯·卡思伯森（Charles Cuthbertson）海军少校，但这几个获救者中并没有他。当他听说卡思伯森和另外9个人一起被其他船只救了出来时，他感到非常宽慰。不过那艘军舰上有75名船员不是那么幸运。

几天后，当悄然到来的潜艇不声不响地消失后，“风铃草号”返回了直布罗陀。卡思伯森上了船，但沉默寡言。蒙纳拉特写道：“我只能告诉他，我照管了他那些受到惊吓的幸存者，埋葬了死难者；那些人和我们舰上的水手一样，他们的忠诚服务无损荣誉，他们死不瞑目证明了他们最后的惊讶。”[12]

---

* 在1944年人数最多的时候，皇家海军妇女勤务队成员达到7.5万人，在第二次世界大战期间，大约100名该组织成员殉职。

8 月 13 日，即 OG71 号运输队开始致命的直布罗陀航行的那一天，“威尔士亲王号”正在全速驶离加拿大设在纽芬兰的阿真舍（Argentia）海军基地。一群英国外交官、军事顾问和丘吉尔就在舰上，他们在参加了与美国总统举行的首次峰会后返回。丘吉尔和罗斯福曾在 20 多年前短暂相遇，但这次见面完全不同。尽管大西洋两岸的专家们一段时间以来都怀疑这种会谈即将发生，但是这次会谈的准备却极为匆忙，而且高度保密。哈里·霍普金斯再次成为中间人。

7 月 14 日，他第二次来到英国与丘吉尔见面，却带来了一群美国高级军官。他们此行的主要目的是讨论是否有必要通过北冰洋开辟一条新护航运输路线，为苏联提供援助，同时不影响英国穿过大西洋的补给线。但霍普金斯也接到指示，对于丘吉尔既要捍卫大英帝国又要防御德国入侵本土前线的决心，有必要提出疑虑。霍普金斯没有拐弯抹角，向丘吉尔建议说，华盛顿越来越相信中东是保不住的，英国人应该考虑退出那个遥远的前线，将所有的力量集中到大西洋海战上，在美国政府看来，那里才是“这场战争的最后决战”之地。[13] 此外，这样进行资源转移，可以及时把军舰和货轮解放出来，美国海军部战争计划处主管罗伯特 L. 戈姆利（Robert L. Ghormley）海军上将警告说，“太平洋和印度洋可能都需要”。[14]

令丘吉尔感到高兴的是，正如霍普金斯坦率解释的那样，总统“对他的顾问采取了一种不同的态度”，因为他认识到“英国人必须要在所有能找到敌人的地方作战”。[15] 英军领导人们急切地抓住这一点安慰，反驳其美国同僚，纷纷宣称英国的海军、陆军和空军正日趋强大。丘吉尔本人断言——有些言之过早——大西洋海战的局势正在改善。更有说服力的是，他也警告说，轴心国力量通过“长驱直入西班牙并经过直布罗陀进入北非和西非”，可以建立一个进攻美洲半球的前哨。他认为，如果美国卷入反对希特勒的战争，那么可以在北非建立一个打击欧洲德军的前方基地，预防发生这种危险，将会对局面更有利。不言自明，在这种情况下，英国保护其在地中海和中东的战略利益至关重要。由于这个问题没有得到解决，会谈被无限期地拖延了下来。

如果华盛顿怀疑英国的帝国主义骄傲对丘吉尔来说是一枚苦果，那么霍普金斯知道如何给它加上糖。在一系列会谈中，有一天下午他与英国首相一起坐在唐宁街10号的玫瑰园里，他说美国总统发出邀请，建议两人聚在一起讨论他们共同关切的事务。丘吉尔的私人秘书乔克·科尔维尔（Jock Colville）观察力极强，他说这一邀请让首相“兴奋得宛如一个学期最后一天时的小学生”。[16]邀请正当其时，丘吉尔本人承认，他“急切地想会见罗斯福先生”。霍普金斯离开华盛顿之前，罗斯福给了他一封草草写好的信，其中直白地说“不谈战争”，但丘吉尔显然对此毫不在乎。[17]丘吉尔称美国需要立即向德国宣战，而罗斯福在这一点上明显不愿意受到能言善辩的丘吉尔影响。

霍普金斯在伦敦时，同时为总统想到了一个新灵感。他给罗斯福发电报，建议自己应该在返回美国之前飞往莫斯科，作为总统特使会见斯大林。这次行程漫长而艰苦，目的与他第一次访问伦敦时大致相同——掌握苏联所处困境的第一手信息。罗斯福立刻答应了，这次行程被证明是战争中最重要的行程之一。霍普金斯给这位苏联领导人带了两条信息。其中一条是罗斯福的，表明“我们全体美国人民对苏联人民在捍卫自己的自由和争取独立的战斗中表现出来的无与伦比的英勇表示极大的钦佩”；[18] 另一条信息来自丘吉尔，他要求霍普金斯告诉斯大林，“英国今天只有一个目标，也是一个愿望——打垮希特勒。告诉他，我们靠得住”。[19] 如果曾经有过“敌人的敌人就是我的朋友”这种情况，那么资本主义世界的这两位领袖主动向世界上唯一一个共产主义国家的领袖做出这种表示就是这种情况的极致。

斯大林和霍普金斯的会谈持续了3天，并且确定了一份苏联所需物资的长长的清单，还留下了对美国这个新盟友的生动描绘——那是霍普金斯的手笔：

当这位苏联领导人站在那里看着我离开时，没有人能够忘记他的形象——他严肃、强壮、坚定，脚上的皮靴亮得像镜子，裤子宽松肥大，衬衫紧贴合身。他身上没有什么装饰，军用的或者民用的都没有。他身材不高，就像橄榄球教练梦寐以求的阻截队员一样……他的手很大，和他的思想一样坚硬。他的声音很严厉，但一直有所控制……他似乎自信无疑。他向你保证，苏联将顶住德军的进攻。他理所当然地认为你也不会有任何疑问。[20]

与斯大林进行会晤证实了霍普金斯的直觉，即西方军事观察员向华盛顿和伦敦发回的信息极为悲观，低估了苏联抵抗德军的能力。苏联领袖对本国和希特勒军队的相对实力做了长时间的详细评估，这位罗斯福的心腹对此显然印象深刻。他总结说，斯大林思路清晰，信息灵通，自信而坚定；如果得到西方盟国适当的军事支援，没有理由估计红军会在德军的进攻下崩溃。虽然霍普金斯向苏联领导人明确表示，他无法代表美国或英国做出正式承诺，但他乐意说服西方盟国不仅应该批准提早向苏联运送高射炮、机枪和步枪，而且也应该在适当的时候考虑支援重型火炮、坦克和轰炸机。

两人继续研究提供这些援助的最佳方法。通过伊朗的陆上线路尚不完善，不适合运输重型货物；而日本海军在太平洋地区构成威胁，美国船只实际上无法使用苏联的远东港口符拉迪沃斯托克。虽然这两条路线后来都更为重要，但在未来几个月唯一可行的选择是利用海上运输队，通过北冰洋前往摩尔曼斯克和阿尔汉格尔斯克等北方港口。霍普金斯离开莫斯科，确信应该尽早提议采取这个危险的行动。

在华盛顿，对苏联的怀疑和不信任仍然占据上风。因此，当苏联大使康斯坦丁·奥曼斯基（Konstantin Oumansky）要求国务卿史汀生“提供军事机密”时，他得到了直言不讳的答复，称在美国观察员获准进入苏联战区之前，不会批准“这种非同一般的特权”。[21]

同样，直言不讳但广受尊重的助理国务卿阿道夫·伯利（Adolf Berle）警告霍普金斯对苏联过于热情，不要被牵着鼻子走，苏联领导层“不可预测”，不能忽视苏联与德国恢复友好的可能：“德国可能会发生一场军事政变，一名将军成为独裁者，苏联与德国立即结盟。从他们的宣传来看，显然苏联人正在做这样的事情……所以，看在上帝的分上，请感情用事的人自己注意。”[22]

丘吉尔和罗斯福没有忘记这些问题，但对霍普金斯的分析印象深刻，所以决定批准第一支运输队立即前往苏联，履行对斯大林做出的口头承诺。1941 年 8 月 21 日，6 艘商船在 3 艘英国驱逐舰、2 艘扫雷艇和 2 艘武装拖船的护送下，离开雷克雅未克前往阿尔汉格尔斯克，10 天后抵达了这个苏联港口，途中没有发生任何事故。

运输队即将到来之时，美国驻莫斯科大使劳伦斯·斯坦哈特（Laurence Steinhardt）得到指示，向克里姆林宫保证物资运输已经开始。最初的货物包括战斗机、燃料、坦克和弹药、原材料和食品。[23] 克里姆林宫得到消息，这些物资将在秋季和冬季交付。

当霍普金斯与斯大林在一起时，华盛顿和伦敦正在匆忙安排跨越大西洋的会面，会面计划于 8 月 10 日在纽芬兰省普拉森舍湾（Placentia Bay）的偏远水域举行，美国海军在那里的阿真舍设有基地。霍普金斯决定及时回到英国，和丘吉尔一起乘坐“威尔士亲王号”穿越大西洋。与克里姆林宫的会谈刚结束，他就飞往苏格兰，虽然天气条件恶劣，但他顾不上推迟离开苏联的建议。这次飞行很艰难，遇到强烈的逆风；这位虚弱的美国人到达斯卡帕湾后感觉“极度不适”，[24] 但原因并不是湍流，而是他赖以减轻胃癌痛苦的药袋不知道丢在莫斯科的什么地方了。当英国首相一行准备登上那艘战列舰时，就连丘吉尔也关切地指出，他这位新朋友看起来有点“惨不忍睹”。[25]

因为需要高度保密，双方要像搞间谍活动一样准备这次会议，确保不会让美英公众发现，更不用说德国军事情报部门“阿勃维尔”（Abwehr）了。罗斯福登上总统游艇“波托马克号”，假装出去度假，从而躲开了自己的记者团。一旦从重重包围中溜出来，他就转登“奥古斯塔号”（USS Augusta）驱逐舰，踏上这次秘密会谈的旅程。丘吉尔也以类似的秘密方式，在一群“就连红衣主教沃尔西可能也会羡慕的随从”的陪伴下，[26]于8月4日如期出发。最初“威尔士亲王号”的两侧有一支驱逐舰队护航，但由于天气变得恶劣，海况很差，这艘战列舰很快就不得不放弃护航舰队，因为那些驱逐舰无法维持按时到达目的地所需的高速。此后，这艘战列舰独自在大西洋上曲折航行，以避开四处袭扰的潜艇。尽管这次航行并非没有风险，但“威尔士亲王号”的最高航速几乎达到了30节，因此相比速度较慢的舰艇，危险会小很多。6天后，丘吉尔一行如期抵达普拉森舍湾，没有被外界发现。

1941年8月10日，英国首相和美国总统在停靠于普拉森舍湾的“奥古斯塔号”上见了面，进行了为期3天的激烈讨论和争辩。伊恩·雅各布（Ian Jacob）上校作为战时内阁的军事助手参加了英国代表团，*他回忆起这次会谈“本质上有点像两

---

* 雅各布很快被丘吉尔提升为中将，在丘吉尔的多次战时出国旅行中，他几乎都陪伴左右。战争结束后，他进入BBC工作，其间曾于1951年短暂重返唐宁街10号，之后在1952年回到BBC担任总裁。

头雄鹿第一次碰面，这两位伟人想要好好看看对方”。[27] 他们的关系发展迅速，几乎没有自欺欺人。虽然他们相处得很轻松，但他们一刻都没有忘记“他是什么人或代表什么，以及对方是什么人或代表什么”；丘吉尔“很快就了解到，他面对的美国总统是一个深不可测的人——他精于使用手腕，既不会被具体的问题缠住，也不会违背自己的判断、意愿或直觉而匆忙做出明确承诺”。[28] 对罗斯福来说，他迅速发现英国首相在追求一个目标的时候是多么顽固。

虽然美国总统事先下达了“不谈战争”的禁令，但是丘吉尔的目标是建立一个联盟，让人们认为两位领袖在战略上结为一体。在这方面，他们两人意见一致，尽管这个联盟在多大程度上将会落实甚至超越口头上的友好表达，还非常难以确定。然而，这次后来闻名于世的大西洋会议确实很有象征意义。它不仅肯定了跨大西洋的紧密联系，而且还确定了一系列共同价值观和愿景的神圣地位，早在谈判开始之前，英国方面起草的《大西洋宪章》就把它们写了进去，两位领导人在会面结束那天又进行了完善并最终签署。宪章的语言充满了善意的承诺。它确认两国支持自决、自由贸易，并且在“纳粹暴政最终被消灭之后”，主权国家为了国际和平与安全而放弃战争武器，在世界上终结“恐惧和匮乏”。* 但是如何实现这一目标，特别是美国在这个过程中可能扮演何种角色，被谨慎回避了：至少此时对于公众来说是这样，“不谈战争”仍然是罗斯福的指导原

---

* 《大西洋宪章》后来将成为《联合国宪章》的蓝本，希特勒垮台后，后者于 1945 年 10 月 24 日生效。

则。尽管如此，虽然第一次首脑会谈没有出台任何实质性的政策，但是发表的铿锵有力的声明确实提供了一个有益的公共平台——未来双方将在此基础上构建一个构架，并发展出决定性的外交和军事关系——同时回避了丘吉尔顽固坚持的对大英帝国的承诺。

在回到华盛顿之后，罗斯福受到白宫记者团的冷遇。他们乐意相信双方关系是建立在相互信任和诚实的基础上的，现在，他们中的很多人对总统在一个星期之前偷偷溜走感到不满，不像往常那样对罗斯福全无质疑。作为补偿，他们期待罗斯福至少透露一些有意思的真实情况和内幕消息。然而，当他邀请记者们登上“波托马克号”时，什么也没有说，拒绝直截了当地详细说明“宪章”中的含义。一位沮丧的记者问道，罗斯福与英国首相见面是否会使美国更接近战争，而总统的回答是明确的“不”。然而，为了避免让丘吉尔感到不安，他利用白宫大厅的规定坚持要求，即使是这个回答也不应该引用原话。

美国总统有充分理由不和盘托出。在掩饰《大西洋宪章》的背后，他和丘吉尔都隐瞒了这次会谈真正和直接的意义。总统的儿子埃利奥特（Elliott）是一名陆军航空队军官，他与父亲一起参加了“奥古斯塔号”上的会谈，他声称丘吉尔第一次会见美国总统的时候就宣布：“这是你唯一的机会。你必须站到我这边！如果你不宣战，不加入我们的战争，想要等他们先发动攻击，那么一旦他们在我们失败之后对你们发动进攻，他们的首次攻击也将是最终攻击。”[29] 虽然这番话夸张反映了丘吉尔的私人感受，不过这位小罗斯福作为见证人以不靠谱而闻名；

无视美国总统不谈战争的要求，如此厚着脸皮说话，英国首相不太可能做出这种错误举动。但是，丘吉尔确实与总统一些随行人员提起过这个违禁话题，后来他声称已经告诉罗斯福的圈子，他现在“宁愿让美国宣战，即使需要停止 6 个月的物资供应，而不是得到双倍的供应，但美国就是不宣战”。[30]

关于他们两人的私人谈判内容，没有详细记录，但从发回战时内阁的报告来看，英国首相觉得用罗斯福的话来说就是：“他会发动战争，但不会宣战，而且他会变得越来越具挑衅性。”此外他补充说，美国总统还“明确表示他会寻找‘一个事件’，让他的开战具有合法性”。[31] 无论罗斯福是否说过这样的话，未来发生的这类事件很可能就源于他在“奥古斯塔号”上会见丘吉尔的那个晚上做出的决定。

美国总统把他的军事顾问召集过来，告诉他们说，从 9 月 1 日开始，美国军舰不仅需要保护美国商船去冰岛，而且至关重要的是，其他任何国家的商船都可以自由加入美国商船运输队，从而受到美国政府的保护。他进一步指示军方领袖说，只要这种运输队中有一艘美国或冰岛商船，那么外国商船不限数量都可以悬挂美国国旗以获得保护。美国护航舰艇的确切作用被故意模糊化处理，但潜在的影响不言而喻。正如罗斯福明确告诉其顾问的那样：“袭击开始后，护航舰艇再开火就为时已晚了。”[32]

罗斯福总统的决定显示出其标志性的信念和手腕，考虑到国会中盛行的气氛，公开和正面地与德国开战即便有可能，也会是极其困难的。然而，他含蓄地承诺保障英国的大西洋生命线不受破坏，也表明他确实愿意考虑介入大西洋的冲突。正如他决定将美国安全区扩展到西经25度一样，他又一次暗中提高了赌注。

罗斯福很清楚，英国海军在大西洋、地中海和远东地区的力量已经极度紧张，如果他要求英国护送向苏联运送美援物资的运输队，就必须在某些地方提供帮助。因此，当丘吉尔在普拉森舍湾的第一次正式会晤中向罗斯福提出，英国需要从西大西洋的护航任务中撤出至少48艘战舰，以“加强保护直布罗陀和西非航线”（邓尼茨最近把他的大部分潜艇从北大西洋重新部署到这里），他发现正中罗斯福下怀。罗斯福欣然赞同这个建议。

英国首相得到了保证后，于8月12日告别罗斯福，乘坐军舰驶回英国。他一出海，就向乔治六世国王、澳大利亚总理罗伯特·孟席斯（Robert Menzies）和工党领袖克莱门特·艾德礼（Clement Attlee）发电报，后者在战时联盟中担任副首相。丘吉尔的口气很乐观，这反映出他相信一个“理论上中立”的强国与“一个处在战争中的大国”一起呼吁摧毁纳粹主义，将是“令人震惊的”。[33] 当他得知罗斯福已经命令两艘美国驱逐舰把“威尔士亲王号”一直护送至冰岛，他对美国总统的善意感到欣慰。当这艘庞大的战列舰追赶上一支载有石油、坦克、装甲车、飞机、小麦和其他食品的73艘商船的运输队时，他感到志得意满。首相坚持以22节的速度从运输队中间穿过，并用旗语向周围船只发出“祝你们好运——丘吉尔”的信号。外交部高级官员亚历山大·卡多根（Alexander Cadogan）爵士表示：“烟囱如同丛林一般，看起来几乎像一个城镇……这是一幅美丽而鼓舞人心的景象。”但他补充说：“令人不安的地方在于，这么重要的船队，却没有多少保护措施。”[34]

无论他们是否都有这种焦虑，这些商船上的船员都不想在这个时刻分神。据“威尔士亲王号”的一位船员说：

他们都疯狂起来了。这是一个伟大的时刻……没有比首相更重要的人了。很快每艘船都升起“V”字旗，有些人尝试用汽笛发出莫尔斯电码致敬。在距离更近的船上，可以看到人们挥手、大笑和欢呼——我们猜是欢呼，因为我们听不到。首相站在舰桥上向他们挥手，我们甲板上的每个人也都是这样，与他们一起欢呼；他竖起右手的2根手指，打出著名的V字符号。[35]

丘吉尔对这次经历感到非常兴奋，他要求再来一次。这艘宏大的战列舰来了一个掉头，等待运输队缓缓驶过，又让大家享受了一次。这位不知名的船员补充道：“如果不是黄昏就要到来，我相信我们应该再来一次。”[36]

记者A. V. 莫顿（A. V. Morton）让美国记者团感到甚是烦恼，他混入参加大西洋会议的丘吉尔团队中，据他所说，在“威尔士亲王号”的病房中，军官们的情绪更为克制：“我们所有人在潜意识里都希望美国宣布与我们并肩作战，在我们看来，这是唯一能够证明这次戏剧性会晤的意义的事。”但是，当他们收听BBC广播，听到艾德礼宣读《大西洋宪章》的全文，他们变得越来越困惑：“我们坐在一起面面相觑……我们知道，美国迟早会在某种程度上以某种方式和我们一起战斗；然后我们问自己，为什么不是现在呢？”[37]

在伦敦，气氛同样严峻。当政治家、外交官和记者仔细研究《大西洋宪章》时，失望地发现虽然有关双方共同愿望的热情话语很有价值，却不包含美国参加英国战争的任何承诺。

几天之后，即8月24日，丘吉尔向英国人民发表广播讲话，但没有让听众得到多少慰藉，尽管他的语言极尽夸张和模糊之能事，给人的印象是美国确实处在向德国宣战的边缘：“关于我穿越大洋去会见我们伟大的朋友——美国总统，我认为你们希望我谈一下这次旅行。”他开头这样说，然后才描述自己已经“劈波斩浪、精神昂扬、意志坚定地”回来了。他透露，总统已经“发誓”美国将“彻底摧毁纳粹暴政……这是一项庄重严肃的承诺”，“必须完成，必将完成”。[38]丘吉尔使用“发誓”这个词来形容美国的承诺，不仅远远超越了对《大西洋宪章》的内容进行合理解释的范围，而且还超越了罗斯福在普拉森舍湾做出的半暗示的承诺。或是出于一厢情愿的希望，或是想逼迫美国总统做出超过其能力或者意愿的更大承诺，丘吉尔的讲话歪曲了事实。

不管是哪种情况，当丘吉尔听说罗斯福回到华盛顿后谈到“奥古斯塔号”上的会谈坚定而且公开地宣称，美国并没有走到对德宣战的边缘，就陷入了沮丧。在8月28日写给霍普金斯的一封私人信件中，他郁闷地发泄了自己的失望：

关于美国没有接近战争，没有做出任何承诺，总统做出了很多声明，引起了伦敦和内阁高层的关注。议会也会感受到这种气氛。我不知道1942年到来后，如果英格兰［原文如此］

还是独自战斗，将会发生什么。如果你能给我一些希望，我将非常高兴。[39]

在报告丘吉尔责备罗斯福的口吻时，霍普金斯断定："我们唯一可以明确的是丘吉尔非常沮丧，并以这种方式向我们发泄。"然而有趣的是，霍普金斯对总统的印象是，他完全没有意识到英国人已经相信"我们最终会进入战争"。如果是这样的话，罗斯福也没有意识到其习惯性的暧昧对朋友和敌人产生了多大的误导。霍普金斯毫不怀疑这种暧昧会造成严重的后果；就在那份备忘录中，他指出，他从自己在伦敦的社交中得出的印象是，如果英国人确信美国无意参加战争，"那将是战争中一个极其关键的时刻。英国的绥靖分子可能会比丘吉尔产生更大的影响力"。[40]

战略上，罗斯福腹背受敌。在普拉森舍湾，他和丘吉尔不仅讨论了纳粹主义，而且研究了日本帝国主义对双方利益构成的日益严峻的挑战。丘吉尔一再敦促罗斯福更积极地反对威胁美英势力范围的亚洲扩张主义势力。但美国总统面临着一个两难的处境，他的主要顾问无力解决，而且这些顾问的意见也相互矛盾。他并不怀疑日本蠢蠢欲动，但他不愿采取任何可能引发战争的举措，美国武装部队还没有做好充分准备，不能同时在两条战线上作战。早在到普拉森舍湾会见丘吉尔之前一个多月，他就告诉内政部部长哈罗德·伊克斯说："控制大西洋，有助于让我们维持太平洋地区的和平，这一点极其重要。简而言之，我根本没有足够的海军进行两线作战——太平洋上每发生一个小插曲，都意味着用于大西洋上的舰船会更少。”[41]

尽管如此，当日本军队在 7 月底准备威胁泰国、马来半岛、新加坡、滇缅公路（它把中国政府控制的地区和英国殖民地连接起来）与荷属东印度群岛（今天的印度尼西亚），并意图强化对印度支那（今天的越南、柬埔寨和老挝）的控制时，罗斯福受到刺激，做出回应。白宫与受影响的其他西方大国联手，进一步实施贸易和金融封锁。这些措施中看似不经意地加入了石油禁运，如果真的执行，日本经济很快就要崩溃；而这正是罗斯福的意图。正如外交史学家罗伯特·达莱克（Robert Dallek）所写的那样，“罗斯福仍然渴望延长与东京的谈判，以这个手段尽力推迟在太平洋地区发生战争”，如此他就可以把自己所掌握的稀缺资源“用到反对希特勒的斗争之中”。[42]

丘吉尔似乎对美国总统的困境一无所知或漠不关心，他离开普拉森舍湾时显然相信，自己已经说服了罗斯福对日本加强施压，他在返回华盛顿之后会正式警告日本，如果天皇的军队进一步入侵太平洋西南部，美国“将被迫采取反制措施，尽管这可能导致两国之间发生战争”。[43] 当罗斯福未能以这样好战的语言发出警告时，丘吉尔感到沮丧。然而，美国总统如此谨慎是有充分依据的。8 月 12 日，尽管罗斯福亲自向国会呼吁，但众议院还是仅以一票之差（203 票对 202 票）通过了只延长兵役 18 个月的法案，而不是政府要求的整个紧急状态期间。罗斯福在军事上或政治上都还不够强大，要是没有出现不可抗拒的力量，没有发生针对美国人民的蓄意侵略活动，他无法把美国带入任何战争，更不用说同时在两条战线上作战了。

如果说这完全是美国总统有意设计的，并非没有道理。丘吉尔在 8 月 28 日写给霍普金斯的那封牢骚满腹的信中，试图用一组粗略的统计数据来鼓励美国参战："从北爱尔兰到冰岛最东端这条线上，德国人部署了 30 艘潜艇。在过去的两天里，我们已经损失了 5 万吨的运输船。"他悲伤地写道，显然忽略了美国总统决定派美国军舰保护从美国到冰岛的运输队所具有的意义，即与潜伏在那些水域伺机袭击运输队的潜艇发生冲突的可能性很高——如果不是必然发生的话。[44] 美国海军学院历史学家罗伯特 · W. 洛夫（Robert W. Love）毫不怀疑总统的决定"是有意在海上制造与德国潜艇有关的事端"。[45]

9 月 1 日，星期一，美国海军开始在大西洋执行护航任务，总统也许是受到霍普金斯的影响，利用劳动节讲话的机会给了丘吉尔一些鼓励。他宣称："我知道，当我说我们将尽一切努力粉碎希特勒及其纳粹势力时，我代表的是美国人民的良知和决心。"[46] 这些话不仅比他支持《大西洋宪章》时所用的措辞更具攻击性，而且从表面上看，与他断言自己在普拉森舍湾会见英国首相不会让美国更接近战争的说法直接矛盾。然而，这依然还不是宣战，而且显而易见，他还小心翼翼地避免提及给美国海军发布的在西大西洋执行新任务的命令——当他发表这个讲话时，那些任务已经生效了。

3 天后，即 9 月 4 日早晨，美国驱逐舰"吉尔号"（USS Greer）在前往冰岛的途中，以 17 节半的巡航速度行驶到雷克雅未克西南约 125 英里的地方，当时其舰长 G. W. 弗罗斯特（G. W. Frost）收到一架路过的英国皇家空军轰炸机发来的消息，内容显示:“西北方向约10英里处发现敌潜艇下潜”。[47]“吉尔号”加速到20节，并朝着据报告发现潜艇的位置曲折前进。接下来是一场致命的水中猫捉老鼠的游戏。乔治－维尔纳·弗拉茨(Georg-Werner Fraatz)海军中尉指挥的U-652很快被“吉尔号”的声呐设备发现。根据既有的追踪和报告潜艇出现的命令，弗罗斯特开始追踪U-652，一直紧咬着这艘潜艇不放。

这场猫鼠游戏持续了3个小时，那架英国飞机显然对美国军舰只追不打感到沮丧，要求知道“吉尔号”是否打算攻击。弗罗斯特遵守着美军护航舰队的接战规则，回答是否定的。于是英国飞机只瞄着潜艇可能藏身的地方扔了4枚深水炸弹，“多多少少有点随意”，然后返回其基地加油。[48]弗拉茨接到过希特勒的直接命令，要求所有潜艇不得对美国军舰主动发起攻击，但他以为深水炸弹是“吉尔号”投放的，于是向美国驱逐舰发射了一枚他认为是自卫的鱼雷。毫无疑问，这是罗斯福等待和希望的借口。

“吉尔号”发现鱼雷在水中疾驰而来时，还有时间躲避，鱼雷从100码外飞过。弗罗斯特以深水炸弹进行反击。U-652发射了第2枚鱼雷，“吉尔号”同样躲开了，但在此过程中失去了潜艇的踪迹。“吉尔号”在海中扩大搜索范围，2个半小时过后，其声呐接收到微弱的潜艇回声。弗罗斯特下令在U-652的上方投掷11枚深水炸弹，但都没有击中目标，之后再次失去潜艇的位置，“吉尔号”接到命令，继续驶向冰岛。这是一个小事件，但是一次重要冲突。

1个星期过后，罗斯福充分利用了这场遭遇战。在9月11日的炉边谈话中(长期以来因为用“响尾蛇”形容纳粹德国而令人印象深刻），他利用潜艇袭击"吉尔号"的事件来使美国更加靠近战争边缘。"如果那艘潜艇在发射鱼雷时可以看到我们的驱逐舰，那么这次袭击就是纳粹试图蓄意击沉一艘标识明确的美国军舰。"他说。另一方面，"如果潜艇位于海面之下（确实如此）……那么这次攻击更加令人愤慨。因为它表明对任何航行在海上的船只实施无差别暴力的政策，不管交战国还是非交战国"。他没有提到英国皇家空军轰炸机投下的深水炸弹刺激了德国潜艇的报复，这番话巧妙地歪曲了事实，证明他的确是在充分了解其意义的情况下一直寻找着这种冲突。

使用这种方法十分有助于其达成目的。罗斯福坚持认为U-652的袭击"是海盗行径，法律上和道德上都是如此"，提醒听众不要忘记3个月前德国潜艇对"罗宾·摩尔号"的袭击，以及其他一些美国货轮在公海被其击沉的例子，敦促他们"不要再被浪漫的观念所迷惑，即美洲可以在纳粹统治的世界中继续幸福地生活"。他的语气比以往的公开讲话更加不屑，嘲笑"希特勒对西半球绥靖分子的温柔低语不感兴趣"。他坚称，"吉尔号"事件发生后，这种"催眠的摇篮曲"不会再长期影响"头脑清醒、目光长远和实事求是的美国人民"。对美国驱逐舰发动的攻击，是"朝着建立一个基于武力、恐怖和屠杀的永久性世界体系迈出的坚定一步"。

这是一次精心编排的表演。虽然他巧妙地坚持说，美国不打算"与希特勒发生真刀真枪的战争"，但他宣布，从此以后，"如果任何德国或意大利战舰进入有必要为了美国国防而进行保卫的水域，后果自负"。[49] 简而言之，美国海军现在可以放手对任何进入西半球的轴心国战舰“格杀勿论”。实际上，如今美国在大西洋与德国已经开战了。

为了达到这个目的，罗斯福展示了罕见的政治领导力、战略判断力和道德勇气。他不愿意勉强采取过激的行动，谨慎地平衡一直承受的相互冲突的压力，乐于接受建议，但不会被其他人操纵，愿意为了国家利益而进行隐瞒和欺骗。在这次广播讲话的最后，他无比坦诚地说：“采取这一步骤的决定是严肃的，绝非依靠空想。我没有匆忙或轻率地做出决定。这是经过一个月又一个月的思考、焦虑和祈祷后得到的结果。”[50]

总统判断美国人的态度已经来到了转折点。即使国会调查发现，他叙述“吉尔号”事件时进行了明显的扭曲，也没有人要求他收回或修改这个政策。尽管如此，英国大使哈利法克斯勋爵在白宫与总统会晤后告诉丘吉尔说，罗斯福认为绝大多数美国人一方面想避免与德国发生战争，另一方面又愿意支持一切击败希特勒可能需要的行动。因此，哈利法克斯报告罗斯福的情况时说：“如果他要求宣战，不会达到目的，因为舆论会对他不利。因此，他打算继续尽其所能帮助我们，而宣战已经过时了。”[51]

罗斯福将他的精明与狡猾发挥得淋漓尽致。实际上，他的“格杀勿论”政策巧妙地将美国的利益与英国的需求协调起来。罗斯福让美国更接近与第三帝国公开对抗，向其发出挑战，对此希特勒只能解释为世界最强国家的进攻宣言；同时他向英国人民发出了“我们并肩作战”的有力信息。这是一项承诺，将对大西洋海战的下一阶段起到至关重要的作用。

09

秘密武器

海军上将邓尼茨在1941年夏天感到困惑。尽管他的部队已经得到发展，执行任务的潜艇超过65艘，但是猎物似乎更加难以捉摸。从6月到7月，大量运输队都避开了德国海军预判的大西洋航线，好像是为了躲开他的狩猎狼群。潜艇捕捉不到目标，他需要找到原因。在柯尼沃村的司令部，他和手下的参谋人员极度细心地策划和指导潜艇部队的活动。他们在两个战情室工作，在那里，"评估我们的每日形势，做出我们的所有决策……墙壁上挂满了地图和图表，上面插有别针和小旗帜，显示着我们已经掌握的我方所有潜艇和敌方部署的位置；地图上也标示出预期出现的运输队可能会采用的路线"。[1] 那里的气氛非常不拘小节。尽管他纪律严明，有时会陷入"恶劣心境"，而且对愚笨者没有耐心，但他鼓励参谋们质疑自己，提出他们的想法；[2] 他在场可能会令人生畏，但他并不靠发号施令来领导。维克托·厄尔（Viktor Oehrn）是和邓尼茨关系最亲密的同事之一，他回忆说："邓尼茨很少'命令'。他靠说服，因为他对想要的一切都会进行非常严谨的考虑，他真的很有说服力。不管谁有想法，他都会征求意见，无论对方的级别是高是低。如果谁没有独立思考，他很快就会将其撇到一边。”[3]

然而，关于商船消失的问题，即使是柯尼沃村司令部里最聪明的人也想不出答案。

与洛里昂的这些活动相对应的，是利物浦德比大厦的行动室，英国皇家海军西部水道司令部司令诺布尔海军上将在这个“堡垒”里主持工作，这里是一个地下防空洞，位于一个不起眼的建筑下面，距离默西河只有几条街道。诺贝尔的作风与他柯尼沃村的那个对手没有什么不同。他比邓尼茨更有魅力，不过他在海军的资历与邓尼茨差不多，也以善于倾听而闻名。由于这些原因，他不仅受到手下军官们的欢迎，而且得到了他们的尊重。克赖顿海军少将是其同事之一，他注意到诺布尔是通过人格而非“权位”来“解决问题”。[4]

诺布尔的权力相当可观。他从办公室通过一扇玻璃窗，可以俯视到一张巨大的桌子，上面放着一张地图，标示着跨大西洋运输队和潜艇“狼群”的最新估测位置。每个运输队都用一块约 6 英寸长的木头来表示，形状像个玩具船，上面涂有一系列颜色（绿色、黄色、蓝色、黑色），以代表出发地。这提供了一个一目了然的形势概览，它会不断更新。在桌子上方的墙上，有一张他可以直接看到的图表，上面有相同的信息，但更加详细。一群来自英国皇家空军妇女勤务队和英国皇家海军妇女勤务队的妇女身穿制服，全天候轮班工作，尽可能精确地绘制敌人在大西洋上移动的位置。绘图员很少对她们的发现具有完全的信心。“良好的定位”意味着误差“在 40—50 英里”，其涵盖范围可能达到方圆 100 英里之广；甚至连她们所知道的“范围达方圆 200 英里”的“错误惊人”的定位也被绘制下来。虽然数据不准确，但她们至少可以“非常自信地断言，坐标虽然很糟糕，但肯定可以排除其他不可能的区域。所有的鱼儿都进入了绘图员的网中，极少有坐标被当作完全无用而遭舍弃”。[5]

正是基于这样粗略的证据，诺布尔必须决定如何最好地部署他的舰队，以防范敌人对运输队发动的鱼雷攻击。做出这些决定时，不仅要求头脑快速冷静，而且当需要孤注一掷的时候，要敢于赌博。在这种情况下，诺布尔认识到提高手下人的士气很重要，需要让他们和他一样相信，英国最终会在海战中占到上风，而这场战争既取决于武器，也取决于意志。为此，“他不停地乘坐小船或者海防总队的飞机出海，与下属有福同享，有难同当”。[6]

但是只有士气还不够。在德比大厦和柯尼沃村，主角们用不精确的技术努力追求精确性。如果飞机导航装置中出现一个小数点的误差，或者无线电信号出现不可避免的漂移，这些统计数据的不准确性在转移到图表上时都会因人为错误而放大，从而让“碰巧”这个词有了致命含义。

当年春天，邓尼茨已经开始注意到诺布尔在德比大厦取得的成果；在“制图员”战争中，敌人经常占到上风，结果在格陵兰岛南部的运输队航线上，优势似乎从他这一边转向了他的对手。“一次运输队战斗和另一次运输队战斗之间频频出现漫长的间歇，潜艇徒劳无功地在大海中寻找敌人。”他写道，并将这种挫折归因于潜艇数量的持续短缺，导致“缺乏在广阔的大西洋进行搜索的‘眼睛’”。不过很快，他开始怀疑“是否有其他原因可以解释我们在确定商船位置方面极少获得成功？例如，敌人是否有机会找到确定潜艇部署并让运输队避开的方法？”[7] 他首先怀疑是敌人可能在他的司令部中安插了间谍。为了降低这种风险，“能够接触行动细节的人员数量被削减到最低”，[8] 以至于洛里昂甚至不再将潜艇位置通知所有司令部。然而，他走上了一条歧途。事情很快就清楚了，他的司令部里没有叛徒，他对情报流动所设的限制没有产生任何影响。

邓尼茨早就意识到，英国人使用陆基无线电测向仪（D/F）来定位潜艇指挥官和其司令部之间的无线电通信。在战争初期，他对此并不焦虑，因为他认为，随着 D/F 信号源越来越远，它会越来越容易出错，他是正确的。根据经验，他判断“在大约 300 英里的距离内，平均误差为 60—80 英里”。[9] 然而到 1941 年夏天，他推测 D/F 的链条扩展了，经过纽芬兰、格陵兰岛和冰岛，覆盖了整个北大西洋，他依然是正确的。因此，英国人将能够在这些地方的大多数水域确定潜艇信号的位置。这使他处于两难境地。为了避免被侦察到，洛里昂和潜艇之间的无线电通信必须终止；但是，这些通信对于策划袭击运输队和引导“狼群”进入猎场来说都是不可或缺的。折中的方案是，潜艇指挥官可以接收命令，但只有在必要时才发送无线电信息，而且内容要极其简洁（其结果是更加难以协调“狼群”行动）。但这仍然未能解决海洋之谜：那么多运输队是如何都避开“狼群”的？这是战争中最重要的问题之一，他和他的任何同僚都没有找到答案。

3 个月前，即 1941 年 3 月 1 日，一支由 600 人组成的英国突击队登陆挪威的罗弗敦群岛（Lofoten Islands），那里距离英国本土约 900 英里，处在北极圈内。尽管这些岛屿已被德国人占领，但英军并没有遇到任何抵抗。这次突袭的表面目的是破坏当地的捕捞业，包括拖网渔船和鱼油及其副产品之一甘油的生产加工厂，后者对于制造高爆炸药至关重要。它的代号是“阔刀行动”（Operation Claymore），在某种程度上是丘吉尔所青睐的几种打了就跑的任务之一，旨在出其不意，制造破坏，并展示英军的才能和决心。但是，“阔刀行动”有一个更为重要的隐秘动机，这次针对捕捞业的远征将获得无价之宝。

“阔刀行动”的指挥部设在“索马里号”（HMS Somali）驱逐舰上，突击队计划同时在 4 个不同的港口登陆。当这艘军舰在这些地点穿梭协调行动时，一个瞭望员看到了看似无害的拖网渔船，船体上刻着“克雷布斯号”（Krebs）。然而，当它开始加速远离英国军舰的时候，引起了怀疑。当“克雷布斯号”驶到 2 英里外的地方时，“索马里号”开火射击，那艘渔船也以相似方式进行还击，其中一枚炮弹准确地在英国驱逐舰的一面三角旗上撕开了一个洞。然而，德国人的成果仅此而已。“索马里号”接下来发射的炮弹摧毁了那艘武装拖网渔船的驾驶室、锅炉房和弹药舱，致使其船长和一些船员丧命。

海军中尉马歇尔·沃明顿（Marshall Warmington）爵士是“索马里号”上的一名年轻军官，他有点海盗式性格，过了一会儿就带着两个人征用了一艘挪威渔船。他挥舞着手枪登上那艘拖网渔船，船上还有五名船员，看到他们就立即投降了。沃明顿走到甲板下面，打开一个抽屉（用手枪开火弄开了锁），发现了2个圆盘或轮子，“他立即意识到这是用于某种密码机的”。[10] 更重要的是，他抢救出了一些文件，其中一份文件包含在英国周围水域使用德国密码机的设置。这种密码机被称为“恩尼格玛”（Enigma）。

最初的恩尼格玛密码机是由一位德国工程师开发的，他在20世纪20年代初期希望向商业公司出售安全的通信系统。几经辗转，波兰政府的密码局获得了其中一份操作手册，该机构的一个工程师小组不仅复制出这部机器，而且在战争前几年破解了德国的秘密军事通信。就在1939年9月德国入侵前夕，波兰人决定与总部位于布莱奇利园的英国政府密码与解码学校（GC&CS）的人员分享他们的知识。1940年年初，一群天才的数学家、科学家、工程师和分析师团队在4号和8号营房中工作，设法破解恩尼格玛的编码，他们将为第二次世界大战的胜利做出重要贡献。两位年轻学者对这两座营房的工作有着很大启发，其中28岁的数学家和科学家艾伦·图灵（Alan Turing）在8号营房，21岁的历史学家哈里·欣斯利（Harry Hinsley）在4号营房。图灵在小组里被称为“教授”，尽管他的年纪并不大，而且事实上他并不喜欢这个称呼所暗示的正式地位。他天赋惊人，“天才”这个滥俗的词语用在他身上毫不为过。起初，他的举止和性格卓尔不群，一般人都认为他古怪。他不和人聊八卦，很少发笑，显然更喜欢自己的团队，他以过人的精力工作，毫不在意别人的判断。正如休·塞巴格－蒙蒂菲奥里（Hugh

Sebag-Montefiore）所指出的，现代心理学家可能认为他的行为是轻度自闭症的症状，也许是阿斯伯格综合症（一种直到战争结束40年后才得到正式认可的疾病）。[11] 不管什么场合，他都不修边幅，而且按照布莱奇利园的普遍标准而言，他是个无组织无纪律的人。这些情况无法让他的顶头上司阿尔弗雷德·诺克斯（Alfred Knox）感到满意。诺克斯比图灵大28岁，20多年前已经成为一名顶尖密码学家，他认为这位年轻的天才“非常聪明，但非常不负责任，而且他抛出了大量建议，各种性质的都有。我仅仅是因为权威和能力尚可，才能让他和他的思想遵守某种秩序和纪律”。[12] 幸运的是，诺克斯并没有因为受到冒犯而终止与图灵的合作。如果没有图灵，恩尼格玛密码能否得到破解就会成为疑问。

恩尼格玛机器看起来像一台电动打字机，但机器内部是3个平行的转子，像是风轮，上面刻有字母。每次按下“打字机”上的字母键时，至少有一个转子会旋转，一股电流会点亮灯盘上的不同字母。用其中一个密码破解团队的话来说：“这台机器可以用数百万种不同的方式设置，这样如果你用它输入一个普通的句子，只能得到一堆乱七八糟的组合。”[13] 为了把这种冗繁难解的文字转化成原来的德语，图灵必须找到一种方法，破解恩尼格玛设置中嵌入的密钥，这种壮举就连其发明者也相信不可能实现。但其实是他们还不够天才。

在波兰合作者的帮助下，图灵很快就弄明白了这台机器是如何工作的，并且在1940年年初发明了一种机电设备，即“炸弹”，它复制了连接在一起的几台恩尼格玛密码机的动作。图灵的“炸弹”能够很好地获得陆军和空军恩尼格玛密码机的通信设置，但在破解德国海军的通信设置方面遇到了更大的困难，因为德国海军使用了更强的加密规则。“炸弹”能够制造出上百万种解密洛里昂和在大西洋中活动的潜艇部队日常通信所需的可能设置，不过要是无法获取嵌在加密信息某些地方的密钥，图灵的发明就发挥不了作用。要想发现密钥，离不开对照文（Crib）——一种用于识别加密电码中字母位置的方法。图灵和他的团队遇到阻碍：“没有对照文，他们就无法破解任何恩尼格玛信息；而如果他们无法破解一些恩尼格玛信息，就无法识别任何对照文。”[14] 打破这个循环的唯一方法是通过取得相关文件，来掌握恩尼格玛的设置。

3 月 1 日从“克雷布斯号”上缴获密码后，几乎过了两个星期才送到布莱奇利园。然而，图灵和他的团队获得密码后没用几个小时，就解密了很多信息。这些都是在 2 月初发送的，尽管这些对照文已经过时，但是依然可以为密码机的设置方式提供重要线索。不止于此，信息一旦被破解，就会送到 4 号营房的海军情报科做进一步的分析，年轻的欣斯利在那里主持工作。

作为一名 20 出头的剑桥大学本科生，欣斯利在战争爆发前去过德国，不过在开战前设法越过边境进入法国。他回到剑桥拿到历史学位两个星期之后，被召到外交部；几天后，他来到了布莱奇利园。在那里，同事们对他非常尊重，当他沉浸于从“克雷布斯号”上缴获的解密文件时，他得到了“红衣主教”的称号。[15] 欣斯利检索图灵提供的加密数据时，发现在这些消息中有一个模式，根据他自己的说法，“很快他就能够确定地指出，德国人在两个地区布置了一些气象船，一个位于冰岛北部，另一个位于大西洋中部”。更重要的是，他还推断出“虽然他们的常规天气报告在表面上与恩尼格玛的信息有所不同，但这些船携带着海军恩尼格玛密码机”。[16] 依靠这些观察到的信息，欣斯利在 1941 年 4 月 26 日写信给英国海军部，敦促其立即采取军事行动：“如果可行，就俘获其中一艘船……提供获得密码的机会。”[17] 英国海军部不需要再进行提醒了。

仅仅过了一个星期，即 5 月 5 日，令人畏惧的沃明顿乘坐“索马里号”，带领一支由 3 艘巡洋舰和 4 艘驱逐舰组成的舰队日夜兼程赶到其中一艘气象船“慕尼黑号”预计所在的地方。当“慕尼黑号”的船长看到英国军舰从地平线上飞速驶来时，发送了一个加密的识别信号，希望来者属于德国海军。“索马里号”的回应是对这艘拖网渔船开火，想在其船员中制造恐慌。这个目的达到了。他们不等英国海军再次开火，就放下两艘救生艇，迅速离开了气象船，但是没有忘记把恩尼格玛机器放入一个增重的袋子里扔进海中。气象船的无线电操作员留在船上向外发报，大概是为了告知基地发生了什么事情，沃明顿的登船队跳上“慕尼黑号”把他打断。英国人迅速把他从椅子上拉走，将其俘虏。沃明顿匆忙对这艘拖网渔船进行了搜查，但他接到命令，要从“爱丁堡号”（HMS Edinburgh）巡洋舰召来一名战利品船员，不得自行移动任何文件，该舰就在大约 200 码外的地方。英国海军部希望确定不会错过任何重要之处，为此，已经派作战情报中心（OIC）的高级官员贾斯珀·海恩斯（Jasper

Haines）海军上校加入“爱丁堡号”的战利品小组。一登上那艘拖网渔船，海恩斯就去了船长舱，他在那里很快发现了想要的东西。不到3天时间，一捆褐红色封面的文件被移交给布莱奇利园，“慕尼黑号”被拖往法罗群岛，其船员（其中没有人受伤）成为战俘。这是在极端保密的条件下完成的。几天之后，为了避免敌人可能把俘获“慕尼黑号”与英国人搜寻恩尼格玛密码的事情联系起来，英国海军部发表了一份公报，声称：“我们在北方海域的一次巡逻中，遭遇德国武装拖网渔船‘慕尼黑号’。我们开火射击，‘慕尼黑号’的船员放弃并凿沉了他们的船。随后他们获救，并成为囚犯。”[18]

相当幸运的是，在俘获那艘德国拖网渔船两天后，布莱奇利园获得了另一笔财富。在5月份的第一个星期结束时，U-110在弗里茨－朱利叶斯·伦普的指挥下（他在1939年9月3日曾击沉“雅典娜号”），在爱尔兰以西约300英里的地方巡逻。伦普并不像克雷奇默或普里恩那样有纪律性，而是因任性和古怪而闻名。众所周知，他鼓励手下人不停地饮酒狂欢，唱德国海军禁止的英文歌曲。有一次在巡逻即将结束时，他接到命令，要留下来发送天气报告，而非返回洛里昂的基地，他用电报回复“狗屎，伦普”。[19]或许就是这样的叛逆性格，导致了他的毁灭。

U-110接到洛里昂的警报，称从利物浦驶向加拿大的OB318号运输队正在接近，它由40艘商船组成，8艘英国战舰进行护航，这艘潜艇和另外3艘潜艇急速展开拦截。伦普急不可待地想展开行动。他没有接受头脑冷静者提出的等待夜幕掩护的建议，而是决定在当天中午发动风险更大的水下袭击。5 月 9 日中午，他向运输队中的 4 艘货船发射了鱼雷，其中 2 枚鱼雷击中目标。几乎同时，U-110 的无线电操作员从左向右扫过他的水听器，发现了一个显然不祥的声呐脉冲声。他们正遭到一艘配备潜艇探测器声呐设备的军舰猎杀。伦普下令紧急下潜。

不一会儿，他的艇员就听到英国军舰的螺旋桨在高速旋转并从正上方经过带来的震动。第一枚深水炸弹在很近的距离爆炸，潜艇在压力下颤抖，但还没有近到会造成实质性损坏的地步。伦普下潜得越来越深，越来越绝望地迂回闪避，想躲开此时正在合围 U-110 的一群英舰；他的敌人正在来回穿梭寻找潜艇的踪迹，一心要将其消灭。又有更多深水炸弹投掷下来。然后是一片沉寂，当他们等待下一轮攻击时，这同样让人感到恐惧和疑虑。伦普以其特有的派头告诉手下说："没关系。我们都会逢凶化吉的。"然后，他显然是提到了"雅典娜号"，开玩笑地补充说："你们以为我会让他们抓到我然后枪毙我，对吗？"[20]

不久之后，一枚深水炸弹击中目标，U-110 的方向舵失去作用，电池和深度计发生损坏。随着海水和燃油渗入围壳，这艘潜艇现在已经成为废物。为了避免溺水死亡，伦普决定上浮。他并没有打算投降，但是当他看到 3 艘驱逐舰开火，而且其中 2 艘全速向 U-110 驶来时，他喊道："我们被包围了！全员弃艇。"[21]

德国报社记者赫尔穆特·埃克（Helmut Ecke）被派到伦普的潜艇上，任务是写一些宣传文章，他描述了那一刻："英国军舰向我们发射曳光弹，下午 2 点的时候就像新年前夜的派对一般。我面前有一名艇员想潜到水中，但当他在从指挥塔上往下跳时，失去了半个脑袋。”[22] 很明显，不会再有抵抗，U-110 大多数的艇员都在周围水域挣扎，英国人停止了开火。U-110 的一个无线电操作员海因茨·维尔德（Heinz Wilde）回忆说：“嗯，就是这样。我在北大西洋该怎么办？海水冰冷刺骨，生存的概率很小。我不能一直游下去，那样可能会被冻死，因为我有潜水救生装备（一种类似防毒面具的呼吸装置，专为潜艇而设计），我的尸体会漂浮在大西洋中。”[23] 他保住了性命，因为“紫花芥号”（HMS Aubretia）护卫舰赶来救援，放下攀爬网并帮助这个虚弱的德国水手爬上甲板。维尔德记得英国船员试图把他扶起来，“但我的双腿没有任何感觉。在格陵兰岛南部 5 月份一个寒冷的日子，他们脱光我的衣服，把我裹在毯子里，用按摩的方式让体温恢复……之后我喝了一杯茶。直到今天我还记得那杯茶的味道”。[24]

U-110 没有像伦普预期的那样迅速沉没。发现这个情况后，他打算游回去，想在英国人登上这艘潜艇之前将它凿沉。他没有成功。与这艘潜艇上的其他 14 名艇员一样，据信他也被淹死了，其余 32 名艇员被拘押起来。埃克吞了一口含有燃油的海水，他记得自己在甲板上呕吐，旁边是一个洗手间，一名英国海军上尉在那边刮胡子。“他开始用口哨对着我吹《德意志高于一切》，并发现这非常、非常有意思。”

护航指挥官乔·贝克－克雷斯韦尔（Joe Baker-Cresswell）在“斗牛犬号”（HMS Bulldog）驱逐舰上（该舰曾于 1945 年

在海峡群岛接受德国驻军投降），他命令一名初级军官大卫·巴姆（David Balme）海军中尉登上 U-110："以最快的速度登上去，我认为它完全被放弃了，但可能还留有一两个人。先拿到旗语信号手册，然后把所有有用的东西都弄回来。"[25] 20 岁的巴姆带上 8 个人，划着小艇靠近受伤的潜艇，自己爬了上去。甲板又湿又滑，他手上拿着左轮手枪，向下摸索。他回忆说，"我感觉极其无助，极其恐惧"。[26] 除了自己的呼吸声，他只能听到"微弱的嘶嘶声，还有大西洋的海浪拍打艇壳的声音"。[27] 他命令其他登艇队员跟上来。

当他们借着昏暗的光线努力在潜艇内部穿行时，偶然发现一些混乱的图表、手册和文件。巴姆命令他们组成一条人链，将所有文件传递到甲板上。因为害怕还没等到缴获任何可能具有重要意义的东西，潜艇就下沉，所以他们争分夺秒地工作。几分钟之后，有人叫巴姆去无线电室，无线电操作员在那里向他展示了一台看起来像打字机的机器，但是当他"按下键盘上的一个字母键时，另一个字母就会在显示面板上亮起来"。[28] 他们把这台奇特的机器和那些文件都带回"斗牛犬号"，这次行动一共耗时 90 分钟。那天晚上，驱逐舰拖着 U-110，慢慢向冰岛出发。当贝克－克雷斯韦尔把他拖着的东西通知给英国海军部时，后者发来命令："在未来的所有通信中，你的行动将被称为'报春花行动'。提到该行动时，前面都要标注'绝密'，通信必须加密。"[29]

第二天早上，风力加强，海浪汹涌，U-110 很快就灌进了水。上午 11 点左右，这艘潜艇尾部翘起，并且沉到水面以下，唯一存在的证据是在水中紧绷着的拖绳。即使这艘潜艇沉没，也没有什么大不了，从里面缴获的物品才真正具有价值。两天后，“斗牛犬号”来到斯卡帕湾，两名海军情报人员登上了船。看到在战争中夺取的第一台恩尼格玛密码机，他们几乎无法掩饰自己的喜悦。同一天晚上，一个装着从U-110缴获的最有价值的文件的公文包出现在4号营房欣斯利的桌子上。当贝克-克雷斯韦尔驶回冰岛时，收到第一海务大臣发来的电报：“恭喜！鲜花上的花瓣美丽异常。”[30]

这份美丽并不像庞德想的那么有价值。虽然巴姆海军中尉在白金汉宫被乔治六世国王授予杰出服役十字勋章，但从U-110拿回来的秘密文件并没有给庞德和国王带来突破——他们明显期待更重大的突破，据称国王听说了这些收获后，喃喃地说“这也许是整个海战中最重要的一个事件”。[31]但这些东西仍然很重要。欣斯利和他的团队评估了其意义，很明显，巴姆的战利品为恩尼格玛拼图填上了另一个重要空白。

破解恩尼格玛编码，解释它所制造的加密信息的意义，是一个艰苦的过程，并非英国海军部的每个人都充分理解这项任务。早期，欣斯利与伦敦的作战情报中心的海军同行关系不睦。一年前，他早熟的预测天赋首先表现出来，当时他曾警告说，“沙恩霍斯特号”和“格奈泽瑙号”正在接近从挪威撤离的“光荣号”航空母舰，他虽有先见之明，却没有发挥什么作用。不久之后，这位4号营房的年轻大师被召到伦敦，向作战情报中心的“潜艇跟踪小组”解释自己的方法，他和这个部门打交道最多。他在那里待了一个月，但他的发现没有得到重视。1940年

10月，他给4号营房的顶头上司弗兰克·伯奇（Frank Birch）写了一封信，毫不掩饰自己的蔑视，抱怨说："他们不仅重复我们和其他人的工作，而且是以漫无目的和毫无效率的方式重复，他们的时间全都浪费在搜集事实并尽其所能地将其放到卡片索引上。"这个机构无法"正确解答问题"，而且"对布莱奇利园怀有私人敌对情绪"，对此他感到沮丧，他指出："他们知道事实……但他们似乎对这些事实的关联没有总体把握。他们缺乏想象力。他们无法利用自己煞费苦心汇编的知识。"[32]

初出茅庐的欣斯利的苛责并非完全有道理。作战情报中心绝不缺乏人才，也不缺乏主动性。负责领导"潜艇跟踪小组"的情报官罗杰·温恩（Roger Winn）海军中校以其工作人员解码的恩尼格玛电报为基础，被认为能"洞察邓尼茨及其潜艇艇长的思维"。[33]此外，他完全愿意以此为基础预测"狼群"可能的位置和意图，为运输队应该采取什么样的规避行动提供建议。欣斯利的"读心术"经常是正确的，但有时也有错误。这项工作要靠碰运气，不能指责他过度谨慎或胆怯。

欣斯利怀着年轻人的自负，无法容忍那些被他视为比较平庸的人物。另一方面，作战情报中心的成员很快意识到，他们中间的这个年轻人拥有惊人的天赋，其罕见的分析才能不容忽视。因此，欣斯利在作战情报中心沉浸了4个星期并回到布莱奇利园后，注意到该中心开始"尽可能地确保定期互访，并借助新式的扰频电话，使作战情报中心和布莱奇利园的海军部门进行全面合作"。[34]当时他显然感到满意并且频频提到，有一次本土舰队询问作战情报中心，"你的（情报）来源是什么？"

对方回复说，“欣斯利”。[35]

俘获“慕尼黑号”之后，又是在欣斯利的鼓动下，4 艘英国战舰在 1941 年 6 月的最后一周接到命令，去夺取另一艘德国气象船“劳恩堡号”（Lauenburg）。这次行动的战利品包括下个月的恩尼格玛设置。这些设置每个月都会进行更改，这让解密者的任务变得更为复杂，但是布莱奇利园现在几乎把所有的拼图都收集齐全了。此后，解读洛里昂的战情室和北大西洋潜艇之间的无线电通信所花费的时间降至平均不超过 50 个小时，对于英国海军部来说，这足以警告运输队改变航线，躲开伏击的潜艇巡逻队。正因如此，邓尼茨的“狼群”经常发现扑空了运输队的路线，困惑的邓尼茨感到受挫。7 月份和 8 月份，德国潜艇每月击沉量不到 10 万吨，这是近一年来最糟糕的表现。11 月份，他们的总击沉量降至 6.2 万吨。

在洛里昂，邓尼茨的团队不知所措。他们的总司令恼怒不已，对手下的潜艇艇员大加责备，好像觉得他们对接收到的任务缺乏兴趣。例如 6 月 24 日，他向 U-203 发出一封电报（被布莱奇利园拦截到），敦促“瞄准它们！攻击它们！击沉它们！”[36]“秘密情报局”（MI6）负责人斯图尔特·孟席斯（Stewart Menzies）爵士每天都会选择一些解密者破解出来的成果提交给丘吉尔，按照惯例他会给自己的信息写上一个字母“C”。这一次，邓尼茨突然发出的命令引起了首相的注意。由于孟席斯未能对其重要性进行全面分析，他明显感到恼火，要求做出解释。这位军情六处的首脑回应上司时尖刻地说：“我理解你下达的上报特别重要的海军材料的命令，我判断攻击运输队的命令不属于这一类。但是，如果您这样指示，我将在以后提交此类情报。我认为这条可疑信息末尾的命令没有任何意义。”[37]

在发出拒绝首相的回复之前，孟席斯要求布莱奇利园做出澄清。6 月 28 日，破译德国海军部门密码的负责人弗兰克·伯奇以令人惊奇的精确性描述了邓尼茨的惯用手法；在 4 号营房，这位军情六处负责人当天就把其修改了格式的摘要送给首相。在说明邓尼茨对潜艇的完全控制权时，伯奇写道：

他部署他们，他调动他们，他们只对他发出命令、何时命令和命令了什么进行报告。他们发现单独航行的船，可以将其击沉，但当他们接触到运输队时，就必须等待他的命令；当他指示其他潜艇赶赴现场时，他们会隐蔽等候。

因此，在这场游戏中，他的兴趣非常个人化。这让他产生出足球比赛观众的那种热情。加油鼓劲的叫喊声频繁响起，尽管他并不经常这么兴奋。

之前一段时间，他的收获极少，有几条吹毛求疵的电报透露出，他的脾气变得非常暴躁，像是海狗狂吠与歇斯底里的混合。直到最后他捕捉到一个运输队。[38]

也许伯奇的描述有些夸张，但有一条潜艇司令部的战时日志反映了邓尼茨对于运输队轻松逃脱他的控制感到沮丧。他在 9 月 28 日指出：“最可能的解释是我们的密码遭到了破解，或者还有其他一些安全漏洞。”[39] 邓尼茨的密码专家坚称，海军的恩尼格玛是“世界上最安全的信息加密系统之一”，他要求德国海军的通信部门负责人埃哈德·梅尔滕斯（Erhard Maertens）海军中将进一步调查。10 月，梅尔滕斯报告了他的调查结果。他在 24 日写给邓尼茨的一封信中安慰道：“过于担忧我们的秘密行动遭到破坏是不合理的。我们的密码似乎没有被破解。”[40] 邓尼茨接受了梅尔滕斯的结论，他的困惑却更深了。

他派出成群的潜艇进行拦截，然而越来越多的运输队逃脱了，他指出：“这不可能完全是巧合……一个可能的解释是，英国人从某些来源或其他方面了解到我们的集中部署，并且进行了规避。”[41] 事后看来，这一判断显得很苍白，全凭空想。但是，由于德国最高统帅部的密码分析师根本不认为恩尼格玛可能遭到了破解，邓尼茨只能得出结论，问题的答案肯定在“潜艇的无线电通信（来自 D/F 测向）和潜艇目击报告”。[42] 他自己承认，这种推测性的分析对他来说没什么用处，因为他没有办法调整潜艇战术，以征服这个“未知中的未知”。破译德国密码获得的情报被冠以代号“超级机密”，与恩尼格玛不同，它直至战后仍然属于高度机密。

然而，情况并非如此。9 月 6 日，丘吉尔来到布莱奇利园看望工作中的密码破译者。虽然他绝不会公开提及恩尼格玛的存在，但他对看到和听到的内容印象深刻，因为学者们不得不在简陋、狭窄和混乱的环境中工作。密码破解者们显然抓住了这个机会，因为就在首相访问的几个星期之后，图灵和三位同事斗胆给他写了一封“秘密投诉信”。然而，他们的信件谈的不是工作条件，而是关注一个更重要的问题。虽然他们的信使用的是最礼貌的语言，但对上级不点名地表达了强烈不满，当然，在这些上级中肯定有布莱奇利园的负责人阿拉斯泰尔·丹尼斯顿（Alastair Denniston）海军中校。*

亲爱的首相，

几个星期之前你的访问让我们深感荣幸，我们相信你认为我们的工作很重要……但是，我们认为你应该知道这项工作被耽搁了，在某些情况下根本没有完成，这主要是因为我们无法获得足够的工作人员来处理它。我们之所以给你写信，是因为几个月来我们已经通过正常渠道做了我们所能做的一切，如果你不进行干预，我们对任何初步改进都不抱奢望……我们认为，麻烦在于我们是一个非常小的部门，需求在数字上微不足道，对于这里所做的事情的重要性以及迫切需要迅速处理的我们的需求，很难让有最终决定权的权威明白……我们感到，如果我们不能让你注意到实际情况，不能让你注意到他们所拥有以及肯定会继续作用于我们工作的影响力，我们就无法履行我们的职责，除非立即采取行动。[43]

用这样的语言给首相写信是非同寻常的，但是它奏效了。丘吉尔立即向“狮子狗”伊斯梅（Ismay）将军发送了一份今日行动备忘录，这位将军虽然没有被正式任命，实际上却是他

---

* 1946年4月，政府密码与解码学校离开布莱奇利园，搬到原来设在伊斯特科特的前哨站，正式成为GCHQ（政府通信总部），虽然它在战前也曾经使用这个缩写作为掩护名称。

的幕僚长："确保将他们的需求放在最最优先的位置，完成后向我报告。"这类信件有时是在沮丧和没有适当考虑的时候写的，并非经常得到重视。但在这一次，丘吉尔偶然发现了一个急需解决的关键问题，这是证明他的半独裁式首相权力具有无上价值的一个例子。伊斯梅将丘吉尔的命令发送给孟席斯，孟席斯于 11 月 19 日回报，用欣斯利的话说，他告诉首相："正在采取一切可能的措施，虽然没有完全完成安排，但布莱奇利园的需求正在迅速得到满足。"[44]

在英国，恩尼格玛被严格保密，只有那些"需要知道"的人才知道这些秘密，大多数高级军官不在其中。那些知情人士——布莱奇利园的团队、军情六处的高级成员和各兵种参谋长们都小心翼翼，确保除了他们这个魔法小圈子，其他任何人都不能得到有关第三帝国的这种秘密武器或者他们已经掌握其秘密的风声。事实上，在战争结束近 30 年之后，"超级机密"和"恩尼格玛"在公共领域依然"不存在"。

英国和德国的密码破解者就像黑暗中的棋手一样交锋；他们无法看到对方的意图，都倾向于相信自己的秘密通信是安全的。但他们都错了。英国海军部海军情报部门（NID）的团队并不像德国海军的同行那样钻死胡同，但他们并不知道，邓尼茨并没有完全被挫败。布莱奇利园在德国的对手是"电子侦察部"，他们将之称为"B 部门"，不过对于命令和管理大西洋及其他地方的运输队所用的密码，德国人破解的并不多。

1941 年 8 月，英国海军部平静的表象下出现了一丝焦虑的暗流。NID 编写的一份标题为《英国海岸附近运输队活动受到威胁》的报告中详细介绍了一些案例，让他们怀疑德国“电子侦察部”已经发现了不列颠群岛的航行时刻表和特定运输队的位置。作者首先指出：“有证据表明，德国人正在窃取运输队的情报资源，此前他们一直没有拥有这类情报。”由于无法对此进行解释，他们提出了一个假设：“不清楚上述报告是否为（a）基于不完整信息的预测（例如 D/F 测向、侦察、非现时特殊情报）或（b）非现时特殊情报之结果，但后者的解释似乎依靠（在某些情况下）特定的极为精确的细节。”[45] 就像德国人拒绝相信他们的通信可以被破解一样，英国人也未能发现海军部发出的信号被德国“电子侦察部”拦截了。然而，英国的密码专家与德国的同行不同，他们至少承认德国人有可能解读了他们的密码。面对这种怀疑，他们的问题不是不肯承认，而是令人吃惊地放任不管。他们的傲慢带来的代价是非常昂贵的。

直到战争结束之后，这个疏忽导致的后果才得到充分认识。英国海军情报部门主管泰伊（Tighe）海军中校在 1945 年 11 月提交了一份机密报告，将其无情地曝光出来。泰伊的分析被认定为高度敏感，只印出三份副本。然而，这份报告的很多发现都被写入另一份机密报告，这份以泰伊的报告为基础的报告在一年后写成。甚至在这份精简版的报告中，R. T. 巴雷特（R. T. Barrett）也在分析中提出了强烈谴责。他写道，在整个战争期间，NID 和其他权力机构“普遍认为”，“虽然德国人可以解读低密级的密码和编码，但是对更高密级的密码和编码无可奈何”。直到战争结束后，“获取了文件证据，并对德国军官、无线电报工作人员和密码专家进行了询问，这种自满情绪才遭受严重打击”。[46]

根据泰伊的报告（巴雷特报告转述），从1939年9月开始，“敌人完全掌握了”英国海军通信编码，到1940年春天，“电子侦察部”破解了30%至50%的英国海军通信，例如，他们“对与挪威远征有关的一切重要事项了如指掌”。[47]德国的情报汇总后被摘录在一份独立的德国海军部文件中，其中显示了柏林的密码破解者如何能够在“光荣号”沉没前数小时追踪到它的每一个动向。该舰从挪威撤离时，被“沙恩霍斯特号”击沉，船员几乎全部丧生。巴雷特写道，德国人以其破译的信息为基础，能够在1940年6月4日断定：“挪威北部地区的英国海军部队似乎并不感到有危险，只害怕空袭。他们每发现一架德国飞机，都会进行报告，标出他们自己的方位，这些方法只是根据位置报告表的编码发送的。”4天后，随着两艘敌方战列舰拦截了那艘注定要遭逢厄运的航空母舰，德国密码破解者报告说，“光荣号”的护航驱逐舰“阿卡司塔号”和“热心号”一直在“按照它们的例行航线行进”，而且它们“都被击中并沉没了”。[48]

虽然英国海军部定期更改海军编码作为预防措施（就像德国人改变恩尼格玛的设置一样），但这些更改用不了几个星期都会被德国“电子侦察部”破解。不久之后，根据泰伊和巴雷特的说法，“与运输队有关的所有通信”，“敌人”解读出了“很大一部分，不仅包括北大西洋，而且还有在其他区域使用的密码”。泰伊和巴雷特提出的最严厉的指控或许是：“在破解商船通信的密码方面，敌人取得了很大的成功。我们为了节省资金，没能给商业海运提供合适的密码，结果得不偿失，与之相比，我们的代价高达数百倍，还导致船只和人员遭受严重损失。”[49]

通过破解恩尼格玛密码，布莱奇利园重写了海战规则。“电子侦察部”也是如此。而且，由于双方都不知道自己的通信规则可能遭到破解或如何破解，大西洋海战远未结束。

10
收效甚微

1941 年 9 月中旬，巴罗因弗内斯周围草地上树篱结满了累累的黑莓。内拉·拉斯特除了摘自己吃的，还摘了很多，但不知道如何处理多摘的黑莓。“我有太多的东西不能烘烤，油和糖也不够用，我在想是否要拿出我的储藏，做一点果酱。这意味着要用掉 2 磅糖——我得再想一想。”在回家的路上，她遇到了一个“农家小男孩”，已经 6 岁了。

这个小男孩肮脏不堪，头发凌乱，衣衫褴褛。他那可怜的小眼睛因为患上睑腺炎，几乎都睁不开了，当我扳着头看他的眼睛时，抚摸到他的脸颊，感觉他的身体虚弱无力，营养不良。他赶着一群奶牛去挤奶，他经过时，嘴里喊着“左，右，左，右”，模仿军人的样子。我叫道：“嗨，军士——想要太妃糖吗？”我给了他两颗糖果，他用脏兮兮的小爪子难以置信地抓住糖，一边用低沉的语调说：“哦——给了我两颗。”[1]

到了深秋，配给食品的清单变得更长了。牛奶、肉、茶叶、人造黄油、食用油、奶酪（1940 年）、果酱、橘子酱、糖蜜、糖浆和鸡蛋（每人每周 1 个）都被列入清单。配给量经过食品部的仔细计算，确保每个公民至少可以获得最低限度的卡路里和维生素摄入，满足适度而健康的饮食需要。最受考验的时期是 1941 年春季，乳制品和水果的进口量已降到不足 6 个月前的一半，肉类进口量下降了 2/3，仅剩下两周的储备。[2] 总体而言，进口已降至战前水平的 2/3，这一趋势引起了战时内阁的高度关注。

危机、挫折和不确定因素在多条战线上以惊人的速度增长，如隆美尔在北非发动进攻、德军占领南斯拉夫、希腊崩溃、克里特岛丢失、马耳他面临威胁，更不用说德国空军对普利茅斯、伦敦、考文垂、赫尔、利物浦和格拉斯哥的空袭了，英国首相本来可以给自己找到借口，但他仍然抽出时间关心国民的食品供应问题。他敏锐地意识到，粮食短缺对民众士气的威胁比再多的德国炸弹都要大，如果民众挨饿，可能很快就会出现内乱和失败主义。哪怕战场上发生最严重的危机，他的注意力也不能完全从填饱老百姓肚子的方面挪开，哪怕是最平常的食品。

他远非只关供需统计数据，而是对食品的控制和配给方法也十分敏感。这方面的事例有很多，在此仅举一个：1941 年 2 月，他发现在猪群数量严重下降后，多达 50 万吨北爱尔兰马铃薯因为“卖不出去”而被销毁，对此他感到焦躁不安。他责备农业大臣罗伯特·哈德森（Robert Hudson）说：“这看起来太可惜了。猪的数量大幅减少，可能是因为害怕饲料短缺……扔掉数十万吨食材，这种损失我们承受不起。”[3]

在 1941 年的前 6 个月，航运业船只损失的总吨位超过 280 万吨，大多数是被游弋在大西洋的潜艇击沉。虽然在夏末平静了一段时间，但这个数字在年底再次上升，到 12 月份，尽管有更多的军舰护航，尽管有雷达，尽管有“超级机密”，但还是有超过 1000 艘商船沉入海底，全年总共损失 400 多万吨。令人欣慰的是，《租借法案》于 3 月份开始实施，不仅定期的武器和原材料供应有了保证，而且还得到了急需的基本食品来源。蛋粉、炼乳、培根、豆类、奶酪、猪油、橙汁和罐头肉等货物“在维持国民饮食质量的斗争中至关重要”，它们开始在 5 月份抵达英国，[4] 估计可供应英国人饮食需求的 10%。

保障这些物资的补给，不仅仅是对需求进行控制的问题，也是供给问题。当两国官员努力在已经成为人造市场的两个组成部分之间建立某种平衡时，大西洋两岸发生了争执，“在随后的整个战争期间使英美关系变了味”，检验着英国人的决心和美国人的耐心。[5] 争议绝不仅限于空谈：商船对美国和大洋对岸的英国来说都严重短缺，在这种情况下，每有一艘穿越大西洋的船运送食物，就会少一艘可以装载其他重要货物的船。虽然英国谈判代表希望确保不会出现任何商船不够用的情况，但美国人希望将运输量减少到维持战备工作所需的最低限度。在这场外交角力中，英国食品部倾向于夸大需求，而美国当局则恰恰相反。

丘吉尔认为他在 1940 年 12 月 8 日写给罗斯福的信是“最重要的信件之一”（见第 149 页），他在信中提出了一个等同于勒索的警告：

除非我们能够确保拥有养活这个岛屿上的人口和进口各种所需弹药的能力，除非我们能够将军队输送到希特勒及其同盟墨索里尼必定会争夺的战场，而且守住那里，保证能够坚持到欧洲大陆独裁者的精神崩溃之时，否则我们可能要中途认输，这样美国也就争取不到做好防御准备所需的时间。[6]

不久之后，哈里·霍普金斯告诉丘吉尔，他的这封信深深地影响到了美国总统，并描述了罗斯福如何独自坐在躺椅上“一遍又一遍地看”英国首相的信，在此之后的两天时间里，他“陷入了紧张的思考，默默地沉思”。[7]这段时间的反思结果以《租借法案》的形式反映出来，其落实由公务员和军事顾问负责。

当霍普金斯于 1941 年 1 月在伦敦进行第一次实地调查时，白厅官员告诉他，英国每年需要进口 4000 万吨的物资，其中 1600 万吨是维持国民生存所需的粮食。他们以类似丘吉尔的风格坚持主张：“我们不能再进一步削减了，否则会影响到人民的毅力和士气。”[8]3 月份，英国首相有些专断地表示，已经将全球范围内的需求减少到“进口量不少于 3100 万吨”，其中他坚持食品量“不得少于 1500 万吨”。[9]对于华盛顿那些工作压力大、竞争激烈的同行来说，白厅这些随意变化的估计数字在可信度方面和写在信封背面的数字合计差不多。

丘吉尔任命亚瑟·索尔特（Arthur Salter）爵士提交修改后的英国需求目标，他是运输部的一位副部长。美国国会批准《租借法案》之后，英国首相于 4 月份把索尔特派到华盛顿，以建立“英国商船运输代表团”。他的任务是尽力说服华盛顿的同行，使其承诺向英国提供尽可能多的商船，以防止英国崩溃。选择他是一个神来之笔。索尔特以前是学者和公务员，他游刃有余地往来于华盛顿各官僚机构之间，开展外交攻势，克服他来到美国时所经受的怀疑。他面临着巨大的障碍。他不得不在极端不信任的气氛中，说服美国谈判代表把数以百计的船只和高达数百万吨的货物空间腾出来，本来很多人认为这些资源应该用于其他商业和军事优先级更高的地方。尽管商船被潜艇击沉的速度依旧高于补充速度，但是可用于英国航线的美国商船数量仍然比美国军舰数量多出3倍，因此他的任务并不容易。悲观的美国海事委员会主席埃默里·兰德（Emory Land）将军负责美国船只的分配，他强烈反对将任何一艘商船交给英国人，坚持说："如果我们不谨慎，我们将发现白宫会把华盛顿纪念碑当作舵桨划到英国。"[10]

然而，由于丘吉尔与霍普金斯关系密切，索尔特很快就能绕过“正常渠道”，进入白宫正门表达自己的观点，霍普金斯会在那里认真倾听他说的话。从纯粹的后勤角度来看，索尔特的意见很有说服力。他告诉罗斯福的这位心腹说，从1940年8月到1941年4月，英国的“干货”进口量下降了一半以上，从4400万吨减少到2000多万吨。这种趋势显然很不妙，霍普金斯很同情。索尔特不仅要求将现有商船转为英国所用，而且还大胆地游说美国把每年的造船计划大规模增加至400万吨，或者建造约500艘新船。总统暗示赞同霍普金斯的态度，但他不愿意坐等复杂的《租借法案》，宁愿通过对相关机构的一般性指示行事，让其他人“完善必要的细节，由他最终拍板”。[11] 因此，尽管索尔特进行着努力，混乱而且有时怀有敌意的美国官僚机构不仅想办法“破坏”总统指示的执行，而且还不忘对英国估计的拯救国民所需的资源表现出“极度怀疑”。[12] 在此后的 2 年时间里，随着对可用资源的竞争越来越激烈，索尔特的耐心和决心将受到极限测试。

如果华盛顿的官僚们意识到一些英国公民对于《租借法案》的出现所做的反应，他们可能更愿意在自己也有需要的时候去支持前殖民统治者。英国的生活成本激增，使政府面临越来越大的压力。到 1941 年年底，商品的平均批发价格不可避免地较战前水平上涨了 50%。[13] 食品、衣服和其他消费“必需品”短缺，不仅导致商店外面排起长队，而且出现暴利、投机和蓬勃发展的黑市，所有这些都加大了“富人”和“穷人”之间的差距。这个国家在战争中构建起来的基础脆弱的团结，面临着被嫉妒和怨恨破坏的危险。

J. L. 霍德森（J. L. Hodson）是一位自由主义者，在这片土地上到处旅行，他动情地在日记中记述：

> 我厌倦了听废话和拙劣的故事……托基的酒店生活十分怪诞——每天晚上都有晚礼服舞会。早餐为你提供鱼和鸡蛋或牛胸肉，以及烤面包、粥和果酱。晚餐价格是 7 先令 6 便士——有汤（或鸡尾酒）和火腿、家禽肉、甜点、咖啡等主菜。我认识的军官们前几天吃的午餐有鸡蛋、鱼和肉。[14]

这种颠覆性的评论表明了更深层次的不安。在那些有能力利用其财富或权位的人中，小小的腐败变得流行。1941 年春天，“中北部地区价格调查委员会”主席报告说：“制造商以 6 先令 6 便士的价格出售汤罐，到达公众手中时价格成了 14 先令 6 便士，经过了 6 名中间人倒手，其中有一个人曾经 2 次购买（同一件）货物。”[15] 这种猖獗的投机，涉及各种食品和其他基本必需品。

钻这个制度空子的也不全是有权势的人。内拉·拉斯特强烈赞同配给是分配物资的“唯一公平方式”。因此，她对这项制度在自己家乡的运作方式感到愤怒：

目前的配给是一场闹剧。那些贪得无厌者获得的不仅仅是他们的份额。我问合作社的煤商为什么很少进货……要不是去年夏天小心翼翼节省着用，而且用煤灰和木屑做煤砖，我会一直不够用。

他回答说：“很多妇女都去不同的分店买煤炭，这样就能像平常时期一样弄到三四百磅；但是，煤场里的煤只够满足全部民众需求的一半，所以这意味着混乱和短缺。”

当她姐姐“说起搞到超过份额的配给就像在谈一个盛大的游戏”，内拉完全被震惊了。[16]

尼古拉斯·蒙萨拉特从航行在海上的护卫舰的角度出发，更被这种种弊端激怒了。这位未来写作了《沧海无情》的作者的说法无疑反映了同船官兵的观点，他不仅谴责那些在码头和船厂不肯多出一分力或者持续罢工的人，而且对以下现象更为愤慨：

食物浪费者、黑市买家和盗贼、骗取超配额的人、销售和再销售平时几乎没听说过的东西赚着上帝才知道的利润的人。了解到运输队运送的我们所认为的重要物资实际上让这些人从中渔利，想象一下我们会觉得自己是什么样的大傻瓜；这些蝇营狗苟的蠢货，无法想象他们正在赚着沾血的钱，各种寄生虫只要在一船船的必需品中看到一点机会，就会去占便宜。

想到“赚沾血的钱”——他的同船战友被炸碎、烧死或淹死，他一直认为，“能抵消这种苦难带来的恐惧和遗憾的”，就是“想到我们护送的物资至关重要，直接填补了一些危险的缺口，没有一点被浪费或者挪用”。[17] 在这方面，没有什么腐败或犯罪行为比“汽油骗子”更让蒙萨拉特感到厌恶，在他看来，应当给那些人“特设一个地狱”。自从战争爆发，汽油配给就已经生效，战争持续的时间越长，限制就越严重。

1940 年，驾车者可以消费的汽油量总计为 82.3 万吨，到 1942 年，下降到 47.3 万吨，1943 年还将下滑到 30.1 万吨。[18] 这种限制约束的是老老实实的人，他们就连短途驾车去医院探望病人或是必要的工作通勤都要权衡再三，休闲驾驶几乎是不可能的。到 1942 年 2 月新加坡沦陷之后，英国财政大臣金斯利·伍德（Kingsley Wood）爵士不仅谴责“个人奢侈”，而且还裁定不允许将汽油用于“娱乐驾驶”。[19]

打破这些限制对于富人来说并不难，或者对于他们而言有办法避开。你可以使用欺诈手段，给汽车弄到出租车执照，从而获得额外的汽油券；或者假称你需要在星期天去教堂；又或者，如果你有办法，多买几辆汽车，每辆车都有汽油券，但每次只开一辆。蒙萨拉特犀利地质问道：

这样的人愚蠢吗？自私到无可救药吗？卖国吗？弄到比别人多的东西，他们觉得自己聪明吗？他们要是知道成千上万勇敢到可笑的人浴血奋战并英勇献身，只是为了让他们的汽车惬意地运转，他们会有一种权力感吗？再说一次，十个这样的人也比不上一个为他们而死的人。有时候，人们希望挨个把他们的皮剥下来，只用简单的方式来证明这一点。[20]

大多数人和内拉·拉斯特一样，都不能或不会欺骗这个制度。对于绝大多数人来说，排队、短缺、票券和配给本身已是足够的考验，他们像蒙萨拉特一样对骗子和懒汉非常不满。丘吉尔频频介入指派给食品部的复杂任务，该部门不得不月复一月地加强控制力度，并扩大凭票供应的商品目录。1941 年 7 月，他担心对配制干果、水果罐头、大米和木薯淀粉、糖浆和糖蜜等“副食品”实行配给，不可避免地会激起愤怒，敦促负责该工作的食品大臣伍尔顿（Woolton）勋爵把这个制度变得尽可能“灵活”，允许供应券在多个商店使用，而不是仅限于一个授权商店。他说：“虽然严格的配给可能更容易管理，但一些让消费者自由选择的制度似乎要好得多。不同的个人口味能够互相平衡。”[21]

丘吉尔甚至偶尔越界，亲自就烹饪问题提出建议。在发给食品大臣的一份“今日行动”备忘录中，他提出增加兔肉产量。他说，“兔子本身缺乏营养（这表明首相从来没有真的吃过兔肉馅饼）”，他声称“兔子能够很好地缓解没有肉吃的情况。它们主要吃草和绿色植物，所以鼓励人工饲养繁殖有什么不好呢？”[22] 到了年底，他听说伍尔顿即将对糖和巧克力实行配给后，敦促推迟采取这样严厉的措施：“我猜想，枢密院委员会已经承认对糖实行配给比其他配给更容易导致违规行为……如果我们人为制造出既没有办法强制执行，也不会受到公众舆论的谴责的违规行为，那么违规的习惯可能会蔓延，造成严重的损害。”[23]

看起来可能奇怪，英国首相在面临前所未有的全球危机时，还沉浸在这些细枝末节中，但这反映出他对食物政治具有敏感性，只有那些享有绝对权威的人才敢于无视这个问题。虽然丘吉尔对英国的战争策略具有半独裁权力，但他不能忽视这样一个事实，即他所领导的战时内阁处于民主的顶峰，其气氛变幻无常，精心制订的计划即使没有完全陷入停顿，也很容易被打乱。他一直明白自己的权力不够稳定，他很清楚，当战场上不断传来失败的消息，似乎战争的结束遥遥无期时，最需要维持民众的信心。正是这一点使得大西洋海战把重点优先放在消费品上，这场海战在很大程度上是一场食物争夺战。但是，各种当务之急之间的矛盾日趋激烈。

1941 年 9 月底，罗斯福给斯大林写了一封非同寻常的热情信件："因为苏联军队的英勇抵抗，我简直无法向你形容我们所有人是多么激动……我们会找到方法和手段向各个战线提供所需物资和补给，包括你们那里。"[24] 几个星期之前，他向美国国务卿发出正式指示，告诉他援助苏联"对于美国的安全保障至关重要"。[25] 史汀生的任务是找到方法，把英国、苏联和美国自己军队相互冲突的需求协调好。

苏联战线不仅承受着巨大的压力，而且在一些地方已经崩溃。乌克兰的大部分地区已经沦陷，莫斯科陷入了包围之中，用斯大林的话来说，装甲部队到了"列宁格勒的大门口"。斯大林通过苏联驻伦敦大使伊万·迈斯基（Ivan Maisky）于 9 月 4 日向丘吉尔递交了一封信，他直言不讳地在信中宣称，苏联现在面临着"致命威胁"。他尖刻地指出，德国人"肆无忌惮地将他们所有的兵力转移到东方，因为他们确信西方没有第二条战线，而且根本不会出现"，他警告说，由于没有第二条战线，而且东线的坦克和飞机奇缺，苏联将面临"失败"，或者至少会失去"以实际行动在反希特勒主义的战线上协助盟友的能力"。[26]

送交了斯大林的信件之后，迈斯基又与丘吉尔进行了 90 分钟的谈话，据丘吉尔说，在此期间，他用"痛苦的言辞"抱怨说，苏联"几乎独自"被甩在一旁，遭受德国人的猛烈攻击。丘吉尔显然在大使的呼吁中发现了"一丝威胁的意味"，于是愤怒地反驳说："请记住，就在 4 个月前，我们在这个岛上还不知道你们是否会和德国一道打击我们……你们所有人都没有权利指责我们。"[27]

在迈斯基将苏联领导人的这封信交给丘吉尔的同一天，英国驻莫斯科大使斯塔福德·克里普斯（Stafford Cripps）爵士给安东尼·艾登写了一封信，语气几乎和苏联驻伦敦大使一样。他谴责英国政府未能“做出一点点努力来牵制德国”——开辟第二战场——好像“这里的战争不是我们的直接责任”，他提出忠告，“除非我们现在能够在最后一刻做出超人类的努力，否则苏联战线对我们而言将不再具有价值，至少在相当长一段时间里会是这样，而且可能会彻底失陷”。[28]

丘吉尔对克里普斯非常恼火，于是决定亲自回信。他将大使的抱怨斥为“不公正”，明确表示，如果克里普斯不是对“现实和技术情况”一无所知，就会明白在欧洲大陆开设第二战场，将在希特勒军队的打击下遭遇“血腥溃败”。不仅如此，他继续说：“采取这样的牵制行动需要转调海军舰船，从而使中东军队的支援面临瘫痪，整个大西洋上的运输也会出现崩溃。这意味着可能输掉大西洋海战，不列颠群岛陷入饥饿和毁灭。”为了避免好心的大使还不明白其中的利害关系，他还尖刻地说：“当你谈到……‘超人类’的努力，我认为你的意思是指超越空间、时间和地理的努力。不幸的是，我们没有这些条件。”[29]

尽管如此，斯大林的来信，再加上迈斯基的抱怨和克里普斯的警告，足以说服丘吉尔去提醒罗斯福，防范苏联人“或许会考虑单独媾和”的可能性。[30]从美国总统的角度来看，斯大林极有可能再次与希特勒达成暂时妥协，这个风险不容忽视；必须不计一切代价防止这种情况出现。然而再一次，他无法完全无视国会。

对于是否需要支持苏联，华盛顿的政治掮客们意见不一。

孤立主义和反共产主义在很大程度上是相辅相成的，在白宫内外坚定表态支持苏联的霍普金斯被激怒了，他告诉丘吉尔，这种“蠢货”显然愚不可及，认识不到“那条战线的战略重要性”。[31]然而，在决定国家的核心利益所在之前，罗斯福不需要美国议员们正式授权：支持苏联是一个紧迫的军事、政治和外交优先事项。罗斯福计划在第一届莫斯科会议（其中美国代表是埃夫里尔·哈里曼，英国代表是比弗布鲁克勋爵）上把这一决心转化为承诺，该会议将于9月29日开幕。

丘吉尔承认美国总统的论断有说服力，不得不表示支持。然而，他无法摆脱心中的怨恨，认为“只要向苏联提供物资支援，英国的重要需求就会受损”。他把这个令人不快的事实描述为“压力”，有点不寻常的是，他发现同事们甚至也都这样认为，“为了我们的新盟友，我们的核心安全和计划面临失败的风险”，他们全都“忍受着这个不愉快的过程——无礼、粗暴、吝啬，最近对我们的存亡还漠不关心”。[32]他在9月份与苏联领导人的通信中很冷淡，有时几乎不顾礼节，不仅重申第二战场是不可能的，而且还禁不住指出罗斯福提出每个月运送给苏联的配额“几乎全部由英国生产，或者是我们自己购买和根据《租借法案》租借的美国产品”。[33]

莫斯科会议开了3天，最后哈里曼在比弗布鲁克的支持下，就苏联所需物资清单的细节与苏方进行了谈判，根据《租借法案》的条款，美国将以无息租借的形式向苏联提供价值10亿美元的物资。美国如此慷慨大方，令斯大林感到欢欣鼓舞，而罗斯福给丘吉尔发电报，宣称：“我对莫斯科会议的结果感到高兴……

现在重要的是将货物交给他们。”[34]当罗斯福决心已定，丘吉尔支持了美国的承诺，但并非没有疑虑。他与美国人进行了他所说的“长期和痛苦的讨论”之后，才勉强确定英国应对该计划做什么样的贡献；只是对于相关的英国服务部门来说，感觉“就像剥皮一样”。[35]但是，他在10月6日给斯大林发电报，通知他第一支运输队已经出发，已经开始“每10天一班连续循环”前往北冰洋港口阿尔汉格尔斯克。[36]这是一个开创性的时刻。

苏联方面传来的消息一直是悲观的。10月10日，美国驻莫斯科武官伊万·耶顿（Ivan Yeaton）援引报道说，心怀不满的苏联军队从前线撤回，声称他们“在没有弹药和武器的情况下战斗”，并警告称，“苏联结束抵抗的日子有可能为时不远了”。[37]霍普金斯亲自访问过莫斯科，丝毫也不怀疑苏联的抵抗意志，他对这样的悲叹不屑一顾。他很明白批评者可能会利用这些警告来削弱美国目前的决心，于是给史汀生写了一封亲笔信，建议对于这位武官的报告“尽可能持保留态度”。他还指出，当他访问苏联首都时，“耶顿对苏联人直言不讳地批评，并在当时——就是10到12个星期之前坚持认为莫斯科随时都会崩溃……他对苏联人偏见极大，如果你们认可他的观点，那么国务院可能会发现自己得到的是非常糟糕的建议”。[38]

苏联的困境变得日趋严峻。到10月中旬，2支德国部队在费多尔·冯·博克（Fedor von Bock）将军的指挥下，对莫斯科发动钳形攻势，推进速度极快，以至于苏联即将投降的警告几乎不容忽视；红军在谢苗·铁木辛哥（Semyon Timoshenko）元帅的率领下撤到首都近郊，官员们准备撤离该城市。19日，德国装甲部队距离克里姆林宫只有40英里，斯大林被迫宣布该城市受到包围，声称“莫斯科将抵抗到最后”。

随着这些震撼世界的事件迈向高潮，一支由13艘商船组成的盟军运输队，悬挂着英国、苏联、巴拿马和比利时等不同国家的旗帜，在1艘重巡洋舰、2艘驱逐舰和5艘扫雷艇的护送下，驶入苏联的阿尔汉格尔斯克港。这支护航运输队的代号为PQ1，给苏联人送来了20辆重型坦克和193架战斗机。这次运输只不过是象征性的，为的是表现诚挚的姿态；但是，如今开始定期在这条危险航线上行驶的运输队不仅定义了英美与苏联的新关系，而且标志着大西洋海战进入又一个关键阶段。

在洛里昂的总部，邓尼茨海军上将受制于雷德尔的命令，感到不满，而这些命令直接来自希特勒。7月份，当他接到命令，要把1/6的潜艇从大西洋战场转调到北冰洋时，感到非常沮丧，后来他尖刻地评论说，“当然，那时还没有任何盟军运输队向苏联运送物资”，因此它们“在空旷的海洋中四处晃荡”，寻找不存在的猎物。他“一再”反对这种滥用其宝贵资源的行为，将北极地区的潜艇战绩描述为“微不足道”，[39]但徒劳无功。

好像这还不够，到9月底，他又接到命令，要求增派6艘潜艇参加他称之为“次要”的行动，而这些潜艇并不适于参加。大约30艘潜艇很快就会被派往地中海，或者已经在去地中海的途中，这些潜艇是其中第一批。由于这一部署，潜艇部队总司令不得不采取紧急应对措施，驻罗马的德国联络人员称之为“灾难性的”；这导致雷德尔预见到“德国和意大利在北非的地位会彻底丧失”，除非“以最大的努力”为西部沙漠的隆美尔部队提供“救援措施”，[40] 而希特勒宣称轴心国在地中海遭遇失败，会“威胁到（欧洲）大陆的安全”。[41]

从 1940 年 9 月至 1942 年秋季反复拉锯的北非战役既是一场补给战，也是一场堡垒战。在这场战役期间，地中海海战对于沙漠中的主角来说至关重要，堪比大西洋海战对于英国维系生存所具有的意义；不管哪一方，只要控制了地中海，就掌握了陆战的主动权。丘吉尔使战时内阁毫不怀疑地认识到地中海战场的重要性。在 1941 年 4 月 28 日发出的一份“机密”级命令中，他坚称：“失去埃及和中东对于大不列颠来说将是最大的灾难之一，仅次于（德国）成功入侵和最终征服（英国）。”[42] 尽管军方领袖并不认同这种末日观，但是他们也认识到英国在这个战场上面临的威胁日益严峻。

自从 1940 年 6 月意大利宣战以来，就没有盟军商船通过直布罗陀海峡安全驶入地中海。这意味着要想给韦弗尔的中东司令部（到 1941 年总共有约 40 万人）输送补给，必须从好望角绕道，沿着非洲东海岸进入红海，直到苏伊士运河，这是一个庞大的后勤行动。与之相对应的是，轴心国在北非的几乎所有补给——食品、燃料和弹药——只需要从意大利半岛和西西里岛的港口运到的黎波里，后来则是运到隆美尔在上一年 2 月份攻取的班加西。

马耳他是一个中枢性的英国前哨基地，几乎要不惜一切代价保护。这个岛屿堡垒距离西西里岛仅有 60 英里，距离的黎波里 220 英里，是位于直布罗陀的英军基地（在西方 1000 英里）和亚历山大港（在东方1000英里）之间地中海的唯一据点，也是可以让英国皇家海军和英国皇家空军出发打击这些补给线的唯一基地。由于沙漠战的胜败悬而未决，英国和意大利海军为了争夺地中海正在进行生死海战。

1941年3月，在德国进攻希腊前夕，英国人取得了罕见的胜利。布莱奇利园的密码学家们首次成功破解了意大利海军的恩尼格玛密码，根据以此获取的情报，地中海舰队在海军上将安德鲁·坎宁安（Andrew Cunningham）的指挥下，从其位于亚历山大港的基地秘密出发，拦截位于希腊最南端的骄傲的意大利皇家海军。马塔潘角（Cape Matapan）海战堪比旧时代的激烈海战：那时庞大的海军在七大海洋上相互厮杀，战争胜负决定着帝国的兴衰。这场战役发生于3月28日和29日，持续了12个多小时，坎宁安的舰队重伤一艘意大利战列舰，击沉3艘重型巡洋舰和2艘驱逐舰，英国海军只有4艘巡洋舰轻伤，在人员方面，英国有3人丧生，而意大利损失了2300人。

马塔潘角海战的获胜暂时解除了轴心国对地中海东部的控制，战时内阁也得到一剂强心针，士气大振。但是和以往很多情况一样，满足感是短暂的。不久后伦敦就接到报告，称又有一个装甲师在的黎波里登陆，加入隆美尔的非洲军团，在俯瞰埃及边境的塞卢姆高地上掘壕固守。丘吉尔害怕“沙漠之狐”将对亚历山大港再次发动闪电战，然后乘胜进军开罗，夺取苏伊士运河并占领整个尼罗河三角洲。如果发生这种情况，他的中东战略就会破灭。此外，如果希特勒抓住这一时机，那么军事行动主任约翰·肯尼迪少将向英军领导人所介绍的情况就会成真，即中东司令部将面临“从北方通过土耳其与东北方通过高加索和波斯”同时来袭的威胁。他警告说：“我们能否继续掌握中东地区取决于一件事，而且只有这一件事——德国人是否真的在那里集中兵力对付我们。”由于可能遭遇钳形攻击，英国首相要求采取紧急行动支援第8集团军。他判断，在战争的这一时刻若不采取行动就不可能保住中东地区，因此他要求采取一个极其大胆的行动，超乎一般人的想象。在他看来，只有一种方法可以确保大英帝国继续存在于该地区。英国海军部将再次担起重任。

首相焦虑不安，担心第8集团军可能会崩溃，于是不顾英军领导人的反对，坚持要求一个由5艘船组成的运输队运送300多辆新坦克，经由直布罗陀海峡，穿过敌人肆虐的西地中海去亚历山大港。这是一场豪赌，这些坦克有可能被意大利的鱼雷轰炸机消灭，但如果侥幸送到目的地，会比从开普敦绕道至少提前2个月抵达英国前线，这不容置疑。这场赌博如果失败，会被指责为不可饶恕的鲁莽，但这个行动最后被证明是正确的：俯冲轰炸机被击退，运输队在“光荣号”和“皇家方舟号”的保护下，于5月12日抵达目的地，只损失了1艘商船“帝国之歌号”和它为北非前线装载的57辆坦克。丘吉尔的这次冒险行动代号为“老虎”，它不可思议地取得了胜利。

尽管如此，英国首相只是短暂地缓了一口气。不到3个星期后，随着希腊在4月份崩溃，大约2.2万名轴心国的突击部队士兵通过空降入侵克里特岛。战斗持续了10天，轴心国有5000多人在行动中丧生或失踪，而英国的伤亡数量约为3500人，有 1.2 万名盟军官兵被俘。然而，1.5 万人安全撤离，其中包括命运多舛的远征军的幸存者，他们刚刚从希腊大陆撤出来。这场救援行动本身就是依靠技术和胆量完成的——不过英国皇家海军付出了巨大的代价，在德国空军轰炸机的打击下，损失了 2000 名军人和 22 艘战舰，其中 9 艘被击沉，13 艘失去行动能力。

随着克里特岛的失陷，现在马耳他成为英国在地中海唯一的据点，这也是因为希特勒放了手才得以保住。就像有时元首自己宣称的那样，如果他听从雷德尔继续提倡的计划，决心把中东从英国人手里夺取过来，占领克里特岛之后，再夺取这个岛屿基地的任务会比之前更加简单。事实上，希特勒当时思绪混乱，除了德军进展不顺的入侵苏联行动之外，无法长时间关注其他任何战略目标，尽管英军领导人当时并不知道这一点。1941 年秋天，当希特勒最终因为地中海而饱受焦虑折磨时，轴心国为利比亚的隆美尔部队输送的补给降低了 40%，英国再次获得了优势。这一威胁促使希特勒把一整支空军从苏联前线转调到西西里岛和北非。然而对于隆美尔来说，德国空军来得太晚了，其部队的燃油、坦克和弹药正在迅速耗尽。

与此同时，虽然韦弗尔是一位卓越的总司令，但丘吉尔给他设定了一系列难以同时完成的目标，结果他因未能完成这些任务而被撤掉，1941 年 7 月，克劳德·奥金莱克将军接替了他的位置。这位新任总司令无视丘吉尔的催促，没有过早地发动攻势，直到 1941 年 11 月 18 日，他才对隆美尔的前线展开突然袭击，迫使德军撤离埃及边境。经过激烈的战斗，虽然隆美尔做出过一些大胆的反击，但最后不得不解除对图卜鲁格的围困。这位“沙漠之狐”只剩下8辆有作战能力的坦克，开始长途撤回到班加西西南约200英里的出发地，9个月前，他曾经在那里发动旋风式攻击。

“十字军行动”被誉为奥金莱克领导的胜利，但是这个战果并未能品味太久。德国空军到来后，对马耳他持续发动猛烈空袭。岛上居民面对残忍的轰炸，不得不撤退到地下，成千上万的人穴居在从石头中挖出来的洞穴和隧道中。到1942年3月，坎宁安的船只遭受的打击已经变得非常严重，以至于这位海军上将（他即将交出指挥权，赴华盛顿就任一个他既不适合又极不喜欢的职位）告诉庞德，尽管亚历山大港仍然驻有2.5万名海军官兵，但“现在没有舰队可以出海了”。[43]到了这时候，北非的轴心国军队已经得到重新装备、改编和休整，隆美尔又发动了一次沙漠攻势；而丘吉尔正在考虑撤掉“十字军行动”策划者奥金莱克将军的中东总司令职务。

除了沙漠战场上产生的无数英勇战例之外，在这片荒凉空旷的地域中的反复拉锯战清楚地证明了北非战场的胜负取决于后勤；谁能控制欧洲大陆和北非之间的海上通道，谁就会在沙漠中占得上风。在这方面，地中海上的战斗阐明了有关更广泛战争的更广泛事实——与希特勒争夺斗争的胜利取决于将英国和美国的人员、武器、燃料和食物送到每一条前线。邓尼茨的潜艇试图切断穿越大西洋的英国生命线，这是一件自始至终令他烦恼的事。

11

命运转折

希特勒迟迟才认识到，维持轴心国在北非的存在具有重要的战略意义，邓尼茨同样如此。这位潜艇部队总司令也和最高统帅部一样，都认为实现这个目标的唯一方法是保护隆美尔的地中海补给线，让他维持行动。然而，他认为这项任务更适于用飞机和水面舰艇来完成，而不是用潜艇：他一再表示强烈抗议，反对将大西洋的潜艇重新部署，用于护送前往的黎波里的意大利运输队。他告诉雷德尔说："我不能接受往地中海增派潜艇的任务，这会削弱我们在主战区的努力，同时不会相应增加我们在地中海获胜的机会。"[1]但他的反对没有效果。

1941年11月底，他得到的唯一解释是："在目前的局势下，维持我们在地中海的地位对整个战争十分重要，因此要对潜艇活动的重点方向进行彻底调整，直到局势恢复。"[2]但是，正如邓尼茨所预见的那样，他的潜艇在地中海打击英国战舰不如在大西洋猎杀商船那么有效。虽然它们的存在对坎宁安舰队的部署产生了重大的心理和实际影响，但其战果一般。不过，在11月13日，U-81用鱼雷袭击了"皇家方舟号"航空母舰；

11 月 24 日，U-331 击沉了“巴勒姆号”（HMS Barham）战列舰；12 月 14 日，U-557 把“伽拉忒亚号”（HMS Galatea）巡洋舰送入海底。尽管击沉数量不大，但德国潜艇在地中海争霸战中做出的贡献远超邓尼茨所承认的。

尽管如此，一旦潜艇穿过直布罗陀海峡，注定要长期无效地留在墨索里尼的“意大利湖”中。从直布罗陀海峡流入的地中海反向洋流极为强烈，以至于即使潜艇在水下以 7 节的最高速度航行，几乎也不可能重新进入大西洋，如果试图在水面上行驶，会在英国皇家空军的手中遭遇灾难。邓尼茨愤怒地在他的战时日志中指出，他的地中海舰队被“捕鼠器”夹住，因此“从未再次……能够参加其他一切战场的行动”。[3]

在沮丧的邓尼茨看来，更糟糕的是命令他在直布罗陀附近水域中再部署一组潜艇，它们“几乎不得不一直保持下潜状态”，而且面临着“英国皇家空军海防总队和皇家海军反潜巡逻队带来的“持续的和相当大的风险”。在这种“潜入水下静止不动”的状态下，他的潜艇指挥官需要全程保持待命，而“向东根本看不到任何船只航行”。这种荒唐战术让邓尼茨感到更加愤怒的是，地中海中至少有 1/3 的轴心国潜艇被英国轰炸机摧毁或炸伤。到战争结束时，损失数量还要远远超过这些，似乎证实了邓尼茨的恐怖预感：在 40 艘被部署到那里的潜艇中，只有 1 艘设法逃脱了“捕鼠器”，其他潜艇全部被击沉。[4]

为了防止出现这种惨败，邓尼茨反复对抗德国海军总司令部。但他的抗议无济于事。到 1941 年年底，具备作战能力的潜艇有超过 1/3 被派到地中海或直布罗陀附近。结果，邓尼茨的大西洋行动受到严重限制，这是一个战略错误，用英国皇家海军的官方历史学家的话来说，“我们在这个关键战场的处境获得了最急需的缓解”。[5]

邓尼茨急切地想猎杀大西洋运输队，获得“吨位战”的胜利，很少关注更大的战场。也许是出于这个原因，他似乎没有注意到轴心国军队在12月沉重打击了地中海的英国皇家海军。在“皇家方舟号”和“巴勒姆号”被击沉之后不久，3艘意大利袖珍潜艇——或被众所周知地称为“载人鱼雷”，渗透进亚历山大港海军基地的核心区，每一艘由两名潜水员驾驶。其中2艘成功接近“伊丽莎白女王号”（HMS Queen Elizabeth）战列舰和“勇士号”（HMS Valiant）战列舰，并将吸附式水雷装到它们的船体上。这是一个非常大胆的行动，也取得了很大的战果。虽然这些意大利突击队员在行动中被俘，但2艘战列舰都严重受损，好几个月无法行动。

同一天，即12月19日，英国皇家海军又遭受了一次严重挫折。K舰队从瓦莱塔出航，试图拦截前往的黎波里为北非部队运送补给的一支意大利运输队。然而，这支舰队闯入了一片新设的雷区。1艘巡洋舰沉没，近700人失去生命，另外还有2艘军舰受伤，1艘前去救援的驱逐舰失去作战能力。由于接连遭遇损失，在地中海的这个重要水域，只剩下3艘巡洋舰和一群驱逐舰能维持作战状态，英国皇家海军受到重创，致使丘吉尔哀叹：“仅仅几个星期，我们整个东方战列舰队被打成了地面部队。”[6] 即使邓尼茨意识到这一点，也绝对不会改变他所痴迷的观念，即大西洋才是重要的，也只有大西洋具备这样的地位。

秋分过后，由于缺少潜艇，而且强风天气过多，大西洋海战在 1941 年的最后 3 个月几乎处于停滞状态。但情况并非完全如此。虽然绝大多数跨大西洋运输队在没有受到潜艇干扰的情况下抵达目的地，但英国和直布罗陀之间的航线却并非如此。OG71 在 1941 年 8 月遭重创（见第 221 页）之后，OG74 运输队又损失 5 艘船，它在 9 月的最后一个星期撞上一群潜艇。

在这些船只被击沉前 4 天，一个由 25 艘船组成的运输队离开直布罗陀，前往米尔福德（Milford）港，至少有 10 艘护卫舰和驱逐舰为其护航。这些护航舰队证明了新战舰的生产率，英国和加拿大的小型造船厂开始制造适用于护航任务的战舰。尽管有了这些新的护航力量，HG73 还是很快就遇到麻烦，情况比前不久的运输队更为严重。运输队指挥官克赖顿海军少将自战争爆发以来几乎一直在海上执行任务，而且在 1940 年 5 月协助英国攻占冰岛的行动，他在 3500 吨的“反嘴鹬号”上。“反嘴鹬号”除了装载一批橙子，还有 128 名乘客，其中包括 60 名婴幼儿。为了避免潜艇袭击，运输队从直布罗陀出发，径直向西以最慢的速度航行，大约只有 7 节。航行第 4 天，当这支笨重的舰队深入大西洋，并且即将改变航线驶往利物浦时，被德国空军的一架福克－沃尔夫“兀鹰”式远程侦察机队发现了。支援这个运输队的是“跳羚号”（HMS Springbok），它是最早的一批弹射飞机商船（CAM）之一，即经过改装的商船，完全可以将飞机弹射出去。弹射飞机商船是一个有效的发射平台，但是甲板太小，无法让飞机降落，所以从这种船只上起飞的飞行员要么到最近的机场降落，要么在海上迫降，这种情况发生过多次，不仅使飞行员面临生命危险，而且在此过程中还会损失珍贵的飞机。在这次事件中，“跳羚号”上的英国皇家空军战斗机将“兀鹰”式逐走后，设法在直布罗陀安全着陆。

不过事情并没有结束。次日，又有一架“兀鹰”在头顶盘旋，为即将出现的“狼群”侦察情况。克赖顿命令把孩子们从船舱带到紧靠舰桥下面的吸烟室，如果“反嘴鹬号”被鱼雷击中，希望他们能有更大的逃生机会。母亲们搂着孩子，或是因恐惧不安而抓着玫瑰经而喃喃咒骂，一位年长的牧师在那里安慰着她们。英国海军部发来的一连串消息证实了最坏的情况：潜艇就在地平线上，等待着夜幕降临和进攻的机会。

第一次袭击发生在9月25日的午夜11点30分。当“反嘴鹬号”发生猛烈震颤时，克赖顿正往上层桥楼爬，他回忆说：“它像一匹磕磕绊绊的马一样，摇摇晃晃地颤抖着停下来。”爆炸的力量将这位指挥官推到桥梯的一侧。从下面传来蒸汽泄漏的声音，“盖过了溺水者发出的一些怪异咕噜声，还有那些被困在发动机舱而烫伤的人发出的撕心裂肺的尖叫”。“反嘴鹬号”还没来得及放下一艘救生艇，舰艏就翘到空中，而舰艉则没入水里。克赖顿惊恐万分：“我不得不眼睁睁看着孩子们被狂涌进吸烟室的海浪卷入黑暗中，感到痛苦和无助。”[7]

片刻之后，克赖顿自己也被卷入海中。“一切都变得模糊了。我想我正在溺水。我的感觉很奇怪，似乎是喝醉了，并且被棉絮包裹着。”但是，当他被“反嘴鹬号”的桅杆和缠绕在身上的索具向下拖时，感到胸口剧痛。过了一会儿，他从索具中挣脱出来，并冲到水面上。他看到附近有一个救生艇，比一个长椅长不了多少，有几个人拼命抓住它，因为他们知道如果松了手，就意味着肯定要被淹死。他游了过去，问“还能不能再上一个人？”他被拖上船，“浑身湿透，喘不过气来……寒冷刺骨”。救生艇上还有 7 个人，其中有几个人出现咳嗽和窒息，他们的喉咙被燃油堵住了。“渐渐地，他们没有了力气，失去知觉，在黑暗中不知不觉地死去。”在周围，救生衣上用电池供电的红色应急灯在水中闪烁。令人不安的是，这些红色灯光一盏接一盏地开始熄灭，克赖顿猜测穿着这类救生衣的人也随之丧生了。但事实上，一艘救援船已经到达，正在从大海中救出幸存者。3 个小时过后，“长春花号”（HMS Periwinkle）护卫舰靠近克赖顿的救生艇，把他和小船上的同伴们救到温暖和舒适的地方。[8] 他们很幸运。只有 28 名“反嘴鹬号”船员幸存下来，43 名船员和 67 名乘客丧生，其中包括 32 名女性，60 名儿童一周前在直布罗陀登上这艘军舰，其中有 20 个孩子失去性命。

在接下来的三天三夜里，运输队的 25 艘船只中又有 9 艘被一支 5 艘潜艇组成的“狼群”击沉，HG73 的 10 艘护航军舰没有想办法发动过一次反击。这个遭受重创的运输队驶入米尔福德港后的次日，海军部开始调查损失情况，西部水道司令部司令、海军上将珀西·诺布尔爵士向护航舰艇的舰长们保证说，召他们过来不是要进行惩戒，而是帮助英国海军部从他们的悲惨失败中吸取教训，击退未来的攻击者。

克赖顿后来对别人的悲伤和自己的痛苦有了深刻的领悟。回家几天后，他在当地教堂参加了星期天的礼拜仪式，在那里，他在脑海中不断回忆着那些在“反嘴鹬号”上失去生命的人。

他对一个19岁的无线电官记忆深刻，那是一个名叫诺曼·拉森（Norman Larson）的加拿大人，志愿服役，尽管作为一个加拿大中西部农民的儿子，他可以豁免政府提出的任何征召计划。“我想到他每天都要值班，一个人不分日夜地工作好几个小时……他看到危险向运输队逼近……当运输队遇袭时，他孤身一人。”这位指挥官被这段记忆所触动，写信慰问拉森的母亲。他写道，拉森妹妹的一封回信代表了“这么多家庭的不幸、悲伤和自豪，她们的丈夫、父亲和儿子为了争取胜利付出了一切”：

亲爱的先生：

我和母亲、妹妹想感谢你非常好心地告知了关于诺曼·拉森的情况，他是报务员、加拿大皇家海军志愿后备队员、我们至爱的儿子和哥哥。我们很难相信他已经走了。我们收到了他在9月7日写的一封信，说他在直布罗陀买了一件很好的棕褐色外套。

我母亲的心都碎了，我们知道，所有在战争中失去儿子的母亲都是如此。他总是诚心诚意地给母亲写信，从英国寄给我们的一些小纪念品表明他想念着在老家的我们……

他在出发前往直布罗陀之前从英国寄给我们的最后一封信，提到其中一个男孩有一架手风琴，路上会有音乐相伴……我就写到这里。愿上帝保佑你，给你力量，让你继续坚持英国的传统，直到胜利到来。

我永远是你非常真诚的，

罗伯特·利文斯通（夫人）

克赖顿回忆起的另一个“反嘴鹬号”的船员是轮机长，在海上待了 40 年。克赖顿已经越来越喜欢他了：

他的船舱就在发动机舱上方，只有 8 英尺长 7 英尺宽，这个小房间是他的家……看到他过着孤独的生活是很可悲的——在他的小屋里，唯一的装饰是妻子和家人的小照片。我们经常在一起聊天，我对他抱有深切的同情。在我的印象中，当灾难来临时，他努力进入发动机舱，任凭大海把他卷入他的坟墓。[9]

由于被拖到水面下很深的地方，克赖顿的耳朵暂时失聪了，并没有很快从那次创伤的影响中解脱出来。然而，他的幽默感没有丢。他需要幽默。有一天，当他还在休幸存者假时，一位相熟的女人在村里的街上拦住了他。她说：“我听说你在上一次护航运输时沉船了。”克赖顿回答说：“是的，大概是这样。”她说：“但我以为海军军官总是会随船同沉。”克赖顿回答说：“我想我已经这样做了，但我不知道这项荣誉要求我应该随着它沉到 2000 英尺深的海底。”[10] 他们的谈话到此戛然而止。

为什么 10 艘军舰护航无法更有效地保护 HG73，这对英国海军部来说是一个令人不安的难题。几个星期过后，一个更有争议的调查让英国海军部感到更加焦虑。在克赖顿离开直布罗陀的时候，另一个由 11 艘商船组成的运输队于 9 月 14 日从弗里敦驶向利物浦，由 5 艘战舰护航。这个代号为 SL87 的运输队运送的物资包括来自西非的棕榈油、铜和可可豆，排水量

5000吨的“银色美人号”还载有磷酸盐，这是制造燃烧弹和迫击炮弹的关键材料。离开西非海岸一周后，当这个运输队航行到亚速尔群岛南部时，遭到3艘潜艇的拦截，7艘货船被鱼雷击沉，“银色美人号”是第一艘损失的货船。

10月17日，在诺布尔海军上将参谋部的一名高级成员的主持下，调查这场灾难的法庭开庭了。在此过程中，他的报告采用冷酷而精确的语言，堪比严厉的判决，着重强调了同时出现混乱、缺乏经验和无能等情况，这显然让英国皇家海军徒劳无功的自辩更加尴尬：

> 11艘船被击沉7艘，没有对敌人进行报复，这一事实令人感到遗憾。对于这样规模的运输队来说，护航力量是强大的……很明显，护航舰艇的协调性很差……从这一分析中得出的总体推论是，遭遇攻击后，在生死存亡的时刻，护航舰艇不足以立即进行最有力的合理搜索以对潜艇发动打击。

这些陈述即使不是说明他们怯懦，也等于指责他们有重大过失。“戈尔斯顿号”（HMS Gorleston）护航舰原来是美国海岸警卫队的武装快艇，其舰长R. W. 基默（R. W. Keymer）是这个护航队的指挥官，他激烈地做出反驳：“这不是真的，对于那些日复一日每日工作24小时的人来说，这是极大的蔑视……他们一直站着，没时间坐下来，更不用说睡觉了，他们努力在训练和装备都不充分的不利条件下打击敌人，他们中大多数人都拖着病体。”[11] 基默的这些话因愤恨而有所夸张，但并非虚言。

尽管SL87护航运输队的海军指挥官已经接受过护航保卫基本原则的一些训练，但是反潜战情况紧急，他们没有机会进行充分的筹划或演习；他们的很多船员是紧急征召入伍的，只接受过极少训练，就被推上大西洋海战的前线。更糟糕的是，在SL87的5艘护航舰艇中，只有3艘配备了无线电测向仪，其中还有2艘“由于故障和缺少备件，无法正常工作”。

然而，手下人受到怠慢，最让基默感到苦恼。他在正式回应英国海军部的《最终报告》中写道：

> 值得注意的是，全体官兵——其中很大一部分是28岁到30岁这个年龄段的应征入伍者，他们在7月份才登上第一艘军舰，尽管被不同寻常的一系列攻击所震动……但他们不仅在最艰难的时刻表现出勇气和良好的纪律，还保持了高昂的士气。

尽管提出这些抗议，基默仍然无法摆脱他所面临的主要指控；他确实“未能向袭击运输队的敌人发起最猛烈的反击”。实际上，他的决定是脱离队伍去救援其中一艘船，即遭受打击的“银色美人号”，而它已经得到另一艘护航军舰的帮助。调查结果断定，特别令人遗憾的是，护航队的高级军官（基默）在很长时间里与其团队失去了联系。[12]对于这个指控，基默无法提供令人信服的辩解。他做了一个好心但多余的决定，使其运输队受到了致命威胁。

诺布尔海军上将深受西部水道司令部手下人的钦佩和信任，他对调查结果感到震惊。他在本质上是个温和的人，而且一般比较理解同僚们在海上所经历的苦难，他采取了不寻常的步骤，把关键的批评意见发给其舰队中的每一艘船。虽然基默没有上军事法庭，但他被告知，不得再担任护航小组指挥官。这是一个沉重的打击，但是英国皇家海军不能完全解除这样一位经验丰富的军官的职务，这使基默感到些许宽慰。在战争结束之前，基默继续光荣地执行护航任务。关于 HG73 运输队，贝尔法斯特的《北方辉格报》在 10 月 14 日报道了其悲伤的尾声："最近在距离亚速尔 100 英里的地方，4 艘船被击沉，其中 80 名幸存者昨天在里斯本登陆。救生艇上原来有 100 人，但有 20 人因饥饿和干渴而死亡。"[13]

虽然 SL87 的命运有其特殊之处，但类似的关于缺乏设备和训练的问题仍然存在。其中的一部分原因在于，护航舰队的扩充速度虽快，但开始得太迟了。同样明显的是，英国海军部未能制定保护大西洋运输队的指导方针，各种决定都是由个别指挥官在时间紧迫的战场上快速做出的，他们缺乏总体性的参考框架作为基础。这种依赖临场发挥的方法不仅在战术上没有连续性，而且会使没有经验的指挥官在面对潜艇的协同攻击时犯下错误。这种损失速度也是英国不可承受的。又有 2 个直布罗陀运输队在 10 月份损失了 10 艘船之后，英国海军部迫切需要找到更有效的方法，打击没有减弱迹象的潜艇威胁。

邓尼茨的潜艇部队本来规模就不大，其中大部分还被困在地中海"捕鼠器"中；就在这样的情况下，取得的成就还是少得可怜，首相对大西洋海战的战况感到急躁和敏感。当英国海军部公布的统计数据含蓄地透露出护航运输队所取得的成就是多么少的时候，他对海军大臣和第一海务大臣进行了训斥：

我感到非常遗憾的是，我们抓获的潜艇战俘人数竟然已经公布了。6个月前，我就不赞成发布这样的内容。这个数字很小，它向世界表明，我们打击潜艇的所有努力都失败了。绝对没有必要披露这样的数字，这会毫无必要地让敌人受到激励，使我们的朋友变得气馁。[14]

然而到12月，我们可以谨慎地认定，很快就要有办法解决直布罗陀海峡的潜艇威胁了。15日，一支由32艘船只组成的运输队离开这个英国基地前往利物浦，由17艘军舰组成的舰队护航。这个护航舰队由一个异常坚强有力的人全权负责指挥，他很快将成为英国皇家海军的传奇人物。

"约翰尼"·沃克海军中校本来不是一个前途远大的人。他自负而虚荣，说话直言不讳，没有那种战前在英国皇家海军的会议室中受到青睐的机智和礼仪。虽然他的智力与天赋是毋庸置疑的，但他缺乏耐心，态度傲慢，这使他难以迅速晋升。他曾担任过"勇士号"战列舰的大副，1937年离开该军舰时，这位时年46岁的军官激怒了舰长，以至于他确信自己升迁的机会微乎其微；有一份报告对他极为不利，甚至断定他"缺乏领导力"。[15]尽管如此他被派往朴次茅斯，担任反潜战训练舰"鱼鹰号"（HMS Osprey）的指挥官。虽然这让他远离自己渴望的前线任务，但他的非凡能力在这里得到了认可，随后被任命为多佛尔的（行动）参谋。这让他有机会磨炼自己的专业能力，尽管仍然无法满足亲自指挥军舰的渴望。战争爆发后，他一次又一次地申请到海上证明自己的价值，但他得到的总是“请求未获批准”。[16]

直到 1941 年 9 月，他终于实现了自己的愿望。有一位共同的朋友把他推荐给诺布尔海军上将，在后者的要求下，他从多佛尔脱颖而出，成为“鹳号”（HMS Stork）的舰长，那是一艘驻在利物浦的护航舰。起初他对他的同事并没有什么兴趣。有些人像他一样，“错过”了晋升，但大多数人都是从英国皇家海军志愿后备役成员中选拔出来的，沃克认为这些人是“周末水手，是由征募机器批量生产出来的，通常没有得到充分的训练”。[17] 令他感到高兴的是，他获得了第 36 护航小组的指挥权，其中包括 2 艘护航舰和 7 艘护卫舰，于是他很快就消除了这类偏见。

沃克现在指挥着 500 人，他将这些人锻造成一支有凝聚力的战斗部队，其压倒一切的目标是：击沉潜艇。他逐步确立了无情而重复的工作程序。日复一日，夜复一夜，他用尽威胁恫吓，使第 36 护航小组有了一个团队的样子。他的行动命令就能反映出其态度和性格：“潜艇是我们运输队的主要威胁。我不用过度强调，如果发现或探测到潜艇，无须等待进一步的命令，立即发动连续不断的攻击，使用火炮、深水炸弹或是撞击，直到将其消灭或者接到进一步的命令。”虽然他预计会亲自指挥大多数行动，但他明确指出：“在我可能没有意识到或不完全了解的情况下”，军官们“有必要立即采取行动，不要等待命令……只要军官们着手采取行动，都不会受到我的指责”。[18] 这种态度并非独一无二的，但在英国皇家海军中还是比较少见，个人主动性和进取心尚未得到高度珍视，敢于冒险的军官不太招人喜欢。随着 HG76 运输队在第 36 护航小组带领下从直布罗陀锚地出发，沃克的行动原则即将接受毫不含糊的检验。

沃克的分遣舰队很快得到 2 艘护航舰、3 艘驱逐舰、3 艘护卫舰和“大胆号”（HMS Audacity）航空母舰的支援。* 他确信运输队很快就会遭到“狼群”的攻击，它们总是潜伏在这些狩猎场中。他是正确的：邓尼茨已经预先警告 HG76 出发了，这个情报是由驻在西班牙的德国间谍发给他的司令部的。一个由 6 艘潜艇组成的“海盗集团”等候着，打算待运输队一离开直布罗陀巨岩的保护就发动袭击。沃克凑巧避开了等待的潜艇，并且他的好运还在持续，澳大利亚的“涅斯托尔号”（HMAS Nestor）驱逐舰在葡萄牙最南端的圣文森特角（Cape St Vincent）附近探测到一艘潜艇，并用深水炸弹进行了攻击。尽管取得了这样的战果，但护航舰艇仍然保持着警戒状态。如果他们发现了一艘潜艇，那么其他潜艇就在附近。

16 日黄昏时分，沃克舰队的另一艘驱战时逐舰“斯坦利号”（HMS Stanley）报告说，发现远处有 2 架飞机。沃克在战时日志中以与众不同的方式指出：“‘大胆号’对这个报告嗤之以鼻，但‘斯坦利号’坚决认为确实发现了敌机。我推测敌人现在已经把我们的全部细节都发送给了每一艘有条件接收信号的潜

---

* “大胆号”是第一艘明确用于此项任务的“护航航空母舰”，起初它是一艘德国商船，建造于 1939 年，1941 年被俘获，之后进行了改装，用于这种新目的。它装备有 8 架美国产“岩燕”（Martlet）式战斗机。

艇。”[19] 当日午夜，他的推测得到英国海军部的证实，这要感谢布莱奇利园提供的情报。从这一刻起，护航舰艇和潜艇的斗争呈现出一种全新的特征。由于直布罗陀运输队先前遭受过损失，沃克可以调遣的护航军舰数量超出平常标准，其中包括“大胆号”护航航母。这使他比从前的护航指挥官有了更多自由。因此在17日那天，当“大胆号”的一架飞机在距离港口约20英里的平行航线上发现一艘潜艇时，他能够分兵进行追踪，而不会让HG76陷入其他“海盗”的攻击。他留下12艘护航舰艇保护运输队，自己带着另外4艘军舰全速追击那艘潜艇。这些行动全都进行过刻苦的演习，就是为了真刀真枪打这样的仗。

U-131的艇长是阿伦德·鲍曼（Arend Baumann），他是第一次出海巡逻，缺乏经验。“大胆号”侦察机的突然出现，使他受到惊吓，他下令让U-131紧急下潜。过了1个半小时，情况似乎好转了。但虚假的平静被一连串深水炸弹打破。电灯烧坏了，电池中的氯气泄漏到已经很难闻的空气中，更严重的是，炸弹把艇艉的壳体炸裂了。沃克的搜索队达到了他的预期目标。

鲍曼被困住了。他没有为了脱险而浮出水面，决定下潜到600英尺深度，并以5节的潜艇最大水下航速慢慢逃走。两个小时过后，他认为已经安全了，于是浮出水面，然后冲上指挥塔环顾地平线。他很快感到如释重负，没有发现任何攻击者的迹象，但是没过几分钟，5艘敌舰就出现了，距离大约有7英里远，正在全速冲向他的潜艇。沃克的小组发动了最初的攻击后并没有放弃，而是继续在该区域扫荡。发现这艘潜艇后，沃克把一架“大胆号”的“岩燕”式飞机召唤过来。飞行员乔治·弗莱彻（George Fletcher）海军中尉不久前才获得海军航空兵资格，他向潜艇俯冲开火，但潜艇的炮队已做好准备。当飞机突然进入他们的视线时，他们开火并直接命中。“岩燕”坠入大海，弗莱彻丧生。然而，这是一次虚幻的胜利。与此同时，沃克的护航队瞄准潜艇，从头至尾进行扫射。不到20分钟，U-131成为一具沉到海底的残骸，其艇员仅仅来得及跳入水中，被敌人救起来才免于溺水而死。

U-131以这种方式沉没并没有改变战争的进程，但它已经阐明了一个尚未被广泛认可的关于大西洋海战的真理：船只和飞机排成队列行动，可以形成强大的护盾，构成有效的威慑。这样的护航运输队虽然绝不是无懈可击的，却更有可能完好无损地抵达目的地。沃克之所以能实现这样的战绩，是因为他已经派遣出足够的船只，这是基默所不能做到的：发动报复的同时不丢开运输队。

邓尼茨看到了这个现实。他意识到，有了“大胆号”的飞机保护，潜艇难以在不受打击的情况下接近运输队，他知道需要什么东西：“击沉航空母舰极为重要，不仅对这一次情况来说是这样，对未来每一个运输队来说都是如此。”他一接到事件警告就这样指出。[20] 为此，他决定派3名最有经验的艇长支援“海盗集团”——由于又有一艘潜艇被击沉，这个集团的6艘潜艇现在已经失去了3艘——其中一名是王牌艇长恩格尔贝特·恩德拉斯（Engelbert Endrass），此人10次巡逻，已经击沉了22艘商船。

在他们就位之前，“海盗集团”的幸存成员继续跟踪运输队。19 日夜幕降临后，U-574 向护航驱逐舰“斯坦利号”开火并直接命中。沃克看着它“升腾起来，完全变成一团数百英尺高的火焰”。[21] 这艘军舰上的 161 人中只有 25 人幸存下来。沃克立刻命令每一艘受他指挥的船只都向空中发射照明弹，照亮海面。然后“鹳号”接近距离燃烧残骸半英里的地方——不敢再靠近是因为害怕会伤及幸存者——并且投掷深水炸弹，迫使施袭潜艇浮出水面。沃克在给英国海军部的报告中描述了这个致命一击是如何实现的：

我设法朝着紧靠指挥塔的地方撞过去，将它撞得翻滚起来。它在正前方停留了几秒钟，然后又剐蹭到了我们的舰艉，在那里受到 10 枚深水炸弹的打击。我接到报告说水里有个德国佬，他正高举着双臂哭喊着“朋友”，回答他的是深水炸弹的爆炸。[22]

对于海员来说即使在战争中，对敌人的死亡如此津津乐道也是不多见的，原因或许在于沃克对“斯坦利号”被击沉感到愤慨，但“鹳号”还是遵循海战的骑士精神搭救了幸存的潜艇成员。

第二天，一架福克 - 沃尔夫式侦察机出现在地平线上。“大胆号”上的两架战斗机紧急起飞，经过短暂的战斗将德国飞机击落。但紧张局势开始显现。沃克不想再躲避敌人，直接向利物浦驶去，还有 6 天的航程。不久之后，一艘潜艇用鱼雷袭击了“安娜沃尔号”，这是自他们离开直布罗陀以来第一艘被击沉的商船。“大胆号”的舰长是D. W. 麦肯德里克（D. W. MacKendrick）海军中校，其军衔比沃克高，因此只是名义上服从护航队指挥官，他没有接受沃克的建议，选择在未受保护的运输队右侧航行。21日晚上11点，这艘航空母舰遭到鱼雷袭击，70分钟后沉没，73人丧生。邓尼茨的目标已经实现。沃克自责没有坚持要求麦肯德里克遵循他的建议，他说：“我觉得自己应该对这个损失负责。”[23]

沃克当时几乎没有时间进行这样的反思。22日凌晨3点过后不久，“鹳号”的船员听到舰艉发出撞击声。沃克冲到船艉，看到在混乱的战斗中，“德特福德号”（HMS Deptford）护航舰已经切入“鹳号”的后甲板。当沃克检查军舰的损坏情况时，在虚无中得到一种可怕的满足，他记载道：“‘德特福德号’的艏柱已经直接顶进临时监狱，五个关押在里面的德国俘虏中有两个被挤成肉饼。当我后来摸黑到舰艉检查损坏情况时，我直接走进撞出来的洞里，发现自己的脚踩着德国佬的尸体，我的肘部顶在上层后甲板上。”[24]

沃克没有被吓倒，继续对潜艇施加压力，迫使邓尼茨在12月23日取消了这次袭击。当HG76运输队于4天后到达利物浦时，沃克失去了2艘战舰；然而，两周前离开直布罗陀的32艘商船中有30艘安全抵达目的地。值得注意的是，5艘潜艇已经沉入大西洋底，对于邓尼茨来说，这样的消耗率是不可持续的。

英德两国的反应体现出了胜利天平的倾向。沃克到达家乡后，发现他已经因这次胜利赢得了特殊功劳勋章（DSO）。作为战争英雄，他在新年时被召到伦敦的海军部；在一个挤满了高级军官的房间里，海军上将诺布尔和反潜战主管乔治·克里西（George Creasy）海军上校问他从自己的经历中学到了什么。他的答复很明确：

（1）飞机对于反潜战来说绝对具有无可估量的价值……"大胆号"（在被击沉之前击落了4架敌机）船员和飞行员的表现无与伦比。（2）运输队应该在外层和内层都得到护航队的保护。（3）白天，所有护航军舰都应作为打击力量，远离运输队采取攻势，攻击远至30英里外探测到的潜艇。[25]

提供完美合理的建议是一回事，会不会被听取是另一回事。或许是联想到丘吉尔建立敌军潜艇狩猎舰队的外行战术，尽管沃克的战术完全不同，麦金太尔海军上校还是将其比作"在方圆10英亩*的范围内寻找一只老鼠"——海军高级将领们此时不愿意接受沃克的最后一条建议。皇家海军也没有足够的舰艇可以用于他所倡导的双层护航。而且，虽然他们承认飞机可能"绝对具有无可估量的价值"，但是海军将领们缺乏力量或影响，不可能用魔术把飞机变出来；而英国空军部反对把皇家空军的飞机从保卫英国和轰炸德国城市的"正常"任务中调出来，不管什么理由都不行。沃克在1944年因心脏病发作而早逝，直到那个时候，他和其同僚依然对英国空军部顽固而迟钝的态度感到沮丧，他则继续证明着自己的论断是正确的。在此过程中，

* 1英亩＝4046.86平方米。——编者注

他因为创新、决心、机智和进取而成为英国皇家海军中神一般的存在。50 多年后，即 1998 年，利物浦港的堤头树立起一座“约翰尼”·沃克的雕像，永久纪念这位英雄。*

有一段时间，他的成功引起一阵不大的兴奋，但英国海军部的明智者却并不乐观。统计数据远称不上令人鼓舞。1941 年 9 月，潜艇正在加速从生产线上下来，当时估计邓尼茨总共拥有 184 艘潜艇，他的损失是 44 艘（事实上，这些数字是分别为 198 艘和 47 艘）。很明显，潜艇入役的速度比被消灭的速度要快，而盟军的商船则相反。为了有机会扭转这种态势，需要采取大动作。英国海军委员会的一名成员报告说：“能搞到多少水面舰艇和远程飞机，我们就需要多少。任何形势已经逆转的论断都没有事实依据。”[26]

邓尼茨及其在柯尼沃村的参谋人员对沃克的胜利感到沮丧：一次损失 5 艘潜艇是前所未有的，似乎预示着会有进一步的屠杀。意志薄弱者甚至开始暗示他们的司令官，应该放弃正在走向不平衡的斗争，或者正如他所说的那样：“我的参谋人员倾向于表示，由于最近的经历，我们不再具有打击运输队的能力。”邓尼茨把这种嘀咕视为过度的失败主义，他总结道：“我们的重大挫折……是由于特殊情况。没有理由因为这个孤立事件而对我的观点做出任何根本性的修改……后来的事情证明我是正确的。”[27] 情况确实如此——从某种程度上来说。

---

* 这座雕像由爱丁堡公爵在 1998 年揭幕。

12

击　鼓

1942 年 1 月，成千上万的餐馆、酒吧和赌场沿着迈阿密到纽约的美国东海岸亮起霓虹灯，给黑暗的夜晚带来五光十色。在这两个美国文明中心之间 1200 英里的高速公路上，无数辆汽车和卡车的前灯刺穿了夜幕，形成一条不断流动的光带，从数英里外的海上都能看到，这些线条是和平时期的安慰，清晰地照亮了海岸线。为了帮助水手工作，灯塔照射出例行的灯光信号，浮标在安全航道上闪烁。定期和不定期的轮船及油轮穿过这些繁忙的海上航线时，都被灯光照亮，它们缓慢移动的身影清晰地蚀刻在夜空中。

单纯的观察者看到这一幕时，可能不会意识到，不到一个月前，即 1941 年 12 月 7 日，日本轰炸了珍珠港，而且德国和美国现在处于战争状态。珍珠港袭击使美国海军受到重创，也使美国人民感到震惊。但是，华盛顿和东京的关系已经恶化了很长时间，这两个太平洋国家的重要利益相互冲突，已经难以扭转，实际上双方的军事冲突不可避免。随着日本军队在远东和印度支那继续扩大占领，并威胁到更多地区，美国拧紧了裕仁天皇政权的政治和经济螺丝。华盛顿冻结日本资产，实施贸易制裁，并在 1941 年秋天禁运石油，“如果英国和荷兰全面实施和加入石油禁运，将会产生直接性和持续性的影响，而不仅是强制性威慑”。[1] 华盛顿的外交官非常清楚这一点，这就是为什么他们就是否采取这种明显的敌对行动而争论不休，因为这种行动肯定会使日本走向军事对抗。

当华盛顿与东京的关系恶化到不可挽回的地步时，罗斯福拖延不决，急于避免在太平洋地区发生全面战争，因为欧洲局势不过是看来日益稳定。到 11 月底，德军已经推进到距离莫斯科不到 30 英里的地方，苏联首都似乎正处于崩溃的边缘。美国仍然不愿同时在太平洋和大西洋参战，因为美军的装备满足不了在任意一条战线打大规模战争的要求；罗斯福在 12 月初就知道，问题不在于日本人会不会发动袭击，而是什么时候在什么地方发动袭击。珍珠港就是答案。

12 月 7 日黎明后不久，350 多架日本战机从 6 艘航空母舰上起飞，击沉或重创 18 艘美国战舰，其中太平洋舰队的 9 艘战列舰中有 8 艘遭到打击，另外损失的还有 3 艘巡洋舰、3 艘驱逐舰和 347 架飞机。2400 多名美国军人丧生，另有 1178 人受伤。日本的这次“突然”袭击只损失了 29 架飞机（另有 74 架飞机受损）、5 艘袖珍型潜艇和 64 名人员。日本最高统帅部显然认为，给美国造成如此之大的打击，会使华盛顿默许日本在远东的帝国主义计划。这是一个致命的错误。

由于不可抗拒的原因，美国人打太平洋战争主要使用潜艇，并依靠从航空母舰上起飞的飞机支援。事实很快证明，战列舰几乎是多余的，主要用于在美国海军陆战队和地面部队登陆之前轰炸敌人的滩头阵地，以“软化”日军防御。

海战的这种决定性变化成为影响太平洋地区战争胜败的关键因素，但它并不是立即显现出来的，元首肯定也没有及时了解到。希特勒陶醉于日本行动方针的表面意义，抓住珍珠港袭击的机会向美国宣战。他这样做就放弃了迄今为止主导其整个战争的政策。在此之前，他曾坚持认为德国海军应避免在大西洋发动任何可能诱使美国海军进行报复的挑衅行为；他一再坚持说，虽然德国与美国开战是不可避免的，但在苏联被纳粹牢固统治之前，应该避免与美国发生冲突。

邓尼茨经常对这些限制感到愤怒，他警告元首说，罗斯福于 1941 年 9 月下达“格杀勿论”的命令后，他的潜艇在大西洋就陷入了“无法忍受”的处境。[2] 但是，希特勒固执己见——即使 10 月份在大西洋发生两次冲突，“卡尼号”（USS Kearny）驱逐舰（7 名船员丧生）和“鲁本·詹姆斯号”（USS Reuben James）驱逐舰（114 名船员丧生）先后遭鱼雷袭击。邓尼茨宣称这是美国对德国海军不宣而战的必然结果，他的话在某种意义上可能是正确的，但元首坚持认为，不可做出可能诱使美国对第三帝国宣战的事件。

但是现在，这样的限制全都被解除了，所有的话不再算数。邓尼茨喜不自禁，感到非常激动。希特勒的“宣战”是个需要立即抓住的机会。他在战时日志中写道：“这……是一个打击敌方商船的机会，相当长一段时间内这样的机会在其他地方几乎完全消失了……必须尽快努力利用这些优势在美国海岸线‘击鼓’，否则机会很快就会消失。”[3]

1942年1月13日，在英国破译情报的基础上，美国海军最高级官员、海军作战部长哈罗德·斯塔克上将向美国东部近海的所有船只发出信息：

海军作战部优先电报：因北大西洋海岸地区面临潜艇威胁，命令所有沿岸商船向北驶往纽约，以利用科德角（科德角运河），如果不可能做到，须在航行安全范围内尽力靠近此区域海岸。[4]

数小时后，第一艘潜艇抵达美国东海岸，并将制造出美国海军后来在正式文件中所定义的“大屠杀”。[5]沿海的灯光闪耀着可怕的光彩。

只有一幅大比例尺航海图、一本纽约旅行指南和一张曼哈顿岛的街道地图，后者标着周边的海湾和港口，并且很好地描绘了自由女神像的位置，赖因哈德·哈德根海军上校负责指挥U-123，这是第一艘抵达这个新杀戮地带的远程IX型潜艇。[6]哈德根驾驶他的潜艇神不知鬼不觉地进入美国最繁忙的航道。那天晚上，在长岛附近的海岸灯光和蒙托克角（Montauk Point）灯塔“长—短—长—长”节奏的灯光引导下，他小心翼翼地朝着通往纽约港的主要通道安布罗斯水道（Ambrose Channel）前进。

1月14日凌晨1点30分刚过去，哈德根的值更官在左舷大约4000米外的双向航道上发现移动的灯光。随着它越来越近，哈德根看到这艘船从船艏到船艉全部亮着灯。他操纵 U-123 进入射击阵地。他转头对值更官说："这是一艘油轮，第一号。一艘巨轮。两枚鱼雷。瞄准船桥和船艉桅杆。"[7] 不到一分钟后，他看到一团火焰冲向天空，变成了一朵"150 米高的黑色的邪恶蘑菇云，薄雾的天空笼罩了一层怪诞的橙色"。这艘油轮突然摇晃着向水里沉去，并向右舷倾斜，但没有沉没。潜艇发射的两枚鱼雷显然没有全部命中。哈德根又发射了三枚鱼雷，这艘船的船艉终于沉到海床上，但它的船头在水面上仍然清晰可见。此时，哈德根的无线电操作员截获了遭袭油轮发出的 SOS 消息："尼斯号"在楠塔基特灯船 X 以西 40 英里处遭遇鱼雷或水雷袭击。[8] 哈德根查了劳氏认证 *，满意地记下"尼斯号"是一艘吨位为 9577 吨的现代化油轮，长近 500 英尺，显然已经装满了货物。

当第一枚鱼雷击来袭时，哈罗德·汉森（Harold Hansen）船长已经睡着了。他在睡衣外面披了一件大衣，当船员们将油轮上的救生艇和橡皮筏降到海面上时，他指挥着操作。油轮上有 40 名船员，有一个 17 岁的小伙子在第二枚鱼雷爆炸时被冲击波掀入大海，另一人因为救生艇倾覆而掉入冰冷的水中被淹死。另外一个受害者是一只名叫皮特的小狗，它的主人保罗·乔治森（Paul Georgsen）争抢着想跳上一艘救生艇，结果失足掉进海中。他努力爬回到"尼斯号"上，找回自己的宠物，抱着它跳上一个救生筏。但是，海浪从油轮较低的一侧涌过来，救生筏上的人都被泡在水里。小狗呜咽着，剧烈颤抖，乔治森意

---

* 劳氏认证（Lloyd's Register）是英国劳氏船级社的船舶认证体系，为世界航运业所公认。船舶在认证后会定级并登记吨位等技术指标。——编者注

识到它要没命了。他回忆说:“所以,我对他说‘再见’,然后在甲板上砸碎了它的脑袋。”[9] 当天晚些时候,一架巡逻飞机发现了幸存者,指挥一支小型舰队进行救援。

“尼斯号”的沉没标志着 U-123 及其他一些潜艇开始肆意破坏,它们在将近 4 个月的时间里,在美国东部近海地区横行无忌。这个被邓尼茨命名为“击鼓”的海上袭扰行动很快在华盛顿和伦敦引发了很大恐慌,人们几乎已经歇斯底里。这一猛烈攻势严重威胁石油及其他重要物资的流动,无论对美国还是大西洋对岸的英国都是如此,而美国海军却毫无准备;事后看来,虽然这似乎在某种程度上令人惊讶,但并非不可理解。

次日,即 1 月 15 日,哈德根炮击了英国油轮“科英布拉号”。在这个事件中,当泄漏出来的油料着火后,只有 6 名船员脱险,其余 35 人丧生。1 月 18 日,U-66 在里夏德·察普(Richard Zapp)的指挥下,击沉了“艾伦·杰克逊号”,这艘油轮属于标准石油公司,本来是从卡塔赫纳驶往纽约,船上载有 7.3 万桶哥伦比亚原油。这次袭击中有 13 名船员幸存,22 人随着油轮沉入大海。

这两艘潜艇并没有协同行动,而是作为独狼挑选容易打击的目标。1 月 19 日凌晨,哈德根击沉了一艘货轮,即“亚特兰大市号”,之后他又立即袭击“马来号”油轮,但未能将其击沉。早上 5 点,他用鱼雷打击开着灯光从纽约向南驶往萨凡纳的“席尔特瓦拉号”货轮。同一时间在东方 200 英里的地方,察普向一艘从蒙特利尔开往百慕大的班轮“霍金斯夫人号”发射鱼雷,该船载有 212 名乘客和 109 名船员。

U-66的第一枚鱼雷击中了紧邻“霍金斯夫人号”船桥下的位置，附近甲板上的大多数人都被掀到海里。第二枚鱼雷击中发动机舱，摧毁了两艘救生艇，且导致船上的灯光全部熄灭。由于一片黑暗，无法沿着陡峭倾斜的通道找到方向，很多甲板下面的船员被涌进来的海水淹死。设法爬上甲板的人要么争先恐后挤上救生艇，要么跳入大海。阿尔伯特·约翰逊（Albert Johnson）带着妻子和两岁的女儿珍妮特（Janet）就是这样逃生的，他们被拖上一艘救生艇，不过这艘小船挤了76个人，以至于大多数人不得不站着。

幸运的是，大副珀西·凯利（Percy Kelly）也在这艘救生艇上，他立刻着手创建秩序和纪律。由于没有电力，“霍金斯夫人号”无法用无线电求救，因此凯利不知道他们何时能够得救，甚至连能否得救也没有把握。他为救生艇装配了一面风帆，向着他希望是最近的登陆地点设定一条航线；他们可以分享的食物非常少，凯利“每天发给每个人一块饼干，一汤匙罐装牛奶，两盎司饮水”。[10] 约翰逊夫人回忆说：“我们能捡回性命，全靠大副，他的勇气和机智使我们精神振奋。”[11] 凯利本人后来深情地谈到约翰逊的女儿：

> 她为我们全体人员树立了榜样，把这个经历当作野餐……她在海中泡了5天，但我们几乎没有听到她啜泣……她一直躺在母亲的怀里，只要醒着就会发抖。一天晚上她有点发烧，我们给她喝了一勺白兰地，她的精神好了过来，但有一段时间她笑得太厉害，以至于整船人都和她一起笑了起来。[12]

有些人没有那么幸运。救生艇上的5个人因暴晒而死。“那是我们最糟糕的时刻。看到他们离开真是太可怕了……浪花和海水很糟糕，我们身上从来没有完全干过。”凯利回忆说。[13] 玛丽安·帕金森（Marian Parkinson）是一位加拿大传教士，在弃船的混乱中与丈夫失散，她为死者主持葬礼。然后，一旦死者遗体上的衣服被轻轻地剥去（这些衣服会交给其他乘客，有助于让他们免遭同样的命运），人们就会将遗体滑入大海。本来可能会死更多人，但他们在海上漂流5天之后，成功引起了一艘客船的注意，因而获救。在最初登上“霍金斯夫人号”的321名乘客和船员中，除了这艘救生艇上的人，再也没有其他人幸存下来。在死去的250人中，有玛丽安·帕金森的丈夫。按照察普自己的说法，他取得了非凡的成功。

尽管在海上的大屠杀日益严重，但岸边的灯光仍然在夜空中闪烁，而杀戮狂潮也一直没有暂停或中止。然而，尽管发生了大屠杀，美国当局却什么也没做，甚至未能下令在沿海地区实行灯火管制。身为现役海军军官的美国海军官方历史学家对此感到惊骇，认为这种状况“应受谴责”，他解释说：“当有人首次提出这个明显有必要的防御措施时，从大西洋城到佛罗里达州南部响起一片抗议声，认为‘旅游季节会被毁掉’……为了让公民可以像往常一样享受商业和娱乐，船只被击沉，海员被淹死。”[14]

邓尼茨感到难以置信：

海岸线没有灯火管制，城市一片光亮……船只沿着和平时期的正常航线，并打着正常的灯光。无可否认，有反潜巡逻队，但他们完全缺乏经验。例如，驱逐舰缺乏协调，一个个有规律地在航道中来回航行，潜艇很快就能够计算出它们所遵循的时间表。德国人完全知道驱逐舰什么时候会返回。[15]

德国人发现商船继续在使用无线电，好像它们对自己的安全一点也不担心，这让潜艇行动起来更加轻松。结果，德国潜艇能够清楚地了解缓慢移动的目标的位置、方位和目的地。邓尼茨写道："潜艇不需要用很长时间，就能制定出一个非常有效的标准程序。白天，它们潜伏在 150 至 450 英尺深的海底，距离商船航线只有几英里；黄昏时，它们以下潜状态接近海岸线；当黑暗降临后，上浮到川流不息的商船中间发动攻击。"[16]

选取目标如此轻松，邓尼茨很快就命令所有可用潜艇都加入哈德根和察普的行列。尽管如此，他还是对德国最高统帅部的命令感到沮丧，后者要求他将 8 艘潜艇转移到苏格兰北部和法罗群岛附近，以便保护挪威，因为希特勒害怕英国会再次发动入侵而突然变得不安起来。这是一个假警报。丘吉尔确实曾短暂地考虑过再进行一次这样的冒险，但这次他听从了顾问的建议，因为这几乎肯定会变成又一场挪威惨败。虽然邓尼茨明确反对按照元首的命令转移潜艇，但是他无法将其说服——这既说明希特勒无法理解大西洋海战的决定性地位，又显示出雷德尔在德国最高统帅部缺乏影响力。

因此，到 1942 年 1 月底，7 艘潜艇在挪威巡逻，3 艘在直布罗陀海峡游弋。邓尼茨感到沮丧，在大西洋战区部署的

16 艘潜艇中，只有 6 艘用于他所认为的“德国海军最重要的任务，即在美国近海击沉敌方商船”；即使这样，他也承认“所取得的成就非常令人满意”。[17] 情况确实如此。潜艇一周又一周地扩大它们的作战区域，到了 4 月，它们从巴拿马运河到新斯科舍省都能随意击沉盟军商船。

对这种屠杀的反击力度小得可怜。最初，美国东部海上防线指挥官阿道弗斯·安德鲁斯（Adolphus Andrews）海军上将（负责从佛罗里达州杰克逊维尔到加拿大边境的近 1500 英里海岸线的安全）没有一架战机可供调遣，更不用说曾经接受过反潜战训练的飞行员了。唯一为这些航道上的商船提供空中保护的是 9 架短程轰炸机，它们是从美国陆军航空队（USAAF）借调过来的，只能每 20 小时提供 2 次日间搜索。虽然到 4 月份，可供使用的海军和陆军飞机总数增加到 170 架，但它们的反潜行动显然是不成功的，甚至是令人尴尬的。

年轻的飞行员首次经历战争，热情地向大海中扔深水炸弹，但他宣称击沉的潜艇数量与实际情况对不上。不久之后人们会发现，“东部海上防线报告击沉的潜艇的数量和希特勒在全球范围内的潜艇总数差不多”。[18] 由于媒体不断报道商船和船员损失的灾难性消息，为了维持公众的信心，海军倾向于报出这些未经证实的战果。最明显的是 1 月底有报道称，一位名叫唐纳德·梅森（Donald Mason）的飞行员从他的“洛克希德哈德逊”式轰炸机的驾驶舱里发报说：“发现潜艇，击沉该潜艇。”这个简短的句子在整个美国成为头条新闻。然而不久之后人们发现，几乎可以肯定这句话是美国海军的公共关系团队为他编造的。[19] 对于梅森和美国海军而言更尴尬的是，尽管他确实看到了一艘潜艇，并向它投掷了两枚炸弹，但可以确定他没有击中这个目标：那天整个美军都没有击沉过潜艇。这并不妨碍一个令人难忘的句子深入国民的心灵，在事实被搞清楚之前，梅森就因其“成就”而被正式授予杰出飞行十字勋章。这种自欺是有传染性的。尽管一再有战果报告，但直到3月份才有潜艇在该地区被击沉，当时美军轰炸机用深水炸弹在纽芬兰海岸附近消灭了两艘潜艇。巧合的是，在获得这个迟来的成功的飞行员中，有一个正是唐纳德·梅森，他得到罕见的晋升特权，成为一名初级飞行军官。

比起缺乏合适的飞机和训练有素的飞行员，更加令人不安的是为了保卫美国免受潜艇袭击而拼凑起来的形形色色的战舰。它们不仅同样数量不足，而且也是以类似方法夸大战绩的受益者。在这方面，海军部部长弗兰克·诺克斯是个惯犯，他以前做过记者，还是《芝加哥论坛报》的股东。有一次，在当天没有任何成功打击潜艇的报告时，他竟然宣称“3艘潜艇已被击沉，4艘严重受损”。4月1日那天，他甚至报告说，自“击鼓行动”开始以来，至少已有28艘潜艇被击沉。但无论国民是否成为愚人节的傻子，总统都更了解情况。

到了2月下旬，罗斯福因海军的失败而变得非常恼火，他在26日给诺克斯发了一份备忘录，斥责他的海军部“效率低下”，未能建立抵抗潜艇威胁所需的巡逻队。他写道：“当潜艇群开始在我们的海岸活动时，我要求斯塔克在规定的时间提交报告，明确有多少巡逻艇（与驱逐舰不同）在伊斯特波特

(Eastport)、缅因州和基韦斯特(Key West)之间工作。”罗斯福从斯塔克处得知，在加拿大边境到佛罗里达州最南端之间总共只有 7 艘船在巡逻，他直截了当地指责诺克斯:“这个情况真是一种耻辱。”[20]

如果说 2 月份的统计数据不好看，那么 3 月份的就更糟了。罗斯福发现当月船只损失总吨位超过 100 万吨，是“历史月度最高纪录”，在被击沉的船只中，56.4 万吨是货轮，45.8 万吨为油轮。这些数字所具有的含义更加令人担忧。负责为总统核对这一数据的政府官员说:“美国、英国和加拿大新造的船只总吨位是 35 万吨，其中只有 2.8 万吨是油轮，仅占当月损失油轮总吨位的 5%左右。”他几乎不需要多说。按照这种消耗速度，盟军将很快失去维持经济活力的手段，更不用说去打一场世界大战了。罗斯福在写给诺克斯的那份措辞激烈的备忘录中曾提到，他得知安德鲁斯海军少将已受命全权指挥东部近海的巡逻工作后，感到如释重负，但依然严词批评说:“已经花了相当长的时间才完成这项工作。我首次提到这一点是在 6 个星期前(1 月中旬)。与此同时，大西洋沿岸的巡逻是完全不够的。我们不能给自己找理由说，我们没有办法，因为我们有办法。”[21]

总统之所以大加斥责，是因为他对海军长期未能将私人船舶改用于巡逻工作感到失望，尽管他一直在敦促。

早在 1 年半之前，我就一直鼓励购买游艇……改装它们不会花太多时间……我曾经谈到过比较大的渔船，但海军部没有对此采取任何措施。仍然有数百艘渔船足以胜任巡逻工作，除非在北大西洋发生非常严重的风暴。[22]

他给第一次世界大战时就认识的私人朋友安德鲁斯写的信更加温和，以总统的身份提出了一些建议。他从1913年至1920年间担任海军助理部长的经验出发，写道：

我希望你会考虑让沿岸航运尽可能靠近岸边……请记住，从4月中旬开始，你在整个海岸线都会获得相对良好的天气，在这样的天气里，平均有90%的时间较小的船只都可以航行……如果我处在你的位置，我会买（价格便宜得如同垃圾）很多旧渡船……切断它们的突出部分，安装一个木质船头，在船艉设置一圈舷墙，去掉顶部的累赘设施，这种看起来很傻的东西就能够巡逻了……它所需要的东西是1台无线电、1门轻型火炮和6枚深水炸弹。[23]

这个自己动手改装的提议并没有得到欧内斯特·金海军上将的认可，安德鲁斯的新职位就是他任命的。欧内斯特·金即将从大西洋舰队司令晋升为海军作战部长，这是海军的最高级别；他是一个令人敬畏的人物，既让人钦佩，又让人恐惧和敌视。作为一名高级海军军官，他曾在第一次世界大战中有过杰出表现，赢得了荣誉和尊重。他天生具有权威，头脑敏锐，很受人羡慕；但他傲慢自大，因而朋友很少，敌人却很多。那些曾经忍受过他臭脾气的人（通常是因为滥饮）一直对他心怀怨恨；他还有个臭名昭著的毛病，就是喜欢玩弄女性，下面那些被戴了绿帽子的军官对他怀有同样的情绪。在金的同事中，德怀特·艾森豪威尔将军是最有耐心的人，即便是他，也发现这位海军上将令人难以忍受。他听说罗斯福要提拔金接替斯塔克担任海军作战部长，就在那天指出："可能有助于打赢这场战争的一件事，就是让某个人开枪打死金。有他在就无法合作，他有意粗鲁无礼，这意味着他在精神上欺压别人……但是这个家伙迟早会爆炸，我赌一块饼干。"[24]

无论金的性格存在什么缺陷，他都不会对东海岸危机的规模视而不见，他承认这个危机"令人绝望"。[25]然而，无论如何他都不愿意承认对正在发生的溃败可能负有责任。总统相信小型船只可以用这种方式部署，对此他迅速予以贬斥，认为这表现出一种过时的"偏好"，"在评估潜艇威胁时脱离现实"，[26]他不会提出权宜之计。在他看来，抗衡潜艇威胁的唯一现实手段是"大量生产……速度适中、适合批量制造的小型驱逐舰"。[27]这是对轻型护航舰的功能所做的简洁描述，这种军舰已在英国和加拿大的船厂大规模生产了 2 年多。

由于美国海军还没有类似的船只，金虽然对罗斯福的这种东拼西凑的办法感到厌恶，不过除了采纳总统的怪异指示，他别无选择。正如他后来所承认的，这是解决"东海岸严峻形势"的唯一手段。[28]罗斯福催促他的老朋友寻找这种船只后，过了一个星期或者更长时间，金才正式命令安德鲁斯在海港中搜寻 100 英尺长的小型船只，"能够装配深水炸弹和火炮"，并且"适合海上巡逻"。[29]

由于霓虹灯仍然沿着美国海岸线闪烁不定，耗油量大的汽车仍在高速公路上来回行驶，英国官员对这种官方的冷漠态度难掩自己的愤怒。总统特使埃夫里尔·哈里曼在3月初从伦敦写信给霍普金斯，试图描述他在英国首都日益感受到的沮丧有多么严重："当英国人是我们的追随者，我们在这里过着富足的生活，并期待他们做出最大的牺牲时，这一切都很顺利。现在他们把我们视为合作伙伴，当我们要求他们做出牺牲时，他们希望我们也这样做。"[30]

当罗斯福在三个月以前告诉丘吉尔，日本发动袭击意味着"现在我们都在同一条船上"，这位英国首相"心满意足地"上床睡觉，他后来回忆说自己是怀着"得救和感恩之情"入睡的。[31]随后发生的事情令他兴高采烈。罗斯福原先不情不愿，如今则欢迎丘吉尔到访白宫，在接下来的三个星期里，丘吉尔得以进入美国政府的核心层。他们这次华盛顿会谈的代号是"阿卡迪亚会议"，英国首相给自己设定的核心任务是确保罗斯福仍然认同自己的观点，即"打败日本并不意味着打败希特勒，但是打败希特勒后，日本的崩溃只是时间和多一些麻烦的问题"。[32]

原则上，只要让白宫再次确认在两年前的ABC-1谈判中达成的"欧洲优先"战略（见第170页），就得到了这种优先顺序的承诺。但是在珍珠港袭击发生之后，美国人民突然发现世界与以前截然不同了，他们愤怒而困惑地看到日本军队同时向菲律宾、关岛和中途岛发动进攻。民意调查清晰无误地反映出，大多数选民都希望总统能够转变战略优先顺序，因为那是美国仍然处于非交战状态时秘密确定的。到2月份，这种态度变得更加强烈，一项民意调查显示，只有25%的公众认为主要关注的焦点应该放在德国，而62%的人希望政府把力量集中用于击败日本。[33]

但是，罗斯福在这方面没有迎合民意，坚持认为应该把重点放在消灭纳粹主义，日本居次要地位。为此，即使美国因为"欧洲优先"战略而不能在太平洋地区提早发动进攻，但作为英国的战友，维持大西洋生命线也变得更加重要。从英国首相的角度来看，"阿卡迪亚会议"（从1941年12月22日持续到1942年1月14日）是一个彻底的胜利。要不是罗斯福怀有不可动摇的信念，即毁灭第三帝国应该优于击败日本帝国主义，要不是他敢于对抗公众舆论，那么无疑会有相反的决定。

然而，尽管英美在目的上已达成一致，在手段上却还是有分歧。日本袭击美国珍珠港的事件刚发生时，英国首相曾经感到极为兴奋，此时心情已迅速平复。丘吉尔离开伦敦之前，被亚瑟·索尔特爵士拉住，丘吉尔一年前曾派他去华盛顿，为英国争取维持跨大西洋供应所需的定期航运。索尔特告诉他，在珍珠港遭到袭击之后，他与美国同行打交道时开始遇到"非常大"的困难。丘吉尔要他提交一份书面报告，索尔特立刻遵从了。他解释说，为了对日本袭击做出反应，美国军队开始征用已经指定给英国的航运船只。因此，他警告说，"如今英国的物资进口正处于一个非常严峻的状态"：按照目前的速度，输送到英国（不包括石油）的货物流量将从"你指示我争取的3300万（吨）下降到几个星期前"的2300万吨。[34] 丘吉尔感到震惊。围绕着索尔特报告中的这两个差距巨大的数字，他在1月10日给霍普金斯写了一封信。"我用红笔标明的陈述，如果是真的，

▲ 温斯顿·丘吉尔和富兰克林·罗斯福首次举行正式会谈，普拉森舍湾，1941 年 8 月（© akg–images）

◀ 本土舰队司令查尔斯·福布斯爵士，1938 年—1940 年（© Illustrated London News Ltd/ Mary Evans）

▲ 丘吉尔和海军上将约翰·托维爵士登上“乔治五世国王号”，1942 年 10 月［© IWM（A 12204）］

▲ 海军上将珀西·诺布尔爵士在利物浦向“鹳号”的船员发表讲话［© IWM（A 8663）］

▲ 海军上将达德利·庞德爵士，第一海务大臣，1939 年—1943 年（© Popper- foto/Getty Images）

▲ 海军上将马克斯·霍顿爵士，西部水道司令部司令，1942 年—1945 年［© IWM（A 17423）］

▲ 轰炸机司令部司令亚瑟·哈里斯爵士［© IWM（CH 13020）］

▲ 欧内斯特·金海军上将（Mary Evans/The Everett Collection）

▲ 哈罗德·斯塔克海军上将，美国海军作战部长，1939 年—1942 年（© Bettmann/CORBIS）

▲ 罗斯福的心腹顾问哈里·霍普金斯与约瑟夫·斯大林在一起（© Margaret Bourke-White/Getty Images）

▲ 德国海军元帅埃里希·雷德尔，德国海军总司令（Everett Collection/Mary Evans）

▲ 海军上将卡尔·邓尼茨，德国潜艇部队司令（Sueddeutsche Zeitung Photo/Mary Evans）

▲ 希特勒向贡特尔·普里恩颁发骑士铁十字勋章（© akg–images/ Ullstein Bild）

▲ 德国潜艇艇长奥托·克雷奇默（© Ullstein Bild/ Getty Images）

▲ 新招募的商船队水手［© IWM（A 4469）］

◀“雅典娜号”的幸存者，该邮轮在英国对德宣战后的第一天被击沉［© IWM（HU 51008）］

▶ 德国袖珍战列舰“施佩伯爵号”在乌拉圭蒙得维的亚的拉普拉塔河沉没（Everett Collection/Mary Evans）

“爱斯基摩号”驱逐舰在1940年5月的纳尔维克海战中受损［© IWM（N 233）］

德国战列舰“俾斯麦号”在1941年5月27日被击沉（© akg–images）

“俾斯麦号”的幸存者被“多塞特郡号”巡洋舰救上来

▲ 主要从英国皇家空军妇女勤务队（WRAF）和英国皇家海军海战中队（WRNS）抽调成员组成的小组绘制了大西洋对手不断变化的位置图[© IWM（A 9891）]

▲ 一艘德国潜艇驶入洛里昂的一个潜艇洞库

▲“贝拿勒斯城号”的幸存者（© AP/Press Association Images）

1940 年，英国家庭主妇在排队购买鸡蛋（Grenville Collins Postcard Collection/Mary Evans）

1941 年，英国军官们在为一支大西洋运输队护航的军舰舰桥上［© IWM（A 5667）］

一艘德国潜艇的鱼雷舱（© akg-images）

◀ 德国潜艇艇员在休息（© akg–images/Ullstein Bild）

▲ 安装在“韦斯科特号”上的“刺猬”反潜迫击炮［© IWM（A 31000）］

▲ 1942 年 6 月，PQ17 运输队在冰岛的鲸鱼湾［© IWM（A 8953）］

▲ 一艘盟军商船在北冰洋面临着恶劣的环境（© AP/Press Association Images）

▲ 至少有400艘美国商船在1942年上半年被潜艇击沉（© Hulton Archive/Getty Images）

◀ 到1943年，大西洋护航运输队频频超出60艘的规模（© akg-images）

▲ 德国潜艇战俘屈指可数（Everett Collection/Mary Evans）

▶ 在英国港口分发的爱国海报［© IWM（Art. IWM PST 14440）］

▲ 1942 年 12 月，英国海军部绘图室内的军官们［© IWM（A 13205）］

▲ 英国政府密码与解码学校（GC&CS）的秘密总部布莱奇利园（© Bletchley Park Trust/Getty Images）

◀ 德国最高统帅部用于加密军事通信的“恩尼格玛”密码机（Interfoto/Mary Evans）

▶ 英国利物浦的一个紧急供应中心［© IWM（V50）］

◀“金星号”又绘上一个击沉德国潜艇的标志［© IWM（A 208970）］

▶ D日，1944年6月6日：英国突击队在金滩登陆［© IWM（B 5246）］

将是灾难性的”，他在信中说，并像索尔特所建议的那样敦促罗斯福政府应该成立一个“联合咨询委员会，这样的话，你的人民在做出分配决定之前能够听到我们的声音”。[35]

这说起来容易做起来难。多如牛毛的军民机构相互竞争，早已为需要什么和由谁分配吵得不可开交。美国政府内部的某些部门认为索尔特“无休无止地”索取，“从一开始……就污染了……合作努力的源泉”，[36]他们彼此仇视，矛盾非但不能化解，还加剧了“不断扩大的需求、猜疑、混乱和对立”。[37]尽管英国特使有能力与美国一些重要官员建立战术联盟，但到此时为止他发现，根本不可能完成丘吉尔交待给他的任务。

英国首相也惊讶地发现，美国未能做好任何准备来应对美国本土受到直接袭击的威胁；美国人的漫不经心致使潜艇在美国海域四处徘徊，他称之为“一种难以忍受的自由和傲慢”。[38]2月初，他私下里向霍普金斯发出警告，丝毫没有掩饰他的极度焦虑。“最好能够确保让总统注意到极为严重的下降。”他敦促说。随后不久，丘吉尔正式提出派遣24艘武装拖船和10艘护航舰参加反潜行动，他说：“这些兵力是不够的，但我们可以避免最恶劣的情况。”[39]虽然美国人感激地接受了丘吉尔的提议，并且在3月初部署了这些舰艇，但是潜艇的屠杀并没有得到缓解。

此时丘吉尔感到极度恐慌，他在3月12日又一次写信给霍普金斯，表示他的电报很快就会直接送到罗斯福的案头。“我最关注的是油轮大量被击沉……在2个月多一点的时间里，仅在（美国）水域，就有60艘油轮被击沉或击伤。”他坚持认为形势“极其严峻，需要采取某些必要的大动作”，要求“在最高层”提出这个问题。[40] 罗斯福把金召到白宫，要求他做出解释。毫不奇怪，这位海军上将否认一切针对他的批评，就连美国三军总司令也吓不住他。他以攻为守，抱怨说美国之所以陷入困境，主要原因在于英国皇家空军未能将德国潜艇消灭在比斯开湾的船坞里。在美国总统随后给丘吉尔的答复中，明显可以看到金的印迹。罗斯福的语气极不寻常地僵硬刻板，他写道，“从你最近写给霍普金斯先生的信中可以看出，你对采取措施打击大西洋的潜艇威胁有兴趣，这促使我要求你特别考虑对潜艇基地和修建厂发动大规模攻击，以此从潜艇的源头和它们必然会集结的地方遏制其活动”，英国首相从中觉察到“一丝紧张”。[41]

如果一年前进行这样含蓄的批评，可以说是恰如其分。潜艇坞刚开工和易受攻击的时候，轰炸机司令部未能对其进行打击，这使德国工程师能够不受干扰地完成任务。到了 1942 年春天，它们已经坚不可摧了。尽管如此，丘吉尔显然觉得有义务向总统做出保证：“为了防止未来出现新的潜艇，我们正在集中打击潜艇巢穴，昨晚有 250 架轰炸机飞往吕贝克(Lübeck)……据说取得了有史以来最好的战果。这与你的希望相一致。”在袭击这个旧汉萨同盟港口时，皇家空军使用了燃烧弹，摧毁或破坏了 1.2 万多座建筑物，使 2.5 万人无家可归，很多古建筑被大火烧毁。然而，该城市的经济生活迅速恢复，据报没有潜艇设施遭到破坏。

为了进一步安抚美国总统，丘吉尔还告诉他，英国海军部和英国皇家空军已经联合“制订了一项计划”，在比斯开湾进行全天候巡逻，而且海军部“正在加紧调配4个轰炸机中队参加这个新的巡逻任务，以后还要增加到6个中队”。他还提醒罗斯福：“急需对德国进行轰炸……我发现很难再从轰炸机司令部调走6个中队，哈里斯［新任命的轰炸机司令部司令亚瑟·哈里斯（Arthur Harris）］在那里干得非常好。”[42] 他说出这句离题的话，是在拐弯抹角提及海军部和空军部就轰炸机的分配问题即将爆发的激烈斗争。丘吉尔的信可能会使美国总统舒缓紧皱的眉头，但无法平复他日益加深的忧虑。

到4月份，伦敦的神经迅速绷紧。13日，海军大臣A.V.亚历山大给丘吉尔写信，提醒他自本月初以来，“美国沿海和加勒比地区的损失越来越大”，到了“可怕的地步”。[43] 到4月中旬，英国的石油供应已经出现严重危机，以至于战争运输大臣、保守党同人弗雷德·莱瑟斯（Fred Leathers）写信给霍普金斯，表示自年初以来“超过100万吨盟军油轮在美国海岸和加勒比地区……被击沉或严重受损”，“伦敦感到极度焦虑”。[44]

这些数字只是向白宫不断恶化的伤口上撒盐。罗斯福和霍普金斯都得知，按照目前的速度，美国将损失“接近1000万吨”的商船。[45] 仅仅是潜艇，就将维持英美石油运输所需的航运能力摧毁了45%。看到这些统计数据，大西洋两岸都感到恐惧。

邓尼茨在柯尼沃村指挥着这场大突袭，他和丘吉尔一样感到惊讶，因为“击鼓行动”的成功超乎其想象。4月15日，他指出：

通过攻击美国水域的补给运输——特别是石油——我正在打击邪恶之源，因为在这里，每击沉一艘船，不仅使敌人遭受损失，而且还使其船舶制造和战备生产的来源受到重创……我认为我们应该继续在能够以最小损失击沉最多吨位的地方部署潜艇，目前这样的地方正是美国水域。[46]

只用少数潜艇就能取得这样的战果，希特勒同样感到吃惊。对于英国海军部而言，阅读布莱奇利园解密的谈话尤其令人痛苦，元首在谈话中告诉日本驻柏林大使，他“对我们最近在美国海岸获得的成功感到惊讶。美国一直夸夸其谈，海岸线却不设防。现在我敢说美国很惊讶”。[47]

美国当局仍然非常不情愿在美国沿海实施灯火管制，这让愤怒的英国人感到迷惑不解。尽管如此，到 2 月中旬，拖延很久的美国总统终于授权军方采取一切必要措施，“防止船舶显出轮廓及随后遭到敌方潜艇打击”。[48] 直到 3 月 9 日，金终于命令阿道弗斯 · 安德鲁斯采取实现这一小目标所需的行动，“可以在其辖区范围内实施这些措施，控制东海岸娱乐公园和海滩的明亮灯光”。[49] 5 天后，金明确表示，即使有这个“要求”也不需要全面灯火管制，只需将有问题的灯光调暗就足够了。

金的行动不够彻底，其后果很快就显现出来。3 月 14 日凌晨，U-404 借助大西洋城的灯光背景，侦察到一艘货轮“莱缪尔 · 伯罗斯号”的轮廓，从侧面向其发射了 3 枚鱼雷。当第 1 枚鱼雷击中时，格罗弗 · 克拉克（Grover Clark）船长就在他的船舱里。爆炸的威力把他从椅子上掀了出去。他清醒过来后，跑到甲板上并下令弃船。第2枚鱼雷击中船腹，克拉克回忆道，爆炸“把我的鞋子都从脚上剥掉了，我只能穿着袜子站在船上”。[50] 虽然右舷的救生艇已被炸坏，但是26名船员还想登上左舷的救生艇，那艘小艇几乎随即就被爆炸掀起的波涛打翻。当这些人争先恐后地往倾覆的小艇上爬时，克拉克和其他7名船员放下两艘救生筏，将它们扔进大海，然后跳下船，游过去爬上救生筏。此时，U-404驶了过来。其艇长奥托·冯·比洛（Otto von Bülow）要求报出受创货轮的名字。克拉克拒绝回答，这艘潜艇驶开了，并向“莱缪尔·伯罗斯号”的船体发射了第3枚鱼雷，将它送到海底。

紧紧抓住倾覆救生艇漂流的船员很快就因为寒冷的天气而支撑不住，他们开始一个接一个无声无息地沉入水中，7个小时过后，幸存者被一艘经过的轮船救起。克拉克的救生筏也被发现，上面的船员得以获救；另一个救生筏也被发现了，但上面只有一个人。在“莱缪尔·伯罗斯号”的船员，共有14人幸免于难。在死亡的20人中，有3人后来被发现漂浮在浮油中，一人被冲到海滩上，还有一具尸体是在倾覆的救生艇里面找到的。其他船员都活不见人，死不见尸。

在接下来的几个星期里，军方高级官员一再指出，仅仅将海岸线的灯光调暗是不够的，从离岸10英里处的海上仍然能够侦察到沿着海岸行驶的船只的轮廓。然而直到4月18日灯火管制令才开始执行，即便如此，管制对象也只包括码头区灯光和照明。甚至在5月，陆军研究得出结论，夜空仍然被岸边的灯光清晰照亮，“我们的船只在朦胧灯光的背景中航行，就像射击场上的靶子”，[51] 但当局仍然没有采取强制措施。最终在5月18日，美国陆军的东部防御司令部下令实施“严格的半灯火管制”。[52] 这是美国政府和民众所能做出的最大举措，“他们想和平常一样进行商业和娱乐”。[53] 这是不够的。

5月4日，也就是希特勒对美国宣战近5个月以及“击鼓行动”开始4个月后，U-333抵达佛罗里达海岸。该潜艇指挥官彼得·克雷默清晰描述了他离开的欧洲与现在目睹到的美国的差别：

> 无论是在斯德丁（Stettin）、柏林、巴黎、汉堡、洛里昂还是拉罗谢勒，到处都是漆黑一片。我们出海时，努力不泄露出一丝光线，甚至获准在舰桥上吸烟时，也会用手掌心遮住有火光的香烟。一点点光亮也不会从指挥塔舱口射出来。然而在这里，浮标和平时一样闪烁，朱庇特水湾著名的灯塔把耀眼的光柱投射到遥远的海面。我们靠近海岸的一条道路巡航，无数汽车开着大灯在路上飞驰。我们离海岸如此之近，通过夜间望远镜甚至能分辨出高档酒店和廉价旅馆，还看得清闪烁的霓虹灯标牌……在这片光亮的海洋面前，在这个无忧无虑的新世界的舞台脚灯光芒的映衬下，我们一路经过的船舶轮廓纤毫可见，就像销售目录中印刷的素描一样清晰。在这里，它们正式地把自己放在盘子上端给我们：请自便！[54]

克雷默抵达佛罗里达州两天后，击沉了2艘油轮和1艘货轮。在接下来的几天里，其他3名潜艇指挥官——赖因哈德·“泰迪”·祖伦、哈罗·沙赫特（Harro Schacht）和海因里希·布莱希罗德——在卡纳维拉尔角附近又消灭了另外14艘船，其中包括1艘荷兰货轮，并导致17名船员丧生。这种人间悲剧日复一日地在近海上演。然而与规模宏大的全球性战争相比，这种损失很容易受到忽略；而且除了那些痛失亲人的家属，很快就会被人遗忘。然而到5月底，这些肆无忌惮的杀戮已造成近400艘商船及其货物的损失，所带来的实质性影响再也不能忽视。

6月24日，罗斯福进一步提出忠告，与海军指挥官又发生争执。当时安德鲁斯给他写信，沮丧地表示有人谣传他在如此艰难的年代过着奢华的生活；总统表示关切，但并不过度忧心：

由于沿岸船只不断遭到击沉，你不可避免地会受到批评，整个海军都会受到批评……不幸的是，海军在过去4、5个月的宣传一直不太好，因为它承诺几个星期内情况就会好转，但这个承诺没有实现……

罗斯福提醒安德鲁斯说，他在一年多前就曾催促征募各种船只，保卫整个沿岸海域，但遭到手下的阻挠；他再次抱怨海军部目光短浅、精神萎靡。

那些负责任者眼里看不到长度低于100英尺的任何东西，即使在12月7日（珍珠港袭击的日期）之后，他们在征募额外船只时动作也像冷糖蜜一样慢吞吞。我敢打赌，这个海岸和五大湖上仍有1000艘船只可以挑选出来并投入使用……这是由于海军追求完美的惯性，海军不擅长随机应变。

罗斯福重申，这些小型船只仅需配备轻型武器就能发挥效用；他补充说，关键之处在于“一切为了全天候遏制住潜艇”。[55]

他指出这一点，敏锐地确定了阿喀琉斯之踵，英美海军高级统帅长期以来在这方面存在弱点。虽然军舰上的指挥官已迅速意识到，即便是小型船只，如果与飞机协同巡逻，也能防止鱼雷袭击；但他们的上司却拘泥于传统观念，崇尚进攻而非防守。对于这些人来说，他们头脑里的偏见很难与罗斯福的洞察力相协调，而且他们不认为小型船只会对薄皮潜艇构成致命威胁。

金从来没有放弃自己的信念，即“小型巡逻艇不适合反潜任务”。[56] 尽管如此，罗斯福还是批评海军部是“冷糖蜜”，之前几天，他被迫下令：

> 最大限度获取能够在良好气象条件下以巡航速度至少出海48小时的民用船只……为它们配备至少4枚300磅深水炸弹，并装备至少1挺机枪，最好是0.50口径；还需要无线电设备，最好是语音的。[57]

这些话很可能是由总统本人写的，因为这与他在3个多月前对安德鲁斯做出的指示极为相似——尽管金永远不会以任何方式承认自己缺乏远见或者判断失误。虽然为了这一任务强制征募的新船数量最终超过1700艘，但这位海军上将转变得太晚，彼时“击鼓行动”已经开始5个月了，对于无数损失的船只和人员生命来说，他的让步太迟了。

同时，金未能坚持所有商船都应该编入护航运输队航行，这个问题甚至比迟迟不征募民用船只或者拒绝实施全面灯火管制要更加严重。到了6月份，陆军参谋长马歇尔将军对不断增加的损失感到非常震惊，他在一封正式信件中对金提出公开质疑。这封信写于6月19日，他在其中发出启示录般的警告："如今在大西洋沿岸和加勒比海，我们因潜艇打击遭受的损失威胁着我们的整个战争事业。"他承认严重缺乏合适的护航舰船，但质疑是否采取了"一切可以想象的临时措施"，"以应对这种情况"。[58] 金在两天后做出回复，语气冰冷：

> 当然，我早就知道你在备忘录中指出的潜艇行动带来的影响。我不仅使用——并将继续使用——正规措施，而且还会采用临时手段，确保其发挥效用。然而，很明显，我们的防御还远远抵不过德国的努力。

他再次批评英国未能轰炸潜艇基地和造船厂，声称自己和其他任何人一样，一直致力于由护航舰艇和飞机支援的护航运输队系统。[59]

如果说这话的人的地位比不上金，可能会被视为放肆，但是如此评论的是马歇尔，那就不显得鲁莽傲慢了。确实，在金的指挥下，美国各沿岸海域在5月份初步引入护航运输队系统，但受到这种保护的船只比例很小，而且组织杂乱无章。尽管如此，金不会接受任何批评，即使在马歇尔抱怨了两个多星期之后，总统说得更加明确，那也不行。他在提交给海军作战部长的一份备忘录中指出，5 月 17 日至 6 月 27 日，当 33 艘“单独航行”的商船在大西洋沿岸被潜艇击沉时，“运输队仅损失了 4 艘”；同样，在墨西哥湾，“损失了 13 艘单独航行的船，得到护航的商船仅被击沉了 1 艘”；在加勒比地区，“69 艘单独航行的船被潜艇击沉，得到护航的船仅损失了 10 艘”。他以这些不容置疑的统计数据为依据，表达出深深的不满，他坚持说：“我们必须加快速度，我们必须使用有效的工具，即使它们不符合我们的理想。”[60]

金试图在回复中为自己辩解，坚称到 5 月中旬，他已经“建立了护航运输队系统，从最危险的地方开始，尽可能部署护航舰艇”；然而他补充说，虽然这是“朝着正确方向迈出的一步”，但他们的护航舰艇“过于弱小，相当大一部分是战斗力很差的小型船只”。尽管如此，“我的目标——我相信也是你的目标——是让每一艘船都得到护航。为实现这一目的，我们（美国和英国）需要大量的——大约 1000 艘护航驱逐舰或护卫舰型的远洋护航船只。我正在尽我所能尽快得到它们”。[61]

确实，金可以宣称他从来没有反对过商船护航的原则。正如他在战争结束后所表明的，早在 1940 年，他就和一些高级参谋军官一起倡导建造合适的护航舰艇。他回顾此事不仅是为自己辩解，还在自传中将责任推给总统，指责罗斯福“不太情愿和姗姗来迟地”勉强认可对这种舰艇的需求，并将此归因于总统“相信不适合反潜行动的小型巡逻艇的效用”。[62]这是不公正的：海军历史学家们从未发现任何文件资料表明罗斯福曾反对建造护航驱逐舰。总统只是认为，如果有必要的话，小型船只在一年中的大部分时间里都能在大部分近海水域发挥良好作用，恰恰是金迟迟没有转变观念。这是严重的误判，导致很多人员和大量货物蒙受无谓的损失；直到6月份，即东部近海的大屠杀开始近5个月后，他才最终屈服，批准建立护航运输队系统，这项措施几乎立即被证明产生了明显效果。

1942年春至1945年间，金兼任美国海军舰队总司令和海军作战部长，为第二次世界大战的最终胜利做出了重大贡献。即使在1942年困难重重的“击鼓行动”期间，他依然领导美国太平洋舰队进行重建，并率领美国海军在两场重大战役（5月的珊瑚岛海战和6月的中途岛海战）中击败大日本帝国海军。这些成就不仅改变了太平洋地区的力量平衡，奠定了盟军的战略优势，而且在珍珠港遭受羞辱之后大大提振了美国人的士气。然而，这并不能掩盖他未能迅速或充分地应对“击鼓行动”带来的挑战，这是重大的判断和领导失误，只有最死心塌地的支持者才会试图为他辩护。[63]美国海军的官方历史学家塞缪尔·艾略特·莫里森（Samuel Eliot Morison）虽然没有提到金的名字，却对此给出了慎重而确凿的定论：

笔者不可避免地得出结论，在1942年1月开始的大西洋沿岸潜艇闪电战中，美国海军在物质上和精神上都令人遗憾地毫无防备……这种毫无防备主要是海军自己的过错。不能只是指责国会……也不能归咎于广大民众……也不能转嫁到罗斯福总统身上……最终，海军迎接了挑战，出色地挺了过来，获得胜利；但这并没有改变这样一个事实，即当潜艇发动袭击时，它没有为商船运输提供合理保护的计划，而且在数月时间里不能采取临时性补救措施。[64]

正如罗斯福极有先见之明且犀利地指出的那样，即使运输队的护航力量较薄弱，也能得到令人信服的战果。到 7 月份，随着越来越多的商船编成护航运输队行驶，在东海岸被击沉的总数降至 3 艘，这是无可置疑的。邓尼茨意识到潜艇的杀戮狂欢已经结束，将其兵力从美国海岸撤回，再次派到北大西洋。潜艇指挥官们将这次行动称为“第二次快乐时光”，其结果是可怕的。他们损失了 22 艘潜艇，击沉了 400 艘商船，导致大约 5000 人丧生，包括军人、商船水手和平民乘客，其中很多是妇女和儿童。从任何方面来看，这个悲剧本来都是可以避免的。

事情还没有结束。7 月 15 日，负责整理相关数据的高级官员约瑟夫·鲁宾（Joseph Lubin）向总统提交了一份备忘录，告知他在截至 7 月 12 日的一个星期时间里，已经损失了“总计超过 50 万吨的商船”。“这个星期的损失创历史新高。”鲁宾指出。然而不幸的是，这些船只并非全部在美国海岸附近被击沉。鲁宾补充道：“这个星期损失的 22 艘船，均位于摩尔曼斯克—阿尔汉格尔斯克方向。”[65] 大西洋海战远未结束，只是焦点转移到了其他地方。同盟国面临的挑战比以往任何时候都更加严峻了。

13

处处捉襟见肘

丘吉尔现在面临着巨大的政治和外交压力。这种经验就像它的起因一样，熟悉但令人不愉快：英国皇家海军再一次被要求做太多事情，得到的资源却太少。由于英国海军在印度洋、大西洋、地中海和北冰洋都有行动，兵力已经极度紧张，而伦敦、华盛顿和莫斯科为了维持与第三帝国进行对抗的连续性战略，彼此争夺所需资源，同时向其提出要求。账是不可避免地要算的。

1942年6月的最后两个星期，首相一直在华盛顿设法劝说美国人不要在当年晚些时候跨过海峡进入法国，他反对开辟反击德国的第二战场，并警告说："到目前为止，没有哪个负责任的英国军事当局能够制订在1942年9月登陆的计划，这种计划没有任何机会取得成功，除非德国人的士气完全衰落，而这是不可能的。"[1] 他的替代方案是英美联军登陆轴心国占领的北非（行动代号为"体育家"）。他暗示北非应该成为进攻意大利的跳板，后来他（错误地）称之为"轴心国的软肋"。罗斯福的心腹对英国的这个提议深恶痛绝。当时马歇尔认为："决定性战场在西欧，我军和英军只有在那里协同行动，才能给德国人带来压力。”[2]丘吉尔以及由艾伦·布鲁克（Alan Brooke）领导的顾问拒绝让步。丘吉尔怀着惊人的勇气，声称北非是“真正的第二战场”，美国人则认为第二战场应在欧洲，到底在哪里开辟，已经成为跨大西洋同盟面临的最具分裂性的问题，而海军的作用则是焦点。

白宫在6月21日接到中东地区发来的报告，称英国的要塞图卜鲁格已落入隆美尔的军队之手，这地方是丘吉尔在西部沙漠斗争成败的试金石；而此时英国和美国的谈判人员依然处于僵持状态。此外，超过3万人的英联邦军队几乎没开一枪就放下了他们的武器。英国首相得到这个消息时，正在白宫的椭圆形办公室里，据当时在场的人说，他的脸色明显变苍白了。“失败是一回事，耻辱是另一回事。”多年以后他回忆说。[3]尽管如此，罗斯福立刻对他进行了安慰，不仅是同情，而且提供了物质援助。几天后，这一举动正式转变为承诺，美国为北非沙漠前线提供了300辆新式谢尔曼坦克。这项措施在4个月后被证明是极为重要的，不过无法遏止隆美尔在北非发动的下一阶段闪电战，这次战役到6月下旬似乎导致了更加严重的灾难，其影响远超在地中海岸边损失一个标志性的前哨基地。[4]

希特勒宣布，由于隆美尔取得图卜鲁格的胜利，将把他擢升为陆军元帅。隆美尔并没有为了取悦元首而稍做停顿，继续挥兵埃及边境，于6月23日进入埃及，随后希特勒授权他立即向尼罗河三角洲突进。亚历山大港是英国驻东地中海的海军总部，距离隆美尔的军队不到300英里，距离开罗仅有120英里，苏伊士运河近在80英里之内。如果隆美尔抵达苏伊士运河，整个尼罗河三角洲都将落入他的手中；面对势不可当的德国装甲部队，第 8 集团军已经丢盔卸甲地败退下来，这种情况似乎很有可能发生。轴心国不仅将成为中东的主人，而且丘吉尔的帝国战略也将成为泡影。

为了避免这种情况变成现实，英国长期以来一直在坚决防止马耳他陷落。几个月来，两个轴心国有效地封锁了这个岛屿，从 1 月份到 4 月份，没有一支英国运输队能够突破敌方兵力抵达瓦莱塔，岛上的军队和民众都无法获得补给。到 1942 年春天，物资短缺已经变得极其严重，民众得不到做饭用的煤油，为了吃一顿稀汤寡水的热饭，不得不排上几小时的队。4 月 20 日，马耳他总督威廉·多比（William Dobbie）将军绝望地给伦敦发电报说："如果我们的重要需求得不到补充，特别是面粉和弹药，那么最坏的情况就会发生……这是一个生死攸关的问题。"[5]

尽管少数英国皇家空军的"喷火式"战斗机英勇作战，但轴心国飞机也一拨又一拨地对马耳他发动不间断轰炸。这些袭击的激烈程度可与最高峰时期的闪电战相媲美：从 3 月份到 4 月份，在为期 6 个星期的行动中，德国和意大利飞机向这个岛屿投掷了大约 6500 枚炸弹，其中几乎一半落在其首府，数百名平民被炸死，数千栋建筑被夷为平地或受损。英国皇家海军被迫逃离遭受打击的港口，转移到比较安全的亚历山大港，同时英国皇家空军的可用飞机已经寥寥无几。

因此，几乎不可能破坏从意大利到北非的轴心国补给线，更不用说将其彻底切断了，西部沙漠的隆美尔部队的食物、油料和武器都要仰赖它。在 2 月份和 3 月份，90% 以上从意大利送往北非的货物和武器都安全到达目的地。意大利在 4 月份没有损失一艘船。进入初夏之后，隆美尔的部队供应充足，所以这位“沙漠之狐”确信他的装甲部队肯定会夺取埃及，扼住英国与帝国其他部分的直接联系，使丘吉尔最恐惧的噩梦变成现实。为了避免遇到这种情况，必须打破封锁，重新为马耳他运送补给。丘吉尔提醒他的中东地区总司令奥金莱克将军，如果丢掉这个英国堡垒，不仅会再次遭受羞辱的挫败，而且敌人通过它“会与非洲建立一条畅通可靠的桥梁，由此带来一系列不利后果”。[6]但是，从直布罗陀到瓦莱塔海港的海上走廊长达 1000 英里，在敌方的大规模猛烈攻击下，运输队每一次突破轴心国封锁的企图都以失败告终。轴心国在地中海地区驻有 450 多架飞机，一次又一次地获胜。到 8 月份，英国的这个要塞濒临溃败。丘吉尔决定采取极端行动。

8 月 9 日，载有总计 3 万吨食品和其他物资的 13 艘船从直布罗陀出发，计划航行 6 天时间，为这个英国要塞提供补给，其中一艘油轮“俄亥俄号”载有汽油、煤油和燃料油，足够该岛消耗 10 个星期，这一点非常重要。在 2 艘战列舰、4 艘航母、3 艘巡洋舰和 26 艘驱逐舰的护卫下，这个运输队排成 4 列，以 15 节的速度行驶。不出所料，它们很快就受到来自空中和海上的猛烈攻击。整个战争期间运输队所遇到的最严重、火力最集中的轰炸就此开始，证明轴心国绞杀马耳他和同盟国拯救这个小岛具有同样重要的意义。

“容克 88”式轰炸机和“斯图卡”式轰炸机一轮接一轮地发动攻击，每轮多达上百架次；英军舰载战斗机英勇接战，只要油还没用完就进行追击。“莱德伯里号”（HMS Ledbury）护航驱逐舰的舰长罗杰·希尔（Roger Hill）海军少校调节无线电，听到英国飞行员对航空母舰上的调度员大喊“我的汽油用完了”，然后降落下来，油箱里空空如也。有一两个飞行员降落得太迟，当他们撞到甲板时燃起大火。希尔写道：“当飞机坠毁后，只能将残骸推到一边，好让航空母舰跑道保持畅通。”双方都毫不手软。当一个降落伞漂落下来，挂在他的军舰一侧时，希尔起初以为这是一名英国飞行员，他知道刚有一架英国飞机被击落。“我赶紧去拉他。我靠在船舷问我的大副说：‘他是什么人，吉米？’他说：‘一个他妈的德国佬，先生。还有三个降落伞落在右舷。’‘让他们下地狱。’我回答道。”[7]

“弗雷迪”·特雷夫斯（‘Freddy’ Treves）是英国皇家海军军官学校的一名学员，在“怀马拉马号”货轮上工作，当一架德国轰炸机直接击中他的船时，他发现自己就站在火力线上。特雷夫斯当时在甲板下面，但他冲了上来。“到处都冒着黑烟，火焰在船桥后方燃烧，甲板向右舷倾斜，所以我想，‘好吧，我是一个可怕的懦夫，但我觉得我最好还是快走’。”他的游泳技术不佳，然而还是跳入水中，周围海面一片狼藉，到处是尖声呼叫的人们：

我看到了我的朋友兼师傅布德里（Bowdrey）。他正站在一个救生筏上，伸出双臂，高喊着救命，他不会游泳。

这是一幅我永远无法忘记的画面。他站在救生筏上，又漂进了大火之中。我开始朝他游去，但意识到他离火焰太近了，而且筏子太重，我无法阻挡住。所以我转身游走了。这件事终生困扰着我。我是个懦夫。

约翰·杰克逊（John Jackson）回忆起同样的画面，但是角度明显不同。他是“怀马拉马号”的初级无线电官，当特雷夫斯游到他身边时，他正在水中挣扎，特雷夫斯说，“杰克，仰面躺着，不要动；我会拖着你走。”杰克逊按照他的说法做了：

我告诉自己：“不要挣扎，杰克逊，这家伙会拖着你走。”他做到了。他抓住我的手臂，非常缓慢地拉着我离开大火……然后一根非常巨大的圆木出现在我们旁边，他说：“你能抓住那根圆木吗？”我抓住了，用力爬到上面……毫无疑问，他是一个非常勇敢的小伙子。[8]

杰克逊很幸运。他的80名同船伙伴要么被淹死，要么被烧死了。

“俄亥俄号”是运输队中最有价值的目标，携带有1万吨燃油，它遭受了最猛烈的轰炸，其中一些是自杀式袭击。8月13日凌晨，两架轴心国轰炸机在数分钟之内接连撞到了它的甲板上。不久之后，一枚炸弹落到这艘油轮的左侧，由于距离极近，它的两个前油箱甚至被爆炸掀开，海水涌入了船艏舱。第二天，另一枚炸弹将这艘油轮的船舵炸飞，发动机室开始进水。它的船艉越来越往下沉，此时它似乎很快就会折断。然而，“俄亥俄号”的船长达德利·梅森（Dudley Mason）头脑冷静，他以超越常规的高超航海技术立下汗马功劳，在两艘英国战列舰的支持和一群当地拖船的牵引下，终于带领这艘运输队中最重要的船于 8 月 15 日驶入瓦莱塔的大海港。“莱德伯里号”的舰长有理由感到高兴：“这是我生命中最美好的时刻。马耳他的城垛上黑压压一片，站了成千上万的人，他们都在欢呼雀跃，到处都有乐队演奏。看到这些承受过极度痛苦的人全都为我们欢呼，真是最令人惊叹的景象。”[9]

“支柱行动”（Operation Pedestal）是由丘吉尔亲自发起的，这是一次决心和才智的胜利。“俄亥俄号”抵达后，不仅拯救了马耳他，而且还有助于英国在这场战争中取得第一次重大军事胜利。英国皇家海军在自己的潜艇以及水面舰队支持下，与英国皇家空军联手行动，在地中海再次掌握了主动权，其影响很快就会让隆美尔感到警惕。到 8 月底，只有 1/3 “沙漠之狐”维持进攻埃及所需的物资能送到目的地；到 9 月份，他的非洲装甲集团军弹药不足，燃料耗尽；到了 10 月份，英国人对意大利到的黎波里和班加西的海上航线收紧控制，西部沙漠中的轴心国军队失败已成定局：在 1942 年 11 月的最后一战“阿拉曼战役”中，英国第 8 集团军终于一举击败隆美尔。*

然而，为了坚守马耳他，英国护航运输队在德国空军袭击的威胁下运送补给，付出了巨大的代价：14 艘商船从直布罗陀

* 中东司令部司令奥金莱克后来兼任第 8 集团军司令，他在阿拉曼设置战线。8 月份，丘吉尔解除了他的职务，任命哈罗德·亚历山大（Harold Alexander）将军为中东战区总司令，伯纳德·蒙哥马利（Bernard Montgomery）在其麾下任第 8 集团军司令。

出发，但只有 5 艘到达目的地，而英国皇家海军损失了 1 艘航空母舰、2 艘巡洋舰和 1 艘驱逐舰。“支柱行动”也没有解决伦敦和华盛顿所面临的根本困境：这两个盟国在每一条战线上的资源都不足，如何能够同时打一场全球性海战？事实上，北非战场胜利在望，反而使这一战略挑战更加令人关注了。

在华盛顿，丘吉尔和帝国总参谋长、陆军元帅艾伦·布鲁克一道，继续争取英美联合进攻北非，但不排除提前跨越英吉利海峡登陆法国。用首相的精明助手伊恩·雅各布上校的话来说：“我们的想法是让他们到大西洋的我们这一边，这样他们就会致力于对抗德国（而非日本）的战争，我们希望，如果我们在英格兰有兵力，我们可以说服罗斯福将其用到非洲。”[10] 这种策略需要一定程度的建设性模糊，是马基雅弗利赞扬的手段。然而，尽管它暂时缓解了一个问题，却使另一个问题凸显出来。美国陆军部部长亨利·史汀生抱怨说，如果美国军舰“与‘体育家行动’的远征捆绑到一起”，就不可能跨过海峡登陆法国。[11] 而且还要考虑到失去苏联的可能性。

1942 年夏，华盛顿和伦敦的军事分析家依然担心一个噩梦，即认为苏联可能会屈服于德军的进攻，斯大林为了避免祖国灭亡，会向德国求和。苏联不仅渴望获得武器，而且该国一些地区也极度缺乏食物。驻扎在挪威的德国空军轰炸机中队持续轰炸北冰洋的摩尔曼斯克港，对当地人民造成的伤害可与列宁格勒和斯大林格勒相提并论。“我们有高射炮，但是德国人开始以极低的高度飞行，我们的火炮要是瞄准他们，就可能打中我们自己人,”一位苏联老兵回忆道,“所以他们就一遍遍地进行轰炸。在列宁大街上，除了支离破碎的烟囱，什么都没有了。”这个城市缺乏食物，每个人的面包配给量减少到儿童200克和成年人300克。“这当然是不够的，所以父母会使用欺骗手段——伪造配给卡，为了养活他们的孩子想尽办法。”随着时间的推移，口粮进一步减少:“我们吃浆果，人们把靴子煮了，剥下白桦树的树皮，喝下面的绿色树汁。有时人们摘下松树上的松针，把它们揉成球咀嚼。”[12]在南方800英里外的地方，是列宁格勒，自从1942年初夏以来，这个城市已经被围困了9个月，在德国的封锁下，城市居民遭受着无法形容的折磨。其中一些人为了避免被饿死,不得不同类相食。*因此,看起来苏联确实陷入了绝境。

然而，从战略上讲，斯大林的困境并不像表面上那么严峻。在这个旧沙俄帝国首都南方400英里处，德国装甲师在1941年10月眼看就要占领莫斯科，但后来不仅被迫解除了围困，而且还被苏联的反攻所击退。到1942年6月，德军的进攻已经停滞了将近6个月，战线从列宁格勒绵延到黑海北端的顿河畔罗斯托夫(Rostov-On-Don)，长度超过1000英里，希特勒越来越感到忧虑。当斯大林等待德国再次对莫斯科发动进攻时，德国元首已经决定进一步向南推进。他急于获得可靠的燃料和其他材料补给，担心没有这些资源，即使“巴巴罗萨行动”行动不失败，也会受到阻滞。他命令德军发动钳形攻势——夺取里海岸边的巴库(Baku)周围的油井,同时向斯大林格勒进军,

* 直到1944年1月，列宁格勒的包围才得到解除，总共持续了872天。

该城市在伏尔加河畔占据着关键的战略位置，而伏尔加河本身就是连接莫斯科和里海的主动脉。他认为，苏联的欧洲部分用不了多久就会因这一行动而纳入第三帝国的版图：德国将获得足够的生存空间，至少还能延续1000年。这个“巴巴罗萨行动”的第二阶段叫作“不伦瑞克行动”，它构思错误，而且计划不周，不过起初看起来似乎能够成功。

如果说斯大林承受着巨大压力，那么德国元首的状态就是手忙脚乱。早期根据《租借法案》从美国运送补给物资的运输队（霍普金斯和哈里曼前一年秋天在莫斯科临时谈判的结果）安全抵达之后，希特勒日益对武器和物资稳定运送到苏联的摩尔曼斯克港和阿尔汉格尔斯克港感到沮丧。他意识到美国的军事实力迅速增长会产生什么样的威胁，急于拿下斯大林格勒，以此为基础重新开始在北方发动进攻。正因如此，他强烈希望阻断苏联的北冰洋供应线，而斯大林则迫切要求维持这条航线，有可能的话还要增加运输量。

虽然潜艇在美国的大西洋沿岸四处肆虐，但是希特勒却以特有的神经质思想沉湎于东线的另一个潜在威胁。1942年1月，他的脑海中出现一个战略性恶魔，他坚信英国即将进攻挪威。希特勒将挪威视为第三帝国的“命运所系”，因此是“至关重要”的战线。[13]故而，他命令雷德尔把所有的德国军舰派往特隆赫姆，以应对这一威胁；他还威胁说，如果德国海军总司令未能遵守他的命令，他将把所有的战列舰全部“除役”，并将拆下其火炮，调走其船员，以迎接他想象出来的斯堪的纳维亚半岛面临的威胁。他坚持说，“不管哪一艘舰船，只要没有驻扎在挪威，就是错误的。”[14]

由于大部分水面舰队已经在布雷斯特被封锁了1年多，元首感到沮丧，因此他敦促雷德尔命令这些主力战舰突围，进入英吉利海峡并逃往它们的德国母港，以便将它们从那里派遣到挪威。起初，这位海军元帅争辩说，如此行动将使“格奈泽瑙号”和“沙恩霍斯特号”暴露于英国皇家空军和皇家海军的全部火力之下，让这些宝贵的资源承受如此巨大的风险是愚蠢的。但希特勒坚决不肯让步，于是雷德尔退缩了，尽管他明确表示，人们需要知道这个决定不是他做出的，完全是元首自己的责任。

2月11日，希特勒的计划付诸实施，代号为“地狱犬行动”。当晚9点过后不久，“格奈泽瑙号”和“沙恩霍斯特号”在两侧的重巡洋舰“欧根亲王号”、6艘驱逐舰和14艘鱼雷艇护卫下驶出布雷斯特，开始它们的“海峡冲刺”，空中还有32架轰炸机和250多架战斗机提供掩护。12个小时过后，英国人才发现德国舰队离开，这时候它们已经远离了迪耶普（Dieppe），距离布洛涅（Boulogne）只有20英里。海防总队的侦察机装备的雷达在关键时刻没有发挥作用，更重要的是，德国人几乎设法阻塞了所有设在英国海岸的陆基雷达站的频率。由于附近没有任何重型战舰，英国海军部更加束手无策。当多佛尔的炮兵开火时，为时已晚。

12日中午，5艘英国皇家海军的鱼雷快艇与敌舰进行了视距接战。但它们如同小鱼对抗大鲨鱼。在4000码的距离内，它们进行鱼雷齐射（但这些鱼雷全都没有击中目标），然后逃回多佛尔，否则就会被摧毁。第一批瞄准这两艘战列舰袭击的飞机是 6 架装备了鱼雷的海军航空兵的“剑鱼”式双翼飞机，但这些飞机同样未能完成任务。当它们以每小时 140 英里的最高速度向加来（Calais）方向飞去时，遭到一群德国战斗机和为 2 艘战列舰护航的驱逐舰的猛烈袭击。这些轰炸机只得到 10 架“喷火”式战斗机的护航，虽然飞行员们极其英勇，但最终难逃失败的命运。有几架“剑鱼”设法释放了鱼雷，但是 6 架飞机全都被击落；在这个中队的 18 名空勤人员中，只有 5 人幸免于难。* 他们也没有对德国人造成任何伤害。

午后时分，5 艘老迈的驱逐舰离开哈里奇港，试图拦截当时通过多佛尔海峡进入开阔水域的强大舰队。由于天气条件恶化，能见度急剧下降，它们冒着敌人猛烈的火力，努力前进到 3500 码的范围内。它们发射了一些鱼雷（全都射偏了）后，除了在浓雾中偷偷潜回安全区域并返回基地，别无选择。

这时候，轰炸机司令部已经参加了战斗，但没有取得更好的战果。总共有 242 架轰炸机在 398 架战斗机的支援下，发动了 3 轮攻击，但由于云层太厚，而且遇到了暴风雪，结果只是无功而返。只有不到 40 名飞行员找到了这支德国舰队，但他们都没有击中目标。

虽然“沙恩霍斯特号”撞上 2 枚水雷，失去部分行动能力，而且“格奈泽瑙号”也被另一枚水雷炸成轻伤，但这两艘战列

---

* 其中一位阵亡者是第 895 海军航空兵中队指挥官尤金·埃斯蒙德（Eugene Esmonde），他被追授维多利亚十字勋章。他早在 1941 年 5 月就因带领部下空袭“俾斯麦号”而成名。

舰都安全抵达了港口，尽管“沙恩霍斯特号”在6个月后才再次出海，而“格奈泽瑙号”再也没有出海行动。希特勒的“海峡冲刺”对第三帝国来说是一场宣传上的胜利，戈培尔予以充分利用。在英国，媒体表示出强烈的愤怒和绝望，甚至《泰晤士报》也不顾一切地抨击说：“自17世纪以来，海军在本国海域从未受过如此羞辱。”[15]

事实上，英国海军部对德国这次行动的胆量并不感到惊讶，但对其时机觉得意外。在布雷斯特突围前10天，英国海军部的参谋人员断定，虽然“乍一看（英吉利海峡）这条通道似乎是危险的”，但那里仍然是敌人最有可能选择逃跑的路径。[16]然而，机会、意外、不幸、恶劣天气和英国皇家海军长期缺乏合适战舰等因素组合在一起，造成了这一后果。除了声誉受损，英国海军并没有受到很大的伤害。尽管如丘吉尔所说，“全国人民都感到强烈的愤怒”，但他和罗斯福决心反败为胜。美国总统发电报说：“当我在星期一晚上发表广播讲话时，我会向那些把海峡中的这个插曲视为失败的人说，我越来越相信，德国军舰全部集中到德国，会使我们在北大西洋共同面临的问题变得更加简单。”英国首相回复说：“海军在本国水域和大西洋的处境肯定会因为德国海军兵力从布雷斯特撤退而得到缓解。”[17]这不能说是英国人的胜利，但它也不是《泰晤士报》所宣称的那种国耻。

引人注目的是，德国海军参谋人员与盟军领导人观点一致，将这个结果概括为“战术上的胜利，战略上的失败”。[18]

尽管如此，到1942年2月底，虽然“沙恩霍斯特号”和“格奈泽瑙号”无法执行任务，但是德国海军已经在挪威组建了一支强大的作战舰队："提尔皮茨号"停泊在特隆赫姆，"欧根亲王号""舍尔海军上将号"和另一艘重巡洋舰"希佩尔海军上将号"很快与这艘大型战列舰会合——丘吉尔写道，这个部署"引起了我们的注意"。[19] 英国首相长期以来对所谓的"'提尔皮茨号'的威胁"感到恐惧。[20] 当年早些时候，他甚至向英国本土舰队总司令托维海军上将提议说："让这艘军舰瘫痪，将改变整个海战的面貌，哪怕损失 100 架机器（指飞机）和 500 名飞行员都是值得的。"[21] 托维同样被这艘德国大型军舰所迷惑，声称击沉"提尔皮茨号"对于"战事来说极端重要，任何运输队的安全都不能与之相比"。[22]

虽然他们对"提尔皮茨号"极为关注，不过罗斯福并不太认同，斯大林更是一点也不在意。只要苏联可能面临生存问题，美国总统就决心满足苏联领导人持续不断提出的进行更多援助的要求。哈里曼已于 1941 年 9 月与苏联领导人商定了数十亿美元的《租借法案》援助条款，这一点必须得到遵守。苏联正面临着亡国的危险，除了轰炸机司令部对德国城市进行空袭之外，提供武器、原材料和食品援助仍然是展示英美对苏联承诺的唯一可行方式。此时唯一有效的运输路线仍然是北冰洋。随着 PQ1 运输队于 1941 年 10 月 11 日安全抵达，另外 11 个"PQ"——来自海军部作战指挥官 P. Q. 爱德华（P. Q. Edwards）名字前两部分的缩写[23]——运输队没有遇到什么大的阻挠，就到达了目的地苏联；在 1941 年 9 月至 1942 年 3 月之间通过这条航线的 158 艘货轮中，只有 1 艘被击沉。[24] 这对英国海军部来说是一个安慰，其军舰已将这些运输队护送进港口，但这并不能让人们感到欢乐。冬去春来，白天变长了，浮冰破裂并向南漂移，迫使运输队在距离挪威海岸200英里的范围内航行，在更长时间的日光照耀下，进入了德国空军的打击范围。从庞德的角度来看，情况相当不妙。

PQ13运输队有19艘商船，由2艘驱逐舰和3艘武装拖船护送，3月20日从冰岛出发，5天之后遇到英国海军部所担心的那种麻烦。随着风力的增强，气温下降到零下40摄氏度，天气非常恶劣。18岁的约翰·海恩斯（John Haynes）来自佐治亚州，在“埃尔德纳号”商船上担任武装警卫，他与其他船员一起“不断与甲板和上层建筑上的冰雪斗争，努力进行清扫。桅杆变得非常粗大，因为冰层包裹在上面，厚达6到8英寸，他们不得不用大锤使劲敲，才能把冰砸开。这艘船本身就在浮冰中穿行，发出噼噼啪啪的轰鸣声”。[25] 到第5天，一股从北极咆哮而来的强风袭向PQ13运输队，震撼人心。

满载货物的船只在排山倒海的巨浪中起伏不定，当它们沉到巨浪的谷底时，只能看见船顶。然后，它们艰难攀爬到下一波的浪尖，镶嵌着盐层、斑驳不堪的船体显露出来，连疯狂旋转的螺旋桨都能看到，之后又摇晃着冲到下一个浪谷。雷鸣般的浪涛来回冲击着甲板，灌进通风设备和船舱里。[26]

当狂风咆哮着穿过索具时，海恩斯的一名同船船员（他只把这个人称作米尔斯）被震慑住了：

空气中弥漫着飞扬的泡沫，它们撞上货船时便冻结了，变成白色的幽灵，在这个地狱般的冰冻世界中挣扎。值班人员和炮手很快就变得像冰雕一样，想动一下都很困难。他们呼出的热气立即被冻成小冰粒，落在头盔周围的缝隙中。他们要不断眨眼，要不然眼皮就会被冻在一起；鼻毛成了冰锥，能把鼻子刺穿。但只有在解冻后，才会感受到痛苦。[27]

当海恩斯的船驶入这些海域时，“像被困的动物一样浑身颤抖”，他目瞪口呆地看着“埃尔德纳号”挣扎着从“滔天巨浪”里浮出来……“有时我真的以为我们已经支持不住，正在往下沉”。[28]

暴风雨肆虐了4天。直到3月27日才平息下来，这时候运输队已经失去队形，被恶劣的天气打散，首尾相距达150英里。“埃尔德纳号”成了一个漂浮的笨重冰球，所有的潜艇都打不穿，但距离挪威海岸过近，处在德国空军的打击范围。第二天，即3月28日，当部分运输队船只缓缓驶出浮冰区，重新进行集结时，被德国侦察机发现。当天下午，在阵雨和大雾中，一群德国轰炸机突然出现在云层中，击沉了“帝国游侠号”和“雷斯兰号”。“帝国游侠号”的船员很快被一艘德国驱逐舰救上来，而“雷斯兰号”只来得及放下4艘救生艇，他们将这些救生艇捆绑在一起，想航行到600英里外的摩尔曼斯克。次日，另一场风暴使他们偏离了航线。其中有两艘救生艇沉没，另一艘到了挪威海岸，艇上有13名幸存者，他们立即被当作战俘关押起来；其他 32 名船员或被炸死，或葬身北冰洋的冰冷水域中。

同一天，“特立尼达号”（HMS Trinidad）巡洋舰和 2 艘驱逐舰在海军少将斯图亚特·伯纳姆－卡特（Stuart Bonham-Carter）的指挥下，与这个运输队取得了联系。这 3 艘战舰作为“近距离保护”兵力，为运输队提供支援，但不属于护航舰队，它们向 3 艘德国驱逐舰发起攻击。“特立尼达号”击沉了其中一艘德舰，随后在暴风雪中向另一艘德舰发射鱼雷。可能由于海水温度过低，引发了一个怪异的事故：鱼雷内部的陀螺仪出现故障，导致其发生了致命的转弯，击中了自己的母舰，32 名船员被炸死。“特立尼达号”受伤，不过还是能够蹒跚着驶到摩尔曼斯克。4 月 1 日，最后的掉队船只跟随着这艘巡洋舰，到达这个不太安全的苏联港口，那里每天遭到轰炸，已经陷入瘫痪。据统计，PQ13 遭受的损失在承受范围之内：在 12 天前离开冰岛的 19 艘商船中，有 5 艘中途沉没。但随着北极的夜晚逐渐缩短，10 天前从冰岛出发的船只损失了 1/4，这是个不祥之兆——庞德和托维很少会意见一致，却都相信在夏季继续派遣北冰洋运输队将招致灾难。

4 月 8 日，也就是遭遇惨重打击的 PQ13 抵达摩尔曼斯克一周之后，第一海务大臣代表他们向战时内阁提交了一份正式的备忘录，以其温和低调的方式警告说：“地理条件对德国人极为有利，损失……可能会变得非常大，致使派遣这些运输队变得不划算。”[29] 但是，每一支北冰洋运输队都是美国对苏政策的基本组成部分，在这个压倒一切的需要面前，他的反对意见没有得到接受。

三个星期前，罗斯福曾给斯大林写了一封热情洋溢的信，承诺“尽一切努力将这些物资运送到你的战线上”。[30] 但是，英国的运力严重短缺，导致货物开始在冰岛积压。美国人虽然从未不加掩饰地指责，但他们显然怀疑伦敦不愿意为了满足苏联领导人而削弱中东和其他地方的英军，驶往摩尔曼斯克和阿尔汉格尔斯克的运输队，已经开始在数量和规模方面出现了“消极怠工”。因此，霍普金斯在 4 月 24 日给丘吉尔发电报，逼迫他“立刻研究（物资积压在冰岛的）这个问题……希望我可以早点得到答案，因为货物越来越多”。[31]

丘吉尔显然对霍普金斯在信中使用的强硬言辞感到厌烦，两天后粗鲁地回复，表示英国政府正在尽最大努力迎接挑战，但目前的安排尚未公开进行评估。英国首相含糊其词的回应引发了罗斯福的干预。就在 4 月 26 日同一天，他用异常严厉的口吻回应说：

我对此感到非常不安，因为我不仅担心苏联的政治反弹，更担心我们的供应不会及时送达。为了能把我们供应的物资送过去，我们已经做了如此巨大的努力，除非出于难以抗拒的原因，否则我认为让运输线受到封锁是一个严重的错误……在我看来，如果此时我们的补给停顿下来，不管出于什么原因，无论用什么方法告诉斯大林，都会产生最不幸的影响。[32]

丘吉尔选择了战术退却。他用温和的责备提醒美国总统，每支运输队都需要实施“大型舰队行动”，而且即使“怀着世界上最好的意愿”，每2个月派出的运输队也无法超过3支，他同意把每个北冰洋运输队的船只数量从25艘增加到35艘，然而坚持认为“这绝对是安全风险可以承受范围内的最大数量，不至于招致敌人的更强攻击”。[33]这次妥协不至于使伦敦和华盛顿立即发生对峙，但是争议并没有结束。事实上，丘吉尔承诺增加苏联运输队的规模后，他的压力越来越大。

在他警告继续派遣运输队存在的危险之后不久，庞德飞往华盛顿，与其美国同行金海军上将会面，后者赞同在夏季维持运输队确实是“不可行的”。[34]然而，庞德在4月27日与美国总统的会面不太成功，此前一天，罗斯福刚给丘吉尔写了那封措辞严厉的信。罗斯福一直受到斯大林的催促，不仅否决了英国第一海务大臣的关切，对自己的海军总司令也是如此。

反驳了庞德的担忧3天后，美国总统再次写信给丘吉尔，表示“已经装载或正在装载的驶往苏联的船只出现积压，为了解决这个僵局，迫切需要在5月份再次出动运输队”。这一次，丘吉尔不肯屈从。他详细解释了英国所处的困境，直言不讳地说:“你的建议超出了我们的能力范围。”[35]丘吉尔提醒美国总统，金作为他自己的海军总司令，认为横渡大西洋的运输队护航力量已经极其薄弱，他警告说，如果邓尼茨将他的潜艇部队从“击鼓行动”还在持续的美国水域转调到北大西洋，“我们的主要生命线可能会受到灾难性影响”。这很容易理解：英国皇家海军的力量已经不堪重负，没有足够的战舰来保护现有的护航路线，更不用说再护送商船去苏联了。他接着说：“这次行动中，我请求你们不要逼迫我们违背自己的判断，总统先生，我可以向你保证，我们的战线绝对是过长了，而且我不能再给英国海军部施加压力了。”面对这一请求，罗斯福不情愿地决定退让。5 月 3 日，他回复说：“关于苏联运输队，我们现在必须默认你们的看法。”[36] 但这还远未结束。

虽然这些信能在大西洋上来回穿梭，但另外 2 支北冰洋运输队——PQ15 和 QP11（前缀 QP 指从苏联返回西方的运输队）——发现自己遇到了与 PQ13 相同的麻烦。QP11 有 13 艘商船，护航兵力和 PQ13 差不多，包括 6 艘驱逐舰、4 艘护卫舰和 1 艘武装拖船，护航指挥官是伯纳姆 - 卡特海军少将，他的旗舰由受伤的“特立尼达号”改为“爱丁堡号”巡洋舰。德国侦察机和潜艇很快发现了这支运输队。次日，即 4 月 30 日，当“爱丁堡号”带领其余船只高速曲折前进时，被 U–446 发射的 2 枚鱼雷击中。其中一枚鱼雷击中了这艘旗舰的前锅炉房，另一个炸掉了它的大部分船艉。虽然严重受损，但“爱丁堡号”并未下沉。伯纳姆 - 卡特命令运输队其余的船只继续前进，他的选择是将受伤军舰带回摩尔曼斯克，并由其中一艘驱逐舰陪伴。很快有 4 艘英国皇家海军的扫雷艇与他们会合，它们从科拉湾（Kola Inlet）的基地驶出来支援。“爱丁堡号”以 4 节的速度航行，如同一个静止的目标，为了避免使其再次遭到潜艇的攻击，驱逐舰围绕着它盘旋，进行保护。

5 月 2 日，4 艘德国驱逐舰出现在地平线上，希望完成 U–446 开启的任务。它们向这支距离大约 4 英里的小舰队开火。虽然英国护航军舰的火力严重处于下风，但还是进行了反击。“猎兔犬号”（HMS Harrier）的舰长埃里克 · 辛顿（Eric Hinton）海军中校是扫雷艇分队的指挥官，他怀着自杀的勇气，让扫雷艇以14节的最高速度直接冲向德国驱逐舰。“猎兔犬号”的领航员大卫·摩尔（David Moore）与辛顿同在舰桥上，他看着小艇气势如虹地逼近更为强大的德国军舰，希望能让敌人相信，他们是一支规模更大的舰队的先锋。摩尔后来指出：“扫雷艇设计出来就不是与敌人的水面舰艇交战的，但我们都知道，我们的舰长永远不会想到逃跑，即使遇到德国的战列舰也不会逃走。”[37]辛顿的赌博成功了。德国驱逐舰小心翼翼地保持着距离，施放出一道烟幕，并借着大雪的掩护匆忙躲避，没有接近原本可以轻松捕杀的目标。

在一次混乱的交火中，两艘英国驱逐舰都被击中并受重创。但德国人也没有幸免。“爱丁堡号”直接击中了“赫尔曼·舒曼号”，这艘军舰被凿沉，其船员被另一艘姐妹驱逐舰救走。不久之后，摩尔眼睁睁看着鱼雷击中了英国旗舰，几乎将它切成两半。伯纳姆－卡特出色地指挥800多名“爱丁堡号”的船员（包括其他运输队的伤病水手）转移到两艘扫雷艇上，而这艘巡洋舰最后一门能够操作的火炮继续向敌舰开火，直至军舰过度倾斜，导致武器不能再操作才结束。伯纳姆－卡特决定，必须炸沉这艘巡洋舰。于是辛顿向它的船体发射了20枚炮弹。巡洋舰仍然没有下沉；用深水炸弹来炸，同样没有效果。最后，为它护航的“弗雷斯特号”（HMS Forester）驱逐舰小心翼翼地排好位置，在1500米的有效直射距离内向其发射出最后一枚鱼雷。似乎出现了一个漫长的停顿，然后“鱼雷击中并发生爆炸，它倾覆沉没，我们目睹了这艘美丽的巡洋舰的悲惨结局”。[38] 这艘巡洋舰损失了 58 名船员，在两艘护航驱逐舰上也有 15 名船员丧生；这个伤亡数字已经很低，如果其余德国军舰没有被吓住，结果可能更糟糕。

QP11 的经历令两支运输队提高了警惕，于是进行绕行，PQ15 的 25 艘商船向摩尔曼斯克驶去时，上面的船员肯定会感谢英国皇家海军所提供的保护。不仅有 2 艘巡洋舰和 2 艘驱逐舰立即加入进来，而且还有 2 艘战列舰、1 艘航空母舰、3 艘巡洋舰和 10 艘驱逐舰组成“远程保护力量”进行支援，托维海军上将亲自指挥。即便如此，还是有一支由 6 架鱼雷轰炸机组成的部队在 5 月 3 日低空突袭，炸沉了 3 艘货轮。PQ15 于 5 月 5 日抵达港口，途中没有损失更多的船只，不过德国人已经制造了相当大的破坏，英国海军部深感沮丧。虽然在 PQ15 和 QP11 的 38 艘船中，只损失了 4 艘商船，但是护航舰艇的损失特别严重。

先是“爱丁堡号”，不久之后又是“特立尼达号”（在摩尔曼斯克进行了紧急修理之后，返航途中遭到鱼雷轰炸机的沉重打击，不得不被凿沉），连续失去两艘旗舰之后，伯纳姆－卡特海军少将严肃地提出前景悲观的警告。他认为，如果不能毁掉挪威的德国机场，那么北冰洋运输队应该暂停，直到有黑夜掩护之后再恢复：

如果他们出于政治原因必须继续（派遣运输队），极其严重的损失是不言而喻的。德国袭击的力度不会减弱，反而会增强。我们海军的人要为这种工作付出代价，但这将向商船队提出太高的要求。我们可以利用自己的速度躲避炸弹和鱼雷，

6到8节的船只没有这种优势。[39]

托维和庞德都认同伯纳姆－卡特的悲观评估，5月18日，庞德给金海军上将写信，评论说："苏联运输队正在成为套在我们脖子上的沉重负担……这是谬误之举，每次掷骰子的结果都对我们不利。"[40] 然而，丘吉尔再一次受制于政治因素。斯大林现在正处于外交攻势。

5月6日，苏联领导人无意中响应白宫，给英国首相写信，要求他"采取一切可能的措施"，以确保在5月底之前送来大约90船"重要战争物资"，但是那些目前都积压在冰岛，或者在从美国到冰岛的路上。[41] 3天后，丘吉尔做出回复，语气同样礼貌而坚定：

我们决心动用最大量的战争物资，前进到你们那里。由于"提尔皮茨号"和其他敌方水面舰艇驻在特隆赫姆，运输队每次出航对于舰队行动都构成了挑战……为了解决这个问题，我们投入了全部可用资源，这也使我们的大西洋运输队护航力量受到严重削弱，而且你肯定知道，它们遭受了严重打击。[42]

英国海军部的抵抗由本土舰队司令托维海军上将最明确地表达出来，即使如此，白宫和克里姆林宫的政治压力并未减弱。[43] 到5月中旬，显然丘吉尔已经承受不住这种双重压力，不得不退让。他在17日给参谋长们发了一份备忘录，表示：

如果我们现在停止护航运输，不仅斯大林不满，而且罗斯福总统也会非常反对。苏联人正在激战，期待我们承担风险并付出代价，以此做出我们的贡献。美国的船只正在排队等待……我们不进行尝试，会削弱我们对两个主要盟国的影响力。天气和运气总是变幻无常的，这可能对我们有所帮助。我和你同样感到不安，但我觉得这是一个责任问题。

似乎是为了强调他这个决定至关重要，丘吉尔告诉他们：“如果有一半船只抵达目的地，那么这项行动就可以接受。”[44]

4天后，PQ16运输队带着35艘商船（丘吉尔判断这是安全范围内的“绝对最大数字”）离开雷克雅未克。这支运输队由5艘驱逐舰、1艘防空“炮艇”、4艘护卫舰、1艘扫雷艇和4艘武装拖船护送，还有4艘巡洋舰和3艘驱逐舰提供掩护，另外有2艘战列舰、1艘航空母舰、2艘巡洋舰和13艘驱逐舰进行远程支援。即使有这40艘战舰保护，运输队依然损失了1/4的船只，悲哀地证实了海军的担忧。在6天时间里，PQ16运输队每天24小时遭受着潜艇和飞机不间断的攻击，轰炸和鱼雷攻击的数量都比以前大得多。

磨难始于5月25日。统计数据显示，美国货轮“若利埃市号”遭到8架鱼雷轰炸机和18架俯冲轰炸机的袭击。不知何故，这艘吨位为6000吨的货轮在最初的攻击中幸存下来，当天没有船只被击沉。然而次日，英国皇家海军的一艘弹射飞机商船——改装成可以发射英国皇家空军战斗机的货轮——被一艘潜艇发射的鱼雷击沉。5月27日是“每一位幸存水手都永远无法忘怀”[45]的一天，德国空军再次光临，用 108 架飞机向运输队发起全面进攻，火力之猛烈前所未有。午夜刚过，轰炸就开始了，一直持续了 22 个小时。轰炸机从各个方向一轮接一轮地袭击，无视驱逐舰和护卫舰用高射炮组成的火力网，虽然加装了火炮的商船在接受过训练的武装警卫操作下开火支援，但仍然无济于事。* 敌机通常是近距离释放炸弹和鱼雷，然后返回挪威的机场，重新装弹后再来攻击。

那一天，潜艇和轰炸机击沉了 7 艘商船。7000 吨的货轮“海洋之声号”是运输队长的旗舰，它差一点成为第 8 艘。“我以为它没有希望了，”翁斯洛（Onslow）海军中校报告说，“但是这艘勇敢的船坚守着岗位，向敌人开火，在上帝的帮助下抵达了它的目的地。”[46]空中和海上的攻击无休无止，还有 3 天路程要走。幸运的是，3 艘苏联驱逐舰很快赶到，不久之后又有 6 艘英国皇家海军的扫雷艇从摩尔曼斯克过来支援，PQ16 才不至于遭到更严重的打击。

在 5 月 21 日从冰岛出发的 35 艘货轮中，有 28 艘抵达摩尔曼斯克或阿尔汉格尔斯克卸下货物。但船队损失了 3.24 万吨武器，其中包括 147 辆坦克、77 架飞机和 770 辆其他车辆，使得庞德的警告受到关注，他之前就表示北冰洋运输队有可能变得“不经济”。不过，糟糕甚至更糟糕的情况还没有到来。

---

* 美国海军武装警卫部队创建于第二次世界大战期间，负责操作常安装在独立或编队航行的商船上的机枪。英国皇家海军也有类似的部队，由受到训练的海军人员或皇家海军陆战队炮兵团指挥。起初进行护航的 4 艘巡洋舰撤离了，因为英国判断这些珍贵的舰艇如果受到陆基轰炸机的袭击，损失是不可承受的。

14

北冰洋的灾难

1942年6月27日，英国首相结束与白宫的会谈后回到伦敦，他没有与议会争论大战略，而是就一个局部性小问题与议会发生了分歧。在发生了他所称的"一连串的不幸和失败"之后，国民感到愤怒，相互责备。[1]内拉·拉斯特在日记中表达了一种流行的情绪：

战争打了近3年。我们为什么没有进展——是什么阻挡住了我们？当然，到目前为止，事情可以通过某种方式更好地组织起来……没有黏合剂把我们团结起来——什么都没有。这是很可怕的，明年和后年之类的空话无法阻止我们的小伙伴徒劳地死去。除非母亲们可以认为，她们可怜的孩子没有白死——是为了胜利的目标。[2]

媒体呼应着民众的情绪，议会则对此迅速做出反应。7月2日，保守党议员约翰·沃德劳－米尔恩（John Wardlaw-Milne）爵士对"战争的中心方向"提出不信任案。[3]

保守党议员阿奇博尔德·索斯比（Archibald Southby）爵士是首相的批评者之一，以前他是一名海军军官。索斯比注意到德国政府声称，在1942年的前5个月里已经击沉了超过300万吨的货轮；他希望这个数字是“夸张的”*，并响亮地发表了长篇大论。他提醒下议院：“我们希望获得胜利，希望拯救所有现在被轴心国奴役的人，而这些希望受到威胁。”他明确地警告说：

如果因为愚蠢的战略，使我们蒙受一个又一个挫折，不仅在军事上遇到失败，而且消耗了我们倾尽全部战备能力打造的海军力量，那么我们就不可能完成保卫那些商船的任务，而我们的命运依赖于它们。[4]

在漫长的辩论结尾，丘吉尔起来回应。虽然他对批评者的“唠叨和咆哮”表示愤怒，但他在总结中承认了对手所提及的一连串灾难和不幸，语言既有说服力又生动精彩。他提醒听众，除了“热血、辛劳、眼泪和汗水”，自己没有承诺过其他东西。他敦促说，当下议院陷入分裂，“（应该）将那些攻击我们的声音降低到不足挂齿的程度”。在这种情况下，他开始说道：“英国的每一位朋友和我们事业的每一位忠实仆人都会欢呼，失败的丧钟将会在暴君的耳边响起，而我们正努力推翻他们。”[5]当他还在华盛顿的时候就已经暗自预料到，他的反对者会被撇在一边。在进入大厅的475名国会议员中，只有25名投票反对。

* 确实是夸张。正确数字是大约220万吨。（BritishNavalHistory.com）

首相的回应无懈可击。如果这场争论发生在几天后，索斯比的预感可能会在其同事之间产生更强的共鸣。

当英国首相发言时，PQ17 运输队已经离开冰岛的鲸鱼湾（Hvalfjord）港 6 天了，正在驶向阿尔汉格尔斯克。它由 33 艘商船（原来是 35 艘，离开冰岛后不久，2 艘船受损，不得不退出运输队）组成，装载了 594 辆坦克、297 架飞机、4246 辆卡车和火炮牵引车，还有 15.6 万吨普通货物，足以装备 5 万人的军队；[6] 护航力量包括 6 艘驱逐舰、4 艘护卫舰、3 艘扫雷艇、4 艘武装拖船和 2 艘潜艇，还有 1 艘油轮和 3 艘救援船随行。这次运输任务作为一场海上灾难被记入海军史册，丘吉尔将其描述为“整个战争中海军最悲哀的一曲”。[7] 戈林的德国空军和邓尼茨的潜艇一个接一个地干掉它们的猎物，英国首相悲伤的情绪不足以描绘悲壮的实际情况：PQ17 遭到大屠杀，33 艘船只中只有 11 艘到达目的地，这是一场规模最大的溃败。

到目前为止，海军部既感到惊讶又觉得安慰的是，强大的德国驻挪威水面舰队似乎不愿意与英国皇家海军交战。在 4 月份和 5 月份，“提尔皮茨号”和“希佩尔号”一直停泊在特隆赫姆，而“舍尔号”和她的姐妹舰“吕佐夫号”（Lützow）同样留在纳尔维克的锚地，而不是与潜艇和轰炸机一道打击运输队。英国人不知道，希特勒和雷德尔已经决定将德国海军的主力战舰保留下来，以防范盟军进攻挪威的威胁，除非对于打击北冰洋的盟军运输队有绝对的制胜把握。雷德尔提出，“当了解到敌人的确切位置和力量，并且有足够的空中支援时”，这种条件可能会出现。[8] 这一谨慎提议得到元首的支持，他授权组建一支特遣部队，由“提尔皮茨号”“沙恩霍斯特号”两艘重巡洋舰和德国唯一一艘在建航母“齐柏林伯爵号”* 组成。虽然希特勒没有说何时、何地或以何种方式，但他宣称这支舰队将对敌人构成“严重威胁”。[9]

然而，德国人仍然守在港口里没有出动，北方舰队司令奥托·施尼温德（Otto Schniewind）海军上将感到沮丧。雷德尔已经明确指示施尼温德，“海军在这个时刻遇到挫折将是极为有害的”，因此要避免与英国军舰发生任何冲突，“防止敌人击败舰队主力”。[10]可以想见，施尼温德会认同《英国海军参谋史》中的尖锐评论，即“几乎无法想象还有更加束手束脚的给指挥官的命令”。[11]

在德国海军和英国皇家海军的冲突中有一个莫大的反讽，即后者极少像前者那么谨慎。到 1942 年春天，负责保护北冰洋运输队的本土舰队司令、海军上将约翰·托维爵士越来越关注他们的脆弱性。布莱奇利园解密的恩尼格玛电报表明，“提尔皮茨号”在横行，等候着无情打击任何可能从它面前经过的运输队。托维警告说：

这是完全有利于敌人的。他的重型军舰会在己方的近岸行动，有强大的岸基空中侦察和打击力量支持，如果他愿意的话，还能得到在斯匹次卑尔根群岛和挪威之间的海峡里游弋的潜艇

---

* “齐柏林伯爵号”于 1938 年下水，但一直未形成战斗力。为防止落入敌人之手，它于 1945 年 3 月在斯德丁港（4 个月后移交给波兰，并改名为什切青）外被凿沉，这艘军舰在一年后被苏联打捞出来，最终成为靶舰而被击沉。2006 年，一艘波兰调查船发现了它的残骸。

保护。我们的掩护部队（战列舰、巡洋舰和航空母舰）没有空中支援，远离基地1000英里，且驱逐舰极其缺乏燃料，无法将受损的船只护送到港口。[12]

因此，在1942年6月，德国海军和英国皇家海军并不准备打一场令所有海上强国的军人记忆犹新的那种史诗式大海战，反而决心避免任何对抗的风险，除非有制胜的把握。于是，至少这两个强大舰队发生激烈冲突的可能性暂时不高。然而，这两大海军都未能意识到对方在思考什么，以及没有思考什么，PQ17的毁灭很快就会成为20世纪最大的海军灾难之一，这是一个关键因素。

除了约翰·布鲁姆（John Broome）海军上校率领23艘战舰和支援舰艇组成护航舰队之外，路易斯·汉密尔顿（Louis Hamilton）海军少将还指挥4艘巡洋舰和3艘驱逐舰近距离保护PQ17。托维海军上将则领导本土舰队为其提供远程掩护，兵力包括2艘战列舰、1艘航空母舰、2艘巡洋舰和14艘驱逐舰。对于商船海员来说，这是一支令人望而生畏的保护舰队，看起来坚不可摧，他们的生命安全依赖于舰队的能力和准备程度。

当这支运输队行驶到距离熊岛（Bear Island）西北方约70英里处时，敌人首次尝试突破这些防御。7月2日晚上6点30分刚刚过，7架“海因克尔”式鱼雷轰炸机从运输队右舷的雾气中钻出来，掠海飞行。这些轰炸机显然对它们遭遇的防空火力无动于衷，直接飞向意图打击的目标，直到火力变得极其密集，才不得不远远地释放鱼雷，它们未能打击到运输队，随后再次飞入云层。

同一天早些时候，雷德尔授权基尔的海军最高指挥部发起“跳马行动”（Operation Roesselsprug），这是到此时为止德国发动的规模最大的此类行动。就在两周前，希特勒在贝希特斯加登会见雷德尔时，正式授权他“与潜艇和空军合作，消灭PQ 运输队”，[13] 条件是不能让施尼温德指挥的战列舰冒险。这位海军元帅应该如何协调这些相互冲突的目标，元首并没有向他解释。尽管如此，那天晚上（丘吉尔击败下议院的不信任动议之后不久），由“提尔皮茨号”和“希佩尔号”带领的一个战斗群离开特隆赫姆，前往韦斯特峡湾（Vestfjord）的前方基地；而且在 7 月 3 日午夜过后，由“舍尔号”和“吕佐夫号”带领的第二个战斗群在纳尔维克港下锚，目的地是阿尔滕峡湾（Altenfjord）。他们的行动命令不够明确，这不是一个好兆头。

行动从一开始就不顺利。“吕佐夫号”出发不久，在以危险而闻名的挪威“导线”水域*搁浅，这艘袖珍战列舰不得不返回港口。“提尔皮茨号”带领的 3 艘驱逐舰也遭遇了类似的命运，它们进入韦斯特峡湾时撞上一块水下的暗礁。施尼温德并不气馁，继续等待柏林下达攻击 PQ17 的最终命令。除了行动自由整体受到限制外，施尼温德还注意到“俾斯麦号”被击沉后，希特勒和雷德尔共同做出的一个具体决定，其大意是，除非确定了护航航空母舰的位置，并使其无法参与作战，否则对于任何护航舰队都不应进行攻击，“航空母舰肯定是敌船中最危险

* 纳尔维克附近水域，英国代号“导线”（Leads）。——译者注

的重型战舰！”[14]他们担心的是，仅一艘航空母舰就可以对“提尔皮茨号”造成致命伤害，从而使英国皇家海军的重型舰艇有机会攻击德国海军的其余水面舰艇，将它们击沉。

运输队出发的前6天，大部分时间天空都被低垂的云层覆盖，7月3日，低云变成了连续的浓雾，“边界清晰但能见度极低，运输队经常像钻进冰冷的棉絮中航行一样，然后突然又驶入明朗阳光照耀的海面”。[15]虽然盟军的船只不断受到遮挡，侦察机和潜艇难以发现，但德军发动大规模袭击时同样可以获得很高的安全保障。雾是“一切船队的密友”，护航指挥官约翰·布鲁姆在“凯佩尔号”（HMS Keppel）上指出。“和平时期，商船船长最怕海上的浓雾——周围有其他船只时尤其如此；现在运输队中的每个人都欢迎它……我们举起可可杯，打个哈欠。‘雾最好一直不要散’。”[16]然而事与愿违。

4日午后，6架鱼雷轰炸机出现在地平线上。它们将武器发射出去之后，立即借着云层的掩护撤退。这次袭击只持续了几分钟，没有造成任何伤害。不过很快就可以清楚地看到，这次突袭只是一次“软化”任务，目的是测试护航队的防御能力。晚上8点过后不久，轰炸机再度光临。这次有25架飞机从后方悄悄袭来，低空飞行。据官方的《英国海军参谋史》记录，领头的飞机“表现出极大的决心，用两枚鱼雷击中了位于运输队中间的‘纳瓦里诺号’，然后在‘凯佩尔号’前头坠落成一团火球”。[17]“纳瓦里诺号”的船员匆忙跳水逃生，另一艘货轮“贝灵汉号”见状不得不紧急改变航线，以免撞上那艘受损的船。“贝灵汉号”的二副感动地看到其中一名遭遇海难的海员在水中举起拳头，大喊“去莫斯科……苏联见！”[18]很快，又有两艘商船连续遭到袭击。布鲁姆在危机中说话不减风趣，称其中一艘“被打出一个洞，但是很幸运”；另外两艘被击沉，包括“纳瓦里诺号”。[19]这两艘船的大多数幸存者都迅速被三艘救援船从水里安全搭救上来。

“纳瓦里诺号”的幸存者在不够安全的救生筏上仔细观察空荡荡的海平面时，努力遏制着没有被人发现的恐惧。他们猜测其他人可能以为他们都被淹死了，当一艘扫雷艇朝着他们的方向驶来时，他们的精神瞬间振作起来。但是，那艘扫雷艇显然急着追赶运输队，从旁边经过，没有注意到他们。这些沉船船员意识到自己不是那艘战舰优先关注的目标，站起来自嘲地“竖起拇指”要求搭便船。据他们中的一个人说，扫雷艇上的船员“挤在栏杆边上欢呼”，他悲伤地想起这种手势“是一种表示我们勇敢的手势”；他补充说：“如果他们停下来，我们会更开心的。”后来，他们最终被运输队中的一艘救援船救了上来。

理查德·沃克（Richard Walker）海军上尉在“莱德伯里号”护航驱逐舰高高的舰桥上，目睹了这场5小时的战斗：

极其令人兴奋，火炮向各个方向射击，飞机在阳光下闪烁，像燕子一样，它们闪转腾挪发动攻击，炮弹贴着水面爆炸，鱼雷到处落下，曳光弹横飞，舰长用扩音器指示开火：控制、控制、控制、进攻、进攻、进攻，战斗激情完全被点燃了。我被这一切的美丽和刺激所震撼。没有时间害怕，我们要在各个方向接战飞机。有时它们飞得太近了，我们还可以看到飞行员脸上的表情。[20]

当一艘英国驱逐舰击落一架德国轰炸机时，其中一艘美国巡洋舰的船员们的反应就好像观看棒球比赛，“就像我们在纽约观看布鲁克林队的‘那些流民’*比赛一样欢呼起来”。[21] 当“酋长号”货船（载有提供给苏联空军的战机）的船员们看到德国机组人员徒劳地想从燃烧着的敌机驾驶舱中逃脱时，同样兴高采烈。他们有些人在经过机身残骸时又叫又骂，“极力羞辱着濒临死亡的敌人”，这也许情有可原。[22] 布鲁姆估计，共有 4 架敌方轰炸机被击落，其余则消失在云层中。在整场战斗期间，他对运输队表现出的出色命中率和整体纪律感到非常高兴，心中充满了骄傲和信心：“我看到运输队及其护航舰艇所显示的决心，感觉只要弹药供应跟得上，PQ17 去任何地方都没有问题。”[23]

此时，虽然运输队距离熊岛东北大约 130 英里，距离目的地还有大约 800 英里，但第一海务大臣却在开危机会议。24 小时之前，即 3 日晚上，庞德离开英国海军部的办公室，前往“设立在皇家骑兵阅兵场上的巨型怪物”，这是丘吉尔对作战情报中心所在地堡的描述。这个时候，从布莱奇利园发来的“恩尼格玛”解密情报暗示，“提尔皮茨号”可能会在运输队预计的航线附近巡逻。作战情报中心负责人丹宁（Denning）海军少校负责指挥监督、核对和解释与这些活动有关的一切情报，他做了简报之后，第一海务大臣显然没有说一句话就离开了。

---

* “那些流民”（Dem Bums）为布鲁克林道奇棒球队的昵称。——译者注

第二天一大早，丹宁给托维海军上将（其掩护部队位于运输队西南方250英里处）发电报，通知他一系列尚未被破译的敌方通信可能“显示主力舰队开始了特别行动”。[24]汉密尔顿的巡洋舰分遣舰队在PQ17的北部，遵照托维的命令，一旦越过熊岛东部，就离开运输队，去其他地方巡逻。但是到了3日下午7点30分，英国海军部撤销了这一命令，发电报指示：“继续伴随运输队航行，等待进一步命令。”[25]

庞德的命令肯定让汉密尔顿暂时松了一口气，此前的命令要求他在这里与运输队分开，对此他感到沮丧，因为他知道这样的话，运输队只能完全依赖布鲁姆力量薄弱的护航队和可能在挪威海岸巡逻的潜艇保护。7天以前，就在PQ17离开鲸鱼湾前夕，他把商船船长召集过来保证说，除了他的护卫舰艇，商船在整个航行过程中还将受到英国皇家海军掩护部队的严密保护。其中一位船长听到这番信誓旦旦的话后，在日志中写道：“他强调PQ17的护航力量将是北冰洋运输队中最强大的。”[26]汉密尔顿接到英国海军部发出的新命令，有了一丝希望，认为终于不需要违背他在鲸鱼湾所做的承诺。这一丝希望很快就会消失。

在伦敦，这是“令人痛苦”的时刻，从3日中午到4日晚上7点，布莱奇利园的密码破译者一直无法解密德国发出的“恩尼格玛”信息，使得这种痛苦更为加剧。[27]由于这种“无法解读的鸿沟”，在海上执行任务的将领和作战情报中心都不知道德国舰艇的去向，甚至不知道它们是否出港。[28]直到这个时候，他们掌握的唯一证据就是一批措辞模糊的“超级机密”解密信息，这引发了思考和推测。但是到了7月4日晚上7点钟，作战情报中心获得新的证据，似乎显示“提尔皮茨号”仍然没有出动。

从这份解密情报可以看出，“提尔皮茨号”的舰队总司令（施尼温德海军上将）于7月7日上午9点抵达阿尔滕峡湾，而且“驱逐舰和鱼雷艇”接到雷德尔的命令，要求“立即加好燃油”。[29] 这份解密情报还补充说，“舍尔号”重巡洋舰也在这个港口。丹宁自然得出结论：“提尔皮茨号”停泊在港口内，没有出海。当他忙着将这个情况发给托维时，庞德和他的两名参谋人员找上门来。经过一番讨论，庞德显然断定，作战情报中心的评估不够成熟。这位第一海务大臣命令丹宁“剥离”对这个证据的解释，“只保留原始的事实”；[30] 他问道：“你能保证，‘提尔皮茨号’还在阿尔滕峡湾吗？”丹宁回答说：“虽然他们不能给出绝对保证，但他们相信那艘军舰是在港内，并且预计很快就会得到确认。”他仍然期待着布莱奇利园将解密“恩尼格玛”新近发出的情报。[31] 对于庞德来说，这样的解释还不够。

就在PQ17从冰岛出发之前不久，本土舰队司令与第一海务大臣通了一次电话，结果感到极为不安。在这次通话中，庞德告诉托维：“在某些特定情况下，英国海军部打算命令运输队化整为零。”[32] 这道命令的意思非常清楚：护航舰队得到的指示是迅速离开运输队，商船被抛弃后，要化整为零，自行想办法去摩尔曼斯克。托维公开反对这种做法，争辩说：“让船只集中行动，相互支持，抵抗肯定会遇到的猛烈袭击，是绝对必要的。”他接着补充说：“我强烈反对下达这种命令，除非真的受到占据压倒性优势的水面舰队攻击，才能将其作为最后的手段。”[33] 在给第一海务大臣的一封私人信件中，托维更进一步，极为激动地坚持认为，“化整为零的命令”将是“彻底的血腥谋杀”。[34]

在与丹宁讨论后不久，布莱奇利园或其他渠道仍然没有能够提供进一步的情报，在此情况下，庞德于晚上 8 点 45 分召集参谋人员开会。接下来的 30 分钟里发生了什么，官方文件没有记录，但是第一海务大臣发现自己是少数派，总共只有两个人支持让运输队“化整为零”的命令。据他的作战行动主管埃克尔斯（Eccles）海军上将说：

庞德海军元帅做出最终决定的方式极具戏剧性：第一海务大臣靠在他的皮背椅上，闭上双眼——当他做出艰难的决定时，都会以这种方式进行深思熟虑；他的两只手紧紧抓住椅子的扶手，似乎生病或紧张的面色变得平和而镇定。过了一会儿，年轻的计划局局长拉姆（Lambe）海军上将低声挖苦说，“看，老爹睡着了。”*

过了 30 秒钟，庞德海军元帅伸手拿了一本海军便笺簿，并且宣布：“运输队要分散行动。”当他说这些话时，向其他人做了一个古怪又生动的手势，表明这是他的决定，且他在力排众议。[35]

---

* “老爹”是下属给庞德起的绰号。即使在最重要的会议上，庞德也容易睡着。这种习惯令帝国总参谋长艾伦·布鲁克将军极为愤怒，当时他还不知道，庞德因患上一种尚未确诊的脑肿瘤而导致失能，这种病最终被证明有致命后果。

这个极具戏剧性的时刻显得有点平淡，因为庞德未能明确表达自己的意图。在晚上 9 点 30 分之前转达给托维、汉密尔顿和布鲁姆时，该消息是这样写的："紧急。由于存在水面舰艇的威胁，运输队要分散行动，并继续驶往苏联港口。"[36] 他的一位最资深的参谋军官摩尔（Moore）海军上将提醒说，分散行动的命令会被解释为运输队只是分散成几个群体——因此依然是容易被发现和有吸引力的目标。于是庞德纠正自己的话，他说："我的意思是要它们化整为零。"因此，几分钟后，第二封电报命令道："特急……运输队要化整为零。"[37]

会议结束后，其中一位与会者，即作战情报中心副主管、退役海军少将杰克·克莱顿（Jack Clayton），把情况透露给了丹宁。这位作战情报中心的负责人刚刚收到"超级机密"新拦截到的一份情报，证实了他的感觉，即阿尔滕峡湾的德国舰队尚未起锚，对此他显然感到震惊。他说服克莱顿再去一次第一海务大臣的办公室，向其解释作战情报中心比以往任何时候都更确信，"提尔皮茨号"仍在港内，并且很可能待在那里不会出动。庞德拒绝改变主意。"我们已经决定运输队化整为零，它必须保持这种状态。"庞德坚持说。[38]

当布鲁姆收到化整为零的命令时，大为惊讶，甚至不敢相信。他后来写道，"我的手似乎被炸弹炸了一样"，并补充说：

如果保持集体行动，将更难以受到屠戮。当运输队遭遇敌军优势兵力攻击时，而且只有在这种情况下，前线指挥官才有权下达化整为零的命令。

“四散逃生”是最后一根救命稻草，实施后当然是不能恢复原状的……被迫化整为零，破坏这样的队形，撕裂我们在周围布置好的防御阵线，命令这些显眼的商船毫无防护地独自航行，让我感到很生气。[39]

尽管如此，他还是将庞德的命令转给了 PQ17 运输队的队长约翰·道丁（John Dowding），因为他觉得必须这样做。木已成舟。

汉密尔顿海军上将已经接到（庞德亲自下达的）命令：“特急。巡洋舰分队取消高速西进。”[40] 他同样感到震惊。[41] 与布鲁姆一样，他认为对于这个极端性的命令，唯一的解释是“提尔皮茨号”即将出现在地平线上，后面跟随一群袖珍战列舰和巡洋舰，准备消灭这支运输队。汉密尔顿指出：“假设让运输队化整为零是由于提前发现敌方水面舰队正在逼近，我们才要高速逃走，我们所有人确实都这样假设，但我们这些人并不了解整体形势。”[42]

他意识到这种明显的胆怯之举可能影响到在其舰队上服役的官兵的士气，在给全体手下传达脱离运输队并让商船自行设法驶往摩尔曼斯克的命令时，他话语间毫不掩饰自己的沮丧。他明确表示，这不是他的决定，他告诉手下官兵，一支“力量占据绝对优势的敌军”集结在该地区，并且得到陆基飞机的支援。他没有补充说贸然对抗这种威胁会是以卵击石，也无须这样说。他最后说：“我希望很快我们都能有机会解决掉德国佬。”[43]

此时，“凯佩尔号”上的布鲁姆海军上校做出了一个生死攸关的决定：其麾下的5艘驱逐舰都要随同他加入汉密尔顿的巡洋舰分队。这样，只留下12艘护卫舰和拖船等小型战舰随同迅速散开的运输队行动。后来，布鲁姆因这一决定受到严厉的谴责，然而他是严格遵从英国海军部的命令这样做的。汉密尔顿予以批准，他仍然以为“绝对优势的敌军”即将向运输队发起攻击。[44] 他后来在正式报告中解释说，在此情况下，“我的舰队中增加6艘驱逐舰具有难以估量的价值，相比而言，它们对四散逃命的运输队可能提供的那点保护是微不足道的”。[45] 布鲁姆和汉密尔顿一样，预计很快就会有机会与德国舰队“算总账”。但是这种情况一直没有发生。当“凯佩尔号”驶过队长的旗舰时，布鲁姆向道丁发信号说：“抱歉以这种方式离开你们。再见，祝你们好运。这看起来像是一场血腥交易。”道丁回答说：“谢谢你。再见，好好猎杀。”[46]

道丁手下的商船船员对这个消息感到震惊和困惑。那天晚上，一艘美国货轮上的官员纳撒尼尔·普拉特（Nathaniel Platt）在其日记中总结了遭受抛弃的感觉：“接到解散运输队的命令，简直让人不敢相信，我们要在没有保护的情况下独自航行——有些船根本没有火炮。船只走什么方向的都有，消失在地平线上。有些船只三两成群。我们独自航行。”[47] 有一段时间，汉密尔顿的战舰仍然可以看到那些他们受命让其自生自灭的船只。一位军官站在“威奇托号”（USS Wichita）巡洋舰的舰桥上看着这番景象，郁闷地写道：“这些船只散布范围达数英里。有些因为（先前）遭到过炸弹袭击，依然在明烧和闷燃，另一些则在慢慢加速。它们冒出浓烟，看起来就像慢腾腾行驶的船只身上长出了巨大的黑色鸵鸟羽毛。”[48]它们已经成了待宰的羔羊。

在第一海务大臣向PQ17运输队发布最后决定的重要时刻，“提尔皮茨号”和作战情报中心设想的一样，确实还停泊在阿尔滕峡湾，距离现在化整为零的货轮还有300英里。希特勒显然担心盟军的航空母舰为运输队提供远程掩护，尚未同意德国海军的主力战舰离开挪威的避风港。就在那天早上，在一次极具讽刺意味的评估中，他的指挥部再次强调，“运输队中存在一支重兵力，阻碍了‘跳马行动’的实施”。除非目前跟踪运输队的轰炸机或者潜艇可以让这些敌方战舰失去行动能力，否则“提尔皮茨号”及其所属的重型战舰舰队将继续远离PQ17。[49]矛盾的是，德国空军对最近报告包括一艘航母的托维舰队的位置进行侦察，结果发现“没有这种舰队存在的迹象”，而这个事实只是让最高统帅再次确认，“目前无法发动‘跳马行动’”。[50]

直到7月5日凌晨，PQ17被命令化整为零4个多小时后，德国最高统帅部才开始意识到庞德送给他们的好运。就在那天午夜之前，一艘潜艇报告说，汉密尔顿的巡洋舰分队已经大幅转向西南方，并且正在全速离开运输队。不久之后，一架侦察机用无线电报告说，这支运输队如今在北冰洋已经散布至方圆25英里的范围内，显然朝各个方向行驶的都有。不久，潜艇和轰炸机开始接近几乎毫无防御能力的商船，布鲁姆的护航舰艇只剩下一些护卫舰和武装拖船，还算有一点保护能力。正是在这个时候，希特勒了解到他那宝贵的战列舰不用再担心英国海军，终于授权“提尔皮茨号”起锚，以便在“歼灭”PQ17运输队的行动中发挥自己的作用。

当德国的大型战列舰赶到这片海域时，潜艇和轰炸机已经开始挑选它们的受害者。到那天午夜时，它们的战绩已经包含了至少12艘盟军商船，包括道丁队长的旗舰“阿弗顿河号”。这场正在拉开帷幕的悲剧中更具讽刺意味的是，雷德尔看到这场杀戮狂潮，命令施尼温德将“提尔皮茨号”召回到挪威水域的安全地带。这位德国海军总司令担心这艘伟大的战列舰会遭遇什么不测，从而引发希特勒的怒火，亲自下达了这个命令，并解释说：“在目前情况下，承担不起……海战失利。”[51] 施尼温德非常失望，这位德国海军参谋长在评论舰队无所作为时表现出他的沮丧之情：“我们的主力水面舰队每一次尝试出击，都因为元首力图不惜一切代价避免冒险或失败而成为泡影。”[52] 尽管如此，“提尔皮茨号”及其僚舰还是在7月8日再次安全停靠到纳尔维克。在雷德尔的判断中，虽然它并没有成为战斗的一部分，但这个决定在行动中是有意义的：对于一支大型战列舰队来说，几乎不值得耗费人力和燃料去猎杀七零八落的商船。

在北冰洋海域，随着潜艇和轰炸机继续进行大屠杀，无线电波中充斥着船只沉没时发出的悲惨痛苦的信息：“在冰层上着火”，“弃船”。此时，布鲁姆的驱逐舰已经转头与汉密尔顿的巡洋舰分队会合，留下的护航舰艇无能为力。其护航指挥官命令它们“继续独立前往阿尔汉格尔斯克”。[53] 有鉴于此，防空舰“帕洛马雷斯号”（HMS Palomares）和“波扎里卡号”（HMS Pozarica）的舰长进行了协商。指挥“波扎里卡号”的爱德华·劳森（Edward Lawson）舰长认为，他们应该尝试对运输队进行重新编队，尽管只有一点残余的护航力量，但其上司乔安西（Jauncey）代理舰长否决了这个想法：布鲁姆的命令很明确，必须遵守。劳森咕哝着，“我们不能丢下这些可怜的家伙”。在3艘较小的护航艇跟随下，劳森选择前往最近的避难所新地岛，那是一个处在200英里外属于苏联的偏远群岛。他的目的是在那里临时躲避，之后穿过海况恶劣的水域向东南方的阿尔汉格尔斯克港航行，距离还有600英里远。

接到布鲁姆的命令后不久，劳森认为德国的战列舰队随时可能出现在地平线上，于是他召集手下船员举行了一次会议。在会上，他告诉船员们，如果他们遭到一艘驱逐舰袭击，可能会幸存下来，如果遇到战列舰，那就没机会了。根据其中一个船员的说法，劳森补充道："我们将与这些船只战斗到最后一发炮弹，如果有必要的话，就打到沉没。"[54] 毫不奇怪，这番话让听者感到“非常沮丧”，那天他的最终想法也不太可能把士气激励起来："尽力多睡觉，与你的创造者和平相处。"[55]

第二天早上，闪电战又如约而至。遭到抛弃的商船对这次轰炸感到孤弱无助，似乎感染了一种混杂着斯多亚主义与宿命论的情绪。当他们的船只战栗、爆炸、燃烧甚至被撕成碎片，他们面临落入冰冷海水（他们的位置紧挨着北极浮冰的南部边缘）的危险时，生存的本能激发出非凡的耐力。当坦克、飞机、卡车和弹药沉入海底时，幸存者们爬上救生筏和救生艇，或者被其他商船冒着轰炸机和潜艇的不断袭击从海里捞上来，捡回一条性命。老迈的美国货轮“奥洛帕纳号”速度极为缓慢，它本来希望能抱团取暖，却没能赶上一小群商船，不过在这里遇到三艘正在下沉的船——“博尔顿城堡号”、“华盛顿号”和“保罗斯·波特号”。“博尔顿城堡号”满载高爆炸药，像一支“巨型罗马焰火筒”[56]那样燃烧起来，然后火光冲上天际，好像要挑衅其袭击者，最终从海面上消失。“华盛顿号”以同样的方式沉没，而“保罗斯·波特号”的残骸漂浮在海上，后来被一艘潜艇打发掉。值得注意的是，它们的船员幸存了下来，并且登上了救生艇。然而，当“奥洛帕纳号”的船长默文·斯通（Mervyn Stone）海军上校想搭救他们时，这三艘船船员都拒绝了，显然他们宁可在恶劣的北冰洋冒一下险，也不愿意再冒被烧死的危险。“博尔顿城堡号”的5名船员决定前往距离他们的沉船处有400英里远的苏联海岸，另外2名船员选择去距离近、更荒凉的新地岛寻求保护。据斯通说，“保罗斯·波特号”的船员们挤上4艘救生艇（其中只有一艘有发动机），在开始200英里的航程之前，他们只要求提供“香烟、面包和润滑油”。[57]

斯通手下的船员并没有那么坚忍。他们中不少人和其他船只上的很多人一样，来自一些没有直接参与欧洲战争的国家，并非毫不含糊地支持盟国的事业，也不觉得有义务战斗到最后时刻。斯通搭救遇难船员刚被拒绝，就发现自己的船员近乎要叛变。到了7月7日，他们中很多人已经3天没有好好吃过一顿饭或者睡过一场觉。在近乎永不消失的北极日光的照耀下，他们一直面临着袭击威胁，感到寒冷、疲惫和恐惧；他们显然被英国皇家海军抛弃了，也不想再继续忍受痛苦。“奥洛帕纳号”发动机舱的操作人员中有一部分是夏威夷人，这种绝望的怨恨在那里特别强烈。“奥洛帕纳号”满载着高爆炸药和汽油，这一情况确实使船上的人们越来越担忧。斯通询问了船上的英国炮手，了解到这些人的职责是“只要船还能行动，就要坚守在炮位上”，[58] 于是把船员召集过来，“暗示”比起他们途中看到的在汪洋大海中乘坐敞篷小船试图到达避风港的人，他们的运气要好得多。之后，斯通干巴巴地说：“我确信他们对这种情况感觉好些了。”[59] 他的话说得太早了。

当斯通努力安慰焦躁不安的“奥洛帕纳号”上的船员时，“哈特尔伯里号”的船长斯蒂芬森（Stephenson）无助地看着 4 枚鱼雷从 800 码的距离内连续迅速地飞过来，它们从侧面猛烈撞入他的船内，将这艘英国货轮切成 3 段。在随后发生的混乱中，一些船员甚至没等斯蒂芬森下达弃船命令，就朝救生艇冲过去。绳索松开得过早，小艇乱七八糟地落入水中，有些被撞碎，有些被海水淹没。斯蒂芬森一直等到其他人全都撤离正在沉没的货轮，才冲到极度倾斜的甲板上跳入水中，这时“哈特尔伯里号”的船艉先是翘起来，然后慢慢向后滑动，直至沉入大海。他被人拖上一艘救生艇，没有死，但头部严重受伤。在他周围，人们在冰冷的海水中挣扎，或者紧紧抓住船体的残骸，随着寒冷逐渐入侵身体，他们失去了抓握的力量和生存的意志，无声无息地消失了。

亚瑟·卡特（Arthur Carter）是“哈特尔伯里号”的一个炮手，他游到一艘未受损的救生筏时，上面已经挤了 12 个人。在一艘潜艇浮现在水面之前，他爬上了救生筏。2 名潜艇艇员出现在指挥塔中，用机枪指着他们。卡特以为命保不住了，没想到会成为 U–355 号的艇长金特·拉·鲍默（Günter La Baume）的拍照对象。虽然“化整为零”的命令下达后，拉·鲍默就一直在追杀猎物，但这是他的第一个战果，他不想错过给子孙后代留下纪念品的机会。拉·鲍默按下相机快门时，向这些船员们喊道：“你们是什么船？ 你们要去哪里？你们想去苏联干什么？你们不是布尔什维克，对吧？”然后，德国艇员中有一个人指出了距离最近的陆地方向，并为不能搭救他们而道歉，为了表示出人道主义，给船员递了“2 瓶杜松子酒和 7 块面包”，然后看着他们漂走。[60]

其他人则没有那么幸运。当 U–355 向救出斯蒂芬森的救生艇喊话时，拉·鲍默只是要求知道他们属于哪一艘船。一旦了解到情况后，这位潜艇指挥官就离开了，让这 20 个人留在灌了半船海水的救生艇里，自己想办法抵抗北冰洋的残酷严寒。“哈特尔伯里号”的三副尼德姆·福思（Needham Forth）详细记录了自己的经历，他认为拉·鲍默的冷酷无情“似乎是最残酷的事情之一”。[61] 这艘救生艇很快充斥着绝望，他的船伴一个接一个地被大自然的力量击倒。

第一个离世的人是一个名叫哈钦森（Hutchinson）的消防员，接着是一个餐厅服务员，随后是一个能干的船员、一个电工、一个船舱服务员、两个能干的海员、轮机长、一个消防员、两个服务员、一个厨师、一个炮手。他们一个个悲哀地死去之后，被抛入大海。没有仪式，只是需要尽可能为这艘灌了半船水的小艇减轻重量。绝大部分人都是不声不响地失去生命的，只有一个叫杰弗里·狄克逊（Geoffrey Dixon）

的人发了狂，想投海自杀，其他船伴试图努力控制住他，但他却倒下去昏迷了，显然陷入了感觉不到痛苦的妄想之中，直到一切结束。

福思在齐腰深的水中划着一只救生艇船桨，没有表现出明显的不适情绪，但他记下了每个人死亡的时刻，好像通过这样做，可以给生者和死者留下一些尊严。过了一会儿，他感觉到自己很快就会跟随那些人死去。他后来写道："我慢慢意识到我会和其他人一样——冰冷的海水使我陷入麻木的状态。"他挣扎着来到救生艇的中间，与另外 4 个人挤成一团，他们是仅剩的幸存者，"冰冷，脚被冻到完全苍白僵硬"。[62]

严寒冷酷无情。另一艘"哈特尔伯里号"救生筏已经挤满了幸存者，当它离开正在沉没的货轮时，最后 4 名手忙脚乱爬上来的人不得不站在其他坐着或者躺在船底的疲惫的同伴身上。事实证明，他们因此保住了性命。由于他们的脚没有直接踩着船底，船上其他 10 个人遭遇的冻伤和体温过低没有发生在他们身上。这艘小船上最后的遇难者是货轮的大管轮约瑟夫·泰伊（Joseph Tighe），当同伴们为他送葬时，吟唱起《诗篇》第 23 篇："我虽然行过死荫的幽谷，也不怕遭害，因为你与我同在；你的杖，你的竿，都安慰我。""哈特尔伯里号"的无线电官理查德·费恩赛德（Richard Fearnside）目睹了泰伊之死："他开始哭泣，希望回到格拉斯哥的家。他是最后一个死去的人。他渐渐陷入睡眠，我们试着让他保持清醒，揉着他的脚，摇晃着他，和他说话，但这都没用。"[63]

不久之后，费恩赛德的小团队遇到了另一艘"哈特尔伯里号”的救生筏，上面有一名穿着粗呢外套的炮手，似乎迷失在自己的思绪中，还有一名海员躺在船底，已经死去。他们将死者的遗体抛入海中，将那名炮手转移到自己的救生筏上，并打开一盒口粮，这在一定程度上让他们坚定了决心，而且几乎可以肯定对他们生还发挥了作用。漂流了两天之后，包围着他们的海雾出现一个断层，借助这个机会，他们发现不远处就是陆地，后来被证明是新地岛的海岸。很快，先前搁浅在沙洲上的“温斯顿·塞勒姆号”的船员发现了他们，并派出一艘划艇将他们带到安全地带。

炮手卡特的救生筏上的幸存者依靠着 U-355 给的面包和杜松子酒，在北极最严酷的环境中幸存下来。当他们迷失在浓雾中时，隐约看到一艘灌满水的救生艇。小船上是斯蒂芬森船长和他的 3 个幸存同伴。这 9 个人在斯蒂芬森的小船上找到了白兰地、饼干、炼乳和好立克糖*，他们把斯蒂芬森船长救生艇里的水舀出去，然后把人分成两组，轮流划船，并用鲸油相互擦脚，以抵御冻伤。几个小时后，他们看到了陆地，距离不到 3 英里。没用太长时间，他们就到了一个荒凉的海湾，把救生艇拖上岸，然后登陆。

我们登陆后做的第一件事就是生火，把身上的衣服烤干，大副［“哈特尔伯里号”的大副斯坦利·高登（Stanley

* 好立克（Horlicks），美国一个著名的麦乳精饮品品牌。制成糖片形式的好立克糖在第二次世界大战中被英美等国军队当作补充能量的食品，放在飞机和船舶的救生包中。——编者注

Gordon)] 把我们分成两组，一组去搜寻木头或任何可以燃烧的东西，以便让火保持不灭，另一组寻找可食用的东西。我们抓到两只鸟，找到几只鸟蛋。这些鸟显然不怕我们，它们只是待在那里任我们捕捉……我们做了一个炖菜，把雪填进一个饼干罐，当雪融化后把切成块的鸟肉放进去。[64]

在“哈特尔伯里号”的 57 名船员中，总共只有 20 个人幸免于难。其余大部分人都没能熬过“疲劳、消沉和紧张……他们的困境太令人绝望，无法维系一丝获救的希望”。[65]

就在指挥 U–355 号潜艇的拉·鲍默拍摄“哈特尔伯里号”的最后时刻，以便给后代留下纪念的时候，U–255 的赖因哈特·雷歇（Reinhart Reche）海军上尉正享受着更大的战果。7 月 7 日那天，他在短时间内连续击沉了两艘美国货轮，即“约翰·威瑟斯庞号”和“阿尔科阿·兰杰号”。他没有停下来庆功。7 月 8 日凌晨，当“奥洛帕纳号”向南朝苏联方向航行时，雷歇指挥 U–255 机动到位，并在短距离内向其船头右舷发射了一枚鱼雷。在被鱼雷炸死的人中，有发动机舱里近乎叛变的夏威夷人。有一艘救生艇被炸毁，幸存船员在其船长默文·斯通领导下，匆忙爬上剩下的唯一一艘救生艇和几只救生筏，和之前遭遇海难的可怜船员们一样，开始努力划船、航行或者漂流，穿过冰冷的大海寻找安全之处。然而在出发之前，斯通的船员与击沉其货轮的潜艇有过短暂接触。根据 U–355 的行动记录副本，雷歇浮出水面询问：“你们是布尔什维克吗？不是？那么你们为什么要帮助苏联？”这艘 U–255 随后再次潜入水下，雷歇在走之前嘲笑斯通说："你们这个护航运输队的船都沉到海底了。"[66] 这是夸大其词，不过与正在发生的事实也相差不远。

斯通的船员越来越感到绝望，用斯通的话说，因为他们看到护卫舰一艘接着一艘"像猎犬一样四处搜索"，[67] 在幽暗的大海中隐约浮现又消失，都没有看到他们的求救闪光信号。但是"奥洛帕纳号"的船长不允许手下人放弃，将他们驱使到筋疲力尽的地步，敦促他们保持行动，这既是为了实现抵达陆地的希望，也是为了防止出现体温过低。两天后，他们的努力获得了回报。7 月 10 日凌晨，他们踏上了新地岛荒凉的海岸。PQ17 运输队的海难船员慢慢汇聚到这座岛屿四周的海岸线上，找到了避难所。斯通的船员们快被冻僵了，他们饥肠辘辘、有气无力，但至少还活着。经过短暂的喘息之后，为了让"每个人各自探寻求生之策"，[68] 他将这些人分成小组，努力将这个荒凉之地改造成一个避风港。一些人建立了防风屏障，另一些人则收集浮木用于生火。斯通带着另一名军官出去寻找人类居住的地方。他们在海滩发现了一座灯塔，当他们走近时，看到离海岸约 3 英里处一艘货轮，明显被困住了。那是搁浅的"温斯顿·塞勒姆号"。因为担心那艘船会自行脱困并丢下他们离开，斯通爬到灯塔上面，在塔顶系上一面旗帜，并点燃一堆火焰，以吸引该船的注意。过了一会儿，他看到货轮放下一艘救生艇，朝着他们的方向航行。这位"奥洛帕纳号"的船长要求登船，在"温斯顿·塞勒姆号"上，他见到了其船长和受伤的"哈特尔伯里号"船长乔治·斯蒂芬森（他头部受伤，一年后去世）。三人决定将"温斯顿·塞勒姆号"上的物资运到岸上，并在海滩上建立一个大本营，希望很快能得到救援。这时候，沿岸地区散布着营地，都面临着同样的困境。

柏林得意扬扬。7 月 7 日下午，德国最高统帅部播放了希特勒指挥部的“特别声明”，这一次不需要为了给事实镀金而让戈培尔编造任何重要的东西。声明炫耀地说 PQ17“实际上已经被消灭……（而且）潜艇和空军已经实现了‘跳马行动’的行动目标”，这与真相令人不安地接近。[69] 无数吨盟军物资沉入北冰洋海底，汉密尔顿和布鲁姆海军上校根据庞德海军元帅的命令，不情愿地抛弃了数百名商船船员，致使他们要么丧生，要么濒临死亡，要么还在为了生存而与艰苦的环境作斗争。但是，PQ17 的伤痛还没有结束。

到 7 月的第一个星期结束时，有 5 艘货轮艰难地来到新地岛避难，它们聚集在一片将岛屿分成两半的狭窄水域中，那里长达 60 英里，在地图上被标为马托奇金海峡。它们的船员筋疲力尽。然而，他们克服了绝望情绪，焕发出带着自我解嘲的决心，把他们的庇护所改称为“恐怖湾”。[70] 此时，大多数幸存的护航舰艇都已聚集到那里，“帕洛马雷斯号”和“波扎里卡号”担当起保卫任务，它们在海峡入口处占据阵地，高射炮做好了准备，要将一切胆敢进犯的轰炸机击落。现在困扰商船船长和海军军官的问题，是留在马托奇金海峡，还是冒着必定会遇到轰炸机和潜艇袭击的威胁向北驶往白海，然后到达最终目的地阿尔汉格尔斯克。一些商船船长想留下来，希望能够得到苏联海军和驻在该地区的英国护卫舰救援。劳森和乔安西这两位舰长则有不同的看法。

由于已经不再受布鲁姆海军上校的约束，他们决定对PQ17的剩余船只进行改编，商船船长们再次由约翰·道丁指挥。"阿弗顿河号"被击沉后，道丁待在一艘英国战舰上。他们建议立即护送5艘商船到阿尔汉格尔斯克。这肯定是一次危险的航行，但总比留在这里不动好，如果德国侦察机发现了这里的情况，会立即召唤潜艇封锁"恐怖湾"的入口，届时货轮和护航舰艇都将被困住，无处可逃。

船长们明白现在的局势，7月7日晚7点过后，道丁这个残破的小运输队就起了锚，在一些也来到马托奇金海峡的火力微弱的护卫舰和拖船护送下，向海洋深处航行。它们的最终目的地仍然在700英里之外。离开新地岛的那个夜晚天气很好，但它们很快就被浓雾所笼罩，5艘商船中的1艘不得不因此转头撤回马托奇金海峡，其余船只则迷失了方向，本来就不太严密的秩序瓦解了。不久之后，这些船只发现自己被浮冰所困，而且浮冰越来越密集，范围越来越大，超出了他们的预计。他们刚从一大片半凝结的浮冰中"倒车"逃脱，就又驶入另一片浮冰区。

在这趟新的恐怖旅程中，唯一的安慰是其中一艘货轮"酋长号"的船长透过浓雾，碰巧看到一艘明显被浮冰困住的敞篷船的模糊轮廓。"酋长号"努力穿过厚厚的浮冰，找到一艘救生船，发现上面有12个人，那是7月6日凌晨被鱼雷击沉的"约翰·威瑟斯庞号"的船员。这些幸存者在敞篷小船上待了两天多，暴露在严寒之中，苦不堪言。这些人被救到货轮上，四肢经过按摩恢复了活力；本来他们以为死定了，现在有了生存的希望。

浓雾直到7月9日凌晨才消散，之后货轮得以寻找逃脱周围浮冰的方法。为了避免继续被困，它们选择绕远路向西航行，然后再向白海进发。在此过程中，船队分散得太远，以至于无法重新编队。于是，它们组成了两支迷你运输队，每一支有2艘货轮和6艘护航舰艇，两个小队伍之间没有任何接触。有一段时间，一切平静，因为两支小运输队都绕过了冰障，并且开始再次向南驶往阿尔汉格尔斯克。它们一定想着最糟糕的事情终于结束了。

北冰洋地区潜艇指挥官施蒙特（Schmundt）海军上将还不知道有这样两支小运输队，他取消了猎杀行动，相信在德国空军和其潜艇联手打击之下，已经消灭了PQ17。驻扎在挪威的第20集团军司令接到这个报告后，向基尔的德国海军司令部发出“最衷心的祝贺”：这位将军热情洋溢地说，海军摧毁这么多预定送往敌方前线的物资，大大减轻了在苏联战场上作战的德国军队的压力。[71] 然而当天晚上，施蒙特接到雷歇从U-255发来的信息后警觉起来，后者报告说发现一支小型运输队，显然正朝着白海前进。根据其位置和航线，很快将进入驻在挪威西北端班纳克半岛（Banak Peninsula）的德国轰炸机中队的打击范围。

7月9日午夜将至的时候，护卫“酋长号”（船上载有“约翰·威瑟斯庞号”的幸存者）和“山地人号”的舰艇警觉地发现，敌机即将来袭。在PQ17护航运输队的一艘拖船“奥斯汀勋爵号”（HMS Lord Austin）上，船员们目睹地平线上的5个斑点迅速变成俯冲轰炸机，向下方的他们加速飞来，然后开始分散，各自选择其目标。这是一次可怕的经历。“奥斯汀勋爵号”的初级电报员约翰尼·罗斯（Johnny Rose）被吓呆了：

> 我们看到炸弹变得越来越大，我记得当时心里在想如果我继续抬头看着天空，我的嘴会被拽开，炸弹会落进去。令人惊讶的是我多么聪明地咬紧牙关……我身后的舵手正在竖起耳朵听着舰桥上传来的命令。他已经把舵轮向左打到底了，而这艘老掉牙的船反应出奇地缓慢。约翰尼（拖船上的一名炮手）在起重爪那里，一只眼睛看着“容克”的目标，另一只眼睛注视着呼啸的敌弹。汗水从他的脸上滚落，但他还在射击……船长［莱斯利·沃森（Leslie Wathen）海军上尉］注视着来回颤抖的船头，大喊“让它保持左满舵！”……我的膝盖像被冻住一样……我的脑袋砰砰作响，感到头痛，不能再向上看……
>
> 炸弹的呼啸声震耳欲聋。然后，经过一段似乎永恒般的时间之后，它落下来，扎到紧挨着我们船头的海里，激起一个巨大的水柱，拖船和我们所有人都被冰冷的海水浇得浑身湿透。令人惊讶的是，它没有爆炸。[72]

“山地人号”没有那么走运。一群敌机排成“V”字队形袭来，它无能为力，3枚炸弹落入它的船体，发动机舱大部分被摧毁。随着炸弹继续如雨点般落下，船员们接到弃船的命令；他们一边尽力多带些自己的财产，一边争抢着爬上救生艇，被其中一艘护航舰艇“罂粟号”（HMS Poppy）接走。不远处的“扎马雷克号”是PQ17的救援船之一，上面已经挤满了200多名幸存者，当时正在四处躲闪，以防被一名跳伞的“海因克尔115”式鱼雷轰炸机的机组人员撞上，该飞机被另一艘护航舰艇击落。“扎马雷克号”想去援助，它刚开始发信号表达目的，2枚炸弹就在这艘船的两侧爆炸，巨大的水柱将其覆盖。当它从海浪中浮出来后，其船长再次发出信号：“在被如此粗暴地打断之前，我要说的是，如果德国佬有反应，我会回头救他们；但在他们的祖国把这些小包裹扔下来之后，如果他们没有在这水里被冻死，他们可以开始游泳或者用力踩水了。”[73]

装载着7500吨弹药、8辆坦克和4架美制轰炸机的“酋长号”是德国人接下来集中打击的目标。“容克88”式和“海因克尔115”式轰炸机一次又一次猛扑下来进行攻击。然而不知什么原因，这艘货轮在这次袭击中坚持了7个小时，直到3枚炸弹紧贴着它爆炸，将发动机舱彻底摧毁。这艘船结束了生命，但奇迹是没有一个人丧生。其船员来自美国、阿根廷、波兰、英国和中国，都被“奥斯汀勋爵号”救出，然后该舰从200米外向其船体发射了一排炮弹。根据“奥斯汀勋爵号”的一名船员所说，“酋长号”的船长“站在舰桥上，眼中满含着泪水，看着炮弹射向他的船”。[74]过了一会儿，一架德国飞机独自飞过来，给出致命一击。这支命运悲惨的运输队一共损失了24艘船，“酋长号”是其中最后一艘。

当这些PQ17的残余船只散落在相对安全的白海，驶向阿尔汉格尔斯克时，一架机身上刷着苏联红星的“卡塔利娜”式水上飞机独自低空飞行到斯通船长及其船员正在建立营地的偏僻的新地岛。飞行员马祖鲁克（Mazuruk）上尉以开创性地飞越北冰洋而在苏联闻名，他受摩尔曼斯克的苏联当局派遣，向那些挣扎着逃到这个荒凉的苏联群岛的船员运送药品和物资，并将伤员空运回医院。7 月 13 日，他降落在马托奇金海峡，与另一群在“艾尔郡号”（HMS Ayrshire）武装拖船护送下刚刚抵达的船只取得联系，利奥·格拉德威尔（Leo Gradwell）海军上尉是武装拖船的指挥官。

当格拉德威尔接到布鲁姆下达的继续前往阿尔汉格尔斯克的命令时，他查阅了他的航海图，断定服从就是自杀。他设想德国人必然研究了相同的航海图，开始切断这条撤退路线，于是决定不理会上司的命令，朝着相反的方向前进。当一艘护卫舰艇发信号询问“你要去哪里？”时，格拉德威尔回复说：“去地狱。并且第一个回来，我们希望。”[75]他再次嘲笑布鲁姆的命令，并且只靠一架六分仪和一本《泰晤士世界地图集》驶向北冰洋浮冰带，途中还“捡”到 3 艘商船。随着周围的浮冰开始变厚，他做出了极其大胆的决定，向浮冰的更深处行进，断定这是避免被任何德国侦察机发现的最可靠方法。“艾尔郡号”在整整一天时间内将这支小船队带到冰层更厚的海域，直到它们距离开阔水面达到 25 英里，再继续前行就要撞到此时隐约出现的冰山为止。

格拉德威尔命令这 3 艘货轮关掉锅炉，以防止烟囱里的黑烟排到苍白的空中。他还命令装载在这些船只甲板上的坦克做好战斗准备，炮管指向天空。“行吟诗人号”船长约翰·萨尔维森（John Salveson）极具魄力，他想起自己的船上装有大量的白色油漆，格拉德威尔指示应该用这些油漆给 3 艘货轮涂上伪装。这项工作没有花费多长时间。“不到 4 个小时，‘行吟诗人号’从船头到船艉、从吃水线到前桅楼都刷好了，”他的一名手下官员回忆说，“甲板上的货物、甲板设备、舱口盖、上层建筑全都被涂上了白色油漆。”[76] 其他船只甚至做得更多。“银剑号”的二副约翰·贝肯（John Behnken）描述了他们除了给船刷上白漆，还有“船员们在我们的所有货舱和舱口盖上铺了白色床单”。[77] 这个计谋发挥了效果：一架低空飞行的敌机从仅仅 20 英里之外飞过，却未能发现这些隐藏在浮冰中的船只。

两天后，格拉德威尔决定沿着浮冰边缘，护送这支小小的运输队继续慢慢向南航行，直到 7 月 9 日，他们在新地岛初次见到陆地，从那里沿着海岸向南驶到马托奇金海峡，没有遇到任何敌军。“艾尔郡号”的船长从苏联飞行员马祖鲁克那里了解到，第一海务大臣下令“化整为零”之后，英国皇家海军与德国舰队没有打过一场严密部署的战斗。他还得知，有两支小型运输队在此期间从马托奇金海峡驶到阿尔汉格尔斯克。格拉德威尔现在必须决定是否效仿他们，但他知道那 3 艘商船船员的士气正在崩溃，其船长感到压力沉重。虽然他还不知道，但实际上其他船只的船员几乎都不再服从命令，因为害怕一边倒的战斗而准备提前放弃船只，并可能在此过程中将其宝贵的货物送给敌人。无论如何，格拉德威尔还是采取了预防措施，匆匆写了一封信，让马祖鲁克带给摩尔曼斯克的海军当局，警告说如果得不到援助，船长很可能会拒绝离开“恐怖湾”这个充满危险的避风港：“如果白海的护航力量得不到显著增强，并且没有战斗机保护，我很怀疑能不能说服他们尽快驶向阿尔汉格尔斯克。”在提出建议后，他又补充说：“已经有人谈论过凿船……而非在现有护航条件下走向必定被击沉的命运。”[78]他解释说，出于这个原因，他决定留在马托奇金海峡，直到那些把生命交给他的人得到足够的保护。

如格拉德威尔所愿，当局严肃对待这一最后通牒。几天后，“波扎里卡号”在另外3艘英国战舰和2艘苏联驱逐舰的陪同下，驶入马托奇金海峡，将这3艘货轮护送至阿尔汉格尔斯克。7月24日，它们抵达目的地，途中没有再遇到什么波澜，此时距离从冰岛出发已经有4个星期了。他们完成任务后并没有受到欢迎，但格拉德威尔的努力和创举得到了苏联人和英国人的认可：他没有遵守命令，单枪匹马护送那些商船，一路从冰岛来到阿尔汉格尔斯克；这位原本是律师的皇家海军志愿后备队成员凭借此项成就，被授予杰出服务十字勋章。

格拉德威尔凭借出色的领导才能获得了勋章。这是一个来之不易的荣誉，历尽艰辛的PQ17运输队幸存者并不嫉妒他。然而顺便说一句，对于很多商船海员而言，这种奖励似乎突显出当局未能同等地认可那些牺牲的同志的价值，他们在这次可怕的航行中为了伟大的事业而献出了生命。那些商船船员长期以来一直对为他们护航的皇家海军心怀怨恨，一位研究第二次世界大战中商船角色的历史学家明智地表示，这种潜在的敌意“源于社会分裂、真实或想象的不公正、不信任和相互缺乏了解导致的痛苦”。[79]PQ17的悲剧加深了这种偏见。幸存者们很快注意到，与他们在这次悲惨行动中遭受的痛苦相比，那些在最危险的时刻抛弃他们的官兵毫发无损。这样的看法显然忽略了一个事实，即海军上将下达的“化整为零”的命令也让负责护送他们前往阿尔汉格尔斯克的海军军官感到沮丧。他们还不愿意回想成千上万英国皇家海军成员为了保卫国家免受共同敌人的伤害,已经在大海中丧生或受伤。以这种方式考虑“死亡人数”是残酷的，尽管如此，这仍然是“英国商船海员士气受到重创”的一个衡量标准，那些参加这次北冰洋运输队航行的人所经历的恐怖遭遇已经将其表现了出来。[80]

很多幸存者的生理和心理都处在崩溃边缘，他们陷入半疯狂状态，士气全无，有些人伤势严重。“卡塔利娜”式飞机的飞行员马祖鲁克救出很多幸存者，直到所有的海员都获救，他才结束新地岛的救援任务。海员们普遍存在冻伤。另一艘 PQ17 运输队的救援船“藏红花号”（HMS Zaafaran）于 7 月 5 日沉没，外科医生麦克贝恩（McBain）经历了这次海难，他以职业性的精确描述了自己的经历:“我在水中待了 15 分钟……登上救生筏时，皮肤麻痹已经发展到颈部。我感觉关节受损，有明显的局部贫血（手指和脚趾等内部和外部器官缺乏血液供应）……8 个星期过后，仍然有明显的症状。”[81] 麦克贝恩很幸运。其他人需要截掉脚趾或脚，这些人不可避免地会在苏联留下生理和心理创伤，并在余生中一直无法摆脱。

共有 153 名不同国籍的商船海员付出了生命的代价，但与那些一路承受磨难最终生还的 PQ17 运输队成员相比，这个数字非常低，这也要归功于部分英国皇家海军救援船只的决心，它们本身也和运输队中的其他所有船舶一样频繁遭到攻击。物资方面的损失高得多：总共有14.2万吨运往苏联前线的军用物资沉入北冰洋的海底腐烂生锈，其中包括210架轰炸机、430辆坦克、3350辆其他车辆和近10万吨弹药。在前往阿尔汉格尔斯克的35艘商船中，只有11艘抵达目的地，超过2/3的运输队船只被摧毁。丘吉尔所谓的“海军最悲哀的一曲”不仅是一次军事失败，也造成了严重的外交和政治影响，这个伤口将在很长一段时间里继续溃烂恶化。

15

驱 熊

英国政府的直接反应是秘密掩盖这场灾难。工党议员伊曼纽尔·欣韦尔（Emanuel Shinwell）显然听到有关事情的风声，7 月 29 日，他出来质问海军部财政司司长乔治·霍尔（George Hall）：“我尊贵的朋友是否知道，最近一支前往极重要方向的运输队几乎在最后一刻被剥夺了保护，损失了大批船只？”[1] 霍尔待在座位上不动，拒绝说一句话。当一群议员高喊“回答”时，霍尔仍然坐着一动不动，默默地盯着手中的报纸。这种迟钝表现出对议会的傲慢，只会引发更多的猜疑和揣测。然而，直到这场战争结束，议会里仅有这一次提到过该事件。

两个月后，第一批 PQ17 运输队幸存者乘坐美国的“塔斯卡卢萨号”（USS Tuscaloosa）巡洋舰返回格拉斯哥，一名倒霉的副部长无意中透露了这次事件的一些线索。这些人被领进圣安德鲁大厅，听取战争运输部的副部长菲利普·诺埃尔－贝克（Philip Noel-Baker）讲话。他对聚集在他面前的 1500 名疲惫的海员说：“我们知道这支运输队使我们付出了何种代价，但我想告诉你们，不管付出什么代价，都是非常值得的。”[2] 这种情绪并没有感染到听众，不管诺埃尔－贝克怎么说，得到的都是嘲笑。

美国当局与英国看法一致，即英国海军部下达的“化整为零”的命令所带来的结果过于敏感，因此不能披露。华盛顿和伦敦的官员们更担心的是外交方面的后果，而非人员方面付出的代价。7 月 11 日，事实情况还没有完全弄清楚，一名美国高级官员就给霍普金斯的白宫办公室发来电报，预言大多数下落尚不明确的船只将很快抵达阿尔汉格尔斯克，不知道他说这话有什么依据。此人断言，在这种情况下，运输队只会损失 1/3，“考虑到支援苏联的必要性，这一比例是可以接受的”。[3] 埃夫里尔·哈里曼（他协助了《租借法案》谈判，并在此过程中与莫斯科建立了密切关系）认同这种评估，但有一个条件，即未来的运输队应优先供应坦克和飞机，而非其他各种物资。

到这个时候，丘吉尔虽然受到罗斯福和斯大林的压力，却更加乐观，声称运输队中“只要有一半船只抵达目的地”，就没有问题。[4] 然而，一旦事实水落石出，PQ17 运输队中被击沉的船只不是 1/3，也不是一半，而是多达 2/3，他受到了彻底的震动。运输队的损失本来就很严重，而英国的声誉所受的损害更令人不安。他的第一反应是要求解释为什么命令布鲁姆的驱逐舰“撤出”运输队。“当时你对这个决定是怎么想的？你现在怎么看？”[5] 他向第一海务大臣提出这样的问题，当然，对于这场惨败，后者是第一责任人。庞德遵循高级官员的悠久传统，其反应是开启一场内部调查。这一程序持续了几个月，最后英国海军部得出的结论毫无意外，即没有人应直接负责，所以不应该怪罪任何人——丘吉尔看到这样的结论，忍不住讽刺说：“看到第一海务大臣的命令传递出的信号，还能怎么做呢？”[6]

无论是否出面担责，庞德显然都因其决定所导致的后果而受到了伤害。他进行最后一搏，反对通过北冰洋向苏联运送物资，抓住这个时机坚持认为，在 11 月之前不应再向苏联派遣其他运输队。他争辩说，11 月过后，夜晚将不再会有太阳；如果在冬季来临前派遣下一支运输队 PQ18 穿越敌人出没的北冰洋地区，会使商船及其护航船只面临风险，不管能取得什么益处都难以弥补。

起初丘吉尔很怀疑。考虑到长期拖延会影响到英国在华盛顿和莫斯科之间的地位，尤其是此时红军受到德军日益增强的压力，于是敦促英国海军部重新考虑。他无法克制住对职权范围以外的行动细节指手画脚的冲动，建议应该派出 2 艘战列舰、5 艘航空母舰和至少 25 艘驱逐舰为 PQ18 护航，这些军舰都应该做好“与敌人开战的准备”。他宣称，出动至少 100 架战斗机护航，“我们应该能够杀出一条血路”。[7]英国海军部坚定不移：不能这样做，也不应这样做——或者如首相带着一丝不屑的口气所说的那样，“然而我无法说服我的海军部朋友们采取这种方式”。[8]到目前为止，PQ17 的遭遇不经意间正中庞德的下怀。

第一海务大臣顽固反对，迫使丘吉尔面对着令人不快的任务，即通知斯大林下一支北冰洋运输队将推迟启程。然而，他采取了预防措施：在做出这一重要决定之前，先获得罗斯福的支持。他们两人都明白，这样拖延即使不违反他们与苏联领导人达成的《租借法案》的条款，也是不符合其内在精神的。丘吉尔给美国总统写了一封措辞谨慎的信，解释说英国海军部坚决反对再向苏联派遣新的运输船队，因为它可能会遭受比之前的运输队更为糟糕的命运。他指出，如果再遇到 PQ17 这种规模的损失，"除了使敌人受益，没有任何好处"。他要求罗斯福同意"不应该派遣运输队"。[9]

他随信附上打算发给苏联领导人的电报草稿。第二天，美国总统回复说："与金（海军上将）商量后，虽然我还是不情愿，但必须赞同英国海军部所持的有关北方的苏联运输队的立场，而且我认为你给斯大林写的信很好。我想你会立刻寄出去。"[10] 庞德之前与美国海军领导人的通信显然没有白费。

做好这些准备之后，丘吉尔于 7 月 17 日正式向斯大林发送了一则长长的电报。他告诉这位苏联领导人，其"海军顾问"认为在德国战舰、潜艇和轰炸机的联合打击之下，"一切驶向苏联北方的运输队肯定都将遭到彻底毁灭"，然后直截了当地表示："因此，我们怀着最大的遗憾得出结论，试图派遣下一支运输队 PQ18 不会给你们带来任何好处，只会让我们的共同事业遭受致命损失。"[11]

斯大林几乎无法抑制心中的愤怒。在被丘吉尔描述为"粗鲁乖戾"的回复中，他嘲笑英国海军部提出的理由"完全不能令人信服"。[12] 他的"英国海军专家"认为，"如果心存善意，而且愿意履行合约义务"，可以"定期派遣"这些运输队。特别是，他还对庞德大加嘲讽，揶揄"海军部向 PQ17 下达命令，让护航舰艇返回，留下货船分散行动，在没有任何保护的情况下自行想办法驶往苏联港口”——他的遣词造句不经意间显示出对于先前困扰第一海务大臣的“化整为零”和“分散行动”存在相似的混淆。他得知，这个命令“难以理解，难以解释”。[13]

然而，真正激怒这位苏联领导人的是丘吉尔电报中的另一段话。英国首相为了证明推迟派遣 PQ18 的决定是合理的，声称如果有 1 到 2 艘英国战列舰在北冰洋护航苏联运输队时“被击沉或严重受损”，大西洋就将是“提尔皮茨号”的世界。不仅（英国人民）赖以维生的食品供应岌岌可危，“我们的战备工作也将陷入瘫痪”。在一段进一步激怒苏联领导人的内容里，丘吉尔过分夸大自己的困难，警告说：“目前通过大规模舰队横渡大西洋的美军每个月增加 8 万人，（继续派遣北冰洋运输队）会阻碍美军的这项工作，1943 年开辟真正强大的第二战场将成为泡影。”[14] 他所提到的 1943 年，对斯大林宛如晴天霹雳一般。

到此时为止，华盛顿和伦敦小心翼翼地含糊其词，给斯大林留下的印象是他的西方盟友打算在 1942 年结束之前发动一次跨海峡登陆。苏联外交部部长维亚切斯拉夫·莫洛托夫（Vyacheslav Molotov）5 月访问华盛顿，行程结束时罗斯福实际上也说了同样的话，因此向新闻界发布的一份公报里明确表示：“关于 1942 年在欧洲开辟第二战场的紧迫任务，已经达成了全面共识。”[15] 在伦敦，丘吉尔在 6 月 11 日发表的《英苏公报》中逐字逐句地重申了这一承诺。尽管他也谨慎地警告莫洛托夫，登陆艇短缺，意味着他无法“承诺”在 8 月或 9 月开辟第二战场，但这件事似乎已经铁板钉钉了。由于大西洋两岸没有一个政治或军事领导人——罗斯福可能除外——认为最早可以在 1943

年到来之前开辟欧洲第二战场，因此这两位西方领导人所做的承诺即使不是虚情假意，也可以说是判断不足。这一次斯大林发现这个书面“承诺”竟然一文不值，他已经无法掩饰自己的愤怒。他在回复中直言不讳地强调：“深入考虑到目前苏德战场上的局势，我必须以最强烈的方式指出，苏联政府不能默许将开辟第二战场推迟到 1943 年。”[16] 然而他很快就会发现，尽管自己怒不可遏，但只能面对既成的事实：罗斯福和丘吉尔刚刚就一项行动方针达成一致，排除了最早在 1943 年之前开辟欧洲第二战场的可能性。

一个月前，在图卜鲁格陷落（见第 13 章）的阴影的笼罩下，英国首相在白宫会谈时未能让美国人相信，不管如何尝试在法国开辟第二战场，都应该首先联合进军北非。罗斯福对于这个僵局感到不耐烦，于 7 月 17 日派马歇尔、金和霍普金斯去伦敦，密令他们就“明确计划”“立即达成协议”，坚持“美国地面部队在 1942 年参加对敌作战是重中之重”。[17]

事实证明，说起来容易做起来难。美国和英国谈判代表观点迥异，他们努力维持文明和理性的对话，却因相互猜疑和缺乏幽默将问题复杂化了。在某些情况下，这种对话因一定程度的私人敌意而更为恶化——金海军上将尤其如此，其同事、尴尬的马歇尔形容他“总是怒气冲冲”，“一直不好相处”。[18] 英国外交部常务副部长亚历山大·卡多根以其杰出外交官的语言天赋，在自己的日记中精确概括了他们的困境：

我们已经下定决心，反对在今年开辟第二战场。我恐怕这是正确的——尽管可能令人悲伤。我们希望美国人实施“体育家行动”（盟军登陆北非），美国总统可能会愿意，但马歇尔反对。我担心，他的想法是如果取消“大锤行动”（在法国建立桥头堡，为全面登陆做准备），美国就必须将其注意力转向太平洋。这一切都令人相当不安。[19]

这段话并没有反映出真实情况。经过两天的激烈争论，双方陷入另一个僵局：美国人仍然决心得到实施“大锤行动”的明确承诺，英国人则坚决反对。时间一天一天过去，到了7月22日，马歇尔和金决定与美国总统协商。总统草草地写了一个回复，坚称如果英国人仍然不让步，“美国地面部队会在1942年发动其他一些攻势”。他又在附言中写道：“告诉我们的朋友，我们必须加快速度做出决定。”[20] 这封信解决了这个问题。当英国方面以将导致灾难性失败为由拒绝参加1942年的跨海峡登陆时，罗斯福要想实现让美国的靴子在反纳粹战争中落地的目标，进军北非就成了摆在桌面上的唯一的现实选择。因此，美国总统不顾其军事顾问们的反对，支持了丘吉尔的提议。无论是对西方盟国之间的关系，还是对第二次世界大战的方向来说，这都是一个震撼时刻。

除了金以外——他希望将美国战争的焦点从大西洋转移到太平洋，结果落了空——美国谈判代表接受了这一结果，表现出了明显的善意。丘吉尔欢欣鼓舞，因此给罗斯福发了电报。罗斯福回复说：“我不禁感到，过去几天象征着整个战争的转折点，我们现在肩并肩前进。”[21]“火炬”（“体育家”的新代号）已经被点燃。

为了商定北非登陆的详细计划，大西洋两岸还要争吵数个星期。这将是一次规模庞大的后勤行动，需要动用500多艘各种船只，将10万多名军人运送到大西洋对岸，并且为他们配备武器、车辆、燃料和其他一切类型的物资，以便发动大型攻势。由于盟国没有足够的船只，无法同时向北非和苏联派遣运输队，这对克里姆林宫产生了直接影响。因此，PQ17的灾难命运成为一个方便且有误导性的借口，实际上，这一决定是以西方盟国的战略目标为基础的，盛夏穿越北冰洋的行动所存在的挑战不是真正的原因。

罗斯福和丘吉尔现在面临的问题是，要不要向脾气暴躁的苏联盟友吐露真情，以及如果实话实说，要说到什么程度。到此时为止，斯大林了解到的只是丘吉尔推迟派遣PQ18，理由是为了避免英国皇家海军遭遇毁灭，以防破坏在1943年开辟第二战场的希望。如果表明这一决定的真正原因是为了发动“火炬行动”，肯定会给斯大林的怀疑火上浇油，使其相信口是心非的盟友再一次准备拒绝兑现开给他的期票。丘吉尔以其特有的政治勇气和自信，断定自己应该亲自与苏联领导人面谈实情，至少是模糊的实情。得到罗斯福的赞成后，他主动提出访问莫斯科，举行这场显然充满挑战的会面。

斯大林对英国首相的目的一无所知，在回复中欣然表示，这是一个“共同考虑反希特勒战争的紧迫问题”的机会。[22]丘吉尔途经开罗时停留了一下，解除了奥金莱克的中东地区总司令职务，任命伯纳德·蒙哥马利将军接掌第8集团军，然后飞到了“这个阴郁、邪恶的布尔什维克国家”，与苏联领导人举行闻名后世的密谈。[23] 他于8月12日晚抵达苏联首都。

虽然克里姆林宫用“极权主义的奢华”欢迎丘吉尔到访，不过让他感到安慰的是，会谈是在他所说的“凄凉和阴郁”的气氛中开幕的。[24] 外交上的细节问题解决之后，英国首相选择了开门见山，直言不讳地通知主人，他和罗斯福决定把开辟欧洲第二战场的行动推迟到1943年。会谈中断了。丘吉尔写道，“出现了一种压抑的沉默”，直到他像一个动作夸张的杂耍艺人一般，摊开一张地中海地图，力图使斯大林相信，“火炬行动”的登陆将开辟另一个第二战场，把北非转化为进攻西西里岛的跳板，目的是从南方攻击轴心国。丘吉尔巧妙地提出了自己的主张，斯大林显然被迷惑住了，他打破两人之间的僵局，大声说：“愿上帝帮助这个行动取得成功！”[25]

然而在第二天的会谈中，气氛再次变得压抑。斯大林拿出一份备忘录，交给丘吉尔和罗斯福的特使哈里曼（他应丘吉尔的要求加入这个英国代表团），对西方盟国不遵守在1942年开辟欧洲第二战场的承诺表示鄙夷；他严厉斥责道，如此违反诺言，“全苏联的民意都将受到沉重打击”。[26] 此后，会谈变得越来越糟，来访的客人们发现，在这个哈里曼所说的“非常艰难的工作”中，他们成为炮轰的对象。[27] 苏联领导人愤愤不平，对于丘吉尔提出的北非行动计划一夜之间态度骤变，断定“火炬行动”充其量只能起到次要作用，说不定根本不会起什么作用；他愤怒地表示，不应为了这个边缘地区的行动推迟开辟第二战场。丘吉尔设法改变方针，解释了提早发动跨海峡登陆法国的行动会遇到的多种风险。在这个问题上，苏联领导人咄咄逼人，暗示英国军人缺乏红军所表现出的那种决心，不敢抗击德国人。丘吉尔保持着冷静态度，反驳说："只是考虑到苏联军队表现出的勇气，我才原谅你这样说。"[28]

尽管进行了这些激烈的交锋，英国和苏联在第二天的晚宴后还是恢复了一定程度的谅解，丘吉尔毫不犹豫，充分享用了丰盛的食物和美酒。第二天快过去的时候，两位领袖在斯大林的私人寓所再次举行会议，又用马拉松式的饮酒和宴会缓解气氛，直到次日即 16 日凌晨才结束——不了解情况的观察者可能会得出结论，这两个不太可能和谐相处的人已成为知心朋友。性格反复无常的苏联领导人在数小时之前还对"火炬行动"大加贬斥，此时又向这场北非行动表达祝福。丘吉尔如释重负，给罗斯福发电报说一切都很顺利，并补充说："现在我们的一切事务都已转向'火炬行动'，击败隆美尔。"哈里曼用类似的语句告诉总统："在最后一次会议中，斯大林和首相单独谈话，给首相留下了深刻而良好的印象。"[29]

丘吉尔心情激动地回到伦敦，因为斯大林对其西方盟友的诚意可能仍有疑虑，他需要给这位苏联领导吃一颗定心丸。他认为，最有效的办法是改变自己做出的推迟派遣 PQ18 的决定。随着被派往地中海参加"支柱行动"的一组巡洋舰和驱逐舰返回斯卡帕湾，本土舰队恢复了实力，英国海军部不情愿地同意了首相的大转弯：庞德选择退让，PQ18 终于可以出发了。9 月 2 日，丘吉尔正式向苏联领导人发电报，告知他运输队已经前往阿尔汉格尔斯克。这是一次规模庞大的海军行动。为了确保“能够杀出一条血路”，托维海军上将着手组建一支由60多艘战舰组成的特遣舰队，保护39艘美国、英国和苏联货轮，以防它们再次受到德军发动的猛烈袭击，因为他预计会遇到这种情况。[30]

希特勒并没有让他们失望。他和雷德尔意见一致，认为盟军持续向苏联供应的物资，将“对整个战争起到决定性作用”；他认为必须像打击之前的运输队那样，将PQ18置于死地。[31] 9月10日，轰炸机和潜艇部队双管齐下，正式发动新的攻势。然而，这次北冰洋战斗并未成为2个月前发生在同一水域中的冲突的重演。虽然占运输队1/3的13艘货船遭遇了与PQ17相同的可怕命运，沉入北冰洋海底，但是另外26艘货船基本毫发无损地抵达目的地。没有任何证据证明“提尔皮茨号”会出海作战，盟军相应地就没有考虑让运输队化整为零，护航舰艇在整个航行期间一直坚守岗位。此外，它们猛烈反击来犯之敌，击落了10架德国飞机，击沉了3艘潜艇。从这些成果来看，这项行动是成功的；更重要的是，它似乎已经实现其外交目的了。然而事实证明，斯大林和丘吉尔之间的亲密关系是短暂的。“火炬行动”又一次成为问题。

英国首相到克里姆林宫进行会谈时，回避了“火炬行动”登陆对北冰洋运输队会产生多少影响，盟军对航运的需求相互冲突，他都笼而统之。他的说辞并没有隐瞒事实，但是粉饰了事实。然而，当时他肯定知道，必须拿出某些东西。丘吉尔从莫斯科返回数天后，霍普金斯的白宫办公室收文篮里出现一份正式文件——英国首相应该已经知情。这份文件由英国海军部从伦敦发来，其中明确宣称："'火炬行动'的护航责任极其重大，不管大西洋各水域风险如何，一边发动（'火炬'）行动一边派遣PQ运输队都是不可能的。"为了把这个问题说清楚，该文件继续强调："'火炬行动'开始后，不管派遣什么样的PQ运输队，都没有办法预测日期。"[32]

丘吉尔厌恶面对所有威胁到其战略目标的后勤挑战。艾伦·布鲁克将军作为其最资深的军事顾问，当年早些时候曾指出："航运方面的情况最令人不安，而且首相不愿意面对这个问题。"[33]他也永远不想处理这个问题。不过，在这种情况下，英国海军部的评估是如此明确，即使是首相也不能忽视它。然而，鉴于这种消息可能引发莫斯科的怒火，直到PQ18抵达阿尔汉格尔斯克数天后，丘吉尔才与斯大林讨论这个问题。他在这样做之前，再次与美国总统进行商讨。由于此时把"火炬行动"的登陆日期定在11月初，他告诉罗斯福说，打算通知苏联领导人，年底之前不可能再派遣任何与PQ18规模相当的运输队。[34]

罗斯福很沮丧。就在1个月前PQ17遭遇惨败后，他曾给苏联领导人写了一封热情洋溢的信，承诺利用铁路（通过伊朗）和海运向苏联运送1000多辆坦克和飞机。对于英国海军部的建议，他几乎无法拒绝，但也不愿意突然大转弯，违背不久前才做出的承诺。为了解决这种困境，他想要一个诡计，给丘吉尔发电报说，他"非常强烈地"感到，应该把这个"对苏联人的严重打击"隐瞒到最后一刻，不要让苏联领袖知道。"如果提早通知斯大林，我看不出能获得什么好处，反而会损失更大。”[35] 8 天后，即 1942 年 10 月 5 日，他重申：“我极其强烈地感到，我们不应该把运输队暂停出发的事情告诉斯大林。”他还含糊地补充道：“我们必须找到一种方法，直接帮助他们。”[36]

美国总统所说的帮助并非只是玩阴谋诡计，也反映了对苏联的真正承诺。尽管他厌恶布尔什维克主义，但他认为对于美国的战略利益而言，这个共产主义国家比大西洋对岸的盎格鲁盟友更为关键。他担心德军可能战胜红军，或者斯大林可能与第三帝国媾和，所以避免出现这种结果，仍然是一个非常现实的问题。斯大林刚刚给两位西方领袖发电报，警告他们德国人正在加紧进攻斯大林格勒，这让罗斯福感到事情更加棘手。斯大林说，德国空军已经掌握了这座城市的制空权，他不寻常的暗示表达了真正的绝望：“如果缺乏空中保护，即使是最勇敢的部队也无能为力。”[37] 10 月 6 日，他利用共产党的喉舌报纸《真理报》公开发动外交攻势，发泄日益增长的愤慨。“苏联吸引住了德国法西斯军队的主力，为盟军提供了有力支援，与之相比，盟军对苏联的援助至今没有什么效果。”他在一封发表在该报头版的公开信中这样抱怨道。斯大林不仅这样侧面表达态度，还公开斥责盟友推迟开辟第二战场，要求他们“按时全面履行义务”。[38]

没有人怀疑苏联遇到的严重困境。就在《真理报》文章发表的同一天，斯大林再次写信给罗斯福，承认正在阿尔汉格尔斯克卸货的 PQ18 运输队幸存货船带来了“很大的帮助”；但他明确表示，要想守住斯大林格勒战线，他需要更多援助，更不用说反击德国的进攻了。具体而言，他要求每月交付“500

架战斗机、8000 至 1 万辆卡车、5000 吨铝，以及 4000 至 5000 吨炸药”；此外，他还要求在接下来的 12 个月时间内，获得“200 万吨粮食（小麦），尽可能多的食用油、压缩食品和罐头肉类”。[39] 有些补给可以利用火车或卡车，沿着从波斯湾经德黑兰到苏联城市巴库和别斯兰的“走廊”运送，有些可以装载到苏联的船上，经过太平洋运送到符拉迪沃斯托克（苏联与日本签订了中立条约，不会受到攻击）*；不过在 1942 年秋天，北冰洋航线仍然是迄今为止运送重型货物和武器的最主要途径。

由于这个原因，罗斯福决定在批准取消 PQ19 之前先征求美国海军负责人的意见。在金海军上将的帮助下，他拼凑了一个替代方案，将其描述为一种“不同的策略，指导原则是分散行动和躲避”。他向丘吉尔概述了这个计划，其内容是运输队仍然会出发，但要分成小组，每次只有两三艘船，每隔 24 小时到 48 小时出发一组。他写道：“我相信，通过这种方式，我们很有可能让很多船只突破封锁，堪比 PQ18。”[40] 丘吉尔不为所动，两天后他怀着不寻常的激动情绪答复说：“按你所说的那样让 PQ19 以小组方式连续出发，减少护航力量是不可能的。停止派遣运输队这个事实也无法再向苏联人隐瞒了。”[41] 虽然他承认，直到目前为止，延缓告知苏联领导人停止派遣 PQ19 有“好处”——尽管他和罗斯福从来都没有说过为什么或以什么方式——但他现在坚持认为：“对斯大林来说，直接告诉他真实情况是最好的……我强烈感觉到现在就应该告诉他。”[42]

---

* 苏联直到 1945 年才废除 1941 年的《苏日中立条约》，日本投降前夕，该国于 1945 年 8 月参加太平洋战争。

罗斯福让步了。两天后，丘吉尔向斯大林发了一封长电报。他想给一点甜头安慰苏联领袖，提醒其注意“火炬行动”的时间表：他宣称盟军登陆北非后，希特勒为了支持利比亚的轴心国军队或者保护意大利本土和西西里岛，防止英美联军在北非获胜后越过地中海登陆，将不得不把飞机和军队从苏联战线调走。不管出现什么情况，“火炬行动”都将有助于缓解苏联的压力。斯大林没有被他的话打动。与此同时，当他得知“火炬行动”中的登陆需要太多战舰，“（任何北冰洋运输队）都不可能获得海军保护”，对这个行动就更加不以为然了。当10月底他接到通知说，10艘英国商船将单独从冰岛出发为苏联运送补给物资，* 也没有感到安慰。他认为这不过是两个盟友做的政治“姿态”，他是正确的，盟友的诚意让他再也无法信任了。4天后，他轻蔑地回复说：“我已收到你们在10月9日发来的消息。谢谢。”[43]

这时候，德军和苏军正在斯大林格勒逐街逐巷地展开争夺战，而德国空军一座建筑接一座建筑地进行系统性猛烈空袭，直到几乎整个城市都被夷为平地；苏联领袖不喜欢西方如此应付其陷入困境的国家，是不足为奇的。处于危急关头的不仅是斯大林格勒。红军在上千英里长的东部战线上承受着强大的压力，华盛顿、伦敦和莫斯科的一些高级顾问担心莫斯科在德国进攻的逼迫下，很可能会和柏林坐到谈判桌前，以图恢复他们不光彩的条约，就连英国驻苏联大使阿奇博尔德·克拉克·克尔（Archibald Clark Kerr）爵士也有这种疑虑。然而，他们的

---

* 实际有13艘船从冰岛出发前往阿尔汉格尔斯克，但只有5艘抵达目的地。

领袖更为乐观，用罗斯福的话说，他们都相信北冰洋运输队虽然暂停了，但是苏联人将“在这个冬天坚持下来”。[44]

尽管如此，美国总统试图再次安抚他们那位坐立不安的盟友。10 月 15 日，他给斯大林发了一封电报，许诺会在适当的时候给苏联领袖提供全部补给物资清单：“我已下令全力以赴确保我们的航线完全按照您的要求输送船舶和货物，完成对您做出的承诺是我们的当务之急。”[45]这种保证说起来轻松，内容却很模糊，无法缓解斯大林的被抛弃感；对于这种提议，他的反应只是要求“你们按期”把承诺援助的货物“送到苏联”。[46]斯大林暴躁的反应让丘吉尔感到厌烦，他评论说：“从苏联人现在的语气来看，太关心他们将是一个很大的错误……布尔什维克通过谎言和机械的宣传暗中破坏了许多强大的政府，他们可能认为用这些方法给我们留下了一些印象。”[47]然而，当两位西方领袖交换其对苏联盟友乖戾反应的看法时，罗斯福却显得漠不关心：“我们两国对莫斯科做不做回应，我都没有特别感觉不安。我已经断定，即使他们和我们目的相同，也不会像我们那样说话。”[48]他简明而自负地评论，这也是他的外交特征。

勉强承认应该推迟派遣北冰洋运输队，对于美国总统来说是一个痛苦的决定，他本能地感到畏缩。但他一心专注于更大的战略计划，这使他别无选择。他同意优先考虑太平洋地区的西方战线；他知道击败德国的先决条件是获取大西洋海战的胜利；他被说服先支持“火炬行动”，而非提前开辟第二战场。尽管如此，他敏锐地意识到，只有红军可以给予希特勒致命打击，从而确保欧洲的最终胜利，做出让斯大林感到失望的决策，令他备感焦虑。而对于丘吉尔来说，选择是简单明了的。虽然他承认苏联对于击败纳粹主义至关重要，但其战略目标的优先顺序却受到大英帝国的迫切需要影响：坚定不移地控制中东，掌握地中海，保住马耳他及由此带来的战略结果，击败北非的轴心国军队。所有这一切，都维系于大西洋海战，这场战争不可失败，这既是在所有战线上获得最终胜利的必要条件，从英国的角度来看也关系到国家的生死存亡。罗斯福和丘吉尔迁延多时，不得不承认，如果不放弃他们达成共识的那些承诺，就必须放弃其他东西：就目前的情况而言，必须放弃的是北冰洋运输队。

美国总统急于安抚他们那位怒气冲天的盟友，但他不接受苏联领导人指责他和丘吉尔违反了对其做出的明确承诺："我希望我们能够告诉斯大林先生，我们百分之百履行了我们的义务。"他在10月底这样告诉丘吉尔。[49]但是，罗斯福根本没有提及他对这个不可能的任务是怎么想的。如果英国首相使用这种模棱两可的语言，他会得到这样的回答："花言巧语无济于事。"斯大林肯定会这样说。

16

邓尼茨抓住机会

此时，海战可能是——或者应该是——第二次世界大战中最受关注的战略重点，它将对战争的结局产生至关重要的影响。各条战线对于各种船只的需求都在飞速增加，盟军显然不可能同时满足：没有足够的船只同时支援地中海和北非的军事行动，维持英国的全球补给线，在太平洋地区击败日本人和巩固大西洋生命线，最后一点是最重要的。英美联盟可用的海上资源已经紧绷到快要断裂的程度。每一条海上战线都在听天由命。

在大西洋海域，由于资源紧缺，战争已经进行到极为艰苦的阶段。战争初期，冲突双方都曾表现出仁慈，如今已经倾向于更严厉的战争规则，海上骑士精神被毫不怜惜人类生命的铁石心肠所取代。1942 年 9 月 17 日，海军上将邓尼茨向其麾下全体军官发出命令：

立即停止一切拯救沉船船员的活动。同样，禁止将人从水中救出并将其安置在救生艇上、扶正倾覆的救生艇以及供应食物和饮水。这些活动与战争的主要目标——打击敌舰及其船员——不相容。[1]

这就是著名的“拉科尼亚命令”（Laconia Order），它并非源于突然涌现的复仇欲望，而是与1942年9月发生在南大西洋的一起事件有关，当时有5艘远程潜艇（IXC型）从比斯开湾出发，前往开普敦附近执行任务，行经弗里敦以南约900英里处。12日那天是星期六，当天黄昏时，其中一艘潜艇——维尔纳·哈滕施泰因（Werner Hartenstein）指挥的U-156——看到一艘大型邮轮向北驶去。它就是“拉科尼亚号”，目的地是英国，船上载有2730多人，其中包括在西部沙漠被俘的1800名意大利士兵、约290名休假回家的盟军军人、80名平民和463名船员。

这艘走过21个年头的豪华邮轮在战争爆发时被英国海军部征用，并被改造成一艘运兵船，军人可以把吊床安放在混乱的大厅里。这艘船的船长鲁道夫·夏普（Rudolph Sharp）接到该地区有潜艇活动的警告，上级命令他远离非洲海岸，他也这样做了；他知道在如此广阔的海洋中，他的船不太可能被发现。尽管如此，他还是采取了一切必要的预防措施。由于“拉科尼亚号”是一艘运兵船，而且装备了8门火炮，根据海上交战规则，它是合法的目标，因此当夜幕降临后，船上每一盏可被外界发现的灯光都熄灭了，通往上层甲板的升降扶梯被关闭。那是一个温暖的热带夜晚，当它在浅海中平稳航行时，船上并没有一丝焦虑不安的气氛。

晚上8点刚过去没几分钟，这艘船因一次猛烈爆炸而颤抖起来。U-156 连续快速发射鱼雷，这是前两枚中的第一枚。年轻的母亲珍妮特·沃克（Janet Walker）正把小女儿放到床上睡觉，突然听到一声"巨响"。她打开船舱门，发现"水从走廊里倾泻而下，人们四处奔逃，都在歇斯底里地哭喊"。她抱着小女儿，困惑地呆住了。"大家都在推搡，很难站稳脚跟。其中一个船员看见我抱着多琳（Doreen）站在那里——抓住我，叫我跟着他。"[2]

由于周围的人们都在"尖叫"和"被吓得目瞪口呆"，珍妮特走向绳梯时紧紧搂着孩子。有人劝她往下爬到救生艇上，一名船员将多琳抱在怀里，承诺"我会把她交给你"。她爬上救生艇后，立刻抬头往上看，水手和她的孩子都不见了。她想再爬上梯子，但一位英国皇家空军军官表示，愿意替她爬上去看看。过了一会儿，他回来说，小女孩一定是被带到另一艘救生艇上了，他还说："不用担心，早上你就会见到她了。"[3] 传教士护士多丽丝·霍金斯（Doris Hawkins）所在的救生艇人员超载，而且灌了半船海水，几乎一启动就倾覆了，她跌落到海里。14 个月大的婴儿萨莉（Sally）本来由她照管，在随后的混乱中，她丢失了这个孩子。后来她写道："我失去了她，我没有听到她哭……我相信上帝把她带到自己身边了，没有让她受苦。我再也没见过她。"[4]

有一枚鱼雷在关押意大利囚犯的监狱爆炸，瞬间炸死了其中的很多人。弗兰克·霍尔丁两年前参加过命运不佳的 SC7 护航运输队，当时他的船沉没了，不过他本人幸免于难。囚犯们在武装警卫的看守下"待在下面动弹不得"，他听到这些人"惊慌哭泣——这是一件可怕的事情，因为男人们在哭”。[5]霍尔丁努力走到左舷，顺着绳子滑到一艘救生艇上，他看到一些意大利人一边往大海里跳，一边呼喊救命。看到这些人可能想爬上他们的救生艇，挤在霍尔丁旁边的一个人说：“如果他们有人往艇上爬，你就喊我一下，我给你一把斧头，这样你就能把他们的手指砍掉。”[6]

被第一枚鱼雷击中15分钟后，“拉科尼亚号”的船艉从水中翘起，巨大的邮轮沉入水中。当它往下沉时，周围的海水“激荡翻腾，好像一座火山突然从海底爆发……人员、救生筏、木板、成百上千破碎弯曲的残骸在海水中几度沉浮”。[7]“拉科尼亚号”慢慢消失在海浪下面，多丽丝·霍金斯游了100余码，当她在邮轮缓慢下沉时制造出的一个汩汩的旋涡中努力让头露出水面时，邮轮的锅炉发生了猛烈爆炸，以至于她感到“背部有一种令人作呕的疼痛”；她大口喘着气，不经意间吞下了油和海水的混合物。一艘救生筏漂过来，把她拖上筏子，她得救了。深夜，他们在水面遍布残骸的悲惨景象中漫无目的地漂流着。“我们偶尔会遇到其他救生筏，上面有男男女女；我们还经过舱门、橙色箱子、船桨、木头……人们拼命地抱着它们，绝望地呼喊着救命。”[8]

看到海水中有这么多活人和死人，听到意大利囚犯的哭喊声，哈滕施泰因竭尽全力拯救幸存者。午夜过后不久，他充分意识到这场灾难有多么严重，给邓尼茨发报要求得到进一步指示。根据现行的海上交战规则，德国潜艇总司令完全可以命令哈滕施泰因离开现场，继续执行他的开普敦任务。然而邓尼茨没有这样做，显然是因为潜艇袭击的受害者中有大量意大利人，他命令其他 3 艘与哈滕施泰因一起向南航行的潜艇加入 U–156 的救援行动。希特勒有条件地表示同意，“他不希望看到开普敦的行动受到不利影响，而且在救援期间，这些潜艇无论如何不能冒任何风险”。[9] 邓尼茨还命令另外 2 艘潜艇（当时正在弗里敦徘徊的 U–506 和 U–507）前往现场参加救援。

到了 13 日凌晨，不仅哈滕施泰因的艇员从水中捞出 190 多名幸存者，而且 U–156 还拖了 4 艘救生艇，上面有 200 名男女老少。这些数字令他不知所措，他想到很多人肯定还在海里，于是大胆呼唤援助。凌晨 4 点，哈滕施泰因使用与“拉科尼亚号”船长在邮轮开始下沉时发送一系列 SOS 信号相同的波段，发报说：“如果有哪艘船来援助遭遇海难的‘拉科尼亚号’的船员，只要我没有受到船只或者飞机袭击，我将不会攻击它。”[10] 实际上，他提议宣布周围的海域为临时“停火”区，这样其攻击的受害者就可以被任何国籍的船只救出。

这位潜艇指挥官没有征求更高级别部门的同意，就采取了这种激进乃至史无前例的方式。尽管邓尼茨被哈滕施泰因的创举吓了一跳，但他并没有表示反对。相反，他担心其潜艇很快就会遭到敌方攻击，于是命令他们只能“把接到艇上的人数保持在潜艇下潜后仍然能够完全正常行动的水平”。[11] 如哈滕施泰因所希望的一样，弗里敦的英国当局确实接到了他发出的信息，但是起初将其斥为敌人的蹩脚诡计，目的是引诱不知情的船只进入陷阱。于是，本就很少的在南大西洋那片海域巡逻的英国皇家海军舰艇全都没有被派去救援。与此同时，哈滕施泰因的呼吁得到维希政府的响应，后者命令 2 艘法国战舰——“光荣号”（从塞内加尔首府达喀尔出发）和“安南号”（从邻近的几内亚首府科纳克里出发）——与潜艇会合，把乘客全部接走。考虑到这个情况以及在前一天晚上接到的希特勒指示，邓尼茨抓住机会命令 3 艘以开普敦为目的地的潜艇继续向南航行。

在邮轮沉没之后的那个长夜里，拯救了护士霍金斯的救生筏不止一次被大浪打翻。每遇到一次这样的事情，都越来越难积攒起重新爬上救生筏的力量。有些人因为一个小时又一个小时地在海上漂流，体力不支，无声地松开了紧握的双手，沉入大海再也无法被看到。到了黎明时分，霍金斯不仅浑身湿透，而且因为寒风刺骨被冻僵了。然而，当赤道的太阳在天空升起时，她和遭遇海难的同伴感到身体温暖起来，却发现他们的手臂、腿和脸在强烈的阳光照耀下已经开始起水疱。直到 13 日晚，U–156 发现了他们，将他们接到潜艇上，他们的双腿已经因为晒伤而肿胀僵硬，几乎无法站立。哈滕施泰因及其艇员以“极大的善意和尊重”对待他们，260 名或更多幸存者几乎挤满了甲板上下的所有空间，霍金斯作为其中的 4 名女性之一，不仅不断享受到营养食品和提神饮料，而且还得到科隆香水和冷霜，作为止痛膏涂抹起疱的身体。她写道：“哈滕施泰因特别有魅力，乐于助人，他尽力招待我们，即使在和平时期也不可能更好了。我没有听到一次‘希特勒万岁’，也没有看到任何纳粹标志，只在一个小壁龛里看到了一张希特勒的照片。”[12]

当 U–156 接近他们的救生艇时，霍尔丁（他没有发现有必要砍掉哪个意大利囚犯的手指头，以防止他们爬上救生艇）

也受到了哈滕施泰因类似的欢迎。指挥这艘小船的英国军官（身份不明）已经设定了一条驶向非洲海岸的航线，显然他估计这条航线的长度大约是900英里。根据霍尔丁的说法，这位潜艇指挥官“说我们没有机会——距离太远了，我们不应该离开这片海域。我们不相信他——你知道，就是一个德国人在胡说八道”。当这位潜艇指挥官邀请伤员到潜艇上接受治疗时，他们对这个德国人的态度发生了变化。霍尔丁顺着绳子滑进救生艇时擦伤了手，心怀感激地接受了这个提议。当他的伤口被敷上药后，就向哈滕施泰因的一名艇员要一支香烟，却惊讶地发现对方给了他一把香烟，而非一支。“这个德国人说：‘长官，把这些香烟给你的伙伴。’我心里想：‘这个德国人有意思。和我从小接受的有关德国人的教育不一样。’他们很棒。”[13]

15日上午，受到邓尼茨的调遣，U-506和U-507从弗里敦行动转移到这场灾难的中心，与哈滕施泰因的U-156一起参加救援行动。哈罗·沙赫特指挥的U-507，把此时因为担心女儿而急疯了的珍妮特·沃克救了上来。沙赫特很有同情心。这时候救生艇和救生筏零散分布在大片海面上，他不厌其烦地想知道能否找到多琳，经常将这个小女孩的母亲叫到指挥塔上，并借给她双筒望远镜，让她看看能不能发现女儿。但她没能找到。

霍尔丁拿着哈滕施泰因的艇员给的一把香烟回到救生艇上之后，沙赫特来到他旁边。霍尔丁回忆说，这个潜艇指挥官递过来罐头面包、汤和一瓶酒等补给品。他提出与哈滕施泰因同样的建议，还告诉他们要原地不动，理由也和哈滕施泰因一样。霍尔丁指出：“我们别无选择，只能同意他的意见。”[14]这是一个明智的决定。

16 日上午，一架机身上带有明显的美国标记的四引擎轰炸机出现在上空。“为了证明我的和平意图”，哈滕施泰因立即下令在潜艇的舰桥上放置一面“大大的红十字旗帜，面积有 4 平方码 *”，就迎着飞机的飞行方向。[15] 当飞机来到头顶时，哈滕施泰因用莫尔斯电码向飞行员发信号，显然希望询问“看见什么船只了吗？”几乎同时，这架美国飞机向潜艇发出挑战，展示了自己的国旗。双方似乎都不了解对方想表达什么，然后这架远程 B-24D“解放者”式轰炸机消失在了地平线上。

这架轰炸机的飞行员詹姆斯 · D. 哈登（James D. Harden）中尉和其他 3 名乘员一样，都是第一次执行任务，他给位于阿森松岛（Ascension Island）的基地发报，寻求进一步指示。由于飞机深入大海，再有 30 分钟就将耗尽燃料，因此必须迅速做出决定。罗伯特 · C. 理查森（Robert C. Richardson）上尉没有犹豫，直接下达命令“击沉潜艇”。[16] 哈登很快掉转方向，以 250 英尺的高度飞到 U-156 上空，接连迅速投下 3 枚炸弹，不过全都没有击中目标。当他转头飞过来发动第二次袭击时，哈滕施泰因的艇员们疯狂地努力砍断拖系救生艇的绳索，以便能让潜艇自由下潜到安全深度，又不至于把“拉科尼亚号”的幸存者也拖入水中。这一次，“解放者”式轰炸机又投下 2 枚炸弹。哈滕施泰因记录道：“其中一枚爆炸了，带有几秒钟延时，直接在控制室下方炸响。瞭望塔被一个黑色水柱吞没。控制室和前

---

* 1 平方码≈0.8361 平方米。——编者注

舱报告进水。”[17]

他指示挤在 U-156 甲板上的幸存者穿上救生衣跳入大海，让潜艇紧急下潜。B-24 的年轻飞行员缺乏经验，看到这一幕后盘旋离开，报告说：“潜艇翻滚过来，最后一次被发现是底朝上的。乘员已经弃艇，并且登上了周围的救生艇。”[18]哈登要么是被他制造的混乱所迷惑，要么是在大胆想象——或者两者兼而有之。事实上，U-156 只受到轻微损坏，基本上毫发无损地逃过了一劫。

多丽丝·霍金斯遵守了哈滕施泰因的命令，如今又一次在大西洋中漂流。她的游泳技术不佳，不过英国皇家空军军官 H. R. K. 威尔斯（H. R. K.Wells）少校看到了她的困境。他让她靠在自己怀里，带着她一起游了 50 分钟，直到他看到一艘救生艇在海浪中升起。霍金斯被拖上了船，她发现自己挤在一艘 30 英尺长的敞篷船上，那里有 66 名幸存者，除了一位女性，其他都是男人。她欣慰地看到，另外一个年轻女子是格里泽尔（Grizel）女伯爵玛丽·沃尔夫·默里（Mary Wolfe Murray），她们在“拉科尼亚号”上就结下了亲密的友谊。*当他们漂在海上，看不到其他人类的迹象时，威尔斯——霍金斯称他是一位“非常勇敢的绅士”——被另一艘救生艇救了起来，不过在接下来的 10 天时间里，这艘救生艇上的人都将死于疾病和暴晒。

当天深夜接到 B-24 袭击哈滕施泰因的潜艇的消息后，邓

---

* 格里泽尔女伯爵是格拉斯哥伯爵的女儿，她到中东探望丈夫之后乘坐“拉科尼亚号”回国。她丈夫是苏格兰高地警卫团的一名少校。

尼茨被激怒了。他立刻向哈滕施泰因发电报指示说：“在任何情况下，你都不能拿潜艇的安全冒险。要大胆采用一切措施确保安全，包括放弃救援行动。不要寄望于敌人显示一丁点宽容和怜悯。”[19] 这时候，U-507 的沙赫特已经救出了 91 名幸存者，其中包括 15 位妇女和儿童，U-506 的艇长埃里希·沃德曼（Erich Würdemann）说，他又救上来 151 人，其中有 9 名妇女和儿童。了解到这些情况后，邓尼茨又考虑了一下。他说司令部里进行了“非常激烈的讨论”，在讨论过程中，他的一些最资深的助手极力争辩说，为了进行救援而让潜艇继续冒风险是“完全不正确的”。尽管如此，他还是命令潜艇继续在原地待命，直到维希政权的军舰抵达。他还命令那些潜艇让所有乘客都到周围的救生艇里去，不准留在潜艇里，只有意大利战俘除外：“对于允许潜艇继续救援工作，我负全责。考虑到英国当局（不向现场派出任何救援船只）采取的冷漠态度，在我看来唯一合乎逻辑的举措是将它们的危险活动局限于救援我们的盟友意大利人。”[20]

他很快就证明自己是正确的。17 日午后，U-506 看到一架飞机从地平线上飞来。沙赫特勉强有时间下令急速下潜到海里，才躲过这架 B-24 的炸弹袭击。虽然爆炸的冲击波非常强烈，潜艇内部感受到震动，但潜艇没有遭到破坏，沙赫特侥幸逃脱，与 U-507 一起到预定地点与“光荣号”和“安南号”会合。哈登中尉这次袭击和第一次一样，没有击中目标。

那天下午，数十名英国和波兰幸存者被安全转移到两艘维希政权的船只上，然后向达喀尔和卡萨布兰卡航行。在这些安全获救的人中，有一个是珍妮特·沃克，她仍然迫切希望找到自己的女儿。一登上船，她就在拥挤的乘客中疯狂寻找，祈祷能与自己的小宝贝团聚，但是没有找到女儿的任何踪迹。现实情况令人无法忍受。几年后她回忆说："即使回家之后，我依然没有放弃寻找，我想也许她被带到了某个岛上。我曾经花钱找算命先生，希望他们能给我一些线索。"[21] 但是一年后，她遇到了一位同时获救的幸存者，那个人告诉她，曾经看到一个很像多琳的小女孩被人送到一艘救生艇中，然而那艘小艇倾覆了，里面的人全都落入了大海。听闻这个情况后，珍妮特·沃克终于接受了她的女儿已经去世的现实。能成为千余名幸存者的一员并没有使她感到安慰，而如果邓尼茨没有同意让潜艇把他们带到安全区域，那么几乎所有人都会丧生。

并非每一位幸存者都被救上船。有些人没有听到或没有遵守哈滕施泰因的建议，选择前往非洲海岸。多丽丝·霍金斯与她的朋友玛丽·沃尔夫·默里及 66 名男性同伴同在一艘船上，距离海岸 600 英里。他们的小船出现漏洞，需要不断外往舀水；它有 5 把船桨，但没有帆，而且失去了方向舵。他们只有 15 加仑水，一些硬饼干、好立克糖、巧克力和一些干肉饼*。[22] 只有这一点东西，这么多人吃不了几天。

吃的不够可以忍，但是每天只能分到 2 盎司的水，很快变得难以忍受了。"当我们得到那一点珍贵的水时，小口啜饮，漱在牙齿和牙龈周围，最后再咽下去……随着我们越来越虚弱，嘴

* 用干肉糜、动物油和其他配料混合起来制成的一种营养丰富的食物，深受北冰洋探险家们的喜爱。

巴也越来越干燥，我们只在必要时才开口说话。”玛丽·沃尔夫·默里的身体越来越虚弱。9月25日，她似乎睡着了。“整个晚上，我都搂着她，为了让她保持体温做最后的努力，但是这一夜她没有颤抖，没有什么惊扰到她，只是早上6点钟，她停止了呼吸。”他们举行了一个简短的葬礼，但在把她的遗体投入水中之前，却没有力气唱《与主同行》。

默里是最先去世的。“我们每天看到同伴变得越来越虚弱，看到他们活不了多久，然后有时发现他们不再和我们在一起了。尽管发出过各种警告，还是有人喝海水解渴并死去。还有一些人变得神志不清，他们哭叫，喋喋不休地讲话，一再乞求喝水，听到这些让人心里非常难受。”[23]

最初，这艘救生船的口粮由船上的外科医生杰弗里·佩斯路（Geoffrey Purslow）负责分配，他在逆境中保持着坚定的信心，让其他绝望的伙伴受到了鼓励。他与一些人共同努力，用船桨制成临时性桅杆，并使用救生艇的防水油布盖做成船帆来航行。在这个过程中，他不慎使自己受了重伤。由于没有任何医疗用品，他的伤口溃烂了，迅速出现感染，很快他就无法站立。大约在“拉科尼亚号”沉没19天后，这位医生显然担心会传染其他人，霍金斯目睹他做出了一个伟大的决定：

我跌跌撞撞地走到他坐的地方，试着跟他说话，但是没有说出声来。他很清醒，用很多天我都没有听过的坚强的声音说：“我没有办法再继续帮助大家，而且现在我对你们所有人来说都有危险，所以我走应该会更好。”当他痛苦地挪到船舷旁边时，我恢复了说话能力，并说道：“人为朋友舍命，人的爱心没有比这个大的。”*他说了一声“再见”，并且长久地看了一眼，朝后退了最后一步，任大海吞没了他。[24]

在接下来的日子中，越来越多的同伴离开了。

直到10月8日星期四，他们已经在海上漂流了25天，一名海军水手看到远处似乎有一支护航运输队的轮廓。还能动弹的人都站起身来，密切观察着远方的东西。30分钟之后，当他们意识到那艘船肯定在抛锚停泊时，“我们知道我们的祈祷有了回应，我们的梦想已经实现，我们的前方就是陆地”。不久，英国皇家空军的一艘水上飞机飞到他们头顶上盘旋。它抛下一条救生圈，上面有飞行员潦草写的字，“救援快到了”。他们距离利比里亚海岸5英里，位于该国首都蒙罗维亚以南60英里。“我们都不知道蒙罗维亚在哪里，但我们知道救援意味着什么，我们的心灵在歌唱。”多丽丝·霍金斯和伙伴们乘坐敞篷船漂流了600多英里后，终于登上陆地。这艘救生艇起初有68个乘员，但只有18人幸存下来，这位传教士护士是其中之一。

当时，“拉科尼亚号”事件被华盛顿和伦敦掩盖了起来。与其他被认为可能导致负面头条新闻或者使敌人“感到欣慰”的事件一样，这场总共有1600多名男女老幼丧生的灾难被判断为会引起公众的关注——这是错误的决策。直到20年后，在莫勒·莫勒（Maurer Maurer）博士和劳伦斯·J. 帕谢克（Lawrence

---

* 《约翰福音》第15章第13节。——译者注

J. Paszek）两位历史学家的辛勤努力下，关于所谓“神秘飞机”——遵从“击沉潜艇”的命令——曾经轰炸那些试图营救海难幸存者的潜艇的真相才最终浮现出来。

用邓尼茨自己的话来说，“拉科尼亚命令”——1945 年纽伦堡审判中对他提出的主要指控的核心——源于对得失的冷静计算。* 他在施潘道监狱服刑 10 年后写道：“我已经认识到，不管遇到什么情况，我都不能再次因为某个行动或者类似性质的事件而冒险损失一艘潜艇及其成员了。”[25]

在他那条与敌人势不两立的命令的最后是一项禁令（见第 412 页），在写回忆录时他却避而不谈：“心肠要硬。想想这样一个事实，敌人轰炸德国城镇并不区分妇孺。”[26] 他手下忠心耿耿的潜艇指挥官们不会无视这个警告。以后为了救一名可能溺水的水手，会让无情的总司令发出雷霆之怒。邓尼茨不仅是一位爱国者，而且是一位坚贞的信徒，对他来说，慈悲之心是虚弱的标志，体面的纳粹党人不应受其困扰。

从盟军的角度来看，海战的统计数据确实开始显得非常不妙。伦敦的战时内阁计算了得失情况，明白大西洋即将发生灾难，只有得到美国更大的援助，英国才有可能幸免。事实证明，这是一项艰巨的外交挑战。

---

* 在纽伦堡，一位盟国检察官试图证明邓尼茨的“拉科尼亚命令”实际上是授权在外海进行屠杀，因此他犯下了战争罪，应该判处死刑。美国太平洋舰队司令尼米兹海军上将主动提出，他授权麾下的舰艇对日本发动“无限制”战争，而且如果有危及其任务的风险，他们也不会救援幸存者，因此起诉没有成功。尽管邓尼茨被判战争罪，却免于死刑。

1942 年 8 月，邓尼茨的潜艇舰队终于拥有 300 艘潜艇，这个数字对他来说是神奇的——战前他曾经有点武断地向希特勒提出，需要“总共这么多”潜艇，才能够对英国造成“致命打击”。虽然要进行修理和维护，意味着有时只有一半多一点的潜艇可以保持临战状态，但这位海军上将有理由持乐观态度。从 8 月到 11 月，约有 380 艘货轮在大西洋被击沉。在一个月内创纪录地击沉了 119 艘船之后，他在作战日志中报告说：“11 月份的战果……可能达到 90 万吨。现在是时候让这些战果真正受到重视了。”[27] 事实上，盟军 11 月的船只损失总计为 72 万吨；尽管如此，当年秋季在大西洋海域被击沉船只的总吨位飙升了 44%，8 月份这个数字只有 50 万吨。

看到这些损失数字，丘吉尔急忙向罗斯福发了一封极为动情的电报：

潜艇威胁是我们面临的最大威胁……这些辉煌壮观的船只被建造出来，派遣出海，船上装满了无价的食品和弹药，结果却被击沉——每天 3 到 4 艘，这样的事实不分昼夜折磨着我。这种攻击不仅削弱了我们的战争能力，威胁到我们的生命，而且它蛮横地约束了美国参加这场战争的力量。大海本是你们的护盾，却有可能成为困住你们的笼子。

他敦促美国总统加快建造新的商船和护航舰艇，并向英国提供所有船只的“公平份额”。他警告称，英国的食品存货“以危险的速度在下降”，而且“如果德国在默西河和克莱德河重新发动闪电战，或在大西洋航线上重整兵力集结潜艇……我将被迫减少我们在海外战争方面承担的义务”。他没有夸大其词，这个非同一般的恳求虽然有点虚张声势，但基本上是一个简明的物资需求清单，其中最重要的是需要“在 1943 年输入 2700 万吨粮食和战备物资”。[28]

英国首相并不天真。他传达这些令人难以置信的统计数据，似乎不是为了询问而是直接给出了答案，他知道，为了让自己的主张占据上风，得让罗斯福否定围绕着白宫的军民顾问们提出的相互矛盾的要求。为此，他把战时内阁的成员之一、生产大臣奥利弗 · 利特尔顿（Oliver Lyttelton）派遣到华盛顿作为自己的代表游说罗斯福，他告诉美国总统：“利特尔顿获得了全部授权，可以与你讨论上述所有问题，他完全了解我们的观点。”[29] 英国首相的这位特使是一位举止优雅的辩护者，但他很快意识到，要想推动目标向前发展，首先必须和美国政府错综复杂的官僚机构进行协商。他在抵达华盛顿后不久就解释过：“因此，我一开始执行这项使命时就下定决心，要与各部门密切讨论所有问题，只有在我们的关键需求无法得到满足的情况下，才请求总统出手干预。”[30]

在乱如丛林的华盛顿行政机构中，亚瑟 · 索尔特是他的向导，这个人作为“英国商船运输使团”的负责人，自 1941 年春天以来一直在这个荒草丛生的迷宫中辛苦劳作。在此期间，索尔特深入到盘根错节、神秘莫测的官僚阴谋之中；他在美国相关部门有盟友，不过为数极少，事实证明，这些人不能或者不愿把他解放出来。由于白厅官员急需确保援助物资有充裕的盈余，以防止出现任何无法预见的供应中断，他们在要求美国慷慨援助时，有时会夸大英国的要求，这使索尔特的任务变得难上加难。因此，对于美国同僚的怀疑和敌意性审查，他习以为常。到 1942 年年末，即使是亲英国的刘易斯·道格拉斯（Lewis Douglas）——他是战争航运管理局（WSA）的副局长，不过其影响力远超这个职位——在没有见到英国真的陷入困境的确凿证据时，也不愿支持他的要求。

道格拉斯不愿意将英国的事实直接呈到白宫，也是因为他自己面临的困境。随着“火炬行动”对航运的需求急剧上升，* 他承受着越来越大的军方同僚的压力。布里恩 · B. 萨默维尔（Brehon B. Somervell）将军全面负责美国陆军的补给，他最近想威胁道格拉斯，力图控制分配给英国及美军自己的补给。萨默维尔所做的不仅于此，他还声称让自己掌握“切断”向大西洋对岸的美国盟友“出口食品”[31] 的权力是“合适的”。道格拉斯还与威廉·D. 莱希（William D. Leahy）海军上将争吵不休，这位将军是美国参谋长联席会议主席，实际上是美国的最高级军官。当莱希要求削减援助英国的物资以满足美国在太平洋战区的需求时，道格拉斯大发脾气，他在军人面前毫不畏缩，不管对方的军衔有多高。他反击说，美军夸大了自己的要求，危害到整个战争大局，并且冷冰冰地问道：“我们是想支持盟友共同作战，还是更想单打独斗？”[32]

由于对战略大局缺乏认识，官僚机构对战场结果有决定性

---

* 第一批盟军部队计划于 11 月的第二个星期登陆摩洛哥和阿尔及利亚，总数超过 10 万人，由英美军队组成；他们的登陆日期为 8 日。

影响的政策是以十分随意和权宜的方式做出的，美国政府的一份官方报告断定，不仅英国利益受到不利影响，而且“在解决直接影响（美国的）国家生存的问题时也是过一天算一天，缺乏充分的信息，难以做出合适的决策”。[33] 丘吉尔的特使已经预见到了一系列可怕的前景，如果他能争取让美国人听取自己的意见，将做出一次有力陈述，而不需要夸大其词。现在关于后勤问题的冲突越来越激烈，使华盛顿和伦敦之间的关系大受困扰，据一位著名历史学家说：“英国的航运情况在 1942 年秋天变得难以为继，而且进口计划的预测表明，近期还将持续恶化。”[34]

英国官员曾在 4 月份估计，1942 年全英国的进口总量将介于 2400 万至 2700 万吨之间；实际上这个数字下降到了 2300 万吨，他们仔细考虑后还指出，下一年可能会更糟。如果他们的预测是准确的，那么在 1943 年的前 6 个月，只有 950 万吨物资能运到英国的港口。全年顶多只能得到 1900 万吨，这将造成灾难性的短缺。

这还没有测算必不可少的燃油进口量，这种资源是英国经济的命根子。到 12 月中旬，英国的商业石油储备量预计将下降至 30 万吨。由于每月消耗量达到 13 万吨，英国的工业生产将很快处于危险之中，尤其是钢铁冶炼和军火制造。英国皇家海军储备了 100 万吨石油，以便应对紧急情况；这是一项必要的应急措施，这批资源用于任何其他目的，都有使舰队陷入瘫痪的风险。[35]

到 1942 年年底，盟军一年内损失的船只数量将会不少于 1664 艘，其中 60% 是被邓尼茨的潜艇击沉的。虽然美国和英国以每年700万吨的速度建造商船，但截至12月底将有800万吨沉到海底。自战争开始以来，盟军每年损失的货轮都比他们能够建造的多；经过3年多的战争，海军参谋部的一名高级军官证实，“我们的航运情况从未如此紧张”，[36]这是不足为奇的。毫无疑问，这一年德国的潜艇已被击沉或者破坏了87艘，但邓尼茨的舰队中有行动能力的潜艇仍然从1月份的91艘迅速增长到了12月份的250艘。因此，盟军商船的损失速度仍然高于建造速度，而德国潜艇舰队的扩张速度比以往任何时候都快。可以想见，这是一个恐怖的失衡。

这些预测构成了利特尔顿的艰巨任务的背景，他的目标是将丘吉尔向罗斯福提出的援助请求转化为美国要履行的承诺。他的首要任务是说服亲英的战争航运管理局局长埃默里·兰德这样的重要官员，使其相信丘吉尔要求罗斯福提供的2700万吨物资确实是英国需要的。凭借出众的个人魅力和一丝不苟的态度，利特尔顿经过艰苦努力实现了这一目标，困难比预期要少一些。他的第二项任务是保证让美国政府及时交付这些物资。事实证明这项任务要困难得多；不管在美国首都哪一层级的军民官僚机构中，都没有办法得到任何承诺。为了解决这个有可能使自己陷入罗网的棘手问题，他断定现在是打出白宫这张牌的时候了。打破后勤部门僵局的唯一方法是让美国总统开绿灯。

表面上看，利特尔顿在11月底与罗斯福的会面几乎没有取得什么成果。然而数天之后，美国总统写信给丘吉尔，显然是让美国把英国的购物篮给装满了。

我很清楚贵国政府对你的商船队吨位面临的严重净损耗感到担忧。这种净损耗持续存在，而且可能明年还会持续一整年，我认为我们必须面对这样的现实。因此，我想向您保证，您可以依靠我们不断扩大的船队，获得满足您进口计划所需的吨位。

没有比这更为明确的承诺了。然而，总统的信留下了一个意外结尾，这是一个特别的警告：

我相信，您会认同紧急情况可能会继续发展，这可能需要我把现在打算用于英国进口所需的吨位转拨于我们的军事目的……（但）我希望从我的实际条件出发，向您做出明确保证，即您的要求将得到满足。

通过这段含糊的话，美国总统在严肃的承诺中给其手下官员留出了所需的转圜空间。然而，作为一位无所顾忌的政治家，罗斯福仍然冷漠地补充说："通过这封信以及奥利弗带回国的协议，我希望你能够感受到我已经给了你所需要的保证。"[37] 当然，他包含严格限制条件的承诺隐含的善意显然使这封信本身比其中的文字更有价值。然而，它不能缓解英国眼前的压力。

没过多久，全权负责执行总统指示的战争航运管理局抓住了美国总统在信中保留的限制，通知索尔特说："任何本可能分配的吨位数字……仅是估计，而非作为调拨准确航运吨位数量的承诺。"[38] 这正是英国代表最为担心的。随着德国潜艇在大西洋掌握主动权，道格拉斯对美国总统意图的解释无可挑剔，这必将加剧美国官员与其英国同行之间业已紧张的关系，向英国供应重要物资而不危及美国的国家利益是一项挑战，他们在努力应对。

有一段时间，运力短缺可能对英国造成的冲击侵蚀着罗斯福和丘吉尔的私人关系，他们力图解决这个日益恶化的难题。12 月中旬，英国首相警告称，预计 1943 年年初“运力严重短缺”，将导致包括石油在内的各类物资进口量下滑，他表示，库存已经严重枯竭。[39] 两个星期之后，他陷入前所未有的焦虑，警告说，为大西洋护航运输队提供比目前分配的数量更多的运力已经成为“迫切需要”。他声称，目前预计进口量将下降至每年 1700 万吨的水平（这个数字甚至比他的官员最近预测的还低），并且警告说这种短缺将导致食品和原材料供应大幅下降。英国首相一边恳求一边威胁，他写道：“我必须坦率地告诉你……除非我们的运力资源实际上达到了你极为善意地提出的标准，否则我将被迫立即减少英国在海外战场所付出的战争努力，即使这会导致战争延长，并且让你背上更沉重的负担；而我们实际上是渴望分担你的责任的。”[40]

他的焦虑不是凭空设想出来的。到 1942 年年底，邓尼茨的舰队不仅发展到总数 365 艘潜艇，而且有 200 艘随时可以行动，其中至少有 164 艘在大西洋上巡航。海军官方历史学家在记录当时英国海军部盛行的观点时说：“很明显，护航运输队的航线战仍未尘埃落定，而敌方实力比以往任何时候都强大，持久战的危机即将来临。”[41] 他并没有夸大其词。

17

上层变动

到 1942 年年底，红军开始在苏联遏制住德军的攻势；而在 11 月“火炬行动”登陆之后，轴心国军队也在北非感受到了压力。这使得第三帝国寄希望于扼杀大西洋生命线，潜艇战的作用变得更加重要。邓尼茨不仅比其他所有同辈更加清楚地看到了这个大势，而且他发现自己已经有了实现这一目标的更有利地位，这让他感到极为满足。元首终于不可挽回地与德国海军总司令雷德尔上将决裂，而邓尼茨如今正准备继承海军的最高位置。

雷德尔和邓尼茨对海战的战略目的观点相异，因此他们相互憎恶，当雷德尔在元首周围的影响力从 1942 年年末开始消失时，他们之间的怀疑和竞争加剧了。对于雷德尔未能以遏制盟军补给线所需的速度建造和装备潜艇舰队，邓尼茨深感沮丧，继续发起攻击。他没有提起雷德尔的名字，只是抱怨“不负责任”和“令人难以忍受”的管理，“击沉敌船的吨位量出现痛苦的下降”是不可避免的。[1] 雷德尔非常愤怒。在他看来，邓尼茨好像有意设法削弱他的权威。通过一再强调吨位战，邓尼茨似乎忘记了其他所有战场；此外，他似乎一心想要夺取自己不该拥有的权力，以至于“没有对潜艇的建造、装配、维修、试验和开发等任何方面的工作进行整顿和推动，甚至连他想接管的人员训练工作也是如此”。[2]

雷德尔做出反应，命令他的这位下属将自己的职责限制在大西洋潜艇行动中。事实证明，这个命令起了反作用。据邓尼茨的宣传官员沃尔夫冈·弗兰克（Wolfgang Frank）说，邓尼茨的回应是给雷德尔的副官打电话说：“请转告海军元帅，我不能遵守这个命令。”然后他转头对自己信任的参谋埃伯哈特·戈特（Eberhardt Godt）说：“如果我处在雷德尔的位置，我可能会因此解除潜艇部队司令的职务；但是，我们等着瞧。”[3]什么都没有发生——除了雷德尔下达命令，在所有显示他们两个人在一起的照片中，把邓尼茨的名字从说明里删掉。

邓尼茨的傲慢很快有了回报，尽管与他预期的并不相同。1942年12月30日，北冰洋地区的一艘潜艇发现了护航运输队JW51B*。雷德尔告诉希特勒，“在确认……没有优势兵力伴随护航运输队的情况下”，他打算拦截商船。[4]对于德军在苏联战场上面临的困境，希特勒感到越来越焦虑，保卢斯（Paulus）将军指挥的第6集团军正在斯大林格勒受到包围。雷德尔的计划是一个现实性的机会，有可能在关键时刻掐断苏联人的关键物资供应。元首热情地批准了这项计划，其代号为“彩虹行动”。

对于雷德尔来说很不幸，在恶劣天气和更加糟糕的情报干扰下，“彩虹行动”的希望像海市蜃楼一样消散了。指挥这次

---

* 在9月份派遣了PQ18之后，北冰洋运输队一直暂停，到12月才重新开始，不过规模变得较小，代号分别是JW（出发）和RA（回国），编号从JW51开始。

行动的奥斯卡·库米兹（Oskar Kummitz）刚看到这支护航运输队，就命令“希佩尔号”和“吕佐夫号”重巡洋舰进逼，它们带领2个战斗群，各有6艘驱逐舰护航。库米兹原以为只会遇到轻微抵抗，当保护JW51B的2艘护航驱逐舰突然从暗处冲出来抵挡袭击者时，他大吃一惊。这位德国海军上将曾经多次接到命令，不得让德国海军最宝贵的水面舰艇承受任何重大风险，当英国的“荆棘号”（HMS Bramble）扫雷艇在雾中意外地与“希佩尔号”发生碰撞时，他更加慌乱。当“荆棘号”全力下手时，库米兹命令他的重型巡洋舰（仅受到轻微损坏）立即撤离。他错误地认为英国即将用巡洋舰发起全面反击，之后命令2个战斗群中的所有舰艇全都撤离。

不幸的是，库米兹向柏林报告这一决定的电报被雷德尔和希特勒误解了。元首自以为这位海军上将之所以撤退，是因为德国海军已经实现了作战目标，因此他向自己的新年客人大加吹嘘。当真相大白以后，他发出雷霆之怒。希特勒怒骂德国海军未能对敌人造成致命打击，于1943年1月6日将雷德尔召过来参加了一次会议，对这位海军元帅进行了长达90分钟的猛烈抨击，历数德国海军的不光彩历史和如今的战争海军的懦弱怯战。他嘲笑雷德尔挚爱的主力战舰似乎只有在小型船只环绕保护的情况下才会出港，威胁要拆掉所有的大型船只，并将远程火炮转用于海岸防御。在进一步的羞辱中——雷德尔将其解释为直接攻击自己的荣誉——他讥讽道：

与陆军相比，敌我双方的兵力对比一直在海军方面发挥着重要作用。作为一名士兵，元首要求部队一旦采取行动，就要果断进行战斗。鉴于目前的危急情况，必须将全部战斗力、全部人员和全部物资投入行动，我们不能允许我们的大型船只停在港口里数月不动。

面对他后来所描述的元首那“恶毒和无礼”的抨击，雷德尔保持沉默，数天之后他写道：“我觉得作为海军指挥官，如果想详细反驳这种怀有彻底偏见的言论有失身份。”[5]

当希特勒结束了语无伦次且自相矛盾的咆哮时（毕竟是在他的坚持下，德国海军最强大的战舰才停泊了那么多个月），这位海军元帅要求与他私下会谈，并按照希特勒的明确要求提出辞职。雷德尔提议自己应该在1月30日正式下台——这一天正好是第三帝国的10周年纪念日——他指出这样做更为体面，会使他的离开显得像是在一个恰当时机，给更年轻的接班人让路。雷德尔是一个骄傲而且固执的人，永远不会承认自己在战略和行动判断方面犯过一些灾难性错误。但是在67岁的时候，他遭遇了邓尼茨的抗命、最高统帅部的排挤，而且他在元首面前的地位受到同僚们的竭力破坏，这使他饱受折磨。尤其是他对戈林所怀有的仇恨已经发展到不可逆转的地步。这位倔强且自尊的海军元帅厌恶那个圆滑自私的帝国元帅，此人用“歪曲和不准确”的方式描述有德国空军参与的海战，对于削弱他心爱的德国海军负有直接责任。他在离开时对希特勒说的最后一句话是：“请保护海军和我的继任者免遭戈林迫害。”

然而，更有影响但更狡猾的对手是阿尔伯特·施佩尔（Albert

Speer）。他是一个比戈林更为精明的机会主义者，在 1942 年春天被希特勒选中，从一名相对不引人注目的商业建筑师变成元首核心圈子里有影响力的人物。施佩尔获得军备部部长的美差，地位超过曾对这个官职垂涎三尺的帝国元帅，他迅速获得元首的宠爱，成为一名不可或缺的心腹。

走马上任后不久，这位新部长就与坚强的潜艇部队司令建立了密切的关系。施佩尔很快意识到吨位战的重要性，他支持这位潜艇部队指挥官提出的对潜艇部队进行扩张和现代化改进的迫切要求。有理由相信，邓尼茨之所以对雷德尔不屑一顾，部分原因在于他知道自己受到希特勒新宠臣的高度赏识。施佩尔当然明白雷德尔和邓尼茨存在"严重分歧"，他在 1943 年 1 月初利用希特勒提供的一个机会，向这位潜艇司令施加影响。狡猾的施佩尔知道，任何"想直接影响（元首）的企图都是无望的"，据他自己说，他"只是暗示只要给（邓尼茨）发挥的空间，阻碍我们潜艇计划的所有障碍全都可以消除"，并且补充说，"我想实现的是替换雷德尔"。[6]

或许只是为了避免让人怀疑自己有报复心，或许是觉得邓尼茨有资格争取自己的位子，雷德尔在给元首的信中提名他的这位充满敌意的下属作为自己的接班人选之一。虽然他没有明确表露心迹，但他的首选接班人毫无疑问是海军上将罗尔夫·卡尔斯（Rolf Carls，他在战斗中赢得了勇敢的声誉）。他写道，选择邓尼茨"将会有一个优势，即特别强调潜艇行动的重要性，将其作为战争的决定性因素。唯一的缺点是海军上将邓尼茨被任命为海军总司令之后，将无法像以前那样对潜艇战全力以赴”。[7] 不难得出结论，这个警告意在暗示邓尼茨不能承担宏大的战略责任，把他用于行动层面会更有成效，他已经证明了自己的作用。尽管雷德尔的支持并不是全心全意，不过邓尼茨有了施佩尔作为自己的啦啦队长，竞争海军总司令的职位已经稳操胜券。就在雷德尔结束 39 年的军旅生涯并“退役”的那一天，邓尼茨被晋升为海军元帅，同时成为德国海军总司令，这场权力转移看起来天衣无缝。

那天早上一上任，邓尼茨向当时受他指挥的所有人员发出一项命令。这是新任总司令在毫不含糊地显示自己的地位。他不厌其烦地“感谢潜艇部队，因为他们无惧死亡，时刻准备战斗，而且忠贞不贰”，并宣布他不仅会“继续指挥潜艇”，而且在新的岗位上将会期待“无条件的服从、大无畏的勇气以及永远坚守职责”，他继续说：“这是我们的荣誉。团结在我们的元首周围，不取得胜利与和平，我们不会放下武器。”[8]

作为总司令，这位新的海军元帅享有高级军官的所有权利。他和家人搬进了柏林郊区一座富丽堂皇的宅邸，里面摆满了精美的地毯、绘画和古董。他出门旅行可以享用豪华轿车、专列或者飞机，不管到哪里都有一队武装党卫队卫兵护送。然而与其同事戈林相比，他从各方面来看都是“诚实正直的，不是为了个人利益”。[9] 接受新任命几天后，他给参谋人员发出一项命令，显示出一种更正派的思想在驱动着他：“我们的生命属于国家。我们的荣誉在于履行职责和准备行动……用狂热的奉献和最无情的决心来赢得胜利。”[10] 赤裸裸地展示这种热情，可能会被认为是迎合元首的夸张之举，但是邓尼茨完全与希特勒一样狂热；而且虽然他精明到能够钻进领袖的核心圈子中，但他并不想讨好这个给了他如今的荣誉的人。

他决心不顾一切获得吨位战所需的资源，把争取元首支持当作自己的头等大事。为此，他“频频前往元首的总部”，有时会“一次待上好几天”。[11]这种策略产生了效果。当他逐渐确定，希特勒大放厥词威胁废弃主力战舰只会加重第三帝国的财政负担，无法让德国海军获得新的资源时，他公开表示反对元首的意见。起初，希特勒很生气，不愿意取消自己在不久前刚下达的命令，但根据邓尼茨的说法，他最终“非常勉强地同意了”。在一定程度上，这位德国海军新任总司令沿袭了其前任的思想：他像雷德尔一样，已经开始意识到将水面舰队除役对第三帝国没有任何好处。然而，他并不承认思想上有这种转变，只是如释重负地报告说，此后希特勒对他“特别尊重”。[12]他得到了希特勒的高度赏识，发现可以自由发挥，根据自己的想法打海战，于是决心把这个优势发挥到极致。从一开始他就清楚地表明，不想被吨位战之外的东西分散精力，他相信，第二次世界大战的胜败就取决于此。

这种预感不仅在柏林占据上风。到1942年年底，人们明显能够感到决战在即，最后阶段就要到来了。用英国皇家海军官方史学家的话说：

双方都明白，潜艇和护航运输队的护航舰艇很快就会卷入一系列致命而无情的战斗，不会表现出一丁点怜悯之情。这不是一天、一周或一个月的战斗能够决定的，而将取决于哪一方可以坚持更长的时间。[13]

从表面上看，潜艇占了上风。在 1942 年的最后几个星期，它们的杀戮狂潮收到极为惊人的成果，这个情况似乎将在 1943 年继续下去。事实上，新的一年刚开始，就发生了一件引人注目的事件，似乎以最令人恐慌的方式证明了这一点。

潜艇部队得到扩张后，邓尼茨有能力同时威胁大西洋几个海域的盟军航运。尽管切断连接美国和英国的大西洋动脉仍然是他最重要的目的，印度洋、开普敦航线、南美洲沿岸、西印度群岛和加勒比地区的毛细血管网络也成为更容易的目标。在这些水域中航行的商船有相当大的比例是单独行动或者编成小型护航运输队，没有充分的护航力量，也没有空中掩护。虽然寻找它们需要的运气不亚于眼力，不过发现这类目标后，潜艇可以毫不费力地将其击沉。1943 年 1 月的第一个星期，就有了一个这样的机会。

1 月 3 日，一艘在特立尼达附近海域徘徊的“独狼”潜艇发现一支向北航行的油轮船队，于是将其速度和方向发给了柏林。没有比油轮更诱人的猎物了，邓尼茨立即进入了临战状态。邓尼茨猜测这些船只走的是最短路线——大圆航线——从加勒比海的石油码头到地中海，为北非的美军提供补给，邓尼茨决定派遣一支“狼群”拦截这个护航运输队，当时它们还在 1000 英里之外。由于没有远程侦察机，这位海军总司令非常了解此次行动的局限性。他自己承认，这就好像一支军队骑着自行车

“从汉堡附近的某个地方出发，到米兰附近拦截一支部队”。[14]

不过这一次，他的赌博撞上了大运。这支“狼群”代号为“海豚潜艇群”，其中的8艘潜艇于1月7日在加那利群岛（Canary Islands）以西约500英里的水域组成了一条巡逻线，直接控制驶往地中海的船只的必经之路。事实证明，他的“明智猜测”是正确的。次日黎明时分，9艘油轮组成的代号为TM1的护航运输队在1艘驱逐舰和3艘护卫舰的保护下，正好进入邓尼茨布置的陷阱。

在随后的3天时间里，炼狱一个接一个地出现，护航运输队中有7艘船被鱼雷击中，造成致命后果。船员或被烟雾熏倒，或被燃油覆盖，或遭到烈火焚烧；救生艇要么被摧毁，要么无法放下；当装载着9000吨航空燃油的“英国自治领号”在火焰中爆炸时，52名船员中有37人几乎立即丧生。当“立顿帝国号”被3枚鱼雷击中并着火时，它的船长J. W. 安德鲁斯（J. W. Andrews）命令他的船员弃船；根据他提交的正式报告，几乎所有人都“陷入恐慌，跳入左舷的救生艇，当油轮还处在相当高的速度航行时就放下救生艇，致使小艇四分五裂，他们全部落入覆盖着厚厚一层燃油的大海”。安德鲁斯的救生艇救上来11个人，其中包括他的大副，这个人被烟雾熏倒，现在，“很不幸，几乎没有生命迹象。这艘小艇之后严重超载，无法再救更多人，虽然我看到十余个人仍然还在海里”。[15]一个、两个、十余个……第二次世界大战期间，商船船员以这样的方式死去，没受到过赞扬，几乎无声无息；牺牲数字无情地往上升，最终超过3.2万人。

损失7艘油轮的严重事态惊动了英国首相，尽管没有证据表明有人曾经告知他这场灾难是如何发生的：很大程度上在于英国海军部没有为这么重要的一支护航运输队提供足够的保护。潜艇能够肆无忌惮地机动，在护航运输队内外横冲直撞，大规模攻击，而护航舰艇形单影只，受到敌方优势兵力的压制，无力阻止大屠杀。当4艘护卫舰得到3艘英国皇家海军驱逐舰增援时，为时已晚。

官方调查是不可避免的。但调查的重点显然没有放在英国海军部未向如此重要的护航运输队提供充足保护这个方面，而是关注油轮上发生了什么事情。具体而言，这次调查的目的是审查劫后余生的幸存者提出的各种各样的指控和丑闻，它们披露出护航运输队中商船的违规行为。“立顿帝国号”的船长安德鲁斯就其手下船员的违纪行为和所谓的领导失误接受了盘问，这项指控可能会导致他丢掉资格证书和结束职业生涯。安德鲁斯进行了反击，宣称“他从未和如此糟糕的船员一同航行过”，而且他们在油轮遭到鱼雷袭击时的行为“令人恶心”。不过，他还是坚称他的官员们表现“非常出色”。[16]

有两艘油轮毫发无损地抵达直布罗陀，其中一艘是“万嘉号”，然而它的船长受到了更为严厉的指控。调查人员听说，不管哪一艘油轮受到袭击，这艘6000吨的挪威籍油轮“万嘉号”都在攻击范围之外，这种情况引起了“一定程度的怀疑”。性质更严重的是似乎有两名其他商船的无线电操作员发现，“万嘉号”用无线电发出了“归航信号”。这似乎显示，它的船长故意将盟军商船的位置泄露给了敌人。没有任何证据支持这一阴谋论,更可能的解释是“万嘉号”的船长只是想提醒护航舰艇,因为它的机械师修不好船上的柴油发动机,两台发动机的气缸都破裂了,油轮无法维持在护航运输队中的位置。

研究了所有证据之后,调查委员会主席、“声望号”战列巡洋舰的舰长 W. G. 帕里(W. G. Parry)海军上校得出结论,“立顿帝国号”的军官是无可指责的,“万嘉号”跟不上队伍有着令人信服的解释。他和其他调查人员发现,与运输队遇袭关系更大的是,“护航力量过于薄弱的错误,‘海绿号’(HMS Pimpernel)和‘别春花号’(HMS Godetia)(TM1 护航运输队的 3 艘护卫舰中的 2 艘)的雷达装置出现故障,更是雪上加霜”。[17] 这个指控凸显出北非军事行动带来的一个令人不安的副作用:油料供应至关重要,但盟国海军显然无法派出足够数量的护航战舰,也难以给战舰配置必需的装备,不能保证油料运输安全。前景并不鼓舞人心。

18

“天空之战”

在 1943 年 1 月 14 日开幕的卡萨布兰卡会议上，潜艇威胁成为首要议题。罗斯福在这次会议上宣布，只有轴心国“无条件投降”，才会停止战争，这句话在第二次世界大战的历史中闻名于世，不过在卡萨布兰卡的议程上，关键的问题是确定用什么手段实现这一目标。罗斯福和丘吉尔最初希望，这次会议能够成为“三巨头”讨论制胜战略设想的论坛。尽管他们提出过请求，但没有实现这一目的，斯大林直截了当地拒绝参加。这位苏联领导人声称，由于前线战事紧张，他“一天也不能”离开苏联。[1] 由于红军现在已经将德国人包围在斯大林格勒，两位西方领导人都非常恼火。但当几天之后苏联领袖再次写信，明确提醒罗斯福和丘吉尔说，他们“承诺”在“1942 年或者最迟到 1943 年春天”开辟第二战场，这两位领导人思忖，斯大林不来参加会议，他们至少不用再因为无限期推迟登陆法国的决定而进行激烈争吵。[2] 尽管斯大林缺席，但是会议的首要目的是商定一项确保西方获胜的战略。

在马歇尔将军和布鲁克将军的带领下，两国参谋长举行了一系列“非常激烈”的联合会议，重点是在北非取得预期胜利之后的战略。[3]丘吉尔坚持认为，一旦达成这个目标，他们“最重要的任务”应该是让盟军在西西里岛登陆，从海上打击轴心国的“软肋”。[4]美国人心存疑虑，用马歇尔的话说，他们害怕在地中海进行“无休止”的行动，会挤占“主要计划”即登陆法国所需的资源。他敦促英国同行承诺，他们的建议至少应该构成“赢得战争的完整计划的一部分”，而不仅仅是一次机会主义的冒险。[5]一次又一次，美国人直接或间接地退到他们默认的立场，即盟军的优先目标应该是解放法国，纠缠在意大利分散了精力。金海军上将一度企图控制议程,要求盟军着手“全力以赴打败日本,而不仅仅是阻碍行动”,使讨论变得更加复杂,但事情毫无进展。[6]经过5天的争吵后，布鲁克被激怒了。他以其特有的不屑写道:“马歇尔实际上没有战略眼光。”在他看来，金是“一个有点自命不凡的人”，他的思路“主要局限于太平洋”。[7]幸亏美国人知道，只要面临摊牌，他们的总统就倾向于支持英国首相，而且布鲁克提出了更好的论据，所以英国谈判代表占了上风，联合参谋首长团（CCS）于1月23日向他们各自的领导人提出了一个共同目标:“软肋”。

虽然事关重大，不过丘吉尔和罗斯福在整个会议期间都显得非常放松，好像他们离开自己的首都放松10天，从高位重责中得到了喘息的机会。只是忧心忡忡的斯大林缺席，而且粗鲁的戴高乐将军在会议倒数第二天与会，给摩洛哥的香脂草蒙上了阴影。对于斯大林，除了找到一种外交方法通知他及早开辟第二战场的承诺再次落空之外，几乎没有什么能做的。戴高乐是在英国外交大臣安东尼·艾登（Anthony Eden）的胁迫下，才到卡萨布兰卡服侍他的盎格鲁-撒克逊恩人，他毫无礼貌，说话尖刻。为了推进北非地区下一阶段的战争，罗斯福和丘吉尔要求“自由法国”领袖戴高乐与北非的“自由法国”军队领导人亨利·吉罗（Henri Giraud）将军密切合作。然而，戴高乐自视为“自由法国”运动的唯一代表，拒绝与吉罗谈判，而吉罗则明确表示拒绝接受戴高乐的领导。

两位“大人物”陷入僵持，以至于霍普金斯建议美国总统推迟恰巧在戴高乐抵达这个摩洛哥度假胜地的那一天召开的新闻发布会。罗斯福不情愿地同意了，并派霍普金斯到英国首相所住的别墅告知此事。在那里，霍普金斯看到：

> 丘吉尔穿着常穿的粉红色睡袍躺在床上，早餐除了其他食物，还有一瓶葡萄酒。我问他这是什么意思，他告诉我说，一方面他对脱脂牛奶深感厌恶，另一方面对葡萄酒又没有根深蒂固的偏见，在解决这个冲突时选择了后者。他向我推荐葡萄酒，说自己已经活了68岁，身体健康，并且发现这辈子医生所提的建议通常都是错误的。[8]

丘吉尔发现戴高乐傲慢到了荒谬的地步：“他说起话来就像是有200个师的斯大林，”有一次英国首相在他的别墅里开会后抱怨道，“我直截了当地表示，如果他不能提供更多帮助，我们就和他一刀两断了。”[9]但是，这位将军皮糙肉厚，这种带刺的威胁对他毫无作用，一直拒绝让步。罗斯福（他把戴高乐视为具有独裁野心的煽动者）仍然决心找到方法，摆脱这个“法国泥潭”。[10] 他使用诡诈手段，最终成功劝说戴高乐在镜头前与吉罗握手，尽可能公开展示实质上冷淡的友好。不过令人欣慰的是，这两位西方领导人能够在24日中午正式举行新闻发布会，公布卡萨布兰卡公报。显然令英国首相感到意外的是，罗斯福就是在这个场合向全世界宣布，只有纳粹德国“无条件投降”，才能结束这场战争。

这一政治目标的实现受到一个决定性因素的严重制约：各种军事资源都存在不足。在整整10天的会议中，与会者们提出的盟军行动的相互竞争的备选方案，都因为缺乏同时在多条战线上给轴心国造成致命打击所需的人员和物资而受到制约。在西西里岛和太平洋地区同时对轴心国发动进攻是不可能的；跨越海峡在法国登陆同时进攻西西里岛也不现实；维持对西西里岛的进攻和继续派遣北冰洋护航运输队也存在冲突。最大的制约是运输。货轮和护航舰艇严重短缺，有可能使所有战线的军事攻势受到不利影响，更不用说同时在两个或更多战线上发动进攻了。

因此，联合参谋首长团会议的最终报告《1943年的战争行动》毫无意外地强调了一个压倒性的优先目标：“击败潜艇必须仍然是调用联合国家资源面临的第一要务。”[11] 几乎没有比这更明确的表述了。大西洋海战仍然是第二次世界大战中最重要的斗争。

就在卡萨布兰卡会议开幕当天，轰炸机司令部司令亚瑟·哈里斯收到的一封“绝密”信件中已经暗示了这一结论。信中说：

> 由于最近敌方潜艇活动之威胁日益严重，战时内阁批准一项区域轰炸政策，目标是法国西海岸的潜艇行动基地。因此，我们决定让你部对以下基地发动最大规模之夜袭，目的是有效破坏潜艇、潜艇维护设施和服务、电力、供水、照明、通信等，以及存在潜艇行动所需的其他资源的全部区域。基地重要性之优先顺序如下：洛里昂、圣纳泽尔、布雷斯特、拉帕利斯。

这些比斯开湾港口至关重要。如果将它们孤立起来，那么邓尼茨对盟军护航运输队发动吨位战所用的潜艇将失去避风港。正是由于这个原因，希特勒差不多在两年前已经同意，这些潜艇坞全部应该具有防轰炸能力。正是在这种背景下，哈里斯接到命令，“立即”开始对洛里昂展开轰炸，直至他相信“预期目标已经实现”才能停止。达到这一步之后，他将暂停轰炸，以便使用“照相侦察和其他可能获取的情报”来评估成果。[12]

联合参谋首长团在卡萨布兰卡达成的决议中将解除潜艇对其资源的威胁定为“第一要务”，这意味着反潜行动具有了更强的紧迫性，9 天之后，战时内阁修改了发给哈里斯的命令。1 月 23 日，他被告知：“在对比斯开湾的其他潜艇基地进行大面积轰炸之前，不应停下来评估洛里昂袭击的结果。”[13] 无论成果如何，他都要进攻，进攻，再进攻。哈里斯认为，不管怎样用他的轰炸机打击潜艇，都削弱了摧毁德国城市这一重要任务的努力，因此极不情愿执行这样的命令。4 天后，他就轰炸机司令部试图摧毁潜艇基地的行动写了一份尖锐的报告："使用所指示的手段无法获得预期结果，保护潜艇的混凝土掩体难以炸穿，即使摧毁整个城镇，也只能对他们的维修工作造成一些阻碍，但无法完全阻止，同时却引起了布列塔尼人的强烈愤怒——他们有些人是英国最好和最坚定的朋友。"[14]

哈里斯完全有理由蔑视这种徒劳无益的行动。希特勒的工程师和工人的工作非常出色。早在一年多以前，潜艇坞就有了16 英尺厚的混凝土顶盖保护；即使是威力最强的炸弹，顶多也只能在这种建筑物的外壳留下一些凹痕。这本应是众所周知的事实，航空侦察已对这些巨大的掩体进行过全面监测和记录。海防总队司令菲利普·朱伯特·德拉费尔泰（Philip Joubert de la Ferte）在 1941 年秋季至少两次给英国空军部写信，敦促"对这些基地进行频繁轰炸"，以阻止它们完工。他的要求遭到轻蔑地拒绝。有人告诉他说，"这种攻击"将使轰炸机司令部袭击德国的行动"受到非常严重和毫无理由的削弱"。[15]

这是一个灾难性的决定，让德国人能够于 1942 年 1 月之前在洛里昂为潜艇基地修好防空掩体。毫不奇怪，美国轰炸机为了摧毁比斯开湾的基地，在 1942 年 10 月 21 日至 3 月 21 日发动过 10 次空袭，然而收效甚微，联合参谋首长团在卡萨布兰卡似乎已经忘记了这些事。数日之后，英国海军大臣就这 10 次袭击向战争内阁提交报告，不得不指出除了炸死一些法国和德国码头工人并使一个干船坞暂时无法使用之外，潜艇坞根本没有受到损坏。[16]

美国人已经失败了，为什么战时内阁现在觉得轰炸机司令部会取得成功，原因尚不清楚。实事求是地说，哈里斯仍然是对的：摧毁比斯开湾基地的命令明显是徒劳无功的。轰炸机司令部对比斯开湾的港口持续发动了 5 个星期的猛烈袭击后，几乎摧毁了一切，只有潜艇坞除外。尽管如此，这个命令还是得继续实施下去，到了 5 月，轰炸机司令部执行了超过 3500 架次任务，损失了 98 架飞机，而潜艇洞库依然完好无损。[17] 奇怪的是，虽然第一海务大臣很熟悉这些情况，但他支持战时内阁的轰炸决定，并且还不遗余力地赞同对比斯开湾潜艇基地进行他所说的“区域轰炸”。[18] 在没有其他解释的情况下，或许可以断定他认为做什么都比不做强。如果是这样的话，他就错了。

这场惨败造成了最恶劣的影响。对于绰号“轰炸机”的哈里斯来说，战时内阁强迫他执行这样的命令，致使战备资源、生命和飞机遭到浪费，倒是一种意外的政治收获，他以此进一步坚持宣称，大西洋海战是防御性的侧翼斗争，轰炸机司令部不应该参与。它也使空军部与海军部在斗争时有了一个强大的武器，自从一年多前哈里斯被任命为总司令以来，两个部门的深仇大恨已经发展到新的程度。

这两个部门之间的紧张关系长期处于闷烧状态，不经意间又让首相点了一把火。丘吉尔坚信——他在 1940 年夏天的闪电战期间明确说过——唯一能够“制胜”德国的方法是“这个国家使用真正的重型轰炸机对纳粹本土发动毁灭一切的攻击”，[19] 给轰炸机司令部开了绿灯，对此它永远不会放弃。即使相反的证据持续增加，即使各方面都在争夺宝贵资源，都无法打破哈里斯的信念，即轰炸机是英国用以摧毁纳粹敌人的最佳手段。但是他摇摆不定，过不了多久，他就会对战略优先目标进行修改，给大西洋海战带来深远的破坏性影响。

皇家空军在1941年6月至7月对德国发动了100次空袭，其间拍摄了大约650张照片，巴特（Butt）对这些照片进行的官方分析显示，在6103架次参与行动的皇家空军轰炸机中，“触及目标区域”的只有“1/5”，英国空军部大言不惭地宣称，这一结果仅仅证明了需要建立“强大的（轰炸机）部队，以通过不精确的手段取得决定性战果”。[20] 空军参谋长查尔斯·波特尔爵士说，巴特的报告表明，在改进的导航技术的帮助下，4000架前线轰炸机将足以摧毁43个德国城镇，迫使大约1500万人逃离家园。他声称可能需要6个月时间来实现这个目标，并向首相保证说，利用一支如此规模的部队，能够获得“打击德国士气的决定性结果”。[21]

波特尔信心满满地提出这一主张时，提到这样一个情况：在几个星期之前，包括第一海务大臣庞德海军元帅在内的军方领袖已经正式向首相提议,应该“对所需部队的规模不设限制”，如果“大规模发动对平民士气的计划性攻击”，就“足以让德国寻求和平”。[22] 巴特的报告显然让丘吉尔有理由对此产生怀疑。这位首相回复波特尔时，对于使用大规模空袭的方法削弱德国士气持谨慎态度，评论说：“自战争开始以来，我们所学到的一切都表明，它对物资和精神的影响都被夸大了。”[23] 但是，当波特尔在回应中重申，轰炸机是“一种制胜武器”，并提醒他说，在数星期前军方领袖商定的战略中，这一评估是核心内容，丘吉尔让步了。虽然他警告说，不要“对这种攻击方式抱有无限信心”，指出即使“德国的所有城镇都被炸成无人区”，第三帝国仍然极可能加强作战，不过他承认，“德国人的士气很可能会崩溃，在实现这一目标时，我们的轰炸将起到非常重要的作用”。[24] 他还特意申明，自己“无意”改变战争内阁最近批准的轰炸政策。此后，当这种情况出现时，丘吉尔几乎总是支持空军部反对海军部。

正是在这种背景下，庞德所称的“天空之战”[25] 此时在两个部门之间爆发，第二海务大臣惠特沃思海军上将描述道：“它比我们与德国佬的战争还要野蛮，这是非常令人失望的，而且是在白费力气。”[26] （见第 143 页）

首相持这样的立场，加剧了部门间这种徒劳无益的斗争。虽然他坚持认为“潜艇威胁”是“我们面临的最大危险”，但却继续与空军部一起反对海军部，几乎使情况确定无疑地发展到灾难性的程度。[27] 如果丘吉尔答应英国海军部的要求，允许从轰炸机司令部大批量转调远程轰炸机执行反潜任务，本可以在数月之前就逆转大西洋海战的战局，而这场海战取胜是跨越海峡登陆法国的先决条件。此外，这样做还可以避免使航运遭遇 1942 年 10 月那种可怕的损失，当时丘吉尔不得不去恳求罗斯福。[28] （见第 426 页）

当然，丘吉尔之所以态度矛盾，并非完全受偏见的影响。这两个部门的主要争斗者都对他喋喋不休地提出相互矛盾的建议。然而，“天空之战”是一场不公平的比赛。海军大臣和第一海务大臣完全不敌空军上将和轰炸机司令部司令。波特尔和哈里斯的双簧表演让人难以招架：前者聪明雄辩；后者好斗顽固，极具丘吉尔式的说话天分。波特尔和哈里斯的“一二把手”组合具有致命的影响力，与之相比，海军大臣 A. V. 亚历山大了无生气、老实温顺，庞德则一脸病容，经常昏昏欲睡。他们两人似乎都不能明确而令人信服地提出替代大面积轰炸的战略方案，在对手言之凿凿的坚定信念面前无能为力。更为根本的是，英国海军部的双人组合从未对丘吉尔及波特尔和哈里斯都持有的这个假设提出疑问，即打击潜艇本质上是“防御性的”，轰炸德国毫无疑问是“进攻性的”。他们在这个概念高地面前退却，也就是在战略之争中认输，以至于还没有要求得到阻止潜艇攻势的飞机，就已经失败了。

1942 年 2 月，即将过 50 岁生日的哈里斯被任命为轰炸机司令部司令，他几乎立即开始为了这个部门的利益进行个人斗争。他小时候智力中等，在德文郡的一所小公立学校里并没有大放异彩，尽管他在橄榄球场上确实展现过坚强的决心［他在 1907 年作为一队队员在达特茅斯参加与皇家海军学院队的比赛，不过并没有逆转悬殊的比分（15 ：0）］。少年哈里斯虽然缺乏独特的才能，但行动果敢。17 岁的时候，这位小“实干家”不顾父亲的失望，提前结束学业，移民到南罗得西亚（现津巴布韦）；他在那里短暂地当过黄金矿工，然后转而投身农业，由于这段经历，他一直憧憬着拥有自己的牧场。当第一次世界大战于 1914 年爆发时，自视为罗得西亚爱国者的哈里斯参加了陆军，后来飞到英格兰，进入皇家飞行队。他的飞行天赋很快得到认可，24 岁就执掌了英国第一个轰炸机中队（第 38 中队，

1918年被并入新成立的英国皇家空军)。

此时，他已经树立了严格执行纪律、重效率轻友情的声誉。他性格坚强，举止令人生畏，没有立即与手下打成一片，尽管有人喜欢他的恶作剧嗜好。他有个令人尴尬的习惯：邀请下级军官到自己的官邸用餐时，会在其中一个人的椅子上放个放屁坐垫，显然引起了很大的欢乐。但是他作为一名飞行员取得的成就（以及他对自己的安全明显无所顾忌），使他赢得了手下人的钦佩。他特别直言不讳，不怕自己的职业生涯会受到影响，也给上司留下了深刻印象。他对英国皇家空军的不足进行苛刻批评，公开鄙视陆军，对英国皇家海军的态度更为轻蔑。他可能激怒了一些人，但这是他的人格力量，事实证明并没有对他的晋升造成任何阻碍。1937年，他成为空军准将，1941年升任空军副参谋长，当他被任命为轰炸机司令部司令时，加衔空军中将。

波特尔已经让战时内阁批准了区域轰炸政策，而在性格和态度方面，没有人比哈里斯更适合实施区域轰炸政策了。亚瑟·哈里斯此时已经成为爵士，他的道德指南针只指向他认为唯一正确的道路，不会因为虚妄的人性或仁慈的本性而动摇。他在别人面前也毫不隐瞒，他的传记作者称他的一个中队指挥官这样说："我们都爱他，他是如此血腥且不人道。"[29]他深信不分男女老幼地杀死德国人，不仅是让敌人集体屈服的最好方法，也是唯一的方法，因为冷血而固执，他无视一切与此相反的证据。他相信，要打败一个民族，必须摧毁他们的反抗意志。他也不太容许批评或异议。

那些在轰炸机司令部工作的参谋人员都知道，干什么都比与冷漠而肆无忌惮的总司令对着干强。他的团队成员之一巴夫顿（Bufton）空军上校（后来升任为空军准将）抱怨说：“哈里斯用铁棒统治他的参谋人员，有效地防止任何人不按他的想法行事。”[30] 他也使用相似方法，排斥了来自上层的矛盾性思想。空军上将威尔弗雷德·弗里曼（Wilfred Freeman）爵士负责探索发动空袭更有效的方法，当他敦促哈里斯扩大日间轰炸实验时，哈里斯直截了当地告诉这位上司，他提出的建议既代价高昂又毫无意义。弗里曼空军上将勃然大怒，给哈里斯回信说，自己已经“习惯了你的蛮横作风、无理言辞和浮夸，但我不习惯被人说，我为了实验一个在你看来是错误的想法，提出有意让别人去冒生命危险的方案——你就是这个意思。如果你能执行接到的命令，我会很高兴”。[31] 哈里斯毫不在乎，坚称只会执行“我可以提出正式异议的官方指示”。[32] 弗里曼让步了。

并非只有哈里斯持这样的信念，在他的周围，有一群志同道合的拥护者。到此时为止，影响力最大的是丘吉尔的心腹科学顾问弗雷德里克·林德曼（Frederick Lindemann）教授。经首相推动，林德曼在 1941 年被封为彻韦尔（Cherwell）男爵，并被委以主计大臣的要职，在内阁中拥有一席之地。彻韦尔勋爵的傲慢并不亚于哈里斯，尽管他更聪明。他的特殊才能是引用统计数据，这些数字似乎为区域轰炸的效果提供了科学依据，这位出生于德国的科学家无论在内心和意识形态上都相信这一点。

1942 年 3 月，针对这种方法，他给丘吉尔提供了一种明显有说服力的解释。从德国空军袭击伯明翰和赫尔等英国城市的效果推断，他认为使用1万架轰炸机能够把58%的德国城镇中“绝大多数”人口驱离“家园”，并且预测到1943年年中就能拥有这么多飞机。他推测，这种规模的轰炸能够大大削弱敌方士气，“使德国人民精神崩溃”。毫不奇怪，波特尔和空军大臣阿奇博尔德·辛克莱爵士对彻韦尔的报告感到如获至宝，断定它“简单、清晰、令人信服”。[33]他们提出，要想实现拟议的目标，政府需要提供合适的手段，他们不仅建议必须以彻韦尔预测的速度生产轰炸机，而且不得将它们转用于任何其他任务。丘吉尔同意了。

彻韦尔对那些质疑其分析的人不屑一顾。当科学上的老对手、航空委员会主席亨利·蒂泽德（Henry Tizard）爵士公然质疑彻韦尔的数字时，他不予理会，因为他自信能在首相那边说得上话，而蒂泽德不行。1942年4月15日，蒂泽德写信说：“恐怕我会认为，你对事实的表述方式是极具误导性的，可能导致政府做出完全错误的决定，从而给战争带来灾难性后果。我还认为，你得出的事实也是错误的。”[34]彻韦尔的回复十分尖刻，他反驳道：“对于我的简单计算，我很想听听你认为有什么错误，在我看来，我的计算完全是不证自明的……我的论文是想表明，我们利用有战斗力的空军，真的可以通过轰炸建筑区而造成大规模破坏。”[35]这番话不仅傲慢，而且不诚实。彻韦尔的报告太过夸大区域轰炸的效果，其证据不足以证明其结论。

这位首席科学家的数据在很大程度上依靠的是约翰·伯纳尔（John Bernal）教授和索利·朱克曼（Solly Zuckerman）教授对伯明翰和赫尔轰炸的后果所做的调查，但他只是从支持自己结论的角度去解读两位教授的研究，扎克曼后来抱怨说，他的结论“直接违背”了两位作者的发现。伯纳尔和扎克曼在报告（直到彻韦尔的论文发表 10 天后才公开）中写道：

> 在这两个城市，系列或单次空袭都没有造成明显恐慌……当然，在这两个城市，实际袭击都引发了一定程度的惊恐和焦虑……但没有激起任何足以引发大规模反社会行为的情况。对这两个城市的健康状况，都没有可以衡量的效果。[36]

要么彻韦尔误解了这些发现，要么他是有意进行曲解。不管是什么情况，至少当时可得到的事实表明，用大规模轰炸德国的方式打击平民士气更多地基于一厢情愿而非有效证据，而这种战术在 1942 年 4 月 14 日成为轰炸机司令部的正式指导方针。

这种误解造成的影响对于大战尤其是大西洋海战的进行具有极为重要的意义。部署远程轰炸机以保护北大西洋护航运输队的案例不仅具有说服力，而且在一年前已经获得了明确证实。1941 年春天，通常由丘吉尔亲自领导的大西洋海战委员会（战时内阁的一个小组委员会）曾敦促“应尽快使用远程飞机增援海防总队”，还特别提到“充分进行空中合作，潜艇应该会发现无法阻拦我们的任何护航运输队”。[37] 几个月过后，即到了 12 月，戏剧性的 HG76 事件发生了（见第 300 页），飞机在持续 6 天的护航运输队战斗中发挥了决定性作用，已经以无可辩驳的事实说明了问题；仅仅因为一架轰炸机，德国的进攻就被迫取消，“狼群”不得不一再进行规避，而且那只是轰炸机司令部转交给海防总队的第一批少量远程轰炸机中的一架。之后，护航指挥官“约翰尼”·沃克海军上校正式建议说，飞机在保护护航运输队方面“绝对具有不可估量的价值”。然而，尽管有这样的证据，战时内阁并未采取行动，英国海军部继续处在没有发言权的地位。作为与沃克齐名的同僚之一，唐纳德·麦金太尔海军上校指出，海军部的失败“重新验证了在HG76的战斗中学到的老教训，（其中）最大的教训就是如果想击败潜艇群的攻击，必须持续进行空中掩护”，它毫无必要地推迟了大西洋战场胜负揭晓的时刻。[38]

唯一能够在整个北大西洋覆盖全部护航运输队航线的飞机是美国制造的“解放者I型”，其航程可达2700英里。美国从1941年夏天就开始向英国皇家空军提供这种版本的B-24轰炸机，但由于“天空之战”，海防总队最初只分到9架这种超远程（VLR）飞机。此外，由于它们必须进行改装以增加其航程，因此直到那年9月份才开始服役。它们很快就取得战果。在特里·布洛克（Terry Bulloch）空军上尉（他将成为一名功勋卓著的传奇飞行员）的率领下，机智的120中队成员开创了在大西洋中部最大化利用飞行时间的方法，10月份首次对潜艇发动攻击。[39]但是到了1941年年底，他们的很多飞机因为缺乏在大西洋上经常遇到的恶劣天气下飞行所需的配件而停飞。结果到了1942年年初，120中队“日渐消瘦”。[40]海军大臣亚历山大毫不掩饰愤怒，警告说如果商船以目前的速度继续沉没，到这一年的年底就会出现“危险情况”；他表示，如果没有远程轰炸机的支持，可用于保护运输队的战舰数量将“完全不足以应对我们现在预期的狼群战术”。[41] 次月，他向大西洋海战委员会递交了一份备忘录，敦促在分配远程飞机时，应该优先补足海防总队的缺口，轰炸机司令部次之；几天后，他要求将 9 个中队的美国 B-24 和 B-17 型飞机从轰炸机司令部移交给海防总队，以堵上大西洋的“防空豁口”。[42] 第一海务大臣很快追随他，主动要求召开一次战时内阁会议，并且直率地表示：“如果我们输掉海战，我们将输掉整个战争。当我们无法维持那些对我们至关重要的交通时，我们就输掉了海战。”[43] 他警告说，商船（运载物资）和油轮（运载燃油）的损失现在可能使盟军在战场上的行动陷入瘫痪，他要求海防总队配备的陆基战机应该从 500 架多一点增加到将近 2000 架。[44] 英国空军部被吓呆了。波特尔 5 天后以牙还牙：

> 轰炸机司令部通过对德国主要工业区采取进攻行动，能够最有力地削弱潜艇攻势……将（英国皇家空军的轰炸机）转变为一个低效率的防御角色，在任何时候都是错误的。现在是我们即将发动空袭进攻的时候，对此我们抱有更高期望，它将使我们能够在德国士气低落时对德国进行沉重而集中的打击，将轰炸机调走更是荒谬。[45]

3 月 19 日（此前一天，相互争斗的部门在战时内阁国防委员会没有达成共识），帝国总参谋长艾伦 · 布鲁克在日记中疲怠地写道："照首相目前的情绪，他想继续对德国进行空袭，不可能为陆军或海军提供足够的支持。"[46]这预示了未来几个月的形势。一次又一次，海军将领提出的要求被英国空军部拒绝，英国空军部知道，这样做总会得到首相的支持。彬彬有礼的海防总队司令菲利普·朱伯特反思这种奇怪的困境，记录了大西洋委员会内部发生的"多次战斗"，"大臣（亚历山大）得到参谋人员的支持，间或还有海防总队司令（朱伯特本人）的友好的呼应，努力争取用于海战的空中力量……但轰炸机司令部总是获胜。"[47]

1942年5月初，庞德变得非常焦虑，以至于他再一次采取攻势，要求"十万火急"增加"必要"的飞机数量，"以保护我们至关重要的海上交通线"。这一次，他迎来了三位最资深的同僚来支持自己。福布斯、坎宁安和托维三位海军上将（皇家海军三位最高级的指挥官）结成一个强大的三人组，他们如今对战时内阁一直未能注意到这些警告感到愤怒。他们提出采取极端行动——与内阁大臣们摊牌："海上局势如此严重，是时候表明态度了，哪怕这会导致他们的长官采取辞职的极端方式。"[48]然而时机已经错过了。

庞德未能让人信服，其中一部分问题在于个性。他错误地认为，只要拿出一个坚实案例，就足以让人们承认事实；为了挑战空军部用来反对他的潜在假设和可疑统计，他耗尽了才智与精力。对于第一海务大臣在重要的参谋长委员会中的表现，布鲁克在日记中留下了大量的轻蔑评论。他有很多这样的观察，有一次他指出："在这场我们参与的可能有史以来规模最大的帝国战争中，像他这样老态龙钟的人几乎不可能在参谋长委员会发挥应有的作用。在 75% 应该工作的时间里，他都在睡觉。”[49] 如果布鲁克当时知道第一海务大臣已经受到脑肿瘤的折磨，第二年就会因此去世，同情无疑会使轻蔑缓和许多。然而，他持续写下的评论清楚地表明了为什么庞德不断在“天空之战”中失利。

约翰·肯尼迪少将作为丘吉尔的军事行动参谋和布鲁克的密友，注意到由于“不适当的人员制造混乱并提出不合理的错误建议”，英国海军部和空军部深受相互斗争的困扰，他建议应该命令这两个部门联合制订一份文件，把相互冲突的观点列出来，让首相来决定。布鲁克明白，这样做只会加剧海空两部的紧张关系，所以拒绝了这一建议，这促使肯尼迪写道：“由于目前的轰炸政策，我们在海洋和陆地上付出的代价确实很高。”后来他回忆说：“丘吉尔痴迷于轰炸德国，导致海军极其缺乏出海执行任务的远程轰炸机，（这是）对我们的首要战争方向进行批评的唯一有充分根据的理由。”[50] 他的话非常准确。

丘吉尔被轰炸机司令部催眠了。哈里斯善于自抬身价，这方面只有伯纳德·蒙哥马利将军可以与其媲美，上任之初，他就在迎合公众舆论。1942 年 5 月 30 日晚，1000 架轰炸机从英国的各个基地起飞，袭击目标是科隆。这是“世界历史上最大规模集结的空中力量”，但是正如马克斯·黑斯廷斯爵士所注意到的，“1000 架飞机这个数字在军事上并没有魔力。让白厅着迷的只是对大众想象、政客、美国人和苏联人可能带来的影响”。[51] 哈里斯向参加行动的空勤人员做了简报之后，万无一失地发给了新闻界。他告诉手下将士，利用一支如此强大的力量，轰炸机司令部抓到一个独一无二的机会“打击敌人，这不仅会震撼整个德国，而且会震撼整个世界……如果你们每个人都取得成功，那么敌人的命门将会遭到最恐怖和最具毁灭性的打击。让他自作自受——对着下巴猛击”。[52]蒙哥马利也不过如此。

如哈里斯所愿，这场宣传引起极大的反响，但作战的实质成果却稍显逊色。虽然科隆有1.2万余间房屋被毁或受损，4.5万人无家可归，随后的影像证据显示，“与投入的兵力相比，科隆受到的长期性损害被证明是极其轻微的”。[53]然而，哈里斯兴高采烈地告诉《每日快报》的读者：“如果我能够每天晚上向德国派遣1000架轰炸机，那么战争将会在秋天结束。我们将不间断地轰炸德国……当美国和我们都投入这样一支强大的兵力，德国人会尖叫着求饶，这一天就要来临。”[54]这种话不仅受到大众媒体的读者欢迎，而且他的手下也喜欢听。尽管哈里斯与机组人员保持着距离——他很少走出办公室去访问轰炸机的基地——但他会像手下人那样说话，这是其他大多数同僚无法效仿的。他在轰炸机司令部的地位几乎不可能更高了。

丘吉尔兴高采烈。他向哈里斯祝贺轰炸机司令部的“最高级别”成就及参战官兵的“勇气和技术”，并且威胁性地补充道：“英国轰炸机部队力量日益强大的证据也是德国未来命运的预兆，一个城市接一个城市轰炸，从现在开始。”[55]哈里斯则说：“我们将要从头到脚鞭笞第三帝国。”[56]如果只是在一定程度上无法遏制胸中的火焰，丘吉尔和哈里斯可以说是志趣相投。哈里斯在接手轰炸机司令部后不久，在契克斯庄园*受到热情款待，似乎获准在餐桌旁大谈特谈自己的信念，这引起了海军同僚的嫉妒和恼怒。虽然丘吉尔和他始终没有成为密友——丘吉尔觉得这位空军少将“确实粗鲁”，明显让人感到烦恼——不过两人显然相互钦佩。[57]哈里斯毫不犹豫地利用与首相接触的机会，为轰炸机司令部争取利益，打压英国海军部。他不顾礼仪，绕开正式的指挥体系，写长信取悦丘吉尔，遣词造句经常毫无节制，即使那些与他志同道合的人看到他的过度热情也会感到尴尬。

1942年6月，即在千架轰炸机空袭科隆之后不久，他给首相发了一份“私人而秘密”的备忘录，宣布：“迅速而彻底的胜利在等候首先将空中力量用在其应当使用之处的一方。”他吹嘘自己的空袭行动可以“在几个月内将德国逐出战争”，并且无视已知的事实，宣称科隆已被“几乎完全摧毁”，他尤其谴责将英国皇家空军的轰炸机用于：

> 进一步强化已经过度膨胀的纯粹防御性的海防总队等机构，它们基本上没有取得什么成果，对于我们的生存或敌人的失败都没有作用……因此，海防总队只是胜利的障碍……当我们能够相对轻松地消灭敌方潜艇和海上力量的来源时，为什么还要在细枝末节上浪费精力？[58]

令人难以置信的是，哈里斯极其愚蠢的判断在丘吉尔的心

---

* 契克斯庄园是英国首相的官方乡间别墅。——编者注

目中相当有分量，如此正中这位空军少将的下怀。然而，他表现出的好斗意图不仅反映了英国首相本人的倾向，而且在战争领袖听来可能十分悦耳。战争领袖被小心谨慎的军事和政治顾问所包围，这些人的职责是确定挑战的复杂性，并在针对任何特定行动方案提交自己的建议之前拿出一系列备选方案。哈里斯对这种模棱两可的方式感到不耐烦。

斯塔福·克里普斯爵士是到海威科姆参观轰炸机司令部总部的几位内阁大臣之一，他警告说，哈里斯的报告过于粗糙，并没有得到部分战时内阁成员的青睐。克里普斯建议说："如果你对自己的表达形式更加谨慎一些，我认为你会更好地表达出自己的观点，并且得到更多收获。"哈里斯讥讽地反驳道："我若是外交官，苍天不容——看看外交官把我们带到哪里去了。"[59] 尽管如此，他决定接受克里普斯的提议，对自己的很多战略文件中的一篇进行重新起草，结果是丘吉尔命令将这份文件在战时内阁中分发，这是一个获得首相认可的显著标志。

然而在大多数情况下，哈里斯的书信和文件在风格和内容上都无所顾忌，不管可能会冒犯谁。有一次，他极其唐突地宣称应该把分配到中东地区的英国皇家空军飞机归还给轰炸机司令部，这种话甚至引起顶头上司的愤怒。空军参谋长波特尔威严地反驳道："我认为你的信既不匹配你的智力，也对打赢战争没有什么帮助。它在语气和内容方面都是错误的。"[60] 即使哈里斯对这种斥责感到一丝害臊，也没有表现出一丁点悔悟，毫无疑问他注意到战时内阁内外都倾向于支持其轰炸行动，这使他拥有他人难以企及的自由。

英国海军部缺乏如哈里斯这般强势、如波特尔这般显赫或者如彻韦尔这般有影响力的人来推动其主张。虽然朴素低调的庞德尽了最大努力，但永远不可能压倒这个强大的三人组合。在哈里斯上任后不久，庞德就在传递于他们之间的一份例行文件的空白边上写了一个便条：

我希望让你们听一个故事，给你们看一份刚刚生效的文件，内容是除非我们像敌人一样，在海战中得到最低限度的空中力量支持，否则将会有输掉海战的危险。这样也会导致其他不利后果，比如你们的轰炸机还会不会有汽油可用？[61]

这样亲切和善的讽刺对哈里斯不起效果，他甚至没有屈尊接受挑战进行反击。

1942年7月25日，海防总队司令朱伯特绝望地写信给庞德，提醒他不要忘记，盟军油轮的损失速度比建造速度更快，而巨大的物质和宝贵生命损失意味着“我们无法按时和按预期规模发动取胜所必需的攻势”。[62]他们的抗议无济于事。

白厅无休无止地进行争吵，海军上将邓尼茨成了主要受益者。这是个意外的收获。从一开始，他就非常清楚飞机对他潜艇部队可能造成什么威胁。到1941年年底，海防总队在英国海岸周围逐渐扩大短程和中程轰炸机巡航规模，迫使他向更远的海域进行战术撤退。到1942年晚春，如英国海军部预测的那样，“狼群”开始集结于所谓的大西洋鸿沟，由于轰炸机司令部坚决不向海军让步，它们通常可以来去自如。即便如此，浮出水面的潜艇偶尔会发现自己处在某架海防总队飞机的打击范围之内，即使后果不会致命，也总是令人惊恐。邓尼茨曾经得到一幅他最成功的王牌艇长之一赖因哈德·祖伦所画的图解说明，描述了一架英国战机几乎不知道从什么地方突然出现在头顶时发生的事情。那一天风平浪静，天气晴朗，U-564 正在尾随一支运输队航行，祖伦希望为自己长长的功劳簿再添一笔：

我已经站了 5 个小时。1 个小时内，夜幕就会降临。在我们前面，地平线像蚀刻一样清晰。20 分钟之后，在艇艏右舷方向，桅顶出现了。护航运输队！……几乎就在发送无线电信号的时候，瞭望员已经喊道“飞机！”我们很清楚，我们的巡逻队中还有另外 3 艘潜艇，熟悉的声音再次响起——“警报！”“下潜！下潜！”飞机肯定已经发现我们了。当我跳到艇里时，5 号水箱开始嘶嘶作响。作为最后一个进艇的人，我关闭了身后的舱门。我们大角度滑入潜艇内部。在大约 60 米水深处，我下令改为平浮。现在深水炸弹肯定会像雨点般落向我们，当它们爆炸时，让潜艇保持平浮总是很重要的……没有任何深水炸弹的迹象，所以我们再次小心翼翼上浮……潜艇处在潜望镜深度。我快速环顾，飞机消失了。上浮！我用肉眼环顾四周，什么都没有发现——但是护航运输队也不见踪迹了，就是我们刚才看到的桅杆顶尖。大海再次把它们隐藏了。[63]

错失这类机会是德国潜艇司令深感沮丧的根源。他在 9 月份指出："通过系统性地逼迫潜艇下潜，使得它们在黄昏时分失去目标，从而破坏了所有（潜）艇在夜晚无月光的前 4 个小时里的最佳攻击机会。"[64] 结果它们的猎物通常平安逃脱。一旦被迫下潜，潜艇在水下只能依赖电池驱动，速度仅能达到 7 节，不仅不会比猎物快，而且往往更慢。在白天，即使它们从"B 部门"得到了运输队的准确位置，也需要花费很长时间，在水面上以 17 节全速行驶，再次追赶目标；当遇到某支运输队得到航空母舰护航的这种罕见的情况时，几乎很难躲过空投深水炸弹带来的灾难。但是大多数时候，这种情况不足为虑，因为大西洋上空的超远程轰炸机非常少。

到这个时候，大西洋鸿沟的杀戮地带已经有一些收缩了。中程轰炸机和远程飞机的数量逐渐增加，特别是 B-17（更为人所知的名称是"飞行堡垒"）能够飞到距离格陵兰岛、冰岛和北爱尔兰基地 800 英里远的海域，为运输队提供空中掩护。即便如此，海洋中仍然有一个长宽大约各为 300 英里的区域，运输队在那里很脆弱，用邓尼茨的话来说就是，"我们可以肯定它们没有任何空中掩护"。[65] 英国空军部一直拒绝向海防总队提供足够数量的"解放者"式超远程轰炸机，因此空中掩护无法覆盖这些危险水域，这让邓尼茨感到惊讶和宽慰，他称自己"严重关切"它们的部署可能很快会达到封锁鸿沟的效果。[66] 结果恰恰相反，到 1942 年的四季度，潜艇似乎就要赢得大西洋吨位战了。

庞德竭尽全力将这个情况反映给他的同僚和政客们。10 月 5 日，他甚至警告英国危在旦夕，向国防委员会表示："我们已经丢掉了海上交通线的大部分控制权。这已经对英国的生存和进攻能力产生了深远影响，并且还将持续下去。”[67] 以他的低调风格，这话说得几乎不能再清楚了。但是，他又一次遭到拒绝。10 月 24 日，丘吉尔显然被哈里斯的豪言壮语迷住了，对庞德的话不为所动，指示战时内阁：“目前，尽管潜艇造成了损失，但是轰炸机攻势应该在我们的空中行动中占据首位。”[68]

第一海务大臣坚持不懈。当波特尔宣布，不久之后轰炸机司令部将拥有多达 6000 架能够打击德国基础设施的重型飞机时，庞德重申了他在 4 个月前反驳哈里斯时提到的有力观点：按照目前的情况，英国皇家空军每年消耗 100 万吨燃料；为了使 6000 架轰炸机投入使用，轰炸机司令部需要消耗 5 倍的燃油，而这些燃油只能通过油轮运输队送到英国，而且它们只有在大西洋鸿沟得到保护避开“狼群”的情况下才能安全抵达。只要潜艇几乎没有受到空中威胁，这个目标就不可能实现。用空军少将约翰·斯莱瑟（John Slessor，他将于 1943 年 2 月接替朱伯特领导海防总队）的话来说，“绝大多数”“运输队遭受的可怕损失”都发生在这片 9 万平方英里的遥远海域中。[69] 除非能够说服轰炸机司令部让出更多其数量不断增加的超远程轰炸机，否则不可能覆盖大西洋鸿沟，而空军参谋长天真地想象的 6000 架轰炸机仍将是一场白日梦。

英国海军部的困境可能是由波特尔引起的，但是美国军方领袖却使这种困境更为恶化了。美国参谋长联席会议和英国空军参谋长一样坚定地认为，他们的远程轰炸机应该用于直接打击德国的“进攻性”行动，而不是浪费在大西洋的“防御性”行动上。与此同时，尽管金海军上将认识到大西洋航运损失统计中埋藏的恐怖情况正在显现，但他还是选择将美国的远程轰炸机分配到其他战场——要么是太平洋，而斯莱瑟指出，太平洋的“潜艇威胁几乎不存在”；[70] 要么用于在摩洛哥海岸保护美国运输队，用斯莱瑟的话来说就是，它们白费力气地“在几乎没有可能发现任何潜艇的区域……进行彻底搜寻”。[71] 这位空军少将愤怒地指出，所有这一切都发生在迫切需要利用每一架可用的远程轰炸机对付北大西洋的严峻威胁的时候。

亚历山大和庞德数月以来争取“解放者”式超远程轰炸机未取得太大进展，到了那年秋天，他们得到英国海军部作战研究主管帕特里克·布莱克特（Patrick Blackett）教授的有力支持。作为一名杰出的科学家（后来他获得了诺贝尔物理学奖），布莱克特支持从统计数据中得出的事实，反对彻韦尔提交给战时内阁的狂热和富有想象力的轰炸德国计划。完全忽略布莱克特的分析是不可能的，即使那些不得不根据其分析做出决策的人不能完全理解它们。布莱克特领导的部门编制出一份重要的统计报告，在数字上向彻韦尔及其空军部助手提出无可争议的挑战。他利用一切有效证据，得出一系列详细的计算结果，且毫无争议地表明，一支由 200 架远程和超远程轰炸机组成的部队不仅会对 1943 年的大西洋海战做出决定性的贡献，而且能够比轰炸德国更有效地保护运输队。他后来写道：

根据空中掩护效力的数据可以计算出，一架“解放者”式远程轰炸机从冰岛起飞，在大西洋中部掩护运输队，在大约 30 架次飞行的使用期中至少可拯救 6 艘商船。如果用于轰炸柏林，同样的飞机在其使用期中只能投下不到 100 吨炸弹，顶多炸死十来个男女老幼并且摧毁一些房屋。毋庸置疑，拯救 6 艘商船及其船员和货物对盟军的战事更具价值，杀掉一二十名敌方百姓、摧毁一些房屋以及对生产造成某些小阻碍相比而言就没有太大意义。难点在于让人们相信这些数字。[72]

他们的报告缺乏支持者的原因很简单：作为反潜战委员会的成员（从 1942 年 11 月开始，这个委员会每周都开会，与大西洋海战委员会一起工作），彻韦尔的话对首相有影响力，布莱克特却没有这个条件。

然而，两位西方领袖对这一严重的错误判断必须要负最终责任。丘吉尔曾以多种方式在多个场合重申航运"马上会成为我们战争的战略瓶颈和唯一基础"这个基本事实，他清楚地了解到远程轰炸机在粉碎潜艇战的过程中发挥的关键作用。但是，轰炸德国是他的冲动，几乎总是压倒这个紧要任务。因此，他在 11 月下旬向罗斯福发了一封长电报，特别指出远程轰炸机是"猎杀潜艇的最强大的武器之一"，但同时明确表示，无意将英国皇家空军的"解放者"从"空袭德国"的行动中调走。[73] 罗斯福没有提出异议。他和丘吉尔一样，不仅想尽力打击德国，而且把轰炸行动视为说服斯大林的最有力手段——除了在欧洲开辟第二战场——他们两人都在竭尽全力通过摧毁敌方基础设施的方式缓解红军的压力。

这两位西方领袖和他们的军政助手几乎都被"进攻"和"防御"的错误划分束缚住了。把足够的"解放者"式超远程轰炸机用于在北大西洋反潜作战和轰炸科隆一样，完全具有“进攻性”，但是他们不能理解这一点。更重要的是，要想确保击败纳粹德国，这样部署轰炸机是必要的先决条件。在 1942 年，有大量“解放者”式轰炸机可供使用，如果当时他们认识到这一基本事实，那么在数月之前就可以将大西洋海战的局面逆转过来。事实上，海防总队到 1943 年 1 月只有一个超远程轰炸机中队，12 架能够投入作战的飞机。对于即将达到惊人高峰期的潜艇行动，这些飞机根本不够用。

19

万死一生

1943 年年初，海上风暴与开战以来的其他任何时候一样恶劣而持久，狂风在北大西洋掀起滔天巨浪，使战舰、商船和潜艇上的人们都感到敬畏和惊恐，他们一边要与天气搏斗，一边要相互作战。整个战争中最激烈的运输队战斗即将到来，这种恶劣环境与此很是相配。

在这种天气条件下，潜艇中的人就像在一台地狱般的洗衣机里被抛来抛去。“巨浪将冰冷的海水洪流冲上指挥塔顶，沿着舱口向下流进控制室，”汉斯·戈贝勒（Hans Goebeler）写道，“我们控制室里的水手很悲惨，必须一坐几个小时不能动，周期性地浸泡在冰冷的盐水中。当我们浑身湿透时，海水中的盐会烧灼我们的眼睛。身上干了之后，留下来的盐渍使我们全身发痒。我们诅咒这该死的冬季天气。”[1]

在 U–230 中，赫伯特·维尔纳（Herbert Werner）海军少尉一个星期又一个星期地忍受着大西洋有史以来最恶劣的天气：

大海不停地翻腾、冒泡、跳跃……U–230 在排山倒海般的汹涌旋涡中挣扎着；它被一个滔天巨浪抛入空中，再被一个巨浪捕获，然后又被埋在另一个巨浪的波涛中。刺骨的寒风在狂野的海面上吹过，速度高达每小时150英里……值班时，狂风驱动着雪花、冰雨、冰雹和冰浪惩罚我们……我们待在不停摇晃的钢铁小艇里，它上下猛烈运动，把我们推到甲板上，再掀起来，我们像木偶一样被扔来扔去。[2]

对于那些在运输队中航行的人来说，虽然潜艇在暴风雨高峰期几乎不可能准确地发射鱼雷，但这算不上什么安慰，因为满载货物的商船很容易被凶猛的大浪吞没。“圣桑尼瓦号”本来是航行在阿伯丁和设得兰群岛之间的苏格兰渡轮，作为救援船加入大西洋运输队，由于天气恶化，这艘船被包裹上沉重的冰层，1月23日倾覆，导致64人遇难。第二天，“塔马塔夫市号”遭遇飓风袭击，船舵被巨浪拍碎，失去了转向能力，运输队司令、海军上将斯塔德霍姆·布朗里格（Studholme Brownrigg）爵士和所有船员都被淹死。毫不奇怪，那些不得不忍受这些海上恐怖的人把这种天气也视作敌对力量，完全和逡巡的“狼群”一样可怕。唐纳德·麦金太尔海军上校在撰写自己的经历时指出：“我们能够对付我们了解的敌人，但是邪恶凶猛的大西洋狂风呼啸着抽向我们，它们掀起高过我们头顶的山峰般的大浪，很多时候会让我心惊胆战。”[3]

事实上，虽然大西洋的恶劣天气对战争有所影响，但并没有改变消耗战这一性质，这场战争如今已经持续了将近3年半，双方都没有表现出任何妥协的迹象。相反，战争日趋激烈的趋势是与其越来越清晰的重要意义相对应的：如果潜艇获胜，西方盟国将无法维持它们已经开始推行的全球战略；相反，如果盟军占到上风，那么纳粹必将面临最终毁灭。

在大西洋海战的最后阶段开始时，优势看起来显然在潜艇一边。1 月份，尽管天气极其骇人，它们总共击沉了 38 艘商船，其中 15 艘是随护航运输队航行的。2 月份，这一数字急剧上升。HX224 运输队由 57 艘船组成，在 2 月 2 日的一场剧烈风暴中，运输队中的"耶利米·范·兰塞勒号"被 U-456 发射的鱼雷击中，船身被炸出两个洞。一些惊恐的船员还没等到评估损坏状况（事实证明这艘船并没有坏到无法修复的地步），就放下救生艇，其中两艘立即倾覆。另一些人从船上跳下去，朝救生艇游去。这艘船的 71 名船员和武装警卫中，有 46 人丧生，包括船长卢修斯·韦布（Lucius Webb）。次日，U-632 击沉了一艘载有 1.2 万吨燃油的英国油轮"科德利亚号"，船上 47 名人员几乎全部遇难，唯一幸存的船员被该潜艇救上来。

在搭救船员的过程中，U-632 的艇长获得一个极具价值的情报。这名倒霉的囚犯在接受审讯时，无意中透露出 HX224 后面紧紧跟着另一支缓慢航行的 SC118 运输队。潜艇司令部迅速接到这个情报，数小时内，20 艘潜艇赶过来拦截这 64 艘商船。* 当它们包围 SC118 运输队时，赫伯特·维尔纳海军少尉在 U-230

---

* 也许有些自相矛盾，布莱克特教授已经从统计学上证明，一支 60 艘船的运输队的护航舰艇数量只需要比 30 艘船的运输队的护航舰艇数量多三分之一，即可达到同样的保护效果。这种效率提升意味着，丘吉尔提出的每支运输队不超过 35 艘船的原则不再适用。

上“冒着暴雪，在黑暗和狂怒的海洋上”瞭望。[4]他指出，当他发现一队迂回航行的驱逐舰保护着“一串阴影”时，能见度“接近于零”。有一次，他极其清晰地看到其中一艘驱逐舰驶入“高耸的巨浪”，其火炮“贴到了大洋的水面”，看到这一景象，他暗自思忖自己“在潜艇上更安全”，“不管给什么价钱，也不会换到水面舰艇上去”。U-230向运输队发射了几枚鱼雷，不过一枚也没有击中目标。但是U-456取得了更大的成功。维尔纳看到“三次巨大的爆炸将烈焰和火花喷射到天空中。然后火焰低落下来，三艘货轮悄无声息地燃烧，它们的起重机怪异地指向夜空”。在接下来的三天时间里，“狼群”又击沉了另外5艘船，445人丧生，其中272人乘坐的是“亨利·R. 马洛里号”运兵船，它在30分钟内沉没了，显然没有时间发出求救信号。尽管有12艘战舰护航，但SC118运输队的船只数量是普通标准的两倍多，有8艘船被击沉，2月份在大西洋损失的船只共计63艘。

事实证明，3月份的情况更加糟糕。16日，邓尼茨从柏林的司令部发出一项命令：“全体潜艇继续以最大速度驶向运输队，坐标方格BD14。60多艘船只以9节的速度向东北航行。”这个命令开启了三支“狼群”和两支盟军护航运输队——SC122和HX229——之间的战斗，它将使英国海军部惊惶失措。

在加速冲向大西洋鸿沟的潜艇中，有一艘是U-230。尽管“与暴风雪和敌人搏斗了7个星期而感到极度疲劳”，但是维尔纳和他的艇员们士气高涨。数天前，他们在一支由69艘商船组成的缓慢运输队（SC121）中用鱼雷成功袭击了两艘货船，而这支运输队共有12艘船被一个由23艘潜艇组成的“狼群”击沉。不仅如此，U-230还躲过了3艘护航驱逐舰发动的报复性袭击，“在一场地狱音乐会中”，驱逐舰追踪了9个小时，在它周围至少投下40枚深水炸弹。现在，“经过一个狂风呼啸和短暂暴风雪的夜晚”之后，它们靠近了SC122，维尔纳想象着“运输队的军官和水手一直对被发现、袭击、毁灭、伤残、杀戮等威胁保持警惕”。

16日晚上10点40分，U-230的瞭望员喊道：“左舷阴影，距离6500（米）。这就是全体船队。”保罗·西格曼（Paul Siegmann）海军上校命令他的潜艇机动到射程之内，并准备对准其中一个模糊的目标发动攻击，据维尔纳说，那些船只看起来好像是“昆虫大小的斑点，沿着月光隐隐约约照亮的地平线移动”。当这艘潜艇进入距离运输队4000米的范围之内时，西格曼让潜艇转身，打算从艇艉发射管发射鱼雷，然后逃离。大约30分钟后：

第一艘驱逐舰突然从内封锁线的黑暗中冲了出来。几分钟后，它在我们和运输队之间高速巡航，然后再次改变航线……U-230前进到足够远的位置，让西格曼转入攻击阵地。但当我们一转过身，艇身就开始剧烈晃动，导致我们的白色尾迹扩散开来，在月光下像熊熊火炬一样闪着光芒，泄露了我们的行踪。

驱逐舰没有注意到这个明显的证据。维尔纳专心地用双筒望远镜观察，等待西格曼下达命令，向远方在大海中俯仰颠簸的船只发射鱼雷，“它们的桅杆沿着地平线竖立着，像沉重的栅栏”。当维尔纳准备开火时，U-230的一名海军中尉轻轻推了推他，低声说道：“后方驱逐舰，快速靠近。”当两艘护航舰艇向他们破浪驶来的时候，他环顾四周，看到“从前甲板和舰桥涌进来的白色泡沫”。突然，西格曼大声喊道：“副艇长，选择你的目标！”“发射管，1到5号，准备！”维尔纳朝下面的舱口喊道：“准备，准备！”传来回复。由于潜艇可能受到追击驱逐舰的火力打击，处境极端危险，他瞄准了运输队中“最胖的目标”。然后西格曼喊道：“时间到，副艇长射击！”当潜艇急速转弯逃脱敌舰追击时，维尔纳5次拉动发射机构。当他们开始逃跑时，艇员们“听到三声剧烈的爆炸声。在炫目的闪光照耀下，无数货船、驱逐舰和拖船显露出来，其中三艘船燃起大火，像漂浮的火炬”。鱼雷全部发射出去后，U-230设法逃脱了护航舰艇的追踪。当他们向布雷斯特返航时，西格曼有点夸张地向邓尼茨的司令部吹嘘他们在之前几个星期取得的多次胜利。维尔纳自己写道，他对“我们的辉煌胜利感到非常高兴。这个世界上的一切似乎都很好”。

U-230的成功很快被其他潜艇再现。3月18日午后不久，U-221从运输队中穿过，其艇长汉斯-哈特韦格·特洛杰（Hans-Hartwig Trojer）海军中尉先击沉了“沃尔特·G. 格里沙姆号”，导致27人丧生，之后又瞄准另一个容易的目标。“加拿大之星号”的三副基沃思（Keyworth）看到两枚鱼雷向他这边直冲过来，他绝望地用力转动舵轮，力图创造出奇迹。当他这样做时，其中一枚鱼雷撞入发动机室，另一枚鱼雷冲进冷藏室。“加拿大之星号”立刻从尾部开始下沉。船长罗伯特·米勒（Robert Miller）下令弃船。24 名乘客——在远东和印度服役的军官及其家人——在救生艇站集合。4 艘筏子被平安放下，但 2 艘救生艇在汹涌的大海中被打翻。基沃思就在其中一艘救生艇上，无助地看着海水从船舷倾泻到他那灌了水的救生艇里：“我们束手无策，海水横扫了整个小艇。我看到那些人的眼睛茫然无光，一个接一个地，最终松开了紧抓着的手，在救生艇内外随波漂荡，最终彻底被冲走。”[5]

这艘船的木工决定留在船上。当船艉竖向天空时，他向下面的一名官员喊道：“再见，先生，只要活着，生活就是美好的。”然后故意“直接走进一直冲到后甲板的海浪中，就像一条被鲸鱼吞噬的小鱼”。[6] 在几天前登上“加拿大之星号”的 84 人里，有 34 人被淹死、冻死，或者只是失去了生存的意志。随着战斗日趋激烈，水手们和他们的船只永远消失在海面之下，一系列不为人知的悲剧把大西洋变为永不磨灭的印记。

三艘护航舰艇受命追击施袭潜艇，潜艇探测器确定该潜艇位于运输队后方海面下的某个地方，它们据此进行搜索。当它们迅速从商船中间穿过时，“志愿者号”（HMS Volunteer）上的军医上尉汉弗莱·奥斯蒙德（Humphrey Osmond）看到两艘正在下沉的商船、一艘陷入困境的救生艇和一名孤身紧抱圆木的男子：

勇敢、正派和仁慈的年轻舰长在大约 5 分钟时间里必须决定——救幸存者还是追踪潜艇？这是一个可怕的难题。我们艰难地从他们旁边驶过时，船长大声喊着："我们会回来的！"……我相信，舰长在余生中永远忘不了这个决定。他永远无法确定自己做的是否正确，因为我们没能消灭潜艇。[7]

商船船员们基本上没有战争经验，而且来自很多不同的国家，并非所有的船员都强烈渴望胜利也就不足为奇。有时候，一些船员的行为并不像有关海战的传奇故事中那样英勇非凡。由于船东不负责任，没有向船员提供救生所需的基本设备和训练，使情况更为恶化，混乱和无能也经常导致生命损失比正常情况下更高。在这种情况下，美国海军官方历史学家指出：

商船已经毫无必要地损失了4年，那里有许多英雄主义和自我牺牲的行为，（但是）令人伤心的是，在商船上同样发现了疏忽、无纪律和粗心的情况：救生艇倾覆，系艇索断裂，中了鱼雷的船只还没停下就抛下救生艇和救生筏，找不到舵柄，救生带装备不足，救生筏没有配备援救落海者的抛索，昂贵的救生服被遗弃，救生衣上缺乏可以让救援人员把浑身油污的幸存者拉出来的吊带或把手。[8]

然而，在这些可怕的环境下，生存意志通常能发挥重要作用。当"南方公主号"和"艾琳妮·杜邦号"接连遇袭时，"特科阿号"的舰长艾伯特·霍肯（Albert Hocken）脱离队伍并拯救幸存者。"船员们各处漂散，他们的救生衣上闪着红灯，就像在水面上铺了一层萤火虫。有些人吹响口哨，还有人则疯狂地喊叫。”[9] 在接下来的 4 个小时里，“特科阿号”的船员冒着风险营救了至少 146 人，这些人本来是死路一条，而这个英雄壮举几乎不为人知。很多救生筏受到巨浪的猛烈拍击，“纳里瓦号”去救援其中的一艘。这艘货轮的二副记录道：“随着救生筏靠近，我们能听到这些可怜的、浑身湿透的潜艇袭击受害者们哭叫着救命，我们在咆哮的狂风中能够听到有声音在使劲唱着‘她是一个少女，来自兰开夏郡，只是一个少女，来自兰开夏郡’。我们不知道该笑还是该哭。”[10] 此时此刻，大约有 40 艘潜艇组成三道巡逻线，攻击两支运输队。运输队共有 110 艘满载货物的货轮，由 13 艘舰艇护航。在几天时间里，即从 3 月 16 日至 19 日，这两支运输队遭到整个大西洋海战期间最猛烈的潜艇攻击，这样的攻击规模表明，邓尼茨可能就要实现自己的最终目标了。

在柏林，德国海军在庆祝最新的杀戮狂欢。3 月 19 日，潜艇司令部吹嘘说：“总计有 32 艘船和 1 艘驱逐舰被击沉，总吨位达 13.6 万吨……这是单次运输队战斗中取得的最大战果，更加值得赞叹的是，近一半参战潜艇至少击中了一次目标。”[11] 事实上，在两支运输队的 110 艘船中，只有 21 艘货船沉没，不过它们装载了 14.1 万吨补给物资，损失情况比邓尼茨所说的还要严重。HX229 和 SC122 遭到毁灭性打击，使潜艇屠杀达到可怕的高潮，在 20 多天时间里，已有超过 50 万吨的船只葬身海底。

这些损失在伦敦和华盛顿引发严重恐慌。海军将领们确实极为担心连接英国和北美的运输队航线可能会被切断，对着统计数据陷入沉思。这些数字显示，当月从世界各地往来于英国的船只以各种方式损失了 97 艘，其中有 2/3 是以运输队的形式航行的——而运输队是已知唯一能把损失限制在可接受水平的手段。在这样的困境中，英国海军部的高官们为了找到解脱方法绞尽了脑汁。有一段时间，他们突然想做出最极端的选择。海军部财政司司长霍尔勋爵到利物浦的德比大厦拜访西部水道司令部的总部时偶然透露说，他们的高层“秘密主张应该放弃护航运输队系统，让商船自己想办法穿越大西洋”。[12] 或者如海军正式提出的，“看来我们不应该继续（认为）运输队是一种有效的防御手段”。[13] 护航运输队系统是英国海军部海上战略的关键所在，海军部提出放弃它的绝望建议，只能用这样一个事实来解释，即海军将领们当时一定觉得“失败就在眼前”。[14] 甚至讨论这个问题就是检验英国海军部是否被恐惧所控制的一种标准，这种强烈的感觉反映在当年年底《海军参谋部评论》的正式记录中：“在 1943 年 3 月的头 20 天里，德国人从未如此接近切断新世界与旧世界之间的交通。”[15] 当他们凝视深渊时，几乎可以清晰地看到记忆中的恐惧让他们战栗。

似乎只有一个人没有陷入这种集体恐慌。海军上将马克斯·霍顿（Max Horton）爵士在 1942 年 11 月即将结束时接替诺布尔海军上将，担任西部水道司令部司令。为了维持手下人的士气，诺布尔做了很多工作，诺布尔监督新的训练计划，为他们提供最新的技术设备，与他们一起出海，亲自了解他们的困境。然而执掌这个部门 18 个月之后，他被转调到轻松一点但要求极高的职位，担任驻华盛顿的英国海军使团负责人；由于他的性格和蔼可亲，举止沉稳平静，所以非常适合做这项工作。相比之下，他的继任者直率粗鲁，专心致志，充满无限的精力。霍顿的一个缺点是喜欢彻夜打桥牌，而且心血来潮时会随意支使手下的军官。在德比大厦度过一个漫长的夜晚之后，他的问话让搭档约翰·格斯特（John Guest）海军少校感到惊讶："你打高尔夫吗？"当格斯特承认经常打高尔夫球，但解释说手边没有球杆时，霍顿觉得不可思议："什么，一位海军军官不带着自己的球杆？"[16] 格斯特说自己把球杆放在沃金的家里了，这位海军上将派了一辆车开到萨里，把格斯特的球杆运到利物浦，尽管汽油还要配给。

霍顿作风专横，有时可以说是冷酷，掩盖了他头脑善于分析的长处；霍顿的一位同僚断定，他不仅"在他的作战和管理行动中表现出色"，而且"对德国佬会做什么有一种直觉，这是非常不可思议的"。[17] 他在 1914 年至 1918 年的第一次世界大战中担任过潜艇指挥官，对与潜艇战行动相关的极其复杂的事物——人员和技术——有着无与伦比的把握，因而能够脱颖而出。他在这方面的才能及其他品质与大西洋海战中的主要对手势均力敌，海军官方历史学家写道："凭借知识和洞察力、钢铁般的决心和驱动力，毫无疑问，他是对抗邓尼茨的合适人选。"[18]

和邓尼茨一样，霍顿早在职业生涯初期就表现出雷厉风行的特质。1924 年，一位上级军官理由充分地赞扬他："严守纪律，尽职尽责，对工作充满热情，而且极具感染力，周围人都感觉得到。你若决心去做，必将实现一切。”这位上司的话与那位年轻德国军官得到的赞扬极为相似。[19]根据彼得·格雷顿海军上校的说法，霍顿担任新职务后不能容忍失败，“会快刀斩乱麻地处理不称职者”。[20]对于那些不能严格满足他的标准的人，他会让其离开德比大厦的参谋部，如果那些人在海上服役，就不会让他们继续待在受自己指挥的船上。他热衷于训练，在会议上会拍着桌子下达指示：“用训练换取经验，而不是对敌作战时再学习经验。”[21]据他的另一名下属军官说，他依靠“个人兴趣”“驱赶，驱赶，再驱赶”手下军官和工作人员，“他的兴趣非常强烈，几乎超越了他自己的——完全正确的——目标”。因此他的一位崇拜者指出：“他永不满足地进行调查，那些负责训练的人对此极为害怕，以至于他们更在意的是拿出令他满意的结果，而不是让船只做好对抗敌人的准备。”[22]然而他并没有固执到听不进合理的建议；当一位同事大胆指出，他的霸道态度可能会产生反作用，他的态度明显和缓起来了。

霍顿和邓尼茨都非常清楚，虽然训练不足的人会在战斗中失利，但训练有素的人也只有在装备得当的情况下才能获胜。德国和盟军高级将领们都知道，战争的最终结果不仅仅取决于船只、潜艇和飞机或者训练有素的船员——尽管所有这些都是必不可少的。为了掌握主动，参战者也必须赢得技术大战。到3月下旬，尽管当月遭受了严重损失，霍顿仍然暗自相信，至少在这场战役中，盟军将很快占据优势地位。

这场竞赛的核心是快速开发更精确的手段，以定位和摧毁目标，无论它们是货轮还是潜艇。为实现这一目标，英国皇家海军的技术装备已经进行了数月的艰苦组装，但还不能全面投入使用。不过，就在英国海军部的高官们想着潜艇即将在大西洋获得灾难性的胜利时，那些负责设计更有效的战争手段的科学家、工程师、设计师和技术人员做出种种努力，即将改变大西洋的力量平衡。

到1943年春天，相当一部分护航舰艇配备了高频测向仪（或称HF/DF，通常称之为Huff-Duff）。该系统甚至可以监测到潜艇之间发送的最简短信号，或者“狼群”和潜艇司令部之间来往的电报，并将潜艇标示为荧光屏上的光点。高频测向仪无法测出与传输信号的船距离有多远，只是显示一个方向，可以派遣一艘护航舰艇追踪可能存在的潜艇，希望迫使其潜入水中，防止它机动到足以向运输队发射鱼雷的距离。

意义更为重大的是，新型雷达设备可以在大西洋上使用了，战舰和飞机都有了这个能力。实际上，这些新型雷达是设在英格兰南部海岸的陆基雷达站的微型版，在不列颠空战期间，那些雷达站给英国皇家空军战斗机司令部提供了德国空军即将入侵的早期预警。这些雷达站在战争初期都处于原始发展阶段，虽然可以把早期设备塞进海防总队的轰炸机舱内，但它们无法测出距离，而且清晰度不高，难以大范围应用。当邓尼茨在1942年秋季给潜艇部队安装了名为Metox 600的雷达探测装置进行反制时，它们几乎变得毫无用处。Metox 600能够在视距外探测到来袭飞机。当发现这种情况时，它会发出警报，潜艇将急速下潜至安全位置。

然而到了 1943 年春天，盟军开发出一种 10 厘米波长的雷达，从而使海战发生革命性变化。正如邓尼茨很快发现的那样，这个系统的探测距离和清晰度在数年前似乎还难以想象，如今它成了英国武器库中的致命武器。它的最大探测距离为60英里，可以识别 12 英里以外的潜艇指挥塔，并且保持锁定，直到飞行员接近到足以极为精确地投掷航弹或深水炸弹的距离。由于 Metox 600 无法探测到 10 厘米的雷达波，这个新系统很快就成为潜艇艇员巨大恐惧的根源，因为他们知道没有对付的方法。

然而霍顿非常清楚，没有一定的纪律、训练和技术，他们无法赢得大西洋海战。1942 年 11 月 19 日，即他接掌西部水道司令部的那一天，他写信给海军大臣及其同事，警告说："除非很快拥有合理数量的长续航驱逐舰和远程飞机，否则极其严峻的情况还会在大西洋生命线上出现。"[23]

驱逐舰成为他的新"支援小组"的前锋，每个小组的构成都如同一支骑兵部队，专门为猎杀威胁运输队的巡航潜艇进行训练和装备。在这方面，霍顿的攻击性本能与英国首相很相似，在担任海军大臣期间，丘吉尔一直渴望创建类似的舰队来掌控大海。然而，霍顿的支援小组有着更为有限和明确的任务。他的"骑兵旅"不会"一次又一次地疯狂追逐"，而是按照计划协调行动，不仅与运输队的护航舰艇密切配合，与超远程轰炸机也是如此。霍顿知道这些飞机应该已经部署完毕，坚持要求这样做："我坚信，只有让训练有素的支援小组与足够数量的超远程飞机合作，才能找到解决德国潜艇威胁的方法。"[24] 当英国海军部同意在北大西洋组建 5 支这样的小组时，他坚持不懈为支援小组争取支持的努力有了回报——他的前任早就提出过这样的方案，但没有引起注意。然而截至 1943 年 3 月，这些小组即将出去打击潜艇时，仍没有完成霍顿所坚持的强化训练演习；而且由于仍然明显缺乏超远程轰炸机，邓尼茨完全有理由认为大西洋海战的天平依旧向着自己的方向严重倾斜。情况确实如此——但不会持续太久。

事实上霍顿没有权力从空军部征用超远程轰炸机，但这并不妨碍他充满激情地推动这项事业。1943 年 1 月，他收获斯塔福·克里普斯爵士（比霍顿入主德比大厦稍早一些，被任命为飞机制造大臣）的支持。据霍顿说，克里普斯宣称“超远程飞机是解决潜艇威胁的真正方案”，然后继续抱怨说：

> 英国海军部从来没有就超远程飞机提出过清晰详细的要求。他们不说详细原因，就要求为海防总队配备更多飞机，这主要是因为他们的需求不明确，海军在过去没有考虑清楚何种飞机合适。他再次表示……在他提出建议之前，（海军）从未要求得到超远程飞机。[25]

这位雄心勃勃的大臣可能真的相信他所说的话；若非如此，他的上述断言就是对事实的严重歪曲。然而，霍顿非常聪明，不会对这位大臣的礼物挑三拣四，即使这位自私自利的大臣唐突地宣称，正是因为他于 11 月份在新成立的反潜战委员会中为英国海军部谋利，战时内阁的这个小组委员会才同意在 1943 年 3 月底之前暂时分配给海防总队 39 架超远程“解放者”

式飞机。很少有人认为这一承诺会得到兑现，直到 1 月份召开卡萨布兰卡会议，联合参谋首长团一致认为，解除潜艇威胁应该是“调用联合国家资源面临的第一要务”。与此同时，他们的参谋人员证实，需要 80 架超远程轰炸机才能覆盖大西洋鸿沟。联合参谋首长团在接受这一建议时，决定在 4 月初按照半数的比例——经过适当修改——交付给海防总队。事实上，由于一系列延误，海防总队在这个承诺日期到来之前只得到了不超过 20 架能够在大西洋鸿沟行动的作战飞机，这为时已晚，无法逆转当月到来的灾难。

3 月商船损失的情况使人们感到震撼，那些长期拒绝面对事实的人终于睁开了眼睛。SC122 和 HX229 遭到打击数天后，第一海务大臣警告反潜战委员会说，大西洋现在已经“挤满”了潜艇，不可能再躲开它们，因此“我们必须从它们中间为运输队杀出一条血路”。[26] 这种灾难性的前景显然对空军上将产生了影响，他最终承认他的部队再也无法回避大西洋危机。对于庞德一再迫切提出的得到更多超远程轰炸机的要求，波特尔在 3 月 22 日做出回应，承诺最迟在 8 月份之前向海防总队提供不少于 150 架“解放者”。两天后，他不仅确认了这一点，而且还补充了一个引人注目的承诺：会议记录显示，波特尔表示“他非常确信，打击威胁运输队的潜艇的政策是正确的”，所有已经指定提前交付给海防总队的“解放者”也将被转为执行超远程任务。[27]

丘吉尔的心腹顾问彻韦尔勋爵对波特尔态度的大转弯感到恼火。他进行直接反击，第二天写信给首相，讽刺地评论说：“用

1000吨［原文如此］袭击40多个德国大城市中的某个城市所造成的破坏……击沉400艘潜艇中的一艘并救下5500艘船只中的三四艘，各有什么优势很难比较。”他熟知怎样影响首相，又补充了一个中听的政治理由：“苏联和我们肯定都相信，轰炸机攻势必将对1943年的战争进程产生更直接的影响。”[28]作为首相的心腹，他了解国家机密，因此知道斯大林对于推迟开辟第二战场感到不满，并且熟悉丘吉尔的想法，即对德国城市进行区域轰炸即使没有其他用处，也会受到莫斯科的青睐。

当“轰炸机”哈里斯听说空军上将改变主意时，其反应到了夸张的程度，甚至就他本人的作风而言也是极不寻常的。他抗议说，将“解放者”从进攻德国的行动中调走将是“灾难性的”，坚持认为轰炸机司令部与苏联人协调行动，“只需数月时间，即使不能迫使德国退出战争，也可以将其击退到本国边界”。[29]这次轮到他被忽略了。尽管彻韦尔和哈里斯会继续争辩，但是参谋长委员会——在很大程度上要归功于波特尔的转变——已经做出了一项决定，很快将改变英国在大西洋的命运。

虽然丘吉尔和英国海军部一样对3月份的失利感到沮丧，但他还有其他的事情需要考虑。令他感到非常欣慰和满意的是，6个月前的“火炬”登陆行动已经完成，几乎没有发生任何不幸的事故。为了向10万名盟军参战官兵提供保护和补给，满足他们的所有需要，不仅英国海军部被迫推迟、重组和改变从亚洲和非洲驶往英国的航运，而且出于同样的目的，丘吉尔和罗斯福还把北冰洋运输队推迟了近3个月，直到12月底才重新开始，这让斯大林感到愤怒。如今他们又要在 3 月份做同样的事了——必须告知斯大林，并给他一个可信的解释。

虽然 11 月份在摩洛哥和阿尔及利亚实施的登陆行动几乎没有遇到任何问题，但是在冬季天气、经验不足的美国大兵和战场上的严重战术错误的共同作用下，盟军向突尼斯进军的步伐受到拖累。与此同时，北非的轴心国军队已经得到 20 万经受过战斗考验的部队增援，其中大部分是在“火炬行动”后的数周内从德国空运而来的。由于遇到他们的抵抗，英美的胜利时间表被大大推迟了，直到 3 月份，隆美尔的部队才被盟军的钳形攻势所包围。在这几个星期的时间里，盟军的海军在海防总队支援下，受命为在大西洋上往返的运兵船和补给船提供掩护，并为北非的部队提供支持。

然而，随着轴心国在北非败局已定，罗斯福和丘吉尔将目光投向了地中海战争的下一阶段：进攻意大利和击败第三帝国。盟军航运已经在大西洋遭遇严重损失，北非登陆行动给其带来了压力，如今这个压力将会进一步加大。

西西里岛进攻计划的代号为“哈士奇行动”，将是一场由数十万盟军参加的两栖进攻，北非部队司令德怀特·艾森豪威尔将军任总指挥。该行动需要的船舶和登陆艇数量与“火炬行动”差不多。由于迫切需要在大西洋上部署更多战舰，打击威胁英国大西洋生命线的潜艇，很明显在某些地方要付出某些东西——而且具体是什么地方几乎没有什么争议。西方盟国又一次——已经是第三次——必须告知斯大林将暂停派遣北冰洋运输队。罗斯福和丘吉尔都不喜欢这样的情况。

1月的卡萨布兰卡会议结束之后，这两位西方领导人立即联名写了一封信，向斯大林通报他们在接下来9个月里的军事计划。他们写道："我们相信，这些行动加上你们强大的攻势，可能会让德国在1943年投降。"做出这个引人注目但极不靠谱的预言之后，他们开始勾画在西西里岛"尽早发动大规模两栖作战"的意图；"在英国集结一支强大的美国陆军和空军"，做好"只要时机成熟"就跨过英吉利海峡进攻纳粹欧洲占领区的准备；同时，"迅速"加大轰炸德国的力度。[30]丘吉尔在两周后进一步发电报，甚至描绘出"8月份发起跨越海峡行动"或者"9月份投入更强大部队"的前景。不过他补充说，确切时间将"取决于此时德国在整个海峡对面可能的防御情况"。[31]

迄今为止，斯大林还没有被这种许诺诱惑过，即使他不觉得丘吉尔缺乏诚意，也明显能够从信中的含糊其词和补充说明看出虚伪：

从你的信中可以明显看出，你们设想在8月至9月间开辟第二战场，特别是在法国方面。在我看来，目前的情况要求尽最大可能加快推进所设想的行动……为了不给敌人任何喘息的机会，在春季或初夏从西方进行打击是非常重要的，不要推迟到今年下半年。[32]

斯大林发来这封电报的时候，丘吉尔正好发着高烧躺在床上。X光检查显示，他的肺部有阴影。虽然他的医生莫兰（Moran）勋爵并不觉得有太大问题，但是这位69年来几乎不知道病为何物的首相对于确诊患上了肺炎感到有些担忧。莫兰召来了一位顾问医师杰弗里·马歇尔（Geoffrey Marshall），马歇尔为丘吉尔开了药，力劝丘吉尔休息到康复为止，并以诙谐的方式警告说，如果首相抵挡不住“这位老人的朋友”，肺炎可能会变得更糟。丘吉尔问为什么。“因为它会悄悄地带着老人离开。”马歇尔回答道。这显然触动了丘吉尔。按照莫兰的说法，首相比自己的医生“对待疾病更认真”；[33] 他当然确定不应该低估这段他所描述的“令人非常不愉快的经历”，并告诉哈利·霍普金斯等人说，他“已经过了一段糟糕的日子，还很容易变得更糟”。[34] 他许诺阅读《摩尔·弗兰德斯》来让自己放松，只处理最紧急的官方文件，其中包括他与斯大林的通信。

2 月 24 日，丘吉尔还在卧床不起，他认为明智之举是向苏联领导人发信，解释自己“发着高烧”，无法答复最近收到的电报，但在接下来的几天里，他“希望发给您有关全局情况的更多信息”。[35] 事实上，又过了两个星期，斯大林才又一次接到他的信。丘吉尔在这封电报中多多少少重复了前面所说的话，向苏联领导人保证第二战场仍然会在 8 月份开辟，但警告说这一行动所需的运力正在被其他地方不断增长的需求所挤占：要为散布在从直布罗陀到加尔各答的 6300 英里战线上的 38 个英军师提供保护和补给；要维持北非盟军的行动和太平洋地区的对日行动；要避免已被“削减到最低限度”的英国进口物资受到进一步削减。他总结说，所有这一切意味着“我们可以支配的航运力量及护航手段”根本不足以运送提早举行跨英吉利海峡登陆所需的那种规模的美军。[36]

毫不奇怪，斯大林认为自己受到了愚弄。3 月中旬，他分别给丘吉尔和罗斯福写信，语气却都一样：

我认为，为了我们的共同事业，我必须强烈警告，进一步拖延开辟第二战场存在严重的风险……这就是为什么您和丘吉尔先生在回信中对于开辟欧洲第二战场的含糊其词引起了我的关注。[37]

从斯大林的角度来看，更糟的还在后面。3 月 24 日，即 SC122 和 HX229 遭遇挫折后没几天，丘吉尔和罗斯福终于确认，将不得不再次取消计划在未来几个月内派遣的北冰洋运输队。英国首相认为，对于英国为了维持北冰洋运输队而被迫付出的牺牲，苏联没有表现出感激之情，他在年初已经感到非常愤慨。当苏联大使伊万·迈斯基在 1 月份指责英国人不诚实，涉嫌不按承诺数量为 1943 年的第一支运输队分配商船时，丘吉尔指示艾登、亚历山大和庞德说："应该让迈斯基知道，对于苏联人这些喋喋不休的抱怨，我的忍耐已经到了极限，想找我的碴不会再有一点用。"无论是否还有怨恨，他现在似乎更愿意扮黑脸来传递坏消息。因此，经过罗斯福的同意，他于 3 月 30 日向苏联领导人发电报明确说：

我们认为，唯一正确的是立刻让您知道，5 月初之后不可能继续通过北方航线派遣运输队；因为从那时起，需要将几乎每一艘护航舰艇用于支援我们在地中海的进攻行动，留下最低限度的舰艇保护我们的大西洋生命线。在大西洋方面，我们在过去 3 个星期里遭到几乎前所未有的严重损失。[38]

斯大林立即做出回复：

我对这一意外行动的理解是英美供应给苏联的补给和军用原材料将出现灾难性削减。你们当然意识得到这种情况肯定会影响苏联军队的处境。[39]

情况可能更糟。丘吉尔做好了接受各种抨击的准备，从欺诈到背叛不一而足。这位首相反其道而行之，以和缓的语气回应斯大林的谴责——然而没有做出丝毫让步。斯大林则以一种令人惊讶的亲切回答对他表示支持，他在评论北非的盟军攻势时写道："英美在突尼斯的进攻势如破竹，在打击希特勒和墨索里尼的战争中是一个重要的成功。我希望你们消灭敌人，并尽可能多地得到俘虏和战利品。你们不给希特勒喘息的机会，我们很高兴。"[40]

或许斯大林认识到了他的西方盟国所面临的真正困境，因为一方面，他们的战舰和货轮都严重短缺，另一方面，"狼群"在大西洋出现惊人的增长，他们绞尽脑汁用有限的资源来克服这个双重魔咒。但在斯大林令人惊讶地表示赞同的背后，是东线军事行动取得重要进展。苏联军队终于转入进攻了。

经历了战争史上最艰苦和最具毁灭性的一场战役之后，德国人终于从斯大林格勒撤退了，红军得以迅速向西推进，重新夺回库尔斯克和哈尔科夫。此外，希特勒命令他的部队撤出高加索地区。自两年前发动“巴巴罗萨行动”以来，德军首次在苏联战场全线遇到压力。虽然列宁格勒仍处于包围之中（并且直到 1944 年 1 月 27 日才解除封锁，约有 150 万名军人和平民因此丧生），但德国坦克已无法再威胁莫斯科。在未来几个月的时间里，装甲部队将为了实现希特勒的想象而痛苦地战斗，但他们的所有反攻都是徒劳无功的。优势的天平从希特勒那一边永久地转向了斯大林这一边。

20

戏剧性转折

U-230的艇员结束了3月份的胜利征程，休整完毕后于1943年4月24日从布雷斯特出发前往大西洋鸿沟。在岸上，他们放纵地庆祝。虽然有些朋友回去看望家人，但克雷默海军上尉仍然在执勤。这是一个轻松的守卫任务。他抽出时间在法国乡间散步，徜徉在第9舰队的乡村度假胜地新堡，他在那里吃得很好，在大理石浴缸里放松，在图书馆里探索。有一次，他与一群同僚军官到镇上的一家夜总会里尝鲜。灯火通明的酒吧里挤满了衣着性感的女孩，她们殷勤地让“客人”喝香槟。维尔纳和一个自称雅尼娜的女孩一起跳舞，之后他们看了一部情色电影，他在她怀中来了个常规结局。但是在漫漫长夜中，他总是会想到大西洋海战。他被记忆中的“鱼雷、深水炸弹和炸弹的隆隆爆炸声”所困扰，[1] 想起那些回不来的军官，他感到不安，尽管SC122和HX229已经受到沉重打击，但海战的优势平衡正在发生变化，而且不是向更好的方向发展。

当U-230从比斯开湾的锚地驶向运输队的航线时，艇员们心情忧郁。就在一个月前，当他们的战友对这两支运输队进行猛烈袭击时，邓尼茨用鼓励的电报催促他们：“勇敢！坚持！继续这样！”[2]这种激励却没再起到效果。由于U-230的艇员从返航的同僚们讲述的经历中了解到，比斯开湾突然变成了一个非常危险的“炸弹通道”，几乎没有机会逃脱。就像赫伯特·维尔纳所说的那样，现在任何前往大西洋鸿沟的潜艇都不得不玩一场生死攸关的“捉迷藏”游戏，直到他们摆脱海防总队的“威灵顿”式轰炸机。[3]

3月的第一周，传出警报，当时U-333平安结束了48天的行动，返航时突然被一道从天而降的耀眼灯光照亮。在刺眼的强力探照灯的光芒下，艇员们惊恐地抬起头，发现一架低空飞行的双引擎飞机“突然从黑暗中跳出来”，向他们直冲过来。[4]U-333的艇长瓦尔特·施瓦夫（Walter Schwaff）海军上尉非常机敏地命令炮手向来袭飞机开火射击。这架海防总队的“惠灵顿”式轰炸机一下子被火焰吞没，但是从U-333的指挥塔上低空掠过，在坠入大海之前，其机组人员设法投下了四枚炸弹。其中两枚击中目标，但一枚未能爆炸，另一枚仅造成表面伤害。

如果不是这种情况，施瓦夫会将击落“威灵顿”视为重要的胜利，但这一次他并没有心情庆祝。他和手下人员与死神擦肩而过，原因显然是一个难以解释的系统故障。几乎和所有其他潜艇一样，U-333在去年秋天已经装备了Metox 600。由于该设备可以在60英里以外预警装备了雷达的来袭飞机，因此海防总队最近在比斯开湾的巡逻和同时期轰炸机司令部对潜艇坞的攻击一样，被证明毫无结果。在1943年的前两个月，海防总队的飞行员偶尔会在海面上看到某艘潜艇，但整个这段时间只击沉了一艘。然而这一次，“惠灵顿”显然设法不被察觉地探测到了 U-333。

因此，当施瓦夫报告 U-333 遇到的险情时，柏林的潜艇司令部感到惊愕。不过邓尼茨很快就根据现有信息推断，英国轰炸机使用的频率一定“不在我们（现有的）无线电定位接收机频率范围之内”[5]——邓尼茨后来承认，对于这个新出现的情况，“我们没有解决办法”。[6] 邓尼茨可能不知道，袭击 U-333 的轰炸机装备了 10 厘米波段的雷达系统，盟军刚刚开始在海防总队的轰炸机和侦察机上安装这种雷达，对此霍顿感到满意。这种装置被称为 ASV III，与之前的雷达相比有着彻底变革。它与安装在飞机机翼下侧的利式强力探照灯相配合，精确而清晰地让毫无防备的目标现形，具有毁灭性威胁。虽然这种雷达装置仍然供应不足，但其交付已经标志着海防总队的战略性胜利。轰炸机司令部利用这项新技术空袭德国，波特尔一直不愿意将其让给海防总队，但新任总司令斯莱瑟说服了空军上将，使其相信这次应该把“迫切需要的”遏制潜艇屠戮置于优先地位。波特尔不仅同意让出 40 套 10 厘米波段雷达装置，而且还被说服将分配给比斯开湾的飞机数量增加一倍。这使得可以巡逻这条 300 英里长、100 英里宽的走廊的飞机总数增加到了 150 架，用斯莱瑟的话说，资源增加“彻底改变了这个海湾的形势”。[7] 此事一举两得，也使那些水域的战略平衡首次决定性地转向了盟国。

邓尼茨对这种事态发展感到忧虑，指出“自 2 月份以来，当很多潜艇从大型运输队战斗中返航时，空中侦察的威胁出现令人警觉的增大”，[8] 并预测“将会有进一步的损失”。[9] 为了对付新的威胁，他指示处在敌机航程范围内的潜艇指挥官在夜间保持下潜，只在白天为电池充电时上浮。当这样做似乎无法消除危险时，他来了个大转弯，命令为所有潜艇装备重型高射炮，命令手下“浮在水面上进行反击”。[10] 起初，这些新武器的出现让英国海军部中的胆怯者惊慌失措，但是斯莱瑟向其机组人员保证：“反击可能会让我们多损失一些飞机，但如果持续下去（这至少是值得怀疑的）无疑意味着将有更多潜艇被击沉。”[11] 他是正确的；一些艇员勇敢地服从邓尼茨的命令，只证明了这是自杀行为。

到处都遇到挫折和威胁，只有像希特勒这样精神错乱的人才能视而不见，在一片暗淡之中，第三帝国只有在大西洋仍然处于攻势。保卢斯将军刚刚在斯大林格勒投降；隆美尔在北非陷入绝境；盟军控制了地中海，掐断了轴心国的补给线，同时集结部队准备进攻意大利；由于需要反击轰炸机司令部的进攻，德国空军已经紧张到了极限。作为第三帝国最高统帅部的成员，邓尼茨非常明白，现在大西洋海战对希特勒实现其未来世界愿景至关重要；用他的传记作者的话来说：“德国仅剩的进攻力量就是潜艇部队，很自然地会用它进行绝望一击，打破失败的循环。”[12] 尽管邓尼茨在 3 月份获得了成功，但他并不相信大西洋上的战争将会以他想要的方式进行：他需要更多的资源——更多的潜艇，虽然飞机的重要性比较低，但也需要增加，以支持他的“狼群”在大西洋搜寻脆弱的猎物。

1943 年 2 月和 3 月，德国海军新任总司令与元首进行了 4 次长时间的会谈。虽然邓尼茨不厌其烦地表现忠诚和乐观，在四面楚歌中让其领袖继续深陷自欺欺人的想象之中，但他还是忍不住提出他眼中攸关成败的问题。事实证明，第一个此类问题还相对容易解决。他拿出一个明确的需求清单，要求大幅度增加产量。他需要 800 艘新潜艇——设计更好，航程更远——在接下来的 30 个月中，必须以接近一天一艘的速度建造。令邓尼茨感到宽慰的是，希特勒向这位爱将保证，将提供大规模扩充舰队所需的钢铁和其他稀有金属，还要为新型潜艇补充所需的 4 万名艇员。

邓尼茨的另一个迫切需求是两种类型的飞机：消除现在开始在大西洋上空出现的“解放者”影响的超远程轰炸机；还有几个中队的多用途战斗机，以抗衡此时在比斯开湾袭扰潜艇的越来越多的敌方轰炸机。就在英国的“天空之战”进入白热化阶段的时候，德国也发生了类似的离奇斗争。战争开始以来，德国空军就拒绝与海军合作，对此邓尼茨感到沮丧。据邓尼茨说，戈林在任职期间表现得好像“一切会飞的东西都属于我”。[13] 他和邓尼茨相互憎恨，在 1941 年两人第一次发生冲突后，他们之间损人不利己的态度表现得更为强烈了。（见第 173 页）

和波特尔对庞德视而不见一样，戈林坚持不懈地阻挠邓尼茨获得飞机，而客观的观察者都承认，飞机对于成功实施潜艇战至关重要。到 1943 年春天，如今已经与帝国元帅戈林平起平坐的德国海军新任总司令对这种顽固态度感到极为恼怒，开始正面对抗戈林。后来他写道，他们两人之间不只是发生“一点冲突”，其中“最为激烈的一次”就发生在元首面前。邓尼茨怒气冲冲地说：“我拒绝接受这些对海军的批评，建议你最好去看看你自己的德国空军，你在那里想怎么样都行。”这位德国海军总司令高兴地指出，他这次爆发引起了长时间的沉默，之后希特勒“摆手让戈林离开，招摇地邀请我留下来和他共进早餐”。[14] 此时元首的手势已经明确证实，邓尼茨的幸运之星处于上升趋势，而戈林则在衰落之中。

但邓尼茨并没有实现全部心愿。虽然希特勒承诺提供更多“容克－88”式远程战斗机，以缓解潜艇在比斯开湾遇到的困境，但他警告说，在邓尼茨期望的时间里不可能有任何超远程飞机可用。海军元帅对此无可奈何，但没有这些武器——“我们遭受的最严重障碍之一”——还是让他感到沮丧；同年晚些时候，他告诉希特勒：“20世纪是飞机的世纪，德国海军在这个时代被要求在没有空中力量和空中侦察的情况下进行战斗”，“未来的历史学家”会认为“完全不可理解”。[15]

当U-230潜行穿过比斯开湾，进入明显安全的大西洋时，艇员们乐观起来。维尔纳回忆说，当他们在阳光普照的天空下航行在平静的海面上时，“穿越海湾的压力很快就被一系列没有敌机打扰的美丽日子洗刷干净了”。[16] 5月2日，他们接到另一艘潜艇发出的信息，称它击沉了两艘货轮，这使他们更为振奋，期待获得更多战果。他们接到了明确的命令，知道自己要去哪里，知道自己要干什么。

潜艇司令部几乎把大西洋上的所有运输队都为邓尼茨及其

高级参谋人员排列出来了。这并不是因为他的潜艇艇员们目光不够敏锐（虽然他们是这样），而是因为他有“B部门”的详细情报可用，自战争初期以来，该部门破解了英国皇家海军发给海上船只的大部分作战命令以及英国海军部发送的详细标示潜艇部队最新方位的几乎所有的信号。据泰伊海军中校在战后提交给英国海军部的问责报告，自1942年年初以来的一年时间里，“B部门”已经发展到其德国密码分析师可以在数小时内解读80%的截获电报的程度。到1943年春天，他的情报甚至更为深入，据泰伊说：“敌人……正在快速解读大部分北大西洋运输队的往来通信，以至于他经常能提前10到20个小时得到行动和转移的情报。”因此，至关重要的是，“邓尼茨能够预知运输队为了避开潜艇而在航线上所做的改变，从而重新集结‘狼群’打击运输队。潜艇追踪者的耐心和细致的工作实际上被用来对付我们自己的船只”。特别是，HX229和SC122运输队的毁灭可以说“与从我们的通信中获得的情报直接相关”。在很大程度上，这是因为英国海军部没有采取预防措施，未投入所需的适量资金改进代码和密码的安全性。即使数十年之后，我们仍然可以察觉泰伊海军中校研究证据时的恐惧和愤怒，他断定：“由于代码和密码不完善而泄露的情报……不仅使我们在船只和人员方面付出重大代价，而且几乎让我们输掉战争。”[17]

作战情报中心“自鸣得意”，[18]其成员在捕捉和解密“恩尼格玛”时却需要投入很多的心思和精力，这两种情况形成鲜明对比，在第二次世界大战中并非最讽刺的事情。战争结束后，哈里·欣斯利（布莱奇利园4号营房的年轻成员，后来成为英国情报部门的第二次世界大战官方史学家）写道：“从 1941 年 6 月起，海军会定期收到解密的‘恩尼格玛’……对大多数海军行动的结果产生了有力影响，改变了战争进程。”[19]“大多数”这个词是中肯的：布莱奇利园对大西洋海战的贡献当然不能忽略，但顶多是断断续续的，因此对大西洋战场发挥的作用远比不上它在其他战场发挥的作用。尽管艾伦·图灵和他的团队发挥了天才作用，破解了德国人一直认为不可破解的海军“恩尼格玛”，使大量运输队免于驶向设伏的潜艇“狼群”（特别是在 1941 年夏天），不过“超级机密”的使用率通常不是很高。起初这是因为它解密的情报被送到潜艇追踪部门时，要么是不完整的，要么过时了；更确切的原因是“超级机密”在关键时期实际上没有发挥作用。

1942 年的前 6 个月就是一个例子。德国人在元旦期间给海军的“恩尼格玛”密码机增添的第 4 个转子给布莱奇利园制造了极大的困难。图灵的团队立即就遇到阻碍，不再能破解德国的密码；这一场挫折持续了 10 个月，在此过程中，潜艇享受着战争中持续时间最长的“快乐时光”。在“击鼓行动”对美国东海岸造成令人震惊的打击之后，潜艇在大西洋一直横行到秋天。损失状况似乎预示灾难就要发生，英国海军部感到绝望，丘吉尔也极为惊慌。因此，艾伦·图灵的团队在 12 月中旬报告说终于破解了“鲨鱼”时，人们如释重负——“鲨鱼”是由“C”（秘密情报局局长斯图尔特·孟席斯爵士）为这个额外的“密钥”创造的邪恶代号。在那几个月里，它为潜艇活动做出了致命贡献。又一次，人们希望运输队能够避开潜艇。但布莱奇利园带来的安慰是短暂的。

不到3个月之后，即1943年3月10日，作战情报中心再次陷入黑暗之中。两天之前，德国人已经更换了用于向潜艇司令部发送天气报告的密码本，布莱奇利园就是依靠它来破解改进后的"恩尼格玛"的。结果潜艇追踪部门"瞎了"，直到英国皇家海军设法重新弄到一份新密码本的副本，才摆脱这种状态。第一海务大臣颇为沮丧，在发给身处美国华盛顿的副参谋长亨利·摩尔（Henry Moore）将军的电报中，他悲观地写道："'潜艇特别情报'遭受严重挫折。"他警告说这种困境可能在3个月内不会得到改观。[20]情报中断恰好与3月份的灾难性日子相一致，HX229和SC122在此期间受到"狼群"的毁灭性打击。因此，当孟席斯在3月19日向丘吉尔表示3天前布莱奇利园已经再次攻破了"鲨鱼"，人们都松了一口气，当时这两支运输队的残余船只已经度过了最糟糕的时候。然而这一突破并没有让英国海军部得到喘息的机会。邓尼茨如今正把大批潜艇派到北大西洋，即使运输队躲过一个"狼群"，也会碰到另一个"狼群"。表面上看来，比起"超级机密"提供给霍顿将军的情报，邓尼茨从"B部门"得到的情报应该更有用："B部门"可以为邓尼茨确定一个运输队的位置，而"超级机密"无法向西部水道司令部提供任何逃离"狼群"的方法。然而，由于情报以外的原因，事实证明并非如此。

5月份是大西洋海战的关键期。到此时为止，期待已久的超远程轰炸机——配备10厘米波段雷达——已经有效地封锁了大西洋鸿沟。用海防总队司令部司令斯莱瑟的话说，这对盟军运输队的安全起到了“即刻和巨大的影响”。[21]不过发挥作用的不只是“解放者”。装备了短程轰炸机的护航航母终于从地中海和远东地区获得解放，可以护送大多数运输队穿越其航行中最危险的路线。很多驱逐舰、护卫舰和护航舰现在配备了最新的高频测向仪以及新式的10厘米波段雷达系统。它们还有了最新式的武器，如安装在船头的“刺猬炮”，它可以发射出迫击炮弹幕，这些炮弹能够在撤退的潜艇上面碰炸（而不是像深水炸弹那样使用定时器或引信），无论对方是在水面还是水下。

同样重要的是，它们的船员现在都得到受过战争锻炼的指挥官的严格训练和领导。霍顿海军上将的支援小组也随时准备追杀任何胆敢挑战护航舰艇的潜艇，这道保护伞终于变得几乎无懈可击了。事实会证明，大西洋海战的成败不是取决于情报战的输赢，只有双方人员以坚不可摧的意志利用他们所能动用的一切资源来战斗才能取得胜利。

随着U-230驶向任务战场，维尔纳和他的手下为即将发生的战斗做好了准备。连续数日，他们什么都没有发现。在大西洋深处，他们发现一艘孤单的商船，这是一个容易得手的目标，直到他们意识到它是中立国（瑞典）商船，才让它继续不受干扰地航行。有时无线电会传出噼里啪啦的声音，但除此之外几乎没有什么可以扰乱满心的期待，他们既热情又焦虑，所以一直保持着警觉。当听到正在他们的北方活动的另一个“狼群”发出的一连串无线电信号时，U-230舱内的这种气氛发生了巨大变化。当他们消化这些电报的要点时，沮丧一个接一个地冲击着这艘潜艇，他们听到了最糟糕的消息：

5 月 5 日：驱逐舰。攻击。沉没中。U-638。

5 月 5 日：遭驱逐舰攻击。深水炸弹。弃艇。U-531。

5 月 6 日：遭护航舰攻击。沉没中。U-438。

5 月 6 日：飞机。炸弹。遭驱逐舰摧毁。沉没中。U-125。

第二天，尽管潜艇司令部多次询问，但是 U-192 始终未能报告其位置，维尔纳和他的同事们知道，仅仅在 24 个小时多一点的时间里，至少有 5 艘潜艇沉入了北大西洋的海底。所有这些无线电信号都发自大西洋鸿沟，那里是整个大洋中最好的猎杀地带；某些事情肯定出了大问题。

两个星期之前，即 4 月 23 日，ONS5 运输队的 40 多艘货船在 7 艘战舰的护送下，从利物浦出发驶向新斯科舍省的哈利法克斯。在航行的前 5 天，基本上平安无事，只有狂风巨浪的冲击才会打断它们的稳定航行。护航指挥官彼得·格雷顿海军上校在“邓肯号”（HMS Duncan）上催促他的“羊群”突破天气的阻挠，把落后的船只聚拢起来，确保它们不会落在他的战舰在周围编织的保护罩之外，从而暴露在不必要的危险之中。对于格雷顿来说，ONS5 与他曾经在各个危险水域中护送过的很多运输队没什么不同。 4 月 28 日，当这支运输队进入大西洋鸿沟时，“邓肯号”的无线电操作员发现了一艘潜艇发出的信号，这艘潜艇显然就在他们的正前方等候着。格雷顿迅速开始调查，虽然他什么也没有发现，但知道那里有什么东西：“很明显，我们会受到猛烈袭击——恐怖的沉船场面在脑海中再次浮现。”[22]他不知道的是，邓尼茨接到“电子侦察部”的警报后，在 ONS5 的直接航线上部署了至少 39 艘潜艇。

天气状况在恶化，护航舰艇在大海中俯仰颠簸，海水直接冲到甲板上，负责装填深水炸弹的船员浑身湿透，尽管如此，他们还是设法抵御住了第一轮攻击。训练有素的官兵把雷达和高频测向仪结合起来使用，挫败了“狼群”反复努力发动的突袭。然而，飓风在 5 月 1 日开始呼啸着横扫舰队，掀起恐怖的巨浪，运输队陷入停滞状态。由于在没有舵效航速的情况下“顶风停船”，ONS5 实际上处于失控状态，被狂风慢慢地推向距离格陵兰海岸大约 30 英里的浮冰区。

中午时分，格雷顿很高兴地看到“我们的一位老朋友”出现在头顶，那是来自 120 中队的一架“解放者”，从冰岛基地飞行超过 1000 英里后来到这里，“在令人震惊的天气中付出了巨大努力”。[23]“狼群”选择潜入相对舒适的水下躲避风暴，因此也不怕“解放者”打击，无论如何，飞机很快就会因为缺乏燃料而不得不返回基地。到了第二天，即 5 月 2 日，运输队的船只因为风暴而四处散落。有些船距离运输队的核心区达 30 英里，因此危险地暴露了出来。又一次，一架超远程“解放者”来了，此时有 30 架这样的飞机正在大西洋鸿沟上空行动。这架轰炸机的飞行员发挥了关键作用，把多艘走错方向的货轮位置告诉了格雷顿；因此，运输队迅速重新集结，格雷顿得以选择一条绕过危险浮冰区的航线，这些浮冰现在离右舷船头已经非常近了，肉眼都能看见。

那天下午，第三支援小组的 5 艘驱逐舰与运输队会合。它们到来之后，环绕 ONS5 的护航封锁线得到大大加强，当运输队重新驶向哈利法克斯时，有一段时间一切都很平静。在过去几天的风暴中，“邓肯号”一直无法加油，因为海况太差，无法将输油软管从伴随运输队航行的油轮上拉过来。对于格雷顿来说更为糟糕的是，这艘驱逐舰因暴风雨而受到严重损坏，油箱开始泄漏。由于剩下的燃油只够行驶到纽芬兰，格雷顿做出了令人不快的决定，将指挥权移交给“泰河号”（HMS Tay）上的罗伯特·舍伍德（Robert Sherwood）海军中校，而“邓肯号”则蹒跚着离开了战场。格雷顿写道：“我们感到非常沮丧，因为我们觉得我们让团队陷入了困境，同时为自己感到极为羞愧，尽管除了那些在 20 世纪 20 年代决定了这种驱逐舰的续航力的参谋人员之外，没有人应该受到责备。”还有令人更加痛苦的事情，因为他很快就会发现，“我们在 5 月 4 日早上离开之后所发生的故事可能是运输队历史上最激动人心的”。[24]

当天下午，在支援小组的 5 艘驱逐舰中，有 3 艘也因为燃油不足而不得不离开 ONS5。霍顿海军上将意识到这支运输队现在已经危险地暴露出来了，命令停泊在纽芬兰的圣约翰斯的第一支援小组（3 艘护卫舰和 2 艘护航舰）进行救援。这些增援力量需要两天时间才能赶上运输队，在此期间，看起来 ONS5 可能会遭遇堪比 SC122 和 HX229 的可怕命运。几乎可以肯定，邓尼茨获取了英国船只的往来通信，意识到有一个应该迅速利用的时间窗口。他向潜艇们发出信号：“你们的位置比以往任何时候都更好，不要高估你们的敌人，要迎头痛击。”[25]

当夜晚降临，雾气弥漫时，“狼群”开始行动，一次又一次地向运输队的侧翼发起攻击，而剩余的护航舰艇往返奔波，努力保护商船免遭来自多个方向的攻击。这是一场漫长而不平等的战斗，其中有 5 艘货轮沉入海底。虽然有些遇袭船只的船员获救，但还有一些船只上的人员全部牺牲，或者在其姐妹船只急着躲避类似命运时被淹死。粗略衡量当时的胜负情况，那天晚上德国的得分为 5 ： 0。

次日，战斗继续进行，激烈程度丝毫没有减弱，而邓尼茨似乎还在为另一场胜利而努力。那天晚上，潜艇勇敢到近乎鲁莽，发起最后的猛攻，好像要纯粹依靠数字来确保胜利。U-266 击中了 3 艘船，其中一艘是老旧的客轮“加林达号”，这艘船的大副曾将其描述为“英属印度舰队的残骸”。[26] 它的船长 R. R. 斯通（R. R. Stone）和几乎被冻僵的船员被“泰河号”救了出来。当手下船员在代理护航指挥官的甲板上颤抖时，斯通要求回到自己的船上，相信那艘船仍然可以得到挽救。舍伍德告诉他，这是不可能的。他有充分的理由：在 10 厘米波段雷达和高频测向仪的帮助下，“泰河号”在运输队附近追踪到不少于 7 艘潜艇，它们都在进行杀戮。面对这样强大的阵容，新技术无法占到上风。当这一天结束时，虽然有 1 艘潜艇被消灭，但是被击沉的货轮数量已从 5 艘增加到 12 艘，接近 ONS5 全部船只的 1/3。

到了 5 月 6 日凌晨，浓雾降临，导致能见度逐渐下降到不足 100 码。大自然的偶然干预立即改变了战斗形势。在舍伍德的护航舰艇被敌人发现之前，他们的雷达装置已经清楚识别出有效范围内的所有潜艇，突然取得了决定性优势。由于第一支援小组的增援，英国军舰现在能够采取攻势。英国反攻的猛烈程度可以用乌尔里希·福克斯（Ulrich Folkers）海军上尉的U-125的命运来体现，这艘潜艇在不知不觉中上浮到距离“奥羚号”（HMS Oribi）不到100码的地方。这艘驱逐舰直接冲向U-125，将其指挥塔切割成两半，让它消失在雾中前受到严重损坏。

很快，“雪片莲号”赶了过来，向这艘受损潜艇持续开炮。由于无法下潜，福克斯命令他的艇员凿沉潜艇，在几分钟之内，U-125发生了一系列内部爆炸，最后沉入大海。当“向日葵号”（HMS Sunflower）抵达现场，准备拯救在水中挣扎的福克斯和他的艇员时，这艘护卫舰的指挥官詹姆斯·普劳默（James Plommer）用无线电向舍伍德请求指示，据说舍伍德简单回复：“不准接收幸存者。”[27]“向日葵号”转头离开，U-125的54名艇员全部被淹死。

尽管舍伍德是在海上战争规则范围内行动，但除了严格遵守邓尼茨的“拉科尼亚命令”（见第412页）的那些潜艇指挥官，海战双方仍倾向于遵守传统惯例，宽容对待沉船的船员，并在可能的情况下进行救援，使其免于必死的命运。但舍伍德并不是孤例。虽然麦金太尔海军上校从来没有被迫做出同样“令人痛苦的决定……是否要无视人性的召唤，以便让护航舰艇完成他们的首要任务，即通过打击敌人来防止船只进一步遭到击沉”，不过他自己的作战命令是毫不含糊的：“当正在进行攻击时，不得理会幸存者。”[28]在保护运输队的战斗进入白热化阶段时，舍伍德也是这种态度。

ONS5 的这场战斗现在开始决定性地不利于施袭者。护航舰艇又连续消灭了 3 艘潜艇，总数达到了 6 艘。运输队没有再遭到任何损失，在这种情况下，记分牌看起来形势大变：在 36 个小时的时间里，邓尼茨每击沉 2 艘货轮，就损失 1 艘潜艇。这种战损比是不可持续的，他明白这一点。“尽管有 12 艘船已经沉没，但我认为这次运输队战斗是失败的。”他后来写道。当时，潜艇司令部的参谋人员将此归结于两个原因，邓尼茨都没有解决办法。第一个是“浓雾”，它“破坏了一个千载难逢的机会”；第二个是敌人的“雷达定位”设备，使得潜艇处于“无望的地位”。[29] 虽然德国造船厂的潜艇生产量比以往任何时候都多，但这位海军元帅现在担心大西洋的潮流正在发生决定性的不利转变。

在德比大厦的总部，霍顿也持这样的看法，而且有着更为充足的理由。即使在获得这场胜利之前，这位西部水道司令部司令的精神就处在振奋之中。这不仅是因为他的护航舰艇击沉了大量的潜艇，而且 4 月份盟军的航运损失比 3 月份令人震惊的总数降低了 50%。不难对此进行解释：除了 10 厘米波段雷达和越来越多地装备到护航舰艇上的先进武器之外，战时内阁还被 3 月份的灾难完全吓住了，所以提供了足够的船只和超远程飞机，确保大西洋生命线不被切断——根据霍顿的判断，这样的力量甚至可以完全消除潜艇威胁。在北冰洋的护航舰艇、地中海的航空母舰和轰炸机司令部的“解放者”协同努力下，每一周都使“狼群”更难安全攻击运输队。正如邓尼茨沮丧地指出的，这些因素现在已经全部结合到一起，使其切断大西洋生命线的努力遇到了“比以前更大的危险”。[30]

还有一个邓尼茨不知道的灾难性情况。尽管他在 3 月份取得了成功，但他对于吨位战比以往任何时候都要更为关注，并再次告诉希特勒："如果我们击沉船只的速度不能超过敌人的建造速度，那么潜艇战将会失败。"[31] 但到了 1943 年 4 月 ，这个野心已经成为一个不可能的幻想。尽管遭受着损失，盟军建造替代船只的速度终于还是超过了潜艇攻击的速度。

美国造船业发生了一场革命。9000 吨级的通用货轮"自由轮"以每月 140 艘的惊人速度投入使用。这些船舶的生产线与亨利·福特设计的汽车大规模生产的生产线基本原理相同。"自由轮"和福特 T 型车一样，是美国资本主义最伟大胜利的一个明证,尽管这种货轮的制造商是一位名叫亨利· J. 凯泽（Henry J. Kaiser）的德裔企业家。凯泽出生于 1882 年，是一位从德国移民过来的鞋匠的最小的儿子，他利用自己的智慧和决心，还没到 30 岁就成为一位超级富豪。到珍珠港事件发生时，他是美国最具实力的大亨之一，显然对新的挑战有着无限兴趣。他有很多工程项目，其中包括率先用焊接而非铆接的方式建造大型商船，这种技术不仅降低了生产成本，而且提高了船舶的下线速度。凯泽是美国梦的一个榜样人物，将证明罗斯福的"伟大的民主军械库"可以被艾森豪威尔总统后来所称的"军工联合体"溢出的力量所填满。[32]

第一艘"自由轮"的龙骨于 1941 年 4 月 14 日按照美国政府海事委员会给定的规格铺设，这个委员会会对生产成本进行补贴。5 个月之后，即 9 月 27 日，"帕特里克·亨利号"由总统主持下水，这艘船的名字来自美国国父之一帕特里克·亨利（Patrick

Henry），他在美国独立战争期间曾经说过“不自由，毋宁死”，“自由轮”的出处就在于此。这种货轮的设计目的是运输多种货物，从坦克和飞机到铁矿石和新鲜食品不一而足；它们是“超廉价”船只：“船舱中没有供电和自来水……点的是油灯，没有火灾探测系统……这种船是海上大篷车。”[33] 因为可能在大西洋遇到潜艇袭击，这种笨重的“自由轮”的预期寿命非常有限。

凯泽既高效又冷酷。他的儿子埃德加（Edgar）从 12 岁时就开始为他工作，得到这样的教导：“你找到自己的骨干人物，把工作堆到他们头上。他们说：‘我不能再干了。’你回答：‘你们肯定可以完成。’然后你就把工作往他们身上堆，他们干得越来越多。很快，你就有了绝对可以信赖的人。”[34] 建造这种船只就证明了他的话。凯泽最初接受建造 300 艘“自由轮”的委托。1941 年，一份委托需要 200 多个工作日才能完成；到 1942 年，它们从生产线上下来的时间缩短了一半。与此同时，凯泽的劳工从 1941 年的 4000 人扩充到 1943 年初的 8 万多人，其中许多人显然是来自“‘沙尘暴州’的贫困劳工，就像《愤怒的葡萄》中的人物”，[35] 愿意为换取低廉的工资而长时间工作。生产线一再得到精简，凯泽让造船厂的高级管理人员进行竞赛，工人们显然被驱策得更加努力，18 个造船厂昼夜不停地运转以满足需求。当一个造船厂用 23 天完工一艘船时，另一个造船厂努力用 10 天就达到了这个目标。1942 年 11 月创造了最快纪录，当时“罗伯特 · E. 皮尔里号”仅用 5 天就组装完工。* 这一切成就都是宣

* “罗伯特 · E. 皮尔里号”在大西洋和太平洋服役，安然度过战争，最后于 1963 年被送进拆船厂。

传和提振士气的好材料，但更重要的是平均下水时间；到 1943 年春天，从铺设龙骨到船只从船台下水的时间不超过 45 天。[36]

"自由轮"最终产量达到 2700 多艘，按照这种建造速度，邓尼茨没有任何机会赢得吨位战。到 1943 年 5 月，损益图上的线条首次出现了关键的交叉：盟军的船只建造量几乎成倍增长，尽管希特勒批准大量增建潜艇，但是猎杀率停滞不前。虽然邓尼茨自己不愿意承认，但这种趋势是不可逆转的。如今聚集在他头上的乌云即将变成一场超级风暴，从而摧毁他在吨位战乃至第二次世界大战中寄予胜利希望的一切作战、战术和战略计划。

当从 ONS5 前线收到的灾难性无线电报告还在耳边回响时，U-230 的艇员接到邓尼茨司令部的命令，要前往新的会合地点打击另一支运输队。赫伯特·维尔纳让鱼雷准备就绪。5 月 12 日 6 点 15 分，当太阳"像火球一样跳出大海"时，他看到"地平线上有一个黑点"。"我叫西格曼到舰桥上来，并在他赶过来的时候说道：'长官，我给你准备了一份礼物。'"他们看到"庞大的桅杆和烟囱"进入视野。"我们就在这个队伍的正前方……根据我的计算，不到 1 个小时，就有足够多的目标可供我们屠宰。"[37] 维尔纳和他的团队迅速装填鱼雷发射管，并报告说 U-230 已经"做好战斗准备"。当他做这些事情的时候，这艘潜艇的无线电操作员报告说，这支运输队似乎由 12 艘驱逐舰组成警戒线来保护，正在向东北方向转弯。U-230 相应地改变航向，以便进入更好的发射位置。

就在这个时候，指挥塔上有人喊道：“飞机！”那是一架双翼飞机，就好像是从太阳里飞出来的。随着警报声响起，U-230紧急下潜。刹那间，四声爆炸从他们头顶传来。潜艇剧烈震动着下沉。“海水溅射，钢铁轰鸣，肋材呻吟，阀门爆裂，甲板钢板跳跃，潜艇陷入一片黑暗。”[38]在忽明忽灭的灯光下，艇员们惊讶地相互对视。一架小飞机怎么可能在大西洋上飞这么远？只有一种可能的解释——而且是不祥之兆：袭击者肯定是从航空母舰上起飞的。对于U-230来说，这是10天噩梦的开始。

维尔纳在地平线上发现的船只属于HX237运输队，这个船队于5月1日从纽约出发前往利物浦，由E. H. C. 查维斯（E. H. C. Chavasse）海军上校指挥的加拿大战舰护航。到目前为止，加拿大的护航舰艇取得的成就不多，名声不是很好。虽然加拿大船员们的英勇是毋庸置疑的，但他们受到英国同行的严厉批评——其中大部分都是传闻——英国人嘲笑加拿大的舰艇质量不好，船员得到的训练不足。战争开始时，加拿大皇家海军（RCN）有3700名官兵，只拥有7艘驱逐舰和5艘扫雷艇。根据敏锐而又刻薄的批评家唐纳德·麦金太尔的说法，这支幼芽般的军队快速扩张，结果适得其反。他写道：“纪律是怪异而奇妙的，装备是维护不善的，所需训练很不幸是缺乏的。”尽管他承认加拿大船员的热情是“非常突出的”，但他禁不住评论说：“如果目标是质量而非数量，那就更有价值了。”[39]

还有人用更粗俗的语言评论加拿大海军，这种蔑视或许源于某种难以名状的优越感以及对英国皇家海军骨子里的纪律怀有的热爱。但麦金太尔的批评没有那种新殖民主义偏见的狂热。

对他来说，有一个“悲哀的事实”，那就是几乎每一支由加拿大人在 1943 年 2 月和 3 月间护航的运输队都是“一个灾难和商船沉没的故事”，他们经常发现自己陷入“大批‘狼群’攻击的混战之中”，原因是“舰长失去了仔细搜索和专心调查的心境，而这种心境对于探测敌方潜艇来说至关重要”。[40]

部分出于这个原因，英国人在北大西洋局势最为艰难的 3 月初感到既惊讶又沮丧，当时金海军上将在华盛顿召开的特别会议上宣布，他打算取消美国海军在这一海域的所有护航任务，将资源集中到南方的运输队航线，以保护美军部队前往北非。金的单方面行动给加拿大人带来了更大的压力，加拿大人现在发现格陵兰以南、西经 47 度“移交线”以西的海域护航的任务完全落到自己头上，哈利法克斯—利物浦航线过了西经 47 度，才由英国皇家海军接手护航。

由于这个新的安排才实行一个月，并且只有 5 艘护航舰艇来保护 HX237 运输队满载军用物资的 47 艘货轮，当查维斯海军上校得知霍顿海军上将的第 5 支援小组要与他们会合，协助保护他的运输队穿越大西洋鸿沟时，终于松了一口气。现在除了有 4 艘驱逐舰,他还得到了“欺诈者号”(HMS Biter)的保护，这是一艘护航航母,作为英国皇家海军的掩护部队成员,为“火炬行动”提供保护之后刚刚进行了大修。

U-230 的艇员们因为 5 月 12 日遭到完全出乎意料的空袭而心惊胆战，不过他们与其他 19 艘潜艇合作，继续围堵 HX237 运输队。柏林总部从电子侦察部得到了这支运输队的准确位置，并转发给这些潜艇。由于担心致命袭击再次从天而降，维尔纳不断地朝天空搜寻，此时，“在强烈的西风吹拂下，越来越厚的白云在中等高度飞过”。就在那天上午 11 点过后，即第一次袭击过后仅仅 2 小时，他发现“云朵间有金属闪烁”。这是一架小型飞机，它向 U–230 俯冲过来。不到 1 分钟后，4 次爆炸的冲击波穿透了潜艇的壳体。这艘潜艇为了安全进行下潜。当西格曼海军上校“无视恐惧和突然毁灭”而再次上浮时，另一架飞机几乎同时出现在头顶上。当 U–230 又一次下潜时，周围传来 4 次爆炸声。由于担心会丢掉运输队的踪迹，西格曼之后很快上浮，并且欣慰地发现敌人仍在眼前。中午过后不久，他的无线电操作员收到一条令人不安的消息：“遭飞机袭击。下沉中。U–89。”“欺诈者号”载有 15 架轰炸机，其中一架已经取得了战果。不久之后，查维斯的两艘驱逐舰发出致命的一击。迪特里希·洛曼（Dietrich Lohmann）及其 48 名艇员全部溺水而死。维尔纳回忆说：“我一阵颤抖，想象着一旦我们自己的艇壳破裂，我们会遇到什么。”

没有喘息的机会。“欺诈者号”的飞机一次又一次地发动攻击，彻底粉碎了德国潜艇原本打算发动的协同攻势。下午 1 时 15 分，U–230 第 5 次遭到轰炸。这一次，它没来得及下潜。德国人发现英国飞机的时候，它距离潜艇后方只有 800 米，西格曼下令“右满舵”。维尔纳与 U–230 的大副冲向舰桥后方，操作这艘潜艇的 2 门高射炮。“这架小飞机速度极快。它向我们俯冲过来，用机枪扫射露出水面的舰桥后部……大副和我都没有能够发射出一颗炮弹，我们的炮被卡住了。”[41] 过了一会儿，这架“箭鱼”投下 4 枚深水炸弹，它们都在潜艇的右舷爆炸。

随着飞机转头消失在运输队的方向，U-230的艇员们对自己逃过一劫感到惊讶。

20分钟过后，无线电操作员又收到一条消息："遭飞机袭击。无法下潜。沉没中，北纬45度西经25度。救命。"这次遭袭的潜艇是U-456，它与U-403一起在两天前击沉了一艘"自由轮"。由于这艘无望的潜艇就在前方不到12英里的地方，西格曼决定去救援。当他们接近那艘受到袭击的U-456潜艇时，能够看到它的艇艏从水中伸出来。它的一些艇员正紧紧抓住甲板，另一些人则握着连接舰桥和艇艏的一根钢丝绳，海水漫到了他们的胸部。一架飞机在头顶盘旋。由于一艘HX237运输队的加拿大护卫舰艇正从地平线向他们的方向驶来，西格曼别无选择，只能放弃他的救援任务，以免遭遇类似的命运。

不久之后，U-230又受到空袭。据维尔纳说，这次他和另一名炮手都仔细地进行瞄准，并向袭击者持续开火：

我们的船向右转舵，破坏了飞机的投弹路线。飞行员加大引擎的功率，盘旋着，然后从正前方咆哮着向我们飞过来。

当飞机俯冲到很低的高度时，它的引擎噼啪作响，然后停止了工作。一侧机翼首先入水，飞机坠入汹涌的海洋，另一侧机翼撞上正高速航行的潜艇的上层建筑。飞行员从驾驶舱里跳出来，抬起手臂摇晃着求助，但后来我看到他在4枚炸弹的爆炸中粉身碎骨，这些炸弹本来是为了摧毁我们的。*[42]

---

* 那架"剑鱼"毫无疑问是被击落的。由于没有其它相反的证据，没有理由怀疑维尔纳绘声绘色的描述，尤其是他的叙述符合已知的事实。

他们并没有高兴太久。那天傍晚，U-230 的无线电操作员收到另一个不祥的信号。“遭到 3 艘驱逐舰的深水炸弹攻击。沉没中。U-186。”维尔纳注意到，自 U-230 的这次航程开始以来，已经接到 11 份此类报告，此时他毫不怀疑“一场海军灾难似乎正在形成中”。[43]

U-186 在南方 200 英里处被麦金太尔海军上校的“金星号”击沉，那是保护 SC129 运输队的 8 艘战舰之一，这支运输队有 25 艘船只，于 5 月 2 日从纽约前往利物浦。麦金太尔担任护航指挥官 9 个月，还没有损失一艘商船，他决心保持这个纪录。但由于北大西洋的潜艇数量达到前所未有的地步，他预计会遇到麻烦。尽管如此，他的心情不错，尤其是因为英国皇家空军“最终将足够多的远程飞机分配给了海防总队，使其能够填补大西洋中部的空中掩护空当”，而且“很快就会有足够数量的新护航航母出海陪伴每一支运输队”。[44]

此外，“金星号”装备了 10 厘米波段雷达和高频测向仪，他相信这两种设备结合在一起，会得到潜艇来犯的充分警告。再则，布莱奇利园的密码破解者又一次攻破了“鲨鱼”，这意味西部水道司令部再次对潜艇可能在哪里集结有了清晰的了解。当然，他不知道的是，有 3 组在大西洋鸿沟内外活动的“狼群”依据电子侦察部的情报，正在不断朝着运输队调整方向。因此，双方间或根据情报信息流确定的动向和反动向多多少少相互有所抵消。

出发后的 5 天，麦金太尔的运输队一直没有遇到问题。直到 5 月 11 日下午，“金星号”的高频测向仪才收到一个无线电信号，令人不安地显示附近有大量潜艇。不久之后，U-402 突破了护航队的保护屏障，并且迅速连续击沉两艘商船。让麦金太尔感到庆幸的是，“梅尔罗斯修道院号”救援船迅速赶过去救起幸存者——两艘船上的 83 名船员中有 80 人获救。这位护航指挥官再一次有理由钦佩这些小型救援船：“它们在极其危险的情况下执行了一项非凡的任务，因为它们的工作性质，在明知潜艇就在附近的时刻，被迫长时间停下来，成为活靶子。”[45] 虽然救出了那么多人，但并不能让人感到安慰。据麦金太尔自己的说法，他“极为愤怒”，因为不仅损失了两艘船，而且在此过程中自己 100%的安全记录被打破了，因此，“我心中满怀愤怒，等待着袭击，我知道夜幕降临后敌人肯定会来的”。[46]

那天晚上，“金星号”上的气氛很紧张：“瞭望员不像平时那样快乐地讲俏皮话，而是用简短的话语低声交谈来缓解紧张情绪。在黑暗中，我们都知道潜伏着一股邪恶的威胁，而且越来越靠近，准备发动袭击。我们唯一的疑问是它会从哪个方向接近。”

无人入眠。随后，雷达室传来一份报告：“长官，刚刚出现非常小的接触。方位 230 °，距离 5 英里。”麦金太尔指挥“金星号”掉转方向追击，同时用 2 年前从奥托·克雷奇默那里缴获的双筒望远镜观察（见第 108 页）。他很快就发现了熟悉的潜艇的白色尾迹，显然对方正在撤退。当“金星号”接近时，潜艇潜入水中，留下一道波光粼粼的旋涡作为其存在的唯一真实证据。这艘驱逐舰很快就用深水炸弹覆盖那里，爆炸激起的水柱“冲天而起，一时间就像光柱一般挺立，然后翻滚着泡沫落入海中”。

麦金太尔知道这艘潜艇会出现严重震动，他再次驶过去进行另一次轰炸。

U-223 潜在水下，当它的艇壳被一系列毁灭性的爆炸摇动时，彼得·格拉赫（Peter Gerlach）海军少尉和他的艇员们惊恐地等待着。灯泡熔断了，海水涌入主舱室。由于仪器几乎全都无法工作，而且轮机舱发生了电气火灾，他们似乎没什么希望了。然而，格拉赫恢复了镇定，试图阻止潜艇向海底坠落。事实上，在艇员们设法使潜艇稳定下来之前，它已经下沉到水下 700 英尺的危险深度。格拉赫意识到无法逃脱，向水柜注入空气浮上水面，此时“金星号”正准备发起第三次攻击。这时，两艘舰艇非常接近，U-223 就从驱逐舰的一侧迅速驶过。当它经过“金星号”的船尾时，麦金太尔向这艘如今已经半残的潜艇投掷了更多的深水炸弹。

“金星号”的炮手加入进来，在近乎直瞄的距离内倾泻炮弹，打死了潜艇的数名艇员，其他人被迫躲入指挥塔中。令麦金太尔感到惊讶的是，U-223 仍然没有下沉。不久，格拉赫的工程师设法重新启动了它的引擎。现在距离太近，驱逐舰的火炮没有办法直接向目标开火，麦金太尔考虑撞击这艘顽抗的潜艇，不过他担心自己的驱逐舰可能会受到损坏（就像他以前经历过的那样），于是仔细思考了一下。他没有直接撞击潜艇，而是慢慢地将舰艏转向 U-233 的艇壳，试图碰撞它的腹部，将它顶翻。这一策略几乎奏效了。潜艇开始往下翻转，不过随后又恢复了过来。麦金太尔决定退到足够远的距离，好让炮手再次开火。就在他这样做的时候，U-233 设法向这艘后退的战舰发射了一枚鱼雷，差一点击中目标。

U-223的几名艇员已经跳入大海，麦金太尔认为这艘潜艇终于要挣扎着沉没了。考虑到他现在已经落后运输队30英里，他选择让格拉赫和他的艇员留在那里迎接未知的命运。事实上，格拉赫也认为他的潜艇注定要完了，命令艇员们和他一起到甲板上来。当英国驱逐舰消失在夜幕中时，他们惊奇地相互看着，如释重负。意识到获得罕见的喘息之机，格拉赫把艇员派到各自的岗位，命令他们尽一切力量让潜艇能够再次航行。他们花了12个小时，经过艰苦的努力，完成了这项工作，这艘受到重创的潜艇开始慢慢返回比斯开湾，两周后蹒跚着驶入圣纳泽尔港。*

当麦金太尔急忙再次追赶运输队时，研究了一堆高频测向仪的报告，发现运输队至少受到12艘潜艇的威胁。到了12日上午，明显可以看出这些潜艇正在向SC129稳步推进，打算等待商船驶入包围圈。上午11点过后不久，高频测向仪提醒他，大约在9英里远的距离有一艘潜艇。"金星号"的潜艇探测器开始工作，声呐系统很快锁定了目标。当潜艇探测器控制室喊出"接敌！"时，麦金太尔看到一个潜望镜的尖顶在他们的航线上移动。这一次，深水炸弹投掷的时机恰到好处。一个声呐回声表明，这艘潜艇"陷入绝望的困境"。片刻之后，驱逐舰的船员们感受到了一次水下爆炸的震动。麦金太尔非常欣慰地看到，"一滩扩散开的油迹中漂浮着残骸和破碎的木制品"。他从水中捞出了一些残骸，其中一个钉着"一块可怕

* 受损的U-223经过维修之后，于1943年9月再次出海。它在两次战斗中受到重创，最终在1944年2月沉没。

的血肉”，作为“金星号”杀敌的证据。[47]这些人体残骸来自U–186，维尔纳（仍然在U–230上面跟踪着HX237）听到它出事的消息后，不仅很快预见到即将发生海军灾难，而且断定：“我们没有时间哀悼那些牺牲者，每一位潜艇乘员都想象过上千次这样的死亡。”[48]

到此时为止，缓慢航行的运输队以7节的时速在大西洋鸿沟中前进，正在被猎杀者超越，它们在水面上以运输队时速2倍以上的速度行进。由于没有空中掩护，麦金太尔无法丢下保护对象发起反击。麦金太尔写道：“令人发狂的是，这么多敌人靠得如此之近，我对此却无能为力。”他的唯一选择是命令护航舰艇全速在商船前后左右奔走，希望阻止潜艇对它们发动协同攻击。

有点出乎麦金太尔的意料，这个策略奏效了。“狼群”的进攻似乎失去了动力。好像最近招募的潜艇指挥官很多都缺乏战斗经验，没有他们的前辈拥有的那种冒死一击的魄力。麦金太尔将此归结于“一直害怕在水面上受到巡逻和护航飞机突袭”，他相信护航舰队“正在稳步消磨掉潜艇艇员的士气”。[49]“欺诈者号”航空母舰加入护航队伍之后，更加证实了麦金太尔的分析。“欺诈者号”的舰载机为HX237提供空中掩护，麦金太尔立即得到休息，现在运输队已经安全地通过了大西洋鸿沟。经历了36个小时的不眠不休之后，这位护航指挥官感到很安全了，可以回到自己的铺位睡觉，他知道“‘箭鱼’在地平线上巡逻，我可以安稳地休息”。“狼群”不仅在应用新技术、训练有素且组织有方的战舰面前遭遇挫折，而且面临空中威胁，只好放弃猎杀，偷偷地溜走了。这是一个决定性的时刻。

到 5 月 16 日，HX237 和 SC129 都已脱离危险。从邓尼茨的角度来看，这几天是灾难性的。为了拦截这 2 支运输队，他已经部署了 40 多艘潜艇，但是在 72 艘装满货物的货轮中，它们仅仅设法击沉了 5 艘，现在这些货轮即将在利物浦卸货，不会再受到阻碍。这一次的记分牌甚至比 ONS5 的战斗更糟：每击沉一艘货轮，就损失一艘潜艇。这种 1 ∶ 1 的比率是不可持续的。这些统计数据让邓尼茨极为苦恼，他只能得出结论：“最终无可争议地证明，敌方防御取得压倒性优势。”[50]

这位德国海军总司令对这种前景感到忧虑，于 5 月 14 日飞往“狼穴”见希特勒。他的心情沉重，告诉元首说：“敌人的新式定位设备首次使潜艇战无法进行，并且给我们造成了重大损失——每月有 15 到 17 艘潜艇被击沉。”听到这些情况，希特勒大声插话说：“这些损失太高了。不能继续下去。”事实上，邓尼茨的报告将实际情况打了折扣。据他所知，他已经开始以这个水平的 2 倍折损潜艇；在这个月的前两周，他就已经失去了 15 艘潜艇。[51]

虽然邓尼茨永远不会承认这一点，宁愿将一切缺乏勇气或进取心的现象归咎于他的艇长们缺乏经验，但他肯定意识到这些损失对士气产生了影响。伦敦的反潜追踪室必定也得出了这样的结论。布莱奇利园解密的“恩尼格玛”情报清楚地表明，很多潜艇艇员被勇猛的反击吓倒了，他们现在经常受到攻击。英国海军部报告说：“通过最近的潜艇往来通信可以明显看出，目前在大西洋作战的艇员精神萎靡，总体士气不稳定。毫无疑问,（邓尼茨）也是这样认为。”[52]

似乎为了证明这一点，德国海军总司令于5月15日向他的所有潜艇发出一条信息，显然是想让艇员们振作起来。他承认敌人的雷达设备已经夺走了他们“最有价值的特点，即隐身”，他承诺，“尽我作为总司令的所能，采取一切措施，尽可能地迅速改变局面”。同时他敦促说:“我希望你们继续与敌人进行坚定的斗争，用你们的聪明才智、卓越能力和坚强意志抵抗他们的阴谋诡计和技术发展,将其消火。”[53]这种劝诫很空洞，对于无可避免的结局产生不了任何影响。

这时候，又有三支运输队正在接近大西洋鸿沟。第一支是HX238，由5艘加拿大护航舰艇保护的46艘商船，它于5月9日离开哈利法克斯，在“恩尼格玛”解密情报和高频测向仪的帮助下，避开了有敌人埋伏的路线。这支运输队在11天后抵达利物浦，甚至没有被德国人发现。第二支运输队是HX239，在总数42艘的商船中有11艘是油轮，非常重要，晚了两天出发。这支运输队得到8艘战舰和“欺诈者号”的姐妹护航航母“弓箭手号”（HMS Archer）的重兵保护。运输队队长A. J. 戴维斯（A. J. Davies）在他的正式报告中写道:“我找不出更好的话来赞扬‘弓箭手号’（英国皇家海军的J. 罗伯逊海军上校）的护航工作了……它持续三个白天提供空中掩护，一次也没有离开护航屏障。”[54]HX239还得到海防总队的“解放者”提供的掩护，安然无恙地抵达利物浦。

第三支运输队运气稍差，但最具意义，因为它最终证明邓尼茨输掉了吨位战。SC130于5月11日离开哈利法克斯前往利物浦，由彼得·格雷顿海军上校的护航小组陪伴，最初由 5 架 B-17 “飞行堡垒”轰炸机* 增援。格雷顿认为自己“在 ONS5 的战斗中曾经丢脸地撤退”，“现在非常期待一场战斗，而且我们不再有对沉船的忧虑感，因为我们对敌人占了上风，我们有一支优秀的护航队，我们充满信心”。[55]

截至 5 月 18 日晚，在电子侦察部的指导下，25 艘潜艇正在仍然被称为大西洋鸿沟的区域边缘等待，尽管在超远程“解放者”的作用下，这个鸿沟已经缩成了一个小点，几乎不再得配上这个绰号。第二天一大早，10 厘米波段雷达与高频定位仪一起工作，警告格雷顿发现敌方巡逻线。运输队为了避开它们而偏离航向，格雷顿很高兴地听到潜艇“在我们原定航线的一个位置上像喜鹊一样喋喋不休，毫无疑问在强烈抱怨错过了我们”。[56] 那天晚上，运输队得到第一支援小组的一艘护航舰和三艘护卫舰增援。数小时之内，其中两艘军舰击沉了 U-954，艇上全体成员丧生，其中一位是邓尼茨 21 岁的儿子彼得（Peter），他是第一次执行任务，担任值更官。不管邓尼茨听到这个消息可能感到多么悲伤，他都没有对周围的人表现出来；战争结束十多年后撰写详细的回忆录时，他也没有提过这件事。

格雷顿现在处于攻势。在 120 中队的超远程“解放者”支援下，只要一发现潜艇，他就派遣驱逐舰进行追踪。在接下来的 12 个小时里，护航舰艇对“狼群”进行凶狠打击。在一次

* B-17 生产了 1.2 万多架，它的航程为 2000 英里，大量用于太平洋战场，后来参加了轰炸德国的行动。

战斗中，格雷顿首次有机会使用“邓肯号”新装备的“刺猬”迫击炮，当时U-381成为为数不多胆敢冲到运输队中间的一艘潜艇。“雪片莲号”几乎立即探测到这个入侵者。它急速下潜，但至少挨了一枚这艘驱逐舰投掷的深水炸弹。此时“邓肯号”加入了猎杀行动。当格雷顿接近这艘潜艇最后一次出现的地方时，发射了“刺猬”，专心地看着一排24颗小型炸弹飞向目标。它们没有击中潜艇。然而当驱逐舰再次靠近这个位置时，格雷顿获得了成功：“最令人兴奋的是站起来，手里握着秒表，等待着爆炸的时刻——我们看到油污翻涌上来，并且很快离开现场（重新加入运输队）……我们高速从船队中驶过，两个桁端都打出‘消灭’的信号，当我们经过时，商船向我们欢呼。”[57]

U-381的47名成员全部丧生。

当天午夜，其中一架“解放者”同时与三艘潜艇接战。在机组人员用无线电与格雷顿简要讨论首先攻击哪一艘时，他开玩笑说：“就像梅·韦斯特（Mae West）说的，一次一个，先生们，请。”这三艘潜艇全部被迫下潜。这次航程此后的经历都是这样的模式。尽管格雷顿认为运输队仍然被多达30艘潜艇跟踪，但其中没有一艘显示出有能力或有意愿靠近到能够发射鱼雷的位置；而且他满意地注意到，“如果我们继续在白天进行空中掩护，似乎他们没有应该这样做的理由”。[58]士气非常振奋，精神极为放松，以至于“邓肯号”的无线电操作员于5月19日在舰桥上架了一个扬声器，以便让船员们能够收听首相在华盛顿向国会两院发表的讲话。

丘吉尔乘坐“玛丽王后号”*穿越大西洋，于一周前抵达美国首都，陪同他的官员和顾问不少于100人。随着轴心国在北非濒临失败，这次代号为“三叉戟”的会议的目的，是讨论下一阶段战争的优先目标。这几天是个考验，会议期间，联合参谋首长团抓住机会竞相推进各自的目标，争执经常压倒了友谊的气氛。布鲁克以其独特的方式在日记中总结他们的不同观点：

金仍然决心以牺牲其他所有战线为代价，全力以赴投入太平洋战场。马歇尔希望放弃地中海，确保发动跨越英吉利海峡的行动。布鲁克仍然认为，控制了地中海，获取最终胜利的希望就更大。波特尔确实相信，如果我们给他以行动自由，他只用空袭就能打赢战争。亲爱的老达德利·庞德醒着的时候，希望我们把潜艇战置于其他所有需求之上。由于以上因素，各方不得不进行妥协，战争越拉越长了，而我们会越来越老，越来越疲惫！[59]

不足为奇的是，布鲁克声称是自己做出了妥协，但实际上英国首相发挥了至关重要的作用，这已经不是第一次了。他描绘出“巨幅图景”，然后声称主要目标应该是击败德国，堵住了金的炮口。在美国海军部部长的要求显然已被否决后，他的助手、有着贴切外号“尖酸乔”的史迪威（罗斯福让他担任中

* “玛丽王后号”邮轮与其姐妹船“伊丽莎白女王号”一样，一直被用作跨大西洋的运兵船。除非遇到最恶劣的天气，这艘船能保持30节的最高速度，这使其几乎不会遭到潜艇的攻击。

国领导人蒋介石的参谋长）将军尖刻地说："必然结论是丘吉尔控制了罗斯福。他们正在为英国寻找一种简单的方法，一个捷径，不惜一切代价将重点放在欧洲大陆。英国佬对太平洋战争不感兴趣，并给总统灌迷魂药，他们干得很漂亮。"[60]

这种情绪不仅极其无知，而且不符合先消灭第三帝国再摧毁日本帝国主义这个主流观点。

一旦再次肯定了这个基本承诺，双方辩论的焦点就集中在是乘着西西里岛登陆的势头进攻意大利，还是扩充早已集结在英国的英美军队，尽早登陆法国。由马歇尔领导的美国人支持后一种选择，但英国坚持先进攻意大利。又一次，丘吉尔用非凡的外交能力赢得了胜利。他强调："海滩难登陆，潮汐大起大落，敌军防御力量强，储备物资数量不足，通信不够便利等，这一切都决定了绝不能低估（跨海峡登陆）的任务。"英国首相巧妙地强调，"只要能够拿出有希望成功的合理计划"，他就会毫不犹豫地致力于"全面进军欧洲大陆"。[61]

一旦让罗斯福相信不可能在 1944 年春天到来之前跨过英吉利海峡进军法国，丘吉尔就知道自己已经赢了。他的热情极为高涨。英国大使哈利法克斯勋爵写道："我从来没有见过他的心情或神态比现在更好过，去年 8 月我在英国见首相时，发现他非常疲惫，神经紧张，现在与那时候形成鲜明对比。"[62] 这个星期结束时，大局已定：盟军将在 1944 年 5 月 1 日之前发动跨海峡登陆行动。*

---

* 当然，D 日一直推迟到 1944 年 6 月 6 日。

当格雷顿听到首相的声音从噼噼啪啪的电波声中出现时，兴奋地注意到他的最精辟格言之一，当时丘吉尔告诉聚在一起的议员们说:“骄傲的德国军队再次证明了一个真理,即‘匈人’* 要么掐住你的喉咙，要么跪在你的脚下。”[63] 格雷顿对大西洋海战的感受与此大致相同，但通过首相的那句比喻，他更加确信潜艇“跪在了脚下”。当这位护航指挥官让运输队转换航线躲避敌人时，注意到 SC130 的机动非常“漂亮”，“成就不输给一支战斗舰队”。在军舰和“解放者”的持续威胁下，潜艇退却了，显然不愿意为了元首而执行自杀式的攻击。它们中有 5 艘已经丧失了战斗能力，其中 3 艘是被海防总队的轰炸机消灭的：如果还需要什么证据来证明飞机和护航舰艇紧密协作可以使运输队万无一失，那么 SC130 就是例子。可惜的是，人们用了很长时间才认识到这一点。在这方面，轰炸机司令部的自吹自擂应负很大责任。

5 月 21 日，格雷顿注意到“狼群”喋喋不休的通信已经停止。潜艇再一次利用黑暗掩护溜走了。与此前不久的 HX238 和 HX239 运输队一样，SC130 也平安抵达目的地。然而，这一次并不是潜艇被吓走，而是接到了总司令的撤离命令。然而，邓尼茨并没有放弃。他以极具挑衅性的姿态，立即发出一个最为奇特的命令，派它们袭击另一支运输队，对它们来说，邓尼茨告诫就像是最后通牒：

---

* “匈人”在一战和二战期间常被用作德国人的蔑称。——编者注

如果有人认为不再可能打击运输队，他就是懦弱者，不是真正的潜艇艇长。大西洋上的战斗正变得越来越艰难，但它是进行战争的决定性因素。请了解你们肩负的重任，明白你们必须要响应的行动，竭尽全力打击这支运输队。坚定决心，勇敢向前，猛烈进攻。我对你们怀有信心。[64]

然而，这是一个被懊恼吞噬的海军总司令的咆哮，向着黑暗的深渊发泄的怒火。5 月 24 日，他几乎立即推翻了自己的命令，指示北大西洋的全部潜艇撤回亚速尔群岛。随着这个命令而来的是一个不切实际的信息，似乎又在否定导致他采取这种绝望措施的事实：

目前，只有你们可以对敌采取攻势，战胜它。潜艇部队不断击沉向这个岛屿（英国）运载战争物资和补给的船只，必须持续使其流血，必须让最强壮的身体流血至死，从而制服敌人……我知道，目前你们在那里进行的战斗是最无情和代价最高的战斗之一，因为敌人的新技术设备更加优越了。相信我，我已经尽一切努力追赶敌人，而且会继续追赶……因此，我们不会让自己被迫陷入防守，不会休息，只要有机会，就要更加坚强果断地进行出击和战斗……然后我们将取得胜利……元首万岁！你们的总司令邓尼茨。[65]

邓尼茨暗示他们只是遭受暂时的挫折，可能想用夸张的言辞向那些更容易受到愚弄的指挥官隐瞒真相，但事实是无可争议的。仅在5月份，就有41艘潜艇被击沉，[66]他被迫承认，对北大西洋运输队的战争再也不可能有任何成功的希望，那里是“空中掩护最强的战场”。[67]

这是一个极为显著的转变，两个月前的形势至此完全翻转了，3月份的时候，潜艇曾经横行无忌，取得创纪录的战绩。英国海军部担心大西洋的生命线即将被切断；战时内阁感到震惊；英国首相向美国总统发出警报；危机如此严重，以至于英国似乎失去了战争能力。如今过了两个月,北大西洋中的潜艇活动几乎结束了。

到SC130安全停靠在利物浦时，盟国海军在短短两个星期时间里就击沉或破坏了总计33艘潜艇；到了当月月底，这个数字上升到41艘。总体而言，4月份到5月份总计损失了56艘潜艇，其中尤其引人注目的是至少28艘潜艇直接被舰载和岸基飞机消灭了。即使德国造船厂可以按照希特勒的承诺，一个月建造40艘潜艇，这样的损失也会使潜艇部队无法维持下去。虽然邓尼茨会战斗到底，但他知道真相。正如他后来承认的那样，到5月底，“我们已经输掉了大西洋海战”。[68]他不仅损失了数量创纪录的潜艇，而且还输掉了吨位战。

英国的大西洋生命线不再有被切断的危险。不仅如此，美军在英国集结的速度可以加快了，以便为进攻法国做准备。因此，1943年5月是战争中一个决定性的转折点。如果1942年11月英国获得阿拉曼战役的胜利标志着“开始的结束”，那么1943年5月德国人在大西洋海战中落败肯定是“结束的开始”——这绝对意义非凡。

21

推　测

内拉·拉斯特的日记展现了一位巴罗因弗内斯地区的家庭主妇的日常生活，对她来说，胜利似乎遥遥无期。一个星期又一个星期，一年又一年，她一直努力打起精神，为陷入困境的邻居提供帮助，在当地的“妇女志愿服务”中心做志愿者，和其他女性一起抚慰在前线打仗的男人，在家中做家务，并且用每周得到的配给食物给冷漠的丈夫做营养饮食。有时这一切给她的压力似乎太大了；和其他很多人一样，她只是从报纸或者BBC那里获得的零碎新闻中了解到这个或那个遥远前线发生了什么事情，她偶尔会发现自己近乎绝望：

我是不是迅速变老了——或者是不断努力带来的压力有时让我的躯壳变得疲惫？我感觉自己满怀热情是很久以前的事了。这就是“战争疲惫”的意思吗？我还会再次感觉无忧无虑和不用承担责任吗？还会因为阳光普照就想放声歌唱吗？还会期待假期到来吗？我觉得我正在把自己埋入一个深渊，很快我就无法看到出去的路了——只能继续向下走。[1]

她心爱的儿子克利夫（Cliff）在北非的第8集团军服役。内拉极度思念儿子，不过只能在日记中私下诉说。她一遍又一遍地读他的信，好像它们现在是她宠爱的那个“快乐的小伙子”留下的一切。有一次她打开他的衣柜，想把他的衣服拿出来晾一晾。她从一件夹克里闻到烟草和哈里斯粗花呢混合在一起的味道，这件夹克是她哥哥留给儿子的。“我站在那里，将夹克贴到我的脸上，然后我把东西全都塞回去，关上了柜门……这时一股比哭泣更为悲伤的情绪将我包裹起来。”[2]

巴罗因弗内斯依然会受到空袭，她丈夫找了一份工作，修缮在空袭中受损的房屋。他似乎很少关注妻子，但她很快注意到，丈夫虽然这个样子，但对于战争给他们的社区带来的蹂躏也感到震惊。“他惊恐地——真的感到震惊地——说，人们没有煤，没有糖，要到市中心领取配给，每个星期只有两天能吃到肉，喝茶时只有面包和果酱，女人厌倦了排队等候几个小时。”[3]

英国虽然物资短缺，但并没有严峻到引起真正的饥荒，与数百万德国人现在面临的困境形成了鲜明对比。像内拉这样的人，知道如何想办法依靠每个星期的配给度日，并且能够用零零碎碎的东西精心烹制成有营养的饭菜，因而没有遭受过太多的痛苦。内拉·拉斯特在日记中记录了在小逆境中取得的厨房小胜，还有配给簿的严苛。英国生命线受到的威胁被解除，对于她来说算不上安慰——邓尼茨可能已经输掉了大西洋海战，但很少有人知道这一点。当第8集团军于1942年11月在阿拉曼获胜时，丘吉尔命令英国各地的教堂敲响钟声；与之形成鲜明对比的是，这次海军的胜利并没有任何形式的庆祝活动，也没有被公开提及。虽然比起第8集团军在北非沙漠获胜，邓尼茨的吨位战失败具有更大的战略意义，但只有那些处在政府核心或军事圈内的人才可能已经明白了这一点。“普通”公民并不知道，英国的国运在大西洋坠入最低点时，丘吉尔激动地发出雷霆怒吼：“英国进口一艘船也不能减少……储备消耗极大，这种情况必须停止。”或者用英国官方警告的话来说：“除非航运危机迅速得到缓解，否则车轮将停止转动，而且配给将陷入困境。”[4]出于对国家安全和士气的充分考虑，政府并没有让公众知晓这场危机以及伦敦和华盛顿之间的激烈冲突——其对这场危机起了推波助澜的作用。1943年5月在大西洋鸿沟内外发生的战斗不仅使英国人的未来直接有了保障，而且几乎确保了两年后庆祝最终胜利，对于这个情况，英国民众幸运地一无所知。

这并不意味着邓尼茨已经放弃。5月底，他去巴伐利亚的贝格霍夫山间度假村见希特勒。这是一次非同寻常的会面，邓尼茨本来可能是一个战功赫赫的英雄，而非终极失败的主角。他有着同僚们难以企及的风采，讲话时满怀信念和热情，满足了元首的自我妄想，他自己也滋生出一些自我妄想。他谈到正在开发的新技术和先进武器系统，力劝希特勒建立一支海军航空兵部队，并再次扩大潜艇建造计划。然而，他未能如愿获得速度更快、下潜时间更长的潜艇，而要想抗衡英国开发的先进技术，唯有使用这样的潜艇。他后退一步，只是敦促以更快的速度建造更多潜艇。在这方面，希特勒显然同意邓尼茨提出的一切建议。这位德国海军总司令宣称："我认为，即使不再可能实现更大更成功的目标，也必须继续进行潜艇战，因为被潜艇牵制住的敌军数量极多。"[5]

邓尼茨说话的时候，希特勒似乎在房间里踱步——"踱步"可能并不是一个非常贴切的词语，他的身体像是缩了水，"眼神暗淡，皮肤失去光泽"，左腿"走路时往往要拖着，腰弓着，左臂背到右后侧，（并且）不由自主地颤抖"。[6]但他打断了邓尼茨的独白，发表过时的战略评价，坚持认为潜艇依然能够发挥重要作用：

潜艇战绝对不能有任何松懈。大西洋是我在西方的第一道防线，即使我必须在那里打一场防御战，也比在欧洲海岸自卫好。潜艇牵制的敌军规模非常庞大，即使我们不再能取得巨大成功，我也不允许把他们解放出来。[7]

希特勒的身体虽然虚弱，但催眠听众的能力丝毫未减；在这方面，他至少能使邓尼茨仍然像元首核心圈中的任何成员一样忠贞不贰。一些天之后，他在一篇潜艇战日志中滔滔不绝地写道："元首散发出巨大的力量、坚定的信心……这些日子已经非常清楚地表明，与元首相比，我们都微不足道……只有傻瓜才相信自己能比元首做得更好。"[8]

于是大局已定：在战争剩余的日子里，邓尼茨在大西洋或其他任何海洋不会寻求胜利。从现在开始，他的潜艇部队的任务就是在消耗战中骚扰敌人，这最多只能让不可避免的结果推迟到来，尽管他和希特勒都不肯主动承认。

邓尼茨竭尽全力维持潜艇艇员的士气，到他们的基地去解释新战略，并代表元首劝告他们做出更大的牺牲。O–977 的指挥官海因茨·舍费尔（Heinz Schaeffer）海军中尉参加了一次他的动员讲话。* 他传达的信息很乐观：

> 如果我们停止派出潜艇，敌人就会停止为运输队护航。事实上，我们知道我们的潜艇牵制住了大约 200 万敌方军舰和维修厂中的人员……所以我们必须让我们的潜艇出海，即使它们没能击沉一艘船。仅仅因为它们的存在，就会为我们带来成功。[9]

在新的命令中，击沉商船是额外奖励，而不是目的。

事实会证明，潜艇战的人力成本要比第二次世界大战中的任何战场都高。在他的命令下，潜艇官兵实际上是在进行自杀式挑战，这标志着他们忠于职守，也显示邓尼茨受到手下人的尊重。舍费尔回忆起他和战友们即将再次出海巡逻时的泰然自若：“最近我们在出海前，不得不写下遗嘱，这对士气很有好处！”当他们的战友从比斯开湾出发，前往受到海防总队控制的危险水道时（从 6 月份到 7 月份，26 艘潜艇被击沉，17 艘被击伤），他们做好了一去不返的心理准备：“现在不再用更多派对来庆祝行动开始——我们只是默默地喝了一杯香槟，握一

---

* 1945 年 5 月得知德国投降的消息之后，舍费尔和他的艇员驾驶 U–977 向阿根廷海岸逃亡，这是一场史诗般的 66 天航行，他们在大部分时间都保持着下潜状态，以防被侦察到。舍费尔在阿根廷显然找到了“和平与安乐”。

握手，努力不去看彼此的眼睛。我们非常坚强，但这种坚强同样震撼了我们。自杀行动！”[10]

每个比斯开湾港口的气氛都显得十分凄凉。过去艇员们从大西洋前线返航时，有乐队把他们当作英雄来迎接，现在这些乐队显然已经没有了。码头边上没有群众，没有把他们送去让希特勒接见的待命飞机，也没有奖章可以颁发。赫伯特·维尔纳于5月28日返回基地后，独自一人坐在自己的房间里，一个月前他离开这里，周围都是熟悉的物品，他感受到“一种强烈的感恩之情”，自己幸存了下来。他打开一个从家中寄来的包裹。“妈妈寄来的一个生日蛋糕。它已经被放了四个星期，都变硬了，碎成了很多小块。但是我希望尊重妈妈想让儿子长寿的愿望，所以无论如何我还是吃了一块蛋糕。”[11]它似乎说明了一切。然而，潜艇艇员们坚定不移地藐视他们的困境所蕴含的逻辑，对于需要登艇出击的任务是否有什么效用，很少质疑。其中一位战功最大的艇长彼得·克雷默指出：“即使在遭遇最可怕失败的时期，他们也维持着凝聚力和纪律，他们总是做好战斗准备，即使损失极重。直到最后，他们的精神也没有垮掉。”[12]

维尔纳海军少尉在布雷斯特的潜艇基地注意到令人毛骨悚然的平静，许多系泊处都是空荡荡的，艇员们吃饭和分享海上经历的餐厅中也是这样。尽管没去考虑战败，但人们谈话内容还是充满了忧郁。盟军对布雷斯特的袭击（在诺曼底登陆之前）仍然没有对潜艇本身造成影响，但对周围地区造成了严重破坏。当维尔纳在其中一次空袭结束后匆匆赶往海军医院时，注意到一名“美国佬”飞行员正被推进医院院区。维尔纳与这名被击落的飞行员进行了一次谈话，他努力想让这个美国佬相信，第三帝国最终会取得胜利，对方却忍不住表露出蔑视。美国飞行员说：“这场战争对我来说可能已经结束了，但是很快就会落到你们全体德国人头上……我们将在几个月内消灭你们的基地和你们的工业……不管你们德国人怎样做，最终都会到来。时间站在我们这一边——只会是我们这一边。”维尔纳不相信他，他确信这个美国人是“盟军宣传的典型受害者”。[13]

到了1943年秋末，随着意大利投降，德军在苏联败退以及空袭德国的行动越来越猛烈，德国海军的高级参谋人员很清楚，不可能再在海上发动进攻性战争了：收缩战线或在某些情况下“实行有序撤退”是唯一的选择。然而邓尼茨不愿听到这些。他否决顾问们的建议，坚持认为他们不应放弃，“直到由于大量不必要的人员和战争物资的损失，而被迫进行无奈的撤退或投降”。用他的传记作者的话来说，这是“消极战略”。[14]但是，这显示出邓尼茨坚定不移地忠于元首，追求他们共同持有的意识形态信念：他本人的“北极星”——国家社会主义——和希特勒的一样，都牢牢固定在他们扭曲的天空中。因此，他在12月8日的一次讲话中指示他的将级军官们说，第三帝国的每一个人都需要“竭尽所有的聪明才智、精神力量以及意志力，履行自己的职责……在这场战争中，我们只有依靠神圣的激情和彻底的狂热才能坚持到底”。他告诉高级参谋们说，不可避免的是，“盎格鲁－撒克逊人”将试图在1944年入侵德国。为了防止这种情况出现，海军的任务需要“最狂热和最彻底的承诺，丝毫不能动摇——一步也不能后退”。[15] 只有一个情况表明此刻的战略现实仍然会对他产生影响，那就是这一次他把司令部总部从绿树成荫的柏林郊区转移到距离首都约 30 千米有栅栏防护的乡间木结构综合兵营中，以防止遭到盟军轰炸机的打击。

这次收缩与大西洋的统计数据相对应，数据显示潜艇在 1943 年遭到了令人震惊的损失：全年总共被消灭 243 艘，其中约有 180 艘是在 5 月份的运输队战斗之后发生的，这标志着大西洋海战出现了转折。邓尼茨的反应是极度不理智的，这表明他也暂时陷入了希特勒式的自我妄想之中。他告诉手下人说：“我要向丘吉尔发动一流的潜艇战，这一天即将到来，1943 年虽然出现挫折，但并没有打垮潜艇部队。相反，它变得更强大了。”[16] 这是毫无根据的胡说八道。到这个时候，大多数出海的潜艇都有去无回。1 月份，损失了 15 艘潜艇；2 月份是 20 艘；3 月份是 26 艘；4 月份是 21 艘；5 月份是 24 艘。[17] 而且这种情况会持续下去。

甚至邓尼茨也不能对这种损失视而不见。3 月份，他被迫取消所有针对大西洋运输队的潜艇行动，并告诉希特勒说，只有“我们成功地大幅度提高潜艇的战斗力”，才能恢复行动。[18] 他把重新威胁运输队的梦想寄托在新式的 21 型（XXI）潜艇上，它的设计水下速度最高可达 17 节。这种潜艇的行驶速度比最快的运输队还快，还配备了一根通气管，* 它们可以潜航数千英

* 这是一种铰接的通气管，当潜艇潜航时，它可以升到水面上，将空气吸入主柴油机，同时排出废气，使潜艇无须浮出水面就能给电池充电。在没有对付 10 厘米波段雷达的有效手段的情况下，这是避免空袭风险的唯一办法。

里，躲开盟军的雷达探测。这种新式潜艇还装备了一个发射装置，可以一次齐射 6 枚声导鱼雷，按照设计，这种鱼雷可以自由驶向其目标，无须由潜艇进行精确制导。如果德国人怀着怒火建造足够数量的这种具有远见的武器，它们肯定会构成非常现实的威胁。然而，样机一直存在一些问题，尽管人们普遍猜测它们很快会以每天 6 艘的速度从生产线上下线，但直到战争结束前，邓尼茨只能将 2 艘 21 型潜艇投入使用。它们没有击沉一艘船。

作为权宜之计，一些现有的潜艇配备了新的通气管，但它们的性能不可靠。通气管的顶部有个浮子，设计目的是当潜艇上浮至水面时，用它封堵通气管，以防止海水流进来，赫伯特·维尔纳描述了 U-953 的通气管浮子被卡在“关闭”位置的时刻：

随着进气口因此被切断，在柴油机熄火之前，左引擎将消耗掉大部分艇内空气。人们大口喘着粗气，眼睛鼓起来……似乎马上就会窒息。大副疯狂地打着手势，试图要手下人放下空气桅杆，这样可能会使浮子解锁。经过痛苦的努力，机械师拉下了手柄，用船缆把桅杆降下来，然后用老式绞盘再次将它升起。痛苦的几分钟过去了，但桅杆随后灌进了水，海水汩汩地流到舱底。浮子很快通畅了，大量空气被一下子吸入艇中。气压突然发生变化，致使很多人耳膜破裂。一些人痛苦地捂住脸，跌倒在甲板上。另一些人猛烈地吞咽着空气，以此平衡压力。

一些现有的潜艇也装载了声导鱼雷。它们在打击护航驱逐舰和护卫舰方面取得了一些成功，这些舰艇不再能够以蛇形机动的方式逃脱打击；1943 年 9 月，3 艘护航舰艇以这种方式被击沉。然而，英国人发明了一种机械诱饵，它能制造出比军舰本身还要大得多的噪声。军舰把它当作诱饵拖在后面，称之为“迷惑者”，原因很明显：鱼雷通常会被它迷惑。

潜艇攻势的崩溃很容易进行衡量：在 1942 年的后 6 个月，全球共有 629 艘商船被击沉；1943 年的前 6 个月为 314 艘，当年后 6 个月降低到 149 艘；1944 年的前 6 个月仅为 67 艘。[19] 这不仅是灾难性的下降，而且是一个确凿的证据，表明邓尼茨已经全面而不可挽回地输掉了吨位战。因此，现在没有任何办法能够阻止盟军以英国为跳板进攻法国：这是有史以来规模最大的此类行动，其所需的人员和物资终于可以自由穿越大西洋而不受干扰。正是由于这个原因，而且是最重要的原因，D 日不仅迫在眉睫，而且几乎肯定能够取得胜利。

在利物浦，霍顿海军上将可以满意地阅读这些统计数据了。这位西部水道司令部司令并没有扬扬自得。尽管如此，“狼群”在 1943 年 5 月遭遇溃败之后，他觉得能够向麾下所有部队发出一个胜利信号：“在过去的 2 个月中，大西洋海战已经向着有利于我们的方向发生了决定性变化……全体护航小组、支援小组、护航航空母舰及其机械部门，以及航空司令部的飞机，都为这一巨大成功做出了贡献……战斗的高潮已经过去。”[20]

到了 1944 年 5 月，这已成为不容置疑的事实。随着潜艇离开北大西洋，护航指挥官的职责已成为无聊的日常行动。海军仍然需要护航舰艇起到威慑作用，不过正因如此，护航运输队很少再遇到戏剧性或者激动人心的时刻。因此，唐纳德·麦金太尔被解放出来，率领一支新的支援小组（令人困惑地被称为第 5 护航小组），其中包括 6 艘护卫舰，可以自由追踪任何意图威胁疏忽或者无护航商船的孤单潜艇。这种行动耗费时间，但是在 1944 年 5 月 6 日，也就是麦金太尔率领美国新造的"比克顿号"（HMS Bickerton）护卫舰离开利物浦 15 天后，他们被引导驶向一艘正在北大西洋进行气象侦察的潜艇。

当 U-765 的艇长维尔纳·文特（Werner Wendt）得知 3 艘敌舰正在快速逼近时，他下令紧急下潜到 600 多英尺的水下。麦金太尔知道潜艇在那个深度仍然可以机动，从而摆脱伤害，于是采用了"约翰尼"·沃克海军中校设计的战术。隐身曾经是德国"狼群"的标志，战舰悄悄从后方发动三叉式的行动。如果进逼战舰的噪声低于潜艇自身螺旋桨的噪声，潜艇的水听器就无法检测到，这使文特有了虚假的安全感。其中一艘护卫舰"布莱号"（HMS Bligh）一到这艘潜艇的正上方，就倾泻了 26 枚深水炸弹，它们悄无声息地朝着那个还蒙在鼓里的目标坠落。麦金太尔非常快乐地回忆说：

> 在 100 英寻*的深处，潜艇里非常安静，艇员们丝毫不知道死亡正在沉向他们。随着第一枚深水炸弹在它旁边发生毁灭性的爆炸，这艘潜艇突然陷入黑暗。一枚又一枚，造成彻底的混乱，

---

* 1 英寻 =1.828 米。——编者注

炸坏了坚固的耐压艇壳，致使海水涌入。

当水箱爆裂时，潜艇艇员们无能为力，水渗入控制室，他们的潜艇首先无法控制地又朝着海床扎了200英尺。在水箱被炸毁时，潜艇向水面喷射出软木状的东西，麦金太尔看到“一连串的泡沫和水花，因为潜艇在爆炸时有许多棕色浮渣被射到水面上”。[21] 当扭曲破碎的U-765的指挥塔浮出水面时，一架“保护人号”（HMS Vindex）航空母舰的“箭鱼”咆哮着用2枚深水炸弹做出致命一击，炸弹正好落在这艘注定要毁灭的潜艇的两侧。潜艇的艉部首先滑入水下。过了一会儿，麦金太尔听到了一连串低沉的爆炸声，因为当它沉入海底时，艇壳因为水压而发生内爆，48名艇员中有37人随着它送命。麦金太尔对这次击杀感到“极其高兴”，尤其是根据他的判断，这是一次“教科书式的行动”，“超级机密”、10厘米波段雷达、高频测向仪和潜艇探测器技术结合到一起，还有必不可少的组成部分，即战舰和飞机的高效协调。

“比克顿号”把U-765的11名幸存者从海中救了上来。据其艇员说，当潜艇浮到水面上时，文特是第一个跳出指挥塔的人。由于他是第一个自行离开潜艇的人，“没有下达任何进一步的命令就弃艇”，令他们“特别反感”。[22] 麦金太尔立刻对文特感到不悦，他写道，这个人是“一个骄傲自负、趾高气扬的吹牛大王”。当“比克顿号”在贝尔法斯特靠港，并将文特移交给陆军护送时，这种印象得到了证实。他在军舰的军官室里一直住了一个星期，被其他军官平等对待。如今当他走下舷梯时，有一位军官向他告别，并希望他们在战争结束后有机会再见面。文特回答说："在下一场战争中，我会击沉你！"[23]他显然不是说笑话。

大西洋海战尘埃落定，丘吉尔和罗斯福终于不再担心潜艇会挫败他们的胜利计划。要想在英国建立、保障和补给一支达数百万之众的能够将欧洲从纳粹手中解放出来的盟军部队，消除大西洋的潜艇威胁是先决条件。

然而，这并不意味着经常使伦敦和华盛顿陷入不和的战略困境已经结束。在 1943 年夏天，这些矛盾在加拿大魁北克市达到了高潮。

由丘吉尔率领的英国代表团于 8 月 10 日登上粉刷一新的"玛丽王后号"，去参加一场注定要出现激烈冲突的会议。在他们的议程上，最热门的话题是"霸王行动"（越过海峡登陆法国的行动代号）。"那些过去两年来用粉笔在我们的墙壁上写'第二战场'的傻瓜或无赖"制造的压力已成为英国首相极度恼火的一个根源。在他的高级军事顾问与美国同僚进行密切合作并做了数月的详细参谋工作之后，他准备在美国总统面前拿出一个"雄伟"和"连贯"的登陆法国计划。[24]

帝国总参谋长布鲁克并不认为会议能一帆风顺。尽管在之前的一系列会议上达成了正式协议，但他确信金海军上将仍然不愿意支持任何可能干扰太平洋战场的优先目标的欧洲行动。马歇尔将军在 1942 年力主发动跨海峡登陆，但没有赢得支持，布鲁克担心在谈判登陆法国这样的庞大任务时，曾经受挫的马歇尔可能会成为阻碍。他还厌烦地发现，丘吉尔已经同意应让一位美国人——艾森豪威尔将军——指挥“霸王行动”，尽管他已经承诺过由自己来指挥。“这是一次沉重的打击，”布鲁克回忆道，“他一点也没有意识到这对我意味着什么。他没有表示同情，也没有后悔去改变主意，把这个问题当成一件不重要的小事。”[25] 这种失望之情对于改善他和马歇尔的关系没有什么作用，马歇尔曾鼓动任命那位美国将军。

在 8 月 15 日的“一次最痛苦的会议”上，马歇尔和布鲁克正式讨论了“霸王行动”。从英国的角度来看，成功占领西西里岛之后，意大利人即将投降，因此这场行动的时间安排很复杂。马歇尔坚持要求“霸王行动”应该比意大利的行动更有绝对优先权。布鲁克非常愤怒：马歇尔显然没有详细阅读过“霸王行动”计划，也不明白它是如何与南方的突击联系起来的，南方行动的部分目的在于吸引足够多的德国军队，削弱他们对其他地方的掌控，特别是在西方前线。马歇尔和金对于占领意大利都没有什么热情，金坚持认为：“无论是德国人还是同盟国军队控制意大利，它都是一个累赘。”[26] 他还毫无顾忌地重申，对日战争完全与对德战争一样至关重要，应该将大量资源从欧洲重新部署到太平洋战场（实际上，美国海军击沉的日本船只比他愿意透露的还要多）。当这位美国陆军参谋长与美国海军首脑联手，威胁说除非英国放弃意大利的选项，否则就抛开“德国优先”战略转而支持太平洋战场的时候，布鲁克在参加其中一次马拉松式的会议后写道：“又一个恶毒的日子。”[27]

他们并不掩饰个人间的敌意，因此双方的战略冲突更加严重；有时他们的讨论变得如此激烈，以至于首长们要命令他们的参谋走开，由他们自己来解决分歧。一次争吵特别激烈的会议结束后，蒙巴顿海军上将闯入福隆特纳克酒店的会议室，意图用一个为大西洋运输队建立空中掩护的妙计取悦参谋长们，这是无意间出现的唯一的放松。蒙巴顿的计划代号为“哈巴谷”，他打算建造一种用冰和木浆混合而成的“自行式浮动机场”，名为“派克瑞特”（Pykrete）。[28] 为了向有些持怀疑态度的与会者证明自己的观点，蒙巴顿拿来了一块“纯净”的冰和一块“派克瑞特”。他从口袋里掏出一把左轮手枪，向“纯净”的冰块射了5枪，那块冰果然成了碎片，观众们被溅了一身冰末。然后他向那块“派克瑞特”开枪，不容置疑地证明了他的论断：据布鲁克说，子弹“从那块东西上反弹出来，像一只愤怒的蜜蜂一样在我们腿边嗡嗡作响”。[29] 据金说，子弹近到划破了他的裤子。[30]

尽管形象地展示了潜力，不过“哈巴谷”并没有受到青睐。然而在不经意间，蒙巴顿发挥的作用超出了他的想象。在隔壁房间等候的参谋人员惊讶地听到紧闭的门后传出枪声，得出一个可笑的结论，据布鲁克说，他们其中一个人喊道：“天哪，他们现在开始射击了！”[31] 会议的坚冰也被打破了，尽管只有一会儿。

最后，经历了10天疲惫和不愉快的会议后，双方终于实现了不情愿的和解。在魁北克会议召开前一段时间，一位记者问过金：“当联合参谋首长团不能达成一致时会发生什么事？”金回答说：“决定由总统和丘吉尔来做。”“谁通常会赢？”记者继续问。金显然停顿了一下，然后用一种不同寻常的圆滑回答说：“你知道，丘吉尔先生是一个非常有说服力的人。”[32]这一点在魁北克得到证明。除了一两处小小的限定，盟军重申“霸王行动”是他们的首要目标，而且就像他们已经在3个月前达成一致的，1944年5月1日仍然是发动跨海峡登陆行动的预定日期。

魁北克会议使所有与会者都疲惫不堪。重病缠身的庞德似乎特别劳累，尽管他以惯常的淡泊，在谈判结束之前没有透露疲惫的原因。但是在8月28日晚上，他告诉一位亲密的同事，几天前他的右腿已经失去作用，而且右臂也无法使用，“他感觉它已经爬入他的头颅右侧——所以一言以蔽之，他无法坚持下去了”。[33]他乘船回到伦敦后，立即住进医院，并被诊断出患有“最恶性的左侧脑肿瘤”。[34]没有治疗的可能。他于10月21日去世，前地中海舰队司令坎宁安海军上将接替了他的位置。布鲁克一直严厉批评庞德在参谋长委员会中没有什么贡献，当他知道导致第一海务大臣近来更加频繁、深入地陷入睡眠这一情况的原因时，感到非常尴尬；他随后指出，这位海军元帅是“一位非常勇敢的人，他一直在努力工作，直至倒下”。[35]庞德确实活得足够长，并且看到他那令人难忘的格言“如果我们输掉海战，我们将输掉整个战争”得到了完全证实。不管庞德的继任者是像波特尔一样聪明，还是像哈里斯一样强大，能否迫使丘吉尔尽早认识到这个基本事实的含义，以便加速争取大西洋海战的胜利，只能是一个猜想。他态度粗暴，直言不讳，对同僚的影响比庞德更大，这几乎是不容置疑的。在坎宁安与波特尔和哈里斯一样熟悉的战略性争执中，庞德仅靠荣誉和正直不足以确保意见获得听取。

正如他所说的，丘吉尔对他在魁北克获得的成果感到满意，只有一个“黑点”美中不足：“苏联越来越粗鲁”。[36] 当丘吉尔在年初给斯大林打电话，表示要推迟开辟第二战场，先在西西里登陆时，斯大林非常愤怒。英国首相曾试图安慰他说：“如果我们在一场灾难性的跨海峡进攻中损失 10 万人，苏联得不到任何好处，而在我看来，如果我们以现有条件和军队做这样的尝试，肯定会遇到这种后果，我们的军队力量太弱，要想取得一点成功，可能得付出极大代价。”[37] 斯大林详细回顾了两位西方领导人曾经在很多场合明确承诺最迟在 1943 年发动大规模进攻，对丘吉尔的话毫不领情：“你说你‘非常理解’我的失望。但我必须告诉你，这里的重点不仅仅是苏维埃政府的失望，也是对盟国的信心的考验，这种信心正受到沉重的压力。”[38]

在魁北克会议召开前夕，英国首相再次与莫斯科进行联系。这次他提供的信息包括一组摄影幻灯片，反映了轰炸机司令部对汉堡造成的打击，并承诺很快就会“对柏林造成更大的破坏”。他通知斯大林说，在过去的 3 个月时间里，盟军“几乎以每天一艘的速度消灭潜艇，而我们的损失远远低于预先的估计”，他宣称这些成果“将有助于英美建立大型反德战线，我与你意见一致，认为它对于缩短战争是不可或缺的”。[39]

与此同时，英国再次受到莫斯科的压力，要求重新恢复已于 3 月份暂停的北冰洋运输队。丘吉尔急于安抚他这位脾气多变的盟友，敦促英国海军部说，如果“在人力所能及的范围内可行”，他希望答应苏联的要求。[40] 起初海军领导人进行抵制，理由是运力短缺，但首相否决了他们的反对意见，坚持在“霸王行动”开始之前至少派遣5支运输队，其中第一支应该于11月1日出发。[41] 他在10月1日给斯大林发了一封长电报，证实了这个消息，他写道：“我和我的全体同事都怀着最急切的渴望，尽最大力量帮助你和你领导的英勇军队……尽管我们有沉重的负担，但我们总是尽力而为，以帮助你保卫自己的国家免受希特勒一伙的残酷侵略。”[42] 到目前为止一切顺利。但此事却有一个极其令人不快的意外结局。

在发出这封电报之前，丘吉尔向外交大臣安东尼·艾登和英国海军部明确表示：“为了重新派遣运输队，我们有权向他们提出一个非常明确的要求，以使我们在苏联北部的人员得到更好的对待。”[43] 现在为了斯大林的利益，他概述了英国官员在摩尔曼斯克开列的“抱怨清单”，这些英国官员对苏联当局施加的吹毛求疵的限制越来越感到沮丧，这些限制不仅妨碍卸载和发送物资，更加剧了长期困扰英苏的相互猜疑。丘吉尔抓住了问题的要害。他指出，斯大林的官员拒绝发放足够的签证，妨碍了补给物资的顺利流动，他要求“立即为所需要的额外人员发放签证，而且在未来有必要要求他们处理与我们提供援助有关的工作时，保证不会拒发签证”。他还要求斯大林帮助“改善我们的军人和海员目前在苏联北部的条件”：问题包括对他们的行动和通信自由做出的各种限制，以及对“私人邮件”的审查。他警告说：“施加这些限制，给军人和平民留下的印象对英苏关系不利，如果议会听到这些情况，后果就会更加严重。”他敦促这位苏联领导人“以友好的精神解决这些困难”。[44]

斯大林远没有受到安抚，而是前所未有地感到委屈。丘吉尔的电报没有确认未来派遣的运输队是“义务”而不是期票，这激怒了斯大林，他写道：“苏联军队的补给供应取决于英方的主观判断是不可接受的。英国政府提出这样的问题，苏联不能不将其视作英国拒绝履行其承担的义务，并对苏联进行威胁。”除此之外，他不仅拒绝解决英国人的任何抱怨，而且还补充了自己的反对意见，并提到：“在数起案例中，个别英国军人出于情报目的，企图以贿赂的手段招募某些苏联公民，这是不可接受的行为。”[45]

由于艾登在莫斯科，丘吉尔在唐宁街召见了新任苏联大使费奥多尔·古谢夫（Feodor Gousev，由于伊万·迈斯基被召回莫斯科，这个职位由他接替）。例行的礼节问候结束后，他告诉古谢夫说，自己无法回复苏联领袖的电报，因为“不管我怎么回复，都会让事情变得更糟”。出于这个原因，他让艾登来处理这件事，自己不接受这封电报。于是他把电报交还给苏联大使，护送垂头丧气的古谢夫到门口。[46]他们的会谈结束了。

后来回忆这件事的时候，丘吉尔开心地谈起他如何有理有节地挫败了“苏联机器”，他曾经告诉美国总统：“苏联相信自己可以用恐吓来获得一切，我确信比较重要的是表明这未必是真的。”[47]结果艾登在那些天凭借灵活的外交技巧，很快就消除了这场意外——尽管斯大林不久前告诉这位外交大臣，只有苏联北部的英国人“平等地对待苏联人民，这些困难才不会出现”。[48]苏联的自卑情结并未彻底消失，即使这位全能的领袖也是如此，而且在战争结束之前，还会有更多这样的小问题。然而，它们通常因为两位领袖人物的面子问题而得以解决。在这件事中，北冰洋运输队按照丘吉尔的计划进行。

1944年5月，随着苏联军队无情地向德国边境快速推进，英国首相告诉斯大林，自1943年年底以来，共有191艘货轮停靠在摩尔曼斯克，运载了125.98万吨军用物资，支持这种攻势。尽管“警惕的敌人发动了大规模空袭”，但丘吉尔高兴地报告说，德国空军仅击沉了5艘商船和2艘驱逐舰，且仅仅击落1架飞机。“这一切都非常成功，”他写道，并且吐露出他对盟军在各条战线上取得的进展抱有的无限信心，“当你们的英勇军队正在迎接伟大胜利的时候，这些武器应该交到他们手中，对此我打心眼里感到高兴。”[49]

对于西方盟国向苏联提供的援助总额，双方的估计差距悬殊，苏联称仅有4%的物资来自西方援助，西方则认为有11%。但是，这种粗略的整体统计数据只显示出吨位大小，未能突出具体物资的重要性：如果没有航空燃料、铝和战机的租借供应，苏联空军将会严重丧失作战能力；同样，“特殊化学品、金属和工业机械的运输”虽然与盟军援助的总量相比微不足道，但对于苏联兵工厂维持武器生产至关重要。此外，《租借法案》为苏联人提供了50万英里的铁轨、2000辆机车和1.1万多节火车皮，超过40万辆卡车和吉普车——几乎足以运送1100万红军总兵力。[50]此外，美国开发的先进通信系统——无线电发射和接收设备、野战电话和改进的线缆——让苏联指挥官们得以更严格地指挥他们的前线部队。众所周知，苏联军队在机动性方面能够超越德国军队，这种通信系统发挥了不可估量的作用。很多（尽管不是全部）这种援助是由北冰洋运输队提供的：这些运输队受到任何破坏，红军都会相应地遭遇损失。

红军总司令朱可夫元帅是不情愿赞扬西方的一切积极举措的，但他后来承认，按照《租借法案》供应的物资“有一定的帮助”，尽管他抱怨说——这情有可原——这种援助“比承诺的数量少得多”。[51] 斯大林的态度要更加明确。1943 年 11 月底举行第一次“三巨头”德黑兰会议时，北冰洋运输队已经重新启动，斯大林刚刚与丘吉尔进行过争执，但他在会上断言西方同盟国的援助是“绝对必要的”，尤其是美国的援助。[52]

援助的弹药、武器、油料、机械、原材料和其他补给（按当时的价格计算超过 40 万亿美元）对苏联在战场上赢得最终胜利做出了决定性贡献，虽然具体数量在未来不可避免会产生争议。但在当时，各方都毫无疑问视之为至关重要——尤其是德国。出于这个原因——更不用说政治和外交方面的必要原因——运输队继续出发（在“霸王行动”的准备阶段有过短暂中止），直到战争结束甚至战后才停止。最后一支走北冰洋航线的运输队是 JW67，在德国投降 4 天后，于 1945 年 5 月 12 日离开克莱德。这支运输队共有 26 艘货轮，由 1 艘航母、2 艘驱逐舰和 5 艘护卫舰护航，在 5 月 20 日抵达目的地，途中没有发生任何事故，也没有引人注目。这是 78 支运输队中的最后一支，这些运输队总共有大约 1400 艘商船，在数十艘盟军战舰的护送下（其中有 16 艘在这些任务中沉没），在这条最艰苦和最危险的航线上来回穿梭。从第一支运输队出发到最后一支运输队抵达，共有 85 艘货轮在德国空军和潜艇的双重打击下沉没。

这些是史诗般的斗争，检验了人们的忍耐极限。然而，英国政府表现出可耻的偏见和惯性，拖延了60多年，才正式公开承认那是参加北冰洋运输队的平民共同创造的成就。直到2006年，少数仍然健在的老海员才获颁“北冰洋徽章”，大多数已经去世的海员得到追授。然而，这项荣誉遭到了官僚主义的冷酷扭曲，它不是参战勋章，和其他战场（包括大西洋）上的海员早已得到的并不一样。“商船队协会”又持续进行了6年的努力，这个徽章终于在2012年升级为“北冰洋之星”勋章。

1943年5月击败潜艇之后，“天空之战”也熄了火。轰炸机司令部动作迟缓，仅仅调拨50架超远程轰炸机用于在大西洋上打击潜艇，就证明了英国海军部的观点是极为正确的。事实上，轰炸机司令部此前曾经许诺要在1943年7月之前提供235架超远程飞机用于保护运输队航线，这些飞机一直没有交付，主要是因为很明显已经不需要这么多飞机了：飞机和护航舰艇协同作战，并配备了适当的武器和技术装备，完全有能力抵抗潜艇任何的进一步挑战。而且，随着“解放者”以越来越快的速度从美国的生产线上下来（战争结束前共生产1.8万多架），即使“轰炸机”哈里斯也觉得没有必要反对海防总队获得一小部分。尽管如此，他仍然宣称只用空袭就能打败德国。布鲁克讥讽地说，他在10月13日的参谋长会议上向其上司表示：“苏联军队胜利推进的唯一原因就是轰炸机的进攻！据他说……我们都在阻止他赢得这场战争。如果轰炸机司令部能够放手行动，那么战争时间将会更短。”[53]

至少哈里斯有勇气相信自己。与空军大臣阿奇博尔德·辛克莱爵士的公开说法不同，轰炸机司令部并非主要攻击敌方军事设施。哈里斯希望国民知道轰炸机司令部的作用是“摧毁敌人的城市，把它们从有价值的东西变成累赘”。战时内阁拒绝公开这些信息（或者如一位同情哈里斯的传记作者所说的那样，“政府通常甘愿秘密支持哈里斯，并不准备将他实际上正在做什么如实告诉全世界”[54]），这种掩饰可能在政治上是必需的，目的是尽量减少公众对“恐怖”轰炸事件所感到的不安，但这种战略——在每月交付给轰炸机司令部的飞机数量于1944年1月增加到1000架以上之后才得以实施——很少引起争议。

哈里斯的目标宏大，对他派出去的飞行员要求很高。正如马克斯·黑斯廷斯所写的：

> 重要的是要记住，为了使机组人员有适当的机会完成一趟任务，损失率必须低于4%。1944年1月，哈里斯损失了6.1%的飞往柏林的飞机，袭击斯德丁、不伦瑞克和马格德堡的飞机损失率为7.2%……1944年3月30日，轰炸机司令部遭遇了战争中最严重的一次灾难，在派往纽伦堡的795架飞机中，有96架未能返航。[55]

损失如此之大，对轰炸机司令部年轻飞行员的性格和毅力都要求甚高，邓尼茨的那些年轻潜艇艇员在这方面与之相似，他们陆续穿过比斯开湾，到大西洋执行“自杀性”任务。然而就轰炸机司令部而言，这项使5.5万名英国飞行员（以及50万德国平民）付出生命的战略是否有效不仅在当时受到质疑，而且在事实公之于众后更加令人痛苦。潜艇艇员们从来没有受到这样的攻击；虽然事实会证明他们的任务不可能完成，但它的战略有效性很少受到度过那些艰难岁月的交战双方人员的质疑，除非在细节方面。

从两年前到1944年3月份，哈里斯在英国的战争委员会和公众的印象中一直是一位强有力的人物，但是随着D日越来越近，华盛顿和伦敦的军事领导人都把重点放在这场行动上，他的影响力迅速下降。轰炸机司令部失去了自主权，必须服从于更大的行动，只有盟军最高司令才掌握最高的权力和责任。但是，虽然轰炸机如今在战争中发挥的是辅助作用，但哈里斯仍然可以坚持再对德国城市进行一年的“恐怖轰炸”。直到1945年3月28日，丘吉尔在一份写给总参谋长和这位空军参谋长（在他的坚持下，丘吉尔最终将其撤回，改为一个措辞更温和的版本）的备忘录中终于对这一战略提出疑问：

> 在我看来，现在应该对只是为了增加恐怖效果而轰炸德国城市的问题进行评估了，尽管这个战略有其他背景。如果继续这样轰炸，我们只能得到一片遭到彻底毁坏的土地……我认为需要更加精确地集中打击军事目标……而不仅仅是采取恐怖和肆意破坏的行动，无论这样的行动多么令人印象深刻。[56]

如果英国首相在1942年就得出这个结论，超远程轰炸机可能就会提前几个月用于大西洋海战，这样就能够在 1943 年 5 月之前消除“潜艇威胁”,丘吉尔后来宣称“潜艇威胁”是“战争期间曾经真的让我感到害怕的唯一一件事”。[57] 庞德曾经长期与波特尔和哈里斯争夺这种飞机，却毫无效果，如果英国海军部得到这种飞机，英国首相就不至于以英国“因缺乏船只而陷入瘫痪”为理由在 1943 年 3 月警告罗斯福说，必须把开辟第二战场推迟到 1944 年。[58]

当然，这里并不是说英国海军部得到飞机，D 日就会提前至 1943 年，也不是说这样就能确保跨海峡进攻的成功。1943 年，德国在法国的防御力量仍然很强大：希特勒的军队并没有像他们在遭受红军反攻的沉重打击之后那样“退化”。而德国空军仍然是一个强大的对手，可以重创任何入侵部队，轰炸机司令部的空勤人员用巨大代价了解了这一点。然而毫无疑问，丘吉尔热烈支持在 1943 年春季以西西里岛为跳板进攻第三帝国南部防线，这个主张本应受到华盛顿的密切关注。虽然美国军队在战场上缺乏经验——在北非战役中令人震惊地暴露了出来——不过马歇尔本来可以采取更加坚定的立场，提出更早开辟他和其他参谋长们渴望的第二战场。丘吉尔和英国军方领导人可能仍然会占上风，但这将遇到非常多的困难。

如果 D 日提前 9 个月，可以想象西方盟国会更早抵达柏林。如果是这样的话，将德国“划分”为 3 个占领区——在 1945 年 2 月的雅尔塔会议上暂时得到同意，在 5 个月后的波茨坦会议上成为残酷的现实，当时波兰被强行纳入了苏联集团——可能会因极为不同的“实际情况”而消失；盟军如果占领更多的德国领土，可能会让他们的政治领袖在讨价还价时拥有更坚实的基础。如果是这样的话，战后欧洲及其人民的历史就会大不相同。

这种推测很有诱惑力，但忽略了一系列招致危险的“未知因素”。然而，考虑到它具有非常大的影响，这种冒险令人难以抗拒，特别当人们意识到能够而且应当提前数月获得大西洋海战的胜利时——以当时容易获得的事实就可以推知。丘吉尔是一位伟大的战争领袖：他不仅具有无与伦比的交流和说服能力，而且其做出正确战略判断的能力有时远远超越了他所拥有条件的限制。他的远见影响了西方在第二次世界大战中的行动，没有他罕见的能力和势不可当的人格力量，很难想象盟军将如何战胜第三帝国。他拥有强烈的直觉和明确的目标，对于引导盟军达成共同目标至关重要。然而他的伟大是一个悖论，正是这些人格特征导致了他在领导过程中犯下一个最严重的错误。

虽然他对恐怖轰炸德国的功效和道德都心存疑虑，但把这种行动视作一种向全世界展示英国的决心不可动摇的手段。这种袭击是无所顾忌的，而且目的明确，就是要摧毁敌人的战斗意志；它不仅反映了丘吉尔的性格，而且似乎符合胜利的基本标准。然而，轰炸不仅没有达到预期效果，而且直到 1943 年 3 月遇到危机之前，都使丘吉尔陷入半盲状态：他错误地认为大西洋海战是防御性的，实际上获取这场海战的胜利是摧毁纳粹主义和消灭希特勒的先决条件。他始终没有明白，打赢潜艇战和在其他所有战线上与纳粹主义进行斗争同样具有进攻性。因此对于这种缺乏远见的思维，英国皇家海军官方历史学家做出的权威判断让人难以释怀。他写道：

这也许是最具深远意义和悲剧性的战略错误，无论如何都是丘吉尔的责任，由于运力短缺，盟国在每个战场上的每次进攻都拖延到 1944 年年中，战争被延长，代价是占领区人民承受了不可估量的痛苦。[59]

对于这个断言，并非不可能提出异议，但想否定非常困难。

22

结束的开始

1944年6月6日凌晨，由15万美国、英国和加拿大兵力组成的第一批盟军冒着悬崖上的德军炮火在诺曼底海滩登陆。一位美国记者随同军队登陆奥马哈，发出他们下船时的第一手报道：

我们在一些不太大的海浪里滑行和旋转，然后搁浅在陆地上……就我所见，人员、吉普车、推土机和其他设备都像蚂蚁一样在海滩上下活动……我看到一艘小登陆艇被击中之后着了火。人们拥了出来，冲入齐腰深的水中……运输工具在地平线上一眼望不到边，在朦胧的烟雾中，它们看起来就像是海岸线。驱逐舰几乎开到沙滩上，偶尔进行猛烈齐射，就像一拳打到下巴上。[1]

由1200艘战舰和1.15万架飞机——这是有史以来最强大的部队——掩护的4000多艘登陆艇遭受了来自悬崖上的猛烈炮击。大海波涛汹涌，登陆很困难。当登陆艇冲到海滩上停下来时，遭到敌人居高临下的猛烈打击。在登陆艇跳板降下，部队冲上海岸时，人员伤亡惨重。美国第1步兵师的一位成员回忆说：

有些船在乘员全部下去之后又开回来；有些船几乎在不由自主地漂流，但仍然在挣扎。有些船船底被卡住，引擎开到最大马力，却毫无用处；有些船往后退了一点，然后再次尝试……我看到有船侧翻，部队都掉进水里。我看到被炮火严重破坏的船只随着海浪摇摆。我看到船上空无一人，里面灌了很多水，被扔在那里，随波逐流。人们还在船只周围，竭力利用它们那点可怜的保护能力。[2]

据另一位士兵说：“受伤和被沉重的装备拖入水中的人们高喊救命……有死人漂浮在水中，有活人装死，让潮水将他带到岸边。”[3]

盟军的这一行动雄心极大，而且具有极其重要的意义，使得帝国总参谋长布鲁克“对整个行动感到非常不安”，担心它可能会变成“整个战争中最可怕的灾难”。[4]虽然这对英国最高统帅部来说是“令人痛苦的时刻”，但它们可能会更糟糕：当运兵船缓慢驶过英吉利海峡，把盟军部队送往诺曼底海滩时，另一个熟悉的死亡和破坏制造者可能已经在水面下等待拦截它们。然而，甚至没有一艘潜艇出现在那片被盟军的鲜血染红了的大海。如果这对布鲁克来说确实是痛苦的时刻，那么对于邓尼茨来说则是灾难性时刻。

柏林知道D日即将到来，只是不知道具体时间和地点，就在这场行动开始之前，这位德国潜艇总司令的官方日志记录了他所面临的暗淡前景：“现在胜利的机会已经渺茫，而另一方面，执行任务无法返航的机会大大增加了……损失与所取得的战果无关，必须接受这一点，尽管这样很痛苦。”[5]

D日成了邓尼茨在大西洋海战中落败的耻辱尾声。当第一批盟军登陆法国领土时，驻扎在比斯开湾的49艘潜艇仍然停在港口内。到6日下午，他们的指挥官才接到盟军登陆的警报，直到当天午夜，第一批35艘潜艇才从位于布雷斯特、圣纳泽尔、拉帕利斯和洛里昂的基地缓慢出发，去拦截登陆部队。这是一次毫无希望的反攻尝试，不仅因为迟迟才开始，而且由于它们面临着几乎无法穿透的盟军舰艇和飞机保护屏障，甚至连在侧翼制造影响的希望也没有。海防部队在登陆地点和布雷斯特半岛之间的水域密集巡逻，每一片海域受到空中侦察的间隔甚至不会超过30分钟。同样，英国皇家海军派出10个支援小组和3艘航空母舰，实际上封锁了西南水道的入口。因此，对诺曼底海滩发动大规模突袭是不可能的。[6]

赫伯特·维尔纳如今亲自指挥U-415，他对这一情况毫不怀疑：据他说，他得到的命令是“在天空被上千架飞机遮蔽、大海中挤满上百艘驱逐舰和护卫舰的时候，在毫无保护的情况下冲向英国南部海岸……真是疯了”。[7]他并没有夸张。就在6日午夜到来之前，海防总队的一架巡逻机发现一支由8艘潜艇组成的舰队离开布雷斯特。不到一个小时，轰炸机从低空呼啸而来发起攻击，用炸弹逼迫它们浮出水面。在随后的激战中，潜艇只击落了 4 架飞机，而它们中有 1 艘被击沉，另有 5 艘严重受损，不得不返回港口。其中包括维尔纳的 U-415，它同时遭到 2 架飞机的袭击，一架迎面而来，另一架来自右舷：

就这样结束了……U-415 残废了，燃油从破裂的油箱里流出来……成为一个可以轻松了结的目标……突然间，一些人挣扎着爬上梯子，颤抖着、抽搐着、头晕目眩，竭力呼吸空气，把充气的橡胶筏子扔到舰桥上……我漠然地想到，我的很多朋友就是这样死的——默默地，一句话也没有留下。[8]

U-415 努力浮了上来，慢慢地返回布雷斯特。维尔纳头部受伤，但幸免于难。这时他已经得出结论："发号施令的人已经失去了良好的判断力，甚至失去了常识。但我们接受的训练就是服从命令，不管是理智的还是其他的。我们从来没有表达过自己的想法，彼此谈话时从来没有提到过即将到来的无谓死亡，不用它来相互烦扰。"[9]

英吉利海峡中几乎没有一艘潜艇，德国空军也没有出现在天空上，这使得 6 月初的诺曼底登陆行动所面临的危险低于预计。英国广播公司的一位战地记者乘飞机在海峡上空低空飞行，当盟军在法国领土上加速集结时，他描述了下面的场景：

海面上拥挤不堪，到处都是各种各样的船只：速度快的小船像水甲虫一样急匆匆地来回奔波，在身后留下一条闪光的尾迹；更大一点的船只威严地缓慢航行，扫雷艇在前面开道，护航舰艇在侧翼保护……远处是瑟堡半岛……然后，那里，现在就在前面……十来艘、几十艘、数百艘船只停泊在近岸，浮桥和防波堤连接起来，组成了一个新港口，6 天前，那里还是空荡荡的海滩。[10]

至少从海上没有办法阻止这支规模空前的部队登陆。6 月 12 日，邓尼茨意识到潜艇不可能完成任务，于是将所有幸存的潜艇召回比斯开湾基地，但配备通气管的潜艇除外。这些潜艇设法深入英吉利海峡的西部边缘，却没有收到什么效果：虽然它们击沉了 2 艘护卫舰，但根据邓尼茨的命令——“不管有什么危险”都要坚持战斗——反击 D 日攻势的 35 艘潜艇中，只有 5 艘返回了比斯开湾。将近 1000 人因为他的命令而遭遇海难，其中只有 238 人获救。[11]

这是一场全面屠杀。一年多前，也就是在 1943 年 5 月，邓尼茨自己承认，他输掉了大西洋海战；如今在英吉利海峡，英国皇家海军和海防总队联手做出致命一击。他在几天后写下的战争日志中，没有一句谈到这些情况，他在日志中把否认现实发展到荒谬的新高度：

若是适当考虑到面临的特殊困难，那么所取得的成果是令人满意的，不得不说，在此过程中遭受的损失是严重的，但并非不可忍受。虽然这些行动对敌人的集结没有产生决定性影响，但它们在很大程度上起到了牵制作用，从而减轻了沿海（德国）军队的负担。[12]

这是无稽之谈，他从来不肯承认这一点——他会把这一条记录写到自己的自传中——这表明，至少在一段时间内，他对现实的认识几乎和他的元首一样站不住脚。

不久之后，邓尼茨感到更加耻辱，因为他不得不命令比斯开湾港口的所有潜艇从法国撤到相对比较安全的挪威，以免被登陆后向布列塔尼推进的盟军围困住。他这样做是明智的。到了 9 月份，美国人粉碎了激烈抵抗并付出 1000 人的生命代价之后，包围并占领了圣纳泽尔和洛里昂。从法国撤退后，邓尼茨在大西洋中制造威胁的能力受到严重制约，而那种威胁曾经让丘吉尔“饱受折磨”。尽管如此，潜艇的威胁还是不能忽视。即使是少数潜艇，如果巧妙部署在其他水域的关键地点，仍然可以对运输队起到骚扰作用，一旦配备了声导鱼雷和通气管等技术更是如此。消耗战是海战的特征，为了避免在这种战争中造成不必要的损失，盟国在此时仍然有必要部署大量舰艇和飞机，以保护为其军队向欧洲运送燃料、武器和食物的海上动脉。正如丘吉尔所指出的：“整个英美联军的行动取决于运输队穿越大西洋的行动。”[13] 如果没有这些护航运输队，战役所需的武器、装备和人员就无法维持流动。盟军还有将近一年的战斗，面对的是一个依旧强大的敌人，他们依靠技巧、意志和勇气为每一寸土地而战，当被迫退到德国本土时，也为了祖国的精神而战。

直到战争的最后一天，邓尼茨一直在派遣他的潜艇艇员执行彼此心照不宣的自杀性任务。然而，尽管在 D 日登陆后的

10 个月时间里损失了 200 多艘潜艇，他的手下还是毫无怨言地继续出击。他们之所以能够做到这一点，是因为补充的潜艇持续从生产线上快速下线，尽管轰炸机司令部尽了最大努力，但到 1945 年 4 月底，邓尼茨仍有 166 艘可以作战的潜艇（整个潜艇部队的规模为 434 艘），这个数字只比 D 日之后少了 22 艘。然而在这 11 个月里，它们在全球只设法击沉了 121 艘商船，其中最重要的是，在北大西洋护航运输队航线上只损失了 13 艘商船。这是一个少得可怜的数字，说明了潜艇是如何被盟军部署的优势反潜力量所击败的。[14]

邓尼茨可能是一个战术高超且富有魅力的海军指挥官，就连盟军对手也不情愿地敬重他，但他的基本感觉不亚于他的任何“狂热”同僚。他对意识形态的专注和他的军事决定一样明确，这在很大程度上可以解释为什么希特勒让他从竞争者中脱颖而出，成为自己的接班人。邓尼茨很少会放过任何炫耀自己信念的机会。在 D 日（他为希特勒挺身而出）3 个月前，他向聚集在柏林参加“英雄纪念日”游行的广大民众发表了长篇讲话（当时他代替希特勒出席这场活动），并由国家电台向全德民众广播。讲话中有一段话极其令人厌恶，他向听众提问：“如果元首没有用国家社会主义把我们团结在一起，我们今天的家园会是什么样？”他的回答是毫不含糊的：“分裂成各个政党，充斥着犹太人瓦解我们的毒药，而且由于我们缺乏对目前这种毫不妥协的意识形态的保护，容易受到它的摆布……我们就会早早地被这场战争的重担压垮，会被我们的敌人无情地摧毁。”[15]

希特勒自杀后，邓尼茨于 1945 年 5 月 1 日继承了纳粹王冠——只是几乎马上把它摘了下来。3天后的5月4日，当柏林落入盟军之手，邓尼茨指示手下忠诚的潜艇艇员投降，他宣布："经历了前所未有的英勇战斗之后，不可战胜和无可挑剔的你们放下了武器。我们深切怀念牺牲的同志，他们以死效忠元首和祖国。"[16]

除了极少数例外，参加这场"英勇战斗"的官兵确实以无可置疑的决心为这个目标而战。为此，他们不仅受到德国人民的敬重，而且受到很多无畏地与他们作战的敌人的敬重，就连丘吉尔也不得不对"潜艇部队的坚韧不拔"表示敬意。[17]

这种精神并没有因为投降而受到影响。邓尼茨遵守对胜利者的承诺，在"投降"命令中明确表示，交出所有德国军舰，一艘也不能凿沉。据彼得·克雷默海军上尉说，这个命令"碰到了我们潜艇人的痛处，我们必须一枪不发就把潜艇交给英国人和美国人"。巧合的是，克雷默刚刚被调入了新元首的安全部队。当他的二副从基尔打电话，问他是否应该服从这些命令时，克雷默傲然地告诉他："克雷默没有打出白旗，也不会交出他的潜艇——所以凿沉它。"其他所有驻在德国母港的潜艇指挥官都追随了这个榜样，因此以这种方式处理的潜艇不少于138艘。当邓尼茨手下的指挥官史无前例地大胆违抗元首明确命令的消息传来时，克雷默恰巧就在邓尼茨身边："这位海军元帅看上去很惊讶，起初表示反对，后来脸上却露出一丝微笑。我们指挥官也逃过惩罚，因为我们以为盟军会报复，但实际上并没有发生。"[18]

几天后，克雷默被逮捕，但不久后被一名同情他的英国海军军官释放。他在已成焦土的汉堡成为一个自由人，但那是一段悲惨的日子，没有什么值得庆祝的：

我周围空荡荡的。我的大多数战友都已经不在了，我的青春岁月已经消逝。我们很少有人想要这场战争，但我和其他很多人一样，把最好的东西都给了这场战争，德国人民的信仰和牺牲精神……遭到了最可怕的滥用。[19]

汉堡成了一片废墟。英国广播公司的温福德·沃恩－托马斯（Wynford Vaughan-Thomas）见证了那里受到的破坏：

整个地区因空袭而崩溃。焦黑的墙壁和被彻底烧毁的街道绵延数英里，在这些废墟中，仍然有将近 100 万名德国人和 5 万名外国劳工生活在地窖和防空洞里……在街上活动的都是英国吉普车或装甲车……码头城市更为荒芜，“布勒姆·福斯”公司的大型造船厂变成一片杂乱无章的梁架，在这片废墟之中，有 14 艘尚未完工的潜艇仍然在船台上生着锈。[20]

这是元首最终的失败——第三帝国崩溃的最佳象征。1939 年至 1945 年间，781 艘潜艇被击沉，在根据邓尼茨的命令出海的 3.8 万名年轻人中，有 3 万人葬身海底，占总数的 4/5；在第二次世界大战中，这是双方所有兵种里人员损耗率最高的。在很大程度上，他们光荣地为一个最终成为泡影的罪恶事业献出了生命。

1945年5月13日，英国首相在胜利广播中向他们的受害者——那些在商船队服役的人——致敬，因为这些人“为了在新闻头条中很少提到的”任务而“献身”。在战争中，有18.5万名海员在商船队中服务，到战争结束时，有32 248人丧生，他们经常要从燃烧的船上跳入无法游泳或无法获得及时救援的水域。[21]尽管如此，丘吉尔提到的忽视一直存在。他们运送胜利所需的工具，使英国免于陷入绝望的失败，使胜利成为可能，然而他们的坚定行动几乎一直没有得到赞扬——这是看重英勇进攻的偏见的必然结果，这种事迹更容易满足公众的想象。

就在那次广播中，丘吉尔还对“皇家海军庞大、富有创造性、适应性强、包罗万象以及最终具有全面控制权的力量”表示敬意。据记载，到战争结束时，在英国海军服役的大约80万官兵中，有50 787人牺牲，他们的勇气被后人更加全面地记录了下来，相比而言，在商船服役的人没有受到这样的关注（而他们的死亡比例更高）。

广播快结束时，首相发出告别前的警告：

> 我希望今天晚上能告诉你们，我们所有的艰难困苦都结束了。然后，我确实可以愉快地结束自己为期5年的服务，如果你们认为受够了我，应该让我下台，我会告诉你们，我会以最好的风度接受。不过另一方面，我必须警告你们，就像我开始这5年的职责时所做的那样——当时没有人知道会持续这么长时间——还有许多工作要做。[22]

第二天，他的私人秘书写道："胜利并没有带来喘息的机会。首相看起来疲倦不堪，必须强打精神，以便处理眼前的问题。"这些问题不仅包括确定 10 余年来首次大选的日期（1945 年 7 月 5 日举行，当时选民决定确实应该让这位伟大的战争领袖"下台"），而且还有一个更为重要的历史时刻，需要解决欧洲的未来和"难以预料的苏联乌云"。[23] 人们希望波茨坦会议（将于 7 月 17 日至 8 月 2 日举行）能吹散这片乌云，而事实上，这片云层变得更加黑暗了。罗斯福总统是盟军在欧洲胜利的共同设计师，但他并没有活着见证战胜希特勒。1945 年 4 月 12 日下午，他坐着让人给自己画肖像画时，抱怨"头痛得厉害"。他倒了下来，不久后死于医生所说的"脑部大出血"。[24] 丘吉尔给他们的中间人兼密友哈里·霍普金斯写了一封慰问信："你肯定感到极为悲痛，对此我很理解……不仅因为把我们如此紧密地联系在一起的公共行动的纽带，对我个人而言，他的离去也令我十分痛苦。"[25] 尽管如此，他显出政治家的本色，很快就与继任者哈里·杜鲁门建立了相互尊重的关系。和丘吉尔一样，美国新总统也意识到，欧洲胜利日既标志着一个时代的结束，也标志着一个时代的开始。因此，霍普金斯再次代表他来到莫斯科，在 1945 年 5 月 26 日至 6 月 6 日的 12 天时间里，试图为即将与苏联领导人举行的会议确立一个积极的框架。尽管他与斯大林在个人关系方面很融洽，但他并没有取得成功。

在波茨坦，这些重大决定基本上都掌握在杜鲁门和斯大林手中，他们是即将被视为世界两个超级大国的领导人。英国（前 10 天由丘吉尔代表，7 月 26 日起由工党领袖、新当选的首相克莱门特·艾德礼代表）* 即使形式上还是三巨头之一，但实际上已被降为低级合伙人。谈判是在平等讨论的气氛中进行的，但双方使用的外交语言掩盖了目标方面存在的鸿沟和意愿方面出现的冲突，这些都将对该世纪余下的历史产生影响。

三巨头要求日本"无条件投降"相对比较容易，美国用原子弹摧毁广岛和长崎之后，日本于 8 月 15 日正式投降。欧洲的未来则是另一回事。波茨坦会议未能弥合西方盟国与苏联之间存在的意识形态鸿沟，也未能改变双方依靠战场上的相对地位所获得的权力分配格局。美国（在英国的支持下）控制了变成西欧的地方，其中大部分后来被纳入北约；苏联占领了后来成为东欧的地方，不久之后正式将其纳入华约。被孤立于东德中心的分裂的柏林市既是超级大国全球对峙的具体表现，也具有象征性的意义。如果冷战的种子是在雅尔塔播下的，那么它们就是在波茨坦扎根的。

然而，在 1945 年，重要的是纳粹已经被击败，一个可怕的阴影被从世界上清除了，如果没有在大西洋海战中来之不易的胜利，有些事情是不会发生的。

---

* 尽管选举在 7 月 5 日举行，不过要等到英国驻外军队的投票箱都运回国后，才于 7 月 26 日最终计票完毕。

尾　声

摆脱命运

在大西洋海战中，双方的死亡数字都极其庞大，以至于很少有在海上前线作战的人发表的回忆录。在那些讲述自己亲身经历的幸存者中，有三位是德军的王牌潜艇艇长，他们的叙述在这个故事中起到了重要作用。

彼得·克雷默总共出海 381 天，战后在一家德国电子公司担任总经理。他于 1992 年 7 月 5 日在汉堡去世，享年 81 岁。

德国海军协会的创始人赖因哈德·“泰迪”·祖伦击沉了 19 艘船只，他在战争结束时被囚禁了将近一年。获释后，他开始经商，在一家石油公司工作。1984 年，他死于癌症，享年 68 岁。他的骨灰被撒在西班牙海岸，U-564 在 1943 年 6 月 14 日被海防总队的轰炸机击沉时，他手下有 28 名艇员溺水身亡。

1941 年到 1945 年间，赫伯特·维尔纳曾在 4 艘潜艇上服役，在此期间，他所在的潜艇击沉了 6 艘船只。德国投降后，维尔纳被关押到 1945 年 7 月，英国人对他进行了彻底审讯之后，将他移交给了法国当局。在经历了一系列奇异的逃亡后，他来到了巴黎，差一点加入外籍军团，最终想办法回到了家乡法兰克福。后来，他获得了美国公民身份，并成为佛罗里达州的一名成功企业家，于 2013 年去世。

在英国方面，盟国最成功的护航指挥官之一彼得·格雷顿被擢升为海军中将、海军副参谋长和第五海务大臣。他被授予骑士头衔、一枚两杠特殊功绩勋章（DSO）和一枚杰出服务十字勋章（DSC）。他于 1963 年退休，两年后成为牛津大学大学学院司库，他在那里就国防问题进行著述，并且赢得殊荣。他于 1992 年 11 月 11 日去世，享年 80 岁。

唐纳德·麦金太尔海军中校护送过 28 支护航运输队横渡大西洋，总共包括 1100 艘船只，其中只有两艘被击沉，他因英勇而获得特殊功绩勋章和杰出服务十字勋章。战争结束后，他离开海军，成为一位成功的海军历史学家，写出 18 本书。他于 1981 年 5 月 23 日去世，享年 77 岁。

在那些德国战略核心圈的成员中，雷德尔海军元帅战后在柏林被苏联当局拘捕，后来被送到莫斯科。1945 年年底，他被带回纽伦堡，获判战争罪，1946 年 10 月，他被判处终身监禁。他以为自己会遭到处决——他显然希望如此，他正式要求行刑——但这一要求被拒绝。1955 年 9 月，他因身体不适而被释放。他于 1960 年 11 月 6 日去世，享年 84 岁。

邓尼茨海军元帅也被纽伦堡法庭裁定战争罪名成立。检察官要求判处他死刑，尤其指出他发动了“无限制潜艇战”。当美国海军上将切斯特·尼米兹（Chester Nimitz）自愿表示，自己也在太平洋发动过“无限制潜艇战”时，邓尼茨的律师指出，既然美国人（英国人也同样）是在国际法范围内行事，他的委托人也是如此，成功地为他辩护。他被判处10年监禁，关押在施潘道，他在那里再次见到了雷德尔。据与他们关押在一起的希特勒核心圈成员阿尔伯特·施佩尔说，这两位海军元帅依然关系冷淡，因为邓尼茨仍然指责雷德尔“扩充水面舰艇的政策”，称他拒绝向自己提供打赢大西洋海战所需的潜艇。[1] 邓尼茨于1956年获释，之后退隐到汉堡郊外的一个小村庄，于1980年12月24日去世，享年89岁。经过反思，他认为这场战争显然是一个错误，但仍然不对自己在战争中扮演的角色感到懊悔。

在那些美国战略核心圈的人中，哈罗德·斯塔克海军上将在其海军作战部长职位在1942年3月被金海军上将接替之后，成为美国驻欧洲海军司令。在诺曼底登陆行动中指挥了美国方面的行动后，斯塔克面临法庭调查，目的是了解他在导致珍珠港事件发生的一系列事件中所起的作用。他受到严厉斥责，但躲开了军事法庭的审判。他于1946年4月退休，1972年8月20日在华盛顿去世，享年91岁。

诺曼底登陆成功后，欧内斯特·金海军上将对英国同行的生硬态度并未缓解，不过那时他几乎可以不受妨碍地把精力投入太平洋战争。D日过去3个月后，即在1944年9月举行的第二次魁北克会议上，丘吉尔提议派遣一支英国作战舰队，与美国海军并肩在太平洋作战，协助其“干掉”日本。尽管罗斯福原则上接受了这一提议，但这位海军作战部长却以英国皇家海军将是一个累赘为由予以拒绝。据一次争论极为激烈的联合参谋首长团会议的正式记录显示，他直言不讳地说，“不准备接受无法由自己进行部署或支援的英国舰队”。当联合参谋首长团的其他成员全都对他的话表示异议时，他才被迫让步——不过用继庞德之后担任第一海务大臣的坎宁安海军上将的话说，当时“他的态度极差”。[2]

1945 年 12 月，即日本投降 4 个月后——到那个时候甚至连金也清楚地看到，英国舰队在摧毁日本帝国海军方面发挥了突出和建设性的作用——他退休了，虽然他受到英美同行的钦佩,但并没有人想念他。1947 年,他因严重中风而丧失工作能力，余生大部分时间不断地住院、出院。他于 1956 年 6 月 25 日死于心脏病，享年 77 岁。

哈里·霍普金斯一直负责《租借法案》的实施，不断往返于大西洋两岸，为罗斯福和丘吉尔的联系发挥了至关重要的作用。他原本打算在罗斯福去世后退休，但杜鲁门说服他推迟辞职，在波茨坦会议召开前几个星期前往莫斯科执行最后一次任务。结束了这次被证明是艰苦且没有成效的访问后，霍普金斯终于在 1945 年 7 月 2 日离开政府。他深受病痛和疲惫的折磨，退隐到纽约，7 个月后，即 1946 年 1 月 29 日，他在纽约去世，享年 55 岁。

在英国的战略核心圈成员中，珀西·诺布尔海军上将离开西部水道司令部，成为英国驻华盛顿海军代表团团长，他在战争结束后返回伦敦，同年退休。1955 年 7 月 25 日，他在伦敦的家中去世，享年 75 岁。

诺布尔的继任者、西部水道司令部司令马克斯·霍顿爵士于 1945 年 8 月日本投降日后立即退休。他于 1951 年 7 月 30 日去世，享年 67 岁。

查尔斯·福布斯海军上将于 1939 年至 1941 年 5 月担任本土舰队司令，他于 1943 年 8 月退休，回到萨里的温特沃斯（Wentworth in Surrey），于 1960 年 8 月 28 日去世，享年 79 岁。

他的继任者约翰·托维海军上将精心指挥了击沉“俾斯麦号”的行动，并监督北冰洋护航运输队，他在 1943 年 6 月之前一直担任本土舰队司令。他于 1946 年退休，并以托维男爵的身份进入上议院。1971 年 1 月 12 日，他在马德拉（Madeira）去世，享年 85 岁。

A. V. 亚历山大在整个战争期间一直是海军大臣，战后在工党政府中担任国防大臣。作为希尔斯伯勒伯爵，他从 1954 年到 1964 年担任上议院工党领袖。他于 1965 年 1 月 11 日去世，享年 79 岁。

查尔斯·波特尔爵士一直担任空军参谋长，直到他在战争结束时退休为止。战后他被册封为波特尔男爵，并成为一名实业家，先被任命为英国铝业公司总裁，在 1960 年又被任命为英国飞机公司董事长。1971 年 4 月 22 日，他在奇切斯特（Chichester）附近的家中去世，享年 77 岁。

丘吉尔的密友、首席科学顾问彻韦尔勋爵是文职官员中最有力的地区轰炸倡导者，他一直任职到 1945 年。工党政府当选后，他重新到牛津大学担任物理学教授。1951 年丘吉尔再次出任首相时，这位“教授”被召回政府，成为在内阁中拥有席位的主计大臣，一直担任这一职务到 1953 年。他于 1957 年 7 月 3 日去世，享年 71 岁。

彻韦尔的战时死对头帕特里克·布莱克特教授因其在地球物理学方面的贡献而在 1948 年获得诺贝尔奖。1953 年至 1963 年间，他担任了 10 年的伦敦帝国学院物理系主任。作为一位国际知名的科学家，他推动英国政府将英国国内生产总值的 1% 用于研究开发，并对海外发展研究所的建立发挥了重要作用。1965 年，他当选为英国皇家学会主席，两年后被授予功绩勋章（Order of Merit），1969 年被册封为终身贵族，成为切尔西的布莱克特男爵。他于 1974 年 7 月 13 日去世，享年 76 岁。

空军中将亚瑟·哈里斯爵士直到战争结束一直担任轰炸机司令部司令。1946 年，他被擢升为英国皇家空军元帅，1948 年退休后移居南非，在那里主持南非海事协会，直到 1953 年才返回英国。他于 1984 年 4 月 5 日去世，享年 91 岁。1992 年，伦敦圣克莱门特丹麦教堂外树立了一座纪念他的雕像，上面的铭文上写着：国家对他们无比感激。

在第二次世界大战期间，共有 12.5 万名年轻人成为轰炸机司令部的机组人员，其中有 55 573 人在行动中丧生，阵亡率达到 44%，同一时期只有德国潜艇的年轻艇员在这方面超过他们。2012 年 6 月 28 日，英国女王伊丽莎白二世在格林公园为轰炸机司令部纪念碑揭幕，公开表彰了他们的英勇精神，尽管姗姗来迟。

致 谢

当开始这项研究时，我对大西洋海战的了解仅限于我在一些优秀的第二次世界大战通史中读到的知识，我怀疑很多人也是这样。对于潜艇和运输队斗争的重要性，我知道丘吉尔说过的一两句著名格言，但仅此而已。因此，我的知识鸿沟如大海一样宽阔，不过我从过去70年来他人的勤奋研究和具有权威性的著作中获益匪浅。在当今的作者中，我尤其感谢基思·W.伯德（Keith W. Bird）、丽齐·科林厄姆（Lizzie Collingham）、罗伯特·达莱克（Robert Dallek）、迈克尔·甘农（Michael Gannon）、大卫·欧文（David Irving）、保罗·肯尼迪（Paul Kennedy）、马克·米尔纳（Marc Milner）、休·塞巴格·蒙特菲奥雷（Hugh Sebag-Montefiore）、凯文·史密斯（Kevin Smith）和休伯特·P.范·图伊尔（Hubert P. van Tuyll）的启发性见解。

安德鲁·威廉斯（Andrew Williams）在2003年制作BBC的内幕揭秘节目《大西洋海战》时编辑了采访稿和研究文件，并出版了一本配套书籍，他慷慨地让我阅读这些资料。詹姆斯·克劳登（James Crowden）向我提供了一些他祖父的文件和图表，他祖父曾执行护航任务，在一艘武装商船上担任领航官。加迪安家族允许我引用1941年到1942年间在冰岛服役的皇家陆军军医队（RAMC）军官西奥多·加迪安写的信，对此我表示感谢。诺里奇勋爵（约翰·朱利叶斯·诺里奇，John Julius Norwich）亲切地把他的母亲戴安娜·库珀夫人给他写的信件副本给了我，当时他还是个10岁男孩，被疏散到加拿大。三位著名海军史学家彼得·帕菲尔德、埃里克·格罗夫（Eric Grove）教授和杰弗里·蒂尔（Geoffrey Till）教授的专业知识让我受益匪浅，他们对手稿进行了一丝不苟的仔细审查，他们的评论和批评都是非常宝贵的；我感谢他们使我避免犯下很多可能会令我惭愧的错误，极大地提高了我对海战复杂性的认识。我非常感谢英国政府通信总部（GCHQ）的官方史学家托尼·克罗默（Tony Cromer），他为我在错综复杂的“恩尼格玛”中导航，同时引导我认识到，“超级机密”对大西洋海战胜利所做的贡献远小于人们的普遍印象。

小说家兼电视制片人彼得·格里姆斯代尔（Peter Grimsdale）和很多英国广播公司的电视历史系列节目负责人马丁·戴维森（Martin Davidson）拨冗阅读了书稿；他们的评论同样是具有建设性和启发性的。尽管安东尼·比弗（Antony Beevor）正在奋力撰写最新的军事杰作，但他还是抽空和我一起探讨，如果大西洋海战提前6个月获胜，将对D日登陆行动产生什么样的潜在影响。

我感谢维多利亚·汤普森（Victoria Thompson），她是帝国战争博物馆的负责人；感谢基尤的国家档案馆团队；感谢道恩·利特勒（Dawn Littler），他是利物浦的国家博物馆的档案馆馆长；感谢玛格丽特·琼斯（Margaret Jones），她是德比大厦的西部水道博物馆馆长；还要感谢剑桥大学丘吉尔学院的丘吉尔档案中心。

纽约州海德公园的富兰克林·D. 罗斯福总统图书馆的工作人员引导我从错综复杂的庞大档案中走出来，在这套档案中，我发现哈里·霍普金斯的文件是颇具启发意义的宝库。大卫·里格比（David Rigby）是我探索华盛顿档案丛林时的入门向导，而且在此过程中为我准备了一些有用的研究报告。

我很幸运，对好故事眼光敏锐的历史学家道恩·贝里（Dawn Berry）同意做我的研究员。她能够快速而非常仔细地阅读档案，她的学术严谨性和无限的热情不仅具有感染力，而且当我自己倦怠时，她还会鼓励我继续努力。如果不是她欣赏我的目标，并且愿意帮助我把握住焦点，我很容易就会迷失方向。

维京出版社的出版团队——特别是保罗·马丁诺维奇（Paul Martinovic）、波普伊·诺思（Poppy North）、吉莉恩·泰勒（Jillian Taylor）、基思·泰勒（Keith Taylor）和伊兹·耶茨（Izzy Yates）——拥有令人羡慕的效率和敬业精神。我的文字编辑特雷弗·霍伍德（Trevor Horwood）再次证明了为什么作者们争先恐后地要从他那一丝不苟的编辑工作中受益，他以勤奋、耐心和幽默的态度从我的手稿中删除了数量惊人的矛盾、错误和不当之处，我对他极为感激。我也感谢道格拉斯·马修斯（Douglas Matthews）非常熟练地编辑了一个有效的索引。

正是在我的编辑丹尼尔·克鲁（Daniel Crewe）的建议下，我怀着一些恐惧开始从事这个研究项目。他的思想和智慧源源不绝，一直在提出敏锐而且温和——往往很幽默——的建议和批评，帮助我撰写手稿，使我瞄准目标。有一次我写出了“scampily”这个词，我的意思是“skimpily”或“scantily”，他在空白处评论说“我喜欢这样的想法”。我常常犯下一些荒谬的错误，他极其精准而仔细地挥动着他的编辑手术刀，“病人”几乎感觉不到疼痛。如果没有他的引导和支持，我与大西洋海战的搏斗肯定会变成百年战争。

大卫·海厄姆协会的维罗尼克·巴克斯特（Veronique Baxter）是我的经纪人，她在其同事劳拉·韦斯特（Laura West）的支持下，一直在为我勤奋工作，并支持我，我非常感谢她的持续奉献。

我的私人助理斯特拉·基利（Stella Keeley）忍受着我的很多缺点，但从未向我提起过，她用宽容、耐心和良好的幽默把混乱变得秩序井然。她还抄录了很多个小时的录音笔记，以连贯的顺序将它们组织起来，并将它们汇集到我非常依赖的文件目录中。她以很高的速度和效率完成了这一切和其他很多任务。当我对着电脑大发雷霆时，她甚至毫不在意。

家人和朋友一定注意到了我的心不在焉，一直在坚定地鼓舞我。不过到目前为止，我最为感激的是我的妻子杰西卡（Jessica）。她在小学中有一份忙碌的工作，同时还要抚养两个小孩，这是非常大的挑战。即使她的丈夫没有外出，几乎也会把所有的时间都花在办公室里，这使她面临更多的考验。对于这些麻烦的情况，杰西卡一直非常宽容。到目前为止，她非但没有抱怨我不履行自己的家庭职责，反而一直很宽宏大量。当我觉得近乎陷入沮丧甚至绝望的泥沼时，她把我从自怨自艾的深渊中解救出来。我无法想象没有她会怎么样。

我还应该提到我的两个最小的孩子，即黛西和格温德琳，她们两个都在上小学。在那段漫长的日子里，当每天傍晚我不得不让思想从神游回到书稿上时，这两个小女孩冲进我的办公室，跳到我的腿上兴奋地问："你今天写了100个字吗？"这是对我最大的鼓励——好像这样做相当于攀登文学的珠穆朗玛峰。"是的，是的。"我挤出令人忧虑的500个字后会老老实实地回答——而且我的思路也会就此恢复，并立刻感觉好了很多。

乔纳森·丁布尔比

2015年6月

参考书目精选

Alanbrooke, Field Marshal Lord, *War Diaries, 1939 — 1945*, ed. Alex Danchev and Daniel Todman (Phoenix Press, 2002)

Arthur, Max, *Forgotten Voices of the Second World War* (Ebury Press, 2005)

——, *Lost Voices of the Royal Navy* (Hodder and Stoughton, 2005)

Bailey, Roderick, *Forgotten Voices: Victoria Cross* (Ebury Press, 2011)

Bailey, Thomas A. and Paul B. Ryan, *Hitler vs. Roosevelt: The Undeclared Naval War* (Free Press, 1979)

Beevor, Antony, *D-Day: The Battle for Normandy* (Viking, 2009)

——, *The Second World War* (Weidenfeld and Nicolson, 2012)

Bird, Keith W., *Erich Raeder: Admiral of the Third Reich* (Naval Institute Press, 2006)

Blair, Clay, *Hitler's U-Boat War: The Hunters, 1939 — 1942* (Weidenfeld and Nicolson, 1997)

——, *Hitler's U-Boat War: The Hunted, 1942 — 1945* (Weidenfeld and Nicolson, 1999)

Broad, Richard and Suzie Fleming (eds.), *Nella Last's War: The Second World War Diaries of Housewife, 49* (Profile, 2006)

Brodhurst, Robin, *Churchill's Anchor: The Biography of Admiral of the Fleet Sir Dudley Pound OM, GCB, GCVO* (Leo Cooper, 2000)

Broome, Captain Jack, *Convoy is to Scatter* (William Kimber, 1972)

Brown, David K., *Atlantic Escorts* (Seaforth, 2009)

Buell, Thomas B., *Master of Sea Power: A Biography of Fleet Admiral Ernest J. King* (Naval Institute Press, 2012)

Calder, Angus, *The People's War: Britain 1939 – 1945* (Granada, 1969)
Caulfield, Max, *A Night of Terror: The Story of the Athenia Affair* (Frederick Muller, 1958)
Chalmers, Rear Admiral W. S., *Max Horton and the Western Approaches* (Hodder and Stoughton, 1954)
Churchill, Winston S., *Secret Session Speeches* (Cassell, 1946)
——, *The Second World War*, Vol. I: *The Gathering Storm* (Cassell, 1948)
——, *The Second World War*, Vol. II: *Their Finest Hour* (Cassell, 1949)
——, *The Second World War*, Vol. III: *The Grand Alliance* (Cassell, 1950)
——, *The Second World War*, Vol.IV: *The Hinge of Fate* (Cassell, 1951)
——, *The Second World War*, Vol.V: *Closing the Ring* (Cassell, 1952)
——, *The Second World War*, Vol.VI: *Triumph and Tragedy* (Cassell, 1954)
——, *Winston Churchill, His Wit and Wisdom: Selections from his Works and Speeches* (Hyperion, 1971)
Churchill, Winston S. (ed.), *Never Give In! The Best of Winston Churchill's Speeches, Selected and Edited by his Grandson* (Pimlico, 2007)
Collingham, Lizzie, *The Taste of War: World War Two and the Battle for Food* (Penguin, 2012)
Colville, John, *The Fringes of Power: Downing Street Diaries*, Vol. I: *1939 – October 1941* (Sceptre, 1986)
——, *The Fringes of Power: Downing Street Diaries, 1939 – 1955* (Weidenfeld and Nicolson, 2004)
Cooper, Artemis, *Cairo in the War, 1939 – 1945* (Penguin, 1989)
Creighton, Rear-Admiral Sir Kenelm, *Convoy Commodore* (Futura, 1976)
Cremer, Peter, *U-333: The Story of a U-Boat Ace* (Triad Grafton, 1986)
Crump, Simon, *They Call It 'U-Boat Hotel'* (Grizedale, 2001)
Cunningham of Hyndhope, Viscount, *A Sailor's Odyssey: The Autobiography of Admiral of the Fleet Viscount Cunningham of Hyndhope KT GCB OM DSO*

(Hutchinson, 1951)

Dallek, Robert, *Franklin D. Roosevelt and American Foreign Policy, 1932 – 1945* (Oxford University Press, 1979)

Deane, John R., *The Strange Alliance: The Story of Our Efforts at Wartime Co-operation with Russia* (John Murray, 1947)

Dilks, David, 'The Twilight War and the Fall of France: Chamberlain and Churchill in 1940', *Transactions of the Royal Historical Society*, Fifth Series, 28 (1978): 61 – 86

Dilks, David (ed.), *The Diaries of Sir Alexander Cadogan, 1938 – 1945* (Cassell,1971)

Divine, A. D., *The Merchant Navy Fights: Tramps Against U-Boats* (John Murray, 1940)

Doenecke, Justus D. (ed.), *In Danger Undaunted: The Anti-Interventionist Movement of 1940 – 1941 as Revealed in the Papers of the America First Committee* (Hoover Institution Press, 1990)

Doherty, Martin A., 'The Attack on the *Altmark* : A Case Study in Wartime Propaganda', *Journal of Contemporary History* 38(2) (April 2003): 187 – 200

Dönitz, Grand Admiral Karl, *Memoirs: Ten Years and Twenty Days,* trans. R. H. Stevens in collaboration with David Woodward (Frontline, 2012)

Easton, Alan, *50 North: An Atlantic Battleground* (PaperJacks, 1980)

Fergusson, Bernard (ed.), *The Business of War: The War Narrative of Major-General Sir John Kennedy* (Hutchinson, 1957)

Ferrell, Robert H. (ed.), *The Eisenhower Diaries* (W. W. Norton, 1981)

Fitzsimons, M. A., 'Roosevelt: America's Strategist', *Review of Politics* 7(3) (July 1945): 280 – 296

Freidel, Frank, 'FDR vs Hitler: American Foreign Policy, 1933 – 1941', *Proceedings of the Massachusetts Historical Society,* Third Series, 99 (1987): 25 – 43

Gannon, Michael, *Operation Drumbeat* (Naval Institute Press, 1990)

——, *Black May: The Epic Story of the Allies' Defeat of the German U-Boats in May 1943* (Naval Institute Press, 2010)

Gentile, Gary, *Track of the Gray Wolf: U-Boat Warfare on the US Eastern Seaboard, 1942 – 1945* (Avon, 1989)

Gilbert, Martin, *Winston S. Churchill*, Vol. III: *The Challenge of War: 1914 – 1916* (Heinemann, 1971)

——, *Winston S. Churchill*, Vol. VI: *Finest Hour, 1939 – 1941* (Heinemann,1983)

——, *Winston S. Churchill*, Vol. VII: *Road to Victory, 1941 – 1945* (Heinemann,1986)

——, *The Churchill Documents*, Vol. XIV: *At the Admiralty, September 1939 – May 1940* (Hillsdale College Press, 2011)

——, *The Churchill Documents*, Vol. XVI: *The Ever-Widening War, 1941*(Hillsdale College Press, 2011)

Goebeler, Hans with John Vanzo, *Steel Boat, Iron Hearts: A U-Boat Crewman's Life Aboard U-505* (Savas Beatie, 2013)

Goette, Richard, 'Britain and the Delay in Closing the Mid-Atlantic "Air Gap" During the Battle of the Atlantic', *Northern Mariner* 15(4) (October 2005): 19 – 41

Gretton, Sir Peter, *Convoy Escort Commander* (Corgi, 1964)

Grove, Eric J., *The Price of Disobedience: The Battle of the River Plate Reconsidered* (Sutton, 2000)

Hastings, Max, *Bomber Command* (Pan, 2010)

Hawkins, Desmond and Donald Boyd (eds.), with Frank Gillard and Chester Wilmot, *War Report: A Record of Dispatches Broadcast by the BBC's War Correspondents with the Allied Expeditionary Force, 6 June 1944 – 5 May 1945* (Oxford University Press, 1946)

Haynes, John L., *Frozen Fury: The Murmansk Run of Convoy PQ-13* (America Star Books, 2010)

Heinrichs, Waldo, *Threshold of War: Franklin D. Roosevelt and American Entry into World War II* (Oxford University Press, 1989)

Heinrichs, Waldo, Marc Gallichio and Jonathan Utley (eds.), *Diplomacy and Force: America's Road to War, 1931 – 1941* (Imprint Publications, 1996)

Herman, Arthur, *Freedom's Forge: How American Business Produced Victory in World War II* (Random House, 2012)

Herwig, Holger H., 'Prelude to *Weltblitzkrieg*: Germany's Naval Policy toward the United States of America, 1939 – 1941', *Journal of Modern History* 43(4) (December 1971): 649 – 668

Hinsley, F. H. and Alan Stripp (eds.), *Code Breakers: The Inside Story of Bletchley Park* (Oxford University Press, 1993/2001)

Hinsley, F. H. with E. E. Thomas, C. F. G. Ransom and R. C. Knight, *British Intelligence in the Second World War*, 4 vols (HMSO, 1979 – 1990)

Hirschfeld, Wolfgang and Geoffrey Brooks, *Hirschfeld: The Secret Diary of a U-Boat* (Frontline, 2011)

Holmes, Richard, *The World at War* (Ebury Press, 2007)

Howard Bailey, Chris, *The Royal Naval Museum Book of the Battle of the Atlantic: The Corvettes and Their Crews: An Oral History* (Wrens Park Publishing, 1994)

Howard, Michael, *The Mediterranean Strategy in the Second World War* (Greenhill, 1993)

Hughes, Robert, *Flagship to Murmansk* (Futura, 1975)

Huxley, Elspeth, *Atlantic Ordeal: The Story of Mary Cornish* (Chatto and Windus, 1941)

Iredale, Will, *The Kamikaze Hunters: Fighting for the Pacific, 1945* (Macmillan, 2015)

Irving, David, *The Destruction of Convoy PQ-17* (St Martin's Press, 1987)

Joubert de la Ferté, Sir Philip, *Birds and Fishes: The Story of Coastal Command* (Hutchinson, 1960)

Kaplan, Philip and Jack Currie, *Wolfpack: U-Boats at War, 1939 – 1945* (Aurum Press, 1997)

Kemp, Paul, *U-Boats Destroyed: German Submarine Losses in the World Wars* (Arms and Armour, 1999)

Kennedy, Michael, 'The Sinking of *Arandora Star*', *On-line Journal of Research on Irish Maritime History*, http://lugnad.ie/wp-content/uploads/war/The-sinking-of-Arandora-Star.pdf

Kennedy, Paul, *Engineers of Victory* (Random House, 2013)

King, Ernest J. and Walter Muir Whitehill, *Fleet Admiral King: A Naval Record* (W. W. Norton,1952)

Kurzman, Dan, *No Greater Glory* (Random House, 2005)

Larson, Erik, *Dead Wake: The Last Crossing of the Lusitania* (Doubleday, 2015)

Loewenheim, Francis L., Harold D. Langley and Manfred Jonas (eds.), *Roosevelt and Churchill: Their Secret Wartime Correspondence* (Barrie and Jenkins, 1975)

Love, Robert W., Jr, *History of the US Navy*, Vol. I: *1775 – 1941*; Vol. II: *1942—1991* (Stackpole, 1992)

Lund, Paul and Harry Ludlam, *I Was There on PQ17, the Convoy to Hell* (Foulsham, 2010)

Lundeberg, Philip K., 'The German Naval Critique of the U-boat Campaign, 1915 – 1918', *Military Affairs* 27(3) (Autumn 1963): 105 – 118

Macintyre, Ben, *Agent Zigzag* (Bloomsbury, 2010)

Macintyre, Captain Donald, *U-Boat Killer: Fighting the U-Boats in the Battle of the Atlantic* (Rigel, 2004)

——, *The Battle of the Atlantic* (Pen and Sword, 2006)

MacLean, Alistair, *H.M.S. Ulysses* (Fontana, 1985)

Mallmann Showell, Jak P., *German Naval Code Breakers* (Ian Allan Publishing, 2003)

——, *Hitler's Navy* (Seaforth, 2009)

Marder, Arthur, 'The Influence of History on Sea Power: The Royal Navy and the Lessons of 1914 – 1918', *Pacific Historical Review* 41(4) (November 1972): 413 – 443

Maurer, M. and Lawrence J. Paszek, 'Origin of the Laconia Order', Air University Review, Maxwell Air Force Base, Alabama, USA, repr. *Journal of the Royal United Service Institute for Defence Studies* 109(636) (November 1964): 338 – 344

Messenger, Charles, *'Bomber' Harris and the Strategic Bombing Offensive, 1939 – 1945* (Arms and Armour, 1984)

Miall, Leonard (ed.), *Richard Dimbleby, Broadcaster* (BBC, 1966)

Middlebrook, Martin, *Convoy: The Battle for Convoys SC.122 and HX.229* (Penguin, 1978)

Miller, Lieutenant Commander Alan J. M., *Over the Horizon: 1939 – 1945* (Finavon Print and Design, 1999)

Milner, Marc, *Battle of the Atlantic* (Tempus, 2003)

Ministry of Foreign Affairs of the USSR (comp.), *Correspondence Between Stalin, Roosevelt, Truman, Churchill and Attlee During WWII* (University Press of the Pacific, 2001)

Monsarrat, Nicholas, *Three Corvettes* (Cassell, 1975),

——, *The Cruel Sea* (Penguin, 2009)

Moore, David, 'HMS *Edinburgh*', *Warship World* 3(8) (Autumn 1990); BBC archive, WW2 People's War, www.bbc.co.uk/history/ww2peopleswar/stories/18/a2076518.shtml

Moore, Robert J. and John A. Rodgaard, *A Hard Fought Ship: The Story of HMS Venomous* (Holywell House Publishing, 2010)

Moran, Lord, *Churchill at War, 1940 – 1945* (Constable and Robinson, 2002)

Morison, Samuel Eliot, *The Battle of the Atlantic: 1939 – 1943* (McClelland and Stewart, 1993 [Little, Brown, 1947]), repr. as *The Battle of the Atlantic: September 1939 – May 1943* (Naval Institute Press, 2010)

——, *The Atlantic Battle Won: May 1943 – May 1945* (Naval Institute Press, 2011)

Mosley, Leonard, *Marshall: Hero for Our Times* (Hearst, 1982)

Mulligan, Timothy P., *Lone Wolf: The Life and Death of U-Boat Ace Werner Henke* (University of Oklahoma Press, 1995)

Munro, Captain A. D., *HMS Wellington Escorting Convoy SL118 August 1942: Six Years on the North Atlantic 1939 – 1945 and Operation Cycle* (Wellington Trust, 2013)

Nicolson, Nigel (ed.), *Harold Nicolson: Diaries and Letters,* Vol. I: *1930 – 1939;* Vol. II: *1939 – 1945* (Fontana, 1967/1970)

Offley, Ed, *Turning the Tide: How a Small Band of Allied Sailors Defeated the U-Boats and Won the Battle of the Atlantic* (Basic Books, 2011)

Padfield, Peter, *Dönitz: The Last Führer: Portrait of a Nazi War Leader* (Victor Gollancz, 1993)

Paterson, Lawrence, *Black Flag: The Surrender of Germany's U-Boat Forces* (Seaforth, 2009)

Pearce Jones, Guy, *Two Survived* (Lyons Press, 2001)

Peillard, Léonce, *U Boats to the Rescue: The Laconia Incident* (Cape, 1963)

——, *The Laconia Affair* (Bantam, 1983)

Pratt, Fletcher, 'The Battleship Comes Back', *North American Review* 248(1) (Autumn 1939): 127 – 139

Prien, Günther, *Fortunes of War-U-Boat Commander* (Tempus, 2000)

Probert, Henry, *Bomber Harris: His Life and Times* (Greenhill, 2006)
Prysor, Glyn, *Citizen Sailors: The Royal Navy in the Second World War* (Penguin, 2012)
Quinton, Marcelle and Anthony Quinton, *Before We Met* (Half Moon Press, 2008)
Richardson, General Sir Charles, *From Churchill's Secret Circle to the BBC* (Brassey's UK, 1991)
Roberts, Andrew, *Masters and Commanders* (Allen Lane, 2008)
Robertson, Terence, *Walker RN: Britain's Ace U-Boat Killer* (Pan Books, 1958)
——, *The Golden Horseshoe: The Wartime Career of Otto Kretschmer, U-boat Ace* (Frontline, 2011)
Rohwer, Jurgen, *Axis Submarine Successes of World War Two* (Greenhill, 1999)
Roosevelt, Elliott (ed.), *The Roosevelt Letters*, Vol. III: *1928 – 1945* (Harrap, 1952)
Roskill, Captain S. W., *The War at Sea, 1939 – 1945*, Vol. I: *The Defensive*; Vol. II: *The Period of Balance*; Vol. III: *The Offensive Part I:1st June 1943 – 31st May 1944*; Vol. III: *The Offensive Part II: 1st June 1944 – 14th August 1945* (Naval and Military Press, 2004)
——, *Churchill and the Admirals* (Pen and Sword, 2004)
Runyan, Timothy J. and Jan M. Copes, (eds.), *To Die Gallantly: The Battle of the Atlantic* (Westview Press, 1994)
Schaeffer, Heinz, *U-Boat 977* (William Kimber, 1953)
Sclater, William, *Haida* (Oxford University Press, 1946; repr. PaperJacks 1980)
Scott, Peter, *The Eye of the Wind: An Autobiography* (Hodder and Stoughton, 1966)
Sebag-Montefiore, *Hugh, Enigma: The Battle for the Code* (Cassell, 2004)
Sherwood, Robert E., *The White House Papers of Harry L. Hopkins*, Vol. I: *September 1939 – January 1942* ; Vol. II: *January 1942 – July 1945* (Eyre

and Spottiswoode, 1948/1949)

Simpson, Michael, *A Life of Admiral of the Fleet Andrew Cunningham: A Twentieth-Century Naval Leader* (Frank Cass, 2006)

Slessor, Sir John, *The Central Blue: The Autobiography of Sir John Slessor, Marshal of the RAF* (Praeger, 1957)

Smith, Kevin, *Conflict Over Convoys: Anglo-American Logistics Diplomacy in the Second World War* (Cambridge University Press, 2002)

Soames, Mary (ed.), *Speaking for Themselves: The Personal Letters of Winston and Clementine Churchill* (Black Swan, 1999)

Speer, Albert, *Inside the Third Reich*, trans. Richard and Clara Winston (Macmillan, 1970)

Suhren, Teddy with Fritz Brustat-Naval, *Teddy Suhren Ace of Aces*, trans. Frank James (Chatham Publishing, 2011)

Syrett, David, *The Defeat of the German U-Boats: The Battle of the Atlantic* (University of South Carolina Press, 1994)

Terraine, John, *Business in Great Waters: The U-boat Wars, 1916 – 1945* (Wordsworth Editions, 1999)

——, *The Right of the Line: The Role of the RAF in World War Two* (Pen and Sword, 2010)

Trefousse, Hans L., 'Failure of German Intelligence in the United States, 1935 – 1945', *Mississippi Valley Historical Review* 42(1) (June 1955): 84 – 100 van der Vat, Dan, *The Atlantic Campaign: The Great Struggle at Sea, 1939 – 1945* (Birlinn, 2001)

van Tuyll, Hubert P., *Feeding the Bear: American Aid to the Soviet Union, 1941 – 1945* (Greenwood Press, 1989)

Walling, Michael G., *Forgotten Sacrifice* (Osprey, 2012)

Werner, Herbert A., *Iron Coffins: A U-Boat Commander's War, 1939 – 1945* (Cassell, 1999)

Whittington-Egan, Richard, *The Great Liverpool Blitz* (Gallery Press, 1987)

Williams, Andrew, *The Battle of the Atlantic* (BBC Worldwide, 2002)

Wilson, Theodore A., *The First Summit: Roosevelt and Churchill at Placentia Bay, 1941* (Macdonald, 1969)

Winton, John (ed.), *Freedom's Battle,* Vol. I: *The War at Sea 1939 – 1945* (Book Club Associates, 1974)

Woodman, Richard, *Arctic Convoys, 1941 – 1945* (Pen and Sword, 2011)

——, *The Real Cruel Sea: The Merchant Navy in the Battle of the Atlantic, 1939 – 1943* (Pen and Sword, 2011)

注 释

前 言

1. Peter Padfield, *Dönitz: The Last Führer* (Gollancz, 1993), p. 419.
2. Paul Kemp, *U-boats Destroyed: German Submarine Losses in the World Wars* (Arms and Armour, 1999), p. 8.
3. John Keegan, *The Second World War* (Arrow Books, 1990), p. 104.
4. Winston Churchill, *The Second World War*, Vol. V: *Closing the Ring* (Cassell, 1952), p. 6.
5. Fletcher Pratt, 'The Battleship Comes Back', *North American Review* 248(1) (Autumn 1939): 127 – 139.
6. Winston Churchill, *The Second World War*, Vol. II: *Their Finest Hour* (Cassell, 1949), p. 529.
7. Admiral Andrew Cunningham, letter dated 15 December 1942, quoted in Stephen Roskill, *Churchill and the Admirals* (Pen and Sword, 2004), p. 139.
8. Churchill, *Their Finest Hour*, p. 567.
9. Cited in Andrew Roberts, *Masters and Commanders* (Allen Lane, 2008), p. 52.
10. Roosevelt to Churchill, 4 May 1941, Elliott Roosevelt (ed.), *The Roosevelt Letters,* Vol. III: *1928 – 1945* (Harrap, 1952), p. 364.
11. Hubert P. van Tuyll, *Feeding the Bear: American Aid to the Soviet Union, 1941 – 1945* (Greenwood Press, 1989), p. 72.
12. Padfield, *Dönitz*, p. 203.
13. Keith W. Bird, *Erich Raeder: Admiral of the Third Reich* (Naval Institute Press, 2006), p. 197.

第一章

1. Richard Broad and Suzie Fleming (eds.), *Nella Last's War* (Profile, 2006). 该日记是为大众观察组织所写，该组织成立于 1937 年，旨在观察公众舆论，通过志愿者“记录人民的声音”。它为历史学家提供了真实的记录，不受民意测验专家和后来取代它的“焦点”小组的影响。
2. Ibid.
3. Winston Churchill, *The Second World War*, Vol. I: *The Gathering Storm* (Cassell, 1948), p. 319.
4. Ibid., p. 320.
5. Max Caulfield, *A Night of Terror* (Frederick Muller, 1958), pp. 34 — 35.
6. Ibid., p. 87.
7. Ibid., p. 93.
8. Richard Woodman, *The Real Cruel Sea: The Merchant Navy in the Battle of the Atlantic, 1939 — 1943* (Pen and Sword, 2011), p. 15.
9. Caulfield, *Night of Terror*, pp. 144 — 145.
10. Sir Francis Bridgeman, cited in Roskill, *Churchill and the Admirals*, p. 20.
11. Richard Hough, *Louis and Victoria* (Hutchinson, 1974), p. 268; cited ibid., p.22.
12. Churchill, *The Gathering Storm*, p. 320.
13. Ibid., p. 321.
14. Robin Brodhurst, *Churchill's Anchor: The Biography of Admiral of the Fleet Sir Dudley Pound* (Leo Cooper, 2000), p. 110.
15. Ibid., p. 11.
16. Ibid., p. 27.
17. John Colville, *The Fringes of Power: Downing Street Diaries, 1939 — 1955* (Weidenfeld and Nicolson, 2004), p. 709.
18. Brodhurst, *Churchill's Anchor*, p. 103.

19. Naval Staff History, *The Defeat of the Enemy Attack on Shipping, 1939 – 1945: A Study of Policy and Operations,* Vol. 1A: *Text and Appendices* (Admiralty Historical Section, 1957), p. 7.
20. Admiral Scheer, cited in Philip K. Lundeberg, 'The German Naval Critique of the U-boat Campaign, 1915 – 1918', *Military Affairs* 27(3) (Autumn 1963): 105 – 118.
21. Naval Staff History, Vol. 1A, p. 7.
22. Richard Dean Burns, 'Regulating Submarine Warfare, 1921 – 1941: A Case Study in Arms Control and Limited War', *Military Affairs* 35(2) (April 1971): 56 – 63.
23. Winston Churchill, *While England Slept: A Survey of World Affairs, 1932 – 1938* (G. P. Putnam's Sons, 1938), pp. 217 – 218.
24. British naval staff memo, 'Anglo-German Naval Discussion', The National Archives (TNA) CAB 24/222, cited in Padfield, *Dönitz*, p. 149.
25. Arthur Marder, 'The Influence of History on Sea Power: The Royal Navy and the Lessons of 1914 – 1918', *Pacific Historical Review* 41(4) (November 1972): 413 – 443,p. 421.
26. Ibid., p. 423.
27. Padfield, *Dönitz*, p. 191.
28. Ibid., p. 193.
29. Ibid.
30. Caulfield, *Night of Terror*, p. 197.
31. Bird, *Erich Raeder*, p. 139.
32. Padfield, *Dönitz*, p. 193.
33. Karl Dönitz, *Memoirs: Ten Years and Twenty Days* (Frontline, 2012), p. 57.
34. Ibid., p. 58.
35. Cited in Padfield, *Dönitz*, p. 15.

36. Ibid., p. 23.

37. Dönitz, *Memoirs*, p. 5.

38. Padfield, *Dönitz*, p. 120.

39. Ibid., p. 125.

40. Ibid., p. 144.

41. Bird, *Erich Raeder*, p. 2.

42. Ibid., p. 24.

43. Ibid., p. 60.

44. Ibid., p. xviii.

45. Ibid., p. 114.

46. Padfield, *Dönitz*, p. 31.

47. Ibid.

48. Bird, *Erich Raeder*, p. 127.

49. Padfield, *Dönitz*, p. 188.

50. Bird, *Erich Raeder*, p. 137.

51. Padfield, *Dönitz*, p. 188.

52. Dönitz, *Memoirs*, pp. 43 – 44.

53. Ibid., p. 123.

第二章

1. Broad and Fleming, *Nella Last's War*, p. 18.

2. R. J. Hammond, *Food and Agriculture in Britain, 1939 – 1945* (Stanford University Press, 1954), p. 20.

3. Ibid.

4. Broad and Fleming, *Nella Last's War*, pp. 25 – 26.

5. Ibid., pp. 39 – 40.

6. Günther Prien, *Fortunes of War – U-Boat Commander* (Tempus, 2000), p. 93.

7. www.forces-war-records.co.uk.
8. Prien, *Fortunes of War*, p. 97.
9. Churchill, *The Gathering Storm*, p. 355.
10. Ibid., p. 359.
11. Ibid., p. 343.
12. Dönitz, *Memoirs*, p. 68.
13. Prien, *Fortunes of War*, p. 114.
14. Ibid., p. 121.
15. Churchill, *The Gathering Storm*, p. 339.
16. Ibid.
17. Dönitz, *Memoirs*, p. 56.
18. Churchill, *The Gathering Storm*, p. 357.
19. Ibid., p. 341.
20. Prien, *Fortunes of War*, p. 122.
21. Ibid., p. 123.
22. Quoted in Max Arthur, *Lost Voices of the Royal Navy* (Hodder and Stoughton, 2005), p. 223.
23. Ibid., p. 225.
24. Ibid., p. 226.
25. Interview with Sandy Robertson, Andrew Williams, *The Battle of the Atlantic* (BBC Worldwide, 2002), p. 38.
26. Prien, *Fortunes of War*, p. 124.
27. Ibid., p. 126.
28. Martin Gilbert, *Winston S. Churchill,* Vol. VI: *Finest Hour, 1939 – 1941* (Heinemann, 1983), p. 62.
29. Churchill, *The Gathering Storm*, p. 385.
30. Donald Macintyre, *The Battle of the Atlantic* (Pen and Sword, 2006), p. 27.

31. Donald Macintyre, *U-Boat Killer* (Rigel, 2004), p. 17.
32. Williams, *Battle of the Atlantic*, p. 55.
33. Naval Staff Report, quoted in Macintyre, *Battle of the Atlantic*, p. 24.
34. Churchill, *The Gathering Storm*, p. 389.
35. Dönitz, *Memoirs*, p. 58.
36. Padfield, *Dönitz*, p. 197.
37. International Military Tribunal document, Nuremberg, cited ibid., p. 198.
38. Padfield, *Dönitz*, p. 206.
39. Standing Order No. 154, cited ibid., p. 206.
40. U-boat Command War Diary, 1 October 1939, in Dönitz, *Memoirs*, p. 61.
41. Ibid., p. 124.
42. Williams, *Battle of the Atlantic*, p. 71.
43. Ibid.
44. Terence Robertson, *The Golden Horseshoe: The Wartime Career of Otto Kretschmer, U-boat Ace* (Frontline, 2011), p. 200.
45. Williams, *Battle of the Atlantic*, p. 59.
46. TNA ADM 199/141.
47. Mansion House Speech, 20 January 1940, Selected Speeches of Winston Churchill, The Churchill Archive Centre, Churchill College, Cambridge, UK.

第三章

1. *New York Times*, 18 February 1940.
2. Cited in S. W. Roskill, *The War At Sea, 1939 – 1945*, Vol. I: *The Defensive* (Naval and Military Press, 2004), p. 112.
3. Arthur, *Lost Voices*, p. 227.
4. Ibid., p. 231.

5. Ibid., p. 232.
6. Ibid., p. 5.
7. Ibid., p. 238.
8. Churchill, *The Gathering Storm*, p. 414.
9. Bird, *Erich Raeder*, p. 143.
10. Ibid., p. 141.
11. Quoted in Churchill, *The Gathering Storm*, p. 414.
12. *New York Times*, 19 December 1939.
13. Churchill, *The Gathering Storm*, p. 410.
14. Martin Gilbert (ed.), *The Churchill Documents*, Vol. XIV: *At the Admiralty September 1939 – May 1940* (Hillsdale College Press, 2011), p. 535.
15. Roskill, *The Defensive*, p. 106.
16. *New York Times*, 19 January 1940.
17. NORWAY AND SWEDEN, Memorandum by the First Lord of the Admiralty, 29 September 1939, War Cabinet Papers, 1939 CAB 66/2/7.
18. Churchill, *The Gathering Storm*, p. 430.
19. Gilbert, *Finest Hour*, p. 34.
20. Norway – Iron Ore Traffic, Note by the First Lord of the Admiralty, 16 December 1939, War Cabinet Papers, CAB/66/4/12.
21. Bird, *Erich Raeder*, p. 145.
22. Ibid.
23. Churchill, *The Gathering Storm*, p. 430.
24. Bird, *Erich Raeder*, p. 146.
25. Churchill, *The Gathering Storm*, p. 444.
26. John Winton, *Freedom's Battle*, Vol. I: *The War at Sea 1939 – 1945: An Anthology of Personal Experience* (Book Club Associates, 1974), p. 25.
27. Ibid., p. 26.
28. Martin A. Doherty, 'The Attack on the Altmark: A Case Study in Wartime

Propaganda', *Journal of Contemporary History* 38(2) (April 2003): 187 – 200, p. 191.

29. Ibid., p. 194.
30. Ibid.
31. Churchill, *The Gathering Storm*, p. 445.
32. *New York Times*, February 1940.
33. Doherty, 'The Attack on the *Altmark*', p. 193.
34. Bird, *Erich Raeder*, p. 146.
35. Churchill, *The Gathering Storm*, p. 458.
36. Ibid.
37. John Colville, *The Fringes of Power* (Hodder and Stoughton, 1985 edn), p. 112.
38. Ibid., p. 113.
39. Churchill, *The Gathering Storm*, p. 484.
40. Arthur Marder, cited in Brodhurst, *Churchill's Anchor*, p. 139.
41. Neville Chamberlain to Ida Chamberlain, 13 April 1940, cited in David Dilks, 'The Twilight War and the Fall of France: Chamberlain and Churchill in 1940', *Transactions of the Royal Historical Society*, Fifth Series, 28 (1978): 61 – 86, pp. 75 – 76.
42. Brodhurst, *Churchill's Anchor*, p. 122.
43. Neville Chamberlain to Hilda Chamberlain, 20 April 1940, in Dilks, 'The Twilight War and The Fall of France', p. 76.
44. Winton, *Freedom's Battle*, p. 31.
45. Ibid., pp. 32 – 33.
46. Letter to Pound, 10 April 1940, in Churchill, *The Gathering Storm*, p.474.
47. Conclusions of a Meeting of the War Cabinet, Wednesday, 10 April 1940, CAB/65/6/32.

48. Churchill, *The Gathering Storm*, p. 474.
49. Ibid., p. 475.
50. Sir Peter Gretton, *Convoy Escort Commander* (Corgi, 1964), p. 37.
51. Winton, *Freedom's Battle*, p. 34.
52. Gretton, *Convoy Escort Commander*, p. 37.
53. Ibid., p. 38.
54. Churchill, *The Gathering Storm*, p. 483.
55. Ibid., p. 482.
56. Admiralty's Director of Operations (Home), Captain Ralph Edwards, quoted in Roskill, *Churchill and the Admirals*, p. 105.
57. Churchill, *The Gathering Storm*, p. 487.
58. Dönitz, *Memoirs*, pp. 84 – 89.
59. Padfield, *Dönitz*, p. 211.
60. Ibid.
61. Bird, *Erich Raeder*, p. 148.
62. Ibid.
63. Ibid., p. 149.
64. Churchill, *The Gathering Storm*, p. 493.
65. Ibid., p. 495.
66. Ibid., p. 510.
67. Ibid., p. 511.
68. Hansard, 13 May 1940.
69. Winton, *Freedom's Battle*, p. 41.
70. Ibid., p. 42.
71. Dönitz, *Memoirs*, p. 91.

第四章

1. Frank Freidel, 'FDR vs Hitler: American Foreign Policy, 1933 – 1941', *Proceedings of the Massachusetts Historical Society*, Third Series, 99 (1987): 25 – 43, p. 28.
2. 'Quarantine Speech', 5 October 1937, Miller Center, University of Virginia, http://millercenter.org.
3. FDR to William Allen White, 14 December 1939, *Roosevelt Letters*, Vol. III, pp. 293 – 294.
4. M. A. Fitzsimons, 'Roosevelt: America's Strategist', *Review of Politics* 7(3) (July 1945): 280 – 296, p. 292.
5. Roosevelt to Churchill, 11 September 1939, in Francis L. Loewenheim et al. (eds), *Roosevelt and Churchill: Their Secret Wartime Correspondence* (Barrie and Jenkins, 1975), p. 89.
6. Churchill ['Former Naval Person'] to Roosevelt, 15 May 1940, Churchill, *Their Finest Hour*, p. 23.
7. Roosevelt to Churchill, 16 May 1940, Loewenheim et al. (eds), *Roosevelt and Churchill*, p. 95.
8. Naval History and Heritage Command Archives, Washington Navy Yard, Washington DC.
9. Churchill, *Their Finest Hour*, p. 51.
10. Robert Dallek, *Franklin D. Roosevelt and American Foreign Policy, 1932 – 1945* (Oxford University Press, 1979), p. 225.
11. Leonard Mosley, *Marshall: Hero for Our Times* (Hearst, 1982), p. 138.
12. Waldo Heinrichs, *Threshold of War: Franklin D. Roosevelt and American Entry into World War II* (Oxford University Press, 1989), p. 10.
13. Churchill, *Their Finest Hour*, p. 162.
14. Churchill to Reynaud, 13 June 1940, ibid., p. 164.

15. Roosevelt to Churchill, 14 June 1940, Loewenheim et al. (eds), *Roosevelt and Churchill*, p. 102.
16. Churchill, *Their Finest Hour*, p. 166.
17. Ibid., pp. 162 – 163.
18. Loewenheim et al. (eds), *Roosevelt and Churchill*, p. 103.
19. Churchill, *Their Finest Hour*, p. 167.
20. Ibid.
21. Dallek, *Roosevelt and American Foreign Policy*, p. 243.
22. Ibid.
23. Roosevelt to Robert James Farley (US Postmaster-General), quoted ibid.
24. Robertson, *The Golden Horseshoe*, p. 49.
25. Ibid., p. 50.
26. Ibid., p. 52.
27. Ibid., pp. 51 – 52.
28. Michael Kennedy, 'The Sinking of *Arandora Star*', *On-line Journal of Research on Irish Maritime History*, http://lugnad.ie/wp-content/uploads/war/The-sinking-of-Arandora-Star.pdf.
29. Robertson, *The Golden Horseshoe*, pp. 111 – 112.
30. Dönitz, *Memoirs*, p. 110.
31. Padfield, *Dönitz*, p. 222.
32. Dönitz, *Memoirs*, p. 113.
33. Churchill, *Their Finest Hour*, p. 531.
34. Dönitz, *Memoirs*, p. 102.
35. Roskill, *The Defensive*, p. 259.
36. Churchill to Roosevelt, 31 July 1940, Churchill, *Their Finest Hour*, p. 356.
37. 该组织成立于 1940 年，在纽约世纪俱乐部聚会。1940 年 6 月法国沦陷后，他们发起非正式的运动，要求美国对德国的侵略做出回应。

38. Dallek, *Roosevelt and American Foreign Policy*, p. 244.

39. *Roosevelt Letters*, Vol. III, p. 329.

40. Churchill, *Their Finest Hour*, pp. 361 – 362.

41. Ibid., p. 367.

42. *Roosevelt Letters*, Vol. III, p. 329.

43. Churchill, *Their Finest Hour*, p. 358.

44. Viscount John Julius Norwich, conversation with author, November 2013.

45. Diana Cooper, *Darling Monster: The Letters of Lady Diana Cooper to Her Son, John Julius Norwich, 1939 – 1952*, ed. Viscount John Julius Norwich (Chatto and Windus, 2013), p. 23.

46. Viscount John Julius Norwich, conversation with author, November 2013.

47. Ibid.

48. Cooper, *Darling Monster*, pp. 70 – 75.

49. A Statement to the House of Commons, 17 September 1940, Charles Eade (comp.), *Secret Session Speeches, by the Right Hon. Winston S. Churchill* (Cassell, 1946), p. 17.

50. Angus Calder, *The People's War: Britain 1939 – 1945* (Granada, 1969), p. 148.

51. Elspeth Huxley, *Atlantic Ordeal: The Story of Mary Cornish* (Chatto and Windus, 1941), p. 21.

52. Woodman, *The Real Cruel Sea*, p. 178.

53. Huxley, *Atlantic Ordeal*, p. 34.

54. Woodman, *The Real Cruel Sea*, p. 181.

55. *The Times*, 26 September 1940, p. 3.

56. *The Times*, 23 November 1940, p. 5.

第五章

1. Bird, *Erich Raeder*, p. 157.
2. Churchill, *Their Finest Hour*, p. 268.
3. Ibid., p. 274.
4. Bird, *Erich Raeder*, p. 159.
5. Ibid.
6. Dönitz, *Memoirs*, p. 114.
7. Bird, *Erich Raeder*, p. 156.
8. Ibid.
9. Dönitz, *Memoirs,* pp. 115 — 116.
10. Churchill, *Their Finest Hour*, p. 532.
11. Williams, *Battle of the Atlantic*, p. 85.
12. Macintyre, *Battle of the Atlantic*, p. 39.
13. Williams, *Battle of the Atlantic*, p. 88.
14. Ibid., p. 94.
15. Robert son, *The Golden Horseshoe*, p. 82.
16. Williams, *Battle of the Atlantic*, p. 95.
17. Robertson, *The Golden Horseshoe*, p. 88.
18. Williams, *Battle of the Atlantic*, p. 98.
19. Ibid.
20. Woodman, *The Real Cruel Sea*, p. 207.
21. Cited in Williams, *Battle of the Atlantic*, p. 106.
22. Woodman, *The Real Cruel Sea*, p. 202.
23. Defence Committee minutes, 15 October 1940, TNA CAB 66/13/2kl.
24. Macintyre, *U-Boat Killer*, pp. 18 — 19.
25. Defence Committee minutes, 15 October 1940, TNA CAB 66/13/2kl.
26. Max Hastings, *Bomber Command* (Pan, 2010), p. 40.

27. Memorandum to Minister of Aircraft Production, 8 July 1940, in Churchill, *Their Finest Hour*, p. 567.
28. John Terraine, *The Right of the Line: The Role of the RAF in World War Two* (Pen and Sword, 2010), p. 261.
29. Terraine, *The Right of the Line*, p. 262.
30. Churchill, *Their Finest Hour*, pp. 405 – 406.
31. Hastings, *Bomber Command*, p. 133.
32. Churchill, *Their Finest Hour*, p. 406.
33. In a letter to Admiral Andrew Cunningham, then commander-in-chief of the Mediterranean Fleet, dated 15 December 1942, quoted in Roskill, *Churchill and the Admirals*, p.139.
34. Report of Interrogation of Survivors of 'U-100', TNA ADM 199/205.
35. Naval Staff History, Vol. 1A, p. 171.
36. Cited in John Terraine, *Business in Great Waters: The U-Boat Wars, 1916 – 1945* (Wordsworth Editions, 1999), p. 355.
37. Quoted in Padfield, *Dönitz*, p. 221.
38. Dönitz, *Memoirs*, p. 116.
39. Ibid., p. 117.
40. Churchill, *Their Finest Hour*, p. 529.
41. Broad and Fleming, *Nella Last's War*, p. 79.
42. Ibid., pp. 83 – 84.
43. Churchill, *Their Finest Hour*, p. 493.
44. Ibid., pp. 494 – 501.
45. Dallek, *Roosevelt and American Foreign Policy*, p. 255.
46. Basil Rauch (ed.), *Franklin D. Roosevelt: Selected Speeches, Messages, Press Conferences, and Letters* (Eastern Press, 1957), p. 269.
47. Ibid., pp. 256 – 257.
48. Ibid.

第六章

1. Gretton, *Convoy Escort Commander*, p. 55.
2. Leading Seaman Geoffrey Drummond, Commission Warrant John Arthur, Sub Lieutenant (later Lieutenant Commander) Roy Dykes, DSC quoted in Chris Howard Bailey, *The Royal Naval Museum Book of the Battle of the Atlantic. The Corvettes and Their Crews: An Oral History* (Wrens Park Publishing, 1994), pp. 17 – 21.
3. Ibid.
4. Ibid.
5. Ibid., p. 105.
6. Ibid., p. 63.
7. Nicholas Monsarrat, *Three Corvettes* (Cassell, 1975), pp. 26 – 27.
8. Peter Cremer, *U-333*: *The Story of a U-Boat Ace* (Triad Grafton, 1986), pp. 59 – 60.
9. Ibid., p. 62.
10. Elizabeth M. Collingham, *The Taste of War: World War Two and the Battle for Food* (Penguin, 2012), p. 106. 玛吉 · 乔伊 · 布伦特和内拉 · 拉斯特一样，也是大众观察组织的“观察员”。
11. Broad and Fleming, *Nella Last's War*, p. 104.
12. Ibid., p. 111.
13. Ibid., p. 130.
14. Ibid., p. 137.
15. Martin Gilbert (ed.), *The Churchill Documents*, Vol. XVI: *The Ever-Widening War, 1941* (Hillsdale College Press, 2011), pp. 315 – 317.
16. Kevin Smith, *Conflict Over Convoys: Anglo-American Logistics Diplomacy in the Second World War* (Cambridge University Press, 1996), p. 21.

17. Ministry of Labour memorandum (LAB 8/460) cited ibid., p. 18.
18. Philip Noel-Baker Papers, Churchill College Archives (CCC/NBKR 3/213), cited ibid., p. 21.
19. Ibid., p. 22.
20. Monsarrat, *Three Corvettes*, p. 191.
21. Poster held by Merseyside Maritime Museum, Albert Dock, Liverpool.
22. Prime Minister to Minister of Information, 14 April 1941, Winston Churchill, *The Second World War*, Vol. III: *The Grand Alliance* (Cassell, 1950), p. 128.
23. Note by Churchill, CAB 66/17, WP (41) 69, 26 March 1941, cited in Smith, *Conflict Over Convoys*, p. 24.
24. First Sea Lord's Records, 4 March 1941, TNA ADM 199/1933.
25. Prime Minister's Personal Minute, 5 April 1941, ibid.
26. Alexander to Churchill, 9 April 1941, ibid.
27. Churchill to Alexander, 11 April 1941, ibid.
28. Pound to Alexander, 15 April 1941, ibid.
29. Alexander to Pound, 18 April 1941, ibid.
30. Loewenheim et al. (eds), *Roosevelt and Churchill*, p. 141.
31. Dallek, *Roosevelt and American Foreign Policy*, p. 260.
32. Roosevelt to Churchill, 11 April 1941, Loewenheim et al. (eds), *Roosevelt and Churchill*, p. 139.
33. Churchill, *The Grand Alliance*, p. 122.
34. Robert E. Sherwood, *The White House Papers of Harry L. Hopkins*, Vol. I: *September 1939 – January 1942* (Eyre and Spottiswoode, 1948), p. 271.
35. Churchill, *Their Finest Hour*, p. 211.
36. Sherwood, *Papers of Harry L. Hopkins*, Vol. I, p. 276.
37. Colville, *The Fringes of Power* (2004), p. 453.
38. Churchill, *The Grand Alliance*, p. 3.

39. Robertson, *The Golden Horseshoe*, p. 112.
40. Dönitz, *Memoirs*, p. 137.
41. Ibid.
42. Ibid., p. 175.
43. Robertson, *The Golden Horseshoe*, p. 115.
44. Ibid., p. 114.
45. Ibid., p. 133.
46. Ibid., p. 138.
47. Macintyre, *U-Boat Killer*, p. 32.
48. Ibid., p. 35.
49. Clay Blair, *Hitler's U-Boat War: The Hunters, 1939 – 1942* (Weidenfeld and Nicolson, 1997), p. 257.
50. Ibid.
51. Robertson, *The Golden Horseshoe*, p. 147.
52. Macintyre, *U-Boat Killer*, p. 38.
53. Robertson, *The Golden Horseshoe*, p. 149.
54. Ibid.
55. Macintyre, *U-Boat Killer*, p. 38.
56. Ibid.
57. Robertson, *The Golden Horseshoe*, p. 151.
58. Macintyre, *U-Boat Killer*, p. 39.
59. Ibid., p. 43.
60. 'Very Secret' Report, S.R.N. 178, TNA WO 208/4141.
61. Macintyre, *U-Boat Killer*, p. 44.
62. 'Very Secret' Report, S.R.N. 178, TNA WO 208/4141.
63. Ibid.
64. Dönitz, *Memoirs*, pp. 174 – 175.
65. Gilbert, *The Ever-Widening War*, p. 461.

66. Ibid., pp. 468 – 469.

第七章

1. President Roosevelt Speeches and Statements, Home, www.usmm.org/fdr/emergency.html.
2. Sherwood, *Papers of Harry L. Hopkins*, Vol. I, p. 298.
3. Ibid.
4. Gallup Polls memorandum, 19 June 1941, TNA FO 371/26/72.
5. *New York Times*, 13 June 1941.
6. Memorandum for The President, 14 June 1941, Box 308, Harry L. Hopkins Files, Book 4, Franklin D. Roosevelt Presidential Library and Museum, Hyde Park, NY.
7. Sherwood, *Papers of Harry L. Hopkins*, Vol. I, p. 5.
8. Quoted ibid., p. 246.
9. Ibid., p. 245.
10. Churchill, *The Grand Alliance*, p. 21.
11. Roosevelt, Message to Congress on the Sinking of the *Robin Moor*, 20 June 1941, www.usmm.org/fdr/robinmoor.html.
12. Bundesarchiv-Militararchiv, Freiburg im Breisgau, PG 32185, Case GE 240. ISKL. Teil C VII, p. 103, cited in Holger H. Herwig, 'Prelude to *Weltblitzkrieg*: Germany's Naval Policy toward the United States of America, 1939 – 1941', *Journal of Modern History* 43(4) (December 1971): 649 – 668, p. 661.
13. Hans L. Trefousse, 'Failure of German Intelligence in the United States, 1935 – 1945', *Mississippi Valley Historical Review* 42(1) (June 1955): 84 – 100, p. 96.
14. Herwig, 'Prelude to *Weltblitzkrieg*', p. 633.

15. Ibid., p. 661 (original emphasis).

16. Dönitz, *Memoirs*, p. 152.

17. Ibid., pp. 152 — 153.

18. Ibid., p. 153.

19. Roskill, *The Defensive*, p. 467.

20. Ibid., p. 379.

21. Churchill, *The Grand Alliance*, p. 270.

22. Bird, *Erich Raeder*, p. 176.

23. Roskill, *The Defensive*, p. 399.

24. Ibid., p. 402.

25. Winton, *Freedom's Battle*, pp. 135 — 138.

26. Ibid., pp. 138 — 139.

27. Bird, *Erich Raeder*, p. 200.

28. Ibid., p. 221.

29. 托维于 1941 年 5 月接替福布斯成为本土舰队司令。

30. Churchill, *The Grand Alliance*, p. 275.

31. Herbert Wohlfahrt's War Diary, quoted in Dönitz, *Memoirs*, p. 169.

32. Ibid.

33. Roskill, *Churchill and the Admirals*, p. 124.

34. Ibid., p. 125.

35. Roskill, *The Defensive*, p. 413.

36. Churchill, *The Grand Alliance*, p. 286.

37. Dönitz, *Memoirs*, p. 412.

38. Churchill, *The Grand Alliance*, p. 282.

39. Roskill, *The Defensive*, p. 415.

40. Churchill, *The Grand Alliance*, p. 283.

41. Ibid., p. 286.

42. Churchill to Roosevelt (Churchill Papers 20/36), Gilbert, *The Ever-*

Widening War, p. 732.

43. Letter to Hopkins, 17 June 1941, President's Secretary's File, FDR Library, Hyde Park, NY.
44. Churchill, *The Grand Alliance*, p. 120.
45. Rear Admiral Sir Kenelm Creighton, *Convoy Commodore* (Futura, 1976), pp. 89 – 90.
46. Ibid., p. 90.
47. This and the foregoing from 'The Letters of Theodore Gadian, July 1940 – July 1941'(private collection).
48. Prime Minister to Foreign Secretary, Admiralty, War Office, 29 April 1941, TNA ADM 199/1933.
49. John Kennedy, *The Business of War* (Hutchinson, 1957), p. 133.
50. Churchill, *The Grand Alliance*, p. 308.
51. Churchill to Roosevelt (Churchill Papers 20/39), in Gilbert, *The Ever-Widening War,* p. 739.
52. Letter from Stark to Hopkins, 17 June 1941, PSF Diplomatic Files – Diplomatic Correspondence Iceland (Box 39, Military Files Series 1: Nos 50 – 53, Series 2, No. 18), FDR Library, Hyde Park, NY.
53. Letter from Lincoln MacVeagh to Roosevelt, 22 November 1941, ibid.
54. 'Message to be sent by the Prime Minister of Iceland to the President', ibid.
55. 'IF TIME PERMITS', 23 July 1941, TNA FO 371/26/72.
56. Letter from Lincoln MacVeagh to Roosevelt, 22 November 1941, PSF Diplomatic Files – Diplomatic Correspondence Iceland (Box 39, Military Files Series 1: Nos 50 – 53, Series 2, No. 18), FDR Library, Hyde Park, NY.
57. Franklin D. Roosevelt, Fireside Chat, 11 September 1941, www.presidency.ucsb.edu/?pid=16012.

第八章

1. Quoted in Bird, *Erich Raeder*, p. 183.
2. Ibid.
3. Dönitz, *Memoirs*, p. 170.
4. Ibid., p. 177.
5. Monsarrat, *Three Corvettes*, p. 277.
6. Ibid., p. 278.
7. Ibid., p. 279.
8. Ibid., p. 60.
9. Ibid., p. 274.
10. Ibid., p. 300.
11. Dönitz, *Memoirs*, p. 428.
12. Monsarrat, *Three Corvettes*, p. 300.
13. Churchill, *The Grand Alliance*, p. 378.
14. Sherwood, *Papers of Harry L. Hopkins*, Vol. I, p. 315.
15. Ibid., p. 314.
16. Colville, *The Fringes of Power* (1985), entry for 1 August 1941, p. 505.
17. Sherwood, *Papers of Harry L. Hopkins*, Vol. I, p. 312.
18. Ibid., p. 322.
19. Ibid., p. 321.
20. Ibid., pp. 344 – 345.
21. 'Military Secrets to Russia – Access of Russian engineers to plans', note by Assistant Secretary Berle, 30 July 1941, Box 305, Harry L. Hopkins Files, Book 4, FDR Library, Hyde Park, NY.
22. Berle to Hopkins, 30 July 1941, ibid.
23. BBC News, 31 August 2011, "WWII Artic Convoy Veterans Recall 'Dangerous Journey'", www.bbc.co.uk/news/world/europe-14723483.

24. Sherwood, *Papers of Harry L. Hopkins*, Vol. I, p. 348.
25. Churchill, *The Grand Alliance*, p. 381.
26. Colville, *The Fringes of Power* (2004), p. 506.
27. Theodore A. Wilson, *The First Summit: Roosevelt and Churchill at Placentia Bay, 1941* (Macdonald, 1970), p. v.
28. Sherwood, *Papers of Harry L. Hopkins*, Vol. I, p. 364.
29. Cited in Wilson, *The First Summit*, p. 106.
30. Cited in Dallek, *Roosevelt and American Foreign Policy*, p. 285.
31. Ibid.
32. Heinrichs, *Threshold of War*, p. 156.
33. Churchill, *The Grand Alliance*, p. 364.
34. David Dilks (ed.), *The Diaries of Sir Alexander Cadogan, 1938 – 1945* (Cassell, 1971), entry for 16 August 1941, p. 402.
35. Winton, *Freedom's Battle*, p. 141.
36. Ibid.
37. Quoted in Wilson, *The First Summit*, p. 224.
38. Churchill broadcast, 24 August 1941, http://www.ibiblio.org/pha/policy/1941/ 410824a.html.
39. 'Shoot on Sight', Harry L. Hopkins Files, Book 4, FDR Library, Hyde Park, NY.
40. Ibid.
41. Dallek, *Roosevelt and American Foreign Policy*, pp. 273 – 274.
42. Ibid., pp. 275 – 276.
43. Churchill, *The Grand Alliance*, p. 390.
44. 'Shoot on Sight', Harry L. Hopkins Files, Book 4, FDR Library, Hyde Park, NY.
45. Robert W. Love, Jr, *History of the US Navy*, Vol. I: *1775 – 1941* (StackpoleBooks, 1992), p. 646.

46. Roosevelt's Labor Day radio address, 1 September 1941, The American Presidency Project, www.presidency.ucsb.edu/ws/?pid=16166.

47. Love, *History of the US Navy*, Vol. I, p. 646.

48. Samuel Eliot Morison, *History of the United States Naval Operations in World War II*, Vol. I: *The Battle of the Atlantic, 1939 — 1943* (Little, Brown, 1947), p. 79.

49. Franklin D. Roosevelt, Fireside Chat, 11 September 1941, www.presidency.ucsb.edu/?pid=16012.

50. Morison, *The Battle of the Atlantic*, p. 80.

51. Halifax to Churchill, 11 October 1941, Premier Files, Churchill Manuscripts, TNA cited in Dallek, *Roosevelt and American Foreign Policy*, p. 289.

第九章

1. Dönitz, *Memoirs*, p. 129.

2. Padfield, *Dönitz*, p. 227.

3. Conversation with Peter Padfield, quoted ibid.

4. Cited in Terraine, *Business in Great Waters*, p. 305.

5. Operational Intelligence Centres: Formation and History, TNA ADM 223/286.

6. Roskill, *The Defensive*, p. 306.

7. Dönitz, *Memoirs*, p. 142.

8. Padfield, *Dönitz*, p. 228.

9. Dönitz, *Memoirs*, p. 142.

10. Hugh Sebag-Montefiore, *Enigma: The Battle for the Code* (Cassell, 2004), p. 134.

11. Ibid., p. 110.

12. Knox to Commander Alastair Denniston (Head of GC&CS from its inception in 1919), TNA HW 14/8, cited ibid., p. 109.
13. F. H. Hinsley and Alan Stripp (eds.), *Code Breakers: The Inside Story of Bletchley Park* (Oxford University Press, 1993), p. 93.
14. Sebag-Montefiore, *Enigma*, p. 81.
15. Ibid., p. 138.
16. F. H. Hinsley et al., *British Intelligence in the Second World War*, Vol. I (HMSO, 1979), p. 337.
17. Sebag-Montefiore, *Enigma*, p. 144.
18. Ibid., pp. 145ff.
19. Ibid., p. 150.
20. Ibid., pp. 152 – 153.
21. Interview with Heinz Wilde in Williams, *Battle of the Atlantic*, p. 132.
22. Ibid., p. 133.
23. Ibid., p. 134.
24. Ibid., p. 135.
25. Sebag-Montefiore, *Enigma*, p. 157.
26. Williams, *Battle of the Atlantic*, p.138.
27. Sebag-Montefiore, *Enigma*, p. 158.
28. Ibid.
29. Ibid., p. 159.
30. Ibid., p. 162.
31. Williams, *Battle of the Atlantic*, p. 140.
32. Hinsley to Birch, 23 October 1940, TNA HW 14/7, cited in Sebag-Montefiore, *Enigma*, p. 142.
33. Ibid., p. 192.
34. Hinsley and Stripp, *Code Breakers*, p. 78.
35. Ibid., p. 79.

36. Message from admiral commanding U-boats, 24 June 1941, TNA HW 1/7.
37. Response to PM's comment on lateness of receipt of 6896, 28 June 1941, TNA HW 1/9.
38. Message from admiral commanding U-boats, 24 June 1941, TNA HW 1/7.
39. Cited in Sebag-Montefiore, *Enigma*, p. 200.
40. Quoted ibid., p. 201.
41. U-boat War Diary, 16 November 1941, cited in Padfield, *Dönitz*, p. 229.
42. Ibid.
43. F. H. Hinsley et al., *British Intelligence in the Second World War*, Vol. II (HMSO, 1981), Appendix 3, pp. 655 – 657.
44. Ibid., p. 657.
45. 'Compromise of Convoy Movements Near the British Coast', Naval Section Report ZIP/ZG/62, 20 August 1941, TNA ADM 223/2.
46. 'German Success Against British Codes and Cyphers', TNA ADM 223/505.
47. Ibid.
48. 'Some Examples of the German Operational Use of the Intelligence obtained by reading British Naval Communications', TNA ADM 1/300 81.
49. 'German Success Against British Codes and Cyphers', TNA ADM 223/505.

第十章

1. Broad and Fleming, *Nella Last's War*, p. 162.
2. Smith, *Conflict Over Convoys*, p. 41.
3. Memorandum of 6 February 1941 cited in Churchill, *The Grand Alliance*, p. 649.
4. Calder, *The People's War*, p. 266.
5. Collingham, *The Taste of War*, p. 108.

6. Churchill, *Their Finest Hour*, p. 495.
7. Ibid., p. 503.
8. Smith, *Conflict Over Convoys*, p. 36.
9. Churchill, *The Grand Alliance*, p. 111.
10. Smith, *Conflict Over Convoys*, p. 67.
11. Ibid., p. 68.
12. Collingham, *The Taste of War*, p. 109.
13. Calder, *The People's War*, p. 275.
14. Mass Observation Diary, cited ibid., pp. 292 – 293.
15. Ibid., p. 293.
16. Broad and Fleming, *Nella Last's War*, p. 193.
17. Monsarrat, *Three Corvettes*, p. 120.
18. Calder, *The People's War*, p. 319.
19. Ibid., p. 317.
20. Monsarrat, *Three Corvettes*, p. 121.
21. Churchill, *The Grand Alliance*, p. 723.
22. Ibid., p. 689.
23. Ibid., p. 755.
24. Sherwood, *Papers of Harry L. Hopkins*, Vol. I, p. 388.
25. Dallek, *Roosevelt and American Foreign Policy*, p. 293.
26. Churchill, *The Grand Alliance*, p. 405.
27. Ibid., pp. 405 – 407.
28. Cripps to Eden, 4 September 1941, TNA FO 954/24, in Gilbert, *The Ever-Widening War*, p. 1159.
29. Churchill to Cripps, 5 September 1941, TNA PREM 3/401/1, ibid., p. 1171.
30. Churchill to Roosevelt, 5 September 1941, Churchill, *The Grand Alliance*, p. 409.

31. Hopkins to Churchill, 29 September 1941, cited in Dallek, *Roosevelt and American Foreign Policy*, p. 296.
32. Churchill, *The Grand Alliance*, p. 402.
33. Churchill to Stalin, 21 September, ibid., p. 414.
34. Roosevelt to Churchill, 8 October 1941, cited in Dallek, *Roosevelt and American Foreign Policy*, p. 296.
35. Churchill, *The Grand Alliance*, p. 402.
36. Ibid., p. 418.
37. Code Radiogram received at the War Department, 11.06, 10 October 1941, Russia Attacked, 39(b), Harry L. Hopkins Files, Book 4, FDR Library, Hyde Park, NY.
38. Hopkins to Stimson, 14 October 1941, ibid.
39. Dönitz, *Memoirs*, p. 143.
40. Roskill, *The Defensive*, pp. 528, 536.
41. Bird, *Erich Raeder*, p. 170.
42. War Cabinet Directive, 28 April 1941, TNA CAB 120/10, cited in Gilbert, *The Ever-Widening War*, p. 556.
43. Cunningham to Pound, 15 March 1942, cited in Michael Simpson, *A Life of Admiral of the Fleet Andrew Cunningham: A Twentieth-Century Naval Leader* (Frank Cass, 2006), p. 125.

第十一章

1. Cited in Martin Kitchen, *Rommel's Desert War* (Cambridge University Press, 2009), p. 136.
2. Dönitz, *Memoirs*, p. 159.
3. Ibid., p. 161.
4. Ibid., p. 160.

5. Roskill, *The Defensive*, p. 540.
6. Churchill, *The Grand Alliance*, p. 512.
7. Creighton, *Convoy Commodore*, p. 134.
8. Ibid., pp. 132 – 136.
9. Ibid., pp. 140 – 142.
10. Ibid., p. 144.
11. SL87: Report of proceedings on Convoy and Court of Inquiry re. loss of ships (D/Key/4 – 5), Merseyside Maritime Museum, Liverpool.
12. Ibid.
13. *Northern Whig*, 14 October 1941 (D/Key/4 – 5), Merseyside Maritime Museum, Liverpool.
14. Winston S. Churchill to A. V. Alexander and Admiral Pound (Churchill Papers, 20/36), Gilbert, *The Ever-Widening War*, p. 1410.
15. Terence Robertson, *Walker RN: Britain's Ace U-Boat Killer* (Pan Books, 1958), p. 23.
16. Ibid., p. 28.
17. Ibid., p. 31.
18. Ibid., p. 33.
19. Ibid., p. 38.
20. Williams, *Battle of the Atlantic*, p. 158.
21. Robertson, *Walker RN*, p. 46.
22. Williams, *Battle of the Atlantic*, p. 159.
23. Robertson, *Walker RN*, p. 59.
24. Walker's War Diary, cited ibid., p. 53.
25. Ibid., p. 56.
26. Cited in Roskill, *The Defensive*, p. 467.
27. Dönitz, *Memoirs*, pp. 181 – 182.

第十二章

1. Heinrichs, *Threshold of War*, p. 177.
2. Dönitz, *Memoirs*, p. 193.
3. Padfield, *Dönitz*, p. 236.
4. Map Room Files, Box 36, Military Files Series 1, FDR Library, Hyde Park, NY.
5. Navy Training Manual, cited in Morison, *The Battle of the Atlantic*, p. 127.
6. Interview by Michael Gannon, cited in Michael Gannon, *Operation Drumbeat* (Naval Institute Press, 1990), p. 136.
7. Ibid., p. 216.
8. Ibid.
9. Gary Gentile, *Track of the Gray Wolf: U-Boat Warfare on the US Eastern Seaboard, 1942 – 1945* (Avon, 1989), p. 12.
10. Ibid., p. 23.
11. Ibid.
12. Ibid., p. 24.
13. Ibid.
14. Morison, *The Battle of the Atlantic*, p. 130.
15. Dönitz, *Memoirs*, p. 202.
16. Ibid., p. 203.
17. Ibid.
18. Gentile, *Track of the Gray Wolf*, p. 126.
19. Gannon, *Operation Drumbeat*, p. 275.
20. Memorandum for the Secretary of the Navy, 26 February 1942, Box 169, A-16/3, FDR Library, Hyde Park, NY.
21. Ibid.
22. Ibid.

23. Roosevelt to Rear Admiral Adolphus Andrews, 9 March 1942, Navy Folder 2 – 42, A-16/1, FDR Library, Hyde Park, NY.
24. Robert H. Ferrell (ed.), *The Eisenhower Diaries* (W. W. Norton, 1981), entry for 10 March 1942, p. 50.
25. Quoted in Thomas B. Buell, *Master of Sea Power: A Biography of Fleet Admiral Ernest J. King* (Naval Institute Press, 2012), p. 187.
26. Ernest J. King and Walter Muir Whitehill, *Fleet Admiral King: A Naval Record* (W. W. Norton, 1952), p. 238.
27. Ibid., p. 239.
28. Ibid.
29. Eastern Sea Frontier, March 1942, p. 254, cited in Gannon, *Operation Drumbeat*, p. 352.
30. Harriman to Hopkins, 7 March 1942, Box 308, Harry L. Hopkins Files, Book 5, FDR Library, Hyde Park, NY.
31. Churchill, *The Grand Alliance*, pp. 539 – 540.
32. Ibid., p. 571.
33. Dallek, *Roosevelt and American Foreign Policy*, p. 331.
34. Harry L. Hopkins Files, Book 5, FDR Library, Hyde Park, NY.
35. Ibid.
36. Smith, *Conflict Over Convoys*, p. 73.
37. Comments by S. McKee quoted ibid., p. 85.
38. Winston Churchill, *The Second World War*, Vol. IV: *The Hinge of Fate*(Cassell, 1950), p. 103.
39. Ibid., p. 102.
40. Churchill to Hopkins, 12 March 1942, ibid., p. 104.
41. Roosevelt to Churchill, 20 March 1942, ibid., p. 105.
42. Churchill to Roosevelt, 29 March 1942, ibid.
43. Alexander to Churchill, 13 April 1942, TNA PREM 3/97/1.

44. Leathers to Hopkins, Box 308, Harry L. Hopkins Files, Book 5, FDR Library, Hyde Park, NY.

45. Memorandum on Shipping Losses from Mr Lubin [Joseph Lubin, Special Deputy Chief Investigator of the War Production Board], 17 April 1942, PSF Safe File, Lubin, Isador, Box 3, FDR Library, Hyde Park, NY.

46. Dönitz, War Diary, 15 April 1942, quoted in Dan van der Vat, *The Atlantic Campaign: The Great Struggle at Sea, 1939 – 1945* (Birlinn, 2001), p. 377.

47. Quoted in Gannon, *Operation Drumbeat*, p. 339.

48. Eastern Sea Frontier (ESF), Navy, November 1943, cited ibid., p. 344.

49. ESF, November 1943, cited ibid., p. 344.

50. Quoted in Gentile, *Track of the Gray Wolf*, p. 89.

51. ESF, November 1943, cited in Gannon, *Operation Drumbeat*, p. 345.

52. Morison, *The Battle of the Atlantic*, p. 130.

53. Gannon, *Operation Drumbeat*, p. 345.

54. Cremer, *U-333*, p. 98.

55. Personal letter from Roosevelt to Andrews, 24 June 1942, FDR Library, Hyde Park, NY.

56. King, *Fleet Admiral King*, p. 238.

57. King to Commanders, ESF and GSF [Gulf Sea Frontier], 17 June 1942, ESF, July 1942, chapter 10, pp. 1 – 10, cited in Gannon, *Operation Drumbeat*, p. 352.

58. Marshall to King, 19 June 1942, quoted in King, *Fleet Admiral King*, pp. 246 – 247.

59. King to Marshall, 21 June 1942, quoted ibid., pp. 247 – 248.

60. Roosevelt to King, 7 July 1942, Box 169, A-16/3, Warfare, November 1941 to October 1944, FDR Library, Hyde Park, NY.

61. King to Roosevelt, 9 July 1942, ibid.

62. King, *Fleet Admiral King*, p. 239.

63. See, for example, Blair, *Hitler's U-Boat War*, *passim*.

64. Morison, *The Battle of the Atlantic*, pp. 200 — 201.

65. Memorandum, Lubin to Roosevelt, 15 July 1942, PSF Safe File, Lubin, Isador, Box 3, FDR Library, Hyde Park, NY.

第十三章

1. Churchill, *The Hinge of Fate*, p. 342.

2. Roberts, *Masters and Commanders*, p. 206.

3. Churchill, *The Hinge of Fate*, pp. 343 — 344.

4. 谢尔曼坦克对第 8 集团军在阿拉曼战役中取胜发挥了关键作用。

5. Churchill, *The Hinge of Fate*, p. 272.

6. Ibid., pp. 275 — 276.

7. Arthur, *Lost Voices*, pp. 350 — 351.

8. Ibid., pp. 357 — 358 (Treves), 359 — 360 (Jackson).

9. Ibid., p. 371.

10. Roberts, *Masters and Commanders*, p. 111.

11. Quoted ibid., p. 190.

12. Conversation with author, cited in Jonathan Dimbleby, *Russia: A Journey to the Heart of a Land and Its People* (BBC Books, 2008), p. 19.

13. Bird, *Erich Raeder*, pp. 185 — 186.

14. S. W. Roskill, *The War At Sea, 1939 — 1945*, Vol. II: *The Period of Balance* (Naval & Military Press, 2004), p. 116.

15. *The Times*, 14 February 1942.

16. Roskill, *Period of Balance*, p. 151.

17. Churchill, *The Hinge of Fate*, p. 100.

18. Roskill, *Period of Balance*, p. 158.

19. Churchill, *The Hinge of Fate*, p. 229.
20. Ibid., p. 200.
21. Churchill to Tovey, 22 January 1942, cited in Roskill, *Churchill and the Admirals*, p. 131.
22. Roskill, *Period of Balance*, p. 124.
23. David Irving, *The Destruction of Convoy PQ-17* (St Martin's Press, 1987), p. 3.
24 'Arctic Convoys, 1941 – 1945, Battle Summary No. 22' (1954), TNA ADM 234/369, p. 312.
25. John L. Haynes, *Frozen Fury: The Murmansk Run of Convoy PQ-13* (America Star Books, 2010), p. 28.
26. Ibid.
27. Ibid., p. 29.
28. Ibid.
29. Brodhurst, *Churchill's Anchor*, p. 237.
30. *Correspondence Between Stalin, Roosevelt, Truman, Churchill and Attlee During WWII*, comp. Ministry of Foreign Affairs of the USSR (University Press of the Pacific, 2001), p. 22.
31 'Urgent' telegram, Hopkins to Churchill, 24 April 1942, Box 308, Harry L. Hopkins Files, Book 5, FDR Library, Hyde Park, NY.
32. Roosevelt to Churchill, 26 April 1942, Loewenheim et al. (eds), *Roosevelt and Churchill*, p. 210.
33. Ibid., p. 211.
34. Brodhurst, *Churchill's Anchor*, p. 237.
35. Churchill, *The Hinge of Fate*, p. 231.
36. Ibid., pp. 231 – 232.
37. David Moore, 'HMS *Edinburgh*', *Warship World* 3(8) (Autumn 1990); BBC archive, WW2 People's War, www.bbc.co.uk/history/

ww2peopleswar/stories/18/a2076518.shtml.

38. Ibid.

39. Roskill, *Period of Balance*, p. 130.

40. Brodhurst, *Churchill's Anchor*, p. 238.

41. Churchill, *The Hinge of Fate*, p. 232.

42. Ibid., p. 233.

43. Roskill, *Churchill and the Admirals*, p. 130.

44. Churchill, *The Hinge of Fate*, p. 234.

45. Morison, *The Battle of the Atlantic*, p. 173.

46. Roskill, *Period of Balance*, p. 131.

第十四章

1. Churchill, *The Hinge of Fate*, p. 392. Douglas Porch, *Hitler's Mediterranean Gamble: The North African and the Mediterranean Campaigns in World War II* (Cassell, 2004), p. 261.

2. Broad and Fleming, *Nella Last's War*, 25 June 1942, p. 209.

3. Hansard, House of Commons Debates, Vol. 381, 2 July 1942, cols 527 — 611.

4. Ibid., cols 224 — 476.

5. Ibid., cols 527 — 611.

6. Irving, *The Destruction of Convoy PQ-17*, p. 52.

7. Churchill, *The Hinge of Fate*, p. 237.

8. Bird, *Erich Raeder*, p. 187.

9. Ibid.

10. 'Arctic Convoys, 1941 — 1945, Battle Summary No. 22', p. 54n.

11. Ibid.

12. Ibid.

13. Schniewind Operation Order, 14 June 1942, Fifth Air Force War Diary, quoted in Irving, *The Destruction of Convoy PQ-17*, p. 29.
14. Führer Naval Conference, 12 March 1942, File PG/32187, cited ibid., p. 10.
15. Captain Jack Broome, *Convoy is to Scatter* (William Kimber, 1972), p. 136.
16. Ibid., p. 137.
17. 'Arctic Convoys, 1941 – 1945, Battle Summary No. 22', pp. 59 – 60.
18. Diary of *Bellingham*'s second officer, cited in Irving, *The Destruction of Convoy PQ-17*, p. 116.
19. Report of commanding officer, HMS *Keppel*, cited in 'Arctic Convoys, 1941 – 1945, Battle Summary No. 22', p. 60.
20. Walker, Department of Documents, Imperial War Museum, quoted in GlynPrysor, *Citizen Sailors: The Royal Navy in the Second World War* (Penguin, 2012), p. 250.
21. From *The Sundial*, USS *Wichita*'s newspaper, 5 July 1942, cited in Irving, *The Destruction of Convoy PQ-17*, p. 116.
22. As reported ibid., p. 117, on the basis of an interview with *El Capitan*'s second officer, Captain Rupert Hall.
23. Broome, *Convoy is to Scatter*, p. 167.
24. Hinsley et al., *British Intelligence in the Second World War*, Vol. II, p. 216.
25. Ibid., p. 217.
26. Captain Mervyn Stone, *Olopana*'s voyage report, cited in Irving, *The Destruction of Convoy PQ-17*, p. 49.
27. Hinsley et al., *British Intelligence in the Second World War*, Vol. II, p. 216.
28. Ibid., p. 216.

29. Ibid., Appendix 11, p. 688.
30. Brodhurst, *Churchill's Anchor*, p. 243.
31. Hinsley et al., *British Intelligence in the Second World War*, Vol. II, p. 218.
32 'Arctic Convoys, 1941 – 1945, Battle Summary No. 22', p. 55.
33. Ibid.
34. Roskill, *Churchill and the Admirals*, p. 130.
35. Brodhurst, *Churchill's Anchor*, p. 246.
36 'Arctic Convoys, 1941 – 1945, Battle Summary No. 22', p. 62.
37. Brodhurst, *Churchill's Anchor*, p. 246.
38. Ibid., p. 247.
39. Broome, *Convoy is to Scatter*, pp. 182 and 187.
40. Roskill, *Period of Balance*, p. 139.
41 'Arctic Convoys, 1941 – 1945, Battle Summary No. 22', p. 62.
42. Ibid., p. 63.
43. Cited in Irving, *The Destruction of Convoy PQ-17*, p. 148.
44. Cited in Brodhurst, *Churchill's Anchor*, p. 24.
45. Cited in Broome, *Convoy is to Scatter*, p. 196.
46. Ibid., p. 192.
47. Diary of Nathaniel Platt, 4 July 1942, cited in Irving, *The Destruction of Convoy PQ-17*, p. 342.
48. Ibid., p. 136.
49. Ibid., p. 106.
50. Naval Group North's War Diary, 4 July 1942, quoted ibid., p. 107.
51. Raeder to Admiral Rolf Carls (Group Command North) cited in Bird, *Erich Raeder*, p. 188.
52. Cited in Irving, *The Destruction of Convoy PQ-17*, p. 183.
53. Broome, *Convoy is to Scatter*, p. 206.

54. Diary fragment by unnamed crewman, 'Life on HMS *Pozarica* in Convoy 17', Liverpool Maritime Archives and Library, Liverpool, ref. 0X1484.
55. Paul Lund and Harry Ludlam, *I Was There on PQ17, the Convoy to Hell* (Foulsham, 1968, repr. 2010), p. 101.
56. The Bolton *Castle*'s master, Captain Pascoe, quoted in Woodman, *The Real Cruel Sea*, p. 228.
57. Quoted in Irving, *The Destruction of Convoy PQ-17*, p. 195.
58. Lund and Ludlam, *I Was There*, p. 119.
59. Olopana's ship's report, cited in Irving, *The Destruction of Convoy PQ-17*, p. 234.
60. Lund and Ludlam, *I Was There*, p. 114.
61. Richard Woodman, *Arctic Convoys, 1941 – 1945* (Pen and Sword, 2004), p. 239.
62. Needham Forth's Diary, 7 July 1942, quoted in Irving, *The Destruction of Convoy PQ-17*, p. 251.
63. Ibid., p. 253.
64. Lund and Ludlam, *I Was There*, p. 175.
65. Woodman, *Arctic Convoys 1941 – 1945*, p. 240.
66. Lund and Ludlam, *I Was There*, p. 120.
67. Irving, *The Destruction of Convoy PQ-17*, p. 296.
68. Ibid.
69. Woodman, *Arctic Convoys, 1941 – 1945*, p. 238.
70. Ibid., p. 235.
71. German Naval Staff War Diary, cited in Irving, *The Destruction of Convoy PQ-17*, p. 271.
72. Lund and Ludlam, *I Was There*, pp. 128 – 129.
73. Quoted ibid., p. 134.
74. Ibid., p. 136.

75. List of PQ17 signals maintained by Lieutenant Caradus in HMS *La Malouine*, cited in Irving, *The Destruction of Convoy PQ-17*, p. 145.
76. Narrative by Ensign Howard E. Carraway, 26 March 1945, quoted ibid., p. 146.
77. Quoted in Lund and Ludlam, *I Was There*, pp. 181 — 182.
78. Quoted in Irving, *The Destruction of Convoy PQ-17*, p. 299.
79. Woodman, *Arctic Convoys, 1941 — 1945*, p. 256.
80. Ibid.
81. Quoted ibid., p. 253.

第十五章

1. Hansard, House of Commons Debates, Vol. 382, 29 July 1942, col. 489.
2. *The Times*, 29 September 1942, cited in Irving, *The Destruction of Convoy PQ*-17, p. 323.
3. Edwards/Drummond cable, 11 July 1942, 2021/2002, PSF Safe File, Hopkins, Harry, FDR Library, Hyde Park, NY.
4. Prime Minister to General Ismay for C.O.S. Committee, 17 May 1942, Churchill, *The Hinge of Fate*, p. 234.
5. Ibid., p. 238.
6. Ibid.
7. Ibid., pp. 238 — 239.
8. Ibid., p. 239.
9. Churchill to Roosevelt, 14 July 1942, Loewenheim et al. (eds), *Roosevelt and Churchill*, p. 223.
10. Roosevelt to Churchill, 15 July 1942, ibid., p. 224.
11. Churchill to Stalin, 17 July 1942, Churchill, *The Hinge of Fate*, p. 240.
12. Ibid., p. 241.

13. Stalin to Churchill, 23 July 1944, ibid., pp. 241 – 242.
14. Churchill to Stalin 17 July 1942, ibid., p. 240.
15. *Foreign Relations of the United States* (1942), cited in Roberts, *Masters and Commanders*, p. 176.
16. Stalin to Churchill, 23 July 1942, Churchill, *The Hinge of Fate*, p. 242.
17. Martin Gilbert, *Winston S. Churchill*, Vol. VII: *Road to Victory, 1941 – 1945* (Heinemann, 1986), p. 149.
18. Roberts, *Masters and Commanders*, p. 251.
19. Dilks (ed.), *Diaries of Sir Alexander Cadogan*, entry for 15 July 1942, p. 462.
20. Roosevelt to Hopkins, Marshall and King, 23 July 1942, PSF Safe File, Hopkins, Harry, FDR Library, Hyde Park, NY.
21. Roosevelt to Churchill, 27 July 1942, Loewenheim et al. (eds), *Roosevelt and Churchill*, p. 227.
22. Stalin to Churchill, 31 July 1942, Churchill, *The Hinge of Fate*, p. 410.
23. Ibid., p. 428.
24. Ibid., p. 430.
25. Robert E. Sherwood, *The White House Papers of Harry L. Hopkins*, Vol. II: *January 1942 – July 1945* (Eyre and Spottiswoode, 1949), p. 618.
26. Ibid., p. 619.
27. Ibid., p. 620.
28. Ibid.
29. Loewenheim et al. (eds), *Roosevelt and Churchill*, p. 241.
30. Roskill, *Period of Balance*, p. 280.
31. Raeder statement at conference with Hitler, cited in Bird, *Erich Raeder*, p. 189.
32. Admiralty Memorandum, 19 August 1942, 23 July, PSF Safe File, Hopkins, Harry, FDR Library, Hyde Park, NY.

33. Field Marshal Lord Alanbrooke, *War Diaries, 1939 – 1945*, ed. Alex Danchev and Daniel Todman (Phoenix Press, 2002), entry for 4 February 1942, p. 227.

34. Churchill to Roosevelt, 22 September 1942, Churchill, *The Hinge of Fate*, p. 513.

35. Roosevelt to Churchill, 27 September 1942, ibid.

36. Roosevelt to Churchill, 5 October 1942, quoted in Sherwood, *Papers of Harry L. Hopkins*, Vol. II, p. 636.

37. Telegram via the Russian ambassador, 5 October 1942, Churchill, *The Hinge of Fate*, p. 517.

38. Reply to question from Henry C. Cassidy, Associated Press, *St Petersburg Times*, Florida, 6 October 1942.

39. Stalin to Roosevelt, 7 October 1942, *Correspondence between Stalin, Roosevelt, Truman, Churchill and Attlee*, p. 35.

40. Roosevelt to Churchill, 5 October 1942, quoted in Sherwood, *Papers of Harry L. Hopkins*, Vol. II, p. 637.

41. Churchill to Roosevelt, 7 October 1942, Churchill, *The Hinge of Fate*, p. 518.

42. Ibid., p. 519.

43. Ibid., p. 520.

44. Roosevelt to Churchill, 27 October 1942, Loewenheim et al. (eds), *Roosevelt and Churchill*, p. 261.

45. Roosevelt to Stalin (received), 15 October 1942, *Correspondence between Stalin, Roosevelt, Truman, Churchill and Attlee*, p. 38.

46. Stalin to Roosevelt, 19 October 1942, ibid.

47. Note to Foreign Secretary, 27 October 1942, Churchill, *The Hinge of Fate*, p. 521.

48. Roosevelt to Churchill, 27 October 1942, Loewenheim et al. (eds),

Roosevelt and Churchill, p. 261.

49. Ibid., p. 262.

第十六章

1. Dönitz, *Memoirs*, p. 263.
2. Williams, *Battle of the Atlantic*, p. 214.
3. Ibid.
4. Doris Hawkins, *Atlantic Torpedo* (1943), quoted in Léonce Peillard, *The Laconia Affair*, trans. Oliver Coburn (Bantam, 1983), p. 44.
5. Williams, *Battle of the Atlantic*, p. 215.
6. Peillard, *The Laconia Affair*, p. 63.
7. Ibid.
8. Quoted ibid., p. 72.
9. Dönitz, *Memoirs*, p. 256.
10. Ibid., p. 257.
11. Ibid.
12. Quoted in Peillard, *The Laconia Affair*, p. 118.
13. Williams, *Battle of the Atlantic*, p. 217.
14. Ibid., p. 218.
15. Hartenstein's War Diary, cited in Dönitz, *Memoirs*, p. 258.
16. M. Maurer and Lawrence J. Paszek, 'Origin of the Laconia Order', *Air University Review*, Maxwell Air Force Base, Alabama, USA, repr. *Journal of the Royal United Service Institute for Defence Studies* 109(636) (November 1964): 338 – 344, p. 342.
17. Ibid.
18. Ibid.
19. Dönitz, *Memoirs*, p. 259.

20. Ibid., p. 260.

21. Williams, *Battle of the Atlantic*, p. 219.

22. Peillard, *The Laconia Affair*, pp. 219 – 223.

23. Doris Hawkins, quoted ibid., p. 187.

24. Ibid., p. 189.

25. Dönitz, *Memoirs*, p. 261.

26. Padfield, *Dönitz*, p. 255.

27. U-boat War Diary, 30 November 1942, cited in Padfield, *Dönitz*, pp. 260 – 261.

28. Churchill to Roosevelt, 31 October 1942, Loewenheim et al. (eds), *Roosevelt and Churchill*, pp. 262 – 263.

29. Ibid., p. 264.

30. Smith, *Conflict Over Convoys*, p. 107.

31. Ibid., p. 83.

32. Ibid., p. 85.

33. Ibid., p. 82.

34. Ibid., p. 88.

35. Roskill, *Period of Balance*, p. 217.

36. Ibid.

37. Roosevelt to Churchill, 30 November 1942, Loewenheim et al. (eds), *Roosevelt and Churchill*, pp. 288 – 290.

38. Quoted in Smith, *Conflict Over Convoys*, p. 114.

39. Churchill to Roosevelt, 17 December 1942, Loewenheim et al. (eds), *Roosevelt and Churchill*, pp. 296 – 297.

40. Churchill to Roosevelt, 30 December 1942, cited in Smith, *Conflict Over Convoys*, p. 132.

41. Roskill, *Period of Balance*, p. 218.

第十七章

1. U-boat War Diary, 14 December 1942, cited in Padfield, *Dönitz*, p. 261.
2. Ibid.
3. Cited in Bird, *Erich Raeder*, p. 201.
4. Ibid., p. 190.
5. Raeder 's notes of 6 January meeting with Hitler (dated 11 January 1943), quoted in ibid., p. 203.
6. Albert Speer, *Inside the Third Reich* (Weidenfeld and Nicolson, 1970), p. 272.
7. Raeder to Hitler, 14 January 1943, cited in Padfield, *Dönitz*, p. 263.
8. Quoted in Terraine, *Business in Great Waters*, p. 522.
9. Padfield, *Dönitz*, p. 270.
10. Directive of 5 February 1943, cited ibid.
11. Dönitz, *Memoirs*, p. 310.
12. Ibid., p. 311.
13. Roskill, *Period of Balance*, p. 355.
14. Dönitz, *Memoirs*, pp. 318 – 319.
15. Woodman, *The Red Real Cruel Sea*, p. 580.
16. Ibid., p. 583.
17. Ibid., p. 584.

第十八章

1. Letter of 6 December 1942, *Correspondence between Stalin, Roosevelt, Truman, Churchill and Attlee*, p. 43.
2. Letter of 14 December 1942, ibid., p. 44.
3. Alanbrooke, *War Diaries*, entry for 18 January 1943, p. 361.

4. Sherwood, *Papers of Harry L. Hopkins*, Vol. II, p. 671.
5. Marshall, quoted in Dallek, *Roosevelt and American Foreign Policy*,p. 371.
6. Alanbrooke, *War Diaries*, entry for 14 January 1943, p. 359.
7. Ibid., entry for 20 January 1943, p. 364.
8. Note dictated on 22 January 1943, quoted in Sherwood, *Papers of Harry L. Hopkins*, Vol. II, p. 685.
9. Diary entry for 22 January 1943 in Lord Moran, *Churchill At War, 1940 – 1945* (Constable and Robinson, 2002), p. 97.
10. Dallek, *Roosevelt and American Foreign Policy*, p. 377.
11. Churchill, *The Hinge of Fate*, p. 619.
12. Letter to Air Officer Commanding-in-Chief, Bomber Command, from Air Vice-Marshal Bottomley, Assistant Chief of the Air Staff (Operations), 14 January 1943, TNA AIR 8/424.
13. Letter to Air Officer Commanding-in-Chief, Bomber Command, from Air Vice-Marshal Bottomley, Assistant Chief of the Air Staff (Operations), 23 January 1943, ibid.
14. Note by Harris, 27 January 1943, ibid.
15. Air Historical Branch records ii/ii7/3(C) , pp. 30 – 31, cited in Terraine, *The Right of the Line*, p. 413.
16. Pound Memorandum, TNA CAB 86/3 1943/01/11.
17. Roskill, *Period of Balance*, p. 352.
18. Ibid.
19. Prime Minister to Minister of Aircraft Production, 8 July 1940, Churchill, *Their Finest Hour*, p. 567.
20. Report by D. M. B. Butt, for War Cabinet, cited in Terraine, *The Right of the Line*, p. 293.
21. Portal to Churchill, 25 September 1941, cited ibid., p. 295.
22. Pound to Churchill, 31 July 1941, AHB 11/117/1(0), cited ibid., pp.290 – 291.

23. Churchill to Portal, 27 September 1941, cited ibid., p. 295.
24. Churchill to Portal 7 October 1941, Churchill, *The Grand Alliance*, p. 451.
25. Roskill, *Churchill and the Admirals*, p. 138.
26. Whitworth to Admiral Cunningham, 15 December 1942, cited in Brodhurst, *Churchill's Anchor*, p. 265.
27. Churchill to Roosevelt, 31 October 1942, in Loewenheim et al. (eds), *Roosevelt and Churchill*, p. 262.
28. Ibid.
29. Henry Probert, *Bomber Harris: His Life and Times* (Greenhill, 2006), p. 190.
30. Ibid., p. 155.
31. Ibid., p. 138.
32. Ibid.
33. Cited in Hastings, *Bomber Command*, p. 154.
34. Ibid., p. 157.
35. Ibid., p. 158.
36. Ibid., p. 159.
37 'Report of Committee on Winter Campaign of 1941 – 1942 in the Battle of the Atlantic dated 6th May 1941', Naval Staff History, Vol. 1A, Appendix 10, p. 345.
38. Macintyre, *Battle of the Atlantic*, p. 117.
39. Richard Goette, 'Britain and the Delay in Closing the Mid-Atlantic "Air Gap" During the Battle of the Atlantic', *Northern Mariner* 15(4) (October 2005): 19 – 41, p. 26.
40. Ibid.
41. Memorandum by the First Lord of the Admiralty, 11 January 1942, TNA CAB 86/3.
42. 30th Meeting of the Battle of the Atlantic Committee, 10 February 1942,

and A. V. Alexander, First Lord of the Admiralty, to the War Cabinet Defence Committee, 'Requirements of Long Range G/R Aircraft for Coastal Command and the Indian Ocean', 14 February 1942, TNA ADM 205/23 and PREM 3/97/1; cited in Goette, 'Britain and the Delay', p. 27.

43. Brodhurst, *Churchill's Anchor*, p. 263.
44. Air Requirements for the Successful Prosecution of the War at Sea, TNA AIR 19/9/243.
45. Air Staff paper, cited in Brodhurst, *Churchill's Anchor*, p. 266.
46. Alanbrooke, *War Diaries*, entry for 19 March 1942, p. 240.
47. Philip Joubert de la Ferté, *Birds and Fishes: The Story of Coastal Command* (Hutchinson, 1960), p. 150.
48. Cited in Brodhurst, *Churchill's Anchor*, p. 269.
49. Alanbrooke, *War Diaries*, entry for 17 February 1942, p. 230.
50. Kennedy, *The Business of War*, pp. 246 – 247.
51. Hastings, *Bomber Command*, p. 184.
52. Probert, *Bomber Harris*, p. 185.
53. Hastings, *Bomber Command*, p. 186.
54. Probert, *Bomber Harris*, p. 185.
55. Hastings, *Bomber Command*, p. 188.
56. Ibid.
57. As reported by Anthony Montague Browne, Churchill's last private secretary, cited in Hastings, *Bomber Command*, p. 166.
58. Harris to Churchill, June 1942, TNA AIR 14/3507.
59. Probert, *Bomber Harris*, p. 160.
60. Portal Papers, Christ Church Library, Oxford, Folder H81, E139, October 1942, Portal Folder 9, E63, cited ibid., p. 143.
61. Quoted ibid.
62. Cited in Brodhurst, *Churchill's Anchor*, p. 270.

63. Teddy Suhren with Fritz Brustat-Naval, *Teddy Suhren Ace of Aces*, trans. Frank James (Chatham Publishing, 2011), pp. 127 – 128.
64. U-boat War Diary, 3 September 1942, cited in Goette, 'Britain and the Delay', p. 24.
65. Dönitz, *Memoirs*, p. 242.
66. U-boat War Diary, 3 September 1942, cite d in Goette, 'Britain and the Delay', p. 24.
67. Defence Committee minutes, 5 October 1942, TNA CAB 66/30 WP (42), p. 311, cited in Brodhurst, *Churchill's Anchor*, p. 300.
68. War Cabinet Memorandum by the Minister of Defence, 24 October 1942, Policy for the Conduct of the War, TNA CAB 66/30 1942.
69. Sir John Slessor, *The Central Blue: The Autobiography of Sir John Slessor, Marshal of the RAF* (Praeger, 1957), p. 498.
70. Ibid., p. 499.
71. Ibid., p. 505.
72. Professor Patrick Blackett, 'Recollections of Problems Studied, 1940 – 1945', *Brassey's Annual* (1953), cited in Macintyre, *The Battle of the Atlantic*, p. 153.
73. Churchill to Roosevelt, 20 November 1942, Loewenheim et al. (eds), *Roosevelt and Churchill*, p. 282.

第十九章

1. Hans Goebeler with John Vanzo, *Steel Boat, Iron Hearts: A U-Boat Crewman's Life Aboard U-505* (Savas Beatie, 2013), p. 104.
2. Herbert A. Werner, Iron Coffins: *A U-Boat Commander's War, 1939 – 1945* (Cassell, 1999), p. 90.
3. Macintyre, *U-Boat Killer* (Cassell, 1999 edn), p. 113.

4. Werner, *Iron Coffins*, pp. 92 — 93, for this and the following.
5. Martin Middlebrook, *Convoy: The Battle for Convoys SC.122 and HX.229* (Penguin, 1978), p. 247.
6. Second Officer W. A. Clarke-Hunt, quoted ibid., p. 250.
7. Quoted ibid., pp. 248 — 249.
8. Morison, *The Battle of the Atlantic*, p. 343.
9. Quoted in Woodman, *The Real Cruel Sea*, p. 620.
10. Second Officer G. D. Williams, quoted in Middlebrook, *Convoy*, p. 252.
11. Werner, *Iron Coffins*, pp. 99 — 102.
12. Woodman, *The Real Cruel Sea*, p. 538.
13. Roskill, *Period of Balance*, p. 367.
14. Ibid.
15. Ibid.
16. Wilson, *The First Summit*, p. 242.
17. Rear Admiral R. B. Darke, quoted in Rear Admiral W. S. Chalmers, *Max Horton and the Western Approaches* (Hodder and Stoughton, 1954), p. 77.
18. Roskill, *Period of Balance*, p. 217.
19. Letter from Admiral W. W. Fisher, Chief of Staff, Atlantic Fleet, 25 May 1924, quoted in Chalmers, *Max Horton*, p. 29.
20. Gretton, *Convoy Escort Commander*, p. 115.
21. Quoted in Chalmers, *Max Horton*, p. 207.
22. Unnamed officer quoted in Terraine, *Business in Great Waters*, p. 503.
23. Quoted in Chalmers, *Max Horton*, p. 160.
24. Ibid., p. 165.
25. Ibid., pp. 175 — 176.
26. Quoted from minutes of Anti-U-Boat Warfare Committee, 22 and 30 March 1943, cited in Hinsley et al., *British Intelligence in the Second World War*, Vol. II,p. 563.

27. Extract from A.U. (43), 12th Meeting, held on Wednesday, 24 March 1943 – Re-Equipment of Coastal Command Squadrons with Liberators, TNA AIR 8/1398.
28. Cherwell to Churchill, 25 March 1943 (copied to Alexander and Pound), cited in Roskill, *Churchill and the Admirals*, p. 228.
29. Memorandum by the Air Officer, Commanding-in-Chief, Bomber Command, 26 March 1943, TNA AIR 14/1454.
30. Roosevelt and Churchill to Stalin, 26 January 1943, Churchill, *The Hinge of Fate*, pp. 664 – 665.
31. Churchill to Stalin, 9 February 1943, ibid., p. 666.
32. Stalin to Churchill, 16 February 1943, ibid., p. 668.
33. Moran, *Churchill at War*, p. 106.
34. Cited in Prime Minister to General Alexander, 24 February 1943, Churchill, *The Hinge of Fate*, p. 660.
35. Prime Minister to Stalin, 24 February 1943, ibid., p. 668.
36. Prime Minister to Stalin, 11 March 1943, ibid., pp. 670 – 671.
37. Most Secret and Personal Message from Premier J. Stalin to President Roosevelt, 15 March 1943, *Correspondence between Stalin, Roosevelt, Truman, Churchill and Attlee*, p. 59.
38. Roosevelt to Churchill, 28 March 1943, Loewenheim et al. (eds), *Roosevelt and Churchill*, p. 323; Churchill to Stalin 30 March 1943, Churchill, *The Hinge of Fate*, p. 675.
39. Stalin to Churchill, 2 April 1943, ibid., p. 676.
40. Ibid.

第二十章

1. Werner, *Iron Coffins*, p. 113.
2. Quoted in Padfield, *Dönitz*, p. 276.
3. Werner, *Iron Coffins*, pp. 111 – 113.
4. Cremer, *U-333*, p. 159.
5. U-boat War Diary, quoted in Cremer, *U-333*, p. 160.
6. Dönitz, *Memoirs*, p. 325.
7. Slessor, *The Central Blue*, p. 514.
8. Quoted in Cremer, *U-333*, p. 163.
9. Quoted in Roskill, *Period of Balance*, p. 369.
10. Ibid., p. 371.
11. Slessor, *The Central Blue*, p. 516.
12. Padfield, *Dönitz*, p. 267.
13. Dönitz, *Memoirs*, p. 132.
14. Ibid., p. 133.
15. Ibid., pp. 131 – 132.
16. Werner, *Iron Coffins*, p. 116.
17. German Success Against British Codes and Cyphers (by R. T. Barrett), drawn from the secret Admiralty report compiled by Commander Tighe in 1945, TNA ADM 223/505.
18. Ibid.
19. Hinsley and Stripp, *Code Breakers*, p. 80.
20. Sebag-Montefiore, *Enigma*, p. 271.
21. Slessor, *The Central Blue*, p. 499.
22. Gretton, *Convoy Escort Commander*, p. 139.
23. Ibid., p. 145.
24. Ibid., p. 147.

25. Quoted in Woodman, *The Real Cruel Sea*, p. 662.
26. Ibid., p. 664.
27. War and Military Records Online, compiled by Gußmundur Helgason, http://uboat.net/boats/u125.htm.
28. Macintyre, *U-Boat Killer*, p. 123.
29. Dönitz, *Memoirs*, p. 339.
30. Ibid., p. 243.
31. Quoted in Padfield, *Dönitz*, p. 280.
32. Farewell Address to the Nation, 17 January 1961, http://mcadams.posc.mu.edu/ike.htm.
33. Arthur Herman, *Freedom's Forge: How American Business Produced Victory in World War II* (Random House, 2012), p. 138.
34. Henry Kaiser Papers, Bancroft Library, University of California, Berkeley, cited ibid., p. 133.
35. Ibid., p. 180.
36. Morison, *The Battle of the Atlantic*, pp. 293 – 294.
37. Werner, *Iron Coffins*, p. 118.
38. Ibid., p. 120.
39. Macintyre, *U-Boat Killer*, p. 79.
40. Ibid., p. 81.
41. Werner, *Iron Coffins*, pp. 120 – 121.
42. Ibid., p. 122.
43. Ibid., pp. 122 – 123.
44. Macintyre, *U-Boat Killer*, p. 122.
45. Ibid., p. 123.
46. Ibid. for this and what follows.
47. Ibid., p. 131.
48. Werner, *Iron Coffins*, p. 122.

49. Macintyre, *U-Boat Killer*, p. 136.

50. Dönitz, *Memoirs*, p. 340.

51. Padfield, *Dönitz*, p. 296.

52. Admiralty Tracking Room Report, 19 April 1943, quoted ibid., p. 283.

53. U-boat War Diary, 14 May 1943, quoted ibid., p. 297.

54. www.warsailors.com/convoys/hx239.html.

55. Gretton, *Convoy Escort Commander*, p. 156.

56. Ibid., p. 157.

57. Ibid., p. 158.

58. Ibid., p. 159.

59. Alanbrooke, *War Diaries*, entry for 25 May 1943, p. 411.

60. Sherwood, *Papers of Harry L. Hopkins*, Vol. II, p. 726.

61. Gilbert, *Road to Victory*, p. 402.

62. Letter, May 1943, Lord Birkenhead, *Halifax: The Life of Lord Halifax* (Hamish Hamilton, 1965), p. 537, cited in Gilbert, *Road to Victory*, p. 411.

63. Churchill, address to both houses of Congress, 19 May 1943, Winston S. Churchill (ed.), *Never Give In! The Best of Winston Churchill's Speeches, Selected and Edited by his Grandson* (Pimlico, 2007), p. 350.

64. Quoted in Hinsley et al., *British Intelligence in the Second World War*, Vol. II, p. 571.

65. U-boat War Diary, 24 May 1943, cited in Padfield, *Dönitz*, p. 301.

66. Roskill, *Period of Balance*, p. 377.

67. Dönitz, *Memoirs*, p. 341.

68. Ibid.

第二十一章

1. Broad and Fleming, *Nella Last's War*, 31 October 1943, p. 250.

2. Ibid., 10 March 1943, p. 235.
3. Ibid., 1 March 1943, p. 232.
4. Quoted in Smith, *Conflict Over Convoys*, p. 133.
5. Quoted in Padfield, *Dönitz*, p. 306.
6. Ibid.
7. Ibid.
8. Quoted in *Führer Conference on Naval Affairs, 1939 – 1945* (Naval Institute Press, 1990), p. 360, cited in Timothy P. Mulligan, *Lone Wolf: The Life and Death of U-Boat Ace Werner Henke* (University of Oklahoma Press, 1995), p. 172.
9. Heinz Schaeffer, *U-Boat 977* (William Kimber, 1953), p. 127.
10. Ibid., p. 128.
11. Werner, *Iron Coffins*, p. 133.
12. Cremer, *U-333*, p. 183.
13. Werner, *Iron Coffins*, p. 174.
14. Padfield, *Dönitz*, p. 329.
15. Quoted ibid., p. 604.
16. Cremer, *U-333*, p. 222.
17. http://uboat.net/fates/losses/1944.htm.
18. Dönitz, *Memoirs*, p. 341.
19. Roskill, *Period of Balance*, Appendix O, p. 485; S. W. Roskill, *The War At Sea, 1939 – 1945*, Vol. III, *The Offensive Part 1: 1st June 1943 – 31st May 1944* (Naval and Military Press, 2004), Appendix K, p. 389.
20. Quoted in van der Vat, *The Atlantic Campaign*, p. 471.
21. Macintyre, *U-Boat Killer*, p. 148.
22 'Report on Interrogation of Survivors from two 500-Ton U-Boats ...', www.uboatarchive.net/U-473-765INT.htm.
23. Macintyre, *U-Boat Killer*, p. 151.

24. Churchill, *Closing the Ring*, p. 67.
25. Alanbrooke, *War Diaries*, commentary on entry for 15 August 1943, p. 442.
26. Buell, *Master of Sea Power*, p. 390.
27. Alanbrooke, *War Diaries*, entry for 19 August 1943, p. 444.
28. Roberts, *Masters and Commanders*, p. 405.
29. Alanbrooke, *War Diaries*, commentary on entry for 19 August 1943, p p. 445 – 446.
30. King, *Fleet Admiral King*, p. 278.
31. Alanbrooke, *War Diaries*, commentary on entry for 19 August 1943, p. 446.
32. Quoted in Buell, *Master of Sea Power*, p. 392.
33. Note from Admiral Noble to Admiral Cunningham, quoted in Brodhurst, *Churchill's Anchor*, p. 283.
34. Medical Report, cited ibid., p. 284.
35. Alanbrooke, *War Diaries*, commentary on entry for 28 August 1943, p. 450.
36. Churchill to Attlee, 25 August 1944, Churchill, *Closing the Ring*, p. 83.
37. Churchill to Roosevelt, 13 June 1943, Loewenheim et al. (eds), *Roosevelt and Churchill*, p. 342; and Personal and Secret Message from Premier J. V. Stalin to the Prime Minister, Mr W. Churchill, 24 June 1943, *Correspondence between Stalin, Roosevelt, Truman, Churchill and Attlee*, p. 74.
38. *Correspondence between Stalin, Roosevelt, Truman, Churchill and Attlee*, p. 76.
39. Churchill to Roosevelt, 12 August 1943, Loewenheim et al. (eds), *Roosevelt and Churchill*, p. 364.
40. Prime Minister's Personal Minute, 25 September 1943, TNA FO/954/3B.

41. 这很大程度上得益于“提尔皮茨号”的损坏和 11 月“沙恩霍斯特号”的沉没，这意味着德国海军自此不能再对北冰洋或其他任何地方构成重大威胁，尽管其还是造成了一些干扰。
42. Foreign Office to Moscow, 1 October 1943, TNA FO/954/3B.
43. Prime Minister's Personal Minute, 25 September 1943, ibid.
44. Churchill to Stalin, 1 October 1943, Churchill, *Closing the Ring*, pp. 234 — 237.
45. Stalin to Churchill, 13 October 1943, ibid., pp. 237 — 239.
46. Ibid., pp. 241 — 242.
47. Churchill to Roosevelt, 16 October 1943, ibid., p. 240.
48. Foreign Secretary to Prime Minister, 22 October 1943, ibid., p. 243.
49. Foreign Office to Moscow, 3 May 1944, TNA FO/954/3B.
50. Van Tuyll, *Feeding the Bear*, pp. 98 — 100.
51. Georgii K. Zhukov, *The Memoirs of Marshal Zhukov* (Delacourte Press, 1972), pp. 392, 466, cited in van Tuyll, *Feeding the Bear*, p. 73.
52. Quoted in Edgar L. Erickson, Foreword to Robert Huhn Jones, *The Roads to Russia: United States Lend-Lease to the Soviet Union* (University of Oklahoma Press, 1969), p. vii, cited in van Tuyll, *Feeding the Bear*, p. 73.
53. Alanbrooke, *War Diaries*, entry for 13 October 1943, p. 460.
54. Probert, *Bomber Harris*, p. 194.
55. Hastings, *Bomber Command*, p. 342.
56. Quoted ibid., p. 448.
57. Churchill, *Their Finest Hour*, p. 529.
58. Churchill to Roosevelt, 4 March 1943, Loewenheim et al. (eds), *Roosevelt and Churchill*, p. 319.
59. Roskill, *Churchill and the Admirals*, p. 230.

第二十二章

1. Thomas Treanor, NBC, extract from Desmond Hawkins and Donald Boyd (eds.), with Frank Gillard and Chester Wilmot, *War Report: A Record of Dispatches Broadcast by the BBC's War Correspondents with the Allied Expeditionary Force 6 June 1944 — 5 May 1945* (Oxford University Press, 1946).
2. Quoted in Antony Beevor, *The Second World War* (Weidenfeld and Nicolson, 2012), p. 580.
3. Quoted in Antony Beevor, *D-Day: The Battle for Normandy* (Viking, 2009), p. 95.
4. Alanbrooke, *War Diaries*, entry for 6 June 1944, p. 554.
5. Dönitz, *Memoirs*, p. 420.
6. S. W. Roskill, *The War At Sea, 1939 — 1945*, Vol. III, *The Offensive Part 2:1st June 1944 — 14th August 1945* (Naval and Military Press, 2004),p. 20.
7. Werner, *Iron Coffins*, p. 219.
8. Ibid., pp. 221 — 222.
9. Ibid., p. 228.
10. Richard Dimbleby, 11 June 1944, in Hawkins et al. (eds.), *War Report*.
11. Dönitz, *Memoirs*, pp. 422 — 423.
12. Ibid., p. 423.
13. Winston Churchill, *The Second World War*, Vol. VI, *Triumph and Tragedy* (Cassell, 1954), p. 472.
14. Roskill, *The Offensive Part 2*, Appendices X, Y, YY, and T, pp. 439 — 479.
15. Quoted in Padfield, *Dönitz*, p. 350.
16. Ibid., p. 419.
17. Churchill, *Triumph and Tragedy*, p. 474.
18. Cremer, *U-333*, pp. 277 — 278.

19. Ibid., p. 286.

20. Wynford Vaughan-Thomas, 4 May 1945, in Hawkins et al. (eds.), *War Report.*

21. Campaign Summaries of World War 2, September 1939 to August 1945, www.naval-history.net; BBC archive, WW2 People's War, bbc.co.uk/history/ww2peopleswar/categories/c1174/.

22. Prime Minister's Victory Broadcast, 13 May 1945, Churchill, *Triumph and Tragedy*, Appendix, p. 666.

23. Colville, *The Fringes of Power* (1985), 14 May 1945, p. 565.

24. Quoted in Sherwood, *Papers of Harry L. Hopkins*, Vol. II, p. 869.

25. Churchill, *The Hinge of Fate*, p. 413.

尾 声

1. Cited in Bird, *Erich Raeder*, p. 221.

2. *Foreign Relations of the United States: The Conference at Quebec, 1944* (USGovernment Printing Office, 1971), pp. 330 — 335, cited in Buell, *Master of Sea Power*, Appendix VI, p. 539 (King) and p. 471 (Cunningham).